O idealismo transcendental de **Kant**

Dados Internacionais de Catalogação na Publicação (CIP)
(Câmara Brasileira do Livro, SP, Brasil)

Allison, Henry E., 1937-2023
 O idealismo transcendental de Kant : interpretação e defesa / Henry E. Allison ; tradução de Alexandre Alves, Nicolas Haag, Breno Augusto da Silva Franco. – Petrópolis, RJ : Vozes, 2024.

 Título original: Kant's transcendental idealism
 ISBN 978-85-326-6719-9

 1. Idealismo alemão 2. Filosofia 3. Kant, Immanuel, 1724-1804 – Crítica e interpretação 4. Transparência (Filosofia) I. Título.

24-195874   CDD-193

Índices para catálogo sistemático:
1. Kant : Filosofia alemã   193

Eliane de Freitas Leite – Bibliotecária – CRB-8/8415

O idealismo transcendental de Kant

Interpretação e defesa

Henry E. Allison

Tradução de Alexandre Alves, Nicolas Haag e Breno Augusto da Silva Franco

Revisão técnica de Sílvia Altmann e Alexandre Alves

Petrópolis

© 2004 by Yale University.
Publicado originalmente por Yale University Press

Tradução do original em inglês intitulado *Kant's Transcendental Idealism –
An Interpretation and Defence*
Traduzido da segunda edição, revisada e ampliada (New Haven: Yale University Press, 2004).

Direitos de publicação em língua portuguesa – Brasil:
2024, Editora Vozes Ltda.
Rua Frei Luís, 100
25689-900 Petrópolis, RJ
www.vozes.com.br
Brasil

Todos os direitos reservados. Nenhuma parte desta obra poderá ser reproduzida
ou transmitida por qualquer forma e/ou quaisquer meios (eletrônico ou mecânico,
incluindo fotocópia e gravação) ou arquivada em qualquer sistema ou banco de dados
sem permissão escrita da editora.

CONSELHO EDITORIAL	**PRODUÇÃO EDITORIAL**
Diretor	Aline L.R. de Barros
Volney J. Berkenbrock	Marcelo Telles
	Mirela de Oliveira
Editores	Otaviano M. Cunha
Aline dos Santos Carneiro	Rafael de Oliveira
Edrian Josué Pasini	Samuel Rezende
Marilac Loraine Oleniki	Vanessa Luz
Welder Lancieri Marchini	Verônica M. Guedes
Conselheiros	**Conselho de projetos editoriais**
Elói Dionísio Piva	Luísa Ramos M. Lorenzi
Francisco Morás	Natália França
Gilberto Gonçalves Garcia	Priscilla A.F. Alves
Ludovico Garmus	
Teobaldo Heidemann	

Secretário executivo
Leonardo A.R.T. dos Santos

Editoração: Levindo Pereira
Diagramação: Monique Rodrigues
Revisão gráfica: Anna Carolina Guimarães
Capa: Renan Rivero

ISBN 978-85-326-6719-9 (Brasil)
ISBN 978-0-300-10266-6 (Reino Unido)

Este livro foi composto e impresso pela Editora Vozes Ltda.

Para Norma, com amor e gratidão.

Sumário

Apresentação – A tradição analítica e o idealismo kantiano, 13

Nota sobre fontes e chave para abreviações e traduções, 23

Prefácio à edição revisada, 27

Agradecimentos, 35

PARTE I
A natureza do idealismo transcendental, 37

1. Uma introdução ao problema, 39
    I. O anti-idealismo kantiano 40
        A. *O idealismo do anti-idealismo*............................40
        B. *A tese da separabilidade*....................................43
    II. Condições epistêmicas, discursividade e idealidade transcendental 49

2. Realismo transcendental e idealismo transcendental, 60
    I. A natureza do realismo transcendental 60
        A. *Algumas variedades de realismo transcendental*..................63
        B. *O realismo transcendental e o modelo teocêntrico de conhecimento*...68
    II. A natureza transcendental do idealismo de Kant 77
        A. *Idealismo transcendental como idealismo formal e a assim-chamada "Revolução Copernicana": duas tentativas de esclarecimento* 78
        B. *Idealismo transcendental e fenomenismo* 82
    III. Uma réplica a duas objeções.................................86
        A. *Van Cleve: um mundo ou dois?*................................86
        B. *Ameriks: epistemologia ou metafísica?* 90

3. A coisa em si e o problema da afecção, 96
    I. O problema da coisa em si mesma: análise e reconfiguração 96
    II. O númeno e o objeto transcendental 104
    III. Afecção 112

PARTE II
A cognição humana e suas condições, 125

4. Discursividade e juízo, 127
  I. Cognição discursiva e seus elementos: conceitos e intuições..........128
  II. A concepção kantiana de juízo 134
    A. Conceitos e juízo: a explicação inicial......................135
    B. Juízo e objetividade: a segunda explicação..................139
  III. A distinção analítico-sintética 141
  IV. O problema do sintético *a priori* 147

5. As condições sensíveis da cognição humana, 151
  I. A representação do espaço e do tempo 153
    A. *A tese da aprioridade*......................................154
    B. *A tese da intuição* 164
    C. *A dadidade do espaço (forma da intuição e intuição formal)* 170
    D. *A Exposição Transcendental (o "argumento a partir da geometria")* .174
  II. O argumento da idealidade 177
    A. *As conclusões de Kant*......................................178
    B. *À procura de um argumento* 182
    C. *O problema da alternativa negligenciada*....................189

6. As condições intelectuais da cognição humana: a Dedução Metafísica de Kant, 195
  I. O problema da completude 197
    A. *A completude dos títulos* 199
    B. *A completude dos momentos sob cada título* 202
  II. Formas e funções do juízo 210
  III. A dedução metafísica "propriamente dita": da lógica geral à lógica transcendental..216

PARTE III
Categorias, esquemas e experiência, 223

7. A Dedução Transcendental, 225
  I. Apercepção, síntese e objetividade 230
    A. *A unidade transcendental da apercepção: o princípio e sua analiticidade*...230
    B. *Síntese e consciência da síntese: analiticidade sem esterilidade* 236
    C. *Apercepção, objetividade e juízo* 242

 II. O problema da unidade subjetiva 248
  A. *Juízos de percepção e juízos de experiência* 249
  B. *Unidade subjetiva na* Crítica..................................254
 III. Imaginação, percepção e experiência 257
  A. *A imaginação e sua função cognitiva* 258
  B. *A síntese transcendental da imaginação*........................262
  C. *A síntese da apreensão* 267
  D. *Completando a Dedução: percepção e experiência* 271

8. O esquematismo do entendimento e o poder de julgar, 277
 I. Esquematismo e juízo em geral...................................279
 II. Esquemas transcendentais e subsunção transcendental 286
 III. Esquemas transcendentais como determinações transcendentais do tempo 290
 IV. O problema dos juízos esquemáticos e a conexão entre as categorias relacionais e seus esquemas..295
  A. *A natureza do problema*......................................296
  B. *As categorias relacionais e seus esquemas*......................300
 V. Os esquemas e os princípios....................................304

9. As Analogias da Experiência, 308
 I. O problema geral das Analogias 308
  A. *O cenário transcendental (A189/B234-A191/B236)*..............309
  B. *O princípio geral das Analogias em B (B218-219)*................314
 II. A Primeira Analogia 316
  A. *A tese do pano de fundo*.....................................317
  B. *Do substrato ao sujeito* 319
  C. *Da persistência relativa à absoluta* 322
  D. *O quantum da substância* 324
 III. A Segunda Analogia 327
  A. *Algumas observações preliminares* 328
  B. *O argumento essencial* 331
  C. *Avaliação do argumento e resposta às críticas*...................334
  D. *Um problema interpretativo: esquema da causalidade ou de leis causais?*..339
 IV. A Terceira Analogia 343
  A. *Algumas observações preliminares* 344
  B. *O argumento da segunda edição* 347

    C. *O problema da redundância* 352
    D. *Considerações adicionais sobre a natureza da comunidade e a força da tese de Kant*......................................356

10. Sentido interno e a refutação do idealismo, 359

    I. Sentido interno e autoconhecimento............................359
        A. *O tempo como a forma do sentido interno*.....................360
        B. *O objeto do sentido interno* 362
        C. *Sentido interno e idealidade transcendental* 364
    II. A refutação do idealismo 370
        A. *Algumas observações preliminares* 371
        B. *O argumento* 374
        C. *A Refutação do Idealismo e o idealismo transcendental*...........385

PARTE IV
A Dialética Transcendental, 391

11. Razão e ilusão, 393

    I. Razão...394
        A. *Razão em geral* 395
        B. *O uso real da razão*......................................397
        C. *As ideias transcendentais como conceitos da razão* 399
    II. Ilusão transcendental 410
        A. *Erro e ilusão* 411
        B. *A naturalidade e inevitabilidade da ilusão transcendental*.........419

12. Os Paralogismos, 423

    I. Os Paralogismos na primeira edição 424
        A. *O Primeiro Paralogismo* 424
        B. *O Segundo e o Terceiro Paralogismo* 432
    II. Os Paralogismos na segunda edição..........................438
        A. *A nova análise*...438
        B. *Apercepção e existência* 443

13. A Antinomia da Razão Pura, 450

    I. Preliminares essenciais.....................................451
        A. *Ilusão e falácia na cosmologia racional* 452
        B. *O sistema das ideias cosmológicas* 454
        C. *Mundo, natureza e a distinção entre as antinomias matemáticas e as dinâmicas*.......................................458

II. A Primeira Antinomia 460
     A. A tese 461
     B. A antítese..468
  III. A Terceira Antinomia 474
     A. A tese 475
     B. A antítese 480
  IV. O idealismo transcendental e a resolução da antinomia 483
     A. "O idealismo transcendental como a chave para resolver a
        dialética cosmológica" 483
     B. A prova indireta 487
14. **O ideal da razão pura, 497**
   I. A determinação completa e o *ens realissimum* 497
   II. A hipostasiação da existência ideal e absolutamente necessária.......507
     A. O mecanismo de hipostasiação 508
     B. Existência absolutamente necessária e o ens realissimum 513
   III. A prova ontológica e a prova cosmológica.......................516
     A. *A prova ontológica* 516
     B. *A prova cosmológica* 521
   IV. Análise crítica e cura 524
15. **A função reguladora da razão, 528**
   I. Ilusão transcendental, sistematicidade e indução 530
     A. *O focus imaginarius* e o problema da indução 530
     B. *Sistematicidade como princípio lógico e transcendental* 537
     C. *A função epistêmica da sistematicidade e suas formas* 540
     D. *Sistematicidade e validade objetiva* 542
   II. A dedução transcendental das ideias 544
   III. Unidade sistemática e idealismo transcendental...................554

Referências, 559

Apresentação
A tradição analítica e o idealismo kantiano[1]

Ao longo das últimas décadas, os estudos de Henry E. Allison sobre o pensamento de Immanuel Kant tornaram-se referência incontornável nos estudos kantianos. Considerado um dos mais importantes intérpretes de Kant no século XX, Allison escreveu obras seminais que contemplam diversas facetas da filosofia crítica kantiana. No cerne de sua investigação está a intenção de reabilitar o idealismo sob uma forma aceitável para a filosofia contemporânea. Para auxiliar o leitor a entender e apreciar a importância da obra que tem em mãos, proponho um breve sobrevoo pela tradição analítica da perspectiva de sua relação, muitas vezes complexa, com o pensamento de Kant.

Após terem passado por um breve período idealista, no final do século XIX, os dois pais fundadores da filosofia analítica em língua inglesa, G. E. Moore e Bertrand Russell, rejeitaram qualquer forma de idealismo em nome de um compromisso com o realismo do senso comum. Na época em que escreveram suas primeiras obras, o neokantismo era a corrente filosófica dominante no mundo de língua alemã, enquanto no Reino Unido idealistas britânicos como F. H. Bradley e J. M. E. MacTaggart efetuavam uma síntese entre as ideias de Kant e de Hegel. A filosofia analítica surgiu a partir da crítica dessas duas tradições e da defesa do projeto logicista fregeano. Segundo Robert Hanna, que examinou criticamente os fundamentos da filosofia analítica de um ponto de vista kantiano, a própria tradição como um todo provém de um complexo e prolongado esforço de refutação da filosofia teórica de Kant[2].

---

1. Agradeço a Sílvia Altmann e a Rogério Passos Severo pelos comentários e correções à primeira versão deste ensaio.

2. "[...] a tradição analítica emergiu da filosofia de Kant no sentido em que seus membros conseguiram definir e legitimar suas opiniões por intermédio unicamente de um engajamento intensivo e extensivo com a primeira *Crítica* e uma rejeição parcial ou total dela. [...] O Kant que estudamos hoje é evidentemente um Kant que foi reelaborado e que nos é apresentado por aqueles que participaram diretamente da longa e tortuosa luta da tradição analítica com a primeira *Crítica*. Ou seja, lemos necessariamente a filosofia teórica de Kant a partir de *dentro* do arcabouço histórico e conceitual da filosofia analítica" (Hanna, 2004, p. 21-22).

Após ter rompido com seu hegelianismo de juventude, Russell tentou compatibilizar sua postura radicalmente anti-idealista com o realismo platônico. Ele sustentava que todo objeto da sensação ou da percepção é totalmente independente da consciência e, ao mesmo tempo, que os conceitos da lógica e da matemática são componentes objetivos do mundo. Ao relembrar o que essa ruptura com o idealismo significou para si e para seu companheiro de jornada, G.E. Moore, Russell afirmaria:

> Bradley argumentou que tudo aquilo em que crê o senso comum é mera aparência; nós resvalamos para o extremo oposto e pensamos que é real tudo o que o senso comum, sem influência da filosofia ou da teologia, supõe ser real. Com uma sensação de termos escapulido de uma prisão, permitimo-nos pensar que a grama é verde, que o sol e as estrelas existiriam mesmo se ninguém tivesse consciência deles e que existe um mundo pluralista e atemporal de ideias platônicas. O mundo, que fora delgado e lógico, subitamente tornava-se rico, variado e sólido (Russell, 1944, *apud* Schwartz, 2012, p. 28).

O ponto em comum entre ambos era o compromisso com o realismo do senso comum e a rejeição do idealismo filosófico sob qualquer forma que se apresente. Em sua conferência "A natureza do juízo", proferida na *Aristotelian Society* em 1898 e publicada no ano seguinte na revista *Mind*, Moore ataca a concepção idealista do juízo, que considera ser o cerne de todo idealismo filosófico. Para ele, os elementos centrais dessa concepção são a tese de que toda experiência é de caráter judicativo ou proposicional e a noção de que o juízo é resultado do exercício de capacidades ativas da mente. Segundo Moore, o idealista sustenta que a condição para que uma coisa seja objeto de experiência é que ela seja discriminada em nossa consciência mediante conceitos. Assim, nessa concepção de juízo, não poderia haver uma experiência puramente intuitiva no sentido kantiano, pois ao descrevermos nossa experiência, já a estamos subsumindo sob conceitos. Moore, porém, identificava uma confusão lógica nessa concepção, que é o amálgama, típico do idealismo, entre as condições de verdade de uma proposição e suas condições de assentimento. Esses dois tipos de condições pertencem a domínios distintos: as condições de verdade de um juízo são de natureza lógica, enquanto suas condições de assentimento, de natureza epistemológica. Moore criticava os idealistas por não distinguirem entre esses dois tipos de condições, o que tem como consequência que um juízo pode se tornar verdadeiro pelo mero fato de acreditarmos que seja verdadeiro.

Moore denuncia, assim, na tradição idealista, uma usurpação da metafísica pela teoria do conhecimento, com o que toda investigação filosófica se converte em um exame das condições de possibilidade do juízo. Contra esses pressupostos idealistas, Moore e Russell defenderam sua própria concepção de juízo que, baseando-se na lógica moderna, busca distinguir claramente as duas ordens de condições e, ao fazê-lo, em certo sentido, reabilita o realismo platônico. Segundo essa concepção, para formular um juízo, temos de apreender intuitiva e não conceitualmente os termos que o juízo relaciona, pois se o conhecimento que o juízo pressupõe fosse de natureza judicativa cairíamos numa regressão ao infinito. Essa forma não judicativa e não proposicional de conhecimento é denominada por Russell de conhecimento acusativo [*acquaintance*] e é vista como a própria condição para termos conhecimento judicativo ou proposicional de objetos. Um conceito é visto, assim, como um componente abstrato que não depende da mente e que tem o poder de determinar indivíduos concretos agrupando-os em conjuntos e classes, enquanto um juízo é visto como uma conexão específica entre conceitos.

Como rejeitam a teoria do juízo que está no próprio âmago da filosofia de Kant, junto com ela Moore e Russell condenam também o idealismo transcendental como uma doutrina indefensável. Em grande parte, é por oposição a Kant que os pais fundadores da tradição analítica redefiniram a tarefa da filosofia como a de decompor proposições e conceitos complexos em seus constituintes mais simples até que se chegue aos componentes elementares que apreendemos por contato direto, mediante intuição e não descrição conceitual. Faz parte dessa nova imagem da filosofia também a tarefa da dissolução de pseudoproblemas pela análise lógica da linguagem, algo que teria enorme influência sobre toda a tradição analítica posterior, particularmente na filosofia da Ludwig Wittgenstein e no empirismo lógico.

Nos anos 1920, influenciado pelo *Tractatus* de Wittgenstein, Rudolf Carnap conceberia o projeto de reunir todas as ciências em um sistema unitário de conhecimento mediante a refundação da filosofia com base na lógica matemática moderna. Em seu livro *Der logische Aufbau der Welt* [3], publicado em 1928, Carnap pretendia mostrar que é possível derivar todas as proposições científicas de proposições básicas partindo de "relatos de observação", cujos conceitos seriam unificados dedutivamente em um "sistema de constituição" abarcando todas as ciências. No centro do *Aufbau* estava a ideia de que conceitos e teorias complexos podiam ser reconstruídos a partir de dados sensoriais elementares, utilizando para isso apenas relações lógicas.

Aquilo que Carnap denomina "o novo método científico da filosofia" consiste na "análise lógica das proposições" e deve se desenvolver em estreita vincula-

---

3. "A construção lógica do mundo." Quanto ao livro, não há ainda tradução disponível em língua portuguesa.

ção com as ciências empíricas (Carnap, [1930] 2023). Carnap tenta mostrar que os problemas clássicos da filosofia ocidental – como o problema da realidade do mundo exterior ou o problema da existência de outras mentes – não passam de pseudoproblemas que podem ser eliminados pela análise lógica da linguagem. Segundo ele, esses problemas metafísicos emergem em virtude do instrumental inadequado de que se servem os filósofos para falar do mundo. A filosofia necessitava de novas ferramentas e Carnap as encontrava na lógica matemática desenvolvida por Gottlob Frege, Bertrand Russell e Alfred North Whitehead na virada do século XIX para o século XX. Ele considerava a filosofia tradicional nada além de uma "poesia conceitual [*Begriffsdichtung*] metafísica" cujos equívocos poderiam ser desfeitos pelo método da análise.

Segundo Carnap, a lógica possui caráter tautológico, isto é, numa inferência, a conclusão nunca diz mais do que já se encontra nas premissas. Dessa perspectiva, não é possível inferir um estado de coisas de um outro estado de coisas. Disso derivaria a impossibilidade de qualquer metafísica que pretendesse deduzir da experiência algo transcendente como a "coisa em si" kantiana, que seria o fundamento não experienciável dos objetos da experiência. Desse modo, pelo fato de uma inferência rigorosa jamais poder nos conduzir ao transcendente, os sistemas metafísicos acabam por introduzir conceitos que não podem ser reduzidos nem ao dado sensorial nem a algo que seja de caráter físico e, por isso, se tornam uma espécie de poética conceitual dissociada do mundo empírico. Assim, Carnap considerava os conceitos do idealismo alemão pseudoconceitos [*Scheinbegriffe*], que, do ponto de vista epistemológico, tinham de ser rejeitados como meras palavras desprovidas de sentido.

Todavia, também podemos encontrar nos empiristas lógicos a noção, inspirada nos neokantianos, de um "*a priori* relativizado" que se manifesta sobretudo em suas concepções sobre a epistemologia da ciência desenvolvidas em resposta à revolução einsteiniana na física. Contudo, a tese kantiana relativa ao conhecimento sintético *a priori* é por eles descartada justamente em virtude dos desenvolvimentos da física moderna. Em um texto de 1951, Hans Reichenbach (1951, p. 48-49) afirmava:

> Vimos a física ingressar num estágio em que cai por terra o arcabouço kantiano do conhecimento. Os axiomas da geometria euclidiana, bem como os princípios de causalidade e substância, já não são reconhecidos pela física de nossos dias. Sabemos que a matemática é analítica e que todas as suas aplicações à realidade física, incluindo a geometria física, possuem validade empírica e estão sujeitas a correção através de novas experiências: em outras palavras, que o sintético *a priori* não existe.

Os empiristas lógicos adotaram a distinção kantiana entre analítico e sintético, mas, para eles, todo conhecimento é ou analítico *a priori* ou sintético *a posteriori* e, portanto, nenhum sintético *a priori* seria possível. As verdades analíticas *a priori* são aquelas trivialmente necessárias ou verdadeiras por definição, ou seja, são tautologias ou consequências dedutivas de axiomas lógicos. Já os conhecimentos sintéticos *a posteriori* são derivados de observação e, assim, não podem ser obtidos por mero raciocínio e, por isso, são objeto das ciências empíricas.

Em seu texto "Kant e a ciência natural", escrito em 1933, Reichenbach reconhecia a importância história da filosofia de Kant, mas ponderava que seus princípios centrais estavam em contradição com os desenvolvimentos da física contemporânea, em particular com a teoria da relatividade e a mecânica quântica. Sua validade, portanto, não seria universal, mas se estenderia tão somente à ciência natural de sua própria época. O fato de Kant ter identificado o espaço euclidiano e a física newtoniana como princípios universais da razão, a despeito dos esforços dos neokantianos no sentido de atualizar o sistema do mestre, tornariam sua filosofia um racionalismo dogmático que pertence ao passado:

> [...] a realização peculiar de Kant foi a de ter desvelado o conceito de conhecimento científico-natural de sua época na forma de uma análise da razão humana. A esse respeito, ele ainda é um representante do classicismo filosófico, pois acredita no caráter absoluto da razão humana, que é imutável, e cuja estrutura só se revela na forma de um sistema filosófico. Todavia, a aplicação prática, assim como o resultado real de seu método filosófico estão em notável contradição com tal racionalismo dogmático: o que Kant queria era uma análise da razão, mas o que conseguiu foi uma análise da ciência natural de sua época (Reichenbach, [1933] 2023, p. 108).

Assim, por um lado, temos a rejeição do idealismo transcendental kantiano por parte dos pais fundadores da filosofia analítica, Moore e Russell que, com base nas conquistas da lógica moderna, defenderam uma concepção realista e platônica de conhecimento. De outro, temos sua rejeição por parte dos empiristas lógicos que, em virtude dos avanços na física e na matemática modernas, advogaram uma concepção radicalmente antimetafísica de filosofia. De fato, o desenvolvimento da lógica matemática moderna parecia desqualificar a lógica kantiana, ainda de molde aristotélico, e o uso da geometria riemanniana na teoria da relatividade de Einstein parecia invalidar o compromisso de Kant com a geometria euclidiana na Estética Transcendental. Além disso, a estratégia analítica, inspirada nas ciências, de repartir, isolar e solucionar ou dissolver problemas filosóficos se opunha à concepção sinóptica do sistema kantiano.

A herança kantiana, no entanto, seria reivindicada por outros expoentes da tradição analítica, como Wilfrid Sellars e P. F. Strawson. No pensamento de Sellars, a ideia kantiana de que a mente desempenha um papel ativo na estruturação do nosso conhecimento e de nossa experiência é um tema central. Criticando o que chama de o "mito do dado", Sellars expandiu essa ideia e desenvolveu sua própria forma de conceitualismo, defendendo que as categorias conceituais são essenciais para que nossa mente organize e dê sentido ao mundo. Embora não tenha adotado totalmente o idealismo transcendental, Sellars também se inspirou em Kant em sua ênfase nas condições transcendentais da experiência e do conhecimento, bem como na forma como explorou a relação entre as estruturas conceituais e a realidade empírica, refletindo as preocupações kantianas sobre a natureza da cognição humana. Porém, foi a publicação do livro de P. F. Strawson, *The bounds of sense*, em 1966, que constituiu o ponto de virada na reabilitação do pensamento de Kant no contexto da tradição analítica.

Em razão da crítica a que Kant fora submetido por parte dos pais fundadores da tradição analítica e dos empiristas lógicos, na comunidade filosófica anglo-americana, o interesse pela filosofia teórica de Kant e mesmo pela história da filosofia em geral declinou consideravelmente durante boa parte do século XX. Os filósofos analíticos desse período eram influenciados pelas várias formas de positivismo lógico e pelas filosofias de base linguística, orientadas para a análise da linguagem comum (Ludwig Wittgenstein e John L. Austin) ou para a lógica e as ciências naturais (Willard Quine).

Não que Kant tivesse caído no esquecimento. No momento em que Strawson publicou sua obra sobre Kant, já havia uma tradição bem estabelecida de interpretação e comentário de Kant em língua inglesa. Autores como J. H. Paton, Norman Kemp Smith e Graham Bird, entre outros, haviam escrito obras cuidadosas e filosoficamente bem-fundamentadas sobre a filosofia teórica de Kant. Porém, esses estudos eram encarados por grande parte dos filósofos analíticos como tendo valor unicamente historiográfico, sem relevância para a filosofia contemporânea. Muitos também esposavam uma concepção terapêutica ou minimalista da atividade filosófica, segundo a qual a única competência exclusiva da filosofia seria a análise conceitual, todas as outras investigações possíveis sobre o mundo cabendo às ciências empíricas.

Com a publicação de seu livro, Strawson redespertou o interesse por Kant e criou o que veio a ser chamado de "kantismo analítico". Strawson procurou separar o que julgou ser as "realizações analíticas" genuínas da *Crítica da razão pura* do idealismo kantiano, que entendia como uma metafísica dogmática inaceitável. Strawson considerava valiosa a descrição kantiana da estrutura da experiência, mas rejeitava o idealismo transcendental como a doutrina absurda de que "a realidade é suprassensível e de que dela não podemos ter nenhum conhecimento" (Strawson, 1966, p. 16).

Em sua leitura, Strawson não recorre à história da filosofia nem mergulha nos textos kantianos ou suas interpretações ao longo do tempo. Seu objetivo é distinto. Em suas próprias palavras, ele escreve "para aqueles estudiosos da *Crítica* que, como eu, leram e releram a obra com um sentido misto de que nela existe, ao mesmo tempo, grande discernimento e grande mistificação" (Strawson, 1966, p. 11). Com esse objetivo em vista, Strawson desvencilhou partes da estrutura da obra que eram pensadas como inseparáveis no sistema kantiano, reformulou argumentos e alterou conclusões de modo a tornar a filosofia teórica kantiana aceitável para a comunidade analítica anglo-americana.

Ao rever sua trajetória décadas mais tarde, Strawson (2003, p. 9) afirmaria: "meu livro foi, pode-se dizer, uma tentativa um tanto a-histórica de recrutar Kant para as fileiras dos metafísicos analíticos, descartando aqueles elementos metafísicos que não fossem passíveis de absorção". A postura de Strawson, que se tornou padrão no kantismo analítico desde então, era de apropriar-se do que é julgado valioso no pensamento de Kant e descartar o resto como incoerente, equivocado ou datado. Em particular, além do idealismo transcendental, Strawson também rejeitou toda a psicologia transcendental no intuito de desvencilhar a argumentação da Crítica de seus pressupostos psicologistas e, assim, separar o joio do trigo.

A interpretação strawsoniana das ideias de Kant deu início a uma controvérsia que se prolonga até os dias atuais. O kantismo analítico de Strawson rejeita o idealismo kantiano e procura compatibilizar a metafísica da experiência de Kant com os pressupostos empiristas caros a grande parte dos filósofos analíticos. É aqui que se insere a contribuição de Henry E. Allison para o debate.

O argumento central do que viria a ser sua principal obra sobre a filosofia teórica de Kant já se encontra em um artigo de 1969, onde Allison criticava Strawson por ter confundido o idealismo transcendental com o que Kant denominava "idealismo empírico" e que estava associado sobretudo a Berkeley. Essa leitura do idealismo kantiano, argumenta Allison, é um erro antigo e remonta à interpretação subjetivista da Crítica por contemporâneos de Kant como Moses Mendelssohn, Johann Hamann e J. A. Eberhard. Apesar dos esforços de Kant, na edição B da *Crítica* e nos *Prolegômenos*, para desvincular seu idealismo do idealismo subjetivo berkeleyano, essa leitura acabou por arraigar-se ao longo do tempo e deu origem a inúmeros equívocos interpretativos.

É desse diagnóstico que provém o projeto de reabilitar a doutrina kantiana do idealismo transcendental. Segundo Allison, fazia-se necessária uma interpretação e defesa positivas e textualmente fundamentadas do idealismo kantiano com o propósito de mostrar que ele é inseparável dos argumentos centrais da *Crítica* e que, por isso, ao contrário do que defendeu Strawson, não pode ser eliminado.

Para Allison, o idealismo de Kant se estabelece mediante uma refutação do realismo transcendental e é de natureza metodológica e não metafísica, ou seja, envolve uma tese sobre as condições epistêmicas que nos permitem conhecer o mundo que nossos sentidos nos apresentam, mas não se pronuncia sobre o que seria a "natureza real" deste mundo. Podemos associar o ponto de vista de Allison ao que ficou conhecido como a leitura de "dois aspectos" do idealismo transcendental, que interpreta este último como uma teoria epistemológica que distingue entre dois pontos de vista sobre os objetos da experiência: o ponto de vista humano, a partir do qual os objetos são vistos em relação às condições epistêmicas, intrínsecas às faculdades cognitivas humanas, e o ponto de vista divino, de um hipotético intelecto "puro" ou intuitivo, a partir do qual os mesmos objetos poderiam ser conhecidos em si mesmos e independentemente de quaisquer condições epistêmicas.

A leitura de "dois mundos" do idealismo kantiano, em contrapartida, sustenta que as coisas em si são o fundamento dos fenômenos e fornecem o material que nos é dado na experiência sensorial, mas não fazem parte do mundo espaço-temporal que nos é familiar. Essa leitura mais especificamente metafísica do idealismo de Kant é rejeitada por Allison como incoerente. Ele argumenta que as coisas em si não são uma espécie peculiar de entidades subjacentes ao mundo da experiência e, no entanto, inacessíveis a qualquer cognição. Allison defende que as coisas em si são os mesmíssimos objetos que povoam nossa experiência cotidiana, apenas considerados de dois pontos de vista distintos: enquanto sujeitos às condições particulares da cognição humana, são fenômenos ou aparências, e abstraindo-se dessas condições, são coisas em si mesmas.

Assim, na concepção de Allison, o idealismo transcendental é uma tese epistemológica e não ontológica, pois incide sobre as condições de possibilidade do conhecimento e não sobre o *status* ontológico das coisas conhecidas. A tese afirma que nosso conhecimento depende de certas condições *a priori* que refletem a estrutura do aparato cognitivo humano. O ponto central dessa tese é a noção de "condição epistêmica". A ideia central aqui é que não existe um ponto arquimediano, metacrítico, a partir do qual seria possível avaliar todo e qualquer conhecimento. Esse é justamente o problema com o realismo transcendental que, ao negar que o conhecimento esteja sujeito a condições epistêmicas, é levado a dois tipos de erros: (1) toma condições epistêmicas por condições ontológicas; (2) não reconhece que a cognição humana tem limites determinados por seu modo particular de operar. Assim, Allison apresenta a epistemologia de Kant como uma ruptura radical com as epistemologias de seus predecessores racionalistas e empiristas. Nessa leitura, por negar a sujeitos finitos como nós qualquer participação numa hipotética visão divina, de lugar nenhum, das coisas (pressuposta pelo realismo transcendental), o idealismo kantiano pode ser considerado uma doutrina de modéstia epistêmica que reconfigura completamente as normas do conhecimento.

A inflexão particular que Allison confere ao kantismo analítico, com sua proposta de reabilitação do idealismo transcendental, tem implicações não somente para a história da filosofia, mas também para o cenário da filosofia contemporânea como um todo. O que Allison tentou mostrar em sua obra sobre Kant é que o idealismo continua a ser uma posição filosófica viável e que o idealismo transcendental de Kant é sua forma mais poderosa e sofisticada.

Ao passar em revista grande parte da literatura sobre a filosofia teórica kantiana disponível até então, o livro de Allison acabou por desempenhar o papel de ponte entre o kantismo analítico e as interpretações de Kant na filosofia continental. Sua análise clara e rigorosa dos textos de Kant conquistou o reconhecimento e o respeito de acadêmicos de diferentes tradições filosóficas. Com isso, *O idealismo transcendental de Kant* tornou-se referência obrigatória a todo estudo sério do pensamento kantiano. Mesmo que não se aceite sua a defesa do idealismo transcendental, qualquer tentativa de explicar as teses fundamentais de Kant na *Crítica da razão pura* hoje passa incontornavelmente pelo livro de Allison.

Allison também é um crítico acerbo de certa tendência entre os círculos analíticos de compartimentalizar excessivamente os problemas filosóficos, negligenciando seu enraizamento na história do pensamento filosófico:

> Penso que se a filosofia for completamente compartimentalizada, acaba correndo o risco de se converter em um exercício completamente estéril. E penso que várias pessoas já chamaram a atenção para a analogia entre alguns dos desenvolvimentos da filosofia analítica em meados deste século e algumas das coisas que estavam ocorrendo no século XIV, quando um escolasticismo estreito perdera de vista o que era realmente importante [...]. Boa parte da filosofia analítica contemporânea consiste, a meu ver, numa espécie de reinvenção da roda, no sentido de oferecer soluções ou críticas que já foram apresentadas no passado. Portanto, nesse sentido, mais uma vez, é perigoso não conhecer a história da disciplina (Allison, 1996b, p. 36-37).

Essa atitude, contra a qual Allison se insurge, provem de uma concepção "cientificista" da filosofia que a vê como conjunto de problemas compartimentados e bem-definidos para cuja solução o passado da filosofia seria irrelevante. Em seus livros, no entanto, Allison demonstra a profunda interconexão que existe entre os problemas filosóficos e preocupações do presente, por um lado, e o pensamento filosófico do passado, por outro. A boa filosofia, mesmo quando aborda problemas específicos, exige familiaridade com as discussões filosóficas do passado. Os problemas filosóficos e sua interconexão só se tornam inteligíveis à luz da história da filosofia. Parafraseando Kant, poderíamos dizer que a história da filosofia sem filosofia é cega, enquanto a filosofia sem história da filosofia é vazia.

Alexandre Alves
Porto Alegre, novembro de 2023.

Nota sobre fontes e chave para abreviações e traduções

Exceto as referências à *Crítica da razão pura*, todas as referências a Kant são ao volume e às páginas da *Kants gesammelte Schriften* (KGS), herausgegeben von der Deutschen (anteriormente Königlichen Preussischen) Akademie der Wissenschaften, 29 vol. (Berlim: Walter de Gruyter, 1902). As referências à *Crítica da razão pura* são da paginação padrão A e B da primeira e segunda edições, respectivamente. Obras específicas citadas são referenciadas mediante as abreviações listadas abaixo. As traduções utilizadas também estão listadas abaixo e, exceto no caso da *Crítica da razão pura*, são colocadas imediatamente depois da referência ao volume e página do texto alemão. Deve ser observado, todavia, que modifiquei ocasionalmente essas traduções. Onde não há referência a uma tradução inglesa, a tradução é minha ou o texto é referenciado, mas não citado.

[Nota dos tradutores – Para os textos das três críticas de Kant, citados por Allison, optamos por utilizar traduções já existentes no Brasil. Essas traduções foram modificadas sempre que nos pareceu necessário. No caso dos demais textos, a tradução foi feita a partir do original. Em ambos os casos, foram respeitadas as preferências de tradução de Allison, como, por exemplo, verter *Erscheinung* por "aparência" em vez de "fenômeno" e *Erkenntniss* por "cognição" em vez de "conhecimento". As obras utilizadas, bem como seus respectivos tradutores, foram referidos abaixo entre colchetes.]

A/B – *Kritik der reinen Vernunft* (KGS 2-4)
Critique of Pure Reason. In: GUYER, P.; WOOD, A. W. (orgs.). The Cambridge edition of the works of Immanuel Kant. Trad. de P. Guyer e W. A. W. Wood. Cambridge: Cambridge University Press, 1997 [*Crítica da razão pura*. Trad. de F. C. Mattos. 4. ed. Petrópolis: Vozes, 2015].

Anthro – *Anthropologie in pragmatischer Hinsicht* (KGS 7)
Anthropology from a practical point of view. Trad. de M. J. Gregor. Haia: Martinus Nijhoff, 1974.

BL – *Logik Blomberg* (KGS 24)

The Blomberg logic. *In*: YOUNG, J. M. (org.). *Lectures on logic*. Trad. de M. Young. The Cambridge edition of the works of Immanuel Kant. Cambridge: Cambridge University Press, p. 5-246, 1992.

Br – *Kants Briefwechsel* (KGS 10-13)

Correspondence. *In*: ZWEIG, A. (org.). The Cambridge edition of the works of Immanuel Kant. Trad. de A. Zweig. Cambridge: Cambridge University Press, 1999.

Diss – De mundi sensibilis atque intelligibilis forma et principiis (KGS 2)

Concerning the form and principles of the sensible and intelligible world (The inaugural dissertation). *In*: WALFORD, D.; MEERBOTE, R. (orgs.). *Theoretical philosophy, 1755-1770*. Trad. de D. Walford e R. Meerbote. The Cambridge edition of the works of Immanuel Kant. Cambridge: Cambridge University Press, p. 377-416, 1992 [Forma e princípios do mundo sensível e do mundo inteligível. Trad. de P. R. Licht dos Santos. *In*: *Escritos pré-críticos*. São Paulo: Ed. Unesp, 2005].

EMB – *Der einzig mögliche Beweisgrund zu einer Demonstration des Dasein Gottes*

The only possible argument in support of a demonstration of the existence of God. *In*: WALFORD, D.; MEERBOTE, R. (orgs.). *Theoretical philosophy, 1755-1770*. Trad. de D. Walford e R. Meerbote. The Cambridge edition of the works of Immanuel Kant. Cambridge and Nova York: Cambridge University Press, p. 107-202, 1992.

FI – *Erste Einleitung in die Kritik der Urteilskraft* (KGS 20)

First introduction to the *Critique of Judgment*. *In*: GUYER, P.; MATTHEWS, E. (orgs.). *Critique of the Power of Judgment*. Trad. de P. Guyer e E. Matthews. The Cambridge edition of the works of Immanuel Kant. Cambridge: Cambridge University Press, p. 377-416, 2000 [*Crítica da faculdade de julgar*. Trad. de F. C. Mattos. Petrópolis: Vozes; Bragança Paulista: Editora Universitária São Francisco, p. 15-70, 2016].

Fort – *Welches sind die wirklichen Fortschritte, die die Metaphysik seit Leibnitzens und Wolf's Zeiten in Deutschland gemacht hat?* (KGS 20)

What real progress has metaphysics made in Germany since the time of Leibniz and Wolff? *In*: ALLISON, H.; HEATH, P. (orgs.). *Theoretical philosophy after 1781*. Trad. de P. Heath. The Cambridge edition of the works of Immanuel Kant. Cambridge: Cambridge University Press, p. 337-424, 2002.

Gr – *Grundlegung zur Metaphysik der Sitten* (KGS 4)

Groundwork of the metaphysics of morals. *In*: GREGOR, M. J. (org.). *Practical philosophy*. Trad. de M. J. Gregor. The Cambridge edition of the works of Immanuel Kant. Cambridge University Press, p. 37-108, 2002 [*Fundamentação da metafísica dos costumes*. Trad. de P. Quintela. Lisboa: Edições 70].

JL – *Jäsche Logik* (KGS 9)

The Jäsche logic. *In*: YOUNG, J. M. (org.). *Lectures on logic*. Trad. de M. Young. The Cambridge edition of the works of Immanuel Kant. Cambridge: Cambridge University Press, p. 521-640, 1992 [*Lógica*. Trad. de G. A. de Almeida. Rio de Janeiro: Tempo Brasileiro].

KpV – *Kritik der praktischen Vernunft*

Critique of Practical Reason. *In*: GREGOR, M. J. (org.). *Practical philosophy*. Trad. de M. J. Gregor. The Cambridge edition of the works of Immanuel Kant. Cambridge: Cambridge University Press, p. 133-272, 2002 [*Crítica da razão prática*. Trad. de M. Hulshof. Petrópolis: Vozes, 2016].

KU – *Kritik der Urteilskraft* (KGS 5)

Critique of the Power of Judgment. In: GUYER, P. (org.). The Cambridge edition of the works of Immanuel Kant. Cambridge: Cambridge University Press, 2000 [*Crítica da faculdade de julgar*. Trad. de F. C. Mattos. Petrópolis: Vozes; Bragança Paulista: Ed. Universitária São Francisco, 2016].

LB – *Lose Blätter zur Kritik der reinen Vernunft* (KGS 23) [Folhas avulsas sobre a *Crítica da razão pura*].

LD-W – *Logik Dohna-Wundlacken* (KGS 24)

The Dohna-Wundlacken logic. *In*: YOUNG, J. M. (org.). *Lectures on logic*. Trad. de M. Young. The Cambridge edition of the works of Immanuel Kant. Cambridge: Cambridge University Press, p. 438-516, 1992.

MAN – *Metaphysische Anfangsgründe der Naturwissenschaften* (KGS 4)

Metaphysical foundations of natural science. *In*: ALLISON, H.; HEATH, P. (orgs.). *Theoretical philosophy after 1781*. Trad. de M. Friedman. The Cambridge edition of the works of Immanuel Kant. Cambridge: Cambridge University Press, p. 171-270, 2002 [*Princípios metafísicos da ciência da natureza*. Trad. de A. Morão. Lisboa: Edições 70].

ML$_2$ – *Metaphysik L2* (KGS 28)

Metaphysic L2. *In*: AMERIKS, K.; NARAGON, S. (orgs.). *Lectures on metaphysics*. Trad. de K. Ameriks; S. Naragon.The Cambridge edition of the works of Immanuel Kant. Cambridge: Cambridge Universitiy Press, , p. 299-356, 2001.

ND – *Principiorum primorum cognitionis metaphysicae nova dilucidatio* (KGS 1)

New elucidation. *In*: WALFORD, D.; MEERBOTE, R. (orgs.). *Theoretical philosophy, 1755-1770*. Trad. de D. Walford e R. Meerbote. The Cambridge edition of the works of Immanuel Kant. Cambridge: Cambridge University Press, p. 1-46, 1992.

NG – *Versuch den Begriff der negativen Grössen in die Weltweisheit einzuführen (KGS* 2)

Attempt to introduce the concept of negative magnitudes into philosophy. *In*: WALFORD, D.; MEERBOTE, R. (orgs.). *Theoretical philosophy, 1755-1770*. Trad. de D. Walford e R. Meerbote. The Cambridge edition of the works of Immanuel Kant. Cambridge: Cambridge University Press, p. 203-241, 1992.

Pro – *Prolegomena zu einer jeden künftigen Metaphysik die als Wissenschaft wird auftreten können* (KGS 4)

Prolegomena to any future metaphysics that will be able to come forward as science. *In*: ALLISON, H.; HEATH, P. (orgs.). *Theoretical philosophy after 1781*. Trad de G. Hatfield. The Cambridge edition of the works of Immanuel Kant. Cambridge: Cambridge University Press, p. 29-170, 2002 [*Prolegômenos a qualquer metafísica futura que possa apresentar-se como ciência*. Trad. de J. O. A. Marques. São Paulo: Estação Liberdade, 2022].

PV – *Pölitz Vorlesungen über die philosophische Religionslehre* (KGS 28)

Lectures on the philosophical doctrine of religion. *In*: WOOD, A. W.; GIOVANNI, G. (orgs.). *Religion and rational theology*. Trad. de A. W. Wood e G. Giovanni. The Cambridge edition of the works of Immanuel Kant. Cambridge: Cambridge University Press, p. 335-451, 1996 [*Lições sobre a doutrina filosófica da religião*. Trad. de B. Cunha. Petrópolis: Vozes, 2019].

R – *Reflexionen* (KGS 15-19) e *Reflexionen Kants zur kritischen Philosophie*. B. ERDMANN (org.). Leipzig: Fues's Verlag, 1882.

Tr – *Träume eines Geistersehers, erläutert durch Träume der Metaphysik* (KGS 2)

Dreams. *In*: WALFORD, D.; MEERBOTE, R. (orgs.). *Theoretical philosophy, 1755-1770*. Trad. de D. Walford e R. Meerbote. The Cambridge edition of the works of Immanuel Kant. Cambridge: Cambridge University Press, p. 301-360, 1992 [Sonhos de um visionário explicados por sonhos da metafísica. Trad. de J. Beckenkamp. *In*: *Escritos pré-críticos*. São Paulo: Ed. Unesp, 2005].

UE – *Über eine Entdeckung nach der alle Kritik der reinen Vernunft durch eine ältere entbehrlich gemacht werden soll* (KGS 8)

On a discovery whereby any new *Critique of pure reason* is to be made superfluous by an older one. *In*: ALLISON, H.; HEATH, P. (orgs.). *Theoretical philosophy after 1781*. Trad. de H. Allison. The Cambridge edition of the works of Immanuel Kant. Cambridge: Cambridge University Press, p. 271-336, 2002.

Prefácio à edição revisada

A presente obra é uma versão substancialmente revisada de *Kant's transcendental idealism*, publicada originalmente em 1983. Quando vislumbrei inicialmente a possibilidade de uma nova edição, fui motivado principalmente por cinco objetivos: (1) corrigir os erros mais graves da edição inicial; (2) atualizar a primeira edição ao tomar conhecimento do considerável corpo de literatura secundária que surgiu nas duas últimas décadas; (3) responder a meus críticos quando essas respostas parecessem justificadas; (4) apresentar uma reconsideração de certas questões sobre as quais minha opinião evoluiu significativamente desde então; e (5) retificar uma omissão gritante na versão original, a saber, a negligência da Terceira Analogia, pela qual fui criticado com justiça.

Embora esta já fosse uma agenda bastante ampla, que exigiria uma revisão considerável, à medida que comecei a trabalhar a sério no projeto, fui percebendo aos poucos que era necessário muito mais e que eu teria de repensar o projeto em sua totalidade. Dois fatores foram os principais responsáveis por essa necessidade de revisão e ampliação.

O primeiro é a tendência crescente entre os comentadores de Kant, nos últimos anos, de defender a separabilidade de grande parte da filosofia teórica substantiva de Kant de seu idealismo transcendental. É claro que o que denomino aqui de "tese da separabilidade" não é algo novo. Essa tese já havia sido discutida por Strawson, que se empenhou por separar o que considerava como conquistas analíticas genuínas da *Crítica* daquilo que entendia como sendo a metafísica "desastrosa" do idealismo transcendental (Strawson, 1966, esp. p. 38-42, 253-273). De fato, a pressuposição de que qualquer coisa que tenha valor filosófico na *Crítica* deva ser separável dessa metafísica tem funcionado praticamente como um axioma, se não em todas, na maioria das interpretações analíticas de Kant no século passado.

Nos últimos tempos, entretanto, alguns foram mesmo além dessa concepção geralmente desdenhosa do idealismo transcendental (concepção que já questionara na edição original), mobilizando os recursos do *corpus* kantiano tradicional, incluindo o *Nachlass* e os escritos pré-críticos, para se debruçarem sobre a questão. Pelo menos no que diz respeito ao presente projeto, os mais ilustres dentre esses "anti-idealistas" kantianos são Paul Guyer e Rae Langton, cujos pontos de vista considero com algum pormenor no capítulo 1, bem como em outras partes deste livro. A especial importância desses autores para o presente projeto provém principalmente do fato de sua insistência na separabilidade se combinar com uma rejeição total da interpretação do idealismo transcendental que apresentei na primeira edição e em outros escritos posteriores. Partindo da premissa, compartilhada por Strawson, de que o idealismo, cuja separação das descobertas e argumentos mais viáveis da *Crítica* se faz necessária, seja uma forma pouco recomendável de dogmatismo metafísico, eles me criticaram por apresentar uma interpretação essencialmente epistemológica ou metodológica (em vez de metafísica) desse idealismo. Nos termos de Guyer (ratificados por Langton), na tentativa de resgatar, sem sucesso, esse aspecto do pensamento de Kant, trivializei seu idealismo, reduzindo-o efetivamente a uma "recomendação anódina de modéstia epistemológica"(Guyer, 1987, p. 336; Langton, 1998, p. 8-12).

Essa nova situação demanda uma resposta revigorada. Mais especificamente, ela exige não só que eu defenda o idealismo transcendental de Kant e minha interpretação particular dele, mas também que defenda de modo muito mais amplo e sistemático do que fiz originalmente a *inseparabilidade* desse idealismo de praticamente cada faceta da *Crítica*. Mostrar que o idealismo transcendental é uma posição coerente e amplamente defensável é de pouca valia a menos que também se possa demonstrar sua centralidade para o projeto kantiano.

Com esse objetivo, desenvolvi aqui, de maneira muito mais completa do que anteriormente, a conexão entre o idealismo transcendental e o que chamei de "tese da discursividade", ou seja, a concepção segundo a qual a cognição humana (enquanto discursiva) requer tanto conceitos quanto intuições (sensíveis). Em vez de concebê-la, na companhia de Strawson, como a tese relativamente pouco problemática de que o conhecimento empírico repousa sobre uma dualidade entre conceitos gerais e instâncias particulares, defendo que essa tese, como Kant a compreende, marca uma ruptura radical com as epistemologias de seus predecessores (tanto racionalistas quanto empiristas) e que reconhecer esse fato é a chave para compreender seu idealismo. Somente assim seremos capazes de ver como o idealismo transcendental está fundamentado em uma reflexão sobre as condições *a priori* da cognição humana (o que denomino "condições epistêmicas") e não, como outras formas de idealismo (o de Berkeley, por exemplo), sobre o *status* ontológico do que é conhecido.

Acredito que esse foco mais ampliado sobre a discursividade torna possível uma compreensão mais aprofundada da oposição entre idealismo transcendental e realismo transcendental, que permanece sendo o ponto principal de minha interpretação. Tal como na primeira edição, tudo gira em torno da tese de que idealismo transcendental e realismo transcendental constituem duas alternativas ou perspectivas metafilosóficas globais e mutualmente excludentes. Digo "metafilosóficas" porque o realismo transcendental, tal como o compreendo (e acredito que Kant também o compreendia dessa forma), engloba uma ampla variedade de concepções metafísicas e epistemológicas. Por essa razão, o que unifica as várias formas desse realismo (muitas das quais não seriam vistas como realismo em nenhum dos sentidos geralmente aceitos do termo) só pode ser o compromisso implícito com uma metodologia filosófica, ou seja, uma maneira de analisar problemas metafísicos e epistemológicos que é partilhada por racionalistas e empiristas, dogmáticos e céticos, e que foi desafiada pela primeira vez por Kant.

Se isso é verdadeiro e o realismo transcendental está numa relação disjuntiva com o idealismo transcendental, como sugerido acima, segue-se que esse idealismo deve ser interpretado como sendo ele próprio uma metodologia ou um ponto de vista, e não como uma doutrina metafísica substantiva. Por esse motivo, achei particularmente digno de nota que nenhum de meus críticos, com cuja obra eu tenha familiaridade (incluindo Guyer e Langton), considerou seriamente a relação entre essas duas formas de transcendentalismo. Na verdade, irei argumentar no corpo desta obra que suas próprias interpretações e críticas (tanto quanto as de muitos outros) do idealismo de Kant repousam sobre pressuposições dogmáticas e transcendentalmente realistas. Assim, não é de surpreender que, do ponto de vista deles, o idealismo transcendental seja insustentável, quando não ininteligível, e que a única maneira que encontram de salvar o argumento da *Crítica* seja mostrar que ele não depende efetivamente desse idealismo. Se, como argumento, o idealismo transcendental representa um desafio radical à imagem transcendentalmente realista da cognição, fica evidente que ele não pode ser compreendido nos termos dessa imagem, o que é precisamente o que eles (e Strawson antes deles) tentaram fazer.

Tal como na primeira edição, interpreto o contraste entre essas duas perspectivas em termos da distinção entre os modelos teocêntrico e antropocêntrico da cognição: o realismo transcendental está comprometido com o primeiro e o idealismo transcendental com o segundo. O que é mais relevante é que o primeiro se identifica com uma concepção intuitiva da cognição e o segundo com uma concepção discursiva. Em consequência, a chamada revolução copernicana de Kant deve ser vista não somente como uma "mudança de paradigma" de um modelo teocêntrico para um modelo antropocêntrico, mas ao mesmo tempo (na verdade, por essa razão mesma) também como a transição de uma concepção intuitiva para uma concepção discursiva da cognição e, portanto, como uma transformação em nossa compreensão do que conta como conhecimento. Pelo menos nisso Guyer e Langton estão corretos. O idealismo transcendental, na minha leitura, é uma doutrina de modéstia epistemológica, já que nega a sujeitos de conhecimento finitos como nós qualquer aderência a uma visão divina das coisas. Todavia, não se pode dizer que isso o torne trivial ou anódino, pois ele também nega que essa visão divina precise ser considerada a norma em termos da qual a cognição humana deve ser avaliada. Ao contrário, defendo que esse idealismo envolve uma reconfiguração radical das normas epistêmicas, o que é indissociável de um apelo a condições epistêmicas. Em outras palavras, ele serve como a contraparte epistemológica da passagem da heteronomia para a autonomia, que é geralmente reconhecida como a essência da "revolução" kantiana na ética.

Pelo menos à primeira vista, essa tese pode parecer duplamente paradoxal, pois, quando considerada em conjunto com a dicotomia realismo transcendental-idealismo transcendental, implica não somente que os empiristas clássicos, apesar de seu apelo característico ao "entendimento humano", estavam implicitamente comprometidos com o modelo teocêntrico, mas também que eles concebiam a cognição humana como essencialmente intuitiva no sentido kantiano (por oposição a uma cognição discursiva). Não obstante, trata-se precisamente do que defendo no capítulo 2. Para antecipar um pouco as coisas, na medida em que a cognição intuitiva é definida por oposição à variedade discursiva (como é sempre o caso para Kant), ela deve ser compreendida como envolvendo uma apreensão imediata e, portanto, não conceitual de seu objeto. Tendo em vista que essa é precisamente a posição empirista habitual, ela guarda uma importante similaridade estrutural com a imagem tradicional do "modo de conhecer" de Deus. Para falar a verdade, existe também uma diferença relevante: enquanto o conhecimento de Deus é pensado como consistindo numa visão atemporal, sinóptica, da totalidade, a maioria dos empiristas clássicos enfatizam as fronteiras estreitas do entendimento humano, sua limitação incontornável aos materiais que a experiência lhe adscreve. Além do mais, é principalmente por essa razão que normalmente se pensa que Kant esteja do lado dos empiristas na disputa ininterrupta que estes travam com os racionalistas, que muitas vezes apelam explicitamente para a imagem teocêntrica ao articular sua concepção do conhecimento "adequado".

Embora, haja sem dúvida alguma verdade nessa imagem familiar da relação da *Crítica* com o racionalismo e com o empirismo clássicos, ela também obscurece um ponto mais profundo, a saber, que, enquanto formas do realismo transcendental, tanto o racionalismo quanto o empirismo compartilham a pressuposição subjacente de que o conhecimento humano deve ser avaliado segundo a norma de uma hipotética cognição divina, que, por sua própria natureza, não pode ser conceitual. Eles diferem principalmente com relação à questão do grau em que tal cognição intuitiva pode ser alcançada pela mente humana. Em suma, do ponto de vista kantiano, tratar-se-ia apenas de uma briga de família.

A segunda razão maior para a amplitude das revisões nesta edição é uma mudança básica de opinião em relação à concepção kantiana de razão. Embora na edição original eu tenha enfatizado a importância da Antinomia da Razão Pura e discutido a versão B dos Paralogismos, eu tinha relativamente pouco a dizer sobre a teoria geral da razão em Kant, sua conexão com uma ilusão transcendental subjacente e sua inelimiável função reguladora. Isso se devia principalmente ao fato de eu não ter percebido plenamente então a natureza e a profundidade da conexão entre essa teoria da razão e o idealismo transcendental. Em vez disso, como muitos outros, presumi que, fora o geralmente desqualificado Quarto Paralogismo (a refutação do idealismo da versão A), esse idealismo transcendental só tinha posição proeminente na Antinomia, onde ele deveria fornecer uma escapatória para as contradições com as quais a razão se encontra emaranhada em relação a princípios transcendentalmente realistas. Além do mais, isso levaria naturalmente à pressuposição de que a ilusão transcendental, à qual a razão estava sujeita, seria ela própria um produto do realismo transcendental e, portanto, desapareceria por si mesma com a rejeição deste último.

Despertei de meu "sono dogmático" sobre essa questão por obra de uma ex-aluna, Michelle Grier. Primeiramente em sua dissertação e, depois, de modo mais substancial, num importante livro nela baseado, Grier mostrou de modo conclusivo que, para Kant, a ilusão transcendental é inerente à própria natureza da razão humana (Grier, 2001). Para os propósitos presentes, a importância desse fato, que é por vezes notada mas raramente levada a sério, é mostrar a necessidade de estabelecer uma distinção nítida entre a ilusão transcendental e o realismo transcendental. Como a primeira é inerente ao uso teórico da razão, ela não pode ser eliminada (embora os erros metafísicos provenientes dela possam ser evitados), ao passo que o realismo transcendental, como postura metafilosófica, pode (e deve) ser substituído pelo idealismo transcendental. Mas, se isso é verdade, segue-se que o idealismo transcendental não elimina, como eu supusera anteriormente, a ilusão transcendental (sendo esta uma tarefa impossível). Seu papel é, antes, o de nos impedir de sermos enganados por essa ilusão, e ele o cumpre separando-a do realismo transcendental com o qual é costumeiramente associada. Esta última, assim, permanece sendo a fonte real das dificuldades nas quais a razão se encontra quando, sob o feitiço da ilusão transcendental, se aventura no reino do transcendente.

Isso confere ao idealismo transcendental uma função terapêutica essencial da qual inicialmente eu não tinha plena consciência, mas que está de acordo com minha compreensão básica desse idealismo e da impossibilidade de separá-lo do argumento global da *Crítica* (tendo em conta tanto suas partes críticas quanto suas partes construtivas). Com o propósito de desenvolver esse ponto, todavia, achei necessário apresentar uma interpretação sistemática da teoria kantiana da razão. Além de abordar algumas das críticas mais comuns dessa teoria, isso requer discutir a descrição geral da razão e sua relação com a ilusão, que é exposta na Introdução à Dialética, assim como seu papel no interior dos Paralogismos e do Ideal, e, por fim, sua função reguladora tal como articulada no Apêndice à Dialética. Isso explica a presença de três capítulos complemente novos (11, 14 e 15), bem como a relocalização e a significativa modificação dos capítulos que tratam dos Paralogismos e da Antinomia (capítulos 12 e 13 na presente versão). Em suma, isso levou à reformulação total da quarta parte deste trabalho.

Para o leitor interessado em comparar a presente versão com a versão anterior desta obra, quatro outras modificações são dignas de nota. A primeira, que é a de natureza mais substancial, concerne ao tratamento da Dedução Metafísica (capítulo 6). Como a maior parte dos comentadores, eu pensava que não havia muito a dizer sobre os detalhes da tentativa kantiana de estabelecer a completude de sua tábua das funções do juízo, da qual deriva, supõe-se, a tábua das categorias. Assim, atenuei a relevância da tese da completude e concentrei-me na relação entre certas funções judicativas e as categorias correspondentes, que é, por mérito próprio um problema importante e profundamente controverso. Uma vez mais, entretanto, fui levado a modificar minha opinião pelas discussões iluminadoras sobre esse problema que apareceram em anos recentes[4]. Como re-

---

4. Entre as quais o estudo de Brandt (1995); M. Wolff (1995) e Longuenesse (1998a). Antes desses trabalhos, virtualmente o único comentador a tomar seriamente a suposta completude da tábua dos juízos de Kant foi Reich ([1932] 1992). Esses autores recentes retomam o projeto de Reich, porém rejeitam sua análise.

sultado desses trabalhos recentes, ampliei consideravelmente minha discussão no capítulo 6, defendendo não somente a importância sistemática da questão da completude, mas também a plausibilidade da posição de Kant, dada a tese da discursividade a que está intimamente vinculada. Se essa defesa da completude é convincente ou não, cabe ao leitor decidir.

As outras modificações relevantes são principalmente de natureza estrutural. A primeira delas é consequência direta da inclusão de uma discussão da Terceira Analogia. Para que essa discussão fosse mais do que um exame breve e superficial do texto (como é o caso da maioria das abordagens à Terceira Analogia), seria necessário ou a adição de um novo capítulo sobre essa Analogia ou uma reorganização de maior fôlego da discussão das Analogias como um todo. Optei pelo segundo caminho, embora isso tenha resultado em um texto um pouco pesado, que combina a discussão de todas as três Analogias em um único capítulo (o capítulo 9). O principal motivo dessa decisão é permitir que se aborde o importante tema da interconexão entre as Analogias, um tópico bastante negligenciado na edição original.

Outra mudança estrutural significativa diz respeito à Refutação do Idealismo. Enquanto, anteriormente, capítulos específicos foram dedicados à Refutação e à teoria kantiana do sentido interno, aqui elas estão combinadas em um único capítulo (o capítulo 10), procedimento que acredito ser justificado pela conexão íntima entre esses tópicos. Nesse contexto, também gostaria de chamar atenção para o fato de eu ter acrescentado uma discussão sobre a relação entre a Refutação do Idealismo e o idealismo transcendental, algo que faltava na versão original. Normalmente, a sugestão de tal relação é recebida com profunda suspeita, a pressuposição sendo que qualquer refutação do idealismo que repouse neste último não pode ser uma refutação genuína. Porém, se, como defendo, o idealismo transcendental é inseparável das doutrinas substantivas da *Crítica*, então ele também deve desempenhar um papel importante aqui, no lugar talvez menos provável. Desse modo, em oposição a Guyer e a muitos outros, tento argumentar que esse idealismo (se compreendido corretamente) de fato desempenha tal papel na Refutação do Idealismo da versão B. Com efeito, estou sugerindo que essa é uma pré-condição essencial para *qualquer* refutação bem-sucedida do que Kant por vezes chama de "idealismo comum" e que a recusa em admiti-lo reflete uma má-compreensão profundamente arraigada do idealismo transcendental.

Finalmente, há uma omissão significativa nesta versão revisada de *Kant's transcendental idealism*. Ela diz respeito à discussão do problema da liberdade que, de muitas maneiras, reside no próprio âmago da filosofia de Kant. Para falar a verdade, esse tópico não é inteiramente negligenciado, visto que abordo o que pode ser chamado de dimensão cosmológica da questão por ocasião da discussão da Terceira Antinomia (capítulo 13). À diferença da versão original, não tento relacioná-lo à questão do livre-arbítrio (liberdade prática), que atrai a maior parte dos interesses. Embora lamentável, essa omissão era inevitável por conta da necessidade imperiosa de manter esta obra dentro de um tamanho aceitável. Além do mais, aqueles que se interessarem em conhecer minhas ideias sobre o assunto, podem consultar outras obras minhas em que abordo o tema em sua inteireza (cf. Allison, 1990; 1996a).

Agradecimentos

Além de todos aqueles cuja assistência eu reconheci na edição original deste livro, gostaria de agradecer às pessoas com as quais estou em débito por sua ajuda com esta edição revisada. A mais importante é minha ex-aluna, Michelle Grier, não somente por sua dissertação e por seu livro, que me forçaram a repensar muitas de minhas concepções anteriores, mas também por suas sugestões e comentários perspicazes às versões anteriores dos capítulos que tratam da teoria kantiana da razão. Também estou em débito com outro ex-aluno, Luigi Caranti, que escreveu uma excelente dissertação sobre a refutação do idealismo de Kant e com quem tive muitas discussões sobre esse tópico nos últimos anos. Gostaria de expressar meu apreço a Katrien Vander Straeten por sua assistência bem material na preparação do manuscrito e do índice. Finalmente, gostaria de agradecer à Cambridge University Press pela permissão de citar extensivamente a tradução da *Crítica da razão pura* feita por Paul Guyer e Allen Wood.

PARTE I

A natureza do idealismo transcendental

1
Uma introdução ao problema

Apesar de alguma simpatia manifestada em anos recentes por um tipo vagamente kantiano de idealismo, ou melhor, de antirrealismo, que defende que nossa concepção da realidade é dependente de nossos conceitos e/ou práticas linguísticos, o idealismo transcendental de Kant propriamente dito, com sua distinção entre aparências e coisas em si, permanece altamente impopular[5]. Prova disso é o surgimento de uma animada controvérsia concernente à interpretação desse idealismo, com alguns autores, eu incluído, defendendo uma versão do que se costuma chamar de concepção de "dois aspectos" (a ser discutida adiante). Apesar disso, muitos intérpretes continuam atribuindo a Kant a tradicional concepção de "dois objetos" ou de "dois mundos" ou alguma variante próxima dessa concepção, e na maioria dos casos (embora não em todos) essa leitura está acoplada a uma rejeição sumária do idealismo transcendental como uma posição filosófica viável. De fato, a manifesta insustentabilidade do idealismo transcendental, tal como eles o compreendem, levou alguns críticos a tentarem salvar Kant de si mesmo, separando o que entendem ser o núcleo legítimo do argumento kantiano (geralmente de natureza anticética) da bagagem extra do idealismo transcendental, que, segundo eles, sobrecarrega o argumento.

A abordagem adotada nesta obra é diametralmente oposta a essa. Ainda que sem negar muitas das dificuldades apontadas pelos críticos, seu principal objetivo é oferecer uma interpretação global e, onde for possível, uma defesa do idealismo transcendental. Essa defesa não será equivalente a uma tentativa de demonstrar a verdade do idealismo transcendental – projeto por demais ambicioso. Ela irá, todavia, argumentar que esse idealismo permanece sendo uma opção filosófica viável, ainda digna de consideração séria. Uma tese subjacente, que é independente da viabilidade do idealismo transcendental, é a íntima conexão

---

5. Para uma proveitosa discussão dessas formas de antirrealismo e a conexão, ou a falta de conexão, entre elas e o idealismo de Kant, cf. Ameriks (1992, p. 329-342).

deste com virtualmente todos os aspectos da *Crítica*. Em suma, será negada categoricamente que as teses fundamentais de Kant na *Crítica* possam ser separadas do idealismo transcendental. Para o bem ou para o mal, ou ambos se sustentam, ou ambos sucumbem.

O presente capítulo pretende ser uma introdução ao problema como um todo e está dividido em duas partes principais. A primeira fornece um breve esboço do que poderia ser chamado de leitura "anti-idealista" de Kant. A segunda parte inicia o processo de reabilitação do idealismo transcendental, delineando uma concepção deste que é bastante diferente daquela rejeitada por seus críticos. Segundo essa concepção, o idealismo transcendental deve ser visto mais propriamente como epistemológico, ou talvez "metaepistemológico", do que como metafísico, posto que fundamentado em uma análise da natureza discursiva da cognição humana[6]. Para esse fim, introduzo o conceito de "condição epistêmica" como chave para a compreensão não somente do idealismo transcendental, mas também do argumento da *Crítica* como um todo.

I. O anti-idealismo kantiano

Como mencionado acima, críticos do idealismo transcendental que, apesar disso, ainda guardam alguma simpatia por Kant tendem a interpretar esse idealismo de uma maneira muitíssimo pouco caritativa, e defendem, então, sua separação de uma parte da argumentação kantiana cuja independência possa ser justificada. Consideraremos brevemente cada uma dessas estratégias.

A. O idealismo do anti-idealismo

De acordo com muitos de seus críticos, o idealismo transcendental é uma teoria metafísica que afirma a incognoscibilidade do "real" (as coisas em si) e que relega a cognição ao reino puramente subjetivo das representações (as aparências). Ele combina, assim, uma explicação fenomenista, essencialmente berkeleyana, do que é efetivamente experienciado pela mente e, portanto, cognoscível,

---

6. Embora ocasionalmente me afaste do procedimento (em grande parte, embora não inteiramente, por razões estilísticas), ao contrário da primeira edição, tendo a utilizar o termo "cognição" em vez de "conhecimento" para verter "*Erkenntnis*". Além do fato de se correlacionar com o latim "*cognitio*", que Kant identifica com "*Erkenntnis*", essa escolha tem duas vantagens, que mais do que compensam certa estranheza: a primeira é que cognição, ao contrário de conhecimento [*knowledge*], pode ou não ser bem-sucedida em atingir seu objeto, e a segunda é que cognição pode ser utilizada no plural. Ao utilizar esse termo, sigo, também aqui, a tradução de Guyer e Wood e não a tradução de Kemp Smith, utilizada na primeira edição.

ou seja, suas próprias representações, com a postulação de um conjunto adicional de entes que, nos termos da própria teoria, são incognoscíveis[7]. A despeito de seu óbvio paradoxo, essa postulação é tida como necessária para explicar como a mente adquire suas representações, ou pelo menos os materiais para estas (sua forma sendo "imposta" pela própria mente). A pressuposição básica é simplesmente que a mente pode adquirir esses materiais apenas como resultado de ter sido "afetada" por coisas em si mesmas. Assim, deve-se pressupor que tais coisas existam, muito embora a teoria nos negue o direito de dizer algo sobre elas, incluindo afirmações de que existem e nos afetam.

Embora faça parte de uma linhagem longa e razoavelmente distinta que remonta a contemporâneos de Kant[8], a persistente aceitação dessa compreensão do idealismo transcendental na comunidade filosófica anglo-americana se deve principalmente à influência de P. F. Strawson, que define rispidamente esse idealismo como a doutrina de que "a realidade é suprassensível e de que não podemos ter nenhum conhecimento dela" (Strawson, 1966, p. 16). Além disso, no espírito dessa leitura, Strawson não somente rejeita o idealismo transcendental como incoerente, mas também oferece uma explicação do que conduziu Kant a essa doutrina "desastrosa". Como Strawson o vê, o idealismo transcendental é a consequência direta da "perversão" por Kant da oposição, estabelecida pelo "filósofo de mentalidade científica", entre um reino de objetos físicos composto de qualidades primárias e um reino mental consistindo nas aparências sensíveis desses objetos (incluindo suas qualidades secundárias). Esse reino mental, tal como sua contraparte kantiana, é pensando como sendo produzido por meio da afecção da mente por objetos físicos. Porém, Kant supostamente perverte esse modelo ao atribuir todo o arcabouço espaço-temporal (que, de acordo com o modelo original, pertence ao "real", quer dizer, aos objetos físicos) à constituição subjetiva da mente humana. A doutrina resultante é julgada como incoerente porque, entre outras razões, é somente com referência ao arcabouço espaço-temporal que se pode falar inteligivelmente em "afecção"[9].

---

7. Na primeira edição de *Kant's transcendental idealism*, usei a noção de "imagem padrão" para me referir a essa visão. Felizmente, essa descrição já não é acurada, embora continue a ser uma leitura amplamente aceita.

8. Entre os quais, Pistorius, Eberhard, Jacobi, Maimon e Enesidemo-Schulze. Talvez a expressão contemporânea mais clara desse tipo de interpretação se encontre na famosa resenha Garve-Feder, à qual o próprio Kant respondeu em Pro 4: 372-380; 160-166. Para uma análise de muitas dessas interpretações e críticas de Kant, cf. Vaihinger (1881-1892, vol. 2, p. 494-505).

9. O acima exposto é reconhecidamente uma apresentação supersimplificada da posição de Strawson, baseada em grande medida em sua exposição introdutória em *The bounds of sense* (1966, p. 38-42). Ele também discute o idealismo transcendental em vários outros lugares da obra, esp. nas p. 235-262,

Além de sua postulação injustificada de coisas em si que, de algum modo, afetam a mente, o idealismo transcendental é com frequência atacado no terreno epistemológico por sua tese complementar de que só podemos conhecer aparências. Identificando as "aparências" kantianas com "meras representações", isso significa, no entendimento dos críticos, que conhecemos somente os conteúdos de nossas próprias mentes, ou seja, as ideias no sentido berkeleyano. Isto é, então, utilizado por vezes como base para a crítica da doutrina da idealidade do espaço e do tempo apresentada por Kant na Estética Transcendental. Em termos simples, a tese é que o ponto de partida subjetivista de Kant enfrenta um dilema complicado: Kant deve afirmar ou (1) que as coisas apenas parecem ser espaciais para nós, ou (2) que aparências, ou seja, representações, realmente são espaciais. A afirmação (1), entretanto, supostamente implica que nossa consciência de um mundo de objetos extensos e localizados no espaço é de algum modo ilusória; ao passo que a afirmação (2), à primeira vista, parece ser absurda, pois exige que consideremos itens mentais como sendo extensos e localizados no espaço[10].

Essa linha de crítica também remonta aos contemporâneos de Kant e certamente tem eco em Strawson (1966, p. 235-239). Contudo, sua formulação mais importante no século XX talvez seja a de H. A. Prichard, que concentra muito de seu ataque na alegada incoerência da discussão kantiana sobre as "aparências". De acordo com Prichard, cuja crítica teve grande influência no início do século, toda a concepção da aparência em Kant está deturpada por uma confusão entre a tese de que só conhecemos as coisas tal como aparecem para nós e a tese bem diversa de que só conhecemos uma classe particular de coisas, a saber, aparências. Prichard também sugere que Kant só conseguiu evitar o dilema mencionado acima deslizando de uma tese a outra. Assim, na reconstrução de Prichard, o que Kant realmente queria defender é que só conhecemos as coisas como elas aparecem para nós; porém, já que isso supostamente implica que essas coisas apenas *parecem* ser espaciais para nós, no intuito de defender seu estimado rea-

---

e distingue várias interpretações possíveis. A minha preocupação atual, contudo, não é examinar os detalhes da interpretação e da crítica de Strawson, mas apenas usá-la como ilustração do que continua a ser uma visão bastante comum do idealismo transcendental. Tratei especificamente das posições de Strawson em Allison (1969, p. 216-223). Para uma linha de crítica semelhante, cf. Matthews (1969, p. 204-220).

10. Deve notar-se, contudo, que Hume afirmou explicitamente tal doutrina no *Tratado [sobre a natureza humana]*, o que pode nos fazer hesitar antes de rejeitá-la como incoerente; cf. Falkenstein (1997, p. 179-201). Todavia, não discutirei essa questão aqui, pois não vejo muitos indícios de que Kant realmente tenha defendido tal concepção.

lismo empírico, Prichard foi forçado a transitar para a doutrina de que o que conhecemos são aparências e de que elas realmente são espaciais[11].

O que subjaz à crítica de Prichard é a suposição de que a tese de que só conhecemos objetos tal como eles aparecem deva ser entendida como significando que só conhecemos como eles parecem ser para nós e não como eles realmente são. De fato, ele explicita bastante esse ponto ao interpretar a distinção kantiana em termos do exemplo clássico da ilusão perceptiva: o do bastão reto que parece torto para um observador quando imerso na água. Desse modo, ele não tem muita dificuldade em fazer uma redução ao absurdo da doutrina de Kant. Embora sua análise passe por vários estágios, o principal argumento de Prichard é linguístico. Especificamente, ele afirma que a explicação de Kant contradiz o significado claro de "conhecimento". Uma vez que conhecer algo, de acordo com Prichard, significa apenas conhecer como este algo realmente é (em contraposição a conhecer como ele pode "parecer para nós"), segue-se que para Kant não podemos realmente conhecer absolutamente nada (Prichard, 1909, p. 78-79). Assim, longe de propiciar um antídoto para o ceticismo, como era sua intenção, Kant, nessa leitura, é visto como um cético cartesiano *malgré lui**.

B. A tese da separabilidade

O que aqui se denomina tese da separabilidade é uma resposta a essa compreensão do idealismo transcendental e provém, em larga medida, da obra de P. F. Strawson, que estabeleceu como sua tarefa explícita a separação entre o que ele chama de "argumento analítico" da *Crítica* e o idealismo transcendental, imiscuído a esse argumento, segundo Strawson (1966, p. 240), de forma infeliz e desnecessária por Kant. Fundamental para o "argumento analítico", tal como Strawson o concebe, é a refutação de um ceticismo de tipo cartesiano mediante a demonstração de uma conexão entre a autoconsciência (ou a autoatribuição da experiência) e a experiência de um mundo público e objetivo. Neste ponto, Strawson tem sido seguido por vários filósofos, que tentaram formular e

---

11. Prichard (1909, p. 71-100). Uma crítica rigorosa e sensível à interpretação de Kant por Prichard foi feita por Bird (1962, esp. p. 1-17). Embora eu difira de Bird em uma série de questões, a estratégia deste capítulo e a direção geral de minha interpretação devem muito a seu trabalho. A meu ver, ele merece crédito por ter sido o primeiro comentador anglófono de Kant dessa geração a desafiar seriamente a imagem padrão.

* Em francês no original: "apesar de si mesmo", "sem ter tido essa intenção" [N.T.].

defender argumentos anticéticos ou "transcendentais", vagamente kantianos, não contaminados por quaisquer premissas idealistas[12].

Embora para o próprio Strawson o projeto seja mais o de apropriar-se do que é considerado valioso em Kant e descartar o resto do que o de propor uma interpretação radicalmente nova baseada num cuidadoso exame dos textos relevantes, essa última tarefa foi empreendida por dois especialistas em Kant que parecem ter sido profundamente influenciados pela obra de Strawson: Paul Guyer e Rae Langton. Nesse sentido, pode ser instrutivo analisar suas concepções sobre o idealismo transcendental e a tese da separabilidade.

Guyer. Ao rejeitar interpretações do idealismo transcendental tais como a apresentada na primeira edição deste livro, caracterizada por ele como uma "recomendação anódina de modéstia epistemológica" (Guyer, 1987, p. 336), o autor insiste no caráter metafísico e dogmático desse idealismo. Como diz ele:

> o idealismo transcendental não é um lembrete cético de que *não podemos ter certeza* de que as coisas, como são em si mesmas, também *sejam* como as representamos; ele é uma insistência severamente dogmática de que *podemos estar bastante seguros* de que as coisas como são em si mesmas *não podem* ser como as representamos (Guyer, 1987, p. 333).

Além do mais, uma vez que o espaço e o tempo são os elementos indispensáveis em nossas representações das coisas, ele prossegue identificando esse idealismo com a tese de que "coisas em si, o que quer que possam ser, *não são* espaciais e temporais"(Guyer, 1987, p. 333).

Como veremos, embora Guyer esteja correto ao insistir que Kant afirmou a tese forte da não espaço-temporalidade das coisas como são em si mesmas (em vez da tese mais fraca de que não podemos ter nenhuma certeza sobre a questão), isso não torna a posição de Kant "severamente dogmática" ou sequer dogmática, aliás. Além disso, visto que Kant explicitamente nega que representemos as coisas como são em si mesmas como sendo espaciais ou temporais, a tese, defendida por Guyer, de que para Kant as coisas em si não são como as representamos é bastante enigmática.

É possível, todavia, entender melhor sua posição examinando a concepção de Guyer do conceito de coisa em si. É interessante notar que a posição de Guyer emerge de sua rejeição da concepção de dois aspectos (que será discutida abaixo). Embora Guyer reconheça que, exceto nos casos especiais de Deus e da alma, Kant não "postula um segundo conjunto de objetos fantasmáticos, não espaciais e não temporais, além dos referentes ordinários dos juízos empíricos", ele insiste

---

12. Para uma discussão de algumas dessas tentativas, cf. Walker (1978, esp. p. 14-23).

que isso não é vantajoso para os defensores do idealismo transcendental, pois "faz algo justamente tão desagradável quanto – a saber, *degradar* objetos ordinários em meras representações de si mesmos ou identificar objetos que possuem propriedades espaciais e temporais com meros entes mentais"(Guyer, 1987, p. 334-335). Além disso, Guyer sugere que Kant não tem necessidade de postular um conjunto distinto de objetos, subjacente às aparências, para afirmar a natureza não espacial e não temporal das coisas em si, "porque a ontologia da qual ele parte *já* inclui duas classes de objetos, a saber, coisas como mesas e cadeiras e nossas representações delas" (Guyer, 1987, p. 335).

Como Guyer procura deixar claro, sua opinião é que o idealismo de Kant gira em torno da (ou consiste na) transferência de propriedades espaciais e temporais dos objetos ordinários da experiência humana para as aparências, entendidas como meras representações ou entes mentais(Guyer, 1987, p. 335). Em suma, ele aceita a essência da explicação de Strawson sobre como Kant (des)norteou-se em direção a essa doutrina desastrosa. Em consequência, ele considera que Kant não tem necessidade de postular um conjunto adicional de objetos que não estão no espaço ou no tempo. Mas isso sugere que Guyer necessariamente entende por coisas em si os objetos ordinários da experiência, tais como mesas e cadeiras, esvaziados de suas propriedades espaciais e temporais; daí, presumivelmente, sua afirmação de que, para Kant, podemos saber com certeza que as coisas em si mesmas *não* são como as representamos, isto é, situadas no espaço e no tempo.

Embora possa parecer que tal concepção da coisa em si seja sugerida por certas passagens nas quais Kant tenta ilustrar a idealidade das aparências, ampliando a subjetividade das qualidades secundárias para incluir também as primárias (todas elas envolvem alguma referência ao espaço e às condições dinâmicas para preenchê-lo) (cf. Pro 4: 289; 84; Gr 4: 451-452; 98-99), a concepção beira a incoerência se for entendida como algo mais do que uma analogia vaga. Pois isso requer a interpretação de que Kant identifica os objetos ordinários da experiência humana com coisas em si *e, ao mesmo tempo,* nega que essas coisas possuam as propriedades que alegadamente experienciamos como sendo próprias delas.

Guyer, porém, não se deixa perturbar por incoerências como essa, pois para ele elas não importam. Pelo menos, não importam para o que ele chama de "teoria transcendental da experiência" de Kant, isto é, as teses das Analogias e especialmente a Refutação do Idealismo, que é tudo o que considera digno de ser preservado na *Crítica*. Assim, em resposta à célebre observação de Jacobi de que "*sem* a pressuposição [da coisa em si], não posso entrar no sistema, e com essa pressuposição não posso permanecer nele" (Jacobi, [1787] 1968, vol. 2, p. 304) – à qual retornaremos no capítulo 3, Guyer (1987, p. 335) comenta:

> É possível ingressar na filosofia crítica, ou pelo menos na teoria transcendental da experiência, sem a pressuposição da coisa em si porque nenhum dos argumentos de Kant em defesa da não espacialidade e não temporalidade das coisas em si e, certamente, nenhum de seus argumentos a partir de teses legítimas da teoria transcendental da experiência, é bem-sucedido. Assim, pode-se aceitar a teoria transcendental da experiência, finalmente exposta nas analogias da experiência, bem como a refutação do idealismo, sem qualquer compromisso com o idealismo transcendental dogmático.

A insuficiência dos argumentos de Kant em defesa do idealismo, sugerida por Guyer, só pode ser decidida por meio de uma consideração cuidadosa desses argumentos. Mas também resta ver se a teoria transcendental da experiência de Kant é realmente separável desse idealismo quando este último é interpretado de uma maneira mais simpática do que a que Guyer está disposto a aceitar[13]. Como já foi observado, uma das maiores preocupações deste trabalho é mostrar que a teoria kantiana da experiência não pode ser separada de seu idealismo transcendental.

Langton. Se Guyer concede que há uma vertente idealista no pensamento de Kant, separável, segundo ele, de seu núcleo defensável, Rae Langton, por sua vez, descreve um Kant que é, em todos os aspectos essenciais, um realista robusto, na verdade, um realista científico no sentido contemporâneo, apropriadamente equipado de uma teoria causal do conhecimento (Langton, 1998). Naturalmente, ela não nega que haja algumas passagens que não se prestam facilmente a tal leitura, mas se esforça para minimizá-las e para argumentar que elas não comprometem decisivamente Kant com o idealismo[14]. Todavia, em nítido contraste com Guyer, ela não rejeita a distinção que Kant faz entre aparências e coisas em si e a negação da possibilidade de se ter cognição destas últimas. Ao contrário, ela insiste que a "humildade" de Kant sobre a cognição de coisas em si não só é compatível com seu realismo, mas é efetivamente exigida por ele. No entanto, apesar de diferenças significativas, Langton está em consonância com Guyer ao

---

13. Como veremos no capítulo 10, Guyer reconhece por vezes que Kant manteve algo como uma concepção de dois aspectos do idealismo transcendental, mas vê como um abandono em 1787 da concepção original de 1781, e afirma que essa concepção posterior é igualmente irrelevante para os argumentos centrais da Analítica.

14. Para as concepções da autora sobre o idealismo em Kant, cf. Langton (1998, esp. p. 6 e seu último cap., "Realism or idealism?"). Neste último, ela reconhece que Kant afirma que o espaço (e presumivelmente o tempo) são ideais, minimizando ao mesmo tempo a importância dessa concessão ao negar que a tese da idealidade se aplique às coisas no espaço e no tempo, ou seja, aos fenômenos.

rejeitar qualquer leitura "anódina" ou, como ela a designa, qualquer "proposta deflacionária" concernente a tal humildade (Langton, 1998, p. 8).

O ponto de partida da reconstrução, abertamente realista, da oposição kantiana entre aparências e coisas em si, bem como da limitação do conhecimento às primeiras, é a tese exegética de Strawson de que a humildade presumivelmente se segue da receptividade, isto é, de que as coisas em si são incognoscíveis pela mente humana porque nossa cognição é receptiva e, portanto, dependente de ser afetada pelo objeto conhecido (Strawson, 1966, p. 250). Mas, enquanto Strawson trata esta como uma premissa fundamental e indisputável da *Crítica*, Langton, ponderando que a humildade não se segue diretamente da receptividade, reconhece a necessidade de uma premissa adicional vinculando as duas. De fato, o objetivo maior de seu livro parece ser o de apresentar tal premissa.

Essa necessidade seria prontamente reconhecida por kantianos mais ortodoxos, que tendem a situar a premissa exigida na concepção kantiana da sensibilidade humana, bem como do espaço e do tempo, como formas dessa sensibilidade. Langton nega, todavia, que a humildade de Kant concernente à cognição de coisas em si tenha algo a ver com suas concepções sobre o espaço e o tempo, ou com a conexão destas com a sensibilidade humana[15]. Em vez disso, ela situa a premissa faltante em uma tese metafísica antileibniziana referente à irredutibilidade de relações, que remonta a alguns dos primeiros escritos de Kant e que presumivelmente sobrevive na *Crítica*.

Reduzida ao essencial, a reconstrução feita por Langton do argumento kantiano da humildade consiste em três etapas. A primeira é a caracterização das coisas em si como substâncias possuindo propriedades intrínsecas e dos fenômenos como propriedades relacionais dessas substâncias. A segunda etapa corresponde à tese de que as relações e as propriedades relacionais de tais substâncias não são redutíveis a suas propriedades intrínsecas. Em termos mais contemporâneos usados preferencialmente por Langton, isso significa que as propriedades relacionais das coisas não são sobrevenientes a suas propriedades intrínsecas. O terceiro e último passo é apenas o apelo à receptividade, enfatizado por Strawson. Posto que as propriedades mediante as quais as coisas nos afetam (seus poderes causais) são meramente relacionais e, como tais, não sobrevenientes a suas propriedades intrínsecas, e posto que devemos ser afetados por um objeto

---

15. Langton praticamente ignora o tempo e tem relativamente pouco a dizer sobre o espaço. Sua justificativa é sua convicção de que as concepções de Kant sobre humildade são independentes de suas concepções sobre espaço e tempo. Cf. esp. Langton (1998, p. 102, n. 7; p. 211). Desafiarei essa tese na sequência.

para ter cognição dele, segue-se que não podemos conhecer suas propriedades intrínsecas, o que é precisamente a doutrina da humildade (cf. Langton, 1998, p. 124-125 e 139; sobre sobreveniência, cf. esp. p. 79-88).

Uma característica essencial do argumento de Langton é a identificação virtual das coisas em si kantianas com as mônadas leibnizianas (substâncias com propriedades intrínsecas). Além do mais, trata-se certamente de uma tese controversa, para dizer o mínimo. Pois embora, como veremos, o Kant "crítico" tenha boas razões para caracterizar dessa maneira o *conceito* de uma coisa como ela é em si mesma, disso não se segue que Kant tenha permanecido comprometido com a concepção metafísica substantiva de que a realidade é composta de tais substâncias. De fato, isso suscita uma questão óbvia: como essa tese – que, na leitura de Langton, é necessária para fundamentar a humildade kantiana – é compatível com essa própria humildade?

Langton está bem ciente dessa objeção e tenta se defender dela apelando àquilo que ela entende como sendo necessário para a cognição de uma coisa como é em si mesma (se pudéssemos ter tal cognição). Além disso, ela atribui uma função cognitiva ao conceito puro (por oposição ao conceito esquematizado) de substância. Tal cognição, sugere ela, demandaria a capacidade de determinar uma substância atribuindo predicados intrínsecos a ela, o que a mente humana é incapaz de fazer em virtude da natureza receptiva de sua cognição. Todavia, ela sustenta que isso está em perfeita consonância com a aplicação a tal coisa do conceito puro de substância. Como ela afirma:

> É compatível com [a impossibilidade do conhecimento de suas propriedades intrínsecas] a possibilidade de usar o conceito puro de uma maneira que permitirá afirmar a existência de substâncias e afirmar que elas devem ter propriedades intrínsecas; pois esse uso fica aquém de um uso que tentasse determinar uma coisa atribuindo-lhe predicados distintivos e intrínsecos particulares (Langton, 1998, p. 50).

Embora Langton esteja sem dúvida correta em salientar que tal uso fica aquém da tentativa de determinar quais propriedades intrínsecas uma substância possui, isso não basta para legitimar o uso mínimo, mas ainda assim metafísico, que ela quer propor[16]. De fato, veremos que Kant explicitamente desautoriza qualquer uso desse tipo, pois tal uso envolve o que ele designa como uma "má

---

16. Como veremos posteriormente em mais detalhe, Kant insiste em uma distinção nítida entre um uso real e um uso apenas lógico das categorias. A primeira corresponde a seu uso em juízos sintéticos, enquanto a segunda envolve juízos meramente analíticos. Na minha opinião, uma das fraquezas subjacentes à interpretação de Langton é sua completa negligência da distinção analítico-sintético, que, quaisquer que sejam as dificuldades que possa envolver, é inquestionavelmente central para Kant.

aplicação transcendental" das categorias. Contudo, para avaliar isso, devemos primeiro entender a função das categorias como condições epistêmicas, condições essas que repousam, por sua vez, sobre uma compreensão anterior do conceito geral de tal condição, na medida em que esta se relaciona com a cognição discursiva.

II. Condições epistêmicas, discursividade e idealidade transcendental

Por condição epistêmica compreende-se aqui uma condição necessária para a representação de objetos, isto é, uma condição sem a qual nossas representações não se relacionariam a objetos ou, equivalentemente, não possuiriam realidade objetiva. Enquanto tal, ela poderia também ser designada uma "condição objetivante", já que desempenha uma função de objetivação. Como condições de possibilidade da representação de objetos, as condições epistêmicas são distintas tanto de condições psicológicas como de condições ontológicas. Por condições psicológicas quer-se dizer uma propensão ou mecanismo da mente que governa a crença e a aquisição de crenças. O costume ou o hábito, na acepção de Hume, é um excelente exemplo de tal condição. Por condições ontológicas quer-se dizer uma condição de possibilidade da existência das coisas, que condiciona essas coisas independentemente de sua relação com a mente humana (ou com qualquer outra mente). O espaço e o tempo absolutos, na concepção de Newton, são condições nesse sentido. As condições epistêmicas compartilham com as condições psicológicas a propriedade de serem "subjetivas", isto é, refletem a estrutura e as operações da mente humana. Por outro lado, as condições epistêmicas diferem das condições psicológicas com respeito à sua função de objetivação e, correlativamente, compartilham com as condições ontológicas a propriedade de serem objetivas ou objetivantes. Diferem das condições ontológicas por condicionarem a objetividade de nossas *representações* das coisas em vez de condicionarem a existência das próprias coisas. Como veremos, o problema fundamental com que o idealismo transcendental se defronta é o de explicar como tais condições podem ser, ao mesmo tempo, subjetivas e objetivas ou objetivantes.

Essa ênfase em uma função de objetivação é crucial, já que nem tudo que se possa ver como uma condição de cognição conta como uma condição epistêmica no sentido visado. Assim, a intenção dos críticos de negar qualquer vínculo entre as condições de cognição e o idealismo de Kant aponta para exemplos empíricos, tais como o fato de que nossos olhos só podem perceber coisas se elas refletirem a luz num certo comprimento de onda. Enquanto fato sobre nossas capacidades visuais, trata-se, sem dúvida, de uma "condição" de um subconjunto significativo da cognição perceptiva de seres humanos dotados de visão; mas, isso dificilmente é acompanhado de quaisquer implicações idealistas. E o mesmo pode ser dito de outras modalidades sensoriais – cada uma das quais envolve restrições intrínsecas quanto à gama de dados que podem ser recebidos e processados (Hossenfelder, 1990, p. 467-479, esp. p. 468-469).

Tudo isso é certamente verdadeiro, mas não vem ao caso. Condições desse tipo não são epistêmicas no sentido relevante, pois não têm qualquer validade objetiva ou função de objetivação. Pelo contrário, tal como com as condições psicológicas humeanas, um apelo a elas pressupõe a existência de um mundo objetivo, espaço-temporal, cuja representação se supõe carecer de explicação. Por conseguinte, do fato de que tais condições não implicam nenhum tipo de idealismo não se segue que condições propriamente epistêmicas, se é que as há, também não impliquem.

De fato, o conceito de uma condição epistêmica traz consigo um compromisso idealista no mínimo do tipo indeterminado mencionado no começo deste capítulo, pois envolve a relativização do *conceito* de um objeto à cognição humana e às condições de sua representação de objetos. Em outras palavras, a tese não é de que *coisas* que transcendem as condições da cognição humana não possam existir (o que tornaria essas condições ontológicas em vez de epistêmicas), mas apenas que tais coisas não podem contar como *objetos* para nós. Esse também parece ser o sentido da famosa "hipótese copernicana" de Kant, segundo a qual os objetos devem "conformar-se à nossa cognição" (*sich nach unserem Erkenntiss richten*) (Bxvi). Como veremos no capítulo 2, isso significa que os objetos devem conformar-se às condições de sua representação, não que eles existam à maneira das ideias berkeleyanas ou dos dados sensoriais dos fenomenistas.

Não obstante, esse conceito amplo de condição epistêmica não é suficiente para capturar o que há de distintivo no idealismo transcendental de Kant [17]. O

---

17. Estou aqui tentando corrigir um defeito na minha análise original, onde sugeri que o idealismo transcendental decorre do mero conceito de uma condição epistêmica. Em resposta a isso, alguns críticos acusaram-me de ambiguidade, notando que por vezes apresento o idealismo transcendental desta forma, mas outras vezes expresso a visão mais ortodoxa de que ele depende da concepção kantiana da sensibilidade humana como tendo formas ou condições *a priori*. Uma contribuição muito proveitosa para a discussão foi feita por Karl Ameriks, que distingue entre as versões "não específicas" e "específicas" do idealismo transcendental. O primeiro tipo de versão tenta definir o idealismo transcendental em termos epistemológicos amplos como afirmação da dependência dos objetos em relação a nossos esquemas conceituais, capacidades cognitivas, teorias etc. Versões do segundo tipo localizam a essência do idealismo kantiano em sua teoria da sensibilidade (cf. Ameriks, 1992, p. 333-334). Colocada nestes termos, a concepção que defendo aqui pode ser vista como uma combinação de ambos os tipos de versões. Partilha com o primeiro um enfoque nas condições de cognição, o que resulta num idealismo de orientação epistemológica, em vez de

idealismo transcendental kantiano não apenas relativiza o conceito de um objeto às condições (o que quer que possam ser) da representação de objetos, mas também especifica essas condições por meio de uma análise da natureza discursiva da cognição humana. Consequentemente, o idealismo de Kant depende fundamentalmente de sua concepção da cognição humana como sendo discursiva, o que chamaremos doravante de tese da discursividade.

Como essa tese será discutida com algum pormenor em capítulos subsequentes, aqui deve ser suficiente salientar que afirmar o caráter discursivo da cognição humana é afirmar que ela requer tanto conceitos quanto intuição *sensível*. Sem os primeiros, não haveria nenhum pensamento e, portanto, nenhuma cognição; sem a última, não haveria nada para ser pensado. Como Kant afirma em uma frase citada com frequência: "pensamentos sem conteúdo são vazios, intuições sem conceitos são cegas" (A51/B76).

Embora alguns dos sucessores idealistas de Kant tenham contestado essa tese, pelo menos no que concerne ao conhecimento filosófico[18], a reação de muitos comentadores analíticos dos dias modernos, tais como Strawson, é bastante distinta. De fato, para Strawson, a tese da discursividade se reduz à necessidade, inescapável em qualquer concepção filosófica da experiência ou do conhecimento empírico, de pressupor uma "dualidade de conceitos gerais, por um lado, e instâncias particulares de conceitos gerais, encontrados na experiência, por outro"(Strawson, 1966, p. 20). Por essa razão, para ele o problema reside no fato de Kant não ter se contentado com essa verdade trivial; em vez disso, ao interpretá-la psicologicamente (ou, pelo menos, ao expressá-la em termos psicológicos), ele vinculou cada condição a uma faculdade cognitiva distinta. Com isso, Kant teria sido conduzido, contudo, àquele "modelo desastroso" no qual a mente é vista como impondo suas formas às coisas (Strawson, 1966, p. 20-21).

Veremos, entretanto, que essa abordagem ignora certas características essenciais do argumento de Kant. Em particular, ignora o fato (a ser explorado no capítulo 2) de que, dada a rejeição (pelo menos enquanto descrição da cognição adequada) da tese da discursividade pelos predecessores de Kant, tanto racio-

---

metafísica; e partilha com o segundo tipo um enfoque nas condições sensíveis do conhecimento humano, que vê como consequência da sua natureza discursiva.

18. Talvez o primeiro a desafiar tal tese tenha sido Salomon Maimon. A crítica de Maimon a Kant acerca da questão da discursividade é analisada longamente na tese (não publicada) de Thielke (1999). As críticas de Fichte em sua doutrina da intuição intelectual e de Hegel, primeiro em *Glauben und Wissen* com sua própria versão de intuição intelectual, e mais tarde na *Fenomenologia*, associada à concepção do conhecimento absoluto, tornaram-se mais célebres.

nalistas quanto empiristas, ela não pode ser a tese inofensiva e incontroversa presente na leitura de Strawson[19].

Temos de reconhecer que o próprio Kant não é completamente inocente a esse respeito. Pelo menos parte do problema é sua tendência a argumentar a partir (e não em defesa) da tese da discursividade, o que sugere, portanto, que ele a considerava uma pressuposição não questionada ou como um ponto de partida, em vez de considerá-la como algo que precisasse ser justificado. Todavia, pelo menos o delineamento de um argumento em prol dessa tese está implícito na *Crítica*[20].

O pressuposto subjacente a esse argumento, que aqui só pode ser esboçado nos termos mais simples, é que a cognição exige que um objeto seja de alguma forma dado à mente. Na terminologia de Kant, isso significa que o objeto deve estar presente (ou ser apresentável) na intuição, entendida por Kant como uma representação singular relacionada imediatamente a seu objeto (A320/B377)[21]. Embora Kant nunca a explicite, essa parece ser uma tese geral, aplicável tanto à cognição divina ou intuitiva quanto à cognição humana ou discursiva. Kant presume, além disso, que há somente dois tipos concebíveis de intuição: sensível e não sensível, ou intelectual. Mas, uma vez que esta última, tal como concebida por Kant, requer a efetiva geração do objeto mediante o ato de intuir, isto é, uma intuição criativa, ela está descartada para sujeitos cognoscentes humanos por ser incompatível com nossa finitude[22].

---

19. Aqui estou em geral de acordo com a análise dessa questão por Glouberman (1979, p. 383-408). No entanto, difiro de Glouberman em alguns pontos e tomo a análise em uma direção um pouco diferente (embora complementar). Especificamente, exploro a relação entre a tese da discursividade e a crítica de Kant ao realismo transcendental (capítulo 2) e entre a tese da discursividade e a distinção analítico-sintético (capítulo 4), nenhuma das quais mencionada por Glouberman. O principal ponto de discordância talvez resida em minha insistência na importância dessa tese para a compreensão do idealismo de Kant (algo que Glouberman apenas insinua no final da sua discussão).

20. Uma vez mais, isso deve ser visto como uma modificação da minha concepção anterior de que a discursividade da cognição humana é tratada por Kant como uma espécie de fato bruto para o qual nenhum argumento é proposto. Embora ainda acredite ser verdade que Kant não forneça explicitamente tal argumento, penso que ele nos dá os materiais necessários para tanto. A necessidade de tal argumento foi enfatizada por Thielke (1999).

21. A relação entre essas duas características definidoras da intuição sensível em Kant será explorada no capítulo 4.

22. Assim, para Kant, o conceito de um intelecto intuitivo pretende ser um modelo da mente divina. Embora considere a concepção de tal intelecto problemática, uma vez que não temos como compreender sua possibilidade, Kant pensa que ele exerce uma função reguladora importante, indicando os limites incontornáveis de nossa cognição discursiva. A discussão canônica de Kant sobre as relações entre essas duas formas de "intelecto" (discursivo e intuitivo) encontra-se nos

Disso se segue que nossa intuição e, de modo mais geral, a intuição de qualquer sujeito cognoscente finito, deve ser sensível, isto é, receptiva, resultando da afecção da mente por objetos. Porém, isso ainda não é suficiente para estabelecer a tese da discursividade, visto que esta última afirma explicitamente a natureza ativa, *conceitual*, da cognição e não apenas sua dependência da receptividade. De fato, empiristas como Berkeley e Hume, com sua explicação basicamente imagística do pensamento, concederiam prontamente a tese da receptividade, ao mesmo tempo em que negariam a tese da discursividade. Consequentemente, o argumento inteiro em prol dessa tese exige a premissa adicional de que a intuição sensível, por si só, não é *suficiente* para gerar cognição de objetos, ou seja, a intuição sensível fornece os dados para tal cognição, mas ela própria não constitui cognição.

Como essa premissa anti-empirista, concernente ao papel constitutivo do entendimento, é a tese central da Analítica Transcendental, ela não pode ser examinada aqui. Todavia, é importante notar que ela proporciona uma lição dupla para a compreensão da teoria kantiana da sensibilidade. Por um lado, como acabamos de ver, ela implica que a sensibilidade é meramente receptiva e, portanto, capaz de fornecer somente os dados brutos para a cognição (caso contrário, a espontaneidade do entendimento não seria necessária). Por outro lado – e de forma algo surpreendente –, ela também significa que a própria possibilidade da cognição discursiva exige que os dados sejam apresentados pela sensibilidade de uma maneira adequada à conceitualização. Por essa razão, muito embora a própria sensibilidade não ordene os dados recebidos – sendo esta tarefa do entendimento ou, mais propriamente, da imaginação –, ela tem de apresentá-los de tal maneira que eles "possam ser ordenados" (A29 /B34)[23]. E é isso que, como argumentaremos, fornece a base para o idealismo de Kant.

O ponto crucial é que, para Kant, essa ordenabilidade original, bem como a ordenação efetiva, é uma contribuição do sujeito cognitivo, o que marca seu rompimento decisivo com explicações empiristas (assim como racionalistas) da sensibilidade. Kant já aponta para isso em sua explicação inicial da receptividade na Estética Transcendental, onde ele define receptividade ou sensibilidade (ele as equivale) como "a capacidade [*Fähigkeit*] de adquirir representações pelo modo

---

§§ 76-77 da *Crítica da faculdade de julgar*. A questão será explorada de forma mais aprofundada no capítulo 2.

23. Kant esclarece esse ponto básico de várias maneiras diferentes, sugerindo a necessidade de uma sinopse atribuída aos sentidos bem como de uma síntese do entendimento (A94/B127 e A97); além de sugerir também que os sentidos são *determináveis* (ênfase minha), mas não determinantes (B151-152).

[*die Art*] como somos afetados pelos objetos" (A19/B33). Como essa definição claramente indica, a sensibilidade envolve não só a capacidade para ser afetado por objetos e, portanto, para receber dados sensoriais, mas também para ser afetado "de um certo modo" ou "maneira" (*Art*). Isso significa que o modo pelo qual a sensibilidade apresenta seus dados ao entendimento para a conceitualização destes já reflete uma maneira particular de recebê-los, isto é, certa forma de intuir sensivelmente, que é determinada pela natureza da sensibilidade humana em vez de o ser pela natureza dos objetos que a afetam. Além do mais, como veremos posteriormente, essa forma de intuição sensível condiciona a possibilidade de sua ordenação pelo entendimento.

Temos de reconhecer que a conexão dessa explicação da sensibilidade com a tese da discursividade não é imediatamente aparente. Pois poderia muito bem parecer que a espontaneidade do entendimento atuaria sobre dados sensoriais brutos, livres de quaisquer formas ou condições *a priori*. Todavia, uma consideração mais detida sugere que não é o caso, pelo menos se compreendermos discursividade no sentido kantiano, que exige a contribuição conjunta da sensibilidade e do entendimento.

Parece haver dois modos possíveis de compreender tal cenário, nenhum dos quais produz uma explicação viável da discursividade. Um deles é ver a sensibilidade como apresentando ao entendimento objetos como são em si mesmos (e não como aparecem em virtude das condições subjetivas da sensibilidade). Essa é a concepção pré-kantiana tradicional e o problema é que, nesse cenário, o pensamento teria de ser concebido à maneira de Leibniz como exercendo uma função apenas classificatória (trazendo clareza e distinção conceituais àquilo que os sentidos apresentam obscuramente), ou à maneira de Locke como criando suas próprias "essências nominais" (o "trabalho do entendimento"), que têm valor pragmático, mas não fornecem cognição genuína, ou então à maneira de Hume como copiando impressões vívidas no meio mais opaco das ideias. Porém, em nenhum desses casos há espaço para qualquer espontaneidade genuína ou, como Kant por vezes formulou, para um "uso real do entendimento".

Alternativamente, a fim de encontrar espaço para este último, poder-se-ia supor que o que é dado "em si" não são os objetos, mas os dados para o pensamento dos objetos, que devem ainda ser unificados pelo entendimento para gerar cognição em sentido pleno. Em suma, teríamos a Analítica Transcendental sem a Estética Transcendental (uma perspectiva que poderia parecer atrativa a muitos intérpretes de Kant, incluindo Strawson e Guyer). Porém, apesar de sua atratividade superficial, parece claro que Kant não a acharia interessante. Pois a ideia de que, para o pensamento dos objetos (por oposição aos objetos pensados), os dados sensoriais se apresentam como são em si mesmos tem um único sentido, a saber: o de que a ordem temporal sucessiva de seu aparecer é algo que lhes pertence como são em si mesmos (independentemente de sua relação com a sensibilidade humana). Nesse caso, entretanto, é difícil ver como o pensamento poderia chegar a qualquer apreensão do mundo ou possuir qualquer pretensão à objetividade. Para antecipar o argumento das Analogias, não haveria nenhum espaço para uma ordenação objetiva de estados e eventos enquanto distintos da ordenação subjetiva das percepções. Ou as duas ordens simplesmente coincidiriam, o que equivale ao fenomenismo, ou não haveria nenhuma forma de passar de uma à outra, a não ser com pressupostos metafísicos como a ideia de uma harmonia preestabelecida, o que leva ao ceticismo ou a um dogmatismo infundado. Assim, de forma paradoxal, é precisamente a *negação* da contribuição autônoma e *a priori* da sensibilidade à cognição o que dá ensejo a essas opções pouco atrativas.

Como muitas outras coisas nesta discussão preliminar, o que foi afirmado acima é uma tese substantiva e controversa que será desenvolvida no corpo deste trabalho. O que deve ser enfatizado no momento é simplesmente que, pressupondo a correção de nossa análise até o momento, temos base para uma compreensão do idealismo transcendental que tem raízes na epistemologia kantiana e não na metafísica pré-crítica, e que, por essa razão, é muito mais atrativa filosoficamente do que nos levam a crer as críticas que a descartam sumariamente.

Como argumentarei mais detalhadamente, essa compreensão epistemologicamente embasada do idealismo transcendental requer que a distinção transcendental entre aparências e coisas em si se aplique a dois modos de *consideração* das coisas (como elas aparecem e como elas são em si mesmas), em vez de, na leitura mais tradicional, aplicar-se a dois conjuntos ontologicamente distintos de entes (aparências e coisas em si). Nesse sentido, ela pode ser caracterizada como uma leitura de "dois aspectos". Todavia, esse rótulo requer cuidadosa qualificação afim de evitar sérios equívocos. O problema básico é que teorias de duplo aspecto (ou de múltiplos aspectos) são elas próprias normalmente de natureza metafísica. De fato, elas tipicamente surgem em conexão com abordagens do problema mente-corpo nas quais é proposta alguma versão do "duplo aspectismo", por vezes como uma alternativa viável tanto ao dualismo como ao materialismo (cf., p. ex., O'Shaughnessy, 1980). O exemplo clássico de tal teoria metafísica de aspecto dual é a descrição que Espinosa faz da mente como constituindo uma e mesma coisa com o corpo[24]. Talvez versão contemporânea mais conhecida desse tipo de teoria seja o "monismo anômalo" de Davidson, que, devido à sua asserção de uma identidade ocorrência-ocorrência [*token-token*]* entre estados físicos e estados mentais, tem sido sugerida como um modelo para interpretar o idealismo transcendental de Kant[25].

O principal problema com a tentativa de interpretar o idealismo transcendental com base em tal modelo metafísico é que se perde de vista seu fio condutor fundamentalmente epistemológico, fio condutor que é, ele próprio, o resultado de abordar-se o idealismo transcendental independentemente da tese da discursividade. Como argumentamos acima, essa tese implica que a sensibilidade deve ter *algumas* formas *a priori* (embora essas formas não sejam o espaço e o tempo). Por conseguinte, ao considerar as coisas tal como aparecem, estamos considerando-as da maneira pela qual são apresentadas a sujeitos cognoscentes discursivos com nossas formas de sensibilidade. Inversamente, considerá-las como elas são em si mesmas é considerá-las à parte de sua relação epistêmica com essas formas ou condições epistêmicas, o que, para que tenham qualquer conteúdo, deve ser equivalente a considerá-las enquanto objetos para alguma inteligência pura ou "mero entendimento"[26]. É a distinção qualitativa (transcendental) entre as condições sensíveis e intelectuais da cognição discursiva que torna possível essa maneira dual de consideração, assim como é a dependência do pensamento

---

24. Analiso o argumento de Espinosa sobre a relação mente-corpo em Allison (1987, p. 85-100).

* Em lógica, o exemplar ou ocorrência (*token*) de um ente com múltiplas instâncias, tal como uma proposição, é uma ocorrência individual desse ente. As ocorrências se distinguem do ente do qual são instâncias, que é chamada de tipo (*type*). Dessa forma, a lista seguinte contém duas ocorrências, mas apenas um tipo:
A neve é branca.
A neve é branca.
O monismo anômalo de Donald Davidson combina o monismo ontológico com o dualismo conceitual. Segundo Davidson, embora haja somente um tipo de realidade subjacente, existem diferentes sistemas conceituais mediante os quais é possível falar dessa realidade. Davidson considera que o sistema que regula o discurso mental não é comensurável com o que regula o discurso físico e, portanto, não é possível formular leis associando os conceitos usados no discurso mental com os usados no discurso físico de modo a estabelecer um sistema unificado [N.T.].

25. Essa opinião tem sido defendida em uma série de artigos de Meerbote (1984, p. 138-63; 1992, p. 275-290; 1982, p. 69-80). Cf. tb. Hudson (1994).

26. Por razões que ficarão mais claras no decurso deste livro, existe aqui uma importante assimetria. Tal assimetria existe porque, quando consideramos os objetos tal como aparecem ou como aparências, na realidade os estamos considerando como sujeitos a condições intelectuais e a condições sensíveis (as categorias esquematizadas e os Princípios), ao passo que ao considerá-los como são em si mesmos, o inverso não se dá.

em relação à sensibilidade (para fornecer-lhe um conteúdo) o que impede o segundo modo de consideração de ser equivalente à cognição.

Quando a distinção de Kant é compreendida dessa maneira, a tese de que só podemos ter cognição de coisas como elas aparecem, e não como são em si mesmas, não precisa ser entendida (como o foi, por exemplo, por Prichard) com o sentido de que só podemos conhecer como as coisas parecem a nós sob certas condições ou por meio de um "véu de percepção". Pelo contrário, tal cognição é plenamente objetiva, já que governada por condições epistêmicas *a priori*. O único empecilho é que, por ser discursivo, o conhecimento humano difere em gênero e não apenas em grau daquilo que poderia ser considerado como um hipotético entendimento puro.

É claro que tal entendimento puro, costumeiramente identificado com o intelecto divino ou intuitivo, é para Kant uma mera ficção ou, como ele afirma, um "conceito problemático". Todavia, isso não torna a referência a ele dispensável, pois o ponto que Kant quer realmente enfatizar é que o entendimento humano procede *como se* houvesse tal entendimento puro sempre que seu pensamento ultrapassa os limites impostos pela sensibilidade. O entendimento humano pode proceder assim porque entendimento e sensibilidade dão contribuições distintas à cognição, cada um sendo governado por suas condições próprias. Assim, a despeito do que sugerem algumas das formulações de Kant, o pensamento (pelo entendimento puro) das coisas como elas são em si mesmas não é *completamente* vazio; ele tem um certo conteúdo. Ao mesmo tempo, entretanto, esse conteúdo é de natureza meramente lógica, posto que derivado de um uso das categorias à parte das condições sensíveis (esquemas) que as realizam; e tal uso, para Kant, é ele próprio meramente lógico (em vez de real). Expresso de outra maneira, uma consideração das coisas por meio das categorias puras (como um entendimento hipotético puro poderia pensá-las) é capaz de produzir juízos analíticos concernentes às implicações dos conceitos das coisas assim consideradas, mas não conhecimento sintético *a priori* das próprias coisas[27].

Além do mais, a partir disso podemos ver de modo um pouco mais concreto o que precisamente está errado com a rota proposta por Langton, sem qualquer apelo ao idealismo, para a humildade via receptividade. O problema básico é ela ignorar a tese da discursividade, em termos da qual a contribuição específica da sensibilidade humana deve ser entendida. Em primeiro lugar, ao ignorar essa

---

27. Dentre as muitas passagens em que Kant restringe explicitamente aos juízos *sintéticos* sua negação do uso das categorias (ou do entendimento puro) em relação às coisas como elas são em si mesmas ou os números estão: A276/B273; A286/B342-343; A433/B461; A609/B663.

tese, Langton é inevitavelmente levada a interpretar equivocadamente o papel epistêmico da receptividade ou da afecção para Kant. Em vez disso, interpretando este último em termos estritamente causais (e não epistêmicos), ela não consegue ver como, para Kant (em contraposição aos empiristas), a receptividade traz consigo sua própria forma ou maneira de ser afetada. Em segundo lugar, como consequência de ter ignorado essa mesma tese, Langton equivocadamente toma o *pensamento* das coisas como elas são em si mesmas, pelo conceito puro (não esquematizado) de substância, como sendo pelo menos minimamente informativo sobre a *natureza* de tais coisas. Assim, em sua opinião, podemos saber *que* as coisas, como são em si mesmas, são substâncias genuínas consistindo somente em propriedades intrínsecas, a humildade sendo apenas nossa inabilidade de saber o que são essas propriedades. Porém, isso significa ignorar completamente a natureza puramente analítica dessas teses, que, enquanto tais, são capazes de iluminar como uma inteligência discursiva é obrigada a conceber as coisas assim consideradas, mas não sua natureza real (esta última exigindo tanto intuição como pensamento).

Em contrapartida, enfocar a tese da discursividade torna claro que a verdadeira humildade kantiana não pode contornar o idealismo transcendental, porque este é uma consequência da tese segundo a qual o pensamento das coisas como são em si mesmas faz abstração de uma condição essencial da cognição humana. Posto que o pensamento pode abstrair-se dessa condição, ele pode *considerar* as coisas como elas são em si mesmas, isto é, formar um conceito das coisas assim consideradas. Mas, por essa mesma razão, tal pensamento não equivale a conhecimento (sintético) genuíno, embora nem por isso seja necessariamente trivial ou tautológico.

Os próximos dois capítulos desenvolverão essas teses, primeiro abordando obliquamente o idealismo transcendental ao considerá-lo em relação com o realismo transcendental, ao qual Kant o opõe e, na sequência, analisando com algum detalhe conceitos fundamentais como a coisa em si (ou como ela é em si mesma), o número, o objeto transcendental e a afecção. Entretanto, antes de nos voltarmos para esses tópicos, pode ser instrutivo considerar a objeção de que uma interpretação "anódina" do idealismo transcendental equivale à sua trivialização.

Embora essa crítica tenha sido arvorada tanto por Guyer quanto por Langton, bastará considerar a versão de Langton, mais diretamente relacionada com as questões discutidas aqui. Sua queixa principal parece ser a de que, em minha leitura, a humildade kantiana é trivializada porque reduzida a uma consequência analítica da definição de "uma coisa considerada como ela é em si mesma".

Posto que considerar uma coisa dessa forma é apenas considerá-la em abstração de suas condições de cognição, torna-se trivialmente verdadeiro que não podemos ter nenhum conhecimento de coisas assim consideradas. Porém, Langton também pensa que isso não se sustenta como uma interpretação de Kant, já que ele concebia a tese da humildade como uma descoberta filosófica maior (não uma inferência trivial) e, nesse sentido, uma descoberta "deprimente" (Langton, 1999, p. 9-10).

Que Kant considerasse uma descoberta filosófica maior a distinção transcendental entre coisas como elas aparecem e essas mesmas coisas como são em si mesmas, é algo inegável. É igualmente inegável que ele enxergasse a limitação da cognição às primeiras como a consequência dessa distinção. No entanto, seria mais acurado dizer que ele concebia essa limitação como libertadora ou terapêutica, em vez de concebê-la como deprimente. Como veremos em conexão com a discussão da Dialética Transcendental, Kant pensava que tal limitação oferecia o único meio de evitar que sejamos enganados por uma ilusão que é inerente à própria natureza da razão humana (a ilusão transcendental). Voltando à questão em pauta, é importante enfatizar que o fato de uma conclusão se seguir analiticamente, uma vez que uma distinção é estabelecida, nem por isso a torna trivial. Isso só ocorreria se a distinção em questão fosse ela própria óbvia ou trivial. Porém, este está longe de ser o caso da distinção transcendental, que, como iremos argumentar, repousa sobre uma reconceitualização radical do conhecimento humano enquanto fundamentado em condições *a priori* (condições epistêmicas).

Em suma, em vez de ser, na expressão desabonadora de Guyer, "uma recomendação anódina de modéstia epistêmica", o idealismo transcendental, como aqui entendido, é uma teoria ousada e até mesmo revolucionária sobre as condições epistêmicas. Isso, evidentemente, não significa fazer um juízo antecipado nem sobre a validade dessa interpretação nem sobre a viabilidade do idealismo transcendental assim compreendido. Significa, entretanto, sustentar que, apesar da opinião contrária tanto de Guyer como de Langton, no idealismo transcendental não há nada de trivial.

2
Realismo transcendental e idealismo transcendental

O capítulo anterior abordou o idealismo transcendental de modo mais ou menos direto. O objetivo foi definir esse idealismo, pelo menos de uma maneira preliminar, localizando seus fundamentos nas condições específicas da cognição discursiva. O capítulo afirmava que essa localização oferecia um fundamento para traçar a distinção transcendental entre coisas consideradas como elas aparecem e como são pensadas em si mesmas, bem como justificava a limitação do conhecimento às primeiras (o que Langton chama de "humildade kantiana"). O presente capítulo toma uma rota mais indireta para o mesmo fim. A estratégia é interpretar o idealismo transcendental por meio do realismo transcendental, que Kant opõe àquele. Essa abordagem se baseia no princípio hermenêutico de que, frequentemente, a melhor maneira de entender uma posição filosófica é tornar claro o que ela nega. Ela extrai uma justificação adicional do fato de Kant parecer considerar essas formas de transcendentalismo como duas alternativas metafilosóficas mutuamente exclusivas e exaustivas[28]. O capítulo está dividido em três partes: a primeira considera o realismo transcendental em suas várias roupagens; a segunda investiga a natureza do idealismo transcendental, concebido como a única alternativa a esse realismo, e o terceiro considera duas objeções a essa interpretação do idealismo transcendental.

I. A natureza do realismo transcendental

A primeira dificuldade enfrentada pela estratégia aqui adotada é que a relevância atribuída ao realismo transcendental parece ser desmentida pela relativa escassez de referências a ele no texto. Normalmente, seria de esperar que uma

---

28. O que as torna ambas formas de transcendentalismo é sua completa generalidade, aqui compreendida como uma preocupação com o empírico enquanto tal.

concepção com essa alegada importância fosse analisada em pormenor e submetida a uma crítica minuciosa. Porém, fora a tese sumária de que tal realismo minaria a possibilidade tanto da natureza como da liberdade (A543/B571), ele é explicitamente mencionado somente em dois outros lugares na *Crítica*. Ambos estão na Dialética Transcendental, e em cada caso Kant opõe esse realismo ao idealismo transcendental. O primeiro está na versão da primeira edição do Quarto Paralogismo. Ali, a preocupação de Kant é refutar o idealismo empírico, que ele contrapõe à sua própria versão transcendental do idealismo. Nesse contexto, ele observa:

> Por *idealismo transcendental* de todas as aparências, entendo a doutrina segundo a qual nós as consideramos, em seu conjunto, como meras representações, não como coisas em si mesmas, e o tempo e o espaço, de acordo com isso, são apenas formas sensíveis de nossa intuição, e não determinações ou condições, dadas por si mesmas, dos objetos como coisas em si mesmas. A esse idealismo se opõe um *realismo transcendental* que considera o tempo e o espaço como algo dado em si (independentemente de nossa sensibilidade). O realista transcendental, portanto, se representa as aparências externas (caso se admita sua realidade) como coisas em si mesmas que existem independentemente de nós e de nossa sensibilidade e, portanto, estariam fora de nós mesmo segundo os conceitos puros do entendimento. É esse realista transcendental quem realmente desempenhará o papel de idealista empírico e, depois de ter equivocadamente pressuposto que os objetos dos sentidos, para serem externos, teriam de possuir sua existência em si mesmos, ainda que sem os sentidos, achará todas as nossas representações dos sentidos insuficientes para tornar certa sua existência (A369).

Kant está aqui argumentando que o realismo transcendental conduz ao idealismo empírico, que é a doutrina segundo a qual a mente só pode ter acesso imediato a suas próprias ideias ou representações, isto é, a familiar teoria cartesiano-lockeana das ideias. O ponto básico do argumento é que, porque essa forma de realismo considera "aparências externas" (objetos espaciais) como coisas em si mesmas, ele é forçado a conceder que a existência de tais objetos é problemática, posto que a mente não lhes tem nenhum acesso imediato. Dessa forma, o realismo transcendental é apresentado como a fonte do pseudoproblema do mundo externo e da versão tipicamente cartesiana do ceticismo a ele associada.

A segunda passagem é da Antinomia da Razão Pura. Ali, Kant define idealismo transcendental como a doutrina segundo a qual "todos os objetos de uma experiência possível para nós são apenas aparências, isto é, meras representações que, tal como são representadas – como seres extensos ou séries de modificações, não têm uma existência fundamentada em si mesma fora de nossos pensamentos". Em contraste com essa doutrina, o realismo transcendental é dito fazer "dessas modificações da nossa sensibilidade coisas subsistentes em si mesmas e de *meras representações*, portanto, coisas em si mesmas" (A490-491/B518-519).

Ambas as passagens indicam que a característica definidora do realismo transcendental é sua confusão entre aparências ou "meras representações" e coisas em si. A primeira passagem limita essa acusação a objetos da "percepção externa" (objetos espaciais, empiricamente externos), embora de fato conecte esse realismo com a concepção do tempo e do espaço como dados em si mesmos, independentemente de nossa sensibilidade. Essa ênfase no espaço e na experiência externa reflete, sem dúvida, a preocupação de Kant, nesse ponto, com o idealismo empírico e sua relação com o realismo transcendental. A segunda passagem, que não reflete essa preocupação em particular, vai um pouco além, apresentando o realismo transcendental como a concepção que considera *todas as aparências*, aquelas do sentido interno tanto quanto aquelas do sentido externo, como se fossem coisas em si mesmas. Claramente, a segunda passagem expressa a concepção refletida de Kant sobre a questão. Uma vez que um princípio central da *Crítica* é o de que o sentido interno, assim como o externo, nos apresenta objetos tal como aparecem e não como são em si mesmos, o realismo transcendental manifesta-se em uma concepção confusa tanto do primeiro como do segundo.

Isso, por si só, deveria deixar claro que a interpretação costumeira do realismo transcendental como equivalente ao realismo científico dos cartesianos e newtonianos (aproximadamente o que Berkeley quis dizer por "materialismo") é demasiado restrita[29]. Embora Kant apenas infrequentemente faça uso da expressão, ele acusa reiteradamente filósofos de diversas vertentes de tratar as aparências como se fossem coisas em si mesmas ou, de modo equivalente, de atribuir realidade "absoluta" ou "transcendental" a aparências[30]. De fato, em uma passagem da *Crítica*, ele chama essa confusão de "preconceito habitual" (A740/B768), enquanto em outra ele se refere à "pressuposição efetivamente comum, mas falaciosa, da realidade absoluta das aparências" (A536/B564). Além disso, essa tese é encontrada de forma ainda mais forte em outros textos. Aliás, Kant chega ao ponto de declarar que antes da *Crítica* a confusão era inevitável (Fort

---

29. Dois intérpretes que adotam esse ponto de vista são Turbayne (1955, p. 228), e Al-Azm (1972, p. 148).

30. Na *Crítica da razão pura* (B53), Kant parece equiparar realidade "absoluta" a "transcendental". A noção de realidade absoluta remonta pelo menos até a Dissertação, onde Kant critica a concepção do tempo como algo "posto em si mesmo e absolutamente" (*in se et absolute positum*) (Diss 2: 401-402; 395). Para uma discussão de algumas dessas questões terminológicas, cf. Hinske (1970, esp. p. 49).

20: 287; 377) e mesmo que "até o advento da filosofia crítica, nenhuma das filosofias se distinguia em sua essência" (Fort 20: 335; 413).

Tais afirmações dão suporte ao argumento de que a distinção transcendental entre aparências e coisas em si, ou, mais propriamente, entre coisas como aparecem e essas mesmas coisas como são em si mesmas, funciona como o grande divisor na concepção kantiana da filosofia. Somente a "filosofia crítica" foi bem-sucedida em entender corretamente essa distinção. Como resultado, apesar de suas muitas diferenças interessantes, todas as outras filosofias são, no fundo, apenas expressões variáveis da mesma confusão subjacente.

Deve-se reconhecer que uma tese de largo alcance como esta, segundo a qual todas as filosofias mais bem-sucedidas que vieram antes são apenas farinha do mesmo saco, parece, à primeira vista, altamente suspeita. Por essa razão, antes de considerá-la em detalhe, pode ser proveitoso manter em mente que Kant fez, explicitamente, uma alegação similar sobre a importância de sua contribuição para o campo da filosofia moral. Assim, tanto na *Fundamentação* quanto na *Crítica da razão prática*, ao introduzir a autonomia como o princípio supremo de possibilidade do imperativo categórico, Kant opõe o princípio da autonomia ao princípio da heteronomia e sustenta que todas as teorias morais anteriores estão comprometidas com o segundo (cf. Gr 4: 440-445; 89-93; KrV 5: 39-40; 172-173). O que estamos sugerindo, então, é que se atribua ao realismo transcendental, entendido como o ponto de vista que identifica sistematicamente aparências com coisas em si, o mesmo papel na filosofia teórica de Kant que ele próprio atribuiu à heteronomia em sua filosofia moral. Em outras palavras, trata-se da pressuposição, do ponto de vista, do preconceito ou da confusão comum partilhada por todos os filósofos que não aderem à concepção crítica da filosofia[31].

A. Algumas variedades de realismo transcendental

A melhor maneira de testar essa sugestão é examinar até que ponto ela é aplicável a várias filosofias "não críticas". Deve-se notar, todavia, que ao fazê-lo enxergaremos explicitamente essas filosofias através de lentes kantianas. A questão não é se a acusação de que elas confundem aparências com coisas em si é

---

31. Analiso a oposição sistemática de Kant entre autonomia e heteronomia, concebidas como modelos alternativos de volição, e a consequente afirmação de que outras teorias morais estão comprometidas com esse último modelo, em Allison (1990, p. 93-106). A minha tese ali é que a heteronomia deve ser vista como o equivalente moral do realismo transcendental, ao passo que a presente tese é justo seu inverso.

"justa" segundo algum padrão de avaliação independente. A questão é, antes, se, dados os pressupostos de Kant, é razoável considerar essas filosofias desse modo.

Para começar, já vimos que Kant sustenta que o idealismo empírico é uma forma de realismo transcendental, que surge a partir do reconhecimento do fato de a mente humana não ter nenhum acesso direto às coisas hipoteticamente "reais", isto é, aos objetos físicos considerados como coisas em si mesmas. Esse reconhecimento, por seu turno, leva à tese de Descartes e seus seguidores de que os únicos objetos dos quais estamos imediatamente conscientes são as ideias na mente. Esse idealismo, juntamente com suas consequências céticas é, portanto, o resultado de um compromisso implícito com o realismo transcendental. A versão da primeira edição da Refutação do Idealismo gira em torno desse ponto. Kant coloca a questão de modo sucinto:

> Se deixarmos que objetos externos valham como coisas em si, então é absolutamente impossível compreender como deveríamos chegar à cognição de sua realidade fora de nós [*ausser uns*], uma vez que nos apoiaríamos apenas na representação que está em nós [*in uns*]. Pois não se pode ter sensação fora de si, mas apenas em si mesmo e, portanto, a inteira autoconsciência não fornece nada, pois, a não ser as nossas próprias determinações (A378).

À primeira vista, isso parece uma reminiscência da crítica de Berkeley ao "materialismo", e foi frequentemente considerado justamente dessa maneira (cf. Turbayne, 1955 e Kemp Smith, 1962, p. 301s.). Nessa leitura, Kant, tal como Berkeley, só é bem-sucedido em evitar o ceticismo identificando o "real" com os objetos imediatos da consciência. Entretanto, deve estar evidente, a partir de nossa discussão preliminar no capítulo anterior, que tal leitura constitui uma distorção grosseira da posição de Kant, posto que ignora seu fio condutor explicitamente transcendental.

Este fio condutor é mais evidente na desambiguação kantiana dos termos chave "*in uns*" e "*ausser uns*". Como enfatiza Kant, esses termos podem ser entendidos num sentido empírico ou num sentido transcendental (A373). Entendidos da primeira maneira, eles marcam um contraste entre dois modos como os objetos são experienciados: como objetos do sentido interno temporalmente localizados ou como objetos extensos do sentido externo espacialmente localizados. Entendidos da segunda maneira, eles contrastam dois modos nos quais os objetos podem ser considerados em relação às condições da sensibilidade humana. Desse ponto de vista transcendental, as coisas podem ser consideradas enquanto *in uns* (ou mesmo como "meras representações") na medida em que são vistas como sujeitas às condições sensíveis da cognição (espaço e tempo) ou, de forma equivalente, enquanto fenômenos ou objetos da experiência possível. Elas são vistas enquanto *ausser uns* na medida em que são pensadas independentemente dessas condições, "como são em si mesmas"³².

Vista à luz dessa distinção, a forma de realismo transcendental que resulta em idealismo empírico ou cético é responsável por uma espécie de erro categórico. Especificamente, ela toma os objetos empiricamente externos (espaciais) como estando *ausser uns* no sentido transcendental. Ou, dito de modo mais adequado, ela falha em distinguir entre os dois sentidos de *ausser uns*. A partir disso, o realista transcendental conclui corretamente que a mente humana não tem nenhum acesso cognitivo direto aos objetos assim considerados. O erro aqui não está em presumir que as coisas existam independentemente de sua relação com as condições da sensibilidade humana (Kant também o presume); o erro está, antes, em presumir que coisas existindo dessa maneira retenham suas propriedades e relações espaço-temporais. Assim, vinculando o idealismo cético cartesiano ao realismo transcendental, Kant mostra não somente como o idealismo transcendental fornece a solução, mas também como ele provê os meios para diagnosticar o problema.

Todavia, nem todas as formas de realismo transcendental estão comprometidas com o idealismo empírico e com o ceticismo que aquele engendra. Um excelente exemplo de um modo de pensamento transcendentalmente realista que não está assim comprometido é o dos newtonianos ou "estudiosos matemáticos da natureza". Como já sugeri, a concepção de espaço e tempo absolutos destes últimos equivale a tratá-los como condições ontológicas (em vez de epistêmicas), o que é o mesmo que considerá-los (assim como as coisas neles) como *ausser uns* no sentido transcendental.

Veremos que considerações similares se aplicam também a Leibniz, a quem Kant explicitamente acusa de tomar aparências por coisas em si (A264/B320). Entretanto, para testar a tese de que o rótulo "realismo transcendental" é aplicável a todas as filosofias não críticas, os exemplos mais pertinentes são obviamente as concepções fenomenistas de Berkeley e Hume³³. Pois se for possível

---

32. Na passagem A369 anteriormente citada, segundo Kant, o realismo transcendental sustenta que as aparências externas (objetos espaciais) estão "fora de nós [*ausser uns*] mesmo segundo os conceitos puros do entendimento. Visto que pensar de acordo com conceitos puros (não esquematizados) é fazer o que Kant denomina um uso transcendental (ou seja, completamente universal) do entendimento, isto é equivalente a ver essas aparências como *ausser uns* no sentido transcendental.

33. Estou ciente de que classificar Hume como fenomenista é uma questão controversa nos estudos sobre Hume. No entanto, creio estar justificado ao tratá-lo como tal para o presente propósito, uma vez que era claramente assim que Kant compreendia Hume.

mostrar que até mesmo esses pensadores confundiram aparências com coisas em si, então seria possível afirmar com alguma justiça que a confusão é praticamente universal.

Para começar, Kant considera que o "idealismo dogmático" de Berkeley é, em certo sentido, a consequência lógica dos absurdos inerentes às concepções newtonianas de espaço e tempo absolutos enquanto condições ontológicas[34]. Eis o que ele afirma em um adendo da segunda edição da Estética Transcendental:

> Pois, caso se considere o espaço e o tempo como propriedades constitutivas que, segundo sua possibilidade, teriam de ser encontradas nas coisas em si, e se reflita sobre as incongruências em que se cai quando duas coisas infinitas, que não podem ser substâncias nem tampouco algo real inerente às substâncias, mas têm de ser algo existente, ou mesmo a condição necessária da existência de todas as coisas, permanecem mesmo que todas as coisas existentes sejam suprimidas: não se pode então repreender o bom e velho Berkeley por ter rebaixado os corpos a mera ilusão; na verdade, até mesmo nossa própria existência, que seria desse modo tornada dependente da realidade subsistente por si mesma de uma não coisa como o tempo, teria de transformar-se com este em uma completa ilusão, uma incongruência pela qual ninguém foi até hoje responsabilizado (B70-71)[35].

Tendo em vista que a concepção newtoniana é ela própria transcendentalmente realista, segue-se que a negação da substância material por Berkeley, que Kant glosa negativamente como "rebaixa[ndo] corpos a mera ilusão", deve ser considerada pelo menos como um produto indireto desse realismo. Enquanto tal, a concepção de Berkeley está para o espaço e o tempo absolutos newtonianos mais ou menos como o idealismo empírico está para a *res extensa* cartesiana. Em outras palavras, a concepção de Berkeley é uma forma de subjetivismo ou de idealismo à qual seremos conduzidos se partirmos de certas pressuposições transcendentalmente realistas.

Uma consideração mais detida, todavia, sugere que a posição de Berkeley não é apenas uma ramificação do realismo transcendental; ela própria é também transcendentalmente realista, porque, como outras formas de tal realismo, entende as aparências kantianas como *ausser uns* no sentido transcendental. Devemos reconhecer que isso pode parecer paradoxal ao extremo, já que no esquema de Kant as ideias berkeleyanas estão *in uns* no sentido empírico. Mas o paradoxo desaparece se mantivermos em mente que estar *ausser uns* no senti-

---

34. Uma vez mais, gostaria de lembrar o leitor que a questão não é se a leitura que Kant faz de Berkeley é ou não justa, mas sim o que ela revela sobre as próprias opiniões de Kant. Minha explicação completa da interpretação que Kant faz de Berkeley encontra-se em Allison (1973a, p. 43-63).

35. Kant faz a mesma consideração sobre Berkeley em conexão com a Refutação do Idealismo (B274-275).

do transcendental significa apenas existir independentemente das condições da sensibilidade humana. Portanto, não há nenhuma incompatibilidade entre estar *in uns* no sentido empírico e *ausser uns* no sentido transcendental. De fato, esse é precisamente o *status* que Kant atribui às aparências internas ou objetos do sentido interno. O problema, contudo, é que o idealismo de Berkeley inverte a ordem verdadeira das coisas ao atribuir esse *status* às aparências *externas*.

Embora esta análise vá além do que Kant diz sobre Berkeley, ela encontra forte confirmação em uma asserção similar que ele faz sobre Hume (e que parece igualmente aplicável a Berkeley). A passagem crucial está na *Crítica da razão prática*, onde, com o pretexto de sintetizar alguns dos princípios essenciais da primeira *Crítica*, Kant pondera:

> Hume, tendo tomado (como também acontece em quase todo lugar) os objetos da experiência por *coisas em si mesmas*, foi totalmente correto em declarar o conceito de causa como enganoso e como falso embuste; pois quanto às coisas em si mesmas e suas determinações, enquanto tais, não se pode discernir em que medida, porque algo A seja posto, também tenha de ser posto necessariamente algo outro B, e Hume, portanto, não podia admitir de modo algum tal conhecimento *a priori* das coisas em si mesmas (KpV 5: 53; 182)*.

Uma vez que Kant estava bem ciente de que Hume caracterizava os objetos da consciência humana como "impressões", somos levados a questionar por que ele afirmaria que Hume os considerava como coisas em si mesmas. Claramente, o que Kant quer dizer não é que Hume pensasse estar fazendo algo do gênero, mas, antes, que isso é uma consequência de sua posição quando considerada de uma perspectiva transcendental. Além disso, para Kant, trata-se de uma consequência de Hume não ter reconhecido a existência de formas *a priori* da sensibilidade, mediante as quais a mente recebe suas impressões[36]. Já que, como a passagem sugere em seguida, Hume não reconheceu nenhuma forma *a priori*, ele não pôde admitir a possibilidade de quaisquer regras de síntese *a priori* mediante as quais as impressões seriam trazidas à unidade da consciência. Na ausência de tais regras, todavia, não há razão para que, dado um objeto (ou impressão) A,

---

* O trecho citado está em A92 [N.T.].

36. Cabe contrastar essa análise com uma discussão sobre o mesmo texto em Glouberman (1979, p. 391-392). Em vez de se concentrar no papel da sensibilidade, Glouberman enfatiza a rejeição por Hume da representação conceitual como modo adequado de cognição. Embora isso seja sem dúvida verdadeiro, não creio que capture a ênfase de Kant na passagem em questão. Além disso, aqui é importante ter em mente que, para Kant, mesmo os dados privados do sentido interno são dados à mente na forma do tempo e, portanto, contam como aparências. Em outras palavras, esses dados estão *in uns*, tanto no sentido empírico quanto no sentido transcendental.

algo distinto, um objeto (ou impressão) B, deva ser dado também; e essa é, na visão de Kant, a fonte das dúvidas céticas de Hume relativas à causalidade[37].

Embora isso levante questões importantes relativas à crítica de Kant a Hume, com as quais nos ocuparemos mais adiante, nosso enfoque presente deve se limitar às implicações da análise de Kant para a compreensão do realismo transcendental. Além disso, aqui as implicações dessa análise são claras. Não obstante suas explicações subjetivistas dos objetos da consciência humana, pode-se dizer que tanto Berkeley quanto Hume consideram as aparências *como se* elas fossem coisas em si mesmas, porque negam qualquer contribuição *a priori* da sensibilidade à cognição dessas aparências. Por essa razão, eles veem objetos espaço-temporais (aparências kantianas) como *ausser uns* no sentido transcendental, e ao mesmo tempo os tratam (erroneamente, do ponto de vista de Kant) como *in uns* no sentido empírico. Assim, ambos são realistas transcendentais.

B. O realismo transcendental e o modelo teocêntrico de conhecimento

Quando combinamos esse resultado com aquele do capítulo anterior, parece claro que o que todas as formas de realismo transcendental têm em comum pode ser expresso negativamente como uma incapacidade ou, para colocá-lo de modo menos tendencioso, uma recusa em reconhecer que a cognição humana repouse sobre condições *a priori* da sensibilidade, que estruturam o modo pelo qual a mente recebe seus dados sensoriais. Além disso, se a análise anterior estiver correta, isso equivale a não reconhecer a natureza discursiva da cognição humana. Dessa forma, o realismo transcendental anda de mãos dadas com a rejeição da tese da discursividade.

Essa rejeição se reflete na desvalorização da representação conceitual, tanto pelo racionalismo quanto pelo empirismo. A queixa subjacente é que tal representação, em virtude de sua generalidade, seria, na melhor das hipóteses, parcial e abstrata; e, enquanto tal, ela não é capaz de apreender objetos em sua plena concretude[38]. Do lado racionalista, isso é expresso no contraste traçado por Espinosa entre o segundo e o terceiro tipos de cognição (cognição discursiva ou *ratio* e cognição intuitiva ou *scientia intuitiva*), dos quais somente o último é julgado capaz de apreender a essência das coisas individuais[39]. Entre os empiristas,

---

37. A análise desta passagem deve muito à discussão de L. W. Beck (1960, p. 181-182).
38. Glouberman (1979, p. 390 *passim*) enfatizou esse aspecto. Entretanto, não relaciona esse importante ponto com o realismo transcendental e com a crítica que Kant faz a este último.
39. Cf. Espinosa, *Ética*, 1, prop. 40, escólio 1 ([1677] 1951). Discuto esse contraste em Allison (1987, p. 116-119 *passim*).

essa desvalorização assume, em larga medida, a forma de uma preocupação com ideias abstratas, as quais, fora a questão psicológica da possibilidade de dar-lhes forma, também são consideradas inadequadas para apreender um objeto como é em si mesmo[40].

Todavia, não bastará definir o realismo transcendental em termos puramente negativos, já que essa via não consegue indicar o sentido de que esse realismo constitui uma perspectiva consistente, partilhada por uma ampla variedade de posições filosóficas. Assim, por tudo o que vimos até agora, poderia parecer que o realismo transcendental é apenas um rótulo inventado por Kant para abarcar tudo aquilo a que se opunha. Mas, se for esse o caso, parece então que o projeto de tentar compreender o idealismo transcendental em termos de sua oposição a tal realismo está condenado ao fracasso.

Por conseguinte, é crucial caracterizar o realismo transcendental de maneira positiva. Para tanto, sugiro que a melhor forma de realizar tal caracterização é defini-lo em termos do compromisso com um paradigma ou modelo de cognição teocêntrico[41]. Reiterando algo já assinalado anteriormente, uma vez que a cognição (de qualquer tipo) requer que seu objeto seja de alguma forma "dado" à mente, a negação da discursividade requer a pressuposição de que os objetos eles próprios (e como são em si mesmos) – e não apenas os dados para pensá-los – sejam dados dessa maneira. Assim, se, como sustenta o idealismo empírico, os objetos não são dados (mas somente inferidos), então o ceticismo é uma consequência inevitável. Contudo, uma vez que o único tipo de intuição que poderia fornecer os próprios objetos é a intuição intelectual, tradicionalmente pensada como característica de um intelecto divino ou infinito, segue-se que o realismo transcendental está comprometido com um paradigma teocêntrico em virtude de sua negação da discursividade. De fato, trata-se apenas de dois lados da mesma moeda.

---

40. Um bom exemplo disso (notado por Glouberman (1979, p. 368) é a discussão de Hume ([1739] 2000, p. 24-25) acerca das "distinções de razão". Hume as considera como distinções feitas pelo entendimento entre aspectos de coisas que são inseparáveis nas impressões originais – por exemplo, a distinção entre forma e cor. Embora tais distinções se revelem cruciais para propósitos de comunicação e ciência, o ponto crítico de Hume é que elas são apenas distinções de razão e, portanto, não capturam realmente a natureza das coisas.

41. Westphal (1968, p. 118- 141), argumenta de forma semelhante que as coisas como são em si mesmas devem ser entendidas como coisas como são para Deus. Embora isso certamente esteja correto, não acredito que a tentativa de Westphal de ancorar o idealismo transcendental em uma metafísica teísta seja particularmente esclarecedora. Kant presumivelmente foi um teísta (de certa forma), mas isso não explica sua distinção transcendental e a limitação da cognição às coisas tal como aparecem. Além disso, Westphal não discute a questão do compromisso dos antecessores de Kant com um modelo teocêntrico e explicitamente minimiza a importância da tese da discursividade. (Sobre o último ponto, cf. Westphal, 1968, p. 131).

Devemos, entretanto, qualificar essa tese em pelo menos dois aspectos essenciais. Em primeiro lugar, a questão não é que Kant tenha pensado que o realismo transcendental estivesse comprometido com a existência de um intelecto intuitivo, ou que tenha presumido que todos os realistas transcendentais afirmavam a cognoscibilidade das coisas como são em si mesmas no sentido em que ele entende essa noção. Em vez disso, o que está em questão é a ideia de que tal intelecto funciona como uma norma implícita à luz da qual a cognição humana é analisada e medida. Dado que, *ex hyphotesi**, esse intelecto conhece as coisas como são em si mesmas, segue-se que qualquer descrição da cognição humana que apele para esse modelo (mesmo se apenas implicitamente) também pressupõe que seus objetos próprios sejam coisas como elas são em si mesmas. Em segundo lugar, Kant não está sugerindo que o realista transcendental deva sustentar que os seres humanos realmente têm intuição intelectual, ou mesmo alguma pálida imitação dessa intuição. Embora possa haver indícios de tal concepção em certos racionalistas, ela é totalmente antitética com o empirismo em qualquer uma de suas formas. O ponto principal é, antes, o de que esse realismo considera nossa intuição *sensível como se fosse intelectual*, pois pressupõe tacitamente que, na medida em que nossa intuição nos põe em contato com objetos, ela nos põe em contato com eles como são em si mesmos.

O modelo teocêntrico – cujo ideal é a visão eternista das coisas, o ponto de vista de Deus –, é a herança comum da tradição platônica, mas se evidencia particularmente nos grandes racionalistas do século XVII[42]. Pense-se, nesse contexto, na afirmação de Malebranche de que "vemos todas as coisas em Deus", e novamente no argumento de Espinosa, segundo o qual a finalidade da cognição humana é ver as coisas *sub specie aeternitatis*** (cf. Espinosa, *Ética*, II, prop. 54, corolário 2 [1677] 1951). O modelo teocêntrico é fundamental também para Leibniz e, como irei argumentar, fornece a chave para entender tanto sua forma do realismo transcendental quanto a crítica de Kant a esse realismo.

Além do mais, apesar de sua orientação essencialmente psicológica, fica claro por suas concepções sobre a representação conceitual que os empiristas também estavam comprometidos com esse modelo. Embora mais aparente em Berkeley, que era em certa medida um platônico, tal compromisso é igualmente verdadeiro para Locke e Hume. Mas como a dimensão transcendentalmente

---

* "Hipoteticamente" (em latim no original) [N.T.].

42. Bem mais próximo de casa, Hilary Putnam refere-se criticamente a tal modelo ao defender seu próprio "realismo interno", inspirado em Kant. Cf. Putnam (1981, p. 60-64).

** "Do ponto de vista da eternidade" (em latim no original) [N.T.].

realista do pensamento de Hume já foi mencionada, a discussão enfocará Locke, cuja obra é particularmente clara quanto a relação entre esse modelo e suas concepções sobre a conceitualidade. Finalmente, visando salientar a prevalência desse modelo e fornecer uma base adicional para entender a natureza da "revolução copernicana" de Kant, devo mostrar que ele também subjaz ao pensamento pré-crítico do próprio Kant.

Leibniz. O apelo de Leibniz ao modelo teocêntrico é bastante explícito e foi mencionado com frequência na literatura[43]. Seguindo Agostinho e Malebranche, Leibniz retrata o entendimento divino como o reino das verdades eternas, e afirma que nele encontramos "o padrão das ideias e verdades impressas em nossas almas" (Leibniz, [1765] 1981, p. 447). Mas isso não quer dizer que, para Leibniz, a mente humana seja infinita, ou que ela seja capaz, de algum modo, de pensar os "pensamentos de Deus". Pelo contrário, Leibniz enfatiza constantemente os limites intransponíveis do conhecimento humano e os explica em termos do caráter confuso de nossas representações, considerado como uma consequência de nossa finitude. Contudo, a questão não é que, para Leibniz, o conhecimento humano seja infinito ou mesmo que seja com frequência adequado; a questão é, antes, que o conhecimento humano se aproxima da adequação ao se aproximar do conhecimento divino. Dessa forma, apesar da diferença infinita de grau ou de escopo, o racionalismo leibniziano pressupõe uma comensurabilidade ou similaridade de gênero entre o conhecimento humano e o conhecimento divino[44].

Essa pressuposição subjaz à tese de Leibniz de que em qualquer proposição verdadeira o predicado está contido no conceito do sujeito. A adesão de Leibniz a esse princípio o leva a considerar que a demonstração exige a redução à identidade. Ele pensa que tal redução é inteiramente possível para proposições aritméticas, e possível, pelo menos em princípio, para os axiomas da geometria euclidiana. Além disso, ele sustenta que esse princípio é aplicável não somente a verdades necessárias ou "verdades de razão", verdadeiras em todos os mundos possíveis, mas também a verdades contingentes ou "verdades de fato", que valem apenas no mundo efetivo. Como Leibniz afirma em certa passagem, isso ocorre porque "é da natureza de uma substância individual ou de um ser completo ter um conceito tão completo a ponto de ser suficiente para nos fazer entender e

---

43. Em Gurwitsch (1974, esp. p. 23-31, 142-151, 450-454) encontramos a discussão mais completa sobre esse tópico. Essa discussão também foi realizada em conexão com Kant por Martin (1955, p. 62), para quem esse apelo leibniziano remete à "fundação teológica da verdade".

44. Trata-se de algo muito bem demonstrado por Gurwitsch (1974, p. 142-144) em sua discussão da "Affinität des menschlichen und göttlichen Geistes" [afinidade entre o espírito humano e o divino].

deduzir dele todos os predicados do sujeito aos quais o conceito está ligado" (Leibniz, [1686] 1962, p. 13). Como o conceito completo de uma substância individual envolve uma infinidade de elementos, e como uma mente finita é incapaz de análise infinita, o intelecto humano nunca pode chegar a tal concepção. Em consequência, ele não pode demonstrar ou deduzir verdades de fato. No entanto, tais verdades permanecem cognoscíveis em princípio, isto é, para Deus, que é capaz de uma apreensão intuitiva do infinito. Expresso em termos kantianos, isso significa que todas as proposições são, em última instância, analíticas, e que a sinteticidade das verdades de fato é apenas uma função dos limites da análise e não da natureza das próprias proposições.

Essas considerações nos habilitam a capturar melhor os principais contornos da crítica de Kant a Leibniz e a compreender a tese de que este último teria tomado aparências por coisas em si mesmas. Muito da contenda de Kant com Leibniz e seus seguidores gira em torno de suas concepções estreitamente relacionadas de sensibilidade e aparência. De maneira geral, Kant define sua filosofia em relação à de Leibniz em termos de suas diferentes compreensões dessas concepções. Ele afirma que Leibniz e seus seguidores "falsificaram" ambas as concepções, considerando tal falsificação como o resultado direto da compreensão que aqueles têm da distinção entre o "sensível" e o "inteligível". Em vez de considerar a diferença entre esses dois elementos da cognição humana como "transcendental", isto é, como uma diferença de origem, conteúdo e espécie, eles a vêm como meramente "lógica", ou seja, como uma diferença nos graus de clareza e distinção das representações (cf. A43-44/B61-62; Pro 4: 290-291; 85-86; UE 8: 219; 310). Tudo isso é capturado pela tese de que Leibniz (aqui contrastado com Locke) "intelectualizou as aparências" (A271/B327). "Intelectualizar as aparências", para Kant, é abstrair de seu caráter irredutivelmente sensível (espaço-temporal). Mas, visto que tal caráter é um traço definidor de uma aparência em sentido kantiano (enquanto a independência desse caráter é uma característica distintiva de uma coisa como ela é em si mesma), pode-se facilmente perceber que isso equivale a tomar equivocadamente a primeira pela segunda.

Em sua resposta a Eberhard, Kant deixa claro que o cerne da dificuldade com o leibnizianismo é o fato de este não ser capaz de reconhecer que a sensibilidade humana tem suas próprias formas ou condições *a priori* (espaço e tempo), que servem para determinar positivamente a natureza e as relações dos objetos da experiência humana[45]. Isso explica por que os leibnizianos consideram o co-

---

45. Discuto este ponto em Allison (1973b, p. 75-92).

nhecimento sensível (perceptivo) das aparências apenas como uma versão confusa do conhecimento puramente intelectual alcançado por Deus. Consequentemente, todos os componentes sensíveis da experiência humana, incluindo as relações espaço-temporais, são julgados redutíveis (para Deus) às determinações puramente intelectuais (lógicas) que pertencem às coisas em si mesmas (mônadas). Contudo, essa concepção da cognição sensível é a consequência lógica do apelo de Leibniz ao modelo teocêntrico de conhecimento e, portanto, de seu realismo transcendental. Este último é, então, o objeto real da crítica de Kant[46].

Locke. Embora não tão proeminente, o apelo de Locke ao modelo teocêntrico é tão real quanto o de Leibniz. Talvez o melhor exemplo disso seja sua distinção, tão discutida, entre essência nominal e essência real. Por essência nominal de uma substância, ou melhor, de um "gênero", Locke compreende a ideia complexa desse gênero. Essa ideia, como todas as ideias gerais para Locke, se deve ao "ofício do entendimento", que lhe dá forma com base na experiência de um certo número de particulares que se assemelham. Tais ideias, portanto, constituem os sentidos dos termos genéricos. A essência real, em contraste, é a natureza interior ou "constituição real" de uma coisa. Locke usa o exemplo do ouro para ilustrar essa distinção. "A essência nominal do ouro", diz ele, "é a ideia complexa que a palavra ouro representa, podendo ser, por exemplo, um corpo amarelo, de um certo peso, maleável, fundível e não volátil"; enquanto sua essência real é "constituída pelas partes não sensíveis desse corpo, de que dependem as qualidades referidas e todas as outras propriedades do ouro" (Locke, [1689] 1959, p. 439).

Como produtos do entendimento humano, conceitos genéricos ou essências nominais são exemplares claros de representações conceituais. Mas o que torna isso particularmente interessante para nossos propósitos é o fato de Locke correlacionar a distinção entre os dois tipos de essência com a distinção entre conhecimento divino e conhecimento humano. Uma boa ilustração disso é sua análise da "essência" do homem. Após categorizar brevemente aqueles traços contidos

---

46. A ideia de que o realismo transcendental é o objeto da crítica kantiana deve ser contrastada com a explicação da interpretação e da crítica de Kant a Leibniz oferecida por Langton (1999, p. 197-203). De acordo com a autora, a afirmação de Kant na *Crítica* de que Leibniz tomou aparências por coisas em si deve ser entendida em termos metafísicos como a acusação de que Leibniz simplesmente identificou aparências naturais com mônadas. Kant teria corrigido isso em sua resposta a Eberhard, ao dizer que Leibniz (ao contrário de Eberhard) afirmara apenas que as mônadas são os *fundamentos* das aparências, o que está próximo do ponto de vista kantiano. Na minha opinião, essa visão negligencia completamente o fio condutor essencialmente epistêmico da crítica de Kant a Leibniz e sugere um conflito inexistente entre seu tratamento de Leibniz na *Crítica* e em *Sobre uma descoberta*.

nas ideias complexas que constituem a essência nominal de homem, Locke escreve em uma passagem memorável que

> [a] base de todas as qualidades que são os ingredientes de nossa ideia complexa é algo bastante diferente; e se tivéssemos conhecimento da verdadeira natureza do homem, donde provêm suas faculdades de movimento, sensação, raciocínio e outros poderes, e de que resulta sua forma tão regular, da mesma maneira que os anjos talvez a conheçam e a conhece certamente seu Autor – teríamos uma ideia da sua essência bastante diferente daquela que está agora contida em nossa definição dessa espécie, seja ela qual for; e a ideia que teríamos de cada homem individual seria tão diferente da que agora temos, como a ideia daquele que conhece todas as molas e rodas e mecanismos do famoso relógio de Estrasburgo é diferente da que tem um aldeão pasmado que somente vê o movimento do ponteiro, ouve o relógio bater as horas e observa apenas alguns dos seus aspectos exteriores (Locke, [1689] 1959, p. 440).

O conhecimento da essência real é aqui explicitamente equiparado com o conhecimento que nosso "Criador tem". A cognição humana, em contraste, é limitada a "algumas das aparências externas das coisas". Claramente, então, esta última é julgada pelo padrão ideal do conhecimento divino e é considerada deficiente. Além do mais, o que a torna inferior é precisamente sua natureza conceitual, que limita seu escopo a semelhanças manifestas, à superfície, em vez da estrutura profunda das coisas. O agnosticismo de Locke é mitigado, todavia, por sua característica insistência em que as essências nominais produzidas pelo entendimento e as classificações baseadas nelas são suficientes para nossas necessidades. Como ele o exprime de modo eloquente na Introdução ao *Ensaio*: "A luz que foi colocada em nós brilha o suficiente para nossos propósitos" (Locke, [1689] 1959, p. 45). Esses propósitos incluem não somente o conhecimento de Deus e de nosso dever, mas também o que Locke denomina "as conveniências da vida" (Locke, [1689] 1959, p. 45). Seu argumento é que nossa classificação das coisas em gêneros e, mais geralmente, nossa cognição empírica, basta para obter essas "conveniências", mesmo que não nos ponha em contato com a verdadeira natureza das coisas. Locke, portanto, combina seu apelo ao modelo teocêntrico com uma explicação essencialmente pragmática da cognição conceitual empiricamente fundada. Nesse aspecto, sua posição não está longe da de racionalistas como Descartes e Malebranche.

A diferença principal entre Locke e os racionalistas nesse ponto é que Locke tende a conceber o conhecimento plenamente adequado ou divino como, basicamente, mais do mesmo; isso significa que ele o vê como se fosse de natureza perceptiva, embora se trate de uma percepção idealizada, liberta de qualquer necessidade de apoiar-se em ideias gerais por conta de poderes largamente ampliados, por exemplo, "olhos microscópicos" (Locke, [1689] 1959, p. 303). Isso é presumivelmente o que Kant tinha em mente quando, ao contrastar Locke com Leibniz, diz que Locke "sensualizava os conceitos do entendimento" e que, para ele, a sensibilidade se referia "imediatamente às coisas em si mesmas" (A271/B327).

Como assinala a conexão entre sensibilidade e coisas em si mesmas, a "sensualização" que Locke faz dos conceitos do entendimento não deve ser vista como indicadora de um abandono do modelo teocêntrico e seu ideal cognitivo de intuição intelectual. Ao contrário, o que é considerado por Kant como uma intuição intelectual, ou seja, um conhecimento direto [*acquaintance*] e completo do objeto como ele é em si mesmo (não mediado por qualquer representação conceitual), é interpretado por Locke como sendo de natureza perceptiva[47]. Dessa forma, ainda que eles o interpretem de maneiras radicalmente diferentes, ambos, Locke e Leibniz, pressupõem que a cognição humana deve ser analisada à luz do modelo teocêntrico[48].

O Kant pré-crítico. Talvez o exemplo mais instrutivo de um apelo ao modelo teocêntrico seja fornecido pelo próprio Kant. Indicações desse apelo podem ser discernidas em praticamente todos os seus escritos pré-críticos, mas, para propósitos ilustrativos, podemos limitar nossa consideração a "Uma nova exposição dos primeiros princípios da cognição metafísica", de 1755, obra que reflete um estágio em seu desenvolvimento em que Kant filosofava num molde bastante leibniziano. Dessa forma, em apoio à tese de que o princípio de identidade é o primeiro princípio de todas as verdades, o jovem Kant escreve:

> Porque todo o nosso raciocínio equivale a descobrir a identidade entre o predicado e o sujeito, quer em si mesmo, quer em conexão com outras coisas, como resulta da última regra da verdade, pode-se observar o que se

---

47. Gram sugeriu que Kant compreende a noção de intuição intelectual em três sentidos: (1) um intelecto que pode estar consciente dos objetos independentemente de qualquer forma de intuição; (2) um intelecto que pode estar consciente da soma total (*Inbegriff*) das aparências; e (3) um intelecto criativo, arquetípico (cf. Gram, 1981, p. 287-334; 1984, p. 223, n. 7). Infelizmente, ele negligenciou um quarto sentido (ou talvez um aspecto do primeiro), a saber, um intelecto que pode estar consciente do seu objeto na sua plena concretude e, particularmente, sem qualquer dependência de conceitualização. Pode-se dizer que empiristas como Locke apelam à intuição intelectual *pelo menos* no quarto sentido (que, conforme a análise do primeiro capítulo, é realmente inseparável do primeiro).

48. Consequentemente, ambos os pensadores negam a tese da discursividade. Como afirma Kant: "em vez de buscar no entendimento e na sensibilidade duas fontes inteiramente diferentes de representações, que somente em *conexão*, todavia, podem julgar as coisas de maneira objetivamente válida, cada um desses grandes homens se ateve a apenas uma delas, julgando que se referiria imediatamente às coisas em si mesmas, ao passo que a outra não faria mais do que embaralhar, ou então ordenar, as representações da primeira" (A271/B327).

> segue: que Deus não tem nenhuma necessidade de raciocínio, pois, sendo todas as coisas perfeitamente transparentes a seu olhar, um mesmo ato de representação oferece a seu intelecto as coisas que concordam e aquelas que não concordam entre si. Deus tampouco precisa de análise, que se faz necessária para nós por causa da noite que entenebrece nossa inteligência (ND I: 391; 10).

Kant expressa aqui, tão claramente quanto se poderia desejar, o compromisso com o modelo teocêntrico e seu ideal de uma cognição não conceitual, puramente intuitiva. Sendo sujeitos cognoscentes finitos, somos forçados a recorrer à análise (e, portanto, à conceitualização) a fim de apreender as identidades que o intelecto divino reconhece imediatamente. Além disso, o compromisso de Kant com esse modelo é revelado não somente nessa formulação do ideal de cognição, mas também em alguns dos argumentos centrais da obra. Dois exemplos devem bastar para tornar isso claro. O primeiro está inserido no argumento de Kant para a existência de Deus como o fundamento da possibilidade e, portanto, da essência das coisas. Ao desenvolver esse argumento, Kant apela para o exemplo da essência de um triângulo:

> Pois a essência de um triângulo, que consiste na conjunção dos três lados, não é necessária em si mesma. Qual pessoa de mente sã sustentaria que é necessário em si mesmo que três lados devam sempre ser concebidos como conjuntos? Admito, certamente, que isto seja necessário para um triângulo, ou seja, se se pensa em um triângulo, então se pensa necessariamente em três lados, o que é o mesmo que dizer: se algo é, é. Mas, como é que se chega a pensar nas noções de lados, no espaço delimitado por eles etc., ou como ocorre, em geral, que haja algo que possa ser pensado (para que daí resulte, por combinação, limitação e determinação, a noção de qualquer coisa pensável)? Que isso ocorra é algo que não poderia ser absolutamente concebido, a menos que tudo o que é real na noção exista em Deus, que é a fonte de toda realidade (ND I: 395-396; 16-17).

O segundo exemplo ocorre em conexão com a tese de que o princípio de coexistência de substâncias deve ser localizado no intelecto divino. Em apoio a essa alegação, Kant pondera:

> Deve-se reconhecer que essa relação depende do fato de haver uma causa comum, ou seja, Deus, princípio universal de tudo o que existe. Mas, do simples fato de que Deus tenha estabelecido sua própria existência não se segue que haja uma relação mútua entre as substâncias, a menos que o mesmo esquema do intelecto divino, que lhes dá existência, também haja fixado sua relação ao conceber suas existências como correlatas. Disto, é claramente visível que o comércio universal de todas as coisas deve ser atribuído somente ao conceito dessa ideia divina (ND I: 413; 41).

A contribuição principal dessas passagens está na luz que elas lançam sobre os elementos de continuidade e de mudança no pensamento de Kant. Tanto o Kant "pré-crítico" quanto o crítico estavam preocupados com a determinação das condições de possibilidade, embora essas condições sejam entendidas de maneiras bastante distintas. Na primeira passagem, a questão em pauta é a natureza do fundamento ou da condição de possibilidade de três linhas retas delimitando um espaço. A resposta do jovem Kant é que ela está fundamentada em sua conceptibilidade pelo intelecto divino. Em contraste, em sua explicação da possibilidade matemática na *Crítica*, Kant argumenta que a impossibilidade de duas linhas retas delimitarem um espaço está baseada nas condições de construtibilidade de figuras no espaço (A221/B268), essas condições sendo elas próprias determinadas pela natureza da sensibilidade humana.

A segunda passagem é ainda mais surpreendente, pois Kant coloca o mesmíssimo problema que abordará mais tarde nas Analogias, a saber, o fundamento da unidade da experiência. Na *Crítica*, essa unidade é explicada em termos de certos princípios (as Analogias), que, como veremos, funcionam como as condições de possibilidade da experiência de uma ordem temporal unificada e expressam a conformidade necessária das aparências com os esquemas dos conceitos puros do entendimento. Aqui, em contraste, os objetos (substâncias) são considerados necessariamente conformes ao esquema do intelecto divino. O apelo ao intelecto divino nesse ensaio precoce tem, dessa forma, a mesma função que o apelo ao intelecto humano na *Crítica*, o que sugere, adicionalmente, que é plausível ver o que é geralmente caracterizado como a "virada transcendental" de Kant como a transição de um paradigma teocêntrico para um paradigma antropocêntrico[49].

II. A natureza transcendental do idealismo de Kant

Argumentou-se na seção precedente que todas as filosofias não críticas, incluindo a do jovem Kant, podem ser vistas como transcendentalmente realistas

---

49. Uma clara expressão disso pode ser encontrada nas observações positivas, embora críticas, de Kant sobre Maimon em sua célebre carta a Herz de 26 de maio de 1789 (Herz enviara a Kant o manuscrito do livro de Maimon, *Versuch über die Transzendentalphilosophie mit einem Anhang über die symbolische Erkenntnis* [Uma tentativa de filosofia transcendental – com um apêndice sobre a cognição simbólica]). A queixa básica de Kant é relativa à suposição de Maimon de que a razão humana seria do mesmo gênero que a divina, diferindo dela apenas em grau. De modo significativo, Kant também sugere que as antinomias fornecem um bom antídoto para tal concepção (cf. B11: 52-54; 316-318). Exploraremos esse último ponto posteriormente no capítulo 13.

e que, enquanto tais, compartilham um compromisso com o paradigma teocêntrico, que vai de par com uma desvalorização da discursividade que é a marca distintiva de um intelecto finito. Como isso abrange filosofias de espécies muito diferentes, o realismo transcendental não pode ser ele próprio definido em termos diretamente ontológicos ou mesmo epistemológicos. Em vez disso, sugeriu-se que ele deveria ser compreendido, de forma ampla, em termos metafilosóficos ou metaepistemológicos como uma "perspectiva" ou modelo normativo com referência ao qual a cognição humana é analisada e avaliada.

O restante desta seção explorará as implicações desse resultado para a interpretação do realismo transcendental. A mais importante é que o idealismo transcendental, tal como sua contraparte, também deve ser caracterizado como uma "perspectiva" metafilosófica e não como uma doutrina metafísica sobre a natureza ou o *status* ontológico dos objetos da cognição humana, como se faz costumeiramente. Visto que o significado básico da posição kantiana está mais claro na caracterização por Kant do idealismo transcendental como "formal" ou "crítico" e na comparação de seu procedimento com o de Copérnico, começaremos com uma breve consideração destes últimos. Isso deve, então, colocar-nos em condição de especificar a diferença fundamental entre idealismo transcendental e fenomenismo ou um idealismo do gênero berkeleyano.

A. Idealismo transcendental como idealismo formal e a assim chamada "Revolução Copernicana": duas tentativas de esclarecimento

Em resposta ao mal-entendido difundido e à crítica a seu idealismo tal como formulado na primeira edição da *Crítica*, Kant salienta, no apêndice aos *Prolegômenos*, seu desejo de designar seu idealismo transcendental como "'formal' ou, melhor ainda, como idealismo 'crítico'". Ao fazê-lo, Kant esperava distinguir seu idealismo tanto do "idealismo dogmático de Berkeley quanto do idealismo cético de Descartes" (Pro 4: 375; 162-163). Além disso, em uma nota acrescentada na segunda edição da *Crítica* à definição anteriormente citada de idealismo transcendental, Kant comenta:

> chamei-o também, ocasionalmente, idealismo formal, para distingui-lo do idealismo material, ou seja, do idealismo comum que duvida ou nega a existência de coisas externas (B519).

Dada a contínua preponderância das leituras que interpretam o idealismo transcendental como uma versão do "idealismo comum", Kant deveria ter seguido de modo mais consistente sua própria recomendação terminológica. Esse idealismo é "formal" no sentido de que é uma teoria sobre a natureza e o escopo das condições sob as quais objetos podem ser conhecidos pela mente humana[50]. Ele é "crítico" porque está fundamentado em uma reflexão sobre as condições e limites da cognição discursiva, não sobre os conteúdos da consciência ou sobre a natureza da realidade *an sich*. Em ambos os aspectos, ele difere radicalmente dos idealismos do tipo "comum" que são, eles próprios, formas de realismo transcendental.

Como mencionei no primeiro capítulo, a principal fonte do problema interpretativo reside na tendência de Kant a se referir aos objetos da experiência humana não somente como "aparências", mas também como "meras representações". Todavia, mesmo aqui, uma cuidadosa atenção ao texto torna possível evitar o mal-entendido costumeiro. Considere-se, por exemplo, a caracterização do idealismo transcendental ao qual Kant adicionou a nota mencionada acima. Como vimos, ali Kant descreve esse idealismo como a doutrina de que

> todos os objetos de uma experiência possível para nós, são apenas aparências, isto é, meras representações que, *tal como são representados* [ênfase minha] – como seres extensos ou séries de modificações –, não têm uma existência fundada em si mesma fora de nossos pensamentos (A490-491/B518-519).

A aparente equiparação de aparências com "meras representações" na oração principal certamente sugere a leitura comum. Entretanto, a tentação de lê-la dessa maneira desaparece, uma vez que se reconheça que a frase em itálico na oração subordinada se refere aos *objetos* representados e não às "aparências". A tese, portanto, não é a de que esses objetos não têm existência independente da mente (como se poderia sustentar com relação às ideias berkeleyanas); a tese é, antes, a de que tal existência não pode ser-lhes atribuída *da maneira como são representados*, ou seja, como entes espaço-temporais[51]. Em suma, tais objetos estão *in uns* no sentido transcendental, mas não no sentido empírico. O idealismo de Kant é formal (e não material) precisamente porque torna possível essa distinção.

A proposição por Kant do que veio a ser conhecido como sua "revolução copernicana" pode ser vista como um segundo esforço, intimamente relacionado com o primeiro, de esclarecer seu idealismo. Isso ocorre em uma famosa passagem do Prefácio à segunda edição da *Crítica*, na qual Kant compara a "mudança na maneira de pensar [*Umänderung der Denkart*]" que ele introduziu na filosofia

---

50. Está implícita em tudo isso a equivalência entre "forma" e "condição". Esse ponto será discutido no capítulo 5 e em outros lugares. Para uma explicação detalhada da concepção kantiana de forma, cf. Pippin (1982).

51. Discuto em mais detalhes o aspecto filológico dessa questão na resposta à crítica de Hoke Robinson às minhas primeiras explicações em Allison (1996a, p. 12-13). Para a crítica de Robinson, cf. Robinson (1994, esp. p. 419-422).

com a revolução na astronomia iniciada por Copérnico (Bxvi). Há considerável literatura sobre o ponto preciso de comparação e a pertinência da analogia copernicana, a principal questão sendo se Kant cometeu a chamada "falácia antropocêntrica" em sua leitura de Copérnico[52]. Afortunadamente, não precisamos nos preocupar com esse problema aqui. A questão central para nós é, antes, como a própria "revolução" filosófica de Kant deve ser compreendida, uma questão que continua sendo pertinente mesmo se, como se sustenta frequentemente, a analogia com Copérnico não seja particularmente adequada. Kant descreve sua revolução desta forma:

> Até hoje se pressupôs que toda nossa cognição teria de regular-se pelos objetos; mas todas as tentativas de descobrir algo sobre eles *a priori,* por meio de conceitos, para assim alargar nosso conhecimento, fracassaram sob essa pressuposição. Tentemos, portanto, pelo menos uma vez, ver se não nos sairemos melhor, nas tarefas da metafísica, pressupondo que os objetos é que têm de regular-se por nosso conhecimento (Bxvi).

Em vista da análise precedente, deveria estar claro que Kant aqui contrasta as "perspectivas" do realismo transcendental e do idealismo transcendental. Para começar, a pressuposição de que "toda nossa cognição deveria se conformar aos objetos" é prontamente identificável como o "pressuposto comum" associado ao realismo transcendental. Em consequência, os "objetos" aos quais nossa cognição deveria se conformar são caracterizados como coisas em si mesmas. Desse ponto de vista, então, pode-se dizer que conhecemos objetos apenas na medida em que nosso pensamento se conforma à sua natureza "real", ou, de modo equivalente, ao pensamento divino desses mesmos objetos. Com base nesse modelo, como nos diz Kant, não podemos explicar a possibilidade do conhecimento (sintético) *a priori,* porque não podemos elucidar como a mente poderia "antecipar" quaisquer propriedades dos objetos assim definidos, o que é requerido pelo conhecimento *a priori*[53]. O problema é que esse modelo pressupõe que toda

---

52. Para uma discussão da literatura relevante sobre o tema, cf. Engel (1963, p. 243-251); e esp. Hanson (1959, p. 274-281). Este último assinala que Kant não usa em parte alguma a expressão "revolução copernicana" para caracterizar seu próprio pensamento e que a comparação explícita do seu próprio procedimento com o de Copérnico consiste simplesmente em notar que ambos experimentaram uma hipótese alternativa quando as teorias existentes se revelaram insatisfatórias. Um tratamento mais recente e matizado do tema, que tenta traçar as conexões entre as visões filosóficas de Kant e suas especulações cosmológicas, encontra-se em Kerszberg (1989, p. 63-80).

53. Embora Kant não se refira ao sintético *a priori* nesse momento, considero evidente que era isso que ele tinha em mente, uma vez que o problema que ele aponta não surge no caso de juízos analíticos. Presumivelmente, a razão dessa omissão é que Kant via a distinção analítico-sintético como uma descoberta crucial de sua parte, apresentada por ele pela primeira vez na Introdução. Trataremos dessa distinção no capítulo 4, relacionando-a com a concepção kantiana de juízo.

cognição repouse, em última análise, sobre um contato direto com seu objeto como ele é em si mesmo.

Embora isso seja exatamente o que se esperaria, dada a ideia normativa de uma intuição intelectual, no caso da cognição humana finita, o modelo implica que todo conhecimento deve ser *a posteriori*. Contudo, nos *Prolegômenos*, Kant vai além, sugerindo que se os objetos da cognição humana fossem coisas como elas são em si mesmas [*so wie sie an sich selbst sind*], não seria sequer possível explicar o conhecimento *a posteriori* (Pro 4; 282; 78). Claramente, essa última passagem é a melhor expressão da opinião de Kant, dado que sua posição é que o realismo transcendental, com seu modelo teocêntrico, é incapaz de explicar a cognição discursiva de *qualquer* gênero, e não simplesmente a variedade *a priori*. Essa é a razão pela qual uma revolução filosófica é necessária.

A suposição "copernicana" contrária, de que "os objetos deveriam se conformar à nossa cognição [*die Gegenstände mussen sich nach unseren Erkenntniss richten*]", expressa o princípio fundamental do idealismo transcendental. No capítulo anterior, isso significava que os objetos deveriam se conformar às *condições* unicamente sob as quais podemos representá-los a nós mesmos como objetos, o que sugere tanto a noção de condições epistêmicas, introduzida como um dispositivo de exposição quanto um modelo antropocêntrico de cognição. Nossa preocupação presente, todavia, está ligada, em larga medida, a este último, já mencionado, mas ainda não discutido.

Aqui, tudo depende de compreendermos a ideia de tal modelo num sentido normativo. Caso contrário, a posição de Kant se tornaria essencialmente indistinguível da dos empiristas britânicos clássicos, que, como indicam os próprios títulos de suas obras maiores, também perfizeram conscientemente uma virada antropológica. Isso não significa negar que Locke, Berkeley e Hume estivessem engajados, pelo menos em parte, num empreendimento normativo. Claramente, eles estavam. No entanto, como vimos, apesar de seu enfoque no entendimento humano, na cognição humana e na natureza humana, todos esses pensadores analisaram a cognição à luz de uma norma teocêntrica. Assim, sua preocupação epistemológica central era determinar como a cognição humana se situa em relação a tal norma, e nisso eles compartilham um fundamento com os racionalistas.

Em nítido contraste com o procedimento dos empiristas, entender o modelo antropológico num sentido normativo é justamente considerar a mente humana como a fonte das regras ou condições mediante as quais e unicamente sob as quais ela pode representar para si mesma um mundo objetivo. Nos termos de Kant, significa dizer que o entendimento humano (adequadamente condicionado pela sensibilidade) fornece a "legislação [*Gesetzgebung*] para a natureza" (A126). Visto que nosso entendimento é discursivo (não intuitivo), isso implica que a cognição discursiva é elevada a norma em vez de degradada a uma forma de cognição de segunda classe como ela inevitavelmente seria sob o modelo teocêntrico.

B. Idealismo transcendental e fenomenismo

À luz do que foi dito acima, estamos em condições de retornar à questão do contraste entre idealismo transcendental e fenomenismo em geral, bem como o idealismo berkeleyano em particular. A caracterização que faz Jonathan Bennett da natureza do fenomenismo e de sua distinção com relação ao idealismo fornece um ponto de partida conveniente para esta discussão. De acordo com Bennett, o fenomenismo é uma teoria sobre enunciados de uma linguagem objeto. Essa teoria sustenta que todos esses enunciados são traduzíveis em enunciados complexos sobre dados sensoriais (incluindo enunciados hipotéticos contrafactuais). Ele sugere, adicionalmente, que esse argumento seja equivalente à tese de que "objetos são construtos lógicos a partir de dados sensoriais". O idealismo, em contraste, é caracterizado como a concepção metafísica de que "objetos são coleções de dados sensoriais". Bennett atribui essa última concepção a Berkeley (Bennett, 1971, p. 136-137).

O ponto inicial e mais básico a ser esclarecido aqui é que o fenomenismo, como Bennett o descreve, é transcendentalmente realista no mesmo sentido e pelas mesmas razões que o idealismo berkeleyano. Apesar de sua concepção dos objetos como "construtos lógicos", o fenomenismo trata os dados sensoriais a partir dos quais os "objetos" são presumivelmente construídos como coisas em si mesmas. Como resultado, o fenomenismo não é mais adequado para explicar o idealismo transcendental do que o idealismo berkeleyano. Em suma, o idealismo transcendental não é nem uma teoria sobre a tradutibilidade de enunciados de uma linguagem objeto para alguma linguagem mais precisa ou primitiva do dado sensorial, nem uma teoria sobre o tipo ontológico (objeto material ou coleção de dados sensoriais) dos objetos da experiência humana. Como tem sido enfatizado reiteradamente, ele é, em vez disso, uma teoria sobre as condições e limites *a priori* da cognição discursiva.

O problema pode ser esclarecido por meio de uma comparação entre a análise de Berkeley dos enunciados sobre objetos não percebidos nos *Princípios do conhecimento humano* e o tratamento por Kant do mesmo tópico na *Crítica*. Berkeley oferece duas análises distintas de proposições da forma: x existe, embora *x* não esteja atualmente sendo percebido por mim ou por outro "espírito criado". Em uma dessas análises, *x* pode ser dito existir se está sendo percebido por Deus (Berkeley, 1948, vol. 2, § 6). Na outra, que é muito mais próxima do fenomenismo contemporâneo, *x* pode ser dito existir se enunciados sobre *x* podem ser traduzidos em juízos hipotéticos da forma: se estivéssemos em posição ou tivéssemos os instrumentos apropriados para tal etc., então perceberíamos *x* (Berkeley, 1948, vol. 2, § 3). Ambas as análises baseiam-se na correlação entre existência e percepção, que é a marca distintiva da filosofia de Berkeley.

A explicação de Kant para proposições sobre entes e eventos não percebidos possui uma semelhança superficial com a segunda versão de Berkeley e, portanto, com as explicações fenomenistas. Dessa forma, ele admite que podemos perfeitamente bem falar de habitantes da lua, ainda que ninguém os tenha visto. Mas Kant prossegue afirmando:

> [Isso] significa apenas que poderíamos encontrá-los no progresso possível da experiência; pois é efetivo [*wirklich*] tudo o que, segundo leis do progresso empírico, faz parte de um contexto com uma percepção. Os objetos são reais [*wirklich*], portanto, quando estão em uma interconexão empírica com a minha consciência real [*wirklich*], mesmo que não sejam reais [*wirklich*] em si mesmos, isto é, fora desse progresso da experiência (A493/B521).

Além disso, prossegue Kant:

> Chamar uma aparência de coisa real [*wirkliches*] antes da percepção significa ou que temos de encontrar tal percepção no progresso da experiência, ou não significa absolutamente nada. Pois só se poderia dizer que ela existe em si mesma, sem referência aos nossos sentidos e à experiência possível, caso se estivesse falando de uma coisa em si mesma. Mas só se está falando de uma aparência no espaço e no tempo, os quais não são determinações das coisas em si mesmas, mas apenas de nossa sensibilidade; por conseguinte, aquilo que está nelas (aparências) não é algo em si, mas meras representações que, se não são dadas em nós (na percepção), não podem ser encontradas em parte alguma (A493-494/B522-523).

A partir disso, podemos ver que Kant, tal como Berkeley e o fenomenismo contemporâneo, traduz enunciados de primeira ordem sobre entes ou eventos não percebidos em enunciados de segunda ordem sobre a possível percepção deles. Porém, essa semelhança superficial na verdade mascara o traço distintivo da análise kantiana, a saber, o papel dado às leis ou princípios *a priori*. As "leis do progresso empírico" ou, como ele as chama em outro lugar, as "leis da unidade da experiência" (A494/B522), não são senão as Analogias da Experiência. Sem entrar agora em uma discussão dessas analogias (trata-se do tema do capítulo 9), o ponto básico é que, em uma análise transcendentalmente idealista, a tese de que certo ente ou evento deve ser encontrado no "progresso da experiência" é uma maneira elíptica de afirmar alguma conexão segundo leis ou uma "rota causal" entre o ente ou evento em questão e a experiência presente. Isso não envolve a postulação de um episódio mental hipotético na história de alguma consciência (seja humana ou divina).

O fio condutor epistêmico ou transcendental da teoria kantiana aparece com particular clareza na análise da efetividade [*Wirklichkeit*] nos Postulados do Pensamento Empírico. Ali Kant define o efetivo como "aquilo que se concatena com as condições materiais da experiência (da sensação)" (A218/B266). Por causa da referência explícita à sensação, tal definição parece convidar a uma leitura fenomenista ou mesmo idealista (no sentido berkeleyano). A discussão que Kant faz do postulado, todavia, sugere uma visão distinta. Kant nos diz que a tese de que algo é efetivo

> exige a *percepção*, portanto a sensação da qual se é consciente; não, de fato, a percepção imediata do próprio objeto cuja existência deve ser conhecida, mas sim a concatenação do mesmo com alguma percepção efetiva segundo as analogias da experiência, as quais apresentam toda conexão real em uma experiência em geral (A225/B272).

À primeira vista, isso pode sugerir um fenomenismo tal como Bennett o define. Certamente, a tese exclui o requisito idealista extremo de que, para que um objeto empírico seja efetivo (real), ele tenha de ser percebido, mas parece requerer a suposição de que o objeto *poderia* ser percebido, que é justamente a tese do fenomenismo (com seu apelo a contrafactuais). Contudo, a posição de Kant não é exatamente essa. Embora ele sustente que o que quer que seja efetivo deva ser um objeto da percepção possível, isso é apenas uma consequência e não um critério da efetividade. Como a passagem acima indica, os critérios relevantes são fornecidos pelas Analogias da Experiência, ou seja, por um conjunto de princípios *a priori*. A posição crítica verdadeira é que o que quer que possa ser conectado com alguma percepção dada de acordo com esses princípios, ou "leis da concatenação empírica das aparências", deve ser considerado "efetivo". Aqui, o apelo à percepção ou sensação funciona apenas como o ponto de partida, que fornece conteúdo empírico à tese da efetividade. A tese mesma não incide sobre quaisquer "experiências subjetivas".

A ilustração desse princípio feita por Kant é também bastante instrutiva. Diz respeito ao caso hipotético da percepção de uma porção de limalha de ferro atraída magneticamente. Tal percepção, nota ele, justificaria claramente a inferência da existência de algum material responsável por essa atração. Além disso, ela o faria ainda que nosso aparato sensorial não fosse adequado para a percepção desse material. A bem da verdade, Kant sugere que, se nossos órgãos dos sentidos fossem mais poderosos ou mais refinados, poderíamos ser capazes de perceber esse material, o que uma vez mais traz à mente o apelo fenomenista aos contrafactuais (assim como a referência oblíqua de Locke aos "olhos microscópicos"). Kant, todavia, não apela nem para os contrafactuais, nem para a ideia de uma capacidade sensorial consideravelmente aperfeiçoada. Em vez disso, ele observa que

> a [...] rudeza [dos nossos sentidos] absolutamente nada tem de ver com a forma da experiência possível [...]. Até onde alcançam, pois, a percepção e seus complementos segundo leis empíricas, até aí alcança também nossa cognição da existência das coisas (A226/B273).

Em outras palavras, a relevância da referência ao material magnético não é uma função da possibilidade de melhorar suficientemente nosso aparato sensorial, de forma a nos habilitar a ter experiências que no presente não estamos capacitados a ter. É, antes, uma função da conectibilidade desse material com nossa experiência presente de acordo com leis empíricas e, em última análise, com princípios *a priori*.

O mesmo pode ser assinalado com relação à noção de uma percepção possível. Como já está implícito em seu princípio *esse est percipi*, e como é perfeitamente manifesto em sua explicação do *minimum sensibile*, a explicação de Berkeley para a percepção possível é essencialmente de natureza psicológica. Ser possível significa ser efetivamente perceptível. Por essa razão, qualquer coisa pequena demais para ser percebida, ou abaixo do *minimum sensibile*, pode simplesmente ser rejeitada como impossível (Berkeley, 1948, vol. 2, § 132; vol. 1, § 79-87)[54]. Em nítido contraste com isso, Kant define a possibilidade da percepção em termos da conformidade a regras, ou seja, a princípios *a priori*. Assim, escreve Kant:

> só é ordenado, na verdade, o progresso de aparência a aparência, mesmo que estas não oferecessem nenhuma percepção efetiva (se ela é muito fraca para nossa consciência, segundo o grau, para tornar-se experiência) – pois elas pertencem à experiência possível independentemente disso (A522/B550).

Essa passagem quase parece ter sido escrita com Berkeley (ou Hume) em mente. Em todo caso, ela ilustra bem a diferença radical entre o idealismo transcendental ou formal de Kant e o fenomenismo ou idealismo material de molde berkeleyano. Aqui, o conceito transcendental de aparência é vinculado especifi-

---

54. Há uma análise similar em Hume ([1739] 2000, Livro I, Parte 2).

camente à noção de uma experiência possível. Essa última noção, todavia, é definida em termos da conformidade com um conjunto de condições *a priori* e não em termos da possibilidade de um estado perceptual. Uma vez mais, então, vemos que o apelo a tais condições, que são as condições da cognição discursiva, é a característica definidora do idealismo transcendental e que tal idealismo, portanto, tem pouco em comum com o fenomenismo[55].

III. Uma réplica a duas objeções

Além da acusação de trivialização, feita por Guyer, Langton e outros, a presente interpretação do idealismo transcendental tem sido alvo de diversas críticas[56]. Para concluir esta discussão, exploraremos duas das mais importantes: uma de natureza filosófica substantiva, a outra uma questão sobretudo de interpretação. Como representantes dessas duas linhas de crítica, consideraremos as objeções de Jay Van Cleve e Karl Ameriks, respectivamente.

A. Van Cleve: um mundo ou dois?

A objeção de Van Cleve dirige-se à distinção transcendental compreendida como uma distinção entre duas maneiras de considerar a mesma coisa, e não como uma distinção entre duas coisas ontologicamente distintas. Sugerindo que os textos sobre a questão são inconclusivos (um problema a ser retomado no próximo capítulo), ele afirma que a primeira alternativa é insustentável. O problema a ser enfrentado é explicar como a mesma coisa poderia ser, ao mesmo tempo, espacial e não espacial, ou, mais precisamente, como poderia ser "considerada enquanto tal" (Van Cleve, 1999, p. 143-150)[57]. Por trás desse modo de

---

55. A análise acima deve ser contrastada com uma leitura não fenomenista de muitos dos mesmos textos, bem como com algumas passagens semelhantes na leitura de Langton (1999, p. 140-161; 186-204) a respeito de Sobre uma descoberta. Como já observamos, Langton interpreta Kant como um realista científico e encontra na *Crítica* os rudimentos de uma teoria causal do conhecimento: objetos empíricos (compostos de forças) são reais porque podem nos afetar. Assim, para ela tudo gira em torno da existência de uma relação causal entre aquele que percebe e o ente que o afeta, mesmo que o ente (devido às limitações do nosso aparato sensorial) não seja efetivamente perceptível. Em contraste, sublinhei (como creio que Kant claramente o fez) a forma de lei da conexão entre as percepções reais e os entes não percebidos (mas inferidos). Por essa razão, na minha leitura, não há necessidade de que algo possa efetivamente nos afetar para contar como empiricamente real ou, de forma equivalente, como um objeto da experiência possível. Caso contrário, Kant não poderia falar, por exemplo, sobre a realidade dos objetos num passado distante, como certamente pretendeu fazer.

56. Para uma resposta mais detalhada a muitas dessas críticas, cf. Allison (1996a, p. 3-26).

57. Esse autor oferece essencialmente a mesma análise em Van Cleve (1992, p. 296-300).

formular o problema está o reconhecimento de que interpretações como a oferecida aqui, que se concentram na frase modificadora "considerada enquanto tal", o fazem a fim de evitar a contradição óbvia de afirmar que a mesma coisa poderia *ser* espacial e não espacial ao mesmo tempo. Dessa forma, Van Cleve argumenta que ficamos devendo (falhamos em oferecer) uma explicação geral de como podemos pensar os modificadores visando remover tal contradição.

Para compreender isso, Van Cleve, na esteira de David Lewis, sugere três modelos possíveis: "quadrado no terceiro andar, redondo no quarto"; "honesto de acordo com o *News*, desonesto de acordo com o *Times*"; "alto se comparado com Ed, baixo se comparado com Fred" (Van Cleve, 1999, p. 147). Como ele corretamente salienta, os dois primeiros são obviamente inadequados para modelar a distinção kantiana como aqui entendida, dado que o primeiro modelo efetivamente a transforma em uma distinção entre duas coisas, enquanto o segundo torna errônea uma das maneiras de considerar as coisas. Desse modo, ficamos com o terceiro modelo como a "melhor aposta"(Van Cleve, 1999, p. 147). Fundamental para esse modelo é a distinção entre propriedades relativas e propriedades intrínsecas, o que significa que, aplicando o modelo a Kant, devemos conceber propriedades espaciais, como a forma, como relativas, em vez de, a exemplo do que se faz normalmente, como intrínsecas. Em outras palavras, formas etc. são relações disfarçadas. Van Cleve, ignorando o fato de que tal visão relacional já se encontra em Leibniz, no entanto, a rejeita sumariamente como insustentável.

Contudo, a fim de fazer justiça à posição que critica, Van Cleve se detém para considerar um modelo sugerido na versão original deste livro. Esse modelo, pensado como ilustração empírica de uma tese transcendental, envolve a concepção newtoniana de peso. De acordo com essa concepção, podemos dizer que os corpos têm peso somente na medida em que estão em uma relação de atração e repulsão com outros corpos. Logo, somente se dado corpo for "considerado" em tal relação, uma descrição que inclua uma referência a peso lhe é aplicável. A inteligibilidade dessa tese não é, de modo algum, afetada pelo fato de que corpos sempre se encontrem em relação de interação com outros corpos, de modo que um "corpo enquanto tal" nunca pode ser objeto de experiência. A questão é simplesmente que corpos podem muito bem ser *concebidos*, embora não *experienciados*, fora de sua relação com outros corpos (a primeira lei do movimento de Newton é precisamente sobre corpos assim concebidos). Concedendo a mudança do nível empírico para o transcendental, sugeriu-se que o mesmo poderia ser dito a propósito da distinção entre as coisas como aparecem e estas mesmas coisas como são em si mesmas. Também neste caso o que temos é a distinção entre uma coisa considerada em certa relação, em virtude da qual ela cai sob certa descrição, e a mesma coisa considerada em abstração dessa relação e, portanto, não caindo sob essa descrição.

Embora Van Cleve seja cético sobre esse modelo sugerido alegando que ele ainda requer que enxerguemos propriedades normalmente pensadas como monádicas como sendo, na realidade, relacionais, ele não o descarta por inteiro. Além do mais, isso é algo bom, pois, como já observei, corresponde à concepção leibniziana. Em lugar disso, Van Cleve se concentra na *desanalogia* entre as compreensões relacionais de peso e de forma. Seu argumento é que, enquanto no caso do peso podemos compreender claramente a relação em questão como sendo, aproximadamente, a de "ser-puxado-em uma-certa-medida-por", não há relação comparável disponível para compreender a forma (Van Cleve, 1999, p. 148).

Van Cleve (1999, p. 148) considera "*aparecer para nós como tendo tal-e-tal forma*" como o candidato mais plausível para tal relação. Todavia, continua ele, isso compromete Kant com a visão ilusionista de que os objetos só *parecem* ter propriedades espaciais para nós, embora na realidade não as tenham, o que remete ao já desacreditado segundo modelo (Van Cleve, 1999, p. 148-149). Dessa forma, somos levados, por eliminação, à concepção "qualificada de dois mundos" que Van Cleve prefere[58].

A resposta a essa linha de objeção é dupla. Em primeiro lugar, Van Cleve está bastante correto em ver um problema aqui, já que a relação em questão é epistêmica e, enquanto tal, difere significativamente da relação física entre corpo e peso. No entanto, sua caracterização dessa relação é tendenciosa e oculta uma ambiguidade importante. A relação "*aparecer para nós como tendo tal-e-tal forma*" pode significar simplesmente *parecer* para nós como tendo essa propriedade (o bastão reto que, visto na água, parece torto para nós) ou como tendo para nós de maneira justificada tal propriedade, quando considerada em relação às condições sob as quais ela aparece para seres com nossa forma de sensibilidade[59].

Toda a crítica de Van Cleve baseia-se na pressuposição de que a relação deve ser tomada no primeiro sentido. As únicas opções que ele reconhece são: x real-

---

58. Van Cleve caracteriza sua interpretação dualista da distinção coisa em si-aparência como uma concepção "de dois mundos qualificada", porque envolve interpretar as aparências kantianas como objetos intencionais ou "construções lógicas dos estados dos sujeitos que percebem", e não como entes com uma existência distinta (cf. Van Cleve, 1992, p. 295-296; 1999, p. 142).

59. Por razões que se tornarão claras quando da discussão da objeção de Ameriks, a locução "podendo ser justificadamente afirmado ter x" visa substituir "realmente ter x".

mente tem a propriedade *y* (pode ser julgado a partir de uma visão divina como tendo essa propriedade) ou *x* somente parece tê-la para nós. Claramente, essa é a forma natural de compreender a questão, dado que apela para nosso uso ordinário desse linguajar. Todavia, ela também reflete uma posição transcendentalmente realista, que é igualmente "natural", mas contorna inteiramente o conceito *transcendental* de aparência. Além do mais, isso é evidenciado pelo fato de Van Cleve compreender a relação epistêmica como sendo fundamentalmente de natureza empírica. Assim, ele se refere a um objeto como tendo "tal-e-tal-forma" (por exemplo, redondo por oposição a quadrado), o que é uma questão empírica, e não como tendo forma (tamanho ou localização espacial), o que não é uma questão empírica. Como resultado, ele comete uma petição de princípio no que diz respeito ao idealismo transcendental como aqui interpretado.

Uma vez que Van Cleve poderia nesse ponto muito bem objetar que essa concepção transcendental e alternativa da aparência, que não deve ser identificada com um mero parecer [*seeming*], permanece opaca, será proveitoso apresentar outro exemplo, cuja consideração constitui a segunda parte de nossa réplica. Embora diga respeito ao tempo e não ao espaço, ele oferece uma ilustração mais clara da natureza e da força da tese kantiana da idealidade.

Como bem sabemos, teólogos filosóficos tradicionais geralmente sustentam que Deus, por ser onisciente, deve ter presciência completa. Em vez de ter de esperar pelos eventos, como fazem os seres finitos, Deus apreende de uma maneira atemporal (mediante uma "intuição intelectual") tudo o que acontecerá. Geralmente, apela-se para essa concepção para estruturar o problema do fatalismo: se Deus sabe o que farei antes que eu o faça, como posso evitar fazê-lo e, portanto, como posso ser considerado responsável por meus atos? Entretanto, à luz do contraste entre os modelos teocêntrico e antropocêntrico de cognição esboçados neste capítulo, essa concepção pode também ser usada para compreender a doutrina kantiana da idealidade do tempo. A questão aqui é simplesmente que, por reconhecer essa concepção atemporal da cognição divina como normativa (como tem de ser, se quiser preservar a onisciência), o realismo transcendental é levado a concluir que o tempo não é plenamente real, que os objetos e os eventos somente *parecem* ser temporalmente sucessivos. Em outras palavras, o realismo transcendental se defronta com um dilema: ele tem de negar a presciência divina, o que é filosoficamente difícil (embora não inédito) ou negar a realidade do tempo – isto é, ele tem de admitir que as ocorrências apenas *parecem* ser sucessivas, mas que na realidade não o são, o que significa reduzir a experiência à ilusão.

A interpretação do idealismo transcendental oferecida aqui apresenta uma saída imediata para esse dilema, tornando possível preservar a realidade empírica do tempo ao modesto custo de sua idealidade transcendental. Isso ocorre porque considerar o tempo como uma condição epistêmica assegura sua "realidade objetiva" com relação às aparências, enquanto ao mesmo tempo deixa espaço conceitual para uma perspectiva atemporal radicalmente distinta, representando a visão divina das coisas. Além disso, essa vantagem está associada somente à compreensão de "um mundo" desse idealismo, já que o que se exige é que um e o mesmo conjunto de eventos seja concebível a partir desses pontos de vista radicalmente distintos. Em uma leitura de "dois mundos", mesmo do gênero "qualificado" advogado por Van Cleve, isso é obviamente impossível, com a consequência de que o dilema permanece tão intratável quanto o é para o realismo transcendental em todas as suas formas. Claro que, como fizeram alguns filósofos, o realista transcendental pode optar por não se deixar abater e negar a realidade do tempo. Mas parece duvidoso que Van Cleve e outros que adotam sua linha de crítica achariam essa opção atrativa.

B. Ameriks: epistemologia ou metafísica?

A segunda objeção básica a ser considerada aqui é uma variante da acusação de trivialidade, embora mereça um tratamento separado porque foi feita por intérpretes que têm mais simpatia pelo idealismo transcendental do que Guyer ou Langton. Um bom representante dessa abordagem é Karl Ameriks (1992, esp. p. 334-336)[60]. A objeção de Ameriks não é que o idealismo transcendental, nessa interpretação, seja incoerente (embora ele possa também acreditar que seja o caso), mas que ele não faz jus à compreensão que o próprio Kant tem de seu idealismo. De acordo com Ameriks, uma interpretação epistêmica simplesmente ignora a relevância ontológica que Kant atribui à distinção transcendental[61]. Assim, afirma ele: "nessa leitura [epistêmica], ainda não há nenhuma razão para pensar que o não ideal tenha *status* ontológico maior do que o ideal"(Ameriks, 1992, p. 334). Mas isso, pensa Ameriks, é incompatível com os compromissos filosóficos mais profundos de Kant, que concernem "à realidade absoluta das coisas em si mesmas com características não espaço-temporais substantivas" (Ameriks, 1992, p. 334).

---

60. Respondi inicialmente à crítica de Ameriks em Allison (1996a, p. 17-21). A presente resposta é uma versão significativamente revisada dessa versão anterior.

61. Mais recentemente, uma crítica similar, recaindo especialmente sobre os problemas da liberdade e da relação mente-corpo, foi expressa por Rosas (1996, p. 117-133).

Devemos admitir que há muita coisa em Kant que sugere uma leitura ontológica do tipo advogado por Ameriks. Para começar, poder-se-ia argumentar que "falar sobre aparências" só tem significado por oposição a falar sobre as coisas como elas "realmente são". Assim, mesmo concedendo que a distinção seja entre duas maneiras de considerar as coisas em vez de ser entre dois tipos de coisas, ainda pareceria que o quer que se possa dizer sobre as coisas, com base na primeira maneira de as considerar, deve ter uma significação ontológica menor do que teses baseadas na segunda. Em suma, parece que, sob *qualquer* interpretação, o idealismo transcendental deve ser visto como incorporando de alguma forma o contraste ontológico clássico entre aparência e realidade.

Tal leitura também parece receber apoio do fato de Kant ter explicitamente contrastado, na *Dissertação inaugural*, cognição sensível e cognição intelectual, assim como cognição das coisas como elas aparecem e cognição das "coisas como elas são" (Diss 2: 392; 384). Apesar de o Kant "crítico" negar que possamos ter conhecimento do último tipo, sua adesão à doutrina da sensibilidade presente na *Dissertação* permanece, e sua equiparação entre uma consideração das coisas como elas são em si mesmas e uma consideração das coisas como um entendimento puro poderia pensá-las certamente sugere que o contraste ontológico presente em sua obra inicial ainda vigora.

Mas é provável que o apoio mais forte à leitura ontológica venha da filosofia moral de Kant, particularmente de sua metafísica prática do suprassensível. Por afirmar o primado da razão prática, ou, o que resulta no mesmo, negar o conhecimento para deixar espaço para a fé (Bxxx), muitos interpretam que Kant oferece uma via de acesso, mediante a razão prática, à mesma realidade última que ele vedou à especulação. Portanto, desse ponto de vista, realmente somos substâncias livres, imateriais etc., embora não o possamos demonstrar teoricamente.

Todavia, as coisas não são tão simples assim, já que uma leitura diretamente ontológica do gênero advogado por Ameriks (e por muitos outros comentadores) naufraga por conta do problema do realismo empírico. Como vimos, uma vez que enunciados sobre coisas, consideradas como são em si mesmas, são entendidos como teses sobre como elas *realmente são*, torna-se difícil evitar que se compreenda enunciados sobre aparências como teses sobre como elas apenas *parecem* ser *para nós* – algo difícil de reconciliar com qualquer forma robusta de realismo. Uma forma óbvia de preservar esse realismo é a proposta de Guyer de descartar de vez o idealismo. Mas isso seria jogar o bebê com a água do banho. No entanto, além dessa, não parece haver nenhuma outra solução disponível dentro do arcabouço da filosofia de Kant, exceto a de desontologizar de algum modo a distinção transcendental. Não importa qual seja sua natureza, o que ela *não pode ser* é uma distinção entre como as coisas parecem ser para seres como nós e como elas realmente são.

A concepção de uma condição epistêmica foi introduzida exatamente para resolver esse problema. Como já observado, a tese da discursividade tem grande importância nessa reconstrução, pois ela permite compreender como sujeitos cognoscentes discursivos, tais como nós, poderiam ter duas relações epistêmicas radicalmente distintas com os objetos, nenhuma das quais *ontologicamente* privilegiada[62]. Ameriks questiona, contudo, a compatibilidade dessa abordagem com as vertentes numenalistas "mais profundas" do pensamento de Kant. Esta é, portanto, a questão que devemos considerar agora.

O assunto será melhor abordado em associação com o conceito de liberdade. Sob uma leitura ontológica tradicional, Kant está comprometido com a tese de que realmente somos agentes (transcendentalmente) livres, ainda que, quando considerados como fenômenos, sejamos também partes causalmente determinadas da natureza. Pondo de lado a questão de como poderíamos saber se esse é o caso (dada a impossibilidade de qualquer conhecimento teórico de tal liberdade), o problema é compreender o que essa doutrina diz sobre nossos eus fenomênicos [*phenomenal selves*]. Será que só parecemos ser causalmente determinados quando, na verdade, somos livres? Ou será que nossos eus fenomênicos realmente são determinados e nossos eus numênicos [*noumenal selves*] realmente são livres? Nenhuma dessas alternativas parece aceitável: a primeira porque mina o realismo empírico de Kant e a segunda porque o sobrecarrega com uma doutrina incoerente de dois eus [*selves*].

Quando abordado dessa forma, torna-se claro que o âmago do problema é a pressuposição subjacente de que exista uma "questão factual" que precisa ser adjudicada. Sob esse pressuposto, a liberdade, que, segundo a teoria moral de Kant, somos obrigados a pressupor, deve ser vista como uma propriedade real de um eu numênico separado ou como uma propriedade de nosso eu singular como ele realmente é em sua constituição interna. Trata-se justamente da pressuposição de que deve haver algo factual, independente de ponto de vista, implícita em qualquer leitura ontológica do idealismo transcendental, que é posta em questão pela interpretação que defendemos. De fato, nesta interpretação, tal compreensão do idealismo transcendental (como a de Van Cleve) é, ela própria, uma forma de realismo transcendental.

---

62. Obviamente, a relação envolvendo a sensibilidade, ou seja, a relação com as coisas consideradas como aparecem, é *epistemologicamente* privilegiada, já que somente ela pode gerar cognição.

Cabe reconhecer que isso soa paradoxal ao extremo, pois naturalmente tendemos a pensar que aqui deve haver algo factual: ou somos realmente livres ou não somos. Uma dessas alternativas deve valer, mesmo se não estivermos em condições de determinar qual. Além do mais, isso vale tanto se entendermos liberdade no sentido kantiano, como um poder causal não natural quanto se a entendermos no sentido popular do compatibilismo contemporâneo, como um poder puramente natural de autodireção e de ação. Contudo, por paradoxal que possa ser, o idealismo transcendental de Kant conduz precisamente a essa conclusão.

A concepção aqui atribuída a Kant pode ficar mais clara se mobilizarmos a concepção de "assertibilidade justificada" de Michael Dummett, que tem sido aplicada à interpretação de Kant (cf. Posy, 1984, p. 38). Embora seja costumeiramente utilizada em contextos teóricos como uma alternativa antirrealista à visão tradicional da verdade enquanto correspondência a uma realidade ou reino de fatos independentes, essa concepção pode ser estendida ao contexto prático no qual Kant discute a liberdade. O que é crucial aqui é a afirmação kantiana de que a liberdade só é asserível de um "ponto de vista prático", isto é, somente em conexão com nossa concepção de nós mesmos como agentes morais responsáveis. Claramente, Kant sustenta que devemos pressupor nossa liberdade a partir desse ponto de vista.

Contudo, também parece claro, embora seja mais controverso, que ele *não* sustentou que esse ponto de vista dê acesso a algum reino superior do ser (o "realmente real"). A questão é que, do ponto de vista prático, estamos racionalmente autorizados ou justificados em pressupor nossa liberdade, com a justificação provindo da lei moral como a lei da razão pura prática. Correlativamente, do ponto de vista teórico, em que a preocupação é com a explicação e não com a ação, estamos autorizados (na verdade, isso é exigido de nós) a submeter todo evento ao princípio de causalidade como uma condição de possibilidade de sua cognição. O argumento para o primeiro ponto de vista está além do escopo deste estudo[63]. O argumento para o segundo será considerado no capítulo 9. Aqui, precisamos apenas assinalar que, para Kant, ambos vêm ao caso.

Assim, nesta leitura, o idealismo transcendental pode ser caracterizado como uma doutrina da assertibilidade justificada, relativizada a um ponto de vista. A ideia básica é que cada ponto de vista (o teórico e o prático) tem seu próprio conjunto de normas com base nas quais asserções são justificadas e que cada um considera seus objetos de uma certa maneira (como aparecem e como

---

63. Para uma análise dessa questão, cf. Allison (1990, p. 201-249).

são pensados em si mesmos). Porém, não há aqui nenhuma verdade ou questão de fato que seja independente de contexto. Expresso de outro modo, o dualismo kantiano é normativo e não ontológico[64].

É verdade que Kant menciona, por vezes, em particular na *Fundamentação* III e na *Crítica da razão prática*, a ideia de liberdade ou a consciência da lei moral como a franquear-nos uma via de acesso para um mundo inteligível ou para uma ordem superior de coisas bastante distintos do mundo sensível da experiência. Todavia, fica claro a partir do contexto que a superioridade do primeiro em relação ao segundo deve ser interpretada em termos axiológicos e não ontológicos. Aquilo de que supostamente nos tornamos conscientes é um conjunto superior de valores e uma vocação [*Bestimmung*] para persegui-los, não nossa filiação a uma ordem superior de coisas. De modo similar, na segunda *Crítica*, Kant fala do primado da razão prática em relação à razão especulativa (5: 119-121; 236-238). Porém, isso significa apenas que nosso interesse prático (na moralidade e nas suas condições de possibilidade) tem direito de se sobrepor a nosso interesse especulativo para evitar teses infundadas, e que o segundo deve, portanto, submeter-se ao primeiro. Uma vez mais, então, não se está pensando em qualquer acesso (cognitivo ou de outro tipo) a uma ordem do ser ontologicamente superior.

Ainda assim, uma análise tão "anódina" não parece satisfatória. A questão "somos *realmente* livres?" continua a retornar, e a resposta: "sim, mas somente de um ponto de vista prático" parece ser um ardil ou uma confusão, porque não podemos evitar pressupor que tenha de haver *algo* cuja natureza seja factual. Embora isso seja verdade, Kant tem uma explicação; explicação esta, aliás, um aspecto essencial, embora geralmente ignorado, de seu idealismo transcendental. Ela é encontrada na doutrina da ilusão transcendental, que será a peça central da quarta parte deste livro[65]. No momento, é suficiente salientar que a ilusão não é que sejamos livres ou, não menos importante, que sejamos causalmente determinados. Ela reside, antes, na pressuposição de que temos de *realmente ser* ou um ou outro, em algum sentido independente de contexto e ontologicamente privilegiado. Tal pressuposição é inevitável para o realismo transcendental, com

---

64. Essa explicação se destina a caracterizar a posição crítica de Kant antes da terceira *Crítica*. A situação é complicada, embora não radicalmente alterada, pelo fato de nessa última obra Kant introduzir uma terceira fonte de normatividade, a saber, o juízo, ao qual ele atribui um papel mediador essencial ao proporcionar uma espécie de ponte entre os "reinos" da liberdade e da natureza. Para minha discussão dessa complexa questão, cf. Allison (2001a, p. 195-218).

65. A importância central dessa concepção foi demonstrada por Grier (2001). Por isso, farei um uso substancial de sua obra em minha discussão dela.

seu paradigma teocêntrico, mas é precisamente o que é posto em questão pela "revolução copernicana" de Kant.

Por fim, se há uma lição geral a ser aprendida de tudo isso, é que o idealismo transcendental não pode ser interpretado apropriadamente a partir da perspectiva do realismo transcendental, já que consiste precisamente na negação da validade (embora não da naturalidade) dessa perspectiva. Infelizmente, entretanto, o debate em curso, concernente à natureza e à relevância desse idealismo, atesta o fato de que essa lição não foi aprendida.

3
A coisa em si e o problema da afecção

De todas as críticas que foram feitas à filosofia de Kant, a mais persistente diz respeito à coisa em si, particularmente a famosa tese de que ela ou o objeto transcendental, de alguma forma, "afetam" a mente, fornecendo com isso o conteúdo da experiência, que então é modelado e articulado pelas formas sensíveis e conceituais da mente. Qualquer explicação do idealismo transcendental de Kant deve, portanto, incluir uma análise dessa questão e esta é a tarefa do presente capítulo.

Tomando por base a discussão dos dois capítulos anteriores, ele tem um triplo objetivo e está dividido em três partes. Mediante a consideração de alguns textos relevantes e da análise de Gerold Prauss, a primeira parte tenta substanciar a tese de que falar sobre coisas em si deve ser compreendido como uma forma elíptica de falar sobre as coisas consideradas tais como são em si mesmas e que esse modo de considerar as coisas tem um papel significativo a desempenhar na atividade filosófica da reflexão transcendental. A segunda parte tenta esclarecer a conexão entre a concepção das coisas assim consideradas e as concepções relacionadas, embora distintas, do númeno e do objeto transcendental. A terceira parte aborda o notório problema da afecção. Ela argumenta que a ideia de uma afecção transcendental é essencial para a posição de Kant e, ao mesmo tempo, não envolve, como comumente se supõe, uma violação dos princípios críticos.

I. O problema da coisa em si mesma: análise e reconfiguração

A crítica kantiana do realismo transcendental, considerada no capítulo anterior, estabelece um importante uso polêmico do conceito de coisa em si ao mostrar como os objetos da cognição humana *não* devem ser considerados num exame filosófico, a saber, como coisas que estão *ausser uns* no sentido transcendental. Por si só, entretanto, isso não parece justificar qualquer uso positivo do conceito no interior da *Crítica*, pois a tese de que o realismo transcendental trata meras aparências como se fossem coisas em si mesmas não implica mais que tais coisas existam do que a tese de que certa pessoa age "como se fosse Deus" implica a existência de alguma deidade.

Ao mesmo tempo, entretanto, a análise também sugere que há algo profundamente equívoco nessa maneira de colocar o problema, como se a preocupação fosse a questão de Kant ter ou não justificativa para pressupor a existência de coisas em si mesmas distintas das aparências com as quais estamos em contato direto. De fato, a tentação de nos preocupar com a *existência* de coisas em si mesmas desaparece uma vez que se reconheça que Kant não está interessado, em primeiro lugar, em uma classe separada de entes que, à diferença das aparências, presumivelmente "estariam ali" mesmo se não houvesse sujeitos cognoscentes finitos.

Como vimos, o interesse de Kant está, antes, nos objetos familiares da experiência humana *considerados como são em si mesmos*. Deve-se admitir que a situação se complica pelo fato de Kant considerar Deus e as almas racionais como seres não sensíveis (inteligíveis), ontologicamente distintos dos objetos sensíveis da experiência humana (e algumas das passagens citadas abaixo também aludem a tais seres inteligíveis distintos)[66]. Todavia, parece razoável concluir, com base na análise oferecida nos primeiros dois capítulos, que essas passagens nas quais Kant parece sugerir que o problema seja *principalmente* existencial têm de ser interpretadas à luz de uma compreensão prévia da distinção transcendental, em vez de, como normalmente ocorre, se tornarem base para uma compreensão dessa distinção.

O ponto de partida obrigatório de qualquer tratamento sério, textualmente instruído, desse tópico é a análise de Gerold Prauss. Prauss assinala que, ao discutir as coisas em si, Kant usa diversas locuções diferentes, nem todas sendo obviamente equivalentes[67]. Em primeiro lugar, há a forma curta *Ding an sich* (e suas variantes *Sache*, *Gegenstand* e *Object an sich*). Ela sugere que o referente seja uma coisa com certo modo de existência (uma existência *an sich* ou independente). Como observa Prauss, embora essa locução seja relativamente rara em Kant, é a preferida na literatura[68]. De longe, a locução mais comum em Kant é *Ding an sich*

---

66. A discussão mais interessante e instruída sobre os dois sentidos nos quais Kant analisa coisas em si é oferecida por Rousset (1967, p. 167s.).

67. Esta discussão é baseada na análise filológica da questão realizada por Prauss (1974, p. 13-23). Embora haja diferenças significativas, algumas das quais abordadas posteriormente neste capítulo, minha análise do tópico deve muito à sua análise.

68. Prauss localiza trinta e duas ocorrências da forma curta e suas variantes nos volumes 3-5 da edição da Academia.

selbst (e suas variantes *Sache*, *Gegenstand* e *Object an sich selbst*)[69]. Embora essa diferença esteja encoberta pelas traduções inglesas usuais, a forma mais longa pelo menos acena para a ideia de uma coisa como ela é em si mesma [*wie es an sich selbst ist*]. O ponto crucial, entretanto, é que tanto as formas longas quanto as curtas devem ser interpretadas como versões elípticas da forma canônica "coisa considerada como ela é em si mesma" [*Ding an sich selbst betrachtet*], em que o *an sich selbst* funciona adverbialmente para caracterizar *como* a coisa está sendo considerada em vez da espécie de coisa que ela é ou da maneira como ela existe (Prauss, 1974, p. 42-43). Prauss também sugere que, ainda que a forma longa seja ela própria relativamente rara, ela ocorre com frequência suficiente para justificar seu *status* canônico e para indicar que as formas mais curtas, que Kant evidentemente favorece por razões estilísticas, devem ser compreendidas à sua luz[70].

A tese filológica de Prauss é uma contribuição importante para nossa compreensão da concepção kantiana da coisa em si e salienta a natureza equivocada de muitas das críticas costumeiras mencionadas no primeiro capítulo. Todavia, mesmo se concedermos isso, essa não pode ser toda a história, uma vez que restam pelo menos dois problemas significativos. Em primeiro lugar, há uma ambiguidade na noção de considerar algo como é em si mesmo que contribui para alimentar os equívocos e críticas bem conhecidos. Por um lado, poder-se-ia pensar que considerar algo como é em si mesmo seja tomá-lo como algo que existe em si mesmo, isto é, como uma *substantia noumenon*, equipada com propriedades intrínsecas da maneira sugerida por Langton. Por outro lado, poderíamos entender que considerar algo como é em si mesmo significa simplesmente considerá-lo como é independentemente de sua relação epistêmica com a sensibilidade humana e suas condições. Chamemos o primeiro de sentido ontológico e o segundo de sentido epistemológico da consideração de algo como é em si mesmo.

É claro que considerar algo como é em si mesmo no primeiro sentido implica considerá-lo enquanto tal também no segundo sentido, pois a natureza inerente de uma substância numênica certamente pertence a esse algo em si independentemente do modo como nos afeta (se é que nos afeta de alguma forma). Porém, o inverso não é válido, já que algo poderia ser considerado como é em si mesmo no sentido epistemológico sem ser também pensado como uma *substantia noumenon* separada. Esse algo em si poderia, por exemplo, ser pensado

---

69. Prauss (1974, p. 14-15) localiza duzentas e cinquenta e oito ocorrências de *Ding an sich selbst* (e suas variantes) nos mesmos volumes.

70. Prauss (1974, p. 20) registra treze passagens que consignam a forma longa, em algumas delas Kant usa *ansehen* ou *denken* em vez de *betrachten*.

(embora não conhecido) como uma propriedade de tal substância ou como uma relação entre substâncias numênicas, ambas aplicando-se a coisas consideradas independentemente de sua relação com a sensibilidade humana[71]. Além do mais, se esse ponto é ignorado (como geralmente ocorre), torna-se demasiado fácil passar da consideração de algo como é em si mesmo no sentido epistemológico para como ele existe *an sich selbst* no sentido ontológico, com todos os problemas que isso engendra.

Em segundo lugar, removida essa ambiguidade, a formulação canônica serve para reconfigurar o problema, mas não para solucioná-lo. Reconfigurado de forma apropriada, o problema pode ser caracterizado mais precisamente como a necessidade de apresentar alguma explicação tanto da possibilidade quanto da relevância de uma *consideração* das coisas como elas são em si mesmas no sentido epistemológico. Para começar, poderíamos muito bem perguntar que base temos para pressupor que as coisas, que presumivelmente aparecem para nós sob as condições subjetivas de nossa sensibilidade, sejam também algo em si mesmas, à parte a maneira como aparecem. Por tudo o que podemos saber, não poderiam elas ser meros apareceres? Além disso, supondo que elas sejam algo em si mesmo e que possamos, de algum modo, considerá-las dessa maneira, qual é o sentido em fazê-lo, dada nossa incapacidade em conhecer as coisas assim consideradas? Em suma, por tudo que vimos até agora, parece não haver nada que impeça um idealismo transcendental plenamente desenvolvido de extirpar completamente a consideração das coisas como são em si mesmas.

Para abordar esse problema, será proveitoso enfocar algumas passagens específicas nas quais Kant parece argumentar em defesa da necessidade de um apelo às coisas como são em si mesmas ou como números (para os propósitos presentes, ambos serão tratados como equivalentes). As passagens seguintes estão entre as mais conhecidas e mais amplamente discutidas:

> (1) Isso [o contraste fenômenos-números] foi o resultado da estética transcendental como um todo, e do conceito de uma aparência em geral se segue naturalmente que algo tem de corresponder-lhe que não é em si mesmo aparência, já que a aparência não pode ser nada por si mesma e fora de nosso modo de representação; se não deve, pois, formar-se um círculo constante, a palavra "aparência" já indica a referência a algo cuja representação imediata, embora de fato sensível, tem de ser em si mesma, independentemente dessa constituição de nossa sensibilidade (em que se funda a forma de nossa intuição), algo, isto é, um objeto independente de nossa sensibilidade (A251-252).

---

71. Veremos no capítulo 5 que Kant caracterizou as concepções newtoniana e leibniziana de espaço e de tempo dessa maneira, já que ambas sustentam que espaço e tempo são ou propriedades ou relações das coisas consideradas como são em si mesmas.

(2) De fato, se considerarmos, como é razoável, os objetos dos sentidos como meras aparências, admitimos com isso, ao mesmo tempo, que eles têm uma coisa em si mesma como seu fundamento, embora não saibamos como ela está em si constituída, mas conhecemos apenas sua aparência, isto é, o modo pelo qual nossos sentidos são afetados por esse algo desconhecido. O entendimento, portanto, justamente por admitir aparências, também concede a existência de coisas em si mesmas, e, nessa medida, podemos dizer que a representação desses seres que estão na base das aparências, e, com isso, de puros seres do entendimento, é não apenas admissível, mas também inevitável (Pro 4: 314-315; 92-93).
(3) [R]essalva-se aí que, mesmo sem poder conhecê-los, nós temos de poder *pensar* esses mesmos objetos como coisas em si mesmas. Pois do contrário se seguiria a absurda proposição de que a aparência existe sem algo que apareça (Bxxvi-xxvii).
(4) Quando, no entanto, denominamos certos objetos, como aparências, seres sensíveis (*phaenomena*), distinguindo o modo como os intuímos de sua constituição em si mesmos, já faz parte de nosso conceito que, por assim dizer, oponhamos àqueles, como objetos meramente pensados pelo entendimento, ou bem os mesmos objetos concebidos segundo sua constituição em si (ainda que não os intuamos nela) ou bem outras coisas possíveis que não são objeto dos nosso sentidos, e os denominemos seres do entendimento (*noumena*) (B306).
(5) [A] doutrina da sensibilidade é, ao mesmo tempo, a doutrina dos númenos em sentido negativo, isto é, das coisas que o entendimento tem de pensar sem essa referência ao nosso modo de intuir, portanto não apenas como aparências, mas como coisas em si mesmas (B307).

Essas passagens e outras similares sugerem duas linhas de argumentação distintas "em defesa da coisa em si", cada uma das quais enfatiza um aspecto da concepção kantiana e tem seus paladinos dentre os intérpretes. Nenhuma delas, todavia, é plenamente satisfatória do modo como está formulada.

Segundo uma dessas linhas, que encontra seu suporte textual mais forte na segunda das passagens supracitadas, o pensamento de coisas (existindo) em si mesmas não é somente admissível, mas também exigido por conta da necessidade de reconhecer uma "causa" ou "fundamento" das aparências. Aqui, embora Kant conecte essa inferência com a afecção, que, como veremos, não é precisamente uma relação causal, é conveniente designar essa linha como a "interpretação causal", uma vez que ela considera a relação entre uma aparência e uma coisa em si como sendo a de um efeito para sua causa ou fundamento[72]. Um problema óbvio com essa interpretação é que ela aparentemente requer que tomemos as

---

72. Um firme adepto dessa concepção é Prichard. Pritchard (1909, p. 73-76) considerou que Kant – para quem a distinção entre aparências e coisas em si se refere a duas entidades – requer coisas em si para "produzir" aparências. Essa concepção também parece ter sido sustentada por Kemp Smith (1962, esp. p. 216-218). Na literatura mais recente, ela pode ser encontrada em Rescher (1974, p. 175-183) e em Gram (1976, p. 1-15).

aparências e a coisa em si correspondente como dois entes distintos. Caso contrário, como poderíamos falar de uma relação causal entre elas? Porém, mesmo se ignorarmos esse problema, assim como as notórias dificuldades associadas com a noção de uma "causalidade numênica", é claro que essa estratégia não pode oferecer o que se necessita. Pois, para tomar as coisas como elas são em si mesmas como causas ou fundamentos transcendentais das aparências, devemos obviamente ser primeiro capazes de considerá-las como são em si mesmas, o que é justamente o ponto em questão.

As outras passagens sugerem que a tese de Kant seja semântica. Nessa leitura, Kant estaria afirmando uma relação de implicação lógica entre o *conceito* de uma aparência e o *conceito* de uma coisa como é em si mesma, em vez de uma relação causal entre os entes subsumidos sob esses conceitos[73]. A ideia básica é que a expressão *aparência* é parasitária em relação à expressão *coisa em si mesma*, ou pelo menos lhe é correlativa. Por essa razão, o uso da primeira expressão pressupõe a legitimidade da segunda. Tal interpretação parece encontrar forte suporte textual na ponderação presente na primeira passagem segundo a qual a afirmação de algo "que não é em si mesmo aparência", isto é, uma coisa em si, "se segue naturalmente do conceito de uma aparência em geral". De modo similar, na mesma passagem, Kant sustenta que "a palavra 'aparência'" deve ser tomada como já indicando a relação com tal coisa. Por fim, na terceira passagem, Kant sugere que a negação das coisas em si mesmas levaria à "absurda proposição de que a aparência existe sem algo que apareça".

Embora não se possa negar que essas passagens sugerem tal linha de argumentação, esta última não parece mais bem-sucedida que a anterior. Para começar, se excetuarmos a terceira passagem, as expressões *aparência* e *coisa em si* parecem referir-se novamente a dois tipos distintos de ente, a tese sendo que a referência a entes do primeiro tipo (aparências) pressupõe a referência àqueles do segundo tipo (coisas em si). De fato, assim interpretada, essa tese faz lembrar o argumento, frequentemente utilizado contra as versões linguísticas do fenomenismo, de que "linguagem de dados sensoriais" não pode substituir "linguagem de objetos materiais", pois uma referência a dados sensoriais é somente inteligível se esses dados forem contrastados com os objetos materiais. Enquanto tal, essa tese também não é diretamente aplicável à distinção transcendental, compreendida como válida para duas maneiras de considerar uma e a mesma coisa.

---

73. Essa interpretação é adotada por Adickes (1929, p. 5) e por Paton (1936, esp. vol. 2, p. 445-446). Dentre seus defensores na literatura mais recente, temos Seidl (1972, p. 305-314) e Walsh (1975, p. 162-167).

Além do mais, a tentativa de modificar o argumento de modo a torná-lo relevante para essa distinção não parece inicialmente plausível. Sem dúvida, podemos concordar com Kant sobre o absurdo da sugestão de que possa haver uma aparência sem alguma coisa que apareça. Como já vimos, entretanto, isso não autoriza a conclusão de que o que aparece seja também algo em si mesmo distinto do que esse algo parece ser. Por que não poderia sua aparência, convenientemente qualificada para incluir condições ideais, uma multiplicidade de perspectivas etc., ser tudo o que esse algo é, de modo que não reste nada a ser considerado "como é em si mesmo"?

A resposta curta é que tal posição equivale a um idealismo de estilo berkeleyano ou um fenomenismo e, portanto, a uma forma de realismo transcendental. De fato, se o idealismo de Kant é compreendido dessa maneira (como ele normalmente é), o problema da coisa em si torna-se intratável; pois, como sugerem os textos supracitados, ficamos restritos, então, a uma inferência causal questionável ou a um óbvio *non sequitur**. A situação parece bastante distinta, contudo, quando a concepção kantiana da aparência ou, mais precisamente, das coisas consideradas como aparecem, é compreendida à luz da interpretação do idealismo transcendental esboçada nos primeiros dois capítulos.

Como salientei reiteradamente, considerar as coisas como aparecem é considerá-las em sua relação com as condições sensíveis sob as quais elas são dadas à mente na intuição, isto é, como *in uns* no sentido transcendental (mas não no sentido empírico); assim como considerá-las como são em si mesmas é pensá-las fora de toda referência a essas condições, isto é, como *ausser uns* no sentido transcendental. Porém, fica claro que, para considerar as coisas do primeiro modo, é necessário distinguir o caráter que essas coisas revelam como aparentes (suas propriedades espaço-temporais etc.) do caráter que as mesmas coisas são tidas possuir quando consideradas como são em si mesmas, independentemente das condições sob as quais aparecem. Por essa razão, a "absurdidade" aludida por Kant pode ser caracterizada mais apropriadamente como a consideração de algo tal como aparece ou como aparecendo (no sentido transcendental), sem, ao mesmo tempo, contrastar este algo com o pensamento de como ele pode ser em si mesmo (no mesmo sentido). Na verdade, esses modos contrastantes de considerar um objeto são simplesmente dois lados do mesmo ato de reflexão

---

* *Non sequitur* é expressão latina que significa "não se segue" e designa um tipo de argumento falacioso em que a conclusão não se segue das premissas, ou seja, a informação disponível não é suficiente ou relevante para estabelecer a verdade do que se quer concluir [N.T.].

transcendental, um ato que Kant descreve como "um dever a que ninguém pode se furtar caso queira julgar *a priori* sobre as coisas" (A263/B319).

É preciso enfatizar também que a importância desse último modo de considerar as coisas não é invalidada pelo fato de que ele não consegue fornecer qualquer informação sobre a natureza das coisas assim consideradas (nem mesmo a informação mínima de que elas são substâncias contendo propriedades intrínsecas incognoscíveis, o que é pensado por Langton como sendo necessário para fundamentar a humildade kantiana). De fato, paradoxalmente, essa é a fonte mesma de sua importância, que consiste em seu papel no interior da reflexão transcendental.

Em primeiro lugar, a vacuidade cognitiva de uma consideração das coisas como estas são em si mesmas não equivale a uma incoerência. Esse seria o caso somente se o entendimento não pudesse sequer *pensar* coisas fora das condições da sensibilidade, o que Kant reiteradamente afirma que somos capazes de fazer. Como resultado, não há nada que impeça a consideração das coisas como são em si mesmas. Porém, é necessário ter em mente que ao considerar as coisas desse modo, deve-se utilizar categorias puras (sem quaisquer esquemas correspondentes) e que estas podem gerar somente juízos analíticos sobre o *conceito* das coisas assim consideradas (como substância, causa etc.)[74].

Em segundo lugar, tal consideração é necessária para evitar a "pressuposição comum" do realismo transcendental. Uma vez mais, a questão é que, a fim de considerar as coisas como elas aparecem (ou enquanto sujeitas às condições da sensibilidade), algo necessário para explicar a possibilidade de uma cognição discursiva delas, também é necessário contrastar esse modo de considerá-las com um modo alternativo. Pois, a menos que as coisas possam ser pensadas como independentes das condições da sensibilidade humana, não faria sentido exigir que elas sejam consideradas em conexão com tais condições. Em outras palavras, a importância da consideração das coisas como são em si mesmas (assim como a importância da própria distinção transcendental) é diretamente metodológica e

---

[74]. Há diversas passagens na *Crítica* nas quais Kant parece deixar espaço para juízos analíticos envolvendo o conceito de uma entidade puramente inteligível, ou para o mundo inteligível. Cf., p. ex., B149, A276/B342-343, A433/B461, A609/B637 e A635/B663. A possibilidade de interpretar teses sobre números como analíticas é notada por Adams (1997, p. 811), não sem expressar certas reservas em função da dificuldade de compreender e de aplicar a distinção analítico-sintético. Entretanto, quaisquer que possam ser as dificuldades em relação a essa distinção, penso ser claro que Kant considerou tais teses como sendo analíticas e, como argumentarei no capítulo 4, a compreensão kantiana da distinção analítico-sintético é inseparável de sua explicação da discursividade.

não metafísica, ainda que (como veremos depois) isso forneça o único meio de evitar os erros metafísicos associados ao realismo transcendental.

II. O númeno e o objeto transcendental

Estamos agora em condições de examinar os conceitos de númeno e de objeto transcendental, ambos intimamente relacionados ao conceito de uma coisa considerada como é em si mesma. O primeiro conceito, introduzido por Kant em sua *Dissertação inaugural*, já o encontramos em diversas ocasiões. Embora esse conceito, tal como seu oposto, o conceito de fenômeno, pareça ser um conceito ontológico, referindo-se a uma espécie distinta de objeto, esse objeto é caracterizado em termos epistemológicos como o correlato de uma cognição não sensível e, portanto, puramente intelectual – exatamente como um fenômeno é um objeto de uma cognição sensível (Diss 2: 392; 384).

A relação precisa entre esse conceito e o de uma coisa em si mesma permanece, todavia, uma questão que gera alguma disputa. Em particular, para os intérpretes que adotam alguma versão da leitura de dois aspectos, parece natural insistir em uma distinção bastante marcada entre os dois[75]. Pois, enquanto a coisa em si se refere à coisa que aparece como ela é à parte das condições sob as quais aparece, o númeno não precisa ser caracterizado desse modo. Ao contrário, como é indicado pelos exemplos de Deus e das almas racionais (ambos claramente considerados númenos por Kant), um númeno não precisa de modo algum ser o tipo de ente que aparece.

É também digno de nota que Kant ocasionalmente faz uma distinção marcada entre seus conceitos correlativos, a saber, "aparência" e "fenômeno". Assim, em sua definição oficial do primeiro, ele o caracteriza como "o objeto indeterminado de uma intuição empírica" (A20/B34). Se for enfatizado o termo *indeterminado*, que aqui significa uma falta de determinação conceitual, então devemos entender por "aparência" algo que se refere a um objeto considerado apenas como dado na sensibilidade. Isso deve ser contrastado com o fenômeno, compreendido como um objeto sensível colocado sob as categorias. Em suma, um fenômeno é uma aparência conceitualmente determinada[76]. Porém, se este é o caso, parece

---

75. Uma notável exceção a esse respeito é Adams (1997). Embora seja simpático às leituras de dois aspectos e enfatize a importância das ideias de Deus e de alma, Adams identifica explicitamente coisas em si com númenos.

76. Posteriormente, Kant deixa isso explícito quando escreve: "Na medida em que são pensadas como objetos segundo a unidade das categorias, as aparências se denominam fenômenos" (A248-249/B305).

que também devemos derivar uma distinção paralela entre a coisa como ela é em si mesma e o númeno. A primeira é conceitualmente indeterminada, uma vez que nosso pensamento dela é vazio de conteúdo real, enquanto o segundo, como objeto hipotético de uma intuição intelectual, é "conceitualmente" determinado, embora não para nosso intelecto discursivo.

Todavia, também há diversas passagens em que Kant parece virtualmente identificar os dois conceitos[77]. De fato, a base para fazê-lo pode ser traçada até a *Dissertação*. Como observamos anteriormente, já tendo chegado à concepção de que a cognição sensível é condicionada pelas formas *a priori* impostas pelo sujeito, Kant concluiu ali que tal cognição gera conhecimento de coisas como elas aparecem (*uti apparant*); ao passo que uma cognição puramente intelectual (que ele, então, julgava possível), por estar isenta dessas condições, deve fornecer conhecimento das coisas como elas são (*sicuti sunt*) (Diss 2: 392; 384). Dessa forma, segundo a doutrina da *Dissertação*, conhecer um objeto de uma maneira puramente intelectual, isto é, como um númeno, é conhecê-lo como ele é em si mesmo, o que se sustenta quer tenhamos ou não uma cognição sensivelmente condicionada do objeto como ele aparece. Além disso, ainda que na *Crítica* Kant rejeite a concepção de que podemos conhecer númenos, vimos que ele não rejeitou o conceito de um númeno. Ao contrário, procurou reinterpretá-lo visando a incorporação desse conceito à sua argumentação transcendental. Isso é realizado quando se lhe confere a função de um conceito limitativo ou de fronteira (*Grenzbegriff*).

Kant desenvolve essa tese no capítulo intitulado "O fundamento da distinção de todos os objetos em geral em fenômenos e númenos", que oferece uma espécie de visão de conjunto dos resultados da Analítica. No cerne dessa posição está a afirmação de que, apesar de seu *status* problemático e de seu uso meramente negativo, o conceito de um númeno "não é inventado arbitrariamente" (A255/B311). Ao negar sua arbitrariedade, Kant está presumivelmente assinalando que o conceito tem base na reflexão transcendental e não é, portanto, apenas fictício[78]. Em outras palavras, o "entendimento" que deve pensar númenos é o entendimento crítico ou, de modo equivalente, o entendimento humano enquanto engajado na reflexão transcendental. O ponto aqui é essencialmente o mesmo do argumento estabelecido anteriormente relativo ao conceito de uma

---

77. Limitamo-nos à *Crítica*. Cf. p. ex., B307, A254/B310, A256/B312, A259/B315, B423n.

78. A ênfase sobre a base metodológica das concepções do númeno, da coisa em si e do objeto transcendental separa a interpretação oferecida aqui das interpretações "como se" ou ficcionais de Vaihinger e, mais recentemente, de Schaper (1966, p. 233-243).

coisa considerada como ela é em si mesma. O entendimento crítico deve pensar númenos porque esse conceito é um correlato do conceito transcendental de aparência (ou fenômeno) e está, assim, intimamente conectado com a doutrina da sensibilidade. Com efeito, é justamente essa relação com a sensibilidade que o torna capaz de funcionar como um conceito limitativo. Sua tarefa específica é "limitar as pretensões da sensibilidade" (A255/B311), tarefa que ele executa referindo-se, embora de uma maneira indeterminada, a um modo diferente de cognição (a intuição intelectual), com relação ao qual os objetos que aparecem para nós como subordinados a condições sensíveis seriam conhecidos como são em si mesmos, independentemente de tais condições.

Em seu tratamento inicial do tópico na *Dissertação*, Kant utilizou a "limitação da sensibilidade" suscitada pela introdução do conceito de númeno no intuito de fornecer o espaço conceitual para uma teoria positiva do não sensível. Como já assinalamos, seu objetivo era abrir caminho para a cognição de um mundo inteligível ao libertar nossos conceitos intelectuais de qualquer "contaminação" por nossos conceitos sensivelmente condicionados. Na *Crítica*, em contraste, ele observa que ao limitar a sensibilidade, o que é realizado "ao denominar *númenos* às coisas em si mesmas (não consideradas como aparências)", o entendimento também se limita a si mesmo. Ele o faz porque reconhece que não pode conhecer esses númenos mediante as categorias, mas pode apenas pensá-los "sob o nome de um algo desconhecido" (A256/B312).

Na primeira edição da *Crítica*, esse "algo desconhecido" torna-se o "objeto transcendental". Todavia, precisamente porque é um "algo desconhecido", este último deve ser nitidamente distinguido do númeno da *Dissertação* – e em certo ponto Kant o distingue explicitamente. Assim, após observar que o objeto ao qual se refere a aparência em geral (o correlato do conceito transcendental de aparência) é "o objeto transcendental, ou seja, o pensamento inteiramente indeterminado de algo em geral", Kant nota que ele

> não pode ser denominado númeno, pois não sei nada do que ele seja em si mesmo nem dele tenho qualquer conceito a não ser o do objeto de uma intuição sensível em geral, o qual, portanto, é idêntico para todas as aparências (A253).

Parece estranho Kant negar que o objeto transcendental seja o númeno com base no fato de não sabermos "nada do que ele é em si mesmo"; como se *fosse possível* saber o que o númeno é em si mesmo! Seu ponto torna-se compreensível, entretanto, se entendermos que Kant está negando que o objeto transcendental seja equivalente ao númeno da *Dissertação*. *Este* númeno caiu vítima da tese da discursividade, pois Kant agora afirma que sua cognição exigiria intuição intelectual, capacidade que nós, enquanto sujeitos cognoscentes discursivos, não temos. Já que não a temos, esse conceito de um númeno deve ser substituído pelo conceito de um objeto transcendental, interpretado apenas como um algo indeterminado. Ao mesmo tempo, Kant preserva, entretanto, um vínculo com a terminologia da *Dissertação* ao sugerir que podemos nos referir ao objeto transcendental como um númeno, desde que isso seja corretamente compreendido. Dessa forma, na *Observação à anfibolia dos conceitos da reflexão*, ele escreve:

> O entendimento limita a sensibilidade, portanto, sem ampliar por isso seu próprio campo, e, na medida em que a alerta para não arrogar-se a valer para coisas em si mesmas, mas apenas para aparências, ele se representa então um objeto em si mesmo, mas apenas como objeto transcendental que é a causa da aparência (portanto não é ele próprio aparência) e não pode ser pensado nem como quantidade, nem como realidade, nem como substância etc. (pois esses conceitos exigem sempre formas sensíveis em que determinam um objeto). [...] Se queremos denominar *noumenon* a esse objeto, porque sua representação não é sensível, somos livres para fazê-lo. Como, no entanto, não podemos aplicar-lhe nenhum de nossos conceitos do entendimento, tal representação permanece vazia para nós e serve apenas para circunscrever os limites de nosso conhecimento sensível, deixando aberto um espaço que não podemos preencher nem por meio da experiência possível, nem por meio do entendimento puro (A288-289/B344-345) (cf. A253; A358; R5554 18: 250).

Retornaremos a essa concepção do objeto transcendental como a "causa da aparência" na próxima seção do capítulo. Nossa preocupação imediata, todavia, é com o próprio conceito do objeto transcendental, que se mostra particularmente elusivo, já que Kant o utiliza de várias maneiras distintas. Em particular, a questão concerne à sua relação com a coisa como ela é em si mesma. Como era o caso com o númeno, há passagens em que Kant parece identificar o objeto transcendental e a coisa como ela é em si mesma, havendo inclusive um trecho (A366) em que ele o faz explicitamente; já em outros lugares, ambos precisaram ser nitidamente distinguidos.

Dentre esses, um se encontra na Dedução A, onde Kant confere ao "conceito puro desse objeto transcendental" a função de oferecer "em geral, a todos os nossos conceitos empíricos [...], a referência a um objeto, isto é, realidade objetiva" (A109)[79]. Kant está aqui preocupado com o problema da objetividade ou, mais precisamente, com o conceito de um objeto correspondente a nossa cognição e, portanto, distinto dela (A104). Na parte preliminar da Dedução, na qual o conceito do objeto transcendental é introduzido, o problema diz respeito ao que poderia ser designado de "imanentização" da cognição, consequência di-

---

[79]. Analisei essa concepção do objeto transcendental em Allison (1968, p. 165-186).

reta da revolução copernicana de Kant. O problema básico é que não podemos, por assim dizer, nos colocar fora de nossas representações para compará-las com algum ente transcendentalmente real. Por essa razão, tal objeto "só poderia ser pensado como algo em geral = x" (A104), que é posteriormente identificado com o objeto transcendental. Nesse contexto, então, o conceito funciona como uma espécie de indicador [*pointer*] transcendental, que serve para definir a tarefa filosófica ao assinalar que a preocupação do senso comum, transcendentalmente realista, com a natureza "real" dos objetos deve ser substituída por uma análise crítica das condições da representação de um objeto. Assim interpretado, o termo *objeto transcendental* obviamente não pode ser usado no plural, motivo pelo qual Kant o descreve ali como sendo "de fato, em todas as nossas cognições [...] sempre um e um mesmo = x" (A109). Como ele afirma posteriormente, esse objeto transcendental pode servir somente como um "correlato da unidade da apercepção" (A250).

Mesmo neste estágio preliminar da discussão, antes de examinarmos a doutrina kantiana da apercepção, deve estar claro que tal correlato da apercepção não pode ser identificado com a coisa como ela é em si mesma sem fazer violência à natureza crítica do projeto de Kant na Dedução[80]. Todavia, em outros lugares a relação entre o objeto transcendental e a coisa como ela é em si mesma parece mais estreita. Nesses lugares, alguns dos quais considerados na próxima seção, o objeto transcendental serve como um fundamento transcendental das aparências e não como um indicador transcendental. Em outras palavras, ele é visto como a fonte desconhecida (para nós) dos dados sensoriais. Como só podemos intuir esses dados mediante nossas formas sensíveis, esse fundamento transcendental só pode ser caracterizado como um "algo em geral = x" completamente indeterminado e, assim, uma vez mais, como um "objeto transcendental".

Por fim, embora um pouco especulativamente (já que o próprio Kant nunca desenvolve esse ponto), parece possível especificar uma tarefa adicional, que pode ser realizada somente pelo objeto transcendental, não pelo número nem pela coisa como ela é em si mesma. Além disso, essa tarefa é exigida pela compreensão aqui adotada da distinção transcendental como uma distinção que envolve duas maneiras possíveis de considerar os objetos na reflexão transcendental.

Se, como se faz normalmente, abordarmos essa distinção de uma perspectiva transcendentalmente realista, é inevitável nos perguntarmos sobre a ver-

---

80. No entanto, Kemp Smith fez precisamente isso. Seguindo Vaihinger, ele usa essa identificação como um dos elementos de defesa de sua leitura da Dedução A como "colcha de retalhos" (cf. Kemp Smith, 1962, p. 204-220).

dadeira natureza daquilo que deve ser considerado desses dois pontos de vista. Porém, a tentativa de responder a essa questão a partir das pistas fornecidas pelo texto parece levar a um beco sem saída. Assim, a certa altura, Kant sugere que o objeto deveria ser caracterizado como uma aparência, com base no fato de que esta última "tem sempre dois lados: um em que o objeto é sempre considerado em si mesmo [...], o outro em que se visa a forma da intuição desse objeto [...]" (A38/B55). Embora a explicação de Kant favoreça a tese de que é o objeto empírico que deve ser considerado dessas duas maneiras ou a partir desses dois pontos de vista, certamente não é correto caracterizar o que é assim considerado como uma aparência, ou sugerir, como faz Kant, que uma aparência tenha dois lados. Em vez disso, é o objeto que aparece que tem dois lados, um dos quais é a maneira na qual ele aparece (sob as condições da sensibilidade) e o outro a maneira na qual ele é pensado em si mesmo (independentemente de tais condições). Assim, o que está sendo considerado não pode ser caracterizado nem como uma aparência, nem como uma coisa como ela é em si mesma, já que estas correspondem às duas maneiras de considerá-lo.

Por essa razão, a melhor (e talvez a única) resposta de Kant a essa questão é que é o objeto transcendental que é considerado a partir desses dois pontos de vista. Em contraste com seu papel na Dedução A, sua função aqui seria dissolver um problema e não introduzir outro. Como já observamos, o problema que o objeto transcendental assim considerado dissolve é aquele que surge quando a distinção transcendental é abordada de um ponto de vista transcendentalmente realista, o que motiva a tentativa de chegar a uma concepção absoluta, independente de contexto, dos objetos da cognição humana. Ele o faz ao indicar a vacuidade de tal questão; simplesmente não há nada mais a ser dito sobre tal objeto exceto que ele é um algo em geral = x[81]. Como Kant afirma sucintamente:

---

81. Esta análise de uma terceira função para o conceito de objeto transcendental foi apresentada inicialmente como resposta à "objeção de mesmidade" de Hoke Robinson. Robinson havia objetado o que ele tomou como minha leitura de dois aspectos do idealismo transcendental (cf. Robinson, 1994, p. 42s. para suas críticas; para minha resposta cf. Allison, 1996a, p. 12-17). A objeção de Robinson, que é frequentemente dirigida contra leituras de dois aspectos, diz respeito à coerência da tese de que é uma e a mesma coisa que deve ser considerada de duas maneiras (ou de dois pontos de vista). Embora por vezes se considere que essa leitura compromete Kant com uma correspondência biunívoca, altamente implausível, do fenomênico e do numênico, entendo que essa objeção desvia nossa atenção do problema. Em primeiro lugar, uma coisa é distinguir as coisas (consideradas coletivamente) como são para nós em virtude das condições sensíveis da cognição humana e como podem ser para algum hipotético entendimento puro, não determinado por tais condições; outra bem diferente é afirmar uma correspondência biunívoca ou um isomorfismo entre os membros dos dois domínios. Em segundo lugar, o próprio Kant nega explicitamente qualquer isomorfismo desse tipo em A379 e UE 8: 209n. No entanto, permanece ainda o problema de caracterizar o que está sendo considerado de dois pontos de vista – e a resposta a essa questão é dada pelo objeto transcendental.

> Embora não se possa dar uma resposta à questão sobre qual a constituição de um objeto transcendental, ou seja, *o que ele é*, pode-se perfeitamente dizer que a própria *questão* não é *nada*, já que não foi dado qualquer objeto para o conceito (A478/B506n.) (cf. tb. A277-278/B333-334; A4791/B507; A613-614/B642).

A fim de compreender por que Kant atribuiria tais funções distintas ao objeto transcendental, é conveniente considerar novamente aquilo com o que esse objeto é contrastado. Trata-se de um contraste entre o objeto transcendental e o objeto empírico – contraste que reflete a distinção de Kant entre o transcendental e o empírico. Como ele a descreve a certa altura: "A distinção de transcendental e empírico, portanto, pertence apenas à crítica dos conhecimentos e não diz respeito à relação deles com seu objeto" (A56-57/B81). Em outras palavras, não se deve compreender que a cognição transcendental (o tema da *Crítica*) fornece conhecimento de objetos não empíricos (transcendentais). Seu "objeto" são, antes, as condições da possibilidade de conhecimento *a priori* de objetos empíricos ordinários ou fenômenos.

A partir disso, fica claro que a distinção entre o objeto empírico e o transcendental, assim como aquela entre coisas como elas aparecem e como elas são em si mesmas, não é uma distinção entre dois entes ontologicamente distintos, mas entre duas perspectivas a partir das quais os objetos empíricos ordinários podem ser considerados. Nesse sentido, o discurso sobre o objeto transcendental, assim como o discurso sobre as coisas como elas são em si mesmas, deve ser interpretado adverbialmente como discurso sobre os objetos empíricos *considerados transcendentalmente*, isto é, com relação às condições de sua cognição.

Todavia, o objeto transcendental não deve ser equiparado à coisa como ela é em si mesma. Apesar de sua aparente identificação em certos pontos, eles pertencem a níveis distintos de reflexão, dos quais a distinção transcendental-empírico é o nível mais fundamental. Como os próprios termos indicam, essa última marca um contraste *entre* uma consideração filosófica de segunda ordem dos objetos e das condições de sua cognição (tarefa da *Crítica*) e uma investigação de primeira ordem deles (tarefa da ciência empírica), ao passo que a distinção entre as coisas como são em si mesmas e as coisas como aparecem é uma distinção entre duas maneiras possíveis de considerar os objetos *no interior da própria perspectiva transcendental*. Além disso, é precisamente porque o conceito do objeto transcendental serve como uma via de entrada para a perspectiva transcendental que ele pode ter tais funções distintas. Pois estas são justamente as distintas funções do conceito de um objeto considerado transcendentalmente.

A explicação oferecida até o momento baseou-se em textos da primeira edição, embora inclua referências a passagens mantidas na segunda edição. A situação se torna mais complicada, entretanto, pelo fato de Kant ter revisado substancialmente o capítulo sobre fenômenos e númenos na segunda edição. Além disso, na versão revisada, ele não somente excluiu todas as referências ao objeto transcendental, como também introduziu a distinção entre um sentido positivo e um sentido negativo para o númeno[82]. Pelo primeiro, ele agora compreende "um *objeto* de uma intuição não sensível", e pelo segundo "uma coisa, que não é objeto de nossa intuição sensível" (B307). O primeiro é o conceito rico do númeno tirado da Dissertação, e o ponto de Kant é, uma vez mais, que não podemos operar com esse conceito porque não possuímos faculdade de intuição intelectual e não somos sequer capazes de conceber sua possibilidade. Dessa forma, ele observa: "Aquilo a que chamamos de númeno deve ser entendido como sendo tal somente num sentido negativo" (B309).

Quando entendemos o termo nesse sentido, operamos com o conceito, já que, como já vimos, "a doutrina da sensibilidade é igualmente a doutrina do númeno no sentido negativo". O pensamento expresso aqui é o pensamento, a esta altura já familiar, de que o conceito de um correlato não sensível da aparência é necessário para a própria formulação da teoria kantiana. O númeno no sentido negativo é o candidato da segunda edição a esse conceito requerido.

Todavia, tal mudança terminológica não reflete qualquer modificação doutrinária significativa. Na verdade, a distinção entre os sentidos positivo e negativo de númeno é apenas uma reformulação mais explícita do contraste da primeira edição entre o númeno e o objeto transcendental. Pois, como Kant torna claro agora, o númeno no sentido negativo não é em absoluto realmente um númeno, exceto no sentido atenuado em que ele é algo não sensível. Além disso, uma vez que se refere meramente ao não sensível enquanto tal, ele é completamente indeterminado e, portanto, não distinguível do objeto transcendental[83]. Como

---

82. Deve-se observar que na Nota à Anfibolia dos Conceitos da Reflexão, que permanece inalterada na segunda edição, encontramos uma versão diferente da distinção entre os sentidos positivo e negativo do númeno ou "objeto inteligível" (A286-288/B342-344). Trata-se de uma distinção entre a ideia de uma coisa "pensada pelas categorias puras, sem qualquer esquema da sensibilidade" (sentido positivo), o que é dito ser impossível, e os "objetos de uma intuição não sensível" (sentido negativo). Esse sentido negativo é idêntico ao que posteriormente se torna o sentido positivo.

83. Stenius (1965, p. 231-245) argumentou (p. 241) que "os assim chamados 'númenos no sentido negativo' não deveriam ser chamados de 'númenos' em absoluto – mas, antes, de objeto transcendental, que é completamente indeterminado". Quanto a isso, ele está perfeitamente correto. Contudo, como parte de sua crítica da versão da segunda edição, ele segue afirmando que isso leva Kant a uma contradição em termos: "Pois isso significa que a ideia de uma 'coisa em si mesma'

resultado, ainda que elimine referências a este último naquelas partes da *Crítica* reescritas para a segunda edição, Kant não abandonou o pensamento expresso por ele.

III. Afecção

A Estética Transcendental começa com estas palavras enigmáticas e frequentemente citadas:

> Quaisquer que sejam o modo ou os meios pelos quais uma cognição se relaciona aos objetos, aquele pelo qual se relaciona imediatamente a eles, e a que todo pensamento como meio se dirige, é a *intuição*. Ela só tem lugar, porém, na medida em que o objeto nos é dado; isto, porém, só é por seu turno possível, pelo menos para nós, seres humanos, caso afete a nossa mente de um certo modo (A19/B33).

A razão pela qual esta passagem é tão enigmática é sua referência enganadoramente inocente ao objeto que nos afeta. Desde os tempos de Kant até os nossos, os intérpretes retornaram continuamente à questão da natureza desse objeto. De fato, isso foi adequadamente designado como "*die heikle Frage der Affektion*"* (Lauener, 1969, p. 129). O que confere urgência a essa questão é que, apesar de tudo o que foi dito por Kant sobre a incognoscibilidade das coisas como elas são em si mesmas e a natureza completamente indeterminada do conceito do objeto transcendental, há numerosas passagens[84] (uma das quais já citamos) nas quais ele se refere a essas coisas ou esse objeto como afetando a mente ou como a "causa" ou "fundamento" não sensível das aparências (cf. Jacobi, [1787] 1968, vol. 2, p. 304, mencionado na p. 45). Além disso, isso cria imediatamente um dilema: por um lado, há considerações importantes sugerindo que Kant precisa caracterizar o objeto afetante de algum modo não empírico, enquanto, por outro lado, a muitos pareceu que ele não pode fazê-lo sem violar um princípio central da filosofia crítica. Esse é, claro, justamente o problema posto por Jacobi em seu

---

será identificada com a ideia de uma coisa que não é de nenhum modo. Mas então o argumento da Analítica Transcendental tanto quanto o da Estética Transcendental erra o alvo". O que Stenius não leva em conta, e que foi ressaltado aqui, é o fio condutor epistêmico da análise kantiana. A ideia de uma coisa como ela é em si mesma não é identificada com a ideia de uma coisa que "não é de nenhum modo", mas com a de uma coisa que, para nós, não pode ser mais que um mero algo = x.

* Em alemão no original: "a delicada questão da afecção" [N.T.].

84. Segundo Adickes (1924), a afecção por coisas em si é afirmada sem ambiguidade nas seguintes passagens da *Crítica*: A44/B61; B72; A190/B235; A358; A380; A393; A494/B522. Destas, as últimas cinco referem-se especificamente ao objeto transcendental. Outras passagens da *Crítica*, tais como A288/B344 e A613-614/B641-642, poderiam ser adicionadas a essa lista, assim como muitas outras das demais obras.

dictum famoso e já citado de que "*sem* a pressuposição [da coisa em si] não posso entrar no sistema [crítico], e com tal pressuposição, não posso permanecer nele".

Subjacente a essa formulação do problema está a compreensão da afecção como um tipo de relação causal que, como já indiquei, não é inteiramente acurada. Pois afecção, tal como Kant a interpreta, é claramente uma relação epistêmica, e não causal, embora seja uma relação inextricavelmente conectada com a segunda[85]. O que torna epistêmica esta relação de afecção é o fato de ela se estabelecer entre uma inteligência discursiva e o que aparece para essa inteligência, isto é, a relação de afecção envolve uma representação de um objeto, representação que é determinada em parte pelo modo ou maneira da mente de ser afetada (sua forma de sensibilidade).

Todavia, também é verdade que afecção anda junto com causação, uma vez que ela envolve um efeito sobre a mente produzido pelo objeto afetante[86]. Além do mais, isso permanece no âmago do problema, mesmo depois que a afecção é distinguida da causação. Pois, como já notamos, Kant de fato diz que o objeto transcendental (ou seu equivalente) afeta a mente, e, além disso, parece dizer que este último serve como uma causa ou fundamento não sensível das aparências[87]. Por essa razão, ainda permanece necessário examinar tais asserções e toda a concepção da afecção à luz da análise feita na seção precedente.

O ponto de partida natural para tal exame é a explicação de Jacobi, que estabeleceu a agenda para virtualmente todas as discussões do tópico. Partindo da premissa incontroversa de que a teoria kantiana da sensibilidade requer que a mente humana seja, de algum modo, afetada por objetos, Jacobi observou que existem somente dois candidatos possíveis para o objeto afetante: uma aparência

---

85. Esse ponto foi enfatizado por Gram, que o torna a peça central de sua interpretação das coisas em si e do idealismo transcendental (cf. Gram, 1984, p. 2, 41-50 *passim*). Ademais, isso contrasta com leituras costumeiras que tendem a supor que a afecção é apenas uma espécie de causalidade. Vimos, por exemplo, que Langton baseia toda sua interpretação sobre uma compreensão da afecção em termos diretamente causais (a ponto de converter Kant num defensor da teoria causal do conhecimento). Infelizmente, ignorei este ponto em minha primeira edição.

86. Como afirma Gram (1984, p. 41), "embora todo caso de afecção possa ser acompanhado por um caso de causação, as duas relações são logicamente independentes uma da outra".

87. A importância da referência ao objeto transcendental na discussão da afecção foi notada por outros. Cf., esp., Herring (1953, p. 65-69). A primeira parte desse importante estudo oferece uma inspeção valiosa da literatura sobre o problema da afecção. Na segunda parte, Herring desenvolve uma interpretação da afecção por meio do objeto transcendental (distinguido da coisa em si) que difere daquela oferecida aqui por seu enfoque ontológico. Mais recentemente, Lauener (1969, p. 130) enfatizou tanto a importância da distinção entre a coisa em si e o objeto transcendental quanto a concepção deste último como "*der rechtmässige Grund (Frage quid iuris) der transzendentalen Affektion, die Notwendigkeit der empirischen verbürgt*" ["o fundamento legítimo (questão *quid juris*) da afecção transcendental, que assegura a necessidade empírica" – N.T.].

e o objeto transcendental – que ele identifica à coisa em si. Embora Jacobi acreditasse que o próprio Kant de fato considerava a última como o objeto afetante, sua estratégia foi mostrar que nenhum dos dois pode realizar a tarefa. A primeira (uma aparência), argumentou ele, não pode realizá-la porque é definida por Kant como uma mera representação em nós (é por isso que não podemos entrar no sistema crítico sem a coisa em si); a segunda (coisa em si) não o pode por causa de sua incognoscibilidade, que impede a aplicação a ela de quaisquer categorias, incluindo a causalidade – e é por isso que não podemos permanecer no sistema sem ela (Jacobi, [1787] 1968, vol. 2, p. 291-310).

Em contraste com Guyer, que descarta o dilema de Jacobi ao rejeitar o idealismo que lhe dá origem, seguidores de orientação idealista e "melhoradores" de Kant tenderam a rejeitar a primeira garra do dilema negando que a *Crítica* contenha qualquer doutrina da afecção pelas coisas em si mesmas[88]. Esse estratagema, no entanto, encontra duas dificuldades: (1) ele é aparentemente contradito por passagens que parecem deixar bem claro que Kant reconhece alguma espécie de afecção por objetos não sensíveis ou inteligíveis (sob vários rótulos). (2) Ele não explica como a afecção empírica, isto é, a afecção por objetos empíricos ou aparências, pode fornecer o fundamento necessário de nossas representações. Vaihinger fez uma síntese útil dos resultados do debate pós-Jacobi na forma de um trilema:

> 1. Ou bem se compreende pelos objetos afetantes as coisas em si mesmas; nesse caso, se cai na contradição descoberta por Jacobi, Enesidemo e outros de que se deve aplicar, para além da experiência, as categorias de substancialidade e de causalidade que se supõe terem sentido e significação somente no interior da experiência.
> 2. Ou bem se compreende por objetos afetantes os objetos no espaço; mas como, segundo Kant, estes são apenas aparências e, portanto, nossas representações, se cai na contradição de que as mesmas aparências, que primeiro temos com base na afecção, deveriam ser a fonte dessa própria afecção.
> 3. Ou bem se aceita uma dupla afecção, uma afecção transcendente pelas coisas em si mesmas e uma afecção empírica pelos objetos no espaço. Neste caso, entretanto, se cai na contradição de que uma representação para o ego transcendental deveria depois servir como uma coisa em si para o ego empírico, cuja afecção produz no ego, sobre e para além da representação transcendental do objeto, uma representação empírica desse mesmo objeto (Vaihinger, 1881-1892, vol. 2, p. 53).

---

88. O defensor mais vigoroso dessa concepção é Fichte (esp. [1797] 1961, p. 68-75).

Embora a teoria da dupla afecção, desenvolvida por Adickes (1929), continue a encontrar algum apoio entre os comentadores (cf. Kemp Smith, 1962, p. 612s.; R. P. Wolff, 1963, p. 169s., 222s.; Sellars, 1968, p. 52), ela foi decisivamente repudiada por uma pluralidade de perspectivas diferentes (cf. Lachièze-Rey, 1950, p. 450-463; Bird, 1962, p. 18-35; Rousset, 1967, p. 190-197; Prauss, 1974, p. 192s.; Gram, 1984, p. 11-39). Entre seus muitos problemas, figura o de que a atribuição de tal teoria a Kant – com sua postulação de duas atividades distintas, mas paralelas, uma das quais, em princípio, cognoscível – é incompatível com a natureza crítica do pensamento de Kant. Segundo Prauss, que desenvolve sua análise com grande sutileza, toda a problemática está fundamentada em uma falsa concepção "transcendente-metafísica" da coisa como ela é em si mesma, em vez de basear-se em uma concepção genuinamente transcendental. Uma vez que se percebe, argumenta Prauss, que essa concepção apenas caracteriza uma maneira possível de considerar os objetos empíricos na reflexão transcendental, torna-se óbvio que nada a não ser esses objetos empíricos nos afeta (Prauss, 1974, p. 192-207). Retornamos, assim, embora de uma nova perspectiva, à velha tese idealista de que a *Crítica* só admite uma afecção empírica, apesar de Prauss prontamente reconhecer que essa concepção não é, ela própria, isenta de dificuldades (Prauss, 1974, p. 192-207).

O problema da afecção não pode, entretanto, ser dispensado de modo tão fácil. Na verdade, a análise precedente indica que esse problema, assim como o problema intimamente relacionado concernente às coisas como elas são em si mesmas, é mais mal interpretado do que um pseudoproblema, como sugere Prauss. Tal como formulada por Vaihinger, a questão diz respeito ao *status* metafísico do objeto afetante: se ele é aparência, coisa em si, ou talvez ambos. Como essa formulação se baseia na pressuposição de que a distinção entre aparências e coisas em si mesmas é ela própria de natureza metafísica, uma vez repudiada tal pressuposição, esse modo de colocar o problema perde todo sentido. Mas disso não se segue que o próprio problema desapareça. Ainda faz sentido perguntar se os enunciados de Kant sobre os objetos que afetam a mente e produzem sensações envolvem uma referência a objetos considerados em seu caráter empírico como aparências ou se envolvem uma referência a esses mesmos objetos considerados como eles são em si mesmos. Se abordarmos a primeira pergunta, a afecção deve ser interpretada num sentido empírico; se a segunda for o caso, a afecção deve ser interpretada num sentido transcendental.

Antes de abordar o problema nessa nova formulação, é necessário considerar brevemente a consideração polêmica de Jacobi de que a própria noção de uma afecção empírica é incompatível com a filosofia kantiana porque os objetos empíricos são aparências e estas últimas são "meras representações em nós". Embora Jacobi esteja correto em negar que as aparências kantianas possam ser os objetos afetantes, ele está correto pela razão errada, o que torna sua análise profundamente enganadora. Na verdade, a negação de Jacobi é baseada em uma dupla confusão: ela identifica as aparências kantianas com as ideias berkeleyanas e interpreta a afecção simplesmente como uma espécie de causação. Por essa razão, se as aparências são compreendidas como entes independentes da mente, considerados como aparecem em virtude das condições subjetivas da sensibilidade humana, toda essa linha de objeção se dissipa. Kant pode perfeitamente bem falar de uma relação causal (por oposição a uma afetiva) entre fenômenos e a mente humana porque no nível empírico a mente é ela própria parte de um mundo fenomênico e sujeita a suas condições. Além disso, em muitas passagens, Kant fala de modo não problemático justamente dessa maneira[89].

Todavia, permanece o fato de que uma explicação meramente empírica da afecção, que a reduz a uma relação causal entre um objeto afetante e a mente ou nosso aparato sensorial, não pode fornecer o que o argumento transcendental de Kant requer, a saber, uma relação *epistêmica* entre uma inteligência discursiva e a fonte da matéria ou do conteúdo de sua intuição sensível. Nesse sentido, Jacobi está correto em rejeitar uma afecção empírica como a fonte desse conteúdo, embora, como observamos acima, pela razão errada. A razão genuína (como sugerido por Vaihinger) é de natureza conceitual.

Recordemos que a teoria kantiana da sensibilidade não somente exige que algo "afete" ou seja "dado" à mente; ela também sustenta que esse algo se torna parte do conteúdo da cognição humana (a "matéria" da intuição empírica) somente como consequência de ter sido submetida às formas *a priori* da sensibilidade humana (espaço e tempo). Disso certamente se segue que este algo que afeta a mente não pode ser considerado sob sua descrição empírica (como um ente espaço-temporal). Fazê-lo envolveria atribuir a um objeto, considerado fora de sua relação com a sensibilidade humana, precisamente aquelas características que, segundo a teoria, ele possui apenas em virtude dessa relação. Consequentemente, o pensamento de tal objeto é, por sua própria natureza, o pensamento de algo não sensível e, portanto, "meramente inteligível", uma coisa como ela é em si mesma ou, se o leitor preferir, um objeto transcendental[90].

---

89. Entre elas figuram A28, A166/B208, A213/B260, e Pro 4: 290; 85. Para uma discussão completa das passagens sobre a afecção empírica, cf. Adickes (1929, p. 5-15).
90. Um ponto similar foi defendido por Gram (1984 p. 49-52, *passim*).

Contra isso, é tentador argumentar que mesmo se concedermos que a asserção "algo deve afetar a mente" tem *status* transcendental porque expressa uma condição necessária (material) de possibilidade da experiência, tal argumento não exige a interpretação de que a expressão *algo* ou suas equivalentes não faça outra coisa senão se referir indiferentemente a um ou mais dos membros da classe dos objetos empíricos. Em outras palavras (assim prossegue a objeção), tudo o que foi estabelecido é a tese inteiramente geral de que um ou outro objeto (empírico) deve afetar a mente para que a mente tenha alguma experiência. Como resultado, se essa é a justificação kantiana para introduzir o objeto transcendental (um "algo em geral = x") na explicação transcendental, então todo o argumento repousa sobre a incapacidade de distinguir entre "algo", interpretado como tendo uma referência indefinida, e "um algo em geral", interpretado como um nome ou expressão referencial.

O problema com essa linha de crítica, que parece estar implícita no esforço de rejeitar como ininteligível o próprio conceito de uma afecção não empírica[91], é que ela ignora metade da explicação transcendental. Como acabamos de ver, para essa explicação, o ponto crucial é que o que é dado à mente como o resultado de sua afecção por objetos externos torna-se parte do conteúdo da cognição empírica somente ao ser submetido às formas *a priori* da sensibilidade. Porém, disso se segue que esse "algo" que afeta a mente não pode, enquanto considerado nessa relação, ser tomado sob uma descrição empírica (como um ente espaço-temporal). Pois, uma vez mais, entendê-lo dessa maneira requer que atribuamos ao objeto, considerado fora de sua relação epistêmica com a sensibilidade humana, precisamente aquelas características que, segundo a teoria, ele só possui por estar nessa relação. Para colocar a questão de um modo um pouco diferente, se pensarmos na explicação transcendental de Kant sobre as condições da cognição discursiva como uma "narrativa global", então o papel indispensável das condições materiais dessa cognição deve ser atribuído a algo considerado como é em si mesmo, fora dessa relação epistêmica e, portanto, como um objeto meramente transcendental.

Nisso, todavia, não há nada que comprometa Kant com a postulação de quaisquer entidades supraempíricas. Ao contrário, nenhuma outra entidade é pressuposta (na explicação da afecção) além dos objetos espaço-temporais da experiência humana. A questão é apenas que, visto que esses objetos devem funcionar numa explicação transcendental como condições materiais da cognição humana, eles não podem, sem contradição, ser considerados sob sua descrição

---

91. Algo dessa linha de pensamento parece estar presente, pelo menos implicitamente, na análise de Prauss.

empírica. Consequentemente, podemos rejeitar a segunda garra do dilema de Jacobi, a que sustenta que, com o conceito da coisa em si mesma (ou objeto transcendental), não podemos permanecer na filosofia kantiana. De fato, pode-se nela permanecer confortavelmente conquanto se mantenha em mente que o conceito tem uma função de metanível legítima no interior do arcabouço da reflexão transcendental e, enquanto tal, não traz consigo qualquer pretensão à cognição de uma realidade suprassensível.

Por fim, essa análise também fornece a chave para a interpretação de algumas das passagens mais obscuras no corpus kantiano. Para propósitos ilustrativos, deve bastar considerar duas dentre elas, uma que se refere ao objeto transcendental e outra que não se refere a ele. Daquelas que contêm tal menção, esta é talvez a mais interessante:

> A faculdade de intuição sensível é apenas, de fato, uma receptividade para sermos afetados de um certo modo por representações cuja relação entre si é uma intuição pura do espaço e do tempo [...] que se denominam *objetos* quando são conectados e determináveis nessas relações [...] segundo leis da unidade da experiência. A causa não sensível dessas representações nos é inteiramente desconhecida [...] pois tal objeto não poderia ser representado nem no espaço nem no tempo (como meras condições da representação sensível), e sem essas condições nós não poderíamos sequer pensar uma intuição. Entretanto, podemos denominar objeto transcendental à causa meramente inteligível das aparências em geral, apenas para ter algo correspondente à sensibilidade como uma receptividade. Podemos atribuir a esse objeto transcendental todo o âmbito e a interconexão de nossas percepções possíveis, e dizer que ele é dado em si mesmo antes de qualquer experiência. As aparências, contudo, não são dadas em si de acordo com ele, mas somente nessa experiência, pois são meras representações, que só significam um objeto real, como percepções, a saber, na medida em que cada percepção se conecta com todas as outras, conforme as regras da unidade da experiência. Pode-se dizer, assim, que as coisas reais do tempo passado são dadas no objeto transcendental da experiência; para mim, contudo, elas são apenas objetos, e reais no tempo passado, na medida em que me represente que uma série regressiva de percepções possíveis segundo [...] conduz a uma série temporal transcorrida como condição do tempo presente; série essa que, por seu turno, só é representada como real na interconexão de uma experiência possível, e não em si mesma (A494-495/B522-523).

Nessa importante e intrigante passagem, Kant aborda a questão de como é possível, com base na doutrina da idealidade do tempo, referir-se com sentido a eventos no passado distante, antes do advento de seres com nossas formas de sensibilidade. Ela se divide naturalmente em duas partes, cada uma atribuindo um papel diferente ao objeto transcendental. Na primeira, trata-se do contexto familiar da teoria da sensibilidade. Aqui, notamos imediatamente a referência à causa "não sensível" e, portanto, incognoscível de nossas representações, identificada com a "causa meramente inteligível da aparência em geral". Enquanto tal, ela é caracterizada como o "objeto transcendental" e se lhe atribui a função de fornecer "algo correspondente à sensibilidade como receptividade".

Uma característica digna de nota da primeira parte da passagem é a mudança do "discurso da aparência" para o "discurso da representação", uma característica frequente e, por vezes, desconfortável da análise kantiana. Todavia, se considerarmos que "aparência" se refere a um objeto enquanto representado sensivelmente, podemos conceder que Kant fala indiferentemente sobre a causa das representações ou sobre a causa das aparências. O ponto realmente importante é a referência a "aparências em geral". Isso ressalta a natureza transcendental da descrição ao indicar que a preocupação não é com a causa de uma dada aparência ou representação, o que é sempre uma questão empírica, mas, antes, com a causa ou fundamento da "matéria" da cognição humana considerada como um todo. Kant caracteriza *essa* causa como "não sensível" e, portanto, incognoscível, precisamente porque sua localização não deve ser representada nem no espaço nem no tempo. Significativamente, Kant não diz que tal objeto ou causa não pode *estar* no espaço ou no tempo, mas simplesmente que ele não precisa ser *representado* nem no espaço nem no tempo. Consequentemente, essa proibição deve ser compreendida metodologicamente; ela estipula como um objeto deve ser considerado, se deve funcionar em uma descrição transcendental como "algo correspondente à sensibilidade como receptividade". Enquanto tal, a proibição não acarreta quaisquer pressuposições ontológicas sobre a natureza real das coisas ou sobre um reino suprassensível.

A segunda parte da passagem é mais obscura, em parte por causa de sua sintaxe convoluta, mas principalmente porque Kant parece ampliar o papel do objeto transcendental. Assim, Kant nos permite atribuir-lhe "todo o âmbito e interconexão de nossas percepções possíveis" ou mesmo afirmar que "as coisas reais do tempo passado são dadas no objeto transcendental da experiência". Expressões como essas levaram à sugestão de que o conceito do objeto transcendental funcione como uma espécie de "repositório conceitual" para nosso modo de referir ao passado remoto ou a regiões distantes do espaço (Bird, 1962, p. 69). Nessa interpretação, ele é efetivamente reduzido a um conceito empírico de ordem superior, que se refere à experiência como um todo. A estratégia por trás de tal interpretação é obviamente a de enfraquecer as objeções costumeiras ao suposto apelo de Kant a objetos não empíricos. Se for possível mostrar que Kant não faz tal apelo, então essas objeções podem ser descartadas.

Embora basicamente correta, essa análise é um pouco enganadora, já que ignora o fato de que aqui, como em outros lugares, o objeto transcendental é explicitamente caracterizado em termos não empíricos. Porém, isso não significa que Kant esteja oferecendo aqui algum tipo de explanação metafísica, que, à maneira do apelo de Berkeley à mente divina, lhe permita "salvar" a realidade dos objetos e eventos não percebidos. A verdade é justamente o contrário: uma vez mais, a caracterização desse fundamento como o objeto transcendental serve para repudiar qualquer explanação metafísica como essa, habilitando-nos, assim, a ver que devemos definir a realidade dos eventos passados em termos de sua conexão com o presente "conforme regras da unidade da experiência". Por essa razão, o ponto aqui é substancialmente o mesmo que o discutido no capítulo precedente relativo à análise da diferença entre o idealismo de Kant e o fenomenismo ou os idealismos de tipo berkeleyano. O idealismo transcendental é, no fundo, um idealismo de condições epistêmicas e, tal como na Dedução A, o conceito do objeto transcendental funciona como um lembrete disso.

A segunda passagem vem da réplica de Kant a Eberhard. Com o objetivo confesso de demonstrar a superioridade do racionalismo leibniziano em relação ao criticismo kantiano, o que envolve mostrar a cognoscibilidade das coisas como elas são em si mesmas, Eberhard teria supostamente afirmado, em oposição à *Crítica*, que as coisas em si mesmas devem ser vistas como a fonte da matéria da sensibilidade. A isso, Kant responde:

> Essa é, sem dúvida, a afirmação constante da *Crítica*, salvo que ela põe esse fundamento da matéria das representações sensoriais não uma vez mais nas coisas, como objetos dos sentidos, mas em algo suprassensível, que *fundamenta* estes últimos, e do qual não podemos ter nenhuma cognição. Ela diz que os objetos como coisas em si mesmas *dão* a matéria da intuição empírica (contêm o fundamento pelo qual determinar a faculdade da representação de acordo com sua sensibilidade), mas não *são* a matéria desta (UE 8: 215; 306-307).

Embora essa passagem não mencione o objeto transcendental, ela apela para a noção de um fundamento suprassensível, que é seu equivalente funcional[92]. A passagem reflete o debate contínuo concernente à teoria kantiana da sensibilidade e sua relação com a teoria leibniziana defendida por Eberhard. O próprio

---

92. Prauss (1974, p. 103, n. 22) sustenta precisamente o oposto, afirmando que a presente passagem contém um dos exemplos mais extremos dos "*transzendent-metaphysischen Entgleisungen*" ["descarrilamentos transcendentais-metafísicos" – N.T.] que se pode encontrar no *corpus* kantiano.

Kant coloca a questão de maneira perspicaz quando observa que, do ponto de vista crítico, a sensibilidade é compreendida apenas como "o modo no qual somos afetados por um objeto que em si mesmo é inteiramente desconhecido para nós" (UE 8: 219; 310). Isso é contrastado com a doutrina leibniziana, segundo a qual "intuímos coisas como elas são em si mesmas" e, correlativamente, "a sensibilidade consiste meramente na confusão que é inseparável de tal intuição multifacetada" (UE 219; 310). O contraste estabelecido aqui é entre suas respectivas concepções sobre a relação entre a sensibilidade como uma faculdade e as coisas como elas são em si mesmas. Aqui, tal como na *Crítica*, a tese de Kant é que não podemos conhecer o objeto afetante como ele é em si mesmo, porque só podemos conhecer um objeto se ele for dado na intuição, e ele só pode ser dado segundo as formas *a priori* da sensibilidade na mente (espaço e tempo). Como Leibniz não reconhece nenhuma dessas formas, ele está comprometido com a doutrina transcendentalmente realista de que apreendemos sensivelmente as coisas como elas são em si mesmas. Levando-se em consideração nossa discussão anterior, tudo isso é, certamente, familiar. Entretanto, vale notar que, para Kant, diferentemente de Leibniz ou de Eberhard, o que é dado na intuição é sensível, independentemente de sua clareza ou distinção, enquanto o que quer que não possa ser dado desse modo é meramente pensado, é não sensível, inteligível ou, de forma equivalente, suprassensível, novamente independentemente da clareza ou distinção com a qual seja pensado.

Essa concepção do sensível e de seu oposto, aqui caracterizado como o "suprassensível", subjaz à distinção entre a *matéria* da representação sensível ou intuição empírica e seu *fundamento*, denominado por Kant em outro lugar de "matéria transcendental"[93]. Eberhard, por estar confuso quanto à natureza da sensibilidade, funde esses dois conceitos. É também com base nessa mesma confusão que afirma, contra Kant, a cognoscibilidade das coisas como elas são em si mesmas, consideradas como os fundamentos da matéria de nossas representações sensíveis[94]. O propósito da distinção de Kant entre "fundamento" e "ma-

---

93. Kant se refere à "matéria transcendental de todos os objetos como coisas em si" (A143/B182) e à matéria "no sentido transcendental", definida como o "determinável em geral" (A2661/B322) e identificada com as "próprias coisas que aparecem" (A268/B324). Para uma versão pré-crítica dessa concepção, cf. Diss 2: 389; 379.

94. Eberhard **fundiu** esses fundamentos com as partes simples das quais o espaço e o tempo presumivelmente se compõem. No presente contexto, Kant está preocupado em salientar a distinção entre fundamento (que é transcendental) e matéria ou parte (que é empírica). Contudo, ele tam-

téria" é justamente indicar a natureza suprassensível do primeiro, em contraste com a natureza sensível da última. A razão para caracterizar o fundamento como "suprassensível" é precisamente a mesma da passagem anterior, a saber, sua não representabilidade no espaço e no tempo. Além disso, Kant naturalmente atribui esse fundamento, enquanto suprassensível, aos "objetos como coisas em si mesmas", em vez de atribuí-lo às "coisas, como objetos dos sentidos". Sendo "como" (*als*) em ambos os casos obviamente uma abreviação para "considerado como", Kant estaria simplesmente reproduzindo a já familiar alegação de que o pensamento de um objeto como tal fundamento requer sua consideração como ele é em si mesmo. Uma vez mais, Kant pode dizê-lo porque se trata de uma tese meramente analítica, baseada no conceito de um objeto concebido no interior de um contexto transcendental como o fundamento de nossas representações.

O teor básico dessa análise pode ser aplicado a muitas outras passagens, nas quais Kant parece propor teses ilícitas sobre a natureza e a função das coisas como elas são em si mesmas ou sobre o objeto transcendental. Assim interpretadas, podemos considerar que tais passagens estão em sintonia com a postura crítica e antimetafísica de Kant relativamente ao suprassensível em todas as suas roupagens. Longe de fornecer um relato metafísico sobre como a mente ou o eu numênico [*noumenal self*] é, de algum modo, afetado por uma entidade não sensível, elas apenas estipulam como o objeto afetante deve ser concebido na descrição transcendental da afecção, exigida pela explicação da teoria kantiana da sensibilidade. Sem dúvida, essas teses envolvem um uso das categorias, especialmente a da causalidade, o que seria de se esperar, dada a natureza das categorias como conceitos de um objeto em geral. Isso, todavia, não justifica a crítica, frequentemente feita, de que Kant seria o culpado pela aplicação ilícita das categorias para além do domínio empírico. A função das categorias nesses contextos transcendentais é puramente lógica e não traz consigo pressuposições sobre sua realidade objetiva em relação a algum reino do ser empiricamente inacessível.

Por essa razão, a resposta apropriada a Jacobi, em contraste com a proposta por Guyer, é aceitar a primeira garra do dilema e rejeitar a segunda. Em outras palavras, pode-se perfeitamente permanecer no interior da filosofia crítica com os conceitos da coisa como ela é em si mesma e do objeto transcendental, desde que eles sejam apropriadamente compreendidos, isto é, desde que não os com-

---

bém ataca a concepção de Eberhard do espaço e do tempo como compostos de partes simples. Para uma discussão a esse respeito, cf. Allison (1973b, p. 117-123).

preendamos como metafísicos. Além disso, podemos ver que o dilema de Jacobi, como tantas das críticas supostamente devastadores a Kant, reflete uma abordagem transcendentalmente realista da *Crítica*. Subjacente a essa abordagem está a pressuposição de que Kant nos deve, embora não a possa entregar, alguma versão metafísica definitiva sobre a afecção: uma caracterização do ponto de vista de Deus sobre o que é que *realmente* fornece a matéria da cognição. Quase a mesma concepção é também pressuposta por Vaihinger em seu trilema. Porém, se a análise do idealismo transcendental apresentada nestes três capítulos está correta, é precisamente essa pressuposição que deve ser rejeitada. Em termos wittgensteinianos, Kant não estava tentando dizer o que não pode ser dito, mas meramente tentando definir as fronteiras do que pode ser dito ou perguntado. A fim de fazê-lo, todavia, ele teve de introduzir a "metalinguagem" da filosofia transcendental. Nesse sentido, expressões tais como "coisas como elas são em si mesmas", "númenos", "objeto transcendental" e seus correlatos devem ser compreendidas como termos técnicos internos a essa metalinguagem, e não como termos que se referem a entes transcendentalmente reais[95].

---

95. A ideia de que a coisa em si e as noções associadas a ela devem ser compreendidas em relação com uma metalinguagem kantiana é sugerida por Maclachlan (1995, vol. 2, p. 155-161).

PARTE II

A cognição humana
e suas condições

4
Discursividade e juízo

Na primeira parte deste livro, argumentei que o idealismo kantiano, enquanto um idealismo de condições epistêmicas, é inseparável da análise kantiana da natureza discursiva da cognição. Também sugeri que essa análise está baseada em três pressuposições epistemológicas fundamentais: (1) que uma *cognição* de qualquer espécie exija um objeto que, de alguma forma, esteja dado (isso vale mesmo para a problemática intuição intelectual ou arquetípica); (2) que sendo a mente finita como a nossa receptiva e não criativa, sua intuição deva ser sensível, repousando sobre a afecção por objetos; e (3) que a intuição sensível, por si só, seja insuficiente para gerar cognição de objetos e exija a cooperação da espontaneidade do entendimento.

Uma vez que, para Kant, pelo menos as duas primeiras pressuposições são relativamente incontroversas, um peso maior recai sobre a terceira, que constitui, como vimos, uma rejeição fundamental das epistemologias empiristas[96]. Por essa razão, este será o enfoque principal deste capítulo, dividido em quatro partes. As duas primeiras se ocupam, respectivamente, das concepções kantianas de conceitos e intuições sensíveis (os "elementos" da cognição discursiva) e de sua explicação da atividade de julgar, na qual esses elementos são unidos na cognição de objetos. À luz disso, a terceira e a quarta partes se ocupam, respectivamente, da distinção analítico-sintético e da concepção bastante controversa de um juízo sintético *a priori*. O capítulo como um todo pretende ser um prolegômeno para as análises das condições sensíveis e intelectuais da cognição humana que se seguirão nos próximos dois capítulos.

---

96. Dado que essa teoria está ligada a uma concepção da sensibilidade como provedora de um componente tanto necessário quanto *a priori* para a cognição, ela também constitui uma rejeição das epistemologias racionalistas. Mas a ênfase na necessidade da espontaneidade do entendimento e no caráter insuficiente (embora indispensável) da intuição sensível é decisivamente contrária ao empirismo.

I. Cognição discursiva e seus elementos: conceitos e intuições

A *Crítica da razão pura* está dividida em duas partes de extensão e importância desiguais: a Doutrina Transcendental dos Elementos e a Doutrina Transcendental do Método. A primeira, que engloba a maior parte (mas, de modo algum, a totalidade) da significação filosófica da obra, está dividida em duas porções radicalmente desiguais: a Estética Transcendental e a Lógica Transcendental. A primeira se ocupa da contribuição da sensibilidade, a segunda, da contribuição do entendimento em sentido amplo como a "faculdade cognitiva superior". Uma vez que a segunda abrange tanto o entendimento em sentido estrito quanto a razão (*Verstand* e *Vernunft*)[97], ela também está dividida em duas partes (a Analítica Transcendental e a Dialética Transcendental). Embora essa divisão tenha se revelado de importância fundamental, ela pode ser ignorada por enquanto, já que, para uma compreensão da noção kantiana de discursividade, o que é central é a natureza e a função dos conceitos.

Na versão publicada de suas *Lições de lógica*, Kant caracteriza um conceito (por oposição a uma intuição) como uma "representação universal ou uma representação do que é comum a vários objetos e, assim, uma representação *na medida em que pode estar contida em várias outras*". Consequentemente, salienta ele, é redundante falar de conceitos universais ou comuns como se conceitos pudessem ser divididos em universais, particulares e singulares. "Não são os conceitos eles mesmos", observa Kant, "mas somente o seu *uso* que pode ser dividido dessa maneira" (JL 9: 91; 589). Na caracterização paralela que encontramos na *Crítica*, Kant nota que um conceito, novamente em contraste com uma intuição, se refere a seu objeto "mediatamente, através de uma marca característica [*eines Merkmals*], que pode ser comum a muitas coisas" (A320/B377). Em outras palavras, por conta de sua generalidade, um conceito só pode se referir a um objeto por meio de características que também sejam predicáveis de outros objetos que caem sob o mesmo conceito.

Vimos no capítulo 2 que era precisamente por conta dessa característica inerente dos conceitos que os predecessores de Kant (tanto racionalistas quanto em-

---

97. Trata-se de algo demasiadamente simplificador, pois Kant, como veremos, seguindo a tradição, também inclui a faculdade de julgar (*Urteilskraft*) como uma das faculdades cognitivas "superiores" (sendo a sensibilidade a "inferior"). Mas o juízo (como faculdade cognitiva distinta) cumpre um papel relativamente modesto na primeira *Crítica*, tendo sua autonomia admitida apenas na terceira *Crítica*, com o reconhecimento de uma função puramente reflexiva do juízo que traz consigo seu próprio princípio *a priori* (a conformidade a fins [*purposiveness*] da natureza) e seu modo peculiar de autonomia (heautonomia). Para minha análise dessa concepção de juízo da terceira *Crítica*, cf. Allison (2001a), em especial o cap. 1.

piristas), bem como o próprio Kant pré-crítico, tendiam a rebaixar a representação conceitual a um *status* de segunda classe, tomando como paradigma uma forma de representação intuitiva e não mediada que apreende o objeto como ele é em si mesmo em sua plena concretude. Embora o Kant crítico não negue essa característica da cognição discursiva nem sua inadequação, quando medida por algum hipotético padrão teocêntrico, ele de fato nega a normatividade deste último para sujeitos cognoscentes finitos como nós. Em vez de constituir uma norma à qual nossa cognição deve se conformar, o modelo teocêntrico de uma cognição puramente intuitiva é reconfigurado como um conceito limitador (apresentando a problemática ideia de um modo de cognição com o qual a nossa cognição discursiva deve ser contrastada). Além disso, com essa "mudança de paradigma", a cognição discursiva alcança, pela primeira vez, sua autonomia e normatividade enquanto a forma de cognição apropriada para seres racionais finitos.

Um aspecto fundamental dessa mudança é a reinterpretação de conceitos como regras, anunciada por Kant pela primeira vez, de forma casual, na Dedução A, quando afirma que um conceito, no que diz respeito à sua forma, é sempre algo universal que serve como uma regra (A106)[98]. Entretanto, como ressaltou Béatrice Longuenesse, há dois sentidos distintos em que conceitos funcionam como regras para Kant, e ela os correlaciona com o duplo significado que associa ao próprio termo *conceito* (Longuenesse, 1998a, p. 48-50).

Por um lado, conceitos servem como regras da síntese sensível, guiando a apreensão imaginativa de particulares: por exemplo, projetando os lados e o fundo de uma casa vista pela frente. Ter o conceito de uma casa é, dentre outras coisas, ter uma regra no sentido de um esquema para organizar os dados sensoriais da percepção[99]. Por outro lado, conceitos também servem como regras discursivas que afirmam conexões conceituais. Embora o primeiro sentido de regra seja certamente importante para Kant particularmente na Dedução Transcendental, como veremos, apenas o segundo é relevante para os nossos propósitos imediatos. A razão para isso é que é a função dos conceitos enquanto regras discursivas que explica seu papel no ato de julgar. Formar o conceito de corpo como uma representação discursiva é pensar conjuntamente as características da extensão, da impenetrabilidade, da figura (etc.) como marcas ou componentes do conceito

---

98. Em outra passagem, Kant defende o mesmo ponto ao caracterizar o entendimento (a faculdade dos conceitos) como a faculdade das regras (cf. A126, A132/B172). Na literatura secundária, esse aspecto da posição de Kant foi fortemente enfatizado por R. P. Wolff (1963, p. 70, 130, 142, 220, 323-324).

99. É esse sentido de "conceito" que Kant tem em mente quando se refere a um selvagem que carece do conceito de casa (JL 9: 33; 44-45). Discuto isso em Allison (2001a, esp. p. 26-28).

que estão, em certo sentido (a ser explorado adiante), necessariamente conectados a ele. Correlativamente, aplicar esse conceito é conceber algum objeto efetivo ou possível como caindo sob a descrição geral propiciada por tais marcas. Dado que isso é equivalente a formar um juízo, Kant afirma que "o entendimento não pode fazer nenhum outro uso desses conceitos que não o de julgar por meio deles" (A68/B93), e caracteriza conceitos como "predicados de juízos possíveis" (A69/B94).

Kant distingue ainda entre conceitos puros (*a priori*) e empíricos, bem como entre a matéria (ou conteúdo) e a forma de um conceito; mas apenas a segunda distinção é diretamente relevante para nossos propósitos. Por *conteúdo* de um conceito empírico, Kant quer dizer as características sensíveis que são pensadas nele como suas marcas. Essas marcas são derivadas da experiência e correspondem às propriedades sensíveis das coisas. Sendo assim, tudo que for pensado como um corpo será também pensado como impenetrável, como tendo certa dimensão e forma e assim por diante. Por *forma* de um conceito, Kant quer dizer sua universalidade ou generalidade, que é a mesma para todos os conceitos e que explica função destes como regras discursivas. Simplesmente possuir um conjunto de impressões sensíveis associadas entre si não é o mesmo que possuir um conceito, pois este último exige o pensamento da aplicabilidade dessas impressões a um conjunto de objetos possíveis.

Entretanto, esse pensamento não é ele próprio derivado da experiência. Ao contrário, ele é produzido por uma série de "atos lógicos" do entendimento que Kant denomina "comparação", "reflexão" e "abstração". Tomados conjuntamente, tais atos consistem na combinação das características sensíveis comuns partilhadas por diversos particulares em uma "unidade analítica", ao mesmo tempo que desconsidera e abstrai das diferenças (JL: 94-95; 592-593). Kant denomina esse processo como um todo de "reflexão" (*Reflexion, Überlegung*) (JL: 94; 591) (cf. tb. R 2876; R 2878 16: 555, 557), e um conceito produzido desse modo de "representação refletida [*reflectirte*]" (JL 9: 91; 589).

A doutrina kantiana dos conceitos empíricos e sua formação é um tópico difícil e complexo, em larga medida mais pressuposto do que articulado (e menos ainda defendido argumentativamente) na *Crítica*. Além disso, as discussões de Kant sobre a questão nas diversas versões de suas *Lições de lógica* tendem a ser extremamente obscuras e enigmáticas. O problema básico, mas que não pode ser explorado aqui, é que a explicação oficial de Kant para o modo como formamos tais conceitos – ao notar características comuns partilhadas por diversos particulares e abstrair de suas diferenças – parece pressupor o que pretende explicar.

Pois como alguém poderia reconhecer tais características compartilhadas sem, em certo sentido, já possuir o conceito em questão?[100] Contudo, deixando de lado esse problema, o ponto crucial para nossos propósitos presentes é o de que conceitos não são dados ou copiados, mas construídos por meio de um ato do entendimento[101]. Como Kant afirma na *Crítica*, eles são "fundados na espontaneidade do pensamento" (A68/B93). Veremos que isso se aplica tanto a conceitos puros ou *a priori* quanto a conceitos empíricos.

Em contraste com um conceito, Kant define uma intuição nas *Lições de lógica* como uma "representação singular" (*repraesentatio singularis*) (JL 9: 91; 589). Ele repete tal definição na *Crítica*, acrescentando que a intuição está "relacionada imediatamente ao objeto" (*bezieht sich unmittelbar auf den Gegenstand*) (A320/B377)[102]. Reconhecendo que a definição de "intuição" como uma "representação singular" não envolve nenhuma referência à sensibilidade, Jaakko Hintikka defendeu que apenas o critério da singularidade é essencial, o critério da imediatidade sendo um mero corolário[103]. Essa posição ignora, entretanto, a função de apresentação da intuição, pois é em virtude de sua "imediatidade" que uma intuição consegue apresentar particulares à mente e, portanto, servir como uma *repraesentatio singularis*.

No entanto, uma tensão, se não mesmo uma contradição, foi frequentemente percebida entre a definição oficial de "intuição" como uma representação singular e a tese da discursividade.[104] O problema reside em um ponto já enfatizado,

---

100. A importância desse problema para a epistemologia kantiana é enfatizada por Longuenesse (1998a). Tomando por base a análise de Longuenesse, mas diferindo dela em alguns detalhes, tento lidar com esse problema em Allison (2001a, cap. 1). Uma formulação particularmente precisa do problema é o fornecida por Ginsborg (1997, p. 37-81).

101. Como nota Longuenesse (1998a, p. 119 *passim*), Kant é, aqui, parcialmente antecipado por Locke, que enfatiza constantemente o "trabalho do entendimento" na formação dos conceitos. Mas a antecipação é apenas parcial. Discuto o problema em Allison (2001a, cap. 1) e com mais detalhe em Allison (2001b, p. 286-299).

102. Ambos os critérios de uma intuição são afirmados na Estética Transcendental, embora em diferentes lugares. Dessa forma, a imediatidade é introduzida já na primeira frase, onde Kant também afirma que, por conta dessa imediatidade todo pensamento é direcionado à intuição (como o único modo pelo qual ele se conecta com seu objeto) (A19/B33). Correlativamente, veremos no capítulo 5 que a singularidade é enfatizada quando, nas Exposições Metafísicas, Kant defende que as representações do espaço e do tempo são intuições e não conceitos.

103. Hintikka (1969a, p. 38-53; 1969b, p. 117-140). A rejeição por Hintikka do critério da imediatidade também foi criticada, embora de uma perspectiva diferente, por Parsons (1969, p. 568-594, esp. p. 578-580) e por K. D. Wilson (1975, p. 247-265, esp. p. 252).

104. Isso já havia sido notado por J. S. Beck em suas cartas a Kant de 11 de novembro de 1791 (Br 11: 311; 396) e de 31 de maio de 1792 (Br 11: 338-339; 414). Para a resposta de Kant, ver sua carta de 3 de julho de 1792 (Br 11: 347-348; 421). A questão veio à tona novamente em conexão com a interpre-

a saber, o de que, conforme essa tese, a intuição sensível oferece à mente apenas os dados brutos a serem conceitualizados, e não a cognição determinada de objetos. Enquanto discursiva, tal cognição não exige apenas que os dados sejam apresentados à intuição, mas também que eles sejam tomados sob certa descrição geral ou "reconhecidos em um conceito". Apenas então podemos falar da "representação de um objeto"[105].

O problema já havia sido notado por J. S. Beck, que faz o seguinte comentário em uma carta datada de 11 de novembro de 1791:

> A *Crítica* chama de "intuição" uma representação que se relaciona imediatamente com um objeto. Mas, na verdade, uma representação não se torna objetiva até que seja subsumida sob as categorias. Dado que a intuição, de forma similar, só adquire seu caráter objetivo por meio da aplicação de categorias a ela, sou favorável a deixar de lado a definição de "intuição" que se refere a esta como uma representação relacionada a objetos. Não encontro na intuição nada além de um diverso acompanhado pela consciência (ou pelo "*eu penso*" único) e determinado por ela, um diverso no qual não há nenhuma relação com um objeto. Eu gostaria também de rejeitar a definição de "*conceito*" como uma representação mediatamente relacionada com um objeto. Em vez disso, distingo conceitos de intuições pelo fato de eles serem completamente determinados enquanto intuições não são completamente determinadas, pois tanto intuições como conceitos só adquirem objetividade após a atividade de julgar subsumi-los sob os conceitos puros do entendimento (Br 11: 311; 396)[106].

A única resposta preservada de Kant a essa questão está contida em uma nota marginal anexada à carta de Beck. Nela ele observa:

> A determinação [*Bestimmung*] de um conceito por meio da intuição em uma cognição do objeto é, de fato, tarefa do poder de julgar, mas a referência da intuição a um objeto em geral não é. Pois esta última é meramente o uso lógico da representação, na medida em que uma representação é pensada como pertencendo a uma cognição. Quando, por outro lado, uma representação singular [*einzelne*] é referida apenas ao sujeito, o uso é estético (sentimento), caso no qual a representação não pode se tornar um elemento da cognição [*Erkenntnissstück*] (Br 11: 311; 396-397).

---

tação de Hintikka da "intuição" como equivalente ao que Thompson (1972, p. 314-343) entende por um termo singular.

105. De Vleeschauwer (1934-1937, vol. 2, p. 44), assinala a diferença entre Kant e Aristóteles em relação a essa questão. Para Aristóteles, a unidade de uma representação é atribuída à sensibilidade e é derivada da unidade ontológica da coisa. Consequentemente, a própria sensibilidade gera uma representação de um objeto, justamente o que Kant nega.

106. Beck reitera essencialmente o mesmo ponto numa carta a Kant de 31 de maio de 1792 (Br 11: 338; 414).

Como indica a parte final da nota, a resposta de Kant reflete a visão da então recém-publicada *Crítica da faculdade de julgar*, na qual ele trata juízos estéticos como não cognitivos por estarem baseados no sentimento. Por consequência, ele enfatiza o contraste entre intuição e sentimento. Ao fazê-lo, todavia, pode parecer que Kant concede a Beck seu ponto principal, pois reconhece que, à parte o fato de serem conceitualizadas em um ato de juízo, as intuições não se referem realmente a objetos ou não os "representam" de forma alguma.

Todavia, a nota de fato fornece uma indicação importante sobre como Kant gostaria que sua definição de "intuição" fosse compreendida. A chave está na referência da intuição a "um objeto em geral". Como indica o texto, trata-se essencialmente de uma questão de classificação lógica, ou seja, essa é a forma como Kant assinala que intuições, diferentemente de sentimentos, *podem* ser submetidas a conceitos no ato de julgar e, portanto, referir-se a objetos particulares. Na feliz formulação de W. H. Walsh, para Kant, uma intuição sensível é "proleptica-mente" a representação de um particular (Walsh, 1975, p. 15). Para satisfazer sua função representativa, intuições devem efetivamente ser submetidas a conceitos, mas sua capacidade de funcionar dessa forma é suficiente para justificar sua classificação lógica. Contudo, isso sugere também que é necessário distinguir entre uma intuição determinada ou conceitualizada e outra indeterminada – somente a primeira constituindo uma *representatio singularis*. Além disso, veremos que essa distinção se aplica tanto a intuições puras quanto a empíricas.

Infelizmente, isso não exaure a complexidade, ou melhor, a ambiguidade inerente à concepção kantiana de intuição. Na verdade, aplica-se apenas a um dos três sentidos desse termo usados por Kant: àquele referente a uma espécie particular de representação ou de conteúdo mental. Além desse sentido mais ou menos oficial de "intuição", Kant também usa o termo para se referir tanto ao *objeto* representado por tal conteúdo (o *intuído*) quanto ao *ato* de representar diretamente um particular (o *intuir*). Em suma, é necessário distinguir "intuição" como um conteúdo mental, como um objeto e como um ato[107]. Além do mais, se o contexto geralmente esclarece que o termo está sendo usado no terceiro sentido, muitas vezes é difícil determinar se "intuição" está sendo usada no primeiro ou no segundo sentido, ou se, de fato, Kant funde os dois sentidos. Veremos que muita coisa depende dessas questões; mas antes de podermos lidar com esse problema, devemos considerar a explicação geral do juízo proposta por Kant.

---

107. Sou grato a Lewis White Beck pela distinção entre esses sentidos de "intuição", a mim sugeridos em seus comentários a uma versão anterior deste capítulo. Deve-se ressaltar que a distinção entre intuição determinada e indeterminada diz respeito apenas ao primeiro desses sentidos.

II. A concepção kantiana de juízo

Conforme já assinalei antes, a cognição discursiva é judicativa. É nos juízos e por meio deles que aplicamos conceitos a dados recebidos, enquanto os próprios conceitos são caracterizados como "predicados de juízos possíveis". Kant explicita isso quando afirma: "nós podemos [...] reduzir todas as ações do entendimento a juízos e, assim, representar o *entendimento* em geral como uma *faculdade de julgar* [*ein Vermögen zur urtheilen*]" (A69/B94). Entretanto, um dos principais problemas com que se depara qualquer interpretação da concepção kantiana do juízo é o fato de Kant definir "juízo", entendido tanto como o ato (julgar) quanto como o produto (o juízo), de diversas maneiras. Na *Lógica de Jäsche*, por exemplo, ele define um juízo em geral como "uma representação da unidade da consciência de diversas representações ou a representação da relação entre elas, na medida em que constituem um conceito" (JL 9: 101; 597). Em contraste, na *Lógica de Viena*, ele se estende mais:

> Um *juízo* é *generaliter* [em geral] a representação da unidade em uma relação de muitas cognições. Um juízo é a representação da forma como os conceitos pertencem a uma consciência universalmente [,] objetivamente. Se se pensa duas representações tal como são combinadas juntas, e juntas constituem uma cognição, isto é um juízo. Em todo juízo, então, há certa relação de diferentes representações, visto que pertencem a *uma* cognição. Por exemplo, digo que o homem não é imortal. Nessa cognição, penso o conceito de ser mortal por meio do conceito de homem e desse modo acontece que essa cognição, que constitui a unidade de duas representações diferentes, torna-se um juízo (WL 24: 928; 369).

Embora em ambas as passagens Kant assinale que um ato de juízo envolve a unificação de distintas representações em um conceito que é correlacionado com uma unidade na consciência dessas representações, a segunda vai bem além da primeira ao sugerir que essa unificação pertence à consciência *universalmente* e, portanto, *objetivamente*. Em outras palavras, isso indica que objetividade ou "validade objetiva" é correlacionada a uma certa unificação na consciência (uma unificação que pretende ser universal) e é uma característica inerente do juízo enquanto tal (cf. tb. MAN 4: 475-476; 190). Além disso, um contraste substancialmente similar é encontrado nas duas caracterizações do juízo na *Crítica*. A primeira, que corresponde àquela da *Lógica de Jäsche* (embora vá consideravelmente além dela), está localizada na discussão acerca do Emprego Lógico do Entendimento. Enquanto tal, ela equivale a uma análise do juízo a partir da perspectiva da lógica geral (que faz abstração da questão propriamente epistemológica da validade objetiva do juízo). A segunda, que desenvolve a ideia fundamental expressa na *Lógica de Viena*, está localizada no § 19 da Dedução B. Por conseguinte, esta última considera o juízo sob a perspectiva da lógica transcendental (na qual a questão acerca da validade é o enfoque principal).

Por conta dessa diferença, afirma-se por vezes que esses textos corporificam duas concepções de juízo distintas e até mesmo incompatíveis[108]. No entanto, se tivermos presente a relação da primeira caracterização com a lógica geral e da segunda com a lógica transcendental, é possível vê-las como interessadas em aspectos distintos de uma única concepção, considerada a partir de dois pontos de vista diferentes[109]. Julgar é *tanto* unificar representações, combinando-as em um conceito (produzindo uma unidade analítica) *quanto* relacionar essas mesmas representações a um objeto de uma maneira que pretende ser válida em relação ao objeto. A fim de esclarecer esse importante ponto, será necessário considerar brevemente cada uma dessas caracterizações. Isso deverá, então, criar as condições para que consideremos a natureza e a relevância da distinção kantiana entre juízos analíticos e sintéticos, que pertence inteiramente à lógica transcendental.

A. Conceitos e juízo: a explicação inicial

O objetivo de Kant, na primeira dessas explicações na *Crítica*, é o de explicitar a identificação entre cognição discursiva e juízo. Para Kant, todo juízo envolve um ato de conceitualização, e vice-versa (cf. Paton, 1936, vol.1, p. 251). Dado que a concepção kantiana dos conceitos o compromete com a doutrina segundo a qual "um conceito jamais se refere imediatamente a um objeto, mas sim a uma outra representação desse objeto (seja ela uma intuição ou mesmo já um conceito)", ele define o juízo como "a cognição mediata de um objeto, portanto a representação de uma representação desse objeto" (A68/B93). Imediatamente depois dessa definição, Kant apresenta uma explicação sucinta de sua teoria do juízo. Por causa de sua brevidade e importância, convém citá-la na íntegra:

> Em cada juízo há um conceito que vale por muitos, e sob estes muitos ele abarca ainda uma representação dada que, por sua vez, refere-se imediatamente ao objeto. Assim, por exemplo, no juízo "*todos os corpos são divisíveis*", o conceito de divisível se refere a diversos outros conceitos; dentre estes, porém, ele se refere particularmente, aqui, ao conceito de corpo, e este, por seu turno, a certas intuições [ou aparências][110] que se apresentam a nós.

---

108. Isso é defendido, esp., por De Vleeschauwer (1934-1937, vol. 2, p. 46-47, 131-134).

109. Neste ponto, estou essencialmente de acordo com Longuenesse (1998a, p. 81-90), que discute o tópico em detalhe.

110. Tendo em vista que Kant trocou "*Anschauungen*" por "*Erscheinungen*" na sua própria cópia da primeira edição da *Crítica*, há uma disputa a respeito da leitura correta do texto. Seguindo Paton (1936, vol. 1, p. 253, n. 3) e Raymond Schmidt, considero *Anschauungen* como a leitura correta.

> Esses objetos, portanto, são representados mediatamente por meio do conceito de divisibilidade. Todos os juízos são, assim, funções da unidade de nossas representações, de tal modo que, em vez de empregar uma representação imediata para a cognição do objeto, empregamos uma *mais elevada*, que abarca sob si tanto aquela representação como outras, e assim reunimos muitas cognições possíveis sob uma única (A68-69/B93-94).

Ao indicar que o juízo envolve a relação de representações com um objeto, essa passagem vai além da definição da *Lógica de Jäsche*. Essa constatação, entretanto, não deveria nos surpreender, uma vez que se segue da própria natureza do juízo como uma cognição que, enquanto tal, sempre pretende se relacionar com um objeto. Uma vez mais, isso pode ser descrito como uma questão de classificação lógica e, por conseguinte, não afasta essa caracterização do domínio da lógica geral, que, para Kant, engloba a análise das atividades discursivas da mente, consideradas enquanto tais[111]. Esse só seria o caso se fosse introduzida a questão normativa da validade de tais cognições e seus fundamentos transcendentais, o que não ocorre nesse momento da argumentação kantiana.

Também vemos, pelo exemplo de Kant, que o juízo envolve dois conceitos, "corpo" e "divisibilidade", relacionados entre si e com o objeto acerca do qual se ajuíza, isto é, o conjunto completo dos *x* pensados sob a descrição geral contida no conceito "corpo". Dentre esses conceitos, o conceito sujeito, "corpo", está na relação mais direta – embora, ainda assim, não imediata – com o objeto. Ele não se relaciona com o objeto imediatamente (pois nenhum conceito pode fazer isso), mas sim com uma representação imediata dele. Além disso, dado que esta última é, por definição, uma intuição, o conceito sujeito do exemplo de Kant se refere diretamente a uma intuição e apenas mediatamente ao objeto por via da intuição. Como já vimos, a intuição fornece o conteúdo sensível para o juízo, enquanto o conceito fornece a regra discursiva por meio da qual esse conteúdo é pensado. É precisamente pela determinação desse conteúdo que o conceito é

Deve-se notar, entretanto, que dada a distinção entre os três sentidos de "intuição", essa questão textual não é tão relevante, pois, aqui, devemos considerar que "intuição" se refere ao intuído, e este, para Kant, é sempre uma aparência. O ponto essencial, portanto, não é a ocorrência problemática de "intuição" na passagem, mas antes a tese de que no interior do juízo um conceito esteja relacionado a uma "dada representação", que está, por sua vez, imediatamente relacionada a um objeto.

111. Tanto a diferença entre a concepção kantiana da lógica geral e nossas concepções contemporâneas de lógica quanto as desastrosas implicações para a interpretação de Kant derivadas do não reconhecimento dessa diferença, foram salientadas por Longuenesse (1998a, p. 5 *passim*). Como assinala a autora, Kant compreende lógica geral à maneira da *Lógica de Port-Royal*, e se ocupa da natureza do pensamento discursivo e da "forma lógica" entendida como as regras universais de tal pensamento. Retornaremos a essa questão em conexão com a análise da Dedução Metafísica no capítulo 6.

posto em relação com o objeto. É por isso que Kant caracteriza como mediata a relação entre conceito e objeto.

Por fim, o juízo afirma que o objeto assim determinado (o sujeito do juízo) também é pensado por meio do predicado "divisibilidade". Essa é uma segunda determinação ou conceitualização do objeto, mediada pela primeira. É a essa segunda determinação que Kant se refere quando afirma que em um juízo "muitas cognições possíveis [...] são reunidas em uma única". A coleção ou unificação efetuada por esse juízo particular é a dos x pensados por meio do conceito de "corpo" com outros x que podem ser pensados por meio do conceito de "divisibilidade". A tese kantiana de que "todos os juízos são funções de unidade entre nossas representações" pretende ressaltar a ideia de que todo juízo envolve uma unificação de representações sob um conceito, isto é, um ato de conceitualização que, ao mesmo tempo, envolve a relação dessas representações com um objeto. Como veremos em maior detalhe no capítulo 6, o termo *função* aqui deve ser tomado no sentido aristotélico, como equivalente a "tarefa" ou "trabalho". Portanto, o que Kant está dizendo é que a tarefa essencial de todo ato de juízo é produzir essa unidade relacionada-a-objeto de representações sob um conceito.

Explicações mais detalhadas do que é, na essência, essa mesma concepção de juízo podem ser encontradas em muitas das *Reflexionen* de Kant. Embora essas explicações sejam geralmente concebidas como introduções à distinção entre juízos analíticos e sintéticos, o tratamento das características genéricas do juízo pode ser considerado independentemente dessa questão. Um dos mais importantes dentre esses é mencionado por Paton (1936, p. 251, n. 3). No trecho que nos interessa de uma de suas *Reflexionen*, Kant escreve:

> Qualquer objeto só é conhecido por meio de predicados que nós pensamos ou afirmamos dele. Antes disso, quaisquer representações que possam ser encontradas em nós devem ser consideradas apenas como material para cognição, e não elas próprias como cognições. Um objeto, portanto, é apenas um algo em geral que pensamos para nós mesmos por meio de certos predicados que constituem seu conceito. Cada juízo, por conseguinte, contém dois predicados que comparamos um ao outro. Um desses predicados, que constitui a cognição dada do objeto, é chamado de sujeito lógico; o outro, que é comparado com este último, é chamado de predicado. Quando eu digo "um corpo é divisível", isso significa que um algo x, que eu conheço pelos predicados que juntos constituem o conceito de corpo, também é pensado por mim pelo predicado da divisibilidade (R 4634 17: 616-617)[112].

---

112. Considerações similares estão contidas em muitas outras *Reflexionen*, em especial aquelas presentes em "*Lose Blätter aus dem Duisburgischen Nachlass*", 17: 643-673.

As duas primeiras frases reiteram o argumento anterior sobre representações não conceitualizadas. Entretanto, o fato de Kant inferir disso que cada juízo deve possuir dois predicados tem aqui relevância mais imediata. Essa tese não pode ser simplesmente aceita do modo como é formulada, posto que ela se aplica apenas a juízos categóricos; juízos hipotéticos e disjuntivos podem possuir bem mais do que dois predicados. No entanto, posto que Kant considera esses predicados como compostos lógicos de juízos categóricos, por enquanto podemos deixar essa dificuldade de lado (mas ela reaparecerá no capítulo 6). O ponto crucial é que, quando Kant caracteriza os conceitos como "predicados de juízos possíveis", ele não está limitando sua função àquela dos predicados lógicos ou gramaticais. Ao contrário, o que ele quer demonstrar é que conceitos, isto é, predicados, atuam para determinar o conteúdo mesmo a ser ajuizado, e eles o fazem apresentando uma descrição geral sob a qual esse conteúdo pode ser pensado. Se um conceito satisfaz essa função, ele é considerado um predicado "real", em vez de um predicado meramente "lógico". Tal predicado também é denominado uma "determinação" (*Bestimmung*)[113].

No juízo que estamos examinando, o sujeito lógico "corpo" funciona como um predicado real. Nos termos do próprio Kant, "ele constitui a cognição dada do objeto", e isso quer dizer que ele apresenta a descrição inicial sob a qual o sujeito x deve ser considerado no juízo. Uma vez que o juízo é analítico, "divisibilidade" é apenas um predicado lógico que, enquanto tal, não acrescenta outras determinações ao sujeito além daquelas já contidas nele quando o pensamos como um corpo. Deixando de lado no momento toda a questão da analiticidade, vemos que o juízo "compara" esses predicados um com o outro e afirma que eles fazem parte de um x idêntico. Nesse sentido, o juízo afirma que o mesmo (ou alguns, ou todo) x pensado por meio do predicado "corpo" também é pensado pelo predicado "divisibilidade". Esse é o esquema kantiano básico para juízos da forma categórica, sejam eles analíticos ou sintéticos – os quais, enquanto tais, fazem parte da lógica geral.

---

113. Em sua célebre crítica ao argumento ontológico (A598/B626), Kant nega que a existência seja um predicado real ou uma determinação real com base no fato de que nada é adicionado **ao conteúdo** de uma coisa quando se diz que ela existe. Ele não nega, contudo, que a existência seja um predicado lógico; consequentemente, pode-se dizer que mesmo juízos existenciais podem possuir dois predicados. O ponto será retomado no capítulo 14.

B. Juízo e objetividade: a segunda explicação

Fazendo jus à sua localização no texto, a objetividade do juízo é o ponto focal da discussão acerca do juízo no § 19 da Dedução B. Nesse parágrafo, Kant se ocupa com a explicação da distinção, feita primeiramente no § 18, entre a "unidade objetiva" da autoconsciência, que se presume envolver as categorias, e uma "unidade subjetiva", que é produto da capacidade reprodutiva da imaginação. Ele começa criticando a definição dos lógicos de juízo como a "representação da relação entre dois conceitos". Embora Kant note *en passant* que a definição é inadequada por se aplicar apenas a juízos categóricos, sua queixa real é a de que ela não especifica em que consiste essa relação. Na tentativa de responder a essa questão, Kant escreve:

> Penso que um juízo não é outra coisa senão o modo de submeter determinadas cognições à unidade *objetiva* da apercepção. É para isso que aponta, nos juízos, a palavrinha relacional "é", diferenciando a unidade objetiva de representações dadas da subjetiva (B141-142).

Assim, a característica distintiva de um juízo está em sua objetividade. O juízo é uma "unidade objetiva" e, enquanto tal, está correlacionado com a unidade objetiva da apercepção. Tendo em vista a definição kantiana da unidade objetiva ou transcendental da apercepção, isso significa que todo juízo envolve "aquela unidade por meio da qual todo o diverso dado em uma intuição é unificado em um conceito do objeto" (B139). Para os propósitos desta discussão preliminar, isso significa, de acordo com nossa leitura, que todo juízo envolve uma síntese ou unificação de representações na consciência, pela qual as representações são conceitualizadas de modo a serem referidas ou relacionadas a um objeto.

Até o momento, isso não nos diz nada que não pudesse ser inferido a partir da análise anterior. Mas Kant prossegue observando que um juízo pode ser descrito como

> uma relação [de representações] que é *objetivamente válida* e que se diferencia claramente da relação entre essas mesmas representações que tivesse validade meramente subjetiva, por exemplo segundo leis da associação (B142).

Isso efetivamente torna a validade objetiva uma característica constitutiva do juízo, e não um valor atribuído a alguns juízos.

Para que essa tese tenha algum sentido, a validade objetiva não pode ser identificada com a verdade; caso contrário, Kant estaria comprometido com o absurdo de que todo juízo seria verdadeiro simplesmente em virtude de ser um juízo. Assim, parece razoável seguir a sugestão de Prauss de que aqui a "validade objetiva" significa simplesmente a capacidade de ser verdadeiro ou falso[114]. Nessa interpretação, a tese kantiana de que todo juízo é objetivamente válido é equivalente à tese de que todo juízo tem uma pretensão à verdade e, portanto, tem um valor de verdade. Isso claramente vale para todos os juízos genuinamente empíricos, embora coloque certos problemas para os juízos metafísicos, com os quais não precisamos nos preocupar aqui[115]. Contudo, isso não vale para uma unificação meramente imaginativa ou associativa de representações, tal como a associação do calor com o pensamento do Sol. Este último é simplesmente um evento na história mental de alguém e, enquanto tal, não é verdadeiro nem falso, o que não significa que sobre ele não seja possível formular juízos verdadeiros ou falsos.

No capítulo 7, voltaremos ao contraste entre uma unidade objetiva ou judicativa e uma unidade imaginativa ou associativa puramente subjetiva. Por hora, talvez seja proveitoso insistir um pouco mais nesse tema pelas lições que pode nos oferecer sobre a concepção kantiana do juízo. Nesse sentido, é particularmente importante a explicação por Kant da relação entre os conceitos unificados em um juízo, sobre a qual nada foi dito até agora. Como assinalou Longuenesse, essa relação é de subordinação, contrastada por Kant com a relação de coordenação válida para representações unificadas por associação[116].

No intuito de esclarecer esse importante ponto, é conveniente começar pela relação de coordenação. Aqui, os princípios humeanos de associação, semelhança, contiguidade no espaço e no tempo, bem como de causa e efeito (ao menos enquanto uma relação natural), são bons exemplos. Em cada caso, pode-se dizer

---

114. Prauss (1971, p. 86-87). Como base textual, Prauss cita A760/B788, onde Kant contrasta nitidamente as duas noções. Todavia, deve-se notar também que Kant ocasionalmente as identifica. Um desses casos está em A788/B816. Apesar dessa inconsistência verbal por parte de Kant, Prauss está correto, uma vez que a análise kantiana do juízo exige distinguir entre validade objetiva e verdade. Essa conclusão também foi referendada por Longuenesse (1998a, p. 82).

115. Stuhlmann-Laeisz (1976, p. 28-53) trata dessa questão. Ele estabelece uma distinção entre juízos aceitáveis (*verträglich*) e inaceitáveis (*unverträglich*), bem como entre verdades transcendentais e empíricas. Ele nota que o próprio Kant usa a noção de verdade transcendental a respeito de conceitos em A201/B268, onde é identificada com a de realidade objetiva. Com base no uso de Kant, Stuhlman-Laeisz sugere que a verdade transcendental de um juízo pode ser compreendida como sua concordância com as condições de possibilidade da experiência e, assim, com um objeto de experiência possível. Consequentemente, um juízo empírico pode ser aceitável se possuir verdade transcendental, ainda que seja falso em seu uso empírico, isto é, não concorde com o objeto efetivo ao qual se refere. Os juízos da metafísica transcendental, deste ponto de vista, são inaceitáveis em virtude dessa carência de verdade transcendental.

116. Cf. Longuenesse (1998a, p. 86-90). O principal texto kantiano a respeito dessa distinção é R 3051 16: 633.

que as representações associadas ("percepções", para Hume) são "coordenadas" no sentido em que um dos itens associados desencadeia automaticamente a ideia do outro, independentemente de qualquer atividade discursiva. É por essa razão que os produtos de tais associações não possuem valor de verdade. Em contraste, a subordinação de conceitos em um juízo equivale a uma dependência *conceitual*. Assim, no juízo "todos os corpos são divisíveis", o predicado "divisibilidade" é subordinado ao conceito sujeito "corpo" e, enquanto tal, é predicável pelo conceito sujeito "corpo" seja ele qual for (e também por outros objetos dos quais o último não é predicável).

O fato de a relação de dependência ou subordinação conceitual valer para *qualquer* consciência (ou, como afirma Kant nos *Prolegômenos*, para "consciências em geral") explica tanto a universalidade da conexão quanto sua validade objetiva. Ao menos explica esta última se, como sustenta Kant, "a validade objetiva do juízo de experiência não significa[r] nada mais que sua validade universal necessária" (Pro 4: 298; 92). Em vez de constituir uma regressão ao idealismo empírico ou alguma espécie de visão consensual da verdade, isso deve ser visto como expressão da rejeição kantiana do realismo transcendental. Como vimos, a característica essencial dessa rejeição é a substituição da tradicional visão teocêntrica da cognição, a visão da perspectiva de Deus, por outra baseada nas condições da cognição humana. Desse ponto de vista, a validade objetiva deve ser compreendida como a "validade universal necessária" para seres com nossa forma de cognição. Simplesmente não há norma superior à qual se possa apelar. Veremos no capítulo 7 que isso também explica o elemento de necessidade que, segundo Kant, se estende até mesmo aos juízos empíricos. No entanto, nosso objetivo imediato é entender a relação entre a concepção kantiana do juízo e sua controversa distinção entre analítico e sintético.

III. A distinção analítico-sintética

Fica claro pelas discussões de Kant sobre o tópico presentes nas *Reflexionen*, em várias versões de suas *Lições de lógica* e em sua resposta a Eberhard que a distinção entre juízos sintéticos e analíticos está profundamente arraigada em sua concepção de juízo e, portanto, em sua concepção da natureza discursiva da cognição humana. No entanto, infelizmente nada disso transparece na sua explicação de tal distinção na introdução da *Crítica*. Além disso, essa é uma das principais razões pelas quais essa distinção tem sido tantas vezes mal compreendida e sujeita a críticas equivocadas.

A introdução contém duas formulações distintas, mas supostamente equivalentes dessa distinção. De acordo com a primeira, juízos analíticos são aqueles nos quais "o predicado B pertence ao sujeito A como algo que já está contido (de modo oculto) nesse conceito A" ou, equivalentemente, aqueles nos quais a conexão do predicado com o sujeito é "pensada por meio da identidade". Juízos sintéticos, por outro lado, são aqueles nos quais "B se localiza inteiramente fora do conceito A, mesmo estando em conexão com ele". Assim, podemos dizer que, nesses juízos, a conexão entre sujeito e predicado é "pensada sem identidade" (A6/B10-A7/B11). De acordo com a segunda formulação, a distinção se dá entre juízos meramente explicativos (analíticos) e juízos ampliativos (sintéticos). Os primeiros "não acrescentam nada [por meio do predicado] ao conceito do sujeito, mas apenas o decompõem por meio de análise em seus conceitos parciais, que já eram nele pensados (ainda que de modo confuso)". Já os juízos ampliativos "acrescentam um predicado ao conceito do sujeito que não era nele pensado, nem poderia ter sido dele extraído dele por meio de nenhuma análise" (A7/B11). Apenas muitas páginas adiante Kant torna explícito o que está implícito em toda essa discussão, a saber, que a lei de contradição é o princípio de todos os juízos analíticos (A151/B191). Nos *Prolegômenos*, Kant segue a segunda formulação, mas acrescenta que a distinção diz respeito ao *conteúdo* dos juízos e não à sua origem ou à sua forma lógica. Além disso, ele afirma explicitamente que os juízos analíticos dependem totalmente da lei de contradição e que esse é um ponto fundamental de contraste com os juízos sintéticos (Pro 4: 266-267; 62).

A primeira formulação, citada com maior frequência, é particularmente suscetível de interpretações inadequadas, pois sugere que a distinção seja lógica, dizendo respeito à relação entre o conceito sujeito e o conceito predicado em um juízo (não importando se um deles está ou não incluso no outro). De fato, isso parece apoiar a sugestão de Eberhard, sumariamente rejeitada por Kant, de que a distinção entre juízos analíticos e sintéticos seja equivalente à distinção entre juízos idênticos e não idênticos (cf. Allison, 1973b, p. 37-38). Ela também dá origem à frequente objeção de que a distinção só se aplica a juízos categóricos e, nesse sentido, não pode ter a universalidade que Kant reivindica para ela. Contudo, o maior problema é que essa formulação não oferece nenhuma pista sobre como deve ser compreendida a sinteticidade (exceto como a negação da analiticidade) ou sobre a razão de Kant, nos *Prolegômenos*, ter insistido que a distinção diz respeito ao conteúdo dos juízos e não à sua forma lógica.

Além do mais, restam ainda as conhecidas dificuldades quanto a determinar se um conceito está ou não "contido" em outro. Como salientou Lewis White

Beck, Kant parece reconhecer dois critérios distintos para decidir tais questões. Ele chama um deles de "fenomenológico" e o outro de "lógico" (Beck, 1967a, p. 228-246, esp. p. 232-235). De acordo com o primeiro critério, a questão se um conceito está contido no outro é resolvida por introspecção: refletimos sobre o que é "efetivamente pensado" em um conceito dado. De acordo com o segundo, a questão é resolvida examinando se o contraditório do juízo original contradiz a si mesmo: se contradiz, então o juízo original é analítico e sua verdade pode ser determinada de acordo com o princípio de não contradição; se não contradiz, então ele é sintético.

Aqui, um problema óbvio é que esses dois critérios nem sempre produzem o mesmo resultado; parece possível que um juízo possa ser analítico sob um critério e sintético sob o outro. Na melhor das hipóteses, a primeira versão nada faz para afastar essa possibilidade. Além disso, o próprio critério fenomenológico parece ser um guia pouco confiável, tendo em vista que ele deixa inexplicado como se pode determinar, em qualquer instância dada, se a incapacidade de encontrar um conceito contido em outro se deve à sinteticidade do juízo ou à percepção limitada da pessoa que formula o juízo. Em suma, esse critério deixa aberta a possibilidade de que todo e qualquer juízo *aparentemente* sintético seja ocultamente analítico. Infelizmente, o critério lógico não se sai muito melhor. O problema com ele é que, exceto no caso de tautologias manifestas, não pode ser aplicado sem apelar a considerações "fenomenológicas", isto é, aos significados. Como, afinal, seria possível determinar se o contraditório de um juízo dado contradiz a si mesmo sem apelar aos significados dos termos e, portanto, sem determinar se um conceito está "contido" no outro?[117]

A segunda versão, ainda que dificilmente resolva todas essas dificuldades, é superior à primeira, pois nela a noção de um juízo sintético, que é o real foco da preocupação de Kant, "é quem manda na casa"[118]. Aprendemos que um juízo sintético é aquele que nos permite ampliar e não apenas esclarecer nosso conhecimento. Isso indica que as duas espécies de juízo diferem quanto às suas funções epistêmicas, sugerindo também a razão de Kant, nos *Prolegômenos*, insistir que essa distinção diz respeito ao conteúdo dos conceitos. Ademais, a segunda

---

117. Isso é apontado por Gram na crítica ao que ele considera como a "tese Kant-Beck" (cf. Gram, 1980, p. 155-180).
118. Trata-se talvez do ponto mais fundamental da diferença entre a explicação de Kant para a distinção analítico-sintética e as explicações e críticas contemporâneas oriundas da obra de Quine. Se para Quine e aqueles que seguem essa tradição o foco do problema reside na noção de analiticidade, para Kant, que se insere na tradição de Leibniz, ele reside na compreensão de um juízo sintético e, é claro, como este último é possível *a priori*.

versão desarma a objeção de que a distinção só é relevante para juízos da forma sujeito-predicado.

No entanto, ela não nos diz em que sentido e por quais meios ampliamos nosso conhecimento mediante juízos sintéticos, preservando muito do tom psicológico ou subjetivista sugerido pelo apelo ao critério fenomenológico da primeira versão[119]. No intuito de compreender como Kant lida com esses problemas, será conveniente considerar a breve discussão na *Lógica de Jäsche*. Ali, Kant apresenta a distinção analítico-sintético como um contraste entre uma ampliação "formal" e uma ampliação "material" do conhecimento. Juízos analíticos, nos diz ele, ampliam nosso conhecimento no primeiro sentido e juízos sintéticos no segundo (JL 9: 111; 606-607)[120].

Juízos analíticos fornecem uma ampliação formal do conhecimento, esclarecendo ou explicando o que já está implícito em um conceito. Isso envolve desvelar as implicações de que não estaríamos anteriormente conscientes, mas que são deriváveis de um conceito dado por meios estritamente lógicos. Uma vez mais, Kant toma a frase "todo corpo é extenso" como exemplo de um juízo analítico que ele traduz esquematicamente como "para todo x ao qual convém o conceito de corpo $(a + b)$, convém também o de *extensão (b)*" (JL 9: 111, § 36; 607). Esse é o esquema básico para um juízo analítico. Ele mostra que, nesses juízos, o predicado (b) se relaciona com o objeto x em virtude do fato deste último já estar contido (enquanto uma marca) no conceito do sujeito. Juízos analíticos, portanto, são "sobre" um objeto; eles possuem um sujeito lógico. E, como mostra o exemplo de Kant, esses juízos podem possuir também um sujeito real. No entanto, uma vez que a verdade ou falsidade do juízo é determinada apenas pela análise do conceito do sujeito, a referência ao objeto x é dispensável[121]. Essa é a razão pela qual é possível formar juízos analíticos sobre objetos inexistentes ou até impossíveis, sendo também a razão pela qual todos os juízos analíticos são *a priori*.

---

119. Também é relevante para este ponto uma objeção diferente, mas relacionada, levantada primeiramente pelo astuto colaborador de Eberhard, J. C. Maass e posteriormente desenvolvida por C. I. Lewis. De acordo com essa linha de objeção, a distinção entre juízos sintéticos e analíticos é variável, pois qualquer juízo dado pode ser classificado como analítico ou sintético, dependendo de como o conceito sujeito é caracterizado. Tratei dessa objeção com algum pormenor em Allison (1973b, Introdução).

120. Essa caracterização segundo a qual juízos analíticos envolvem uma "extensão formal" do conhecimento exige que se distinga tais juízos de tautologias. Infelizmente, Kant é inconsistente quanto a isso. Por exemplo, embora em Fort 20: 322; 404 ele estabeleça tal distinção, em JL 9: 111; 607 ele trata tautologias como um subconjunto de juízos analíticos. Para uma discussão dessa questão cf. De Vleeschauwer (1934-1937, vol. 3, p. 406).

121. Como notado por L. W. Beck (1967a, p. 230), o próprio Kant defende esse ponto quando observa que, em juízos analíticos, "*das x fällt weg*" [em alemão no original, "o x cai" – N.T.].

Em sua resposta a Eberhard, que o pressionou quanto à distinção a partir de um ponto de vista leibniziano, Kant suplementa sua explicação introduzindo o que equivale a uma distinção entre juízos imediatamente e mediatamente analíticos (UE 8: 230-231; 319-320). "Todos os corpos são extensos" é imediatamente analítico porque "extensão" (junto com "figura", "impenetrabilidade" etc.) é uma marca do conceito "corpo". Na terminologia escolástica introduzida por Eberhard, essas marcas são partes da "essência lógica" do conceito. Em contraste, "todos os corpos são divisíveis" é mediatamente analítico porque "divisibilidade" não é ela própria parte do conceito (a essência lógica) de corpo, mas sim de um de seus conceitos constituintes (*extensão*). Em outras palavras, ela é uma marca de outra marca. Embora isso implique que o juízo repousa sobre uma inferência e, nesse sentido, amplia nosso conhecimento, Kant insiste que isso não equivale a uma diferença em espécie, já que em cada caso o predicado é derivado do conceito do sujeito por um processo de análise.

Isso deve bastar para mostrar que a concepção kantiana de analiticidade é parte integrante da tese da discursividade. Como a explicação precedente indica, ela repousa sobre a concepção kantiana de um conceito como um conjunto de marcas (elas próprias conceitos) que são pensadas conjuntamente em uma "unidade analítica" e que podem servir de fundamento para a cognição de objetos. Coletivamente, essas marcas constituem a intensão de um conceito. Um conceito está contido em outro apenas no caso de ser uma marca do conceito ou uma marca de uma de suas outras marcas. Em ambos os casos, ele é subordinado ao conceito no qual serve como marca, o que é precisamente a relação posta em evidência por um juízo analítico (afirmativo). Dessa forma, à diferença da maioria das concepções contemporâneas de analiticidade, a de Kant é completamente intensional. Como salienta Beck, ela se baseia na doutrina da fixidez de um conceito, isto é, na tese de que as marcas de um conceito podem ser suficientemente determinadas (mesmo sem uma definição explícita) para propósitos de análise (Beck, 1967a, p. 231; 1967b, p. 225). Todas as notórias dificuldades relativas a juízos analíticos envolvendo conceitos empíricos (como o de água), que não precisamos abordar aqui, se originam da dificuldade de determinar tais conceitos suficientemente[122].

---

122. Cf. A728/B756, que registra este questionamento de Kant: "para que serviria a definição de tal conceito? Quando se trata, por exemplo, da água e de suas propriedades, não se fica no que se pensa com a palavra água, mas passa-se a experiências [...]". Como nota Beck (1967b, p. 223) em seus comentários à passagem: "Descrição é suficiente; pretender que uma definição seja mais que nominal é uma presunção inútil. O ponto de Kant parece ser o de que juízos envolvendo tais conceitos empíricos não são, geralmente, analíticos; mas se nos esforçamos explicitamente

Já um juízo sintético amplia nosso conhecimento em um sentido "material". O exemplo de Kant é "todos os corpos exercem atração", que ele traduz esquematicamente como "para todo x ao qual convém o conceito de corpo $(a + b)$ convém também o de *atração (c)*" (JL 9: 607). Como sua contraparte analítica, esse juízo afirma uma conexão entre o predicado (c) e o sujeito (x) que é pensado por meio do conceito $(a+b)$. Porém, à diferença de sua contraparte analítica, esse juízo enuncia isso independentemente de qualquer conexão entre o predicado e o conceito do sujeito. Sem dúvida, no juízo o predicado (c) está conectado com o conceito sujeito $(a+b)$; mas a conexão é fundada e mediada pela referência de ambos a um objeto idêntico (x). Consequentemente, ele amplia nosso conhecimento de x (neste caso, de todos os x) ao fornecer uma determinação ou propriedade de x que ainda não estava contida no conceito $(a+b)$. É isso que se quer dizer por "extensão material".

Kant desenvolve essa explicação ao sugerir que o juízo sintético contém uma "determinação", ao passo que o juízo analítico só contém um "predicado lógico" (JL 9: 111; 607). Como Kant sustenta tanto que juízos existenciais são sintéticos quanto que "existência" não é um predicado real, essa explicação dos juízos sintéticos não pode ser aceita da forma como é apresentada. Em outras palavras, não se pode sustentar que a posse de um predicado lógico, que também é um predicado real, seja o critério para a sinteticidade de um juízo. Um juízo existencial é sintético não porque seu predicado lógico "existência" seja um predicado real ou uma determinação, mas sim porque seu sujeito lógico é único, e o juízo simplesmente afirma a existência de um objeto correspondente a esse sujeito.

Pode parecer também que em juízos analíticos como "todos os corpos são divisíveis", o predicado lógico "divisibilidade" seja igualmente um predicado real, pois é uma propriedade de todo x que satisfaça a descrição geral pensada no conceito de "corpo". No entanto, a questão é que, em juízos analíticos, o predicado se relaciona com o sujeito (x) simplesmente em virtude do fato de já estar contido (imediata ou mediatamente) no conceito desse sujeito. Assim, a "realidade" do predicado não vem ao caso. No entanto, em juízos sintéticos, a referência ao sujeito e, portanto, a realidade do predicado são justamente os pontos em pauta. Eis a razão pela qual a questão de como tais juízos são possíveis *a priori* causa tanta perplexidade.

---

para fazer um juízo analítico, isto é, apelar para o significado, só podemos apelar a uma definição puramente nominal: "o que se entende pela palavra". Isso torna o juízo arbitrário. Poderíamos ser tentados a dizer que tais juízos acerca de palavras, em contraste com a intensão dos conceitos, são afirmações empíricas sobre o uso da linguagem. Kant, entretanto, não parece haver considerado tal possibilidade.

Em todo caso, um juízo sintético (da razão teórica)[123] só pode ampliar materialmente o nosso conhecimento se os conceitos contidos nele se relacionarem com a intuição. A razão para isso pode ser encontrada na própria natureza do pensamento discursivo. Como já vimos, conceitos jamais podem se referir imediatamente a objetos, mas apenas a outras representações (conceitos ou intuições). Consequentemente, nenhum juízo pode relacionar um conceito diretamente com um objeto, mas apenas com alguma representação dada deste último. Porém, se o conceito vale como um predicado real ou uma determinação, então ele deve estar relacionado com alguma representação, que está, ela própria, numa relação imediata com o objeto, isto é, com uma intuição. Na verdade, é apenas no caso em que os conceitos do sujeito e do predicado de um juízo sintético estarem *ambos* relacionados com a intuição do objeto que a conexão desses conceitos pensada no juízo pode ser fundamentada ou objetivamente válida[124].

IV. O problema do sintético *a priori*

Kant sustentou que, uma vez tornada precisa a distinção entre juízos analíticos e sintéticos, a questão da possibilidade de juízos sintéticos *a priori* emerge como o problema central da metafísica. Ele considera, assim, a incapacidade dos filósofos do passado de reconhecer esse problema como evidência de sua incapacidade em fazer essa distinção. No entanto, nenhuma afirmação como essa é feita para a distinção *a priori-a posteriori*. De fato, em sua resposta a Eberhard, Kant admite que a distinção é "há muito conhecida e nomeada em lógica" (UE 8: 228; 318). Perguntar se um dado juízo ou proposição é *a priori* ou a *posteriori* é perguntar como se sabe que ele é verdadeiro, ou, em termos kantianos, como ele é fundamentado ou legitimado. Em suma, assim como a expressão *"an sich selbst"*, discutida no último capítulo, esses termos funcionam adverbialmente para caracterizar *como* algo é conhecido e não substantivamente para caracterizar *o que* é conhecido (verdades *a priori*, por exemplo).

O ponto-chave é o papel da experiência nessa fundamentação. Juízos *a priori* são aqueles fundamentados independentemente da experiência, enquanto juízos

---

123. O próprio Kant limita essa tese a juízos teóricos, uma vez que reconhece juízos sintéticos da razão prática que não envolvem referência à intuição. Por exemplo: "Uma vontade absolutamente boa é aquela cuja máxima sempre pode ter como seu conteúdo ela própria considerada como uma lei universal". Discuto essa questão em Allison (1973b, p. 74). Para uma visão diferente sobre o ponto, cf. Gram (1980, p. 168, n. 24).

124. Embora isso seja obscurecido pela formulação por Kant da distinção analítico-sintética na *Crítica*, ele esclarece consideravelmente o ponto em sua resposta a Eberhard e na correspondência correlacionada com Reinhold. Cf. esp. Br 11: 38; 301.

a posteriori são fundamentados por meio de um apelo a ela. Seguindo Leibniz, Kant considera necessidade e universalidade como os critérios para o *a priori*. Dessa forma, ele compartilha com seu predecessor, assim como muitos outros filósofos, a pressuposição de que o valor de verdade dos juízos que reivindicam universalidade e necessidade não pode ser fundamentado empiricamente.

Uma vez que seu valor de verdade é determinado por meio das marcas constitutivas de um conceito dado, os juízos analíticos claramente se enquadram nessa categoria. Além do mais, isso é verdadeiro mesmo quando o conceito é empírico. A questão real é se também é possível para juízos sintéticos ter um fundamento não empírico. Por um lado, por serem sintéticos, eles não podem ter uma fundamentação puramente conceitual ou lógica; por outro lado, por serem *a priori*, eles não podem ser fundamentos na experiência. Visto de uma perspectiva kantiana, o problema do sintético *a priori* é, portanto, o de explicar como é possível uma fundamentação não empírica para um juízo que seja, ainda assim, extraconceitual e extralógico. Uma maneira equivalente de formular o problema é questionar como é possível ampliar o nosso conhecimento (no sentido material) para além de um conceito dado independentemente de qualquer experiência do objeto pensada sob esse conceito.

Talvez a resposta mais clara de Kant a essa questão esteja presente em um texto não publicado em vida. Como ele afirma neste texto,

> [c]onhecimento é um juízo de onde provém um conceito que possui realidade objetiva, isto é, ao qual um objeto correspondente pode ser dado na experiência. Mas toda experiência consiste na intuição de um objeto, isto é, numa representação imediata e individual por meio da qual o objeto é dado ao conhecimento e em um conceito, isto é, uma representação mediada por uma característica comum a vários objetos e pela qual ela é, então, pensada. Nenhum desses dois modos de representação constitui conhecimento por si só, e se existem cognições sintéticas *a priori*, deve haver também intuições e conceitos *a priori* (Fort 20: 266; 358-359).

Aqui, o ponto essencial é a tese de que juízos sintéticos *a priori* exigem tanto intuições *a priori* ou puras quanto conceitos. A necessidade destes últimos pode ser facilmente demonstrada. Se o predicado em um juízo sintético fosse um conceito empírico, sua conexão com o objeto teria de ser estabelecida empiricamente, o que tornaria o juízo empírico. Entretanto, este ponto, por mais evidente que seja, é um pouco obscurecido por duas características da posição de Kant: a primeira é que juízos analíticos, que são sempre *a priori*, podem ser formulados com base em conceitos empíricos; a segunda é que Kant por vezes fala de juízos *a priori* "impuros", que envolvem conceitos empíricos. Quanto aos juízos analíticos, só precisamos salientar, uma vez mais, que eles abstraem de toda a questão da referência objetiva e, portanto, da realidade objetiva do conceito. Consequentemente, o apelo à experiência é dispensável, mesmo quando o próprio conceito é empírico. Quanto a juízos *a priori* "impuros", é suficiente notar que eles sempre envolvem conceitos puros como predicados. No próprio exemplo de Kant, "toda mudança tem uma causa" (B3), a ênfase está no fato de que "mudança" é um conceito empírico, mas "causalidade" é um conceito puro, sendo isso o que torna o juízo *a priori*.

O papel da intuição pura em juízos sintéticos *a priori*, que é o ponto no qual Kant particularmente insiste em todos os seus momentos antileibnizianos, é consideravelmente mais complexo. Ele envolve pelo menos três questões, e cada uma delas deve ser considerada separadamente. A primeira e mais básica é por que razão juízos sintéticos *a priori* requerem intuições. A segunda é por que razão tais juízos requerem intuições *puras*, e não meras intuições empíricas. A terceira é se é correto afirmar que tais juízos relacionam conceitos puros com intuições puras ou, de forma equivalente, se eles requerem que intuições puras sejam "subsumidas" sob conceitos puros.

Embora a resposta à primeira questão seja óbvia, é importante enfatizá-la. Um juízo sintético *a priori* requer intuição pela mesma razão que qualquer outro juízo sintético: a referência mútua à intuição dos conceitos conectados em um juízo é a única coisa que torna possível a ampliação material do conhecimento. De fato, é precisamente por causa da impossibilidade de apresentar uma intuição correspondente aos conceitos que Kant considera infundados os juízos da metafísica transcendente. Pelo menos da perspectiva do conhecimento teórico, os limites de nossa sensibilidade (a fonte de todas as nossas intuições) são, simultaneamente, os limites do nosso mundo.

A questão se torna, então, por que não podemos nos satisfazer com intuições empíricas. Por que é necessário introduzir a noção profundamente desconcertante de uma intuição pura e, ainda assim, sensível que Eberhard e tantos outros descartaram como uma mera contradição em termos? Muito embora a noção de uma intuição pura seja obscura, a necessidade de tal noção é clara: a insuficiência da intuição empírica para fundamentar um juízo sintético *a priori*. O problema com a intuição empírica reside em sua particularidade. Uma intuição empírica determinada é a representação de um objeto empírico particular: por exemplo, a escrivaninha na minha frente. Enquanto particular, a representação é incapaz de expressar a universalidade e a necessidade que é pensada em um conceito puro e afirmada em um juízo sintético *a priori*. Para citar um exemplo matemático: por ser sintético, o juízo de que a soma dos três ângulos internos de um triângulo é igual a dois ângulos retos deve ser fundamentado na intuição de um triângulo; mas, por ser *a priori*, ele não pode ser fundamentado na intuição (imagem) de nenhum triângulo particular. Sua possibilidade repousa, assim, sobre a existência de alguma intuição não empírica ou pura da "triangularidade enquanto tal", isto é, uma representação singular que possa, não obstante, "alcançar a universalidade do conceito, que faz dele válido para todos os triângulos, sejam eles retângulos, oblíquos etc." (A141/B180)[125].

Por fim, chegamos à questão de se saber se intuições puras funcionam como condições de juízos sintéticos *a priori* da mesma forma que intuições empíricas funcionam naqueles que são conhecidos *a posteriori*. Neste estágio de análise, no entanto, antes da investigação da concepção kantiana de intuição pura, só se pode argumentar em termos gerais que as mesmíssimas considerações aduzidas em favor da ideia de que juízos sintéticos em geral requerem a relação de conceitos com intuições (ou, de forma equivalente, a "subsunção" dos últimos sob os primeiros) devem aplicar-se também à conexão entre aqueles que são conhecidos *a priori* e a intuição pura. Como, afinal, poderia um conceito puro aplicar-se universal e necessariamente a uma esfera de objetos, como deve ser o caso para que o juízo seja sintético e *a priori*, a menos que ele esteja relacionado com as condições universais e necessárias, isto é, com a "forma" da nossa intuição desses objetos? Mas essas condições universais e necessárias da intuição são, como veremos, elas próprias intuições puras. Por conseguinte, se juízos sintéticos são possíveis *a priori*, então conceitos puros, enquanto predicados (reais), devem estar relacionados nesses juízos com intuições puras.

---

125. Não estou preocupado, aqui, com a questão da cogência da filosofia da matemática de Kant, mas apenas com a explicação de sua tese de que juízos sintéticos *a priori* exigem intuições puras para sua fundamentação.

5
As condições sensíveis da cognição humana

No início da Estética Transcendental, depois de definir alguns termos-chave e relacionar o espaço com o sentido externo, definido como "uma propriedade da nossa mente" por meio da qual "nós nos representamos os objetos como fora de nós, e todos eles no espaço", e o tempo com o sentido interno, definido como o meio pelo qual "a mente intui a si mesma ou a seu estado interno" (A22/B37), Kant se volta subitamente para a questão da natureza do espaço e do tempo. São introduzidas quatro possibilidades. Espaço e tempo podem ser: (a) entidades reais (substâncias), (b) determinações de coisas (acidentes), (c) relações das coisas que "lhes pertenceriam mesmo que não fossem intuídas", ou (d) "relações que só se ligam à forma da intuição e, portanto, à constituição subjetiva de nossa mente, sem a qual esses predicados não poderiam ser atribuídos a coisa alguma" (A23/B37-38)[126].

Posto que as três primeiras constituem as opções ontológicas tradicionais e a quarta a concepção crítica kantiana, fica claro que essas alternativas pretendem ser exaustivas. No entanto, a situação torna-se mais complexa pelo fato de Kant já ter assinalado na sua *Dissertação inaugural* que considerava haver apenas duas alternativas sérias à sua concepção: a tese newtoniana de que o espaço é "um *receptáculo absoluto* e infinito das coisas possíveis" e a ideia leibniziana de que ele é "a própria relação entre as coisas existentes, a qual, suprimidas as coisas, se esvairia por completo e seria pensável tão somente entre as coisas atuais" (Diss 2: 403-404; 397)[127]. Embora a opção (b) pareça ignorar a concepção newtoniana,

---

126. Que na segunda edição Kant liste quatro possibilidades e não apenas as três sugeridas na primeira edição, foi notado por Falkenstein (1995, p. 147). Como ele corretamente observa, isso já havia sido assinalado tanto por Vaihinger (1881-1882) vol. 2, p. 131-134) quanto por Martin (1955, p. 11-12). Além disso, há muitos outros textos nos quais Kant claramente distingue entre essas possibilidades, incluindo Diss 2: 400; 393 e 403; 397; R 5298: 18; 146-147; R 5404: 18; 174. No entanto, como argumentarei abaixo, pelo menos a partir da época da *Dissertação*, Kant efetivamente presume que só haja duas alternativas a serem refutadas: a posição newtoniana e a leibniziana.
127. Para uma discussão paralela sobre o tempo, cf. Diss 2: 400; 394.

na verdade ela chega mais perto do que (a) de sua caracterização, pois apesar de afirmar a realidade absoluta do espaço e do tempo, Newton nega (em grande medida, por razões teológicas) que eles sejam substâncias, sustentando, pelo contrário, que são acidentes de Deus[128]. Portanto, é a concepção de que espaço e tempo são substâncias que sai de cena[129] ou, mais precisamente, Kant efetivamente **funde** (a) e (b), deixando apenas as concepções newtoniana e leibniziana como alternativas sérias.

Seja como for, a demonstração da correção da quarta alternativa, apresentada por Kant como equivalente a uma prova direta do idealismo transcendental, é o principal objetivo da Estética Transcendental. E dado que as alternativas a serem rejeitadas são todas de natureza ontológica, pareceria que a alternativa kantiana também deveria sê-lo, isto é, uma tese acerca da natureza *real* do espaço e do tempo. Além do mais, se for esse o caso, então parece que o próprio idealismo transcendental deve ser considerado como uma tese ontológica, em competição direta com suas alternativas transcendentalmente realistas.

Embora seja esse o modo como o argumento kantiano é normalmente interpretado – e, de fato, é assim que ele tem de ser interpretado se visto de uma perspectiva transcendentalmente realista –, os resultados dos três primeiros capítulos deveriam fazer-nos desconfiar de tal conclusão. É ponto pacífico que a doutrina kantiana da idealidade transcendental envolve uma rejeição das tradicionais ontologias do espaço e do tempo (as alternativas disponíveis ao realismo transcendental), mas disso não se segue que ela própria seja uma ontologia alternativa. Ela pode ser vista também como uma *alternativa à ontologia*, segundo a qual espaço e tempo são compreendidos em termos de suas funções epistêmicas (como formas ou condições do sentido externo e interno, respectivamente) e não como "realidades" de um tipo ou de outro.

Este capítulo tem dois objetivos: substanciar tal leitura e defender o teor fundamental do argumento de Kant assim interpretado. O capítulo está dividido em duas partes principais. A primeira trata das análises kantianas da natureza *a priori* e intuitiva das representações do espaço e do tempo, bem como de suas funções enquanto fontes de conhecimento *a priori*. A segunda

---

128. Cf. Martin (1955, p. 14). Em contraste, Espinosa, que também pode ser associado a tal concepção, sustentou que a extensão é um atributo (e não um acidente ou modificação) de Deus.

129. Como assinala Martin, Kant tendeu a identificar a concepção substancial do espaço com Epicuro (não com Newton) e presumivelmente não a levou a sério, pois tanto Newton quanto Leibniz a rejeitaram (cf. Martin, 1955, p. 12-13). Não conheço nenhum pensador ao qual possa ser atribuída uma concepção substancial do tempo.

interpreta e avalia as conclusões que Kant extrai dessas análises. É nesse ponto que devemos considerar a questão do idealismo transcendental e o argumento kantiano em sua defesa.

I. A representação do espaço e do tempo

Na segunda edição, Kant divide sua análise das representações do espaço e do tempo entre o que ele chamou de exposição "metafísica" e exposição "transcendental". Por exposição, ele compreende "a representação clara (ainda que não exaustiva) daquilo que pertence a um conceito"[130]. Ela é metafísica "quando contém aquilo que apresenta o conceito como dado *a priori*" (B38), e transcendental se fornece "a elucidação de um conceito como um princípio a partir do qual se pode discernir a possibilidade de outras cognições sintéticas *a priori*" (B40). Em termos simples, a tarefa de uma exposição metafísica é estabelecer a origem *a priori* de uma certa representação, enquanto a de uma exposição transcendental é mostrar como essa representação fundamenta a possibilidade de outros conhecimentos sintéticos *a priori*.

As exposições metafísicas têm dois objetivos, e ambos dizem respeito à questão da origem. O primeiro é mostrar que as representações do espaço e do tempo são *a priori*, isto é, que elas têm uma origem não empírica. O objetivo do segundo é demonstrar que essa origem repousa na sensibilidade, pois essas representações são de natureza intuitiva e não conceitual. A discussão como um todo, no entanto, está dividida em quatro partes. As duas primeiras tratam, respectivamente, das teses da aprioridade e da intuição estabelecidas nas exposições metafísicas; a terceira do espinhoso problema da dadidade [*giveness*], isto é, de como se pode considerar o espaço e o tempo como "dados" em uma intuição *a priori* independentemente da atividade conceitual do entendimento; e a quarta trata das exposições transcendentais e suas implicações para o idealismo. Como as exposições do espaço e do tempo são paralelas uma em relação à outra, nos concentraremos na primeira, referindo-nos à segunda apenas nos casos em que há diferenças significativas na análise kantiana.

---

130. Embora nessas seções Kant se refira aos conceitos de espaço e tempo, estou seguindo o procedimento bastante comum de substituir "conceitos" pelo termo genérico *representações* com base no fato de que é parte essencial do projeto de Kant mostrar que essas representações são intuições *e não* conceitos. Assim, nessa leitura, seu uso inicial de "conceito" deve ser considerado em um sentido lato, não técnico. Para uma concepção diferente sobre esse ponto, cf. Falkenstein (1995, esp. p. 63-64).

A. A tese da aprioridade

O argumento em favor da natureza *a priori* da representação do espaço está contido em dois breves parágrafos, que se tornaram objeto de uma controvérsia interminável:

> O espaço não é um conceito empírico que tenha sido derivado de experiências externas. Pois para que certas sensações sejam referidas a algo fora de mim (isto é, a algo em um outro lugar do espaço que não aquele em que me encontro), e para que, do mesmo modo, eu as possa representar como externas umas ao lado das outras, portanto não só diferentes, mas como em diferentes lugares, para isso a representação do espaço já tem de servir-lhes de fundamento. A representação do espaço não pode, assim, ser extraída da experiência a partir das relações das aparências externas, mas é antes essa experiência externa que só é possível por meio de tal representação (A23/B38).
>
> O espaço é uma representação necessária *a priori* que serve de fundamento a todas as intuições externas. Ninguém pode jamais representar-se que não há espaço, mesmo podendo perfeitamente pensar que nenhum objeto se encontra no espaço. Ele é considerado, assim, como a condição de possibilidade das aparências, e não como uma determinação delas dependente; e é uma representação *a priori* que, necessariamente, serve de fundamento a todas as aparências externas (A24/B38-39).

Os problemas começam com a questão da relação entre os dois argumentos. Seriam eles duas provas independentes da mesma tese, um argumento com duas etapas, ou dois argumentos distintos com duas concepções distintas de *aprioridade*? Como Kant silencia sobre o tópico, não surpreende que os comentadores estejam divididos[131]. A posição assumida aqui é a de que esses argumentos constituem duas provas independentes, operando com a mesma concepção de aprioridade. No entanto, eles corporificam duas estratégias de prova bastante diferentes, e o segundo argumento, embora não pretenda estabelecer uma tese significativamente mais forte, chama a atenção para uma característica crucial da representação do espaço que é ignorada pelo primeiro[132].

---

131. A primeira alternativa é defendida por Vaihinger (1881-1882, vol. 2, p. 197); a segunda, por Kemp Smith (1962, p. 99-105) e por Paton (1936, vol. 1, p. 110-114); e a terceira por Falkenstein (1995, p. 193 *passim*).

132. Talvez a evidência mais forte para considerarmos essa leitura como uma expressão das intenções de Kant seja o fato de ele ter recorrido apenas aos primeiros argumentos na *Dissertação inaugural*. Devo reconhecer que isso não oferece qualquer evidência decisiva quanto às concepções de Kant em 1781 e 1787, mas sugere que, em 1770, ele pensava que o primeiro argumento bastaria para estabelecer a aprioridade do espaço e do tempo em um sentido forte o suficiente para justificar conclusões sobre seu *status* subjetivo como formas do mundo sensível ou aparências. Claro que essa evidência não diz nada sobre a cogência dos argumentos e, portanto, mantém o caminho aberto para o crítico ponderar que o primeiro argumento de fato faz menos (ou faz algo distinto) do que o segundo. Essa questão será melhor abordada abaixo.

O primeiro argumento da aprioridade. Esse argumento envolve duas teses distintas, ambas de natureza pressuposicional. A primeira tese é que a representação do espaço deve ser pressuposta para que eu refira minhas sensações a algo "fora de mim" (*ausser mir*). A segunda tese é que essa representação deve ser pressuposta para que eu represente os objetos como externos uns aos outros. Assim, cada tese se refere a uma tarefa epistemológica que a representação do espaço efetua e que presumivelmente não poderia efetuar se fosse "derivada de experiências externas", ou, como afirma Kant na conclusão, "extraída da experiência a partir das relações da aparência externa".

A primeira questão que surge diz respeito ao significado de *"ausser"*. Como esse termo é geralmente entendido em um sentido espacial, a tese de que o espaço deve ser pressuposto para que eu refira minhas representações (sensações) a algo *ausser mir* pode parecer tautológica. Além do mais, uma objeção similar também pode ser feita contra a segunda tese, já que afirmar que os objetos são externos uns aos outros é apenas dizer que eles ocupam regiões diferentes do espaço. No entanto, se nos concentrarmos na caracterização inicial que Kant faz do sentido externo, essas teses aparecem sob uma luz um pouco diferente. Pois, como já salientei, Kant afirma que por meio do sentido externo "nós nos representamos todos os objetos como estando fora de nós *e* [ênfase minha] no espaço". Aqui, "fora de nós" claramente significa externo a ou distinto de nós e nossos estados; enquanto o fato de que tais objetos *também* sejam representados como localizados no espaço é concebido como uma característica específica de nossa experiência externa. De modo similar, por "sentido interno" entende-se um sentido por meio do qual nos tornamos perceptivamente conscientes do eu [*self*] e de seus estados internos. Por conseguinte, a tese kantiana de que a representação do espaço deva ser pressuposta para que estejamos conscientes das coisas como *ausser uns* (ou como externas umas às outras) não é mais tautológica do que a tese correspondente acerca do tempo.

Todavia, seria um erro considerar que o primeiro argumento se baseie nesse sentido não espacial de *"ausser"*[133]. De fato, Kant deixa bem claro que por relação com algo *ausser mir* ele não entende simplesmente algo diferente do eu e seus estados, mas "algo em um outro lugar do espaço que não aquele em que me encontro". Além disso, a segunda parte do argumento não afirma que a representação

---

133. É precisamente este o erro que cometi na primeira edição. O erro foi apontado por Falkenstein (1995, p. 163-165) e Warren (1998, esp. p. 184-192). Por essa razão, revisei significativamente minhas interpretações do argumento para responder a essas críticas, sem, contudo, abandonar aquilo que considero como sendo seu fio condutor epistemológico fundamental.

do espaço seja requerida para distinguir objetos uns dos outros (características puramente qualitativas poderiam fazê-lo)[134], mas sim que ela é necessária para representá-los "não só como diferentes, mas como [situados] em diferentes lugares". Portanto, o argumento envolve um amálgama peculiar dos sentidos espacial e não espacial de "*ausser*", o que acabou por se revelar uma fonte significativa de confusão.

Como primeiro passo para esclarecer a situação, é crucial reconhecer que a confusão (se é que há alguma aqui) não é de Kant. Pois tanto a caracterização inicial do sentido externo quanto o subsequente esclarecimento dos significados de "*ausser*" chamam a atenção precisamente para essa distinção. Isso sugere que é o empirista o culpado pela confusão ao tentar derivar a representação do espaço a partir de uma consciência anterior de coisas como fora de mim (meu corpo) e/ou como externas umas às outras. Na verdade, embora Kant não explicite esse ponto, há razão para acreditar que ele esteja pelo menos insinuando a ideia de que é a confusão empirista dos dois sentidos de "*ausser*" o que explica, pelo menos em parte, a falha em reconhecer a circularidade de tais tentativas[135].

A circularidade se torna evidente quando a explicação empirista é formulada consistentemente em termos espaciais. Pois, então, torna-se visível que a representação do espaço não pode ser derivada nem de uma consciência anterior das coisas como fora de mim (do meu corpo), nem da percepção das coisas como externas umas às outras, uma vez que o pensamento de qualquer uma dessas relações pressupõe a representação do espaço. No caso do tempo, a tese correspondente sustenta que a consciência das relações de simultaneidade e sucessão pressupõe a representação do tempo (A30/B48). Por essa razão, a tentativa de explicar a origem das nossas representações do espaço e do tempo por essas vias deve ser rejeitada como uma petição de princípio. Na tentativa de descrever a experiência por meio da qual a mente adquire essas representações, o empirista pressupõe tacitamente que a mente já as possui.

O argumento de Kant não é nem trivial, nem carente de força epistêmica. Ele não é trivial porque a tese não é simplesmente que o espaço deve ser pressu-

---

134. Esse ponto é enfatizado por Warren (1998, esp. p. 187-192) como parte de sua crítica à minha interpretação inicial desse argumento.

135. Isso é sugerido pela já mencionada discussão de Kant sobre o Quarto Paralogismo tal como aparece na primeira edição. Ali, ao criticar o idealismo empírico, Kant sugere que tal posição não consegue distinguir entre os sentidos empírico e transcendental de "*ausser uns*". O primeiro é definido em termos espaciais e o segundo em termos de "conceitos puros do entendimento" (A367-371). Como essa distinção é equivalente à distinção implícita na caracterização do sentido externo, isso sugere que, da perspectiva de Kant, o empirista, em sua consideração do espaço, e o idealista empírico/realista transcendental possam ter caído ambos na mesma confusão.

posto para que representemos as coisas como espaciais, mas sim que ele deve ser pressuposto como uma condição de possibilidade da percepção das relações das quais, como sustenta a explicação empirista, o espaço é derivado. O argumento kantiano também não é carente de força epistêmica, pois indica que a representação do espaço é essa condição justamente por funcionar como "fundamento" da representação dessas relações. Na verdade, o próprio Kant enfatiza o fio condutor epistêmico do argumento ao concluir que "esta [*diese*] experiência externa só é possível por meio de tal representação" (A23/B38). Em outras palavras, para Kant, esse argumento, por si só, não mostra simplesmente que a representação do espaço é *a priori*, mas também que ela o é precisamente por servir como condição da experiência externa[136].

Embora o enfoque desse argumento seja antiempirista, ele também se aplica à teoria relacional de Leibniz (tal como articulada particularmente na correspondência com Clarke), pois, apesar de seu racionalismo, as concepções de Leibniz sobre a epistemologia do espaço e do tempo são basicamente empiristas. Assim, após contestar a teoria newtoniana segundo a qual o espaço é simplesmente a ordem dos fenômenos coexistentes, Leibniz repentinamente se volta, em sua quinta carta, para a questão de "como os homens chegam a formar para si próprios a noção de espaço". De acordo com Leibniz, a mente, num primeiro momento, nota certa ordem (situação ou distância) entre as coisas coexistentes, que é identificada com o conjunto das relações nas quais tais coisas se posicionam entre si. Isso, sugere ele, seria suficiente para explicar a ideia de lugar (na verdade, de lugar próprio), Ideia que, por sua vez, leva à ideia de espaço, compreendido como "aquilo que abarca todos aqueles lugares". E Leibniz entende que isso demonstra que

> para se ter uma ideia de lugar, e consequentemente de espaço, é suficiente considerar essas relações e as regras de suas mudanças, sem que precisemos imaginar nenhuma realidade absoluta fora das coisas cuja situação estamos considerando (Leibniz, [1717] 1956, Quinta Carta, § 47, p. 69).

Kant concorda com Leibniz que não há necessidade de atribuir realidade absoluta ao espaço, assim como com a subsequente tese de Leibniz segundo a qual

---

136. Ao comentar essa passagem, Warren (1998, p. 206, n. 35) chama atenção para o "esta" [*diese*] qualificar "experiência externa". Ele nota corretamente que o termo sugere uma ambiguidade na tese de Kant, pois pode se referir quer à experiência externa em geral, quer apenas à experiência externa limitada que envolvem as relações espaciais concernidas no argumento. Retornaremos a esse problema em conexão com o segundo argumento da apriondade. Por ora, basta notar que, mesmo na leitura qualificada, a representação do espaço ainda é reivindicada como uma condição da experiência externa, o que é aparentemente negado por Warren.

o próprio espaço é "meramente uma coisa ideal" (Leibniz, [1717] 1956, Quinta Carta, § 47, p. 70). Todavia, isso não deve escamotear o profundo desacordo entre os dois acerca dessa questão. Em primeiro lugar, como minhas análises anteriores devem ter evidenciado, Kant compreende essa idealidade de uma forma muito diferente de Leibniz. Em segundo lugar e de importância mais imediata, o primeiro argumento da aprioridade contém uma negação direta da epistemologia leibniziana do espaço. O fio condutor desse argumento é que a representação da ordem ou da relação, dado primário para construir, segundo Leibniz, as noções de lugar e de espaço, já deve ser compreendida como uma ordem ou relação de coisas *no espaço*. Consequentemente, tal ordem (ou situação, ou distância) pressupõe o espaço como condição de sua possibilidade. Dessa forma, Kant inverte a explicação leibniziana da precedência epistêmica. Se Leibniz dá primazia às ordens ou relações percebidas entre coisas, sendo isso suficiente para definir o lugar de uma coisa, e sendo a noção geral de espaço compreendida como uma rede de lugares, Kant, por sua vez, considera que a representação do espaço é primária.

Essas considerações colocam-nos em posição de abordar duas linhas de objeção ao argumento de Kant bastante comuns. A primeira remonta ao colaborador de Eberhard, J. G. Maass, e reflete seu empenho na defesa da posição leibniziana contra o ataque de Kant. De acordo com Maass, é possível aceitar as premissas Kant, mas rejeitar sua conclusão. Uma representação *A*, argumenta ele, pode subjazer a outra representação *B* ou ser pressuposta por ela e, mesmo assim, não ser derivável de *B*. Mas disso não se segue que *A* seja *a priori*. Uma alternativa igualmente plausível é que as representações seriam correlatas e se condicionariam mutuamente. Se pressupusermos essa possibilidade, que Maass pensa ser ignorada por Kant, o conceito *A* só poderia ser obtido por abstração do conceito completo *AB*, o que o tornaria um conceito empírico (cf. Allison, 1973b, p. 35-36). Essa não é apenas uma alternativa hipotética, mas uma reafirmação da posição leibniziana. Dessa forma, *A* se refere à ordem ou à situação das coisas, e *B* às próprias coisas. O ponto, então, é que, embora não possamos representar as coisas (*B*) sem representar também sua ordem ou situação (*A*), só chegamos ao conceito desta última por um ato de abstração do conceito completo (*AB*), o que o torna um conceito empírico[137].

---

137. Essa linha de objeção é a mesma adotada por Paton (1936, vol. 1, p. 112).

Por pressupor, na companhia de Leibniz, que o espaço deve ser compreendido como uma ordem ou relação entre coisas, e por defender, a partir daí, que nossas representações dessa ordem e das coisas ordenadas se condicionem mutuamente, essa objeção contra Kant cai numa petição de princípio, pois a tese de Kant sustenta que a representação dessa ordem ou relação pressupõe a representação do espaço e, portanto, que a primeira não pode ser derivada da segunda[138]. Essa petição de princípio tampouco pode ser evitada ponderando-se que a conexão recíproca ocorre entre a representação da ordem das coisas e a representação do espaço, pois a premissa básica do argumento é a de que a segunda é a condição da primeira e não o contrário.

Enquanto a primeira linha de objeção sustenta que o argumento de Kant não prova o suficiente, a segunda defende que ele prova demais. Segundo essa objeção, se o argumento prova alguma coisa, então mesmo nossos conceitos empíricos devem ser *a priori*. Essa objeção repousa sobre o pressuposto de que o argumento de Kant passa diretamente da tese de que a representação do espaço é necessária no reconhecimento de relações e determinações espaciais para a conclusão de que ela é *a priori*. Sugere-se então que uma tese análoga valha para qualquer conceito empírico. D. P. Dryer, que rejeita essa objeção, a descreve da seguinte maneira:

> Para reconhecer objetos como vermelhos, já devemos possuir o conceito de vermelhidão. Mas disso não se segue que o conceito de vermelho não seja um conceito empírico. Para observarmos as coisas ao nosso redor, temos de representá-las no espaço. Como, então, isso pode mostrar que o conceito de espaço seria igualmente empírico? (Dryer, 1966, p. 173).

Embora seu teor seja bastante diferente, essa objeção falha essencialmente pela mesma razão que a primeira: porque reconstrói de forma equivocada a tese de Kant acerca da conexão entre a representação de relações espaciais e a representação do espaço. Assim, essa objeção pressupõe que Kant esteja apenas dizendo que a representação de objetos como espacialmente correlacionados pressupõe a representação de relações espaciais e, dada essa pressuposição, conclui que uma tese paralela valha para a conexão entre qualquer conceito e os itens que caem sob esse conceito. Mas na realidade o argumento de Kant se baseia numa *desanalogia* entre os dois casos. Pois, na concepção de Kant, relações espaciais não são instâncias do conceito de espaço a partir das quais este último seria

---

138. Esse ponto é sugerido por Warren (1998, p. 211). À luz de sua análise da objeção, revisei minha explicação da resposta kantiana que consta na primeira edição.

formado por abstração ou construção. Ao contrário, para ele, deve-se conceber essas relações *dentro* do espaço e em referência a ele, o que não pode ser dito da relação entre um conceito e as instâncias que caem sob esse conceito[139].

O segundo argumento da aprioridade. Esse argumento afirma que o "espaço é uma representação necessária *a priori* que serve de fundamento a todas as intuições externas". Ele se baseia em duas premissas contidas na segunda frase: "Ninguém pode jamais representar-se que não há espaço [*Man kann sich niemals eine Vorstellung davon machen dass kein Raum sei*], mesmo podendo perfeitamente pensar que nenhum objeto se encontra no espaço". Isso sugere o seguinte esquema argumentativo: se x pode existir (ou ser representado) sem A, B, C e suas relações mútuas, mas A, B, C não podem existir (ou ser representados) sem x, então x deve ser visto como uma condição de possibilidade para A, B, C e suas relações mútuas (ou a representação das mesmas)[140]. Aplicando esse esquema argumentativo ao espaço, Kant conclui que

> ele é considerado, portanto, como a condição de possibilidade das aparências, e não como uma determinação delas dependente; e é uma representação *a priori* que, necessariamente, serve de fundamento a todas as aparências externas (B39).

A primeira premissa é frequentemente rejeitada com o argumento de que se trata de uma tese psicológica (aliás, bastante questionável). Assim, segundo Kemp Smith, "o critério não é a impossibilidade de se pensar de outra forma, mas a nossa própria incapacidade de representar esse elemento específico como ausente" (Kemp Smith, 1962, p. 103). Outros comentadores, no entanto, sugerem que Kant não esteja afirmando uma impossibilidade psicológica, mas uma impossibilidade lógica. Conforme essa interpretação, Kant está defendendo a inconcebibilidade da não existência do espaço, o que é análogo à tese de Espinosa acerca da inconcebibilidade da não existência da substância (cf. Ebbinghaus, 1973, p. 49).

Embora a leitura psicológica seja a mais natural, ela condena o argumento desde o começo. Pois se há interpretação de que tal argumento afirma a impossibilidade de representar-nos a ausência do espaço como um fato psicológico, torna-se difícil ver como ele poderia apoiar e muito menos implicar a conclusão

---

139. O ponto fundamental foi notado, embora cada qual de uma forma um pouco diferente, tanto por Falkenstein (1995, p. 163-165) quanto por Warren (1998, p. 210). Uma vez mais, estou aqui revisando minha análise à luz das leituras desses autores e que são, em grande parte, correções ao meu tratamento inicial do argumento.

140. Como assinalou Martin (1955, p. 30-34), o esquema desse argumento é aristotélico, assim como o esquema do primeiro argumento é platônico. As referências à "representação" foram adicionadas para refletir o fio condutor explicitamente epistemológico da versão kantiana.

kantiana de que "o espaço é uma representação *a priori* que, *necessariamente, serve de fundamento* [ênfases minhas] a todas as aparências externas" (B39). Podemos concordar que isso não invalida essa leitura, já que não podemos supor que Kant jamais cometeria um *non sequitur* como esse (em particular levando-se em consideração o fato de ele ser frequentemente acusado de erros similares), mas sugere que ela só deveria ser aceita como último recurso.

Todavia, a leitura lógica também é inaceitável, tanto por razões textuais quanto doutrinais. Primeiramente, em nenhum lugar Kant afirma que o espaço (ou o tempo) seja logicamente necessário. Pelo contrário, vimos que não é necessário que o espaço seja a forma do sentido externo ou o tempo a do sentido interno, já que Kant mantém o espaço conceitual aberto para seres com outras formas de sensibilidade. Em segundo lugar, a doutrina kantiana de que podemos pensar, embora não conhecer, as coisas como elas são em si mesmas, exige que ele tenha em conta essa possibilidade. Pois como poderíamos sequer pensar sobre as coisas como elas são em si mesmas a menos que pudéssemos "representar-nos que não há espaço"?

Felizmente, há uma terceira alternativa que, além de concordar tanto com o texto quanto com as ideias de Kant como um todo, também torna possível ver como a premissa contribui para o estabelecimento da conclusão desejada. De acordo com essa leitura, a tese é que não podemos representar aparências externas sem, ao mesmo tempo, representá-las no espaço (Dryer, 1996, p. 175, faz uma leitura similar). Em outras palavras, a ineliminabilidade do espaço é aplicada à intuição externa de seres com as nossas formas sensoriais, mas de forma alguma inviabiliza a possibilidade de outros seres com diferentes formas da intuição externa, ou a possibilidade de pensarmos (embora não de intuirmos) a ausência de espaço em relação às coisas como são em si mesmas. Embora essa tese possa ser descrita, globalmente, como psicológica, por dizer respeito às capacidades cognitivas de seres como nós, ela também é epistemológica, pois afirma que o espaço é necessário para a representação das aparências externas.

Apoio textual adicional para esta leitura pode ser encontrado no argumento paralelo referente ao tempo, no qual Kant escreve: "não se pode suprimir [*auf heben*] o tempo no que diz respeito às aparências em geral, ainda que se possa perfeitamente retirar as aparências do tempo" (A31/B46). Ele ainda observa que, "apenas nele [no tempo] é possível toda a realidade das aparências". Por fim, em uma frase entre parênteses adicionada na segunda edição, o tempo é caracterizado como "condição universal de sua possibilidade [das aparências]" (B46). A importância desse paralelo reside no fato de o escopo da tese sobre "suprimir o tempo" (o análogo temporal de representar a ausência do espaço) ser limitado a aparências. Mas também somos informados, na conclusão, que não podemos suprimir o tempo das aparências porque o tempo é a própria condição da possibilidade destas últimas, isto é, de sua representação. Trata-se de uma tese epistemológica, e não psicológica.

Tendo em conta a distinção de escopo entre as duas teses, consequência do fato de que todas as aparências estão no tempo, ao passo que apenas as aparências externas estão no espaço, parece razoável supor que Kant esteja tentando proceder da mesma forma em relação à representação do espaço. Assim interpretada, a tese não é que não podemos "suprimir o espaço" *em nenhum sentido*, mas apenas que não podemos fazê-lo sem suprimir também todas as aparências externas. Kant explica melhor esse ponto em sua observação sobre antítese da Primeira Antinomia: ao comentar sobre o projeto leibniziano de reconciliar a finitude do mundo com a rejeição de um espaço vazio e extramundano, ele pondera que "caso se queira abandonar [...] o espaço em geral como condição *a priori* da possibilidade dos fenômenos, então todo o mundo sensível desaparece" (A433/B461).

Todavia, do fato de não podermos pensar em aparências sem também pensá-las no espaço e no tempo não se segue que ambos sejam *a priori*. Também poderia ser o caso de não podermos pensar o espaço e o tempo sem pensarmos igualmente as aparências. Nesse caso, no entanto, essas representações seriam empíricas, formadas por abstração a partir da representação complexa de aparências enquanto situadas no espaço e no tempo. De fato, é aqui que a objeção de Maass, erroneamente apresentada como uma crítica ao primeiro argumento, se torna relevante. Mas a conclusão a que chegamos é simplesmente que a segunda parte da tese é igualmente importante para o estabelecimento da tese da apriori-dade. Em outras palavras, é necessário mostrar *tanto* que não podemos suprimir o espaço e o tempo do pensamento das aparências *quanto* que podemos suprimir as aparências do pensamento do tempo e do espaço. Pois essas premissas, tomadas conjuntamente, implicam que as representações do espaço e do tempo são condições das aparências, sendo, portanto, *a priori*.

Fica claro, então, que a tarefa é compreender a segunda tese, que parece envolver dificuldades comparáveis àquelas encontradas na primeira parte do argumento. De início, seu entendimento não pode significar que seria possível, de alguma forma, perceber ou experienciar o espaço ou o tempo vazio, pois Kant nega reiteradamente essa possibilidade[141]. Além disso, ainda que fosse possível, é difícil ver qual a relação disso com a questão da aprioridade.

---

141. Falkenstein (1995, p. 203-210) sustenta justamente o contrário.

Uma alternativa mais viável é que Kant esteja conduzindo um experimento de pensamento no qual retiramos as aparências do espaço e do tempo, da mesma forma como, no primeiro passo do argumento, tentamos (sem sucesso) retirar o espaço e o tempo das aparências. A afirmação de Kant, presente na versão temporal do argumento, de que se pode "perfeitamente bem retirar as aparências do tempo" (A31/B46) sugere fortemente que essa era justamente sua intenção. Além do mais, Kant relata o resultado de tal experimento nos *Prolegômenos* ao observar que, "se retirarmos das intuições empíricas dos corpos e suas alterações (movimento) tudo o que é empírico, a saber, o que pertence à sensação, restam ainda o espaço e o tempo" (Pro 283; 79).

Na *Crítica*, Kant exprime-se de forma mais abrangente em suas considerações sobre o espaço:

> Se eu retiro da representação de um corpo [...] aquilo que o entendimento nele pensa, como substância, força, divisibilidade etc., e também aquilo que nele pertence à sensação, como impenetrabilidade, dureza, cor etc., ainda me resta algo dessa intuição empírica, a saber, extensão e figura. Estas pertencem à intuição pura, que, mesmo sem um objeto real dos sentidos ou da sensação, tem lugar *a priori* na mente como uma mera forma da sensibilidade (A20-21/B35).

Essa passagem, muito discutida, extraída da parte introdutória da Estética, é melhor vista como uma enunciação do que Kant pretende mostrar do que como um argumento independente. Assim, tal como a passagem análoga dos *Prolegômenos*, ela aponta para a tese de que a representação do espaço é uma intuição pura. No entanto, ela também serve para ilustrar o ponto mais básico de que se abstrairmos tanto do conteúdo conceitual quanto do conteúdo sensorial da representação empírica de um corpo, a extensão e a forma ou figura [*Gestalt*] desse corpo, isto é, suas características puramente espaciais, permanecem. Permanecem não no sentido de que podem ser percebidas independentemente do conteúdo sensorial, mas no sentido de que oferecem um conteúdo representacional com uma estrutura determinada (presumivelmente uma estrutura de transformações topológicas, afins e mereológicas)[142] que não é dependente desse conteúdo sensorial.

Contudo, o que é de relevância imediata é a assimetria entre os conteúdos sensoriais e espaciais de nossa representação empírica de "corpo". Conforme indica o experimento de pensamento, embora os conteúdos espaciais permaneçam quando abstraímos dos conteúdos sensoriais, o contrário não se dá. Dessa for-

---

142. Essas características são enfatizadas por Falkenstein (1995) ao longo de seu livro.

ma, em vez de serem parceiros iguais, o segundo é epistemicamente anterior no sentido de que é a condição *a priori* da representação do primeiro.

Embora essa pareça ser uma tese mais forte do que aquela defendida no primeiro argumento, se tivermos em mente a conclusão da primeira, a de que "esta experiência externa só é possível por meio de tal representação", a diferença perde muito de sua relevância. A questão é apenas se a expressão acima se refere à experiência externa em geral (nesse caso, as duas teses são precisamente equivalentes) ou apenas à experiência das relações entre aparências externas, das quais se ocupa o primeiro argumento (nesse caso, o presente argumento envolve uma tese um pouco mais forte). Mas se supusermos também, como parece razoável, que essas relações sejam elas próprias condições da representação de aparências externas, então também essas conclusões resultam no mesmo: a representação do espaço é *a priori* no sentido de ser uma condição para as aparências externas e não por ser derivável delas ou coigual a elas[143].

Mas isso não torna redundante o segundo argumento, já que chama atenção para uma característica dessas representações fundamental para a posição kantiana, mas completamente negligenciada pelo primeiro argumento: tais representações possuem conteúdo próprio, que permanece mesmo quando se faz abstração de tudo o que é empírico. Ao ressaltar esse aspecto, Kant não apenas enfatiza seu *status a priori*, mas também ajuda a preparar o caminho para a tese de que elas são intuições puras. E é para essa tese que nos voltaremos a seguir.

B. A tese da intuição

Uma vez mais, Kant oferece dois argumentos em defesa de uma única tese. Desta vez, entretanto, a situação é complicada porque Kant apresenta uma versão completamente diferente do segundo argumento na segunda edição. Por

---

143. Neste ponto, estou seguindo Warren (1998, p. 206, esp. n. 35). Ele assinala a diferença entre as teses dos dois argumentos e observa que elas podem ser reconciliadas pela adição da tese mencionada acima. Essa leitura pode ser contrastada com a interpretação do argumento feita por Humphrey (1973, p. 503-504). Segundo ele, esse argumento, que não está presente na *Dissertação inaugural*, visa estabelecer uma forma de necessidade mais robusta que a primeira. Isso, argumenta Humphrey, reflete a virada crítica da epistemologia de Kant entre 1770 e 1781. Mais recentemente, Falkenstein (1995, p. 193) defendeu uma concepção similar, sugerindo que o primeiro argumento opera com um sentido relativamente fraco e negativo de "*a priori*", significando "não abstraído a partir da comparação de sensações ou de questões de aparência", e que o segundo opera com um sentido mais forte, significando "presente anteriormente a qualquer constituição dos objetos que aparecem mediante o processamento intelectual". No entanto, não acho convincentes essas leituras, pois Kant, já no primeiro argumento, sustenta que a representação do espaço é *a priori* no sentido de ser uma condição da experiência externa.

questão de conveniência, serão citadas as duas versões do segundo argumento, mas a análise se concentrará na versão da segunda edição.

> O espaço não é um conceito discursivo ou, como se costuma dizer, um conceito universal das relações das coisas em geral, mas sim uma intuição pura. Pois, em primeiro lugar, só se pode representar um único espaço e, quando se fala em muitos espaços, entende-se por isso apenas as partes de um mesmo e único espaço universal. Essas partes tampouco podem preceder, como se fossem seus componentes (de modo que fosse possível sua composição), ao único espaço que a tudo abarca, mas somente nele são pensadas. Ele é essencialmente uno, e o diverso nele, portanto também o conceito universal de espaços em geral, baseia-se simplesmente em limitações. Disso se segue que, no que concerne a ele, uma intuição *a priori* (que não é empírica) serve de fundamento a todos os conceitos **do mesmo**. Assim, também nenhum princípio geométrico – por exemplo, o de que no triângulo dois lados somados são maiores que o terceiro – é jamais deduzido dos conceitos universais de linha e triângulo, mas sim da intuição; e isto *a priori,* com certeza apodítica (A24-25/B39).
>
> O espaço é representado como uma grandeza infinita dada. Um conceito universal de espaço (que é comum tanto a um pé como a uma vara) não pode determinar nada com vistas à grandeza. Se não fosse pela ausência de limites [*Grenzenlösigkeit*] no progresso da intuição, nenhum conceito de relações traria consigo um princípio de infinitude (A25).
>
> O espaço é representado como uma grandeza infinita *dada*. Agora, é preciso pensar cada conceito como uma representação que está contida em um conjunto infinito [*Menge*] de diferentes representações possíveis (como suas marcas comuns) e que, portanto, contém-nas *sob si;* mas nenhum conceito enquanto tal pode ser pensado como se contivesse *em si* um conjunto infinito de representações. O espaço, todavia, é assim pensado (pois todas as partes do espaço são simultâneas ao infinito). A representação originária do espaço, portanto, é uma *intuição a priori, e* não *um conceito* (B39-40).

O primeiro argumento da intuição. Esse argumento pressupõe a exaustividade da distinção conceito-intuição. A partir dessa pressuposição, Kant tenta provar, por meio de uma análise da natureza da representação do espaço, que se essa distinção não pode ser um conceito, então ela tem de ser uma intuição. Ou, mais precisamente, tendo em vista que, como veremos, Kant também admite os conceitos de espaço (e de tempo), sua análise busca demonstrar que "a representação originária do espaço" (B40) é de natureza intuitiva e não conceitual (cf. Parsons, 1992, p. 69). Tendo já estabelecido, por meio dos argumentos da *aprioridade,* que a representação é "pura", Kant conclui agora que se trata de uma intuição pura, e esclarece as consequências desse resultado para a geometria (uma questão que, no momento, podemos ignorar). A prova efetiva consiste em duas etapas. Na primeira, Kant contrasta a relação entre espaço e espaços particulares com a relação entre um conceito e sua extensão e, na segunda etapa, com a relação entre um conceito e sua intensão (cf. Vaihinger, 1881-1892, vol. 2, p. 205). Uma vez mais, ambas as etapas são necessárias para produzir a conclusão desejada.

A primeira etapa se baseia na unicidade do espaço. A tese básica é que "só se pode representar um único espaço". Para que o argumento funcione, deve-se supor que não se trata de uma questão contingente, como se a classe dos espaços tivesse um único membro apenas por acaso. Mas essa tampouco pode ser uma verdade logicamente necessária, como a verdade de que só podemos conceber um único "ser mais perfeito de todos". Em defesa dessa tese, entretanto, Kant oferece apenas a observação de que somos como que forçados a pensar em espaços particulares como partes de um único espaço. Embora Kant afirme no argumento correspondente acerca do tempo que uma "representação [...] que só pode ser dada por meio de um objeto singular é uma intuição" (A32/B47), isso ainda não prova que a representação do espaço (ou do tempo) seja uma intuição. Considere, por exemplo, o conceito de mundo, que subjaz ao argumento das Antinomias. Como ele é o conceito de uma coleção completa ou de uma totalidade, só podemos conceber um único mundo (efetivo)[144]. No entanto, disso não se segue que a representação seja uma intuição[145]. Assim, para provar que a representação original do espaço é intuitiva, Kant deve mostrar em que medida ela difere do conceito de uma coleção completa ou de uma totalidade, como era o caso do conceito de mundo.

Embora não esteja claro se Kant realmente tinha esse problema em mente, ele é efetivamente resolvido na segunda parte do argumento, onde Kant contrasta a relação do espaço e suas partes (espaços particulares) com a relação entre um conceito e sua intensão. O ponto principal é que as marcas ou os conceitos parciais a partir dos quais um conceito geral é composto são logicamente anteriores ao todo. Mas o mesmo não acontece no caso do espaço e suas partes. Em vez de serem elementos previamente dados a partir dos quais a mente forma a ideia de um espaço único, as partes do espaço só são dadas no interior e por meio desse espaço único que elas pressupõem. O espaço, em outras palavras, é apresentado não apenas como único (*einzig*), mas também como uma unidade (*einig*). Consequentemente, ele não pode ser concebido como uma coleção ou

---

144. O apelo a mundos possíveis não ajudará aqui, pois podemos falar em outros mundos possíveis no mesmo sentido em que podemos falar em outros espaços possíveis.

145. Como veremos quando chegarmos às Antinomias, Kant irá considerar o conceito de mundo como uma ideia da razão, mas essa sutileza pode ser ignorada para nossos propósitos do momento.

um composto de espaços, assim como não pode ser concebido como um conceito de classe ordinário.

Mas como Kant esclarece a seguir, essa conclusão não entra em conflito com o fato de podermos formar conceitos gerais de espaço. Kant não tem problema em aceitá-lo, mas ele insiste que tais conceitos surgem da limitação do espaço que engloba tudo e é imediatamente dado[146]. Aqui, Kant parece ter tido em mente um procedimento de duas etapas: primeiro, por meio da introdução de limitações (que é uma atividade conceitual), produzimos a ideia de espaços determinados (figuras e grandezas); então, com base nessas determinações, formamos por abstração conceitos gerais de espaços. Mas o ponto principal é simplesmente que a possibilidade de tais conceitualizações repousa em certo conteúdo dado, isto é, em uma intuição. Nos termos do próprio Kant, o espaço é *intuitus, quem sequitur conceptus*[147].

O segundo argumento da intuição. Esse argumento é mais complexo e problemático que o primeiro. Ele pressupõe que o espaço é representado como uma grandeza infinita *dada* e disso conclui que a representação deve ser uma intuição. Tanto a referência à infinitude quanto a ênfase na dadidade [*giveness*] do espaço diferenciam este argumento do anterior e o aproximam da noção kantiana de intuição. Além do mais, o segundo ponto enfatiza uma característica essencial das intuições kantianas que é em grande medida ignorada no primeiro. Porém, isso também acarreta problemas em relação à dadidade, que serão retomados em breve.

Deixando esse problema de lado por ora, uma breve olhadela na versão da primeira edição desse argumento já esclarece por que Kant o reformula completamente na segunda. No cerne dessa versão encontra-se a tese segundo a qual um conceito geral de espaço, que é formado por abstração a partir de medidas espaciais particulares, "não pode determinar nada com vistas à grandeza". Isso é obviamente verdadeiro, mas irrelevante, já que não tem nenhuma relação particular com a *infinitude* do espaço. Precisamente o mesmo poderia ser dito se o espaço fosse representado como uma grandeza finita dada.

---

146. Temos de reconhecer que Kant não se refere aqui à imediatidade da representação do espaço, que é um dos problemas desse argumento. (Sobre esse ponto, cf. Parsons, 1992, p. 70). Ainda assim, essa referência parece estar implícita no modo como Kant explica a derivação dos conceitos de espaço e tempo. Retornaremos a esse problema na seção C, em conexão com uma consideração sobre a "dadidade" do espaço.

147. Em latim no original: "Intuição, que é seguida pelo conceito" [N.T.]. • Essa passagem é citada por Vaihinger (1881-1892, vol. 2, p. 233), e Paton (1936, vol. 1, p. 122) também faz referência a ela.

A segunda edição evita essa dificuldade ao oferecer uma análise dos diferentes sentidos em que conceitos e intuições envolvem a infinitude. Além disso, ao fazê-lo, ela esclarece ainda mais as diferenças entre a forma ou estrutura dos conceitos e as intuições[148]. Um conceito tem uma estrutura complexa, envolvendo tanto uma extensão quanto uma intensão. Visto extensionalmente, todo conceito tem vários outros conceitos que caem *sob* si. Esses outros conceitos são arranjados hierarquicamente em termos de generalidade e estão numa relação de gênero para espécie. Conceitos mais específicos são introduzidos pela adição de diferenças específicas [*differentia*]. Dessa forma, o gênero "corpo físico" pode ser dividido nas espécies "inanimado" e "animado", este último em "animal" e "vegetal" e assim por diante. Visto intensionalmente, todo conceito contém outros conceitos *em seu interior*, e constituem suas partes componentes. Mas, aqui, a ordenação é o inverso da ordenação extensional, já que conceitos de nível inferior ou mais específicos contêm em seu interior os de nível superior ou mais genéricos. Em suma, há uma correlação inversa entre a extensão e a intensão de um conceito. Quanto menor a extensão, mais rica a intensão, e vice-versa.

Como deixa claro o primeiro argumento da intuição, isso contrasta significativamente com a estrutura de uma intuição. Como esta última é a representação de um indivíduo, todos os seus componentes estão contidos no todo e o pressupõem. De forma similar, as intuições não são divididas pela adição de diferenças específicas, mas pela introdução de limitações ou fronteiras (cf. Buroker, 1981, p. 73). O segundo argumento se baseia nisso, mostrando como a diferença de estrutura se reflete nas diferentes formas em que conceitos e intuições envolvem infinitude. Um conceito o faz extensionalmente: ele pode ter um número infinito, ou melhor, indefinido, de conceitos caindo sob si. Na verdade, como Kant nega que possa haver uma espécie *ínfima*, ele está comprometido com a visão de que a busca por conceitos subordinados pode prosseguir *ad infinitum*. Contudo, um conceito não pode ter uma intensão infinitamente rica, pois um tal "conceito" perderia seu caráter discursivo. Embora uma intuição não tenha uma intensão, ela poderia ter um número infinito de partes em seu interior[149].

---

148. O que se segue é baseado principalmente nas sugestivas considerações feitas por K. D. Wilson (1975, p. 252-256). Grande parte das análises de Wilson podem ser aceitas independentemente de sua tese mais controversa de que intuições kantianas possuem uma estrutura mereológica. Trata-se de uma sugestão interessante, mas não muito relevante para as presentes considerações. Para uma discussão mais recente sobre esse tópico, que parte das considerações de Wilson, cf. Falkenstein (1995, p. 219-222).

149. Não precisamos entreter a leitura de que Kant estaria reivindicando que uma intuição necessariamente *envolva* infinitude, como se essa propriedade pudesse ser derivada do conceito de uma representação intuitiva. Como sugeriu Horstmann (1976, p. 24-25), é também possível entreter

Trata-se precisamente da forma como o espaço é pensado, "pois todas as partes do espaço são simultâneas ao infinito [*ins Unendliche*]" (B40). A partir disso, Kant conclui que "a representação originária do espaço é, portanto, uma intuição *a priori*, e não um conceito".

Essa análise enseja uma questão fundamental, que diz respeito ao sentido da "infinitude" atribuída ao espaço. Embora não seja nenhum modelo de clareza, a tese de que as partes do espaço "são simultâneas até o infinito" sugere que Kant tem em mente a inumerabilidade de suas partes[150]. Mas isso entra em conflito tanto com sua negação de que o espaço seja um composto quanto com a tese da Primeira Antinomia, o que descarta a possibilidade de atribuir infinitude, compreendida neste sentido, ao mundo espaço-temporal[151]. Consequentemente, para que a tese kantiana seja consistente com o que ele afirma em outros lugares, no presente argumento, o sentido do termo deve ser outro.

Felizmente, há evidência substancial sugerindo ser esse o caso. Em primeiro lugar, na versão do argumento apresentada na primeira edição, Kant deixa claro que a infinitude do espaço tem relação com a "ausência de limites no progresso da intuição". Em outras palavras, por maior que seja uma região do espaço, ela sempre será representada como rodeada por mais espaço (presumivelmente, o mesmo se aplica, *mutatis mutandis*, à sua divisão – cf. R 6357 18: 682 e o rascunho da carta de Kant a Tieftrunk, Br 13: 468). Em segundo lugar, no argumento correspondente sobre o tempo, Kant afirma que

> a infinitude do tempo não significa senão que todas as grandezas determinadas do tempo só sejam possíveis por meio de limitações de um único tempo que lhes serve de fundamento. Por isso a representação originária do tempo tem de ser dada como ilimitada [*uneingeschränkt*] (A32/B47-48).

---

a leitura segundo a qual Kant está defendendo que a representação do espaço é intuitiva, *ainda que* o espaço seja considerado como infinito. Como o próprio Kant considerava essa última tese matematicamente comprovada, essa distinção pode não ter parecido importante para ele. Todavia, ela possui certa relevância no que se refere à relação entre a Exposição Metafísica e as concepções de Kant sobre a geometria.

150. A tradução de Kemp Smith da expressão "simultâneas até o infinito" [*ins unendliche sind zugleich*] como "coexistir *ad infinitum*" sugere ainda mais essa leitura. Mas a tradução de Guyer e Wood parece refletir de forma mais precisa a obscuridade do alemão. Se isso é ou não uma virtude em uma tradução é uma outra história.

151. Essa linha de objeção é desenvolvida por Vaihinger (1881-1892, vol. 2, p. 257s.). Embora esse ponto seja frequentemente negligenciado, também aqui é importante ter em mente que a Estética se ocupa com a infinidade do espaço e do tempo eles próprios, enquanto a Antinomia se ocupa com a infinidade do *mundo* no espaço e no tempo. Veremos que muita coisa depende dessa diferença.

Como não há nada a indicar que Kant esteja interpretando a infinitude do espaço de modo diferente da do tempo, parece razoável supor que ele considere ambas como infindáveis ou ilimitadas[152].

C. A dadidade do espaço (forma da intuição e intuição formal)

Para além das preocupações sobre o sentido de infinitude, frequentemente pensou-se que esse argumento estivesse em conflito com os princípios centrais da Analítica e, de forma geral, com a tese da discursividade. Pois essa tese implica claramente que nem o espaço, nem o tempo podem ser concebidos como diretamente "dados" à mente na intuição como ilimitados ou de extensão infinita independentemente da operação do entendimento. É bem verdade que a explicação presente na Estética precede a introdução oficial dessa tese no começo da Analítica, e não podemos culpar Kant por não ser capaz de dizer tudo de uma só vez. Todavia, qualquer interpretação viável da presente tese deve, pelo menos, ser compatível com essa tese kantiana central, e é justamente aí que reside o problema.

Além dessa preocupação geral, há pelo menos dois pontos específicos nos quais essa explicação parece conflitar com doutrinas expostas na Analítica. O primeiro ponto diz respeito aos Axiomas da Intuição, nos quais Kant afirma que o espaço só pode ser representado por meio de uma síntese sucessiva, o que parece ser incompatível com sua presumida dadidade (cf. Vaihinger, 1881-1892, vol. 2, p. 224s.; Kemp Smith, 1962, p. 347; R. P. Wolff, 1963, p. 228). O segundo ponto é a esta enigmática afirmação de Kant ao final da Analítica: "tal como o espaço puro e o tempo puro, que, embora sejam algo como formas de intuir, não são eles próprios objetos que sejam intuídos (*ens imaginarium*)" (A291/B347). Se o espaço e o tempo não são dados como *objetos* da intuição, em que sentido pode-se dizer que eles são dados (ou intuídos)?

A fim de lidar com essa questão, é essencial retornar à fórmula *intuitus, quem sequitur conceptus*. Como já indiquei, essa locução expressa a ideia de que a conceitualização do espaço pressupõe um padrão pré-conceitual ou uma ordem (em termos kantianos, um "diverso puro"), que tanto guia quanto restringe essa atividade. Em virtude de sua relação com o processo conceitual, pode-se dizer que esse diverso confronta o pensamento como um dado [*datum*] bruto e, portanto, como algo simplesmente "dado", embora não como um objeto distinto

---

152. Surpreendentemente, na discussão acerca da infinitude do tempo, Kant parece identificar a ausência de fronteira com a ausência de limites, embora em outros momentos ele se esforce para distinguir fronteiras [*Grenzen*] de limites [*Schranken*]. Cf., p. ex., Pro 4: 353, 361-362; 106; 114-115. Esse ponto é salientado por Falkenstein (1995, p. 427, n. 14).

que possa, de alguma forma, ser inspecionado independentemente de toda conceitualização. Além do mais, disso se segue que esse diverso é necessário para a cognição humana (e, portanto, é *a priori*), mas não é logicamente necessário[153]. No que diz respeito à dimensão geométrica da questão, a ideia básica já foi articulada por Schultz:

> Se eu tiver de traçar uma linha de um ponto a outro, já devo ter um espaço no qual possa traçá-la. E para que eu possa continuar a traçá-la tanto quanto queira, sem fim, esse espaço já deve ter sido dado a mim como ilimitado, isto é, como infinito. Correlativamente, não posso gerar sucessivamente nenhum cilindro ou corpo senão no espaço, isto é, só posso fazê-lo porque esse espaço já é dado junto com sua qualidade, o que me permite supor que há pontos em todo o lugar, e me permite gerar, sem fim, as três dimensões da extensão (Schultz, [1789] 1968, parte 2, p. 41-42).

Arthur Melnick ampliou esse ponto de modo a incluir a representação empírica de espaço. Preocupado com a aparente contradição entre a tese kantiana da infinitude e certas doutrinas da Analítica, Melnick escreve:

> Não percebemos regiões espaciais (extensões de objetos no espaço) ilimitadas ou sem fronteiras. Ao contrário, percebemos o espaço sob a preconcepção (ou melhor, sob a "*pré-intuição*") de que as extensões espaciais delimitadas que percebemos são partes de um espaço sem limites ou fronteiras (Melnick, 1973, p. 11).

A expressão "pré-intuição" se mostra apropriada, pois enfatiza o argumento de Kant de que todo espaço determinado é representado como uma região ou como uma determinação do espaço unitário e ilimitado. Esse argumento pode ser considerado uma tese fenomenológica profunda acerca da "forma" ou natureza da nossa experiência espacial (e temporal)[154]. Esse espaço unitário e ilimitado é "pré-intuído" no sentido de que é dado junto com qualquer espaço determinado como seu "horizonte", sem ser efetivamente intuído como um objeto. Ademais, se essa interpretação é correta, segue-se que a controversa tese kantiana de que o "espaço é representado como uma grandeza infinita dada" é mais bem compreendida como uma tese sobre a estrutura *a priori* de nossa experiência espacial em geral, e não como uma tese sobre uma representação (pré-conceitual) única do espaço infinito.

---

153. Cf. LB 17, 20: 22-23. Nessa nota, vinculada a A26 em sua própria cópia da *Crítica*, Kant observa que as representações do espaço e do tempo envolvem o pensamento da necessidade, mas ele também argumenta que não se trata da necessidade de um conceito (necessidade lógica), pois não há contradição envolvida no pensamento de sua não existência.

154. A natureza fenomenológica da tese de Kant é enfatizada por Parsons (1992, p. 72). A faceta temporal dessa fenomenologia será explorada no capítulo 7.

Uma variação interessante sobre esse tema foi desenvolvida por Lorne Falkenstein sob a rubrica do "intuicionismo formal" de Kant. Abordando o problema em termos de processamento de informação, Falkenstein compreende "intuicionismo" como a visão de que

> para um processador, um certo *output* já está contido no *input*, de forma que ele não requer nenhum processo (além da transmissão ou da atenção) para se tornar conhecido (Falkenstein, 1995, p. 7).

Falkenstein contrasta o intuicionismo com o "construtivismo", segundo o qual

> um dado *output*, para o sistema cognitivo, *não* está já contido no *input*, mas deve ser gradualmente gerado a partir do *input* por meio de algum processo, tal como associação, inferência, comparação, combinação ou composição (Falkenstein, 1995, p. 8).

Por "intuicionismo formal", Falkenstein compreende uma variação do primeiro no qual o "*input*" inclui não simplesmente conteúdo sensorial (sensações), mas também a ordem ou forma na qual esse conteúdo é recebido (Falkenstein, 1995, p. 9). Para esse autor, Kant é, portanto, um intuicionista formal, uma vez que defende tal concepção a respeito do dado.

Expresso em termos mais kantianos, isso significa que a receptividade é levada a sério e recebe uma função cognitiva essencial na estruturação da forma de nossa experiência. Ela não apenas fornece os dados sem os quais o pensamento não teria conteúdo algum, como também apresenta os dados em uma maneira fixa independente da atividade conceitual do entendimento. Assim, nessa concepção, o entendimento (ou a imaginação) não produz uma ordem espaço-temporal por meio de sua atividade, mas apenas desvela ou traz à consciência uma ordem dada independentemente dele, embora não independentemente da natureza da sensibilidade humana, como veremos.

Por fim, isso nos põe em condição de considerar (pelo menos, de forma preliminar) a famosa nota de rodapé da Dedução B, na qual Kant lida explicitamente com o problema da conexão entre o espaço e o tempo "originários", "dados" e "ilimitados" e com determinadas representações de espaços e tempos[155]. Embora essa nota esteja ligada à discussão sobre a síntese da apreensão – a síntese empí-

---

155. Surpreendentemente, apesar de toda a atenção que dedica à questão, Falkenstein rejeita essa nota sustentando que sua obscuridade não é adequada para cumprir um papel significativo em uma interpretação (cf. Falkenstein, 1995, p. 90-91 e p. 20-21, 78, 383). Devemos admitir que essa passagem é de fato obscura, e tem sido interpretada de várias formas. Contudo, parece exagerada a reação de Falkenstein à interpretação questionável dessa nota feita por defensores da concepção à qual se opõe, a saber, a de que espaço e tempo não são dados, mas sim produtos da imaginação.

rica que Kant defende estar envolvida na percepção sensorial –, ela visa explicar a tese apresentada no texto de que o espaço e o tempo não são apenas formas *a priori* da intuição, mas também, eles próprios, intuições *a priori* com seu diverso próprio. Em um esforço para explicar isso, Kant observa:

> Representado como *objeto* (tal como, de fato, se requer na geometria), o espaço contém mais do que a mera forma da intuição, a saber, a *reunião* [*Zusammenfassung*] do diverso dado em uma representação *intuitiva* segundo a forma da sensibilidade, de tal modo que a *forma da intuição* fornece apenas o diverso, mas a *intuição formal* fornece a unidade da representação. Na Estética contei essa unidade como pertencente apenas à sensibilidade, de modo a sublinhar que ela precede todo conceito apesar de pressupor uma síntese que não pertence aos sentidos, pela qual todos os conceitos de espaço e tempo se tornam primeiramente possíveis. Pois, uma vez que por meio dela (quando o entendimento determina a sensibilidade) são dados, em primeiro lugar, o espaço ou o tempo como intuições, então a unidade dessa intuição *a priori* pertence ao espaço e ao tempo, e não ao conceito do entendimento (§ 24) (B160-161n.).

Retornaremos a essa nota no capítulo 7. Por ora, nossa preocupação é com o contraste entre uma "forma da intuição" e uma "intuição formal", ambas caindo sob o rótulo de "intuição pura". Esse contraste reflete, no nível da intuição pura, a distinção geral feita no capítulo precedente entre uma intuição indeterminada (não conceitualizada) e uma determinada (conceitualizada). Embora o fato de Kant não ter introduzido essa distinção na Estética Transcendental tenha sido a fonte de grande parte da confusão a respeito de sua análise, essa nota torna visível que ele considerou importante interpretar o argumento da Estética à luz dessa distinção.

Uma vez mais, entretanto, a situação é mais complexa do que parecia inicialmente, pois se aplicarmos a análise de "intuição" esboçada no último capítulo ao caso da "intuição pura", seremos forçados a distinguir três sentidos do termo. Não devemos apenas contrastar uma "forma da intuição" (intuição pura indeterminada) com uma "intuição formal" (intuição pura determinada), também precisamos distinguir entre dois sentidos da primeira. Isso pode significar seja a forma ou a maneira [*Art*] do *intuir* – que pode ser caracterizada como uma capacidade ou disposição inata de intuir coisas de certa forma, espacial ou temporalmente, por exemplo –, seja a forma (no sentido de uma ordem ou padrão essencial) daquilo que é *intuído*[156].

---

156. Na literatura secundária, a distinção entre uma forma de intuir e uma forma da intuição, juntamente com a tentativa de usar essa distinção para interpretar a distinção do próprio Kant entre forma da intuição e uma intuição formal, foi apresentada por Buchdahl (1969a, p. 579-594, 621) e por Krausser (1972-1973, p. 81-87; 1973-1974, p. 279-287). Ambos, entretanto, tendem a

A noção de uma forma do intuído, distinta tanto de uma forma de intuir quanto de uma intuição formal, é exigida para caracterizar o espaço unitário e global, que contém dentro de si o diverso dos espaços. Claramente, esse espaço, que é o foco central da análise de Kant na Estética Transcendental, não pode ser descrito nem como uma mera capacidade de intuir, nem como uma intuição formal[157]. Como indica a análise precedente, em vez disso, o espaço deve ser interpretado como um arcabouço "pré-intuído" que condiciona e é pressuposto pela representação efetiva de regiões ou configurações do espaço (algo que também fica claro em Pro 4: 322; 75). É isso que Gerd Buchdahl (1969a, p. 579-582) designa de "espaço indeterminado" ou "espacialidade". Veremos que Kant afirma ser transcendentalmente ideal um espaço assim interpretado.

Para concluir, por "intuição formal" entende-se uma determinada representação intuitiva de certa característica "formal", isto é, universal e necessária, de objetos enquanto intuídos. O ponto crucial, aqui, é que, enquanto determinada, uma intuição formal é um híbrido, requerendo tanto a forma do intuído quanto um conceito por meio do qual essa forma é determinada de uma certa maneira. Uma intuição formal espacial, da qual se ocupa o geômetra, é a representação intuitiva da forma ou das propriedades essenciais da figura correspondente a um dado conceito geométrico. Tais representações são os produtos da construção matemática, governada afinal pela natureza dada do espaço como a forma do intuído. Em outras palavras, essa natureza dada determina não meramente as leis da lógica, mas aquilo que é geometricamente possível. É também por isso que Kant defende o caráter sintético e *a priori* da geometria.

D. A Exposição Transcendental (o "argumento a partir da geometria")

Devemos considerar, agora, a relevância da concepção kantiana da geometria para o argumento geral em favor da idealidade transcendental do espaço.

---

associar uma distinção à outra. Assim, a noção de uma forma do intuído, que parece necessária para capturar as asserções feitas por Kant sobre o espaço na Estética, é simplesmente abandonada.

157. A questão se o espaço, tal como descrito na Estética Transcendental, deve ser considerado como uma forma da intuição (visto como uma capacidade ou disposição para intuir) ou como uma intuição formal foi primeiramente aventada por Erdmann (1878, p. 110-111). Ele defende que o espaço, representado como uma grandeza infinita dada, deve se referir à mera forma da intuição. Vaihinger (1881-1892, vol. 2, p. 259), ao contrário, argumenta que a forma meramente potencial da intuição não é finita nem infinita e que, portanto, deve se referir à intuição formal determinada. Segundo minha análise, entretanto, nenhum dos dois está correto. Vaihinger está certo em rejeitar a análise de Erdmann, mas errado em saltar para a conclusão de que se trata de uma intuição formal. O problema com as leituras de ambos é que eles veem apenas duas alternativas, quando, na verdade, existem três.

O chamado argumento a partir da geometria que, na segunda edição, faz parte da exposição transcendental, é frequentemente visto como o principal, senão o único, apoio em favor da tese da idealidade. Mas como a concepção kantiana da geometria é geralmente considerada insustentável de um ponto de vista moderno, isso facilita a rejeição um tanto irrefletida do argumento em favor do idealismo transcendental.

Esta seção tenciona mostrar que é equivocada a centralidade atribuída à geometria por intérpretes do argumento kantiano em favor do idealismo transcendental[158]. De um lado, eles concedem que Kant desenvolveu um argumento a partir da geometria em favor da idealidade transcendental do espaço na Exposição Transcendental, de outro, concedem que sua concepção de espaço está intimamente conectada com suas ideias sobre a geometria[159]. Os intérpretes apenas negam que a doutrina de Kant da idealidade do espaço seja logicamente dependente de suas ideias sobre a geometria[160]. Já que não estamos nos referindo aqui aos méritos ou aos defeitos da concepção kantiana da geometria, podemos ser bem breves.

Como já indiquei, o objetivo oficial de uma exposição transcendental é mostrar como uma representação *a priori* pode fundamentar um certo corpo de cognições sintéticas *a priori*. Isso exige mostrar, em primeiro lugar, que as cognições em questão "efetivamente decorrem do conceito dado", e, em segundo, "que essas cognições só são possíveis sob a pressuposição de um dado modo de esclarecer esse conceito" (B40). Em outras palavras, uma exposição transcendental é concebida para mostrar que um dado corpo de conhecimentos sintéticos *a priori* (P) só é possível se houver uma representação (Q) com certas propriedades especificadas. Q é, assim, condição necessária de P, o que equivale a dizer que P→Q.

Essa é precisamente a conexão que Kant estabelece entre a geometria e a representação do espaço. Pressupõe-se que a "geometria é uma ciência que determina as propriedades do espaço de maneira sintética, mas também *a priori*", e a questão é: "o que tem de ser então a nossa representação do espaço para que seja possível tal cognição?" (B40). Deve-se notar que a questão diz respeito à nossa *representação* do espaço, e não ao próprio espaço. Não admira a asserção

---

158. Para concepções similares, cf. Humphrey (1973, p. 483-512), Horstmann (1976, p. 17-30) e Baum, (1992, esp. p. 312-313).
159. Embora Kant também ofereça uma Exposição Transcendental do tempo, argumentando que o tempo também é uma fonte de conhecimento *a priori*, ele não articula, a partir dessa exposição, um argumento correspondente para a idealidade do tempo.
160. Para uma abordagem bastante diferente da situação, cf. Friedman (1992a, p. 55-135).

de Kant de que essa representação deve ser tanto uma intuição quanto *a priori*. Assim, a geometria é vinculada à análise da representação do espaço sem que uma palavra sequer seja dita acerca da idealidade do próprio espaço.

Neste ponto, entretanto, Kant repentinamente pergunta: "como pode estar na mente, então, uma intuição externa que antecede os próprios objetos, e na qual o conceito dos últimos pode ser determinado *a priori*?" Sua resposta é esta:

> Obviamente, apenas na medida em que ela tem seu lugar simplesmente no sujeito, como a constituição formal deste último para ser afetado por objetos e, assim, receber uma representação imediata de tais objetos, isto é, uma intuição; apenas, portanto, como forma do sentido externo em geral (B41).

Aqui, Kant parece assinalar que a idealidade transcendental do espaço é derivada da análise da geometria. O argumento, tal como é apresentado, consiste em dois passos. O primeiro, já mencionado anteriormente, corresponde à afirmação de que o caráter *a priori* e intuitivo da representação do espaço é uma condição necessária da possibilidade da geometria. O segundo passo consiste na tese de que a afirmativa precedente implica que o próprio espaço deve ser uma forma do sentido externo. Uma estrutura lógica similar também é encontrada em outros textos, nos quais Kant defende a idealidade transcendental do espaço a partir da natureza sintética e *a priori* da geometria. Em cada caso, entretanto, a estratégia é mediada por um apelo ao caráter *a priori* e intuitivo da representação do espaço (cf. Pro 4: 281-284; 32-36; UE 8: 240; R 5962 18: 403).

Duas conclusões importantes derivam desse argumento kantiano. Em primeiro lugar, que a idealidade transcendental do espaço é uma condição apenas necessária, mas não suficiente, da geometria, concebida como uma ciência sintética *a priori* do espaço. Por conseguinte, a negação da segunda não implica a negação da primeira[161]. Em segundo lugar, que o argumento a partir da geometria só chega à idealidade pela via de um apelo ao caráter *a priori* e intuitivo da representação do espaço. Consequentemente, se isso puder ser estabelecido de modo independente, então o argumento da idealidade pode prosseguir sem qualquer apelo à geometria. Mas o objetivo central da Exposição Metafísica é mostrar que a representação do espaço tem justamente essa característica. Segue-se daí que o argumento em favor da idealidade pode dispensar completamente a Exposição Transcendental ou quaisquer considerações acerca da natureza da geometria[162].

---

161. Isso é assinalado de forma particularmente clara por Horstmann (1976, p. 27-28).

162. Essa conclusão, que consta também na primeira edição, foi criticada tanto por Guyer quanto por Falkenstein. Segundo Guyer, o principal problema com essa leitura é que ela ignora o sentido forte de necessidade no qual Kant insiste e que exige a tese de que a forma espacial seja imposta pela mente. Além disso, ele defende que, se a forma espacial for imposta pela mente, ela deve

Na verdade, o máximo que qualquer uma dessas considerações poderia oferecer é uma base independente em favor da tese de que a representação do espaço é *a priori* e intuitiva, o que ainda deixa por fazer a tarefa de demonstrar que o próprio espaço é transcendentalmente ideal[163]. Ademais, o mesmo pode ser dito, *mutatis mutandis*, a respeito do argumento das assim chamadas contrapartes incongruentes, ao qual Kant, por vezes, apelou em defesa da idealidade transcendental do espaço[164].

II. O argumento da idealidade

O principal argumento de Kant em favor da idealidade do espaço está contido nas conclusões que se seguem imediatamente a Exposição Metafísica e a Exposição Transcendental. Kant extrai duas conclusões explícitas com relação ao conteúdo da representação do espaço e então prossegue afirmando que o próprio espaço é empiricamente real e transcendentalmente ideal. Dessa forma, aqui é feito o movimento crucial de uma consideração sobre a representação do espaço para a natureza do próprio espaço. Essa transição, entretanto, acaba sendo bem menos radical do que se poderia supor, já que a tese básica de Kant é que o espaço não é nada fora de nossa representação. O tratamento do tempo possui uma estrutura

---

possuir algum aspecto métrico. Desse modo, na visão de Guyer (1987, p. 360-361), Kant está comprometido com a tese de que a geometria euclidiana (ou alguma outra geometria) é necessariamente verdadeira para o espaço. Contudo, sua tese – a de que, se a forma espacial é "imposta" a objetos (uma escolha de termos um tanto estranha para aquilo que, segundo Kant, é uma questão de receptividade), então ela deve possuir um aspecto métrico – é de fato verdadeira, mas irrelevante. Pois o ponto em questão é que não há nada na natureza necessariamente euclidiana do espaço que possa servir como premissa essencial na Exposição Metafísica. A principal objeção de Falkenstein (1995, p. 423-424, n. 2) gira em torno de sua pressuposição de que a Exposição Transcendental apresenta uma concepção muito mais robusta de apriodade do que aquelas oferecidas na Exposição Metafísica e de que esse sentido mais robusto é requerido pelo idealismo transcendental. Essa questão já foi tratada na discussão sobre os dois argumentos da apriodade.

163. O próprio Kant expressa claramente a separabilidade da sua tese da idealidade em relação às suas concepções sobre a geometria quando afirma que a primeira "não é apenas uma hipótese para esclarecer a possibilidade do conhecimento sintético *a priori*, mas uma verdade demonstrada" (Fort 20: 268; 360). Essa passagem é citada por Horstmann (1976, p. 26).

164. Por contrapartes, Kant compreendia objetos que são completamente similares uns aos outros quanto às suas propriedades intrínsecas, mas que não podem estar contidos nos mesmos parâmetros espaciais. Assim, as contrapartes incluem tanto objetos geométricos, como triângulos esféricos quanto objetos físicos, como as mãos direita e esquerda. Em dois textos (Pro 4: 285-286; 81-82; MAN 4: 483-484; 196-197), Kant apelou ao "paradoxo" de tais contrapartes em defesa da idealidade transcendental do espaço. O máximo que tais contrapartes podem fazer, entretanto, é servir de apoio para a tese de que a representação do espaço é uma intuição *a priori*, da qual a tese da idealidade ainda deve ser derivada. Para uma leitura oposta que enfatiza a importância das contrapartes incongruentes para o idealismo de Kant, cf. Buroker (1981).

similar, embora Kant acrescente que o tempo, enquanto a forma do sentido interno, é a condição formal e *a priori* de todas as aparências, já que todas as aparências, enquanto modificações da mente, pertencem ao sentido interno (A34/B50). Embora essa consideração do tempo seja de grande importância para o argumento da Analítica Transcendental, não precisamos examiná-la aqui, uma vez que não tem relevância direta para nossas preocupações do momento.

A. As conclusões de Kant

A primeira conclusão é expressa em termos negativos, pois estipula o que *não* está contido em nossa representação. Mais especificamente, nos é dito que

> o espaço não representa nenhuma propriedade de coisas em si ou das relações destas entre si, ou seja, nenhuma determinação das mesmas que fosse inerente aos próprios objetos e que permanecesse mesmo depois de abstraídas todas as condições subjetivas da intuição (A26/B42).

Uma vez que, com exceção do Prefácio, essa é a primeira referência na *Crítica* às coisas em si, o leitor leigo não está em posição de interpretá-la. No entanto, Kant oferece uma pista importante quando indica que por propriedade de tais coisas se deve entender uma determinação que se liga a elas independentemente das condições subjetivas da intuição. Isso sugere que por "coisas em si mesmas" entende-se as coisas consideradas à parte (ou por abstração) de sua relação com as condições subjetivas da intuição. A tese, portanto, é que a representação do espaço não contém quaisquer propriedades (incluindo propriedades relacionais) que possam ser predicadas de coisas consideradas desse modo.

A segunda conclusão, expressa positivamente, afirma que

> o espaço não é nada além [*nichts anders als*] da forma de todas as aparências dos sentidos externos, isto é, a única condição subjetiva da sensibilidade sob a qual nos é possível a intuição externa (A26/B42).

Embora haja uma breve referência à distinção entre a matéria e a forma da aparência no início da Estética, o leitor, também aqui, não está preparado para essa conclusão. E, mais uma vez, Kant se esforça para esclarecer a questão mobilizando uma oração explicativa: por "forma de todas as aparências do sentido externo", deve se entender uma condição subjetiva da intuição externa[165]. Por essa razão, a tese de Kant sustenta que o *conteúdo* da representação do espaço, isto é,

---

165. Infelizmente, Kemp Smith confunde o leitor anglófono ao traduzir essa oração como uma frase separada, sugerindo assim que Kant esteja propondo uma nova tese e não apenas explicando a tese anterior.

daquilo que é nela efetivamente representado (ou melhor, apresentado), é apenas uma condição subjetiva da sensibilidade humana. O restante do parágrafo confirma então que essa conclusão tem consequências favoráveis à compreensão da possibilidade de um conhecimento *a priori*.

Por fim, com base nessas conclusões, Kant afirma:

> Nós só podemos, portanto, falar de espaço, de entes extensos etc., do ponto de vista de um ser humano. Se saímos da única condição subjetiva sob a qual podemos receber a intuição externa, isto é, tal como podemos ser afetados pelos objetos, então a representação do espaço não significa absolutamente nada. Esse predicado só é atribuído às coisas na medida em que elas nos aparecem, isto é, na medida em que são objetos da sensibilidade (A26-27/B42-43).

É aqui e no restante desse parágrafo que Kant afirma a idealidade transcendental do espaço, assim como a compatibilidade dessa idealidade com sua realidade empírica. Essencialmente, a tese da idealidade afirma que predicados espaciais são limitados aos "objetos da sensibilidade", isto é, às aparências, ou, de modo equivalente, que esses predicados não são aplicáveis às coisas "quando [...] consideradas pela razão em si mesmas, isto é, tomadas sem levar em consideração a constituição de nossa sensibilidade" (A28/B44). Correlativamente, a tese da realidade empírica afirma que esses predicados são aplicáveis a aparências externas, o que é equivalente a afirmar a "realidade (isto é, validade objetiva) do espaço com relação a tudo aquilo que possa apresentar-se a nós externamente como objeto" (A28/B44).

Para além de questões terminológicas, há aqui dois problemas maiores: (1) o que Kant está tentando provar? (2) Como ele pretende levar a cabo tal prova? Conforme a leitura tradicional, a resposta à primeira questão é óbvia: Kant está tentando determinar o *status* ontológico do espaço (e do tempo). Nessa leitura, então, a primeira conclusão elimina as opções ontológicas usuais e a segunda defende a alternativa crítica como a única opção restante. Em apoio à segunda, afirma-se ainda (nessa leitura) que o *status* ontológico atribuído ao espaço como a forma da sensibilidade humana não ameaça sua realidade empírica.

Se a análise do idealismo transcendental apresentada aqui é correta, essa leitura está profundamente equivocada[166]. Claramente, a relação das duas conclusões é entre negativo e positivo, a primeira rejeitando as opções ontológicas presumivelmente disponíveis para o realismo transcendental (basicamente, as concepções newtoniana e leibniziana) e a segunda afirmando a doutrina do

---

166. Lamentavelmente, eu próprio estive preso a essa imagem, pelo menos parcialmente, na primeira edição deste livro, o que pode explicar algumas das inconsistências em minha análise.

idealismo transcendental. Contudo, uma vez mais, isso não significa necessariamente que a conclusão positiva de Kant deva ser compreendida como o rival ontológico bem-sucedido das concepções que ele repudiou. Em vez de pensarmos que Kant esteja fazendo uma jogada inédita dentro do mesmo jogo (a ontologia tradicional), podemos pensar que Kant esteja inaugurando um jogo inteiramente novo (o da filosofia transcendental).

Para avaliar essa possibilidade, é necessário considerar brevemente a natureza do jogo que está sendo abandonado. Como veremos em maior detalhe na quarta parte deste livro, Kant seguiu a tradição metafísica (incluindo seus predecessores Wolff e Baumgarten) na compreensão de que o objeto da ontologia são as "coisas em geral". Em outras palavras, trata-se da "metafísica geral", por oposição aos vários ramos da "metafísica especial" (psicologia, cosmologia e teologia racionais), cada uma das quais relativa a um objeto transcendente distinto. Em termos aristotélicos, a metafísica geral é a teoria do "ser enquanto ser".

Como veremos também em maior detalhe nos capítulos seguintes, tendo em vista que Kant negou explicitamente seu engajamento a esse projeto na Analítica (A247/B303), parece razoável supor que ele diria o mesmo com relação à Estética. Visto dentro do arcabouço da tradição metafísica herdada por Kant, isso significa que propriedades e relações espaço-temporais não são predicáveis de coisas ou objetos em geral. Essa é a tese básica a partir da qual sua inaplicabilidade às coisas como são em si mesmas segue como um corolário – já que tudo o que vale para as coisas em geral (consideradas meramente enquanto coisas) deve valer também para as coisas consideradas como são em si mesmas.

Por conseguinte, negar que Kant esteja oferecendo uma ontologia alternativa do espaço é simplesmente assinalar o óbvio, a saber, que ele está negando que a espacialidade possa ser atribuída a coisas em geral (seja como uma propriedade, seja como uma relação). Tal atribuição é explicitamente rejeitada pela tese de que o espaço é a forma da sensibilidade humana. Deve-se admitir que seria possível alegar como resposta que tal negação de um posicionamento ontológico é ainda uma jogada interna à ontologia. Fazê-lo, entretanto, seria um grave equívoco, pois sugere que se trata de uma tese sobre como as coisas "realmente são" *an sich*. Em outras palavras, ela nos convida a considerar que Kant esteja afirmando que as coisas não são realmente espaciais, mas que elas apenas nos parecem ser assim. E isso, como vimos, engendra todas as dificuldades concernentes ao idealismo transcendental, tradicionalmente compreendido como uma tese metafísica.

A questão pode ser melhor esclarecida por um retorno à noção de "assertibilidade justificada" introduzida no capítulo 2. Nesse registro, o realismo empírico de Kant pode ser visto normativamente como uma "autorização" para atribuir espacialidade (grandeza, forma e localização) *a priori* a todos os objetos do sentido externo. Trata-se, contudo, de uma "justificação restrita" (restrição essa valendo para objetos da experiência humana) por oposição a uma "justificação irrestrita" para atribuir grandeza, forma e localização às coisas em geral. Além do mais, os fundamentos para essa restrição são normativos, pois derivam das condições sob as quais a justificação é originalmente concedida, a saber, que se tenha mostrado que o espaço é uma condição da intuição externa.

Que Kant se via fazendo algo do gênero é sugerido por sua surpreendente tese de que é apenas a partir de uma "perspectiva humana" que se pode falar do espaço, e se nos afastarmos dessa perspectiva, ou, de modo equivalente, se abandonarmos a condição subjetiva da intuição externa, a representação do espaço "não significa[rá] absolutamente nada". Falar do espaço a partir de uma "perspectiva humana" é considerá-lo nos termos do que foi descrito no capítulo 2 como o modelo antropocêntrico de cognição, que é contrastado com o modelo teocêntrico do realismo transcendental. Por essa razão, afirmar que a representação não significa absolutamente nada se nos afastarmos dessa perspectiva, ou, o que dá no mesmo, se abandonarmos as "condições subjetivas da intuição externa", significa afirmar que é um erro pensar que o espaço tenha uma realidade *an sich* de *qualquer* gênero que seja. Para dizê-lo com uma única palavra, significa "desontologizar" o espaço. Porém, uma vez mais, isso não significa que as coisas apenas nos *parecem* espaciais por serem percebidas através do meio distorcido do sentido externo, mas sim que as coisas *realmente são* espaciais no único sentido relevante dessa afirmação, a saber, quando consideradas como objetos de experiência possível.

Todavia, mesmo se aceitarmos essa explanação como uma sinalização do que Kant está tentado demonstrar, resta a questão de como (e se) ele conseguiu demonstrá-lo. Em suma, precisamos de um argumento que nos mostre porque devemos renunciar a nossa maneira costumeira de pensar o espaço como uma entidade, uma propriedade ou uma relação objetiva de certo tipo e passar a conceitualizá-lo da maneira radicalmente nova sugerida por Kant. Ora, parece que tal argumento não estava no horizonte, e foi precisamente isso que levou tantos intérpretes a concluírem que o real argumento kantiano deve se basear no caráter sintético e *a priori* da geometria. Além do mais, vários intérpretes que realmente identificam aqui um argumento independente do apelo à geometria, veem-no apoiado em nada a não ser na conexão geral entre aprioridade e subjetividade (cf. Paton, 1936, vol. 1, p. 65). Mas tal linha argumentativa possui dois defeitos. Em primeiro lugar, torna inútil toda a discussão sobre a natureza intuitiva da representação do espaço no argumento da idealidade. Em segundo lugar, ela não é capaz de explicar como a origem subjetiva da representação do espaço pode justificar a tese da idealidade transcendental do próprio espaço.

B. À procura de um argumento

Os *Prolegômenos* contêm pistas importantes para a reconstrução do argumento de Kant. Após notar que a possibilidade da matemática repousa sobre a intuição *a priori*, Kant levanta a questão da possibilidade ou não de se intuir algo *a priori*. Significativamente, esse problema não se coloca para conceitos, pelo menos não da mesma forma. Escreve Kant:

> Conceitos [...] são de natureza tal que podemos muito bem formar alguns deles *a priori*, a saber, conceitos que contêm apenas o pensamento de um objeto em geral, sem estarmos em relação imediata com o objeto (Pro 4: 282; 78).

Tendo em vista que conceitos jamais se relacionam imediatamente com objetos, Kant deseja demonstrar que eles podem ser formados independentemente de qualquer experiência. Nesse sentido, embora sejam vazios, é possível formar conceitos para os quais nenhum objeto correspondente pode ser dado. Porém, visto que uma intuição se relaciona imediatamente com seu objeto, não poderia haver nenhuma intuição vazia análoga. É a aparente incompatibilidade entre essa imediatidade ou esse requisito de apresentação e sua presumida apriorídade que torna problemática a noção de uma intuição *a priori*. Isso parece exigir que um objeto seja, de alguma forma, dado à mente antes de ser efetivamente experienciado, o que é uma contradição em termos. Por essa razão, há necessidade de explicar "como pode a *intuição* do objeto vir antes do próprio objeto" (Pro 4: 282; 78).

O problema aqui diz respeito ao conteúdo ou ao objeto intencional de uma intuição hipotética *a priori* (sua "realidade objetiva" no sentido escolástico-cartesiano). Em outras palavras, ele diz respeito à questão: tal intuição é uma intuição de quê? Kant salienta que ela não pode ser uma intuição de coisas como elas são em si mesmas, o que seria meramente uma reiteração da primeira conclusão da *Crítica*. Ele agora vai além, sugerindo que mesmo uma intuição empírica seria impossível sob essa pressuposição. Para Kant, "continua inconcebível como a intuição de uma coisa presente me faça conhecê-la como ela é em si mesma, pois suas propriedades não podem migrar para dentro [*hinüber wandern*] de minha faculdade de representação" (Pro 4: 282; 78). Embora a maneira como Kant se expressa seja um tanto extravagante, ele parece estar aludindo à teoria escolástica da percepção (a teoria das espécies intencionais), que foi substituída pela teoria moderna do "caminho das ideias" em certa medida em função das razões sugeridas por Kant.

A preocupação real de Kant, entretanto, é com a intuição *a priori*, não com a intuição empírica, e o problema é determinar o que tal intuição poderia conter ou apresentar à mente. Tendo rejeitado a concepção de que ela representaria coisas como elas são em si mesmas como incompatível com essa pressuposição, ele conclui:

> Só há, assim, uma única maneira pela qual é possível que minha intuição preceda a presença real do objeto e tenha lugar como cognição *a priori*, a saber: *se ela não contém nada mais que a forma da sensibilidade, que em mim, enquanto sujeito, precede todas as impressões reais por meio das quais sou afetado por objetos* (Pro 4: 282; 78).

Assim, a tese é que uma intuição *a priori* é possível se e somente se ela contiver ou apresentar à mente uma forma de sua própria sensibilidade. Temos de admitir que isso parece misterioso, já que não há nenhuma explicação do que poderia significar intuir uma forma da sensibilidade. No entanto, ao evitar qualquer referência específica ao espaço ou ao tempo (que, por hipótese, são as formas da sensibilidade humana), essa formulação tem a virtude da generalidade, o que ajuda a esclarecer a natureza conceitual das questões envolvidas. O argumento consiste em dois passos, que correspondem às duas conclusões na *Crítica*[167]. O primeiro sustenta que uma intuição *a priori não é possível* caso seu conteúdo seja uma determinação (intrínseca ou relacional) das coisas como são em si mesmas. O segundo passo do argumento afirma que tal intuição é *possível* se seu conteúdo for uma forma da sensibilidade. Pressupondo a exaustividade dessas alternativas e os resultados das Exposições, segue-se que o espaço e o tempo (os conteúdos dessas representações) nada são além das formas da sensibilidade.

A parte "não se" do argumento. Como já indicado, a primeira conclusão exclui a possibilidade de que o espaço possa ser uma propriedade ou uma relação

---

167. Essa interpretação difere radicalmente da leitura de Guyer. Em vez de entender as duas conclusões como complementares, mutuamente implicadas pelas Exposições, para Guyer, Kant pretendeu que apenas a primeira conclusão fosse derivada das Exposições, ao passo que a segunda presumivelmente se seguiria da primeira (cf. Guyer, 1987, p. 355-356). Essa leitura supostamente apoia a tese interpretativa central de Guyer de que o idealismo de Kant é dogmático e não crítico, pois passa da negação dogmática de que coisas em si mesmas sejam espaciais para a tese de que o espaço seja apenas uma forma da sensibilidade humana. Para minha discussão sobre essa questão, cf. minha resenha da obra de Guyer em Allison (1989, p. 220); cf. tb. Allison (1996a, p. 22-24).

das coisas como elas são em si mesmas, pois nenhuma das duas poderia ser intuída *a priori*. Embora essas alternativas correspondam respectivamente às posições newtoniana e leibniziana, vimos que o alvo de Kant são *todas* as teorias transcendentalmente realistas do espaço (ou do tempo), das quais as de Newton e Leibniz são apenas as mais importantes. Assim, muito embora Kant esteja preocupado na Estética (e em outros lugares) com as vantagens e desvantagens relativas dessas concepções (que ele designa como concepções dos "estudiosos matemáticos" e "metafísicos da natureza"), o núcleo do seu argumento da idealidade ataca o que elas têm em comum, a saber, a pressuposição de que espaço e tempo são determinações (não importa de que espécie) das coisas como elas são em si mesmas.

Abordar o argumento desse modo torna possível lidar de forma sucinta com a incômoda questão da eliminação, por parte de Kant, da alternativa newtoniana. Essa questão é incômoda porque, como notaram os comentadores, as Exposições Metafísicas parecem atacar principalmente a concepção relacional leibniziana, deixando praticamente intacta a concepção absoluta newtoniana (algo enfatizado particularmente por Paton, 1936, vol. 1, p. 174-176). Por essa razão, pode parecer que houvesse a necessidade de Kant recorrer a considerações adicionais, incluindo talvez suas pouco atrativas implicações metafísicas e teológicas, a fim de eliminar tal alternativa e completar o argumento[168]. Mas, neste caso, as conclusões não se seguiriam das Exposições apenas.

Entretanto, se seguirmos a sugestão dos *Prolegômenos*, esse modo convencional de analisar o argumento da *Crítica* pode ser considerado equivocado[169]. Pois a principal lição a ser extraída é a relativa indiferença de se considerar que o espaço representa ou uma propriedade ou uma relação entre coisas em si mesmas, pois em nenhum dos casos poderia haver intuição *a priori*. Por conseguinte, a primeira parte do argumento de Kant, a parte "não se", baseia-se inteiramente numa tese sobre as condições de possibilidade da intuição de algo *a priori* (cf. UE 8: 241; 328 e Fort 20: 266; 359 para teses similares).

Interpretado nessa chave, o argumento não é mais robusto que sua premissa de que temos uma intuição *a priori* do espaço. Além disso, trata-se de uma premissa que os leibnizianos no mínimo rejeitariam. Com efeito, dada a natureza

---

168. Kant recorre, é claro, a essas consequências (cf., em particular, B70-72), mas são considerações nitidamente suplementares, adicionadas apenas na segunda edição, e não a base principal para sua crítica da posição newtoniana, já formulada na primeira edição.

169. Uma vez mais, trata-se de um erro da primeira edição deste livro pelo qual fui responsável. Expresso aqui meu agradecimento a certas críticas àquela análise feitas por Wojtowicz (1994), particularmente.

problemática de uma intuição *a priori*, o fato de uma posição estar livre dessa noção pode ser visto como uma virtude.

Tendo em vista que o argumento enfatiza o conhecimento sintético *a priori*, a resposta mais óbvia é apelar à Exposição Transcendental. Mas como esta última gira em torno do pressuposto de que a representação original do espaço seja tanto intuitiva quanto *a priori*, somos inevitavelmente reconduzidos à Exposição Metafísica como a base última para a conclusão de Kant. Assim, restringindo-nos novamente ao tratamento do espaço, parece ser apropriada uma breve revisão dos resultados dessa Exposição.

Como vimos, tais resultados são duplos. Em primeiro lugar, mostrou-se que a representação do espaço tem uma função epistêmica complexa no que diz respeito às aparências externas (daí sua aprioridade). Mais especificamente, mostrou-se que ela fundamenta a possibilidade da intuição externa – tanto no sentido de fornecer uma condição para a percepção das relações das aparências externas com o eu e umas com as outras (o primeiro argumento), quanto no sentido de ser uma condição da própria dadidade de tais aparências (o segundo argumento). Em segundo lugar, mostrou-se que ela cumpre essa função de uma certa maneira – ela fornece um arcabouço infinito ou ilimitado e homogêneo no qual essas aparências são dadas e relacionadas entre si, e não um conceito genérico sob o qual elas cairiam (daí sua natureza intuitiva).

Consequentemente, a questão passa a ser se a representação do espaço pode funcionar dessa forma desde que seja intuitiva e *a priori*. A resposta é claramente negativa. Em primeiro lugar, dada a compreensão kantiana da distinção entre conceito e intuição, no que diz respeito às aparências externas, a representação do espaço não pode ser considerada um conceito sob o qual as aparências cairiam e através do qual seriam reconhecidas como tais. Em segundo lugar, e de modo mais controverso, há uma contradição no pressuposto de que a representação de algo que supostamente funciona como uma condição de possibilidade da experiência de objetos pudesse ter sua origem na experiência desses mesmos objetos. Isso é contraditório, pois implica que a experiência seja possível separada de algo que é estipulado como condição de sua possibilidade. Assim, se a representação do espaço cumpre o papel reivindicado na Exposição Metafísica, ela deve ser *a priori* e, enquanto tal, ter seu fundamento no sujeito cognoscente, e não na natureza dos objetos como são em si mesmos.

Todavia, é importante ter em mente a natureza limitada desse resultado. Por si só, ele não estabelece algo positivo acerca da natureza do espaço nem exclui a possibilidade de que o espaço e o tempo possam ser tanto propriedades quanto relações das coisas em si, como defendem Newton e Leibniz. Em vez disso, ele mostra apenas que um espaço transcendentalmente realista como esse jamais poderia fornecer o conteúdo da nossa representação e, portanto, ser o espaço ao qual se referem os juízos empíricos ou os matemáticos. Por conseguinte, para ir além desse resultado negativo, Kant tem de mostrar que sua concepção do espaço como uma forma da sensibilidade humana é capaz de explicar como o espaço poderia ser intuído *a priori*.

A parte "se" do argumento. Esse é a tarefa da segunda parte do argumento, que afirma a possibilidade de uma intuição *a priori* se ela contiver ou apresentar à mente sua própria forma da sensibilidade. Tal como a primeira conclusão, esta é perfeitamente geral e não envolve nenhuma referência específica às representações do espaço e do tempo como intuições puras. Por isso, as questões postas por ela são principalmente terminológicas, entre as quais saber o significado de "forma da sensibilidade" e se essa forma é o tipo de coisa que pode ser intuído. Infelizmente, as próprias definições kantianas no começo da Estética Transcendental – onde se esperaria encontrar respostas para essas questões – não ajudam muito. Como assinala H. J. Paton, Kant tende a tratar "forma da aparência", "forma da intuição", "forma da sensibilidade" e até "intuição pura" como se fossem expressões praticamente equivalentes, o que parece tornar a discussão se uma intuição pura é, ou tem como conteúdo, uma forma da sensibilidade quase uma questão de definição (Paton, 1936, vol. 1, p. 101-102).

Para garantir que esse não é o caso, é necessário considerar mais detidamente algumas dessas definições. Começaremos com a expressão "forma das aparências" por ser, de certa maneira, a mais básica de todas. Para evitar qualquer petição de princípio, "aparências" deve ser entendida aqui em sentido neutro, isto é, sem implicar ainda qualquer idealidade. Em vez disso, "aparências" se refere aos objetos efetivamente dados na experiência, em contraste com aqueles que são apenas concebidos. Correlativamente, "forma" deve ser compreendida no sentido de condição, e "matéria" como aquilo que é condicionado ou determinado pela forma[170]. Na segunda edição, Kant define a forma da aparência como "aquilo que permite que o diverso da aparência seja ordenado em certas relações"

---

170. Em sua discussão explícita sobre os conceitos de matéria e forma na Anfibolia dos Conceitos da Reflexão (A266/B322), Kant define "matéria" como "o determinável em geral" e "forma" como "a sua determinação". Pretende-se que essas definições sejam perfeitamente gerais ou "transcendentais", aplicando-se tanto a juízos quanto a entes. Com relação aos entes, entretanto, deve-se notar que as determinações de uma coisa a tornam a espécie de coisa que ela é. Por conseguinte, a definição é pelo menos compatível com a compreensão implícita de "forma" como condição, encontrada tanto na Estética Transcendental quanto na Analítica.

(B34). Expresso de outro modo, uma forma da aparência é uma característica da aparência em virtude da qual seus elementos são ordenáveis ou relacionáveis uns com os outros na intuição. Assim, como vimos no capítulo 2, ela própria não é uma ordem (como são o espaço e o tempo para Leibniz), mas uma condição ou arcabouço de tal ordem. O primeiro argumento da aprioridade, em particular, sustenta que a representação do espaço funciona desse modo.

Já consideramos a expressão "forma da intuição" e sua ambiguidade inerente. Vimos que ela pode designar as características formais (a estrutura dos objetos intuídos), bem como o modo ou maneira [*Art*] de intuí-los. No primeiro caso, ela é equivalente a "forma das aparências", sendo, portanto, ontologicamente neutra. No segundo caso, porém, ela envolve uma referência explícita à mente. Tal como acontece com "forma da intuição", "forma da sensibilidade" pode ser entendida em dois sentidos. Mas à diferença da primeira expressão, ambos envolvem uma referência à mente. Mais precisamente, "forma da sensibilidade" pode designar ou uma forma de intuir sensivelmente, às vezes chamada por Kant de "forma da receptividade", ou uma forma dos objetos enquanto sensivelmente intuídos. Doravante, passaremos a nos referir a essas duas formas como "forma da sensibilidade$_1$" e "forma da sensibilidade$_2$", respectivamente. Mas o ponto principal é que, ao reivindicar a equivalência entre uma forma das aparências e uma forma da sensibilidade$_2$, também se está reivindicando que esta última seja uma forma que pertence àquelas aparências (objetos dados) apenas em virtude da constituição subjetiva da mente, isto é, de sua forma da sensibilidade$_1$, e isso é justamente o que as conclusões de Kant deveriam estabelecer.

Dados esses passos preliminares, estamos agora em condição de formular concisamente a parte "se" do argumento. O raciocínio sustenta que se o conteúdo de uma dada intuição é uma forma ou uma característica formal dos objetos da intuição (o *intuído*), que pertence a esses objetos apenas em virtude da constituição da mente (sua forma de *intuir*), então essa intuição tem de ser *a priori*. Isso ocorre por duas razões: em primeiro lugar, o conteúdo de tal intuição seria universal e necessário (pelo menos para todos os sujeitos equipados com a mesma forma de intuição); em segundo lugar, sua fonte não residiria nem nos próprios objetos, nem em quaisquer dados sensoriais (sensações) produzidos pela afecção da mente por esses objetos. Pela segunda razão, esse conteúdo também seria "puro", ou seja, independente de sensação. Uma vez mais, essa tese é completamente geral, aplicando-se à intuição pura enquanto tal, sem qualquer referência específica à análise kantiana da representação do espaço. Contudo, ela mostra que podemos explicar a possibilidade de uma intuição *a priori* do espaço se supusermos que ele é (ou contém) uma forma da sensibilidade$_2$.

Tomadas em conjunto, essas conclusões implicariam que o espaço seja uma forma da sensibilidade$_2$ e, enquanto tal, que seja transcendentalmente ideal? Pressupondo que as definições de Kant são adequadas e que as teses da Exposição Metafísica sejam cogentes, a questão (como ocorre tantas vezes) gira em torno da exaustividade das alternativas apresentadas e supostamente eliminadas. O problema parece exacerbado, entretanto, por uma aparente lacuna no argumento de Kant. O primeiro passo pretende apenas mostrar que uma intuição *a priori* não é possível se seu conteúdo ou objeto intencional for uma propriedade ou uma relação das coisas como elas são em si mesmas. Mas isso parece deixar abertas pelo menos duas possibilidades: que o conteúdo dessa representação possa ser algo diferente do sugerido pelas três (ou quatro) alternativas; e que, embora o conteúdo de nossa *representação* do espaço seja uma forma da sensibilidade, o *próprio espaço* pode, não obstante, ser uma propriedade ou uma relação das coisas como elas são em si mesmas e, portanto, transcendentalmente real. A segunda possibilidade é o tópico da próxima seção, mas neste momento se faz necessário dizer algo sobre a primeira possibilidade.

Como já assinalei, a primeira parte do argumento se baseia na pressuposição transcendentalmente realista partilhada pelas alternativas rejeitadas. Em outras palavras, apesar das profundas diferenças entre Newton e Leibniz, do ponto de vista transcendental de Kant, tanto um quanto outro pressupõem que a questão da natureza do espaço e do tempo devem ser enfrentadas no nível ontológico, como uma questão sobre uma propriedade ou relação das coisas como "realmente são", vistas de uma perspectiva divina. Em suma, a contenda entre Leibniz e Newton seria apenas uma briga de família. Mas como é precisamente essa pressuposição que inviabiliza a consideração da possibilidade de intuí-los *a priori* (como exigem as Exposições Metafísica e Transcendental), a eliminação dessas alternativas se estende a todas as explicações que partilham dessa pressuposição, ou seja, todas as explicações transcendentalmente realistas. Além do mais, posto que o realismo transcendental e o idealismo transcendental são mutuamente exclusivos e exaurem as alternativas metafilosóficas, segue-se que, uma vez eliminada a primeira, resta-nos apenas a segunda. Assim, se a segunda alternativa pode explicar a possibilidade em questão (o que a segunda parte do argumento de Kant mostra ser o caso), então ela deve ser aceita como a única alternativa viável.

Assim interpretado, o argumento não cai em petição de princípio nem se baseia, como alguns defendem, em uma prestidigitação terminológica, o que efetivamente o trivializa por tornar a idealidade essencialmente uma questão de definição. Ele não cai em petição de princípio, pois, mesmo que pressuponha a dicotomia entre realismo transcendental e idealismo transcendental em seu enquadramento do problema, não ajuíza por antecipação o problema em favor da segunda alternativa. Ele não trivializa a questão, pois não faz a idealidade do espaço seguir-se apenas de definições. Embora tenhamos visto que essas definições sejam cruciais para a compreensão da tese de Kant, também vimos que elas servem principalmente para esclarecer os resultados da Exposição Metafísica, onde foi realizado a maior parte do "trabalho pesado".

C. O problema da alternativa negligenciada

Uma das objeções clássicas ao argumento kantiano da idealidade é a assim chamada alternativa negligenciada. Essa objeção remonta aos próprios contemporâneos de Kant e foi formulada de várias maneiras[171]. A acusação básica é que mesmo se (a título de argumento) concedêssemos que o espaço *como o representamos* é uma forma da sensibilidade humana, isso não exclui a possibilidade de que o próprio espaço não tenha *também* um *status an sich* (seja como propriedade, seja como relação). Expresso nos termos introduzidos anteriormente, o fato de a justificação da espacialidade não se estender às coisas como são em si mesmas não significa que as coisas, assim interpretadas, não sejam espaciais. Esse fato apenas mostra que teses sobre sua espacialidade não são "justificadamente asseríveis". De fato, com frequência se sugere que Kant não pode negar tal

---

171. A história dessa objeção foi esboçada por Vaihinger (1881-1892, vol. 2, p. 134-151), que simpatiza bastante com ela. Quando foi inicialmente desenvolvida pelos contemporâneos de Kant, essa objeção assumiu uma forma "forte" e outra "fraca", correspondendo respectivamente às interpretações realista e idealista da monadologia leibniziana. A forma "forte" considera possível que o espaço seja uma forma da apreensão humana e que as coisas em si mesmas efetivamente estejam no espaço ou sejam espaciais. A versão "fraca" considera possível que o espaço seja tal forma subjetiva, mas que o domínio das coisas em si mesmas (concebidas como mônadas leibnizianas) contenha um análogo do espaço. A objeção foi reformulada (sem essas conotações leibnizianas) no século XIX por Adolf Trendelenburg. Segundo ele, "mesmo se concedermos que tenha sido demonstrado o argumento segundo o qual espaço e tempo são condições subjetivas, condições essas que, em nós, precedem as percepções e a experiência, ainda não há nenhuma prova argumentativa para mostrar que ambos não possam ser, ao mesmo tempo, formas objetivas" (Trendelenburg, 1862, p. 184). Essa objeção acarretou uma longa e intensa controvérsia entre Trendelenburg e Kuno Fischer, que tentou defender Kant. Abordei essa questão em Allison (1976b, p. 313-321). A presente análise, entretanto, diverge consideravelmente da oferecida nesse artigo.

possibilidade sem contradizer o princípio crítico de que as coisas em si mesmas são incognoscíveis. A objeção é expressa de maneira sucinta por Kemp Smith:

> Kant só reconhece duas alternativas: ou o espaço, enquanto objetivo, é conhecido *a posteriori*, ou então, sendo uma representação *a priori*, ele é subjetivo na origem. Mas há uma terceira alternativa: a de que, apesar da origem subjetiva de nossa representação do espaço, o próprio espaço seja uma propriedade inerente das coisas em si mesmas (Kemp Smith, 1962, p. 113).

Para examinar essa objeção, é necessário especificar a natureza da alternativa que foi supostamente negligenciada. Insinuam-se três possibilidades que, listadas em ordem de força decrescente, são: há uma identidade numérica entre o espaço enquanto uma forma da sensibilidade e um espaço pertencente às coisas como são em si mesmas; ambos os espaços são qualitativamente, embora não numericamente, idênticos, ou seja, eles compartilham uma mesma estrutura; e há uma similaridade ou analogia, embora não uma identidade, entre esses dois espaços. Como essas são alternativas significativamente diferentes, cada uma delas exige uma discussão em separado.

A primeira e mais forte delas é fácil de descartar. Como já assinalara Reinhold em sua análise do conceito de representação e de sua forma, a forma de uma representação é precisamente o que a torna uma representação, e, portanto, o que a distingue de qualquer outra coisa (Reinhold, 1789, p. 244-247). Por conseguinte, presumindo-se neste ponto um paralelismo entre "falar sobre representação" e "falar sobre sensibilidade", seria absurdo sugerir que uma forma da sensibilidade poderia ser numericamente idêntica a (a mesmíssima coisa que) uma propriedade ou relação entre coisas como elas são em si mesmas.

Contudo, isso não nos leva muito longe, já que apenas exclui a alternativa negligenciada em sua forma menos plausível. Como salientou Vaihinger, a alternativa negligenciada que os críticos de Kant tinham em mente não afirmava que uma forma de representação (sensibilidade) fosse *também* uma forma das coisas como elas são em si mesmas, mas sim que há algo nas coisas como são em si mesmas que corresponde a essa forma de representação (Vaihinger, 1881-1892, vol. 2, p. 313). Permanece indeterminado se essa correspondência é compreendida como uma identidade qualitativa ou apenas como uma similaridade ou analogia.

Supondo uma vez mais um paralelo entre a "forma da sensibilidade" de Kant e a "forma da representação" de Reinhold, a análise deste último pode ser ampliada para tratar, pelo menos, da primeira e mais forte dessas alternativas. Uma "forma de representação" pode designar uma forma (modo ou maneira) de representar ou uma forma do que é representado. Ademais, esta última, assim como a forma da sensibildade$_2$ de Kant, só pertence ao que é representado em virtude de um modo ou maneira específica de representar. Em suma, uma referência à mente e suas capacidades é inseparável da própria noção de tal forma, assim como a referência a uma mente afetada sensivelmente ou receptiva é inseparável da concepção kantiana.

No entanto, é concedido pelo oponente que o espaço é (ao menos) tal forma. Por via de consequência, também se deve conceder que predicados espaciais não podem ser aplicados às coisas como são em si mesmas. Ou, mais precisamente, deve-se conceder que tais predicados não seriam quantitativamente idênticos aos predicados espaciais ligados à sensibilidade. Visto que a independência da mente é uma característica distintiva dos primeiros e a dependência da mente, dos segundos, falar de identidade qualitativa aqui é como falar da identidade entre uma sensação e algo que é exatamente como uma sensação, exceto pelo fato de não poder ser sentido.

Isso nos deixa, então, com a terceira e mais fraca versão da pretensa alternativa negligenciada: a de que pode haver uma similaridade ou analogia entre o nosso "espaço humano" como uma forma da sensibilidade e um espaço "real" pertencente às coisas como são em si mesmas. Por conta de sua vagueza, essa possibilidade é muito mais difícil de rejeitar. De fato, não está nada claro que Kant poderia ou mesmo precisaria fazê-lo[172]. No entanto, não podemos ficar satisfeitos em assinalar essa vagueza, já que há uma forma não trivial da tese da similaridade que não é descartada pela análise precedente e que parece constituir uma ameaça direta à tese da não espacialidade.

O problema é que o argumento acima só obteve sucesso em descartar a possibilidade de uma identidade qualitativa ao indicar a necessária dependência da mente de uma certa forma da sensibilidade. Por essa razão, ele deixa aberta a possibilidade de que um espaço transcendentalmente real possa ser exatamente como o espaço da sensibilidade humana, *exceto por essa característica*. Porém, como é possível argumentar que isso é justamente o que os defensores da alternativa negligenciada tinham (ou têm) em mente, o argumento também deixa essa venerável objeção praticamente intacta[173].

---

172. Por exemplo, ao especular sobre um suposto objeto de uma intuição não sensível, Kant observa que "sua duração não é temporal" (B149), o que sugere que ele não poderia descartar análogos numêricos a nossas formas sensíveis.

173. Embora não enfatize esse último ponto, trata-se basicamente da objeção feita por Falkenstein (1989, p. 265-283) à minha resposta ao problema tal como apresentada na primeira edição deste livro. Felizmente, como veremos, Falkenstein também sugere a resposta para essa objeção, uma retificação mais ou menos amigável que, agradecido, adotei, embora ele próprio não pareça ver as coisas dessa forma. Para meu uso inicial da análise de Falkenstein, cf. Allison (1996a, p. 10-11).

Entretanto, como assinalou Falkenstein, a Estética fornece materiais para a rejeição da última possibilidade, pois indica que a representação do espaço contém certa espécie de ordem. Subjacente a essa análise está uma distinção entre dois tipos de ordem: uma "ordem de apresentação", isto é, uma ordem, como sugere o termo, na qual a mente recebe seus dados na intuição, e uma "ordem comparativa", que envolve propriedades e qualidades tais como as cores. Feita essa distinção, Falkenstein argumenta que ordens espaciais e temporais são do primeiro tipo, enquanto uma ordem das coisas como são em si mesmas teria de ser uma ordem comparativa de propriedades internas (como ocorre na monadologia leibniziana, por exemplo). Por isso, a questão que se coloca é a de saber se faz sentido afirmar um isomorfismo, ou mesmo uma similaridade significativa entre esses dois tipos de ordem radicalmente distintos. Falkenstein a nega com base no fato de que tanto as Exposições quanto a explicação kantiana das contrapartes incongruentes mostram que uma ordem (espaço-temporal) de apresentação dos fenômenos é indiferente às propriedades internas dos objetos nela ordenados, ao passo que uma ordem comparativa não ostenta essa indiferença (Falkenstein, 1989, esp. p. 275-282; 1995, p. 301-304).

A análise de Falkenstein está essencialmente correta. Enquanto formas da sensibilidade, o espaço e o tempo são formas ou condições da ordem na qual os fenômenos se apresentam na intuição. Além disso, enquanto tais, eles são muito distintos de qualquer ordenação puramente conceitual que possa dizer respeito às coisas como são em si mesmas (como concebidas por algum entendimento puro). Falkenstein nega, todavia, que essa conclusão implique qualquer compromisso com o idealismo. E em suas considerações mais recentes sobre a questão, ele nega que isso seja suficiente para estabelecer "a tese forte segundo a qual o espaço e o tempo não são 'nada' fora de nossa experiência" (Falkenstein, 1995, p. 305)[174]. Por essa razão, antes de concluirmos essa discussão, devemos abordar brevemente esses pontos.

Falkenstein nega que sua concepção de uma ordem de apresentação, por sua natureza empírica, implique idealismo (Falkenstein, 1989, p. 282). E ele está correto ao notar que, enquanto dada, uma ordem de apresentação deve refletir o que é dado à mente na experiência e não sua maneira de recebê-lo (uma forma da sensibilidade$_1$). Em suma, não há nenhuma inferência direta entre o conceito

---

[174]. Para sua rejeição da implicação idealista, cf. Falkenstein (1989, p. 382-383). Deve-se também ter em mente que uma distinção nítida entre os argumentos de Kant na Estética e o idealismo transcendental é um tema central de seu *Kant's intuitionism* (Falkenstein, 1995). Em outras palavras, ele defende uma versão da tese da separabilidade.

de uma ordem de apresentação e sua dependência mental. Contudo, isso não vem ao caso, pois sua alternativa empirista já foi descartada pelo argumento da Exposição Metafísica. Em outras palavras, o conceito de uma ordem de apresentação não serve para estabelecer a fonte subjetiva de nossa representação do espaço; em vez disso, (pressupondo este último ponto), esse conceito explica por que tal ordem não pode ser replicada por uma ordem das coisas como são em si mesmas. Trata-se de questões bastante distintas.

Com relação ao segundo ponto, a negação de Falkenstein de que a concepção de uma ordem de apresentação seja suficiente para rejeitar a alternativa negligenciada parece ser motivada pela preocupação de reduzir o problema a uma questão de definição (na qual "espaço" é identificado por estipulação com "espaço de apresentação"). Assim, se, por um lado, ele admite que uma ordem espacial de coisas em si mesmas difere consideravelmente do "espaço apresentacional" da experiência humana, por outro, Falkenstein nega que isso impeça a primeira ordem de ser espacial em *qualquer sentido*. Pois, até onde se sabe, sugere ele, esse poderia ser um "espaço qualitativo, onde os lugares das coisas em si mesmas são determinados por propriedades internas que encobrem umas às outras em várias dimensões" (Falkenstein, 1995, p. 305)[175].

Há duas coisas a serem ditas em resposta a Falkenstein. Em primeiro lugar, a preocupação do autor com a redução do problema a uma questão de definição, o que é uma versão da objeção da trivialidade, aponta para a direção errada. Embora seja uma questão de estipulação caracterizar o espaço da experiência humana como um "espaço de apresentação" (ou, em termos kantianos, como uma "forma da sensibilidade"), que esse espaço tenha a forma de um espaço de apresentação não é resultado de mera estipulação: foi demonstrado na Exposição Metafísica (particularmente nos argumentos da intuição). Quanto ao "espaço qualitativo" alternativo de Falkenstein, se é que algo assim é concebível, ele se assemelha tão pouco ao espaço apresentacional do qual tratava Kant que não constitui ameaça séria à tese da não espacialidade. Em suma, trata-se de uma hipótese arbitrária e *ad hoc* e não uma alternativa séria que Kant teria negligenciado.

Segundo ponto, o mais importante: os escrúpulos de Falkenstein acerca da tese da idealidade – como é o caso de todos os partidários da objeção à alternativa negligenciada – repousam sob uma análise transcendentalmente realista da situação. Ou seja, Falkenstein a concebe como uma tese ontológica sobre a

---

175. Como indica a nota 23 na página 428, a preocupação de Falkenstein com o problema da não espacialidade ser tratado como uma mera questão de definição parece direcionada às minhas próprias análises anteriores do tópico.

verdadeira natureza de uma realidade *an sich*. Considerando-a desse modo, ele corretamente levanta possibilidades metafísicas aparentemente ignoradas, tais como a de um espaço qualitativo. Entretanto, também aqui, se a interpretação do idealismo transcendental defendida pelo autor está correta, ela no entanto passa ao largo de toda a questão. Esse idealismo não é uma tese ontológica sobre como as coisas "realmente são" (não espaciais e não temporais) quando vistas de uma perspectiva divina. Ele é, antes, uma tese crítica sobre as condições da cognição de coisas vistas a partir de uma "perspectiva humana", a única disponível para nós. É evidente que podemos discordar das teses de Kant de que o espaço e o tempo sejam tais condições. O que não podemos fazer é pretender *simultaneamente* que seja possível o espaço e o tempo serem tais formas *e* as coisas em si mesmas serem espaciais ou temporais em qualquer sentido significativo. Não só não temos justificativa para tal, como também sequer é concebível a possibilidade de entretê-la.

6
As condições intelectuais da cognição humana: a Dedução Metafísica de Kant

Por "condições intelectuais da cognição humana" entende-se os conceitos puros do entendimento. Seguindo Aristóteles, Kant também os designa como categorias. A demonstração de seu *status* como condições necessárias da experiência possível é a tarefa da Dedução Transcendental e será objeto do próximo capítulo. Mas antes que essa demonstração possa ser levada a cabo, Kant tem a tarefa preliminar, mas indispensável, de mostrar que tais conceitos existem, e de especificá-los. Esse é o objetivo de "Sobre o fio condutor para a descoberta de todos os conceitos puros do entendimento", que é o tema do presente capítulo. Na segunda edição, Kant também se refere a essa seção como "Dedução Metafísica", e afirma que nela "foi explicitada, por meio de sua completa concordância com as funções lógicas universais do pensamento, a origem *a priori* das categorias em geral" (B159)[176].

Ao vincular as categorias às funções lógicas do pensamento, Kant tentou tanto estabelecer suas credenciais como as formas fundamentais do pensamento discursivo quanto demonstrar a completude de sua lista. A chave para ambas as partes do projeto reside na identificação do pensamento discursivo com o julgar, o que torna possível compreender o *status* especial desses conceitos ao mostrar sua conexão com o ato de julgar e garantir sua completude ao apresentar uma descrição exaustiva das formas do juízo.

---

[176]. Uma vez que o próprio Kant nunca nos informa explicitamente, há certa disputa quanto à localização precisa da Dedução Metafísica. Em particular, com frequência se pensa que ela está contida inteiramente no § 10, que é a terceira seção do "Fio condutor". Cf. p. ex., Horstmann (1981, p. 32-47). Na leitura defendida aqui, todo o "Fio condutor" pode ser visto como uma dedução metafísica em sentido amplo, já que ele apresenta a análise do juízo e suas funções, essencial para a determinação das categorias. No entanto, o § 10 será considerado aqui como a "dedução metafísica propriamente dita", pois é ali que Kant defende a correspondência entre as funções do juízo e as categorias.

Infelizmente, apesar da importância que Kant lhe atribui, a Dedução Metafísica está entre as partes mais rejeitadas da *Crítica*. Embora as críticas tenham variado, elas se concentram essencialmente em dois pontos principais. Um deles diz respeito à completude da tábua das formas lógicas da qual se supõe derivarem as categorias. Ironicamente, a mesma crítica que Kant fez contra Aristóteles relativamente às categorias – a saber, que Aristóteles chegou a elas de maneira *ad hoc* (A81/B107) – é aplicada à apresentação kantiana das formas do juízo, em que se baseia sua derivação das categorias. Assim, acusa-se frequentemente que não há nenhum princípio sistemático a partir do qual a completude dessas formas possa ser compreendida; que Kant simplesmente as mobiliza tal como as encontrou nos textos de lógica do seu tempo; e, ainda pior, que "adulterou" a tábua das formas lógicas para fazê-la concordar com sua tábua das categorias[177].

A outra importante linha de crítica diz respeito à passagem das formas do juízo às categorias. Aqui, objeta-se que a tentativa de Kant de derivar categorias ou conceitos ontológicos das formas lógicas seria profundamente equivocada. Críticos contemporâneos frequentemente justificam essa acusação apelando ao desenvolvimento da lógica moderna. Não importa quão plausível o projeto de Kant possa ser no contexto da lógica aristotélica clássica, ele é visto como um projeto evidentemente sem futuro quando visto à luz da moderna lógica verifuncional e de predicados.

Uma vez mais, Strawson pode servir como porta-voz desse ponto de vista. Apelando à concepção moderna de "forma lógica", Strawson argumenta que, para gerar uma categoria, uma forma lógica deve expressar não simplesmente uma forma *possível*, mas uma forma necessária e fundamental. Isso reflete a concepção de que as formas, tomadas como primitivas em um sistema lógico, são uma questão de escolha e que as únicas duas ideias verdadeiramente fundamentais da perspectiva da lógica moderna são as de composição verifuncional e de quantificação. Mas, como assinala Strawson, essas "formas lógicas" não são fontes prováveis de categorias, pois, à exceção da distinção entre particulares e espécies, não há como conceber objetos a fim de raciocinar sobre eles sob essas formas. Além disso, como essa última distinção pode já ser inferida a partir da distinção conceito-intuição, Strawson conclui que toda a empreitada de Kant no domínio da lógica é irrelevante (Strawson, 1966, p. 81-82).

Tendo esses problemas em mente, dividi este capítulo em três partes. A primeira discute o problema da completude à luz de importantes obras recentes

---

177. Essa crítica, inúmeras vezes reiterada, foi expressa de modo incisivo por Hegel. Para uma discussão sobre o assunto, cf. Reich ([1932] 1992, p. 1-2).

sobre o tópico[178]. A segunda e a terceira tratam, em duas etapas, do problema da derivação. Tomando por base a análise da explicação kantiana do juízo no § 9, primeiro argumenta-se que, para Kant, toda forma de juízo envolve necessariamente um certo modo ou maneira de conceitualização (função lógica). Em seguida, a partir do exame do denso argumento do § 10, reivindica-se que, apesar de serem distintas das categorias, essas funções fornecem o "fio condutor" exigido para a descoberta dessas categorias, pois ambas são expressões isomórficas de uma única forma do entendimento que atua em dois domínios (discursivamente no juízo e pré-discursivamente relativamente à intuição).

I. O problema da completude

No § 9, Kant apresenta sua enigmática explicação do que ele designa de "função lógica do entendimento no juízo". A tese subjacente é que

> se fizermos abstração de todo o conteúdo de um juízo em geral, e tivermos aí em conta apenas a mera forma do entendimento, descobrimos que a função do pensamento no juízo pode ser resumida sob quatro títulos, cada um dos quais contendo três momentos sob si (A70/B95).

Trata-se da famosa tese da completude, que foi objeto de diversas críticas que a desqualificam, como já vimos.

Antes de abordarmos o problema em si, devemos considerar a tese de que toda essa empreitada teria sido mal concebida, já que o próprio Kant rejeitou tanto a necessidade quanto a possibilidade de algo como uma "prova de completude"[179]. De fato, muitos textos parecem oferecer apoio a essa tese, sobretudo a seguinte passagem, bem conhecida, da Dedução B:

> Porque, porém, nosso entendimento tem a propriedade de só ser capaz de produzir a unidade da apercepção *a priori* por meio das categorias, e apenas desse exato modo e segundo esse exato número das mesmas, é algo que nenhum fundamento ulterior pode explicar tão pouco quanto por que nós temos exatamente essas funções de julgar e não outras, ou por que o tempo e o espaço são as únicas formas de nossa intuição possível (B145-146) (cf. tb. Pro 4: 318; 111, e a carta de Kant a Marcus Herz de 26 de maio de 1789, B11: 51; 313-314).

---

178. Entre elas, temos as de Brandt (1995); de M. Wolff (1995) e de Longuenesse (1998a). Todos esses autores estão reagindo ao tratamento pioneiro, embora extremamente controverso, de Klaus Reich (1992 [1932]) sobre o tópico (cf. nota 177).

179. Isso é defendido por Krüger (1968, p. 333-355). Na primeira edição desta obra eu estava essencialmente de acordo com a posição dele.

Todavia, há pelo menos duas razões convincentes pelas quais não se deve ler que o projeto de estabelecer a completude da tábua das funções lógicas estaria sendo descartado por essa passagem. Primeira razão: o próprio texto não exige tal conclusão, pois não fala de *nenhum* fundamento, mas de nenhum fundamento *ulterior*[180]. No caso das categorias, principal objeto da preocupação de Kant nessa passagem, o que é negado é a possibilidade de oferecer um fundamento ulterior, para além daquele que acabava de ser apresentado, a saber: o da unidade sintética da apercepção. No caso das funções lógicas, a tese correspondente seria a de que nenhum fundamento pode ser oferecido para além da análise (esboçada no § 9) das funções que são essenciais para a cognição discursiva[181]. Segunda razão: o próprio Kant assinalou inequivocamente em diversos lugares que estabelecer a completude da tábua é essencial para seu projeto, já que sem ela a determinação das categorias e de sua completude sistemática (o principal objetivo nesse momento) seria impossível (cf., p. ex., Axiv, Bxxii, A80-81/B106-107; cf. tb. Pro 4: 322-324; 114-116). Assim, sejam quais forem suas dificuldades inerentes, o problema da completude deve ser abordado por qualquer interpretação séria da *Crítica*.

Felizmente, o problema se torna consideravelmente mais tratável quando reduzimos seu escopo. Muito embora Kant se refira simplesmente ao juízo e a suas formas, fica claro pela sua análise que ele só tem em mente certos tipos de juízo: aqueles que determinam um objeto por meio de conceitos, designados por Kant geralmente de "juízos do entendimento" ou "juízos lógicos"[182]. À luz da conexão crucial entre juízo e pensamento discursivo, esses tipos de juízos serão chamados aqui de "juízos discursivos". Estes últimos compreendem todos os juízos capazes de servir como premissas em silogismos, mas não abarcam, por exemplo, os juízos matemáticos, que, para Kant, não são discursivos por se basearem na construção de conceitos, e não nos conceitos, e também não comtemplam juízos que envolvam indexicais e nomes próprios[183].

Para esclarecer um pouco mais essas questões, será conveniente dividir o problema da completude em duas partes, que correspondem aos dois princípios organizadores da tábua dos juízos. A primeira parte trata dos quatro títulos sob

---

180. M. Wolff (1995, p. 180), em crítica a Krüger, enfatiza esse ponto (cf. nota 179).

181. Neste ponto, estou novamente de acordo com M. Wolff (1995, p. 177 e 181), embora questione sua sugestão de que a discursividade, aqui pressuposta "dogmaticamente", seja de alguma forma justificada na Dedução Transcendental. Retornarei a essa questão no capítulo 7.

182. Sobre a questão terminológica, cf. M. Wolff (1995 p. 85, n. 84).

183. Este importante ponto é enfatizado tanto por M. Wolff (1995, p. 85-86) quanto por Brandt (1995, p. 64-65).

os quais são agrupadas as doze funções; a outra parte (e a mais difícil das duas), aborda os três momentos que caem sob cada título.

A. A completude dos títulos

Quanto às suas formas, os quatro títulos ou rubricas básicas em que estão divididos os juízos são: quantidade, qualidade, relação e modalidade. Fora a relação, que substitui a então costumeira divisão dos juízos entre simples e complexos, não há nada de extraordinário nessa lista; e nem deveria haver. Como o próprio Kant ressalta, ele encontrou diante de si "já pronto, embora não inteiramente livre de defeitos, o trabalho dos lógicos" (Pro 4: 323; 115-116). A novidade, porém, é a importância sistemática atribuída a esse conjunto de rubricas, bem como a tese de que cada uma das funções lógicas necessariamente cai sob uma delas.

Como Kant propõe essa tese sem argumentação adicional, mas tendo em vista não se tratar de algo autoevidente, devemos presumir que ele a considerou como uma consequência da explicação do juízo apresentada na primeira seção relativa ao "Fio condutor" [Primeira seção: Do uso lógico do entendimento em geral (B93)]. Como vimos no capítulo 4, a noção de função é central para sua explicação. Com efeito, em um único parágrafo de incomparável densidade, Kant reivindica que "conceitos repousam sobre funções" (em contraste com intuições, que repousam sobre afecções); define "função" como a "unidade da ação de ordenar diferentes representações sob uma representação comum"; caracteriza todos os juízos como "funções de unidade entre nossas representações" e sugere que as "funções do entendimento podem assim ser todas elas encontradas [...] caso se possa representar, de maneira completa, as funções da unidade nos juízos" (A68-69/B94). Já a seção seguinte, que se supõe explicar por que uma exposição exaustiva é possível, é intitulada "Da função lógica do entendimento nos juízos", e sua tese central é que

> se fizermos abstração de todo o conteúdo de um juízo em geral, e tivermos aí em conta apenas a mera forma do entendimento, descobriremos que a função do pensamento no juízo pode ser resumida sob quatro títulos, cada um dos quais contendo três momentos sob si (A70/B95).

Embora cada uma dessas menções de "função" seja importante, nossa preocupação presente recai particularmente sobre as quatro últimas menções. Em primeiro lugar, por "função lógica do entendimento nos juízos" deve-se entender que sua função é analisada em geral como oposta à lógica transcendental. A função lógica do entendimento deve, portanto, ser contrastada com sua hipotética "função real", sobre a qual, nesse estágio de análise, ainda pairam muitas dúvidas, e que é, em todo caso, objeto da lógica transcendental. Em segundo lugar, as "funções do entendimento", que são o que Kant está tentando determinar, são apenas as funções lógicas do juízo, isto é, formas de conceitualização que funcionam em juízos da forma correspondente. Correlativamente, as "funções de unidade nos juízos" são aquilo que está supostamente sendo exibido na tábua dos juízos. Assim, para que o projeto faça sentido, essas funções devem, obviamente, ser distinguidas umas das outras[184]. Em terceiro lugar, o que deve estar sob cada título são as funções do pensamento em juízos, o que sugere que devem ser vistas como especificações da função genérica do pensamento tal como manifestada em todos os juízos discursivos, independentemente de seu conteúdo.

Em contraste com a definição, todos esses usos de "função" parecem entender o termo no familiar sentido aristotélico-fisiológico de tarefa. Por essa razão, a função ou tarefa básica do pensamento discursivo é a de julgar, e a tese de Kant é que essa tarefa pode ser dividida em certas subfunções que caem sob certos tipos. Assim, as rubricas se referem aos tipos de subfunções requeridos para um exercício bem-sucedido da função genérica. Apelando para uma analogia biológica, poder-se-ia dizer que, assim como a função do olho – ou seja, ver –, pode ser dividida em diversas subfunções – ver cores, ver formas, visão à distância –, a função do entendimento (julgar) pode ser dividida em quatro (e apenas quatro) tipos de subfunções: quantidade, qualidade, relação e modalidade.

Para testar a adequação dessa analogia, revisitemos brevemente a explicação funcional que Kant oferece para o juízo na primeira seção do "Fio condutor". Como vimos no capítulo 4, a tese básica de Kant é que a tarefa essencial de um juízo (discursivo) é produzir uma unidade relativa ao objeto das representações sob um conceito. A pressuposição subjacente, explicitada primeiramente na Dedução B (§ 19), é que apenas tal relação entre representações é capaz de receber um valor de verdade. E dado esse resultado, é relativamente fácil ver que todo juízo necessariamente envolve pelo menos três subfunções, correspondentes aos primeiros três títulos de Kant[185].

Seguindo a ordem da tábua kantiana dos juízos, pode-se caracterizar que a primeira dessas subfunções define uma extensão. Assim, no juízo modelo de Kant "todos os corpos são divisíveis", o predicado "divisibilidade" está relacio-

---

184. Este ponto é enfatizado por M. Wolff (1995, p. 40-41).
185. O que se segue é, essencialmente, a minha destilação das análises apresentadas por Brandt, Wolff e Longuenesse. Embora grande parte da terminologia e, em certa medida, a forma de retratar a questão sejam minhas, devo muito aos seus trabalhos em praticamente todos os pontos importantes.

nado a tudo aquilo que cai sob o conceito de "corpo". Essa é a função expressa no título "quantidade" e é evidente que ela é essencial para o exercício da função genérica de julgar, já que sem ela seria impossível determinar o escopo do predicado do juízo e, portanto, avaliar seu valor de verdade.

A segunda subfunção essencial é a de propor uma tese (asserção ou negação) com base na determinação do escopo do predicado. Essa é a função expressa no título da "qualidade" e é igualmente essencial para o juízo, já que sem ela não haveria nada a avaliar a respeito do seu valor de verdade. Além do mais, a qualidade, assim interpretada, claramente pressupõe a quantidade, visto que a tese a ser avaliada necessariamente envolve um sujeito quantificado (por exemplo, todos, alguns ou um único corpo).

Isso nos leva à função da relação. No caso de um juízo simples sujeito-predicado, o juízo claramente exige uma determinação da relação entre os dois conceitos que estão sendo conectados. Em juízos complexos, cujos elementos são eles próprios juízos e não conceitos, como veremos em breve, o que exige determinação é a relação entre os juízos constituintes. Em outras palavras, posto que o juízo envolve uma representação mediata de um objeto ou uma "representação de uma representação" dele, é necessário determinar qual representação é mediada por qual outra, ou, de forma equivalente, qual é a "condição" e qual é o "condicionado". É essa, então, a função judicativa da relação, também claramente essencial para o juízo. Ademais, assim como a qualidade pressupõe a quantidade, a função da relação pressupõe ambas, visto que fornecem conjuntamente as condições de determinação da relação expressa no juízo.

No entanto, tal análise parece ser *demasiadamente bem-sucedida*. O problema é que ela parece fornecer uma explicação completa das tarefas cognitivas necessárias para um juízo como "todos os corpos são divisíveis" sem nenhuma referência à modalidade. Por essa razão, para que a tese da completude seja substanciada, a modalidade deve ser, de alguma forma, trazida para dentro da história. Aqui, o texto crucial é a seguinte observação de Kant:

> A modalidade é uma função inteiramente peculiar dos juízos, e sua característica distintiva é que ela não acrescenta nada ao conteúdo do juízo (pois não há nada, além de quantidade, qualidade e relação, que constitua o conteúdo de um juízo), mas apenas diz respeito ao valor da cópula relativamente ao pensamento em geral (A74/B99-100).

À primeira vista, pode parecer peculiar para Kant descrever qualidade, quantidade e relação, que se supõe serem características formais do juízo discursivo enquanto tal, como sendo elas próprias partes do "conteúdo" do juízo. Todavia, isso se torna compreensível se tivermos em vista que Kant quer pontuar que, à diferença de outros tipos de função, a modalidade não tem nenhum papel no interior do próprio juízo (como é evidenciado pelo fato de "todos os corpos são divisíveis" ser um juízo perfeitamente bem-formado sem qualquer referência a modalidade). Por conseguinte, poder-se-ia dizer que os três primeiros títulos são exemplificados no "conteúdo formal" do juízo, isto é, na sua estrutura judicativa. Além do mais, enquanto tais, esses títulos são expressos no juízo por modificadores como "todos" ou "alguns" e por conectivos como "se... então" e "ou... ou".

Em contrapartida, pode-se dizer que a modalidade, "invisível" na forma proposicional do juízo, diz respeito ao "valor da cópula em relação ao pensamento em geral"[186]. Isso traz à tona a ideia de que, em vez de se referir a uma característica intrínseca de um dado juízo, concebido como uma unidade epistêmica, a modalidade diz respeito à relação entre um juízo particular e um dado corpo de conhecimento. Ela diz respeito, portanto, ao que se poderia chamar de "valor epistêmico" de um juízo ("o valor da cópula"), e a função da modalidade é integrar um juízo no interior de um sistema de conhecimento pressuposto. É por essa razão que, à diferença dos outros tipos de função, a modalidade não faz parte do "conteúdo" de um juízo e não tem nenhuma expressão proposicional direta no juízo[187].

B. A completude dos momentos sob cada título

A segunda parte da tese da completude – segundo a qual há precisamente três momentos caindo sob cada um dos quatro títulos – é consideravelmente mais controversa. Com efeito, William e Martha Kneale falam sem dúvida por muitos quando observam que

> o fato de [Kant] ser capaz de fornecer três espécies [*species*] sob cada rubrica é obviamente algo acidental, pois as espécies em qualquer um dos conjuntos não são realmente coordenadas e não há nenhum princípio comum que exija uma tricotomia (Kneale, [1962] 1984, p. 355-356).

Estudos recentes, entretanto, aventaram a possibilidade de uma avaliação mais positiva das famosas tricotomias de Kant, ainda que não tenham gerado

---

186. Quanto à peculiaridade da modalidade como um tipo de função, cf. Brandt (1995, p. 6, 62-63); M. Wolff (1995, p. 124-129); e Longuenesse (1998b, p. 147).
187. Como salienta M. Wolff (1995, p. 126), para Kant, a modalidade enquanto uma forma do juízo é sempre *de dicto*. Isso não significa que Kant rejeite toda modalidade *de re*, mas apenas que não há lugar para esta última em uma análise do juízo do ponto de vista da lógica geral. • Em lógica modal, se diz que a modalidade (necessidade/possibilidade) é *de dicto* quando é uma propriedade da linguagem, ou seja, de frases enunciadas, e *de re* quando é uma propriedade extralinguística do mundo, ou seja, de coisas particulares [N.T.].

uma solução amplamente aceita para o problema. Por um lado, Reinhardt Brandt (1995, esp. p. 72-84), embora negue que haja algo como uma prova estrita, defende que a resposta para a natureza sistemática e não arbitrária do arranjo tricotômico pode ser encontrada nas observações que Kant anexou à tábua dos juízos (A71/B96-A76/B101). Por outro lado, Michael Wolff leva Kant ao pé da letra quando sugere que o objetivo dessas observações era apenas o de prevenir certos mal-entendidos e insiste, contra Brandt, que há uma genuína "prova de completude"[188].

Para examinar essa questão complexa, devemos começar com a explicação que Kant oferece da tábua dos juízos. Aqui, geralmente se concede especial atenção às duas primeiras rubricas, nas quais, para gerar suas tricotomias, Kant parece introduzir considerações oriundas da lógica transcendental. O problema óbvio é que qualquer apelo à lógica transcendental no sentido de derivar os momentos do juízo na lógica geral cairia num círculo vicioso, já que todo o propósito da Dedução Metafísica é o de derivar as categorias da primeira a partir das funções lógicas do juízo (cujos fundamentos são supostamente independentes) especificadas na segunda.

O espectro desse círculo ronda sua explicação dos momentos da quantidade quando Kant nota que os lógicos reivindicam com razão que, no uso de juízos em silogismos, os juízos singulares podem ser tratados como universais. Isso sugere que uma consideração da quantidade a partir da mera perspectiva da lógica geral produziria a dicotomia universal e particular, evitando, assim, a necessidade de reconhecer o juízo singular como uma forma logicamente distinta. Poder-se-ia muito bem defender a inclusão do juízo singular com base no fato de que tal juízo tem uma expressão linguística distinta, mas, em vez disso, Kant constrói seu argumento a partir das seguintes bases, inicialmente suspeitas:

> Se compararmos, segundo a quantidade [...], um juízo singular com um juízo de validade comum, como meras cognições, então o primeiro se comporta em relação ao segundo como a unidade em relação à infinitude e, portanto, é em si mesmo essencialmente diferente do juízo de validade comum. Se, pois, eu estimo um juízo singular *(judicium singulare)* não apenas segundo sua validade interna, mas também como cognição em geral, segundo a quantidade que ele tem em comparação com outras cognições, então ele é certamente distinto de juízos de validade comum *(judicia communia)* e merece um lugar específico em uma tábua completa dos momentos do pensamento em geral (embora não, certamente, na lógica que se limita apenas ao uso dos juízos entre si) (A71/B96-97).

---

188. Cf. M. Wolff (1995, p. 161) para a crítica de Brandt. Entretanto, também é importante ter em mente que tanto Brandt quanto Wolff estão respondendo ao tratamento da questão proposto por Reich ([1932] 1992, esp. p. 101-109).

O que faz essa argumentação parecer inicialmente suspeita é a referência à "cognição em geral" por oposição a "validade interna". A cognição em geral não deveria ser o domínio da lógica transcendental? E não estaria a lógica geral, que abstrai da questão propriamente epistemológica da relação da cognição com seu objeto, limitada precisamente à validade interna?[189] Embora a referência à infinitude seja misteriosa (por que não totalidade?), o ponto principal de Kant é relativamente claro e não envolve uma circularidade viciosa. Em primeiro lugar, a lógica geral não é limitada à silogística. Ela também inclui uma doutrina do juízo enquanto tal (com efeito, ela é seu núcleo) e se ocupa propriamente com as formas do juízo consideradas como "funções de unidade". Em segundo lugar, o fato de os dois momentos poderem ser tratados como equivalentes do ponto de vista da silogística não significa que não haja nenhuma distinção a ser traçada entre eles. Em suma, a posição de Kant parece ser que, se a inclusão do juízo singular como um momento separado é importante por conta sobretudo da função epistêmica distinta de tais juízos, sua distinção em relação ao juízo particular ainda cai sob o domínio da lógica geral.

Uma análise similar é aplicável aos momentos da qualidade. A dicotomia básica é entre juízos afirmativos e negativos, aos quais Kant adiciona o juízo infinito, que é um juízo afirmativo com um predicado negativo ("a alma é não mortal"). Ao explicar essa adição, Kant observa que "em uma lógica transcendental os juízos infinitos têm ainda de ser diferenciados dos afirmativos, mesmo que, com razão, sejam contados entre eles na lógica geral e não constituam um membro especial da divisão" (A72/ B97). Como Kant se refere aqui à lógica geral propriamente dita (em vez de referir-se apenas à silogística), não se pode lançar mão da explicação usada no caso da quantidade. Além disso, a preocupação com a circularidade é exacerbada pela explicação de Kant, segundo a qual juízos infinitos desempenham uma função limitadora bastante distinta tanto da afirmação como da negação e que, portanto,

> não deve ser omitida na tábua transcendental de todos os momentos do pensamento nos juízos, pois a função do entendimento aí exercida pode ser talvez importante no campo da sua cognição pura *a priori* (A73/B98)[190].

---

189. Típica a esse respeito é a reação de Kemp Smith (1962, p. 192).

190. Segundo Kant, as funções dos juízos afirmativos e negativos são, respectivamente, a de ampliar o conhecimento e a de evitar o erro (cf. A709/B737). Essa função limitadora se revelou particularmente importante na análise que Kant faz da determinação ou individuação completa tratada no Ideal da razão pura, esp. A571-80/B579-608.

Neste ponto, para salvar Kant da acusação de circularidade, é necessário distinguir entre a preocupação principal da lógica geral e o que ela é capaz de oferecer. Em outras palavras, o fato de que a distinção entre um juízo afirmativo e um infinito não tenha qualquer utilidade para a lógica geral enquanto tal não significa que a distinção não possa ser feita em seu interior. Essa possibilidade se evidencia quando contrastamos o juízo infinito "a alma é não mortal" com o juízo diretamente afirmativo "a alma é imortal". É evidente que a alma não pertence à classe das coisas imortais simplesmente em virtude de estar excluída da esfera das mortais. Objetos inanimados, tais como pedras, também estão excluídos desta última sem serem, por isso, incluídos entre os objetos imortais.

Os momentos da relação parecem levantar o oposto do problema encontrado nos dois primeiros títulos. Enquanto ali o problema era a inclusão aparentemente gratuita de uma forma de juízo, o presente problema envolve uma exclusão, a do juízo copulativo (*judicium copulativum*), que os leitores contemporâneos de Kant naturalmente esperariam que fosse incluído[191]. Como sugere o nome, um juízo copulativo é aquele no qual dois (ou mais) predicados são afirmados (ou negados) de um único sujeito, ou aquele no qual um único predicado é afirmado (ou negado) de dois (ou mais) sujeitos (R 3089 16: 652)[192]. Um exemplo do primeiro tipo é "Deus criou todas as coisas e as governa", e do segundo tipo é "Deus e o próximo [*die Nachste*] devem ser amados" (R 3088 16: 652). Visto que Kant estava bem ciente de tais juízos, a questão é, portanto, por que ele os omitiu dos momentos da relação[193].

A resposta reside na diferença entre a compreensão kantiana da função lógica da relação e a distinção entre juízos simples e complexos que aquela substitui. Esta última é uma distinção entre formas proposicionais, o que não tem nada a ver com funções distintas do pensamento no juízo. Em outras palavras, ela não aborda a questão das distintas subtarefas executadas pelo entendimento em um ato de juízo discursivo. No caso da relação, vimos que essa subtarefa conecta os

---

191. O problema é acentuado pelo fato de que a introdução da "relação" como um título foi uma inovação da parte de Kant, substituindo a divisão padrão entre juízos simples e complexos, em que estes últimos incluiriam, além dos juízos hipotéticos e disjuntivos, também os juízos copulativos e talvez outras formas ainda. Sobre esse ponto, cf. Kemp Smith (1962, p. 192-193): ele afirma previsivelmente que a omissão dessa forma é evidência adicional da natureza ilícita do procedimento kantiano de selecionar apenas as formas do juízo que irão fornecer as categorias desejadas.

192. As adições entre parênteses são emendas minhas à caracterização de Kant, mas que parecem ser exigidas pela concepção de um juízo copulativo.

193. Esses juízos são discutidos por Georg Friedrich Meier na obra *Auszug aus der Vernunftlehre* (1752, § 304), usada por Kant como manual em suas aulas de lógica. O livro de Meier foi reimpresso na KGS, vol. 16, que contém as *Reflexionen* de Kant sobre lógica.

elementos combinados (sejam eles conceitos ou juízos) em uma relação de condição e condicionado de forma tal que a conexão primeiro constitui uma unidade judicativa ou epistêmica, isto é, uma proposição que pode ser afirmada ou negada. No caso das formas hipotéticas e disjuntivas, os juízos componentes são considerados de forma meramente problemática no interior do juízo (não são nem afirmados nem negados), e apenas a conexão entre eles constitui a proposição (UE 8: 194n.; 289) (cf. tb. R 3111 16: 663). Em contraste, os elementos de um juízo copulativo são já concebidos como unidades judicativas completas ou proposições que podem ser afirmadas ou negadas independentemente da sua conexão no juízo. Por conseguinte, do ponto de vista de Kant, sua combinação não constitui um momento distinto do pensamento[194].

O caso dos momentos da modalidade não requer uma discussão detalhada, pois é relativamente incontroverso. A principal questão é saber por que Kant não incluiu a impossibilidade como uma modalidade distinta (ponto levantado por Kemp Smith, 1962, p. 193-194). A resposta está na sua concepção de que a impossibilidade é simplesmente a negação da possibilidade, e não uma modalidade distinta. A tábua correspondente das categorias modais, onde ele insere o par modal possibilidade-impossibilidade (A80/B106), deixa claro que ele concebia a questão desse modo.

Todavia, ainda que se conceda tudo isso, não chegamos a nada parecido com uma prova (ou mesmo uma explicação sistemática) das divisões tricotômicas de Kant. Assim, para que tal prova seja apresentada, devemos procurar em outro lugar. Um bom lugar para essa procura, como sugeriu Michael Wolff, é uma obscura nota de rodapé anexada à Introdução da terceira *Crítica*. Como Kant observa ali:

> Achou-se questionável que as minhas divisões na filosofia pura sejam quase sempre tricotômicas. Mas isso está na natureza das coisas [*in der Natur der Sache*]. Se deve haver uma divisão *a priori*, ou ela será analítica, conforme o princípio de contradição – caso em que ela é sempre dicotômica (*quodlibet ens est aut A aut non A*), ou será sintética – caso em que, se deve ser realizada a partir de conceitos *a priori* (não, como na matemática, a partir da intuição *a priori* correspondente ao conceito), terá de ser, segundo aquilo que em geral se exige da unidade sintética – a saber: (1) uma condição, (2) um condicionado, (3) o conceito que surge da união do condicionado com sua condição –, uma divisão necessariamente tricotômica (KU 5: 197n.; 82-83).

---

194. Isso aponta novamente para o fosso entre a análise que Kant faz do juízo e a abordagem verifuncional da lógica contemporânea, na qual a conjunção cumpre um papel relevante justamente pelo fato de os elementos associados por conectivos lógicos possuírem valores de verdade independentes.

Como assinala M. Wolff, a nota contém um exercício um tanto incomum e altamente abstrato de análise conceitual[195]. O que está sendo analisado é o conceito de uma divisão *a priori* na "filosofia pura", isto é, uma divisão baseada inteiramente em conceitos, sem qualquer apelo à intuição. Divisões matemáticas, digamos, entre os vários tipos possíveis de triângulos ou de polígonos regulares, também são *a priori*; mas elas são determinadas pelas formas de uma dada figura construtível na intuição pura e, portanto, pode ter um número variado de membros[196]. Em contraste, as possibilidades para divisões baseadas em conceitos são muito limitadas. Concebendo, ao que parece, essa divisão ela mesma como uma espécie de juízo, Kant pondera que ela deve ser ou analítica ou sintética. Como a divisão analítica tem como base o princípio de contradição, ela é sempre dicotômica. Correlativamente, por "divisão sintética" deve-se entender uma divisão que não é analítica, isto é, que não está baseada no princípio de contradição e que, portanto, não se presume ser dicotômica.

Somos levados, assim, a questionar em qual princípio uma divisão sintética pode estar baseada, pressupondo que ela não seja nem uma intuição pura, nem o princípio de contradição, ainda que seja, de alguma forma, possível *a priori* (isto é, pela consideração da relação entre os conceitos envolvidos). A resposta sugerida pela nota é que a divisão deve se conformar às condições especificadas da unidade sintética, condições essas que requerem uma tricotomia.

Contudo, isso apenas desloca a questão, pois agora queremos saber por que uma divisão não analítica *a priori* deve constituir uma unidade sintética. Embora Kant não aborde explicitamente esse problema na nota, sua concepção parece ser que, enquanto *a priori*, a divisão deve ser completa, e isso exige que os disjuntos constituam uma unidade sintética[197]. No caso de uma divisão analítica, a completude é imediatamente evidente, pois os opostos contraditórios (*A* ou não *A*) esgotam o domínio. No caso de uma divisão não analítica, entretanto, onde os disjuntos (*A* e *B*) não estão relacionados como opostos contraditórios, isso não ocorre. Por essa razão, aqui uma dicotomia não garante a completude.

Pode ser proveitoso considerar aqui uma divisão proveniente do domínio da filosofia prática: aquela dos atos moralmente avaliáveis [*morally assessable acts*].

---

195. Embora eu tenha uma abordagem um tanto diferente e mais direta, minha análise dessa nota deve muito à discussão sistemática e detalhada de M. Wolff (1995, p. 16-74).

196. Kant reitera esse ponto em uma carta a J. S. Beck, que sugerira que *todas* as divisões sintéticas devem ser tricotômicas. Cf. Br 11: 394; 445.

197. Em R 3030 16: 622-623; R 5854 18: 369-370, Kant conecta divisões tricotômicas com a unidade da consciência.

Aqui, a divisão fundamental é entre o exigido e o proibido. Na terminologia de Kant, o primeiro pode ser considerado a "condição" e o segundo o "condicionado" (no sentido de ser definido por oposição ao primeiro). Porém, a divisão é manifestamente incompleta, já que deixa de fora uma classe de fatos que não são nem exigidos nem proibidos, a saber, os permitidos. Além do mais, em vez de ser simplesmente uma alternativa adicional, que não mantém nenhuma relação discernível com as duas primeiras, esta última se relaciona positivamente com ambas, sem ser redutível a qualquer uma delas. Ela inclui sob si o primeiro disjunto, tendo em vista que atos exigidos são claramente permitidos, enquanto compartilha com o segundo a propriedade de cair sob a classe dos atos não exigidos (o contrário do primeiro disjunto). Além do mais, isso a habilita a servir como um "mediador", produzindo, assim, uma unidade sintética e completando a divisão.

Devemos reconhecer que isso mostra, no máximo, que tricotomias relativas a essa forma são *suficientes* para produzir a unidade sintética requerida; não mostra, porém, que elas sejam também *necessárias* e que, portanto, todas as divisões sintéticas na filosofia pura devem ser tricotômicas. No entanto, nesse momento culminante, Kant presumivelmente estaria preparado para argumentar (como ele geralmente o faz) por eliminação. O ponto crucial é que, tendo sido descartado pela natureza da divisão (que faz parte da "filosofia pura", não da matemática), o fundamento comum da síntese *a priori* (isto é, a intuição pura), só nos restam os conceitos como o único meio concebível de produzir uma unidade sintética. Mas parece claro que essa tarefa não pode ser atribuída a mais de um conceito, pois a questão da unidade sintética irromperia novamente diante desses novos conceitos. Assim, dados os termos de sua análise, Kant parece estar autorizado a concluir apenas que uma unidade sintética *só* será possível em *tais* divisões se os disjuntos opostos como condição e condicionado puderem ser unidos em um terceiro conceito.

Continua em aberto se essa análise abstrata, que Kant introduziu na tentativa de justificar um conjunto de tricotomias bem diferente, seria aplicável à divisão das funções lógicas. Isso exige mostrar que as três funções que caem sob cada rubrica constituem uma unidade sintética no sentido assinalado. Embora possa parecer intimidadora, essa tarefa pode ser realizada com bastante rapidez com base no que já aprendemos.

Quantidade. Como vimos, universal e particular constituem os disjuntos iniciais e o problema se refere ao acréscimo do juízo singular como um "momento de pensamento" distinto, que consegue, de algum modo, combinar esses disjuntos. A convergência entre o juízo singular e o universal pode ser vista a partir de sua equivalência funcional no interior da silogística, enquanto a convergência entre o singular e o particular consiste em sua ocupação conjunta do domínio do não universal. Assim, a função da singularidade está para as funções da universalidade e da particularidade do mesmo modo como o moralmente permissível está para o exigido e o proibido. Por conseguinte, a função da singularidade completa a divisão dos momentos da quantidade habilitando-os a constituir uma unidade sintética.

Qualidade. Aqui, a dicotomia inicial é entre a afirmação e a negação (condição e condicionado), e ao juízo infinito atribui-se uma função limitadora distinta. Assim, o que deve ser mostrado é a combinação dos dois primeiros pelo juízo infinito, permitindo que a divisão constitua uma unidade sintética. E, uma vez mais, fica claro a partir da consideração anterior dessa função que ela dá conta da tarefa. Como vimos, o juízo infinito compartilha com a negação a função de excluir um predicado do domínio do sujeito, mas ele o faz por meio de uma afirmação relativa ao sujeito. Por essa razão, também aqui as condições da unidade sintética são satisfeitas.

Relação. A seu respeito, a situação é mais complexa, já que o problema inicial não era tanto a inclusão da função disjuntiva, mas a exclusão da função copulativa. Todavia, pode-se sustentar que as condições da unidade sintética também se aplicam nesse momento (sigo aqui M. Wolff, 1995, p. 172-173). A oposição básica é entre as funções categórica e hipotética. Na primeira, algo é afirmado (ou negado) incondicionalmente, enquanto na segunda, algo é afirmado (ou negado) apenas sob uma condição. Mas a função disjuntiva compartilha com a categórica a função de afirmar (ou negar) algo incondicionalmente – para citar o exemplo de Kant: "o mundo existe ou por um cego acaso, ou por necessidade interna, ou por uma causa externa" (A74/B99) –, e compartilha com a hipotética a função de apresentar sua tese com base numa relação entre proposições que, consideradas individualmente, são meramente problemáticas.

Modalidade. A oposição principal é entre juízos meramente problemáticos e juízos assertóricos. Os primeiros (que servem como componentes para os juízos hipotéticos e disjuntivos) são considerados passíveis de um valor de verdade, embora, por serem problemáticos, esse valor seja indeterminado. Em contraste, o valor de verdade dos juízos assertóricos é determinado por suas conexões com os princípios do entendimento. Juízos apodíticos, entretanto, são aqueles cuja verdade é determinada simplesmente com base em sua capacidade de serem verdadeiros, que é o que lhes confere o *status* de verdades necessárias. Como

Kant coloca a questão em sua discussão sobre as categorias modais: "[a] *necessidade* não é senão a existência que é dada por meio da própria possiblidade" (B111). Assim, novamente aqui, a terceira função combina características essenciais das outras duas, produzindo, por essa via, uma unidade sintética.

II. Formas e funções do juízo

Por si só a demonstração da completude da tábua dos juízos não nos permite compreender, entretanto, a conexão entre as formas do juízo ali contidas e as categorias. Além do mais, vimos que críticos como Strawson, apelando para a concepção de forma lógica atuante na lógica moderna, não questionam somente o catálogo kantiano dessas formas, mas também e sobretudo o próprio projeto de chegar, a partir delas, a algo como as categorias kantianas.

A resposta a essa linha de objeção, que também pretende ser uma explicação do procedimento de Kant, se divide em duas partes. Em primeiro lugar, deve-se insistir que a concepção moderna de forma lógica não pode ser vista simplesmente como uma substituta da concepção kantiana e, portanto, não se pode recorrer a ela para minar a viabilidade do próprio projeto de Kant. Em segundo lugar, veremos que a crítica strawsoniana se baseia em uma compreensão bastante equivocada da relação entre formas lógicas (no sentido de Kant) e categorias.

A respeito do primeiro ponto, vimos no capítulo 4 que Kant compreende por "formas do juízo" as formas ou modos básicos do pensamento discursivo. Como assinala Béatrice Longuenesse, isso reflete a concepção bem tradicional de Kant a respeito do objeto da lógica: as regras universais do pensamento discursivo (Longuenesse, 1998a, p. 5). Ela ainda enfatiza que o enfoque principal de Kant recai sobre as formas do *julgar*, entendidas como atos mentais, e não sobre as formas dos *juízos* resultantes dessa atividade (Longuenesse, 1998a, p. 5-6). Embora as formas dos juízos propiciem o ponto de partida no "Fio condutor", o objetivo real deste último é desvelar as formas do julgar. Além do mais, isso nos permite perceber com exatidão o fosso radical que separa a concepção de Kant de "forma lógica" daquela atuante na lógica moderna. Nesta última, como nota Longuenesse, essa expressão geralmente se refere às constantes lógicas e às regras para sua derivação e combinação, consideradas em um determinado cálculo lógico (Longuenesse, 1998a, p. 5).

Ainda na esteira de Longuenesse, podemos ver que esse fosso também nos permite ter ciência da irrelevância de qualquer crítica do procedimento de Kant baseada nessa segunda concepção de forma lógica. Embora Strawson sem dúvida tenha razão ao negar que seja plausível entender que *esta* noção de forma lógica possa oferecer um fio condutor para a descoberta de um conjunto privilegiado de conceitos, disso não se segue que a concepção kantiana, se compreendida adequadamente, não possa oferecê-lo. Tampouco seria possível argumentar, como se faz amiúde, que a grande capacidade de formalização da lógica moderna, por si só, invalide totalmente a abordagem kantiana. Que a lógica moderna possua essa capacidade, é algo inegável, mas ainda assim, é fato que a lógica verifuncional e a teoria da quantificação não têm muito a acrescentar à análise do pensamento discursivo *per se*. Ademais, isso não ocorre por acidente, já que desde Frege até o presente há uma tendência entre os lógicos de rejeitar esse tipo de preocupação como uma forma de psicologismo e, portanto, como algo que não faz parte da lógica propriamente dita[198].

No entanto, por mais fora de moda que possa parecer, uma das premissas fundamentais deste livro é a de que a preocupação de Kant com atos mentais não deve ser interpretada em um sentido psicológico. Ou, se se insistir que *qualquer* explicação de atos mentais seja por definição psicológica, então a tese passa a ser que essa explicação não é psicológica em um sentido pejorativo. Nessa chave pejorativa, não apenas Kant estaria engajado em uma forma ilícita de reflexão metafísica sobre um eu numênico e suas atividades supraempíricas (o "sujeito imaginário da psicologia transcendental", como diz Strawson, 1966, p. 32), como também estaria propondo uma psicologia cognitiva empírica e naturalizada, o que comprometeria a natureza essencialmente normativa da caracterização kantiana da atividade mental[199]. Enquanto filósofo transcendental, a preocupação de Kant é com as condições da cognição discursiva como tais. Por conseguinte, se, como sustenta Kant (e com isso Strawson parece concordar), a cognição humana é discursiva, parece pelo menos plausível olhar para a natureza do juízo com o intuito de desvelar as condições intelectuais de tal cognição.

Levando isso em consideração, e também a distinção, salientada anteriormente, entre as formas do julgar e as formas do juízo, sugiro que as formas do juízo fornecem um fio condutor para a compreensão das formas do julgar e que estas últimas, por sua vez, são a chave para a descoberta das categorias. Essencial para essa explicação é a relação entre as noções de "forma" e "função" do juízo. Embora intimamente relacionadas (de fato, Kant frequentemente usa esses termos de modo intercambiável), há, como nota Longuenesse, uma importante distinção a ser feita entre elas – essencialmente, uma distinção entre um pro-

---

198. A questão do psicologismo é salientada por Longuenesse (1998a, p. 6-7).

199. Um excelente exemplo dessa abordagem está em Patricia Kitcher (1990). Para a minha crítica de Kitcher, cf. Allison (1996a, p. 53-66).

cesso ou uma atividade e um produto (Longuenesse, 1998b, p. 143; 1998a, p. 3-6, *passim*). Em outras palavras, as "formas" específicas do pensamento ou do juízo surgem a partir das várias expressões da "função" genérica do pensar ou do julgar, descrita por Kant como "a unidade da ação de ordenar diferentes representações sob uma representação comum" (A68/B93). Assim, com a devida licença a Frank Lloyd Wright, pode-se dizer que, para Kant, "a forma segue a função"*.

A fim de entender a relevância dessa discussão para o que nos ocupa no momento, é importante relembrar a definição kantiana de "função" como "a unidade da ação de ordenar diferentes representações sob uma representação comum" (A68/B93). A "ação" em questão é o juízo e sua "unidade" é a regra subjacente segundo a qual as diferentes representações são conectadas em um juízo[200]. Como essa regra é ela mesma um conceito ou uma forma de conceitualização, isso sugere a possibilidade de que possa haver tal regra embutida em toda forma judicativa, especificando a maneira como as representações devem ser conectadas na medida em que julgamos sob essa forma. Uma tal regra de conceito não seria uma categoria, já que não é um "conceito de um objeto em geral", mas poderia ser apropriadamente caracterizada como "pré-categorial", ou até "proleticamente categorial", no mesmo sentido, examinado no capítulo 4, em que uma intuição não conceitualizada pode ser concebida proleticamente como representação de um indivíduo.

Embora uma análise similar possa ser estendida a todas as doze formas kantianas do juízo, limitaremos nossas considerações às três formas relacionais: as formas categórica, hipotética e disjuntiva. Visto que Kant conecta explicitamente essas formas com as três categorias mais importantes (substância, causalidade, reciprocidade ou comunidade), uma análise do modo como essas formas "seguem" ou corporificam funções conceituais deve bastar para nossos propósitos atuais.

Para começar com o caso menos controverso, parece claro que o exercício da função categórica requer o conceito de um sujeito cujas propriedades possam ser afirmadas ou negadas e, portanto, requer a capacidade de distinguir entre um sujeito e suas propriedades. Correlativamente, o sujeito de um juízo categórico

---

* Frank Lloyd Wright (1867-1959) foi um arquiteto e designer norte-americano. A máxima estética "a forma segue a função" costuma ser-lhe atribuída, mas na verdade é de seu mestre, Louis Sullivan (1856-1924). O que Wright teria dito é que "forma e função são uma única e mesma coisa" [N.T.].

200. Uma vez que Kant compreende uma função como uma regra unificadora, ele claramente está interpretando o termo em seu sentido matemático: como uma lei que subjaz a uma operação. (Esse sentido do termo é enfatizado por Reich, [1932] 1992, p. 27). Como já vimos, Kant, no entanto, geralmente compreende o termo no sentido aristotélico ou psicológico.

(o objeto acerca do qual se julga) é sempre concebido como um portador de propriedades. Por exemplo, no juízo "Sócrates é mortal", o sujeito (Sócrates) é concebido como o portador de uma propriedade (a mortalidade), o que requer a distinção entre um sujeito e suas propriedades. A menos que possamos fazê-lo, não poderíamos formar o juízo.

Todavia, disso não se segue que se deva possuir ou aplicar o conceito puro de substância, que, em certa passagem, Kant define como o conceito de algo que só se pode conceber como sujeito e nunca como predicado de alguma outra coisa (B129)[201], para formular juízos da forma categórica. Este não é apenas o conceito de algo que *pode* servir como o portador das propriedades, mas de algo que *deve* ser sempre concebido cumprindo este papel, isto é, de algo que deve sempre ser tomado substancialmente. Porém, não se trata de afirmar, evidentemente, que esse conceito seja requerido para que se possa julgar categoricamente, já que podemos produzir juízos categóricos perfeitamente sólidos sobre propriedades e objetos abstratos – e o mesmo vale para os candidatos usuais ao conceito de substância (cf. Bennet, 1966, p. 183).

No entanto, isso não tem as implicações negativas que os críticos de Kant tendem a supor. A função lógica é uma regra para a conceitualização do conteúdo de um juízo categórico. Ela expressa a necessidade de conceber o sujeito de tal juízo como um portador de propriedades e, portanto, ele próprio como não sendo uma propriedade de alguma outra coisa. Isso equivale à tese de que, para julgar categoricamente, é necessário considerar o sujeito *como se* fosse uma substância – não, certamente, em um sentido ontológico robusto, mas no sentido lógico de que no interior do juízo ele deve ser considerado substancialmente. A regra "nunca um predicado de alguma outra coisa" se aplica, então, *no interior* de um dado juízo.

Por outro lado, o conceito ontológico ou categoria de substância pode ser caracterizado como o pensamento de alguma entidade que deve ser concebida como sujeito em *todo* contexto judicativo. Embora certamente se siga disso que a função lógica ou o "conceito judicativo" atuante no ato de produzir juízos da forma categórica não deve ser equiparada ao conceito ontológico ou à categoria, também se segue daí que ambos estão intimamente interrelacionados. De fato, se essa análise está correta, o segundo se segue da primeira por meio de um tipo

---

201. Em uma passagem da primeira edição, também contida na segunda, Kant define esse conceito como a relação entre subsistência e inerência (A80/B106). Contudo, essas duas definições são apenas nominais, pois Kant nega a possibilidade de uma definição real de qualquer um dentre os conceitos puros. Sobre esse último ponto, cf. A240-241/B300-301.

de hipostasiação ou projeção sobre o objeto, o que pode ou não ser legítimo em uma instância particular[202].

A análise da forma hipotética do juízo requer um tratamento um pouco diferente, mas leva a conclusão similar. Para começar, essa forma não deve ser interpretada, em termos verifuncionais, como um condicional material (cf. Melnick, 1973, p. 39). Julgar hipoteticamente, no sentido em que tal juízo seja relevante para o argumento de Kant, é afirmar uma conexão entre duas proposições tal que a pressuposição da verdade de uma delas justifique a inferência à outra. Cada uma dessas proposições, tomadas individualmente, é considerada como meramente problemática; o juízo afirma apenas a conexão conceitual entre elas. Kant expressa isso ao observar que "somente a implicação [*Konsequenz*] é pensada por meio desse juízo" (A73/B98).

Segue-se daí que o exercício da função hipotética pressupõe o que poderia ser chamado de uma "regra ordenadora" para a sequência de proposições vinculadas em um juízo. Além disso, essa regra pode ser definida como a relação entre o fundamento e a consequência. Assim como é necessário, no caso do juízo categórico, determinar qual elemento deve ser pensado como o sujeito e qual deve-se pensar como predicado, no caso do juízo hipotético, é necessário determinar qual dentre as proposições fornece o fundamento ou a base ("o bilhete de inferência" [*inference ticket*], nos termos de Ryle) para a afirmação (ou negação) da outra[203]. Por essa razão, temos a tese de que o conceito da relação entre fundamento e consequência é a regra embutida em juízos da forma hipotética. A justificação para essa tese é a de que julgar hipoteticamente é apenas vincular os itens conectados no juízo em conformidade com essa regra.

Esse ponto é belamente ilustrado pelo exemplo do próprio Kant de um juízo hipotético: "se existe uma justiça perfeita, então o malfeitor contumaz será punido" (A73/B98). Em primeiro lugar, esse juízo expressa uma conexão entre os pensamentos de dois estados de coisas, nenhum dos quais é tido como efetivo no juízo. Enquanto tal, esse juízo se encaixa na caracterização anterior da forma hipotética. Em segundo lugar, esses dois estados de coisas, concebidos problematicamente, são pensados como conectados de forma tal que a afirmação do primeiro propicia fundamento para a afirmação do segundo. Em suma, o juízo expressa o pensamento da dependência entre um estado de coisas no qual os malfeitores contumazes são punidos e um outro no qual existe uma justiça perfeita.

---

202. Como veremos no capítulo 12, Kant explora a projeção ilícita do conceito ontológico de substância em conexão com a alma ou o Eu nos Paralogismos.
203. Melnick (1973, p. 51), sugere a adequação da noção ryleana neste contexto.

Contudo, essa dependência não precisa ser entendida em termos causais. A razão de supormos que o malfeitor contumaz será punido em um mundo onde existe uma justiça perfeita não é por pressupormos que o mundo deva conter algum mecanismo causal capaz de realizar essa tarefa (ainda que ele possa conter), mas simplesmente porque a punição dos malfeitores contumazes constitui parte do conceito ou da descrição de um mundo no qual existe uma justiça perfeita (ao menos constitui parte do conceito kantiano de tal mundo). Em suma, o juízo é analítico; o conceito de tal mundo propicia o fundamento lógico (embora não o fundamento "real") para a punição do malfeitor contumaz.

Isso mostra que podemos rejeitar como injustificado o receio de Guyer quando ele observa que "é difícil ver por que razão só haveria a possibilidade de se fazer juízos hipotéticos – isto é, 'se... então...' – se pudéssemos detectar conexões causais entre objetos [...]" (Guyer, 1987, p. 99)[204]. Tal como outras observações similares de Strawson e de outros críticos, essa observação está correta, mas é irrelevante. Pois, contrariamente a essa pressuposição amplamente compartilhada, a tese de Kant não é que só podemos julgar hipoteticamente sobre o mundo caso possuirmos e aplicarmos o conceito de causalidade; sua tese é a de que o exercício da função hipotética necessariamente envolve (na verdade, consiste em) uma ordenação dos juízos problemáticos por meio da relação entre fundamento e consequência.

No entanto, isso não compromete a passagem da forma judicativa ao conceito puro, que é o objetivo da Dedução Metafísica como um todo. Em vez disso, ela mostra que a passagem é indireta, mediada por uma análise do juízo na qual julgar sob uma forma dada é exercer uma certa função lógica. Embora a relação lógica entre fundamento e consequência não seja equivalente à relação causal (esse foi o equívoco de racionalistas como Espinosa, e também dos ocasionalistas, que limitaram a Deus a causalidade genuína), pode-se supor que ela seja uma condição necessária para a posse desse último conceito. Como tal conceito é apenas o conceito da relação entre um fundamento lógico *real* (e não meramente lógico) e sua consequência, não se poderia possuir o conceito nesta forma a menos que já se possuísse o conceito genérico da relação. Além do mais, isso se assemelha muito com a conexão entre a forma categórica do juízo e o conceito puro de substância. Em ambos os casos, a passagem da forma judicativa para a categórica envolve uma aplicação ontológica da função lógica embutida em todos os juízos da forma correspondente.

---

204. Logo na sequência, Guyer afirma algo similar acerca da relação entre juízos disjuntivos e interação.

Infelizmente, as coisas não são tão simples no que diz respeito à correlação entre a função disjuntiva e o conceito puro de comunidade. De fato, o próprio Kant reconhece que neste caso a correlação está longe de ser óbvia, e acrescenta na segunda edição uma defesa explícita dessa correlação (B111-113). Entretanto, essa defesa não é inteiramente convincente devido à falta de clareza quanto à natureza da função lógica envolvida. De início, Kant nota que, em um juízo disjuntivo, os elementos combinados (juízos problemáticos) são concebidos como um todo (no sentido em que esgotam todas as possibilidades), e sugere uma analogia entre essa concepção e o pensamento de que uma coleção de coisas constitui um todo. Mas essa analogia falha porque, no caso de um juízo disjuntivo, compreendido por Kant como uma disjunção exclusiva, a afirmação de um elemento implica a negação dos outros. Já no caso do conceito puro, que envolve o pensamento de uma conexão recíproca, a afirmação de um elemento implica na afirmação dos demais. Em suma, a função lógica parece ser a da exclusão, ao passo que a categoria correspondente é o conceito de uma conexão recíproca.

Todavia, uma conexão entre eles pode ser preservada se tomarmos a função lógica envolvida em um juízo disjuntivo como sendo de coordenação e não de exclusão. Além disso, o contraste traçado por Kant entre a relação de coordenação (expressa ao julgar-se sob essa a forma) e a relação de subordinação (operante em juízos hipotéticos) dá suporte a essa leitura. Como sugere Kant, trata-se de algo análogo à coordenação (ontológica) de itens pensados sob a categoria de comunidade. Por essa razão, a tese da correspondência entre a forma do juízo e a categoria também se aplica aqui, desde que nos concentremos na função lógica subjacente[205].

III. A dedução metafísica "propriamente dita": da lógica geral à lógica transcendental

A análise anterior enquadrou-se no domínio da lógica geral, embora ao discutir a conexão entre função lógica e categorias eu a tenha conduzido em direção à lógica transcendental. O objetivo do que aqui se designa de dedução metafísica propriamente dita é fundamentar a conexão entre duas "lógicas" com base em um princípio, justificando assim a tese de que as formas judicativas da primeira fornecem o "fio condutor" para a descoberta dos conceitos básicos da segunda.

O princípio subjacente estabelece que um e somente um entendimento, governado pelo mesmo conjunto de regras e funções, atua em ambos os domínios.

---

205. Esse problema é discutido detalhadamente por Longuenesse (1998a, p. 375-387) a propósito da Terceira Analogia.

Em outras palavras, o argumento se baseia na pressuposição de um isomorfismo entre as lógicas geral e transcendental, de um lado, e as funções de pensamento analisadas em cada uma delas, de outro. Ou, mais precisamente, baseia-se em um isomorfismo entre o uso lógico e o uso real do entendimento, isto é, entre seu uso no juízo, no qual conecta representações previamente dadas ao submetê-las a conceitos, e seu uso na determinação da intuição sensível, gerando assim um determinado conteúdo de pensamento[206].

Essa estratégia envolve duas desvantagens importantes e intimamente relacionadas. A primeira é um nível de obscuridade maior e indesejado. Ao introduzir a tese radicalmente nova de que o entendimento tem um uso real (como condição da cognição), Kant é forçado a apelar, nos cinco primeiros "parágrafos" do § 10, a alguns dos aspectos centrais e mais difíceis de sua teoria transcendental da cognição, além da doutrina da síntese e das respectivas funções transcendentais da imaginação e do entendimento. O papel da primeira seria o de sintetizar nossas representações e o da última de "elevar essa síntese a conceitos" (A78/B103). Como Kant não se esforça para preparar o leitor para nada disso, muito do que ele diz nesses parágrafos parece uma série de asserções genéricas, apenas inteligíveis à luz de sua discussão subsequente na Dedução Transcendental.

O segundo problema diz respeito à aparente circularidade dessa abordagem. Mesmo se as discussões preliminares das funções transcendentais da imaginação e do entendimento fossem suficientemente inteligíveis nos seus próprios termos, o fato é que Kant ainda não mostrou que essas faculdades têm um uso real ou transcendental, ou, em termos mais gerais, que a lógica transcendental tenha um objeto. Também neste caso, Kant pretende estabelecer o que ainda não foi mostrado apenas na Dedução Transcendental. Em consequência, enquanto a Dedução Metafísica pressupõe os resultados da Dedução Transcendental, esta, por sua vez, pressupõe os resultados daquela, já que a Dedução Metafísica parte da pressuposição de que um conjunto definitivo de conceitos puros ou categorias

---

206. Esse isomorfismo remonta, pelo menos, ao contraste delineado na *Dissertação inaugural* entre os usos lógico e real do intelecto (*intellectus*), onde Kant nega que o intelecto tenha um uso real relativamente à cognição sensível (Diss 2: 394; 386). Na *Crítica*, obra em que a principal preocupação da Analítica Transcendental pode ser descrita como a de demonstrar que o entendimento possui um uso real, embora limitado pela experiência possível, Kant não usa essa expressão. No entanto, o contraste entre os usos lógico e real do entendimento está certamente implícito no seu argumento como um todo, visto que a seção do "Fio condutor" tem por título "Do uso lógico do entendimento em geral" (A67/B92). Além disso, na Introdução à Dialética, Kant distingue entre os usos lógico e "puro" ("real" ou "metafísico") da razão, de forma a sugerir que a mesma distinção é aplicável ao entendimento (A303-309/B359-366).

já foi estabelecido como uma questão de fato (*quid facti*) e prossegue examinando a questão de sua validade (*quid juris*)[207].

No entanto, nenhum desses problemas cria uma dificuldade insuperável. Em primeiro lugar, muito embora seja incontestável a obscuridade de muitos dos detalhes da explicação de Kant nos primeiros cinco "parágrafos" do § 10, isso não impede uma apreciação do ponto básico que ele está tentando sustentar na seção como um todo. Em segundo lugar, a circularidade não é viciosa, visto que a explicação de Kant da função real ou transcendental do entendimento, que deve ser contrastada com sua função lógica no juízo (já esclarecida), é claramente concebida como antecipatória ou provisória (cf. Longuenesse, 1998b, p. 149). Em outras palavras, Kant estaria argumentando condicionalmente que *se* o entendimento tem uma função real ou transcendental, isto é, se há tal coisa como uma lógica transcendental (algo a ser estabelecido apenas posteriormente), então estamos autorizados a pressupor que seus conceitos puros ou categorias correspondem às funções lógicas operantes na atividade de julgar tal como analisada na lógica geral. O cerne desse argumento está contido no sexto parágrafo, que é crucial:

> A mesma função que dá unidade às diferentes representações *em um juízo* dá unidade também à mera síntese de diferentes representações *em uma intuição* e, expressa em termos gerais, denomina-se conceito puro do entendimento. O mesmo entendimento, portanto, e por meio das mesmas operações pelas quais colocava em conceitos – por meio da unidade analítica – a forma lógica de um juízo, introduz também, por meio da unidade sintética do diverso na intuição em geral, um conteúdo transcendental em suas representações, em virtude do qual elas são denominadas conceitos puros do entendimento e se referem *a priori* a objetos, algo que a lógica geral não podia realizar (A79/B104-105).

A tese central desse parágrafo é a identidade entre o entendimento e sua atividade (função) tal como essa identidade é considerada nas lógicas geral e transcendental – embora se tenha pensado com frequência que se trataria do contrário[208]. Assim, a primeira sentença fala inequivocamente da "mesma função" produzindo unidade tanto no juízo como na intuição, e a segunda se refere ao "mesmo entendimento" e às "mesmas operações" deste último. Já consideramos

---

207. Seguindo a sugestão de Vleeschauwer e Ian Proops (em artigo não publicado), argumentei em Allison (2001a, p. 67-84 *passim*) que a Dedução Metafísica e a Dedução Transcendental se ocupam, respectivamente, do *quid facti* e do *quid juris*. Nada na presente discussão, entretanto, depende dessa argumentação.

208. Na literatura mais antiga, isso foi enfatizado por Reich e, em seguida, por Paton (1936, vol. 1, p. 281-302).

com certo detalhe a operação lógica do entendimento e vimos que ela envolve a unificação de representações sob conceitos. Também vimos que essa unificação ocorre de modos determinados, que podem ser chamados de "formas" ou "funções" de unidade. Uma vez mais, pressupondo que o entendimento tenha tanto um uso real quanto um uso lógico, Kant afirma agora que essa mesma função unificadora tem lugar no nível da intuição, fornecendo assim o conteúdo representacional pressuposto pelo entendimento em sua atividade lógica.

Um dos fatores que tem frequentemente confundido os comentadores quanto a isso é o contraste estabelecido por Kant entre unidade analítica e unidade sintética. Considera-se às vezes que, por esse contraste, Kant estaria contrastando a atividade do entendimento na formação de juízos analíticos (o objeto, como se supõe, da lógica geral) com a atividade do entendimento na formação de juízos sintéticos (tarefa da lógica transcendental) (cf. Kemp Smith, 1962, p. 178-180 e R. P. Wolff, 1963, p. 68-77). Mas essa leitura não encontra respaldo no texto. Em primeiro lugar, "unidade analítica" se refere aos conceitos que são unificados em juízos. Em momento algum Kant sustenta que os próprios juízos são unidades analíticas (cf. Reich, [1932] 1992, p. 8-10). Em segundo lugar, como já vimos, conceitos são unidades analíticas porque unem em uma só representação uma série de marcas que pertencem a uma diversidade de objetos. Com efeito, é precisamente pelo fato de os conceitos serem tais unidades que eles podem ser combinados uns com os outros em juízos, por meio dos quais "muitas cognições possíveis são [...] reunidas em uma única" (A69/B94). Uma vez mais, isso é verdadeiro tanto para o juízo analítico quanto para o sintético. Em terceiro lugar, por "forma lógica de um juízo" Kant entende um juízo com uma forma lógica dada. Assim, a enigmática tese de Kant segundo a qual o entendimento, por meio de uma unidade analítica, "coloca em conceitos a forma lógica de um juízo" significa simplesmente que o entendimento produz um juízo de uma forma lógica específica combinando seus conceitos (unidades analíticas) de uma maneira determinada. Uma vez que o entendimento produz juízos, ou julga, ele também produz as formas do juízo (cf. Paton, 1936, vol. 1, p. 288). Supõe-se que a tábua das funções lógicas contenha a especificação completa dessas formas.

Kant ainda argumenta que o "mesmo entendimento [...] introduz também, por meio da unidade sintética do diverso na intuição em geral, um conteúdo transcendental em suas representações". A expressão "conteúdo transcendental" é obscura e sujeita a uma variedade de interpretações. No entanto, o mais plausível é que ela se refira à recém-mencionada unidade sintética do diverso (cf. Paton, 1936, vol. 1, p. 290). Este parece ser o caso, muito embora o texto afirme que o conteúdo transcendental é introduzido *por meio* da unidade sintética e não que ele *é* essa unidade. Estritamente falando, um conteúdo transcendental é um conteúdo extralógico, objetivo, isto é, um conteúdo que envolve a relação com um objeto. Aqui, o ponto-chave, a ser desenvolvido por Kant apenas na Dedução Transcendental, assevera que a unidade sintética do diverso produzida pelas categorias é a forma do pensamento de um objeto em geral. Por conseguinte, uma vez que o entendimento produz essa unidade sintética, ele também relaciona suas representações com um objeto, introduzindo, assim, um conteúdo transcendental. A determinação dessa unidade sintética é isomórfica ao ato discursivo do juízo, o que permite a Kant falar de "mesmas operações", ou, mais genericamente, apresentar uma imagem do entendimento engajado em uma atividade de unificação fundamental que ocorre em dois níveis. Por fim, a referência a "intuição em geral" visa indicar que essa função transcendental geral ou função objetificadora do entendimento não depende da natureza particular do diverso da intuição.

Supondo, então, que o entendimento tenha tal função, e que ele a exerça por meio das mesmas operações mediante as quais ele julga, segue-se que as funções lógicas do juízo – isto é, as formas conforme as quais o entendimento unifica seus conceitos em juízos – também serão as formas conforme as quais o entendimento unifica o diverso da intuição a fim de determinar um objeto para o juízo. Em suma, os conceitos puros do entendimento, que introduzem o conteúdo transcendental requerido, não são senão as funções lógicas do juízo, concebidas em conexão com o diverso da intuição. Ademais, isso leva Kant, no último passo da Dedução Metafísica, a esta conclusão:

> Desse modo, surgem exatamente tantos conceitos puros do entendimento, que se dirigem *a priori* a objetos da intuição em geral, quantas eram, na tábua anterior, as funções lógicas em todos os juízos possíveis; pois nessas funções o entendimento se vê completamente exaurido, e sua faculdade, inteiramente mensurada. Como Aristóteles, denominaremos *categorias* a tais conceitos, já que nosso propósito, embora muito distante do seu no que diz respeito ao modo de executá-lo, lhe é originariamente idêntico (A79-80/B105).

Essa "dedução" envolve uma quase-identificação das funções lógicas com os conceitos puros. Em vez de constituir dois conjuntos de conceitos – um pertencente ao juízo, o outro à intuição sensível – que devem de alguma forma ser reunidos, há um único conjunto de funções pertencentes a um único entendimento operando em dois níveis. Embora Kant não se expresse precisamente assim na primeira edição da *Crítica*, ele o faz de forma suficientemente frequente alhures, de forma a dissipar qualquer dúvida de que se trata de sua própria concepção sobre o tópico. Na Dedução B, por exemplo, Kant observa que "todas as *categorias* [...] são justamente essas funções de julgar, na medida em que o diverso de uma intuição dada é determinado em relação a elas" (B143) (cf. tb. Pro 4: 324; 116; MAN 4: 474; 189; B128; Fort 20: 272; 363, aqui dispostas em ordem cronológica).

Essa tese, central para a compreensão tanto da Dedução Metafísica quanto da Dedução Transcendental, enfatiza a importância das funções lógicas na explicação kantiana da cognição, que é exatamente o que esperaríamos, dada a tese da discursividade e o *status* dessas funções como formas fundamentais do pensamento discursivo. Ela também confirma a análise oferecida na segunda parte deste capítulo, que caracterizou as funções lógicas, enquanto formas de conceitualização embutidas nas várias formas de juízo, como "pré-categoriais". Como podemos ver com mais clareza agora, tais formas são assim caracterizadas porque expressam no nível do juízo a mesma função de pensamento que a categoria expressa no nível da intuição. É precisamente isso que as torna indispensáveis como "fios condutores" para a descoberta das categorias. Contrariamente à visão de Strawson, de Guyer e de outros críticos da Dedução Metafísica, não precisamos das categorias para sermos capazes de julgar sob certa forma; ao contrário, só podemos estar de posse de uma dada categoria porque somos capazes de julgar sob a forma correspondente.

Todavia, é igualmente importante ter em mente a distinção entre as funções lógicas e as categorias – que é o motivo de se caracterizar sua relação como de quase-identidade. Ocorre que a distinção é antes funcional do que substantiva. Como esclarece Kant, as categorias não devem simplesmente ser equiparadas às funções lógicas, mas podem ser pareadas com essas funções apenas na medida em que operam no nível da intuição e introduzem um "conteúdo transcendental" no diverso da intuição. Assim, uma referência à intuição sensível (embora não a um tipo particular desta última) é um componente essencial do próprio conceito de uma categoria para Kant, ao passo que é completamente estranha ao conceito de uma função lógica. Essa referência à intuição sensível levará em algum momento à necessidade de encontrar esquemas para essas categorias em nossa intuição sensível. Mas um problema anterior e mais básico é o da mencionada necessidade de se mostrar que as formas do pensamento discursivo, que encontram sua expressão judicativa nas funções lógicas, também têm um papel objetificador a desempenhar em conexão com a intuição sensível. Trata-se da tarefa da Dedução Transcendental, para a qual nos voltaremos a partir de agora.

PARTE III

Categorias, esquemas e experiência

7
A Dedução Transcendental

No Prefácio à primeira edição da *Crítica*, Kant observa que o conjunto de investigações contido na Dedução Transcendental lhe exigiu mais esforço que qualquer outro (Axvi). Mas em seguida ele redobra esses esforços, bem como os de seus comentadores, ao reformular completamente o argumento na segunda edição. Em parte como um expediente para poupar trabalho, em parte por razões filosóficas, irei me concentrar na segunda versão. O fato de o argumento da Dedução B ser estruturado de modo a tornar evidente que o problema central é a demonstração de uma conexão entre as condições intelectuais e as condições sensíveis da cognição humana justifica minha escolha. Embora isso valha também para a Dedução A, nela não fica tão claro que o problema central seja esse por conta da maneira como Kant apresenta seu argumento[209]. Assim, ao nos concentrarmos na segunda versão, podemos considerar a solução de Kant para o problema em sua forma mais transparente.

O problema em si é claramente enunciado numa passagem da parte introdutória da Dedução, que consta em ambas as edições. Ele corresponde à preocupação de que, apesar de tudo que foi mostrado até então, as

> [...] aparências poderiam perfeitamente ser constituídas de tal modo que o entendimento não as encontrasse em conformidade com as condições de sua unidade, e tudo ficasse de tal modo confuso que, por exemplo, não se oferecesse na sequência dos fenômenos nada que nos desse uma regra da síntese e, assim, correspondesse ao conceito de causa e efeito, tornando-se esse conceito inteiramente vazio, inútil e sem significado. E as aparências não deixariam por isso de oferecer objetos à nossa intuição, pois a intuição não necessita de modo algum das funções do pensamento (A90-91/B123).

A possibilidade aludida por Kant nos traz à mente o espectro do célebre gênio maligno de Descartes, que sistematicamente nos engana a respeito de

---

209. Tal argumento, contudo, não está completamente obscurecido. Um caso ilustrativo é a sugestão de que o propósito de tal dedução é "tornar compreensível essa relação do entendimento com a sensibilidade e, por meio dela, com todos os objetos da experiência" (A128).

nossas cognições mais evidentes. Como a tarefa central da epistemologia por mais de três séculos tem sido a de responder ao ceticismo global quanto ao mundo exterior, implícito nesse espectro e em suas variantes modernas, supõe-se com frequência que Kant, na Dedução, também estaria engajado em tal projeto. Aliás, quando julgada por esse padrão, considera-se geralmente a Dedução um fracasso.

Essa leitura, contudo, fusiona o projeto da Dedução com o da Refutação do Idealismo. A preocupação de Kant no primeiro é análoga à cartesiana, no sentido de ambos se preocuparem com o que poderia ser denominado de "adequação cognitiva" [*cognitive fit*]. Não obstante, eles diferem radicalmente em sua compreensão dos ingredientes dessa adequação[210]. Na concepção cartesiana, esses ingredientes são o pensamento e o ser, um domínio interno e subjetivo de cognições no qual a certeza é alcançável, e um mundo externo e objetivo inalcançável. Nesse sentido, essa concepção se preocupa com a correspondência entre nossas cognições evidentes e uma realidade *an sich*. Em contraste, Kant, considera que os ingredientes são duas espécies de representação e se preocupa com a possibilidade de não haver correspondência entre o que é fornecido pela sensibilidade e as regras *a priori* do pensamento. Por essa razão, o espectro kantiano é o de um vazio cognitivo e não o de um ceticismo global.

Essa elucidação do problema subjacente nos permite tratar da dificuldade exegética básica concernente à Dedução B: a divisão do argumento em duas partes, cada qual presumivelmente estabelecendo a necessidade das categorias. A primeira parte (§ 15-21) assegura sua necessidade relativamente aos objetos da intuição sensível em geral. A tese é que qualquer conteúdo sensível deve estar sujeito às categorias para que possa ser levado à unidade da consciência. A segunda parte (§ 22-27) defende a necessidade das categorias relativamente à sensibilidade humana e seus objetos.

Ao enfatizar a importância sistemática dessa característica estrutural do argumento de Kant, Dieter Henrich estabeleceu a agenda para todo trabalho subsequente sobre a Dedução B. Opondo-se a comentadores mais antigos que tentaram interpretá-la à luz de modelos tirados da Dedução A, Henrich insiste no fato de se tratar de uma prova em duas etapas. Com efeito, eis o que ele estipula como um critério para o sucesso de qualquer interpretação da Dedução B:

---

210. Evans (1990, p. 553-570), apropriadamente, caracterizou essa preocupação como o análogo transcendental do espectro do gênio maligno de Descartes. Porém, como ele próprio assinala, é importante ter em mente as diferenças entre os dois espectros.

A interpretação deve mostrar que, contrariamente à impressão inicial de que as duas conclusões apenas definem a mesma proposição, [...] as seções 20 e 26 oferecem dois argumentos com resultados significativamente diferentes; deve mostrar também que esses dois resultados, em conjunto, produzem uma única prova da dedução transcendental. Chamaremos essa tarefa de *problema das duas etapas em uma única prova* (Henrich, 1969, p. 67-68).

Embora o critério de Henrich tenha sido amplamente aceito, sua análise do argumento não o foi. Reconhecendo como o objetivo global da Dedução a eliminação do espectro mencionado acima, Henrich considera que o argumento procede em duas etapas. A primeira alcança esse resultado para uma gama de intuições sensíveis, isto é, aquelas que já possuem unidade, enquanto a segunda remove essa restrição, eliminando, assim, a possibilidade de não conformidade para toda intuição sensível humana, sob a justificativa de que espaço e tempo são unidades (como mostrado na Estética Transcendental) e que todas as nossas intuições são espaço-temporais (Henrich, 1969, p. 67-68).

A crítica à interpretação de Henrich se concentra em dois pontos. O primeiro é sua aparente atribuição a Kant da concepção de que nossas intuições já possuem unidade independentemente da atividade do entendimento (cf., p. ex., Brouillet, 1975, p. 639-648; Wagner, 1980, p. 352-366 e Robinson, 1984, p. 403-412). Em resposta, Henrich esclareceu sua posição, afirmando que nunca pretendeu atribuir tal concepção a Kant. Fazendo referência a B144n., onde Kant discute o fundamento da prova da primeira parte da Dedução, Henrich sugere que essa parte mostra apenas que as intuições dadas contêm unidade na medida em que estão relacionadas com a apercepção, e que essa relação não pode, sem maior argumentação, ser afirmada de tudo o que é dado na sensibilidade (Henrich, 1984, p. 34-96, esp. p. 41-42)[211]. Esse é um esclarecimento importante, porém deixa intacta a pressuposição de que a primeira parte da Dedução B afirma a validade das categorias sob uma condição restritiva que será excluída na segunda parte[212].

---

211. Toda essa controvérsia é discutida por Evans (1990, p. 554-560).

212. Evans (1990, p. 558-560) tenta defender a versão revisada da interpretação de Henrich em relação a esse ponto, enfatizando que a "restrição" se aplica não às intuições na medida em que já possuem unidade (independentemente da atividade do entendimento), mas a elas aplicam-se porque são unificáveis pelo entendimento. Nessa leitura, portanto, a tarefa da segunda parte da Dedução é mostrar que toda intuição humana é assim unificável. Ainda que não tenha nada a objetar a essa leitura como uma explicação da estrutura de prova do argumento, creio que é um pouco enganoso retratar esse processo como uma restrição que é excluída na segunda parte. Pois ao retratá-lo como uma restrição recaindo sobre a "gama" de intuições a que as categorias se aplicam, Henrich claramente insinua que a primeira parte mostra (ou pelo menos tenta mostrar) que as categorias de fato se aplicam a determinada gama de intuições. E é justamente isso que me parece questionável.

Esse é o outro ponto de disputa importante, pois parece contraintuitivo sugerir que a primeira parte da Dedução B contenha uma restrição no âmbito de aplicação das categorias que será eliminada na segunda parte (Robinson, 1984, p. 403-412). Kant afirma claramente que a primeira parte se ocupa da relação entre as categorias e o diverso da intuição sensível em geral, e a segunda com relação das categorias com os objetos da intuição sensível humana. Porém, como a sensibilidade humana é uma espécie da sensibilidade em geral, parece mais natural presumir que a primeira parte contenha a tese mais ampla e não a mais restrita[213].

Todavia, como há tempos já foi reconhecido, é difícil ver como, nessa leitura, a segunda parte da Dedução forneceria algo mais do que uma inferência trivial de gênero a espécie. Se o que se mostrou foi a aplicação das categorias à intuição sensível em geral, então certamente segue-se que elas devem se aplicar também à forma especificamente humana de intuição[214]. Por essa razão, o problema interpretativo é um tanto mais complexo do que sugere a análise de Henrich. Não apenas é necessário explicar de que modo as duas etapas constituem uma prova única – isso deve ser feito de modo a evitar que se tome a segunda etapa como uma consequência trivial da primeira.

A presente interpretação é motivada principalmente pela tentativa de alcançar esses objetivos. Ela se articula, em larga medida, em torno de uma distinção clara entre as funções epistêmicas atribuídas às categorias nas duas partes da Dedução. Sua função na primeira parte é servir como regras para o *pensamento* de um objeto da intuição sensível em geral, isto é, como regras discursivas para o juízo. É por isso que o argumento faz abstração da natureza particular da sensibilidade humana e se refere à intuição sensível em geral. Ele mostra que qualquer representação trazida à "unidade objetiva da apercepção" é também relacionada a um objeto em um juízo e, enquanto tal, se coloca necessariamente sob as categorias.

Em contraste, o objetivo da segunda parte da Dedução é estabelecer a aplicabilidade das categorias ao que quer que seja dado sob as condições da sensibilidade humana. Ela busca fazê-lo demonstrando (mediante sua conexão com

---

213. Assim, o título da própria seção em que Henrich afirma encontrar a tese mais restrita diz: "Todas as intuições sensíveis estão sob as categorias como únicas condições sob as quais o seu diverso pode reunir-se em uma consciência" (B143).

214. Até onde sei, o problema, ainda que não resolvido, foi colocado pela primeira vez por Zocher (1954, p. 163-194).

a imaginação) que as categorias também possuem uma função não discursiva enquanto condições sob as quais o que quer que seja dado (de acordo com as formas da sensibilidade) pode adentrar a consciência empírica. Em suma, ela procura vincular as categorias (mesmo que indiretamente) à *percepção* em vez de apenas ao *pensamento* de objetos[215].

A diferença entre minha leitura e a de Henrich se mostra em suas diferentes maneiras de lidar com o espectro. Como já notado, Henrich sugere que a primeira parte da Dedução B o elimina para certa gama de intuições (aquelas que já possuem unidade), enquanto a segunda parte vai além dessa restrição e o elimina para todas as intuições. Em contraste, a leitura oferecida aqui sustenta que a primeira parte, por si só, deixa o espectro completamente intacto, pois essa parte se ocupa exclusivamente das condições do *pensamento* dos objetos; assim, essa tarefa essencial é atribuída inteiramente à segunda parte[216].

Este capítulo está dividido em três partes. A primeira e a terceira se dedicam, respectivamente, aos argumentos centrais das duas etapas da Dedução tal como caracterizados acima. A segunda, que serve como ponte entre essas duas etapas, trata da unidade subjetiva da consciência. Embora inicialmente introduzida quase como um suplemento [*an afterthought*], essa concepção acaba sendo de importância sistemática considerável, pois ela, juntamente com a discussão relacionada sobre os juízos de percepção nos *Prolegômenos*, concentra sua atenção nos modos de consciência perceptuais e não discursivos que serão o tópico explícito da segunda parte da Dedução.

---

215. Na primeira edição deste livro, organizei a análise das duas partes da Dedução em torno das distinções entre validade objetiva e realidade objetiva, por um lado, e entre *Object* e *Gegenstand*, por outro. A ideia básica era que deveríamos considerar a validade objetiva das categorias, compreendida como sua validade com relação a objetos num sentido lógico bem amplo (*Objecte*), como estabelecida pela primeira parte, e que deveríamos considerar a realidade objetiva das categorias, compreendida como a aplicabilidade das categorias aos objetos espaço-temporais da experiência humana (*Gegenstände*), como estabelecida pela segunda. Diversos críticos levantaram objeções, a partir de argumentos filológicos, a essa estratégia, e como resultado de uma reflexão mais aprofundada sobre a questão, **apercebi**-me que introduzir essas considerações era equivocado e desnecessário para meu objetivo principal de determinar a relação entre as duas partes do argumento. O ponto básico é simplesmente que a primeira parte da Dedução B se ocupa do papel das categorias no *pensamento* de objetos, isto é, no juízo, ao passo que a segunda se ocupa do seu papel na percepção e na experiência.

216. Uma análise similar foi feita por Thöle (1991, esp. p. 264-269).

I. Apercepção, síntese e objetividade

A. A unidade transcendental da apercepção: o princípio e sua analiticidade

A Dedução B começa oficialmente com uma explicação geral da síntese ou ligação, considerada como uma atividade espontânea do entendimento sobre materiais dados de fora. Sua tese essencial é que "nós não podemos nos representar [*wir uns* [...] *vorstellen können*] nada como ligado no objeto se não a tivermos nós ligado previamente" (B130)[217]. Para reconstruir o argumento, no entanto, o verdadeiro ponto de partida é a formulação canônica de Kant do princípio da unidade transcendental da apercepção. De acordo com essa formulação,

> O *eu penso* tem de *poder* acompanhar todas as minhas representações; pois, do contrário, seria em mim representado algo que não pode ser pensado de modo algum, o que significa simplesmente que: ou a representação seria impossível, ou pelo menos não seria nada para mim. A representação que pode ser dada antes de todo pensamento se denomina *intuição*. Todo diverso da intuição, portanto, tem uma relação necessária com o *eu penso* no mesmo sujeito em que esse diverso é encontrado (B131-132).

Esse é o verdadeiro ponto de partida da Dedução B porque é o primeiro princípio sobre o qual se assenta a primeira parte da prova. Como veremos, a conclusão preliminar extraída por Kant no § 20 deve ser vista como uma consequência lógica desse princípio quando articulado plenamente. Mas apesar de Kant o apresentar como um princípio único, ele corporifica pelo menos três teses distintas, das quais a última pode ser vista como uma síntese das duas primeiras.

A primeira, expressa na primeira sentença, se aplica a cada uma das representações de um sujeito consideradas individualmente. Ela afirma que, para que qualquer uma dessas representações seja algo *para mim* [*to me*] ou seja, para que represente algo *a mim* [*for me*], tem de ser possível pensá-la como minha. Tendo em vista que uma representação para a qual isso não é possível não poderia representar nada a mim, ela não seria *ipso facto* "nada para mim".

Embora por vezes se pense que Kant tenha (falaciosamente) negado a possibilidade de possuirmos representações ou estados mentais dos quais não poderíamos estar conscientes como sendo nossos, e que tenha assim confundido consciência com autoconsciência, um exame cuidadoso da passagem citada e da

---

217. Aqui, como alhures, estou modificando a tradução de Guyer e Wood pela adição de "nos" [*to ourselves*] para capturar o que considero o caráter reflexivo extremamente importante da tese de Kant, que frequentemente (embora nem sempre) se perde na tradução.

explicação geral da apercepção proposta por Kant indica que este não é o caso[218]. Em primeiro lugar, a despeito da escolha de palavras do texto, a tese de Kant não é que o *eu penso* deve ser capaz de acompanhar todas as minhas representações *tout court*, mas sim que ele deve ser capaz de fazê-lo *para que* elas funcionem cognitivamente para mim como representações. Além do mais, o "eu" aqui é o sujeito cognitivo, abstratamente concebido, e não um sujeito empiricamente real com sonhos, vontades, desejos (tanto conscientes quanto inconscientes) e assim por diante[219]. Na verdade, Kant está completamente disposto a admitir a possibilidade de representações (conteúdos ou estados mentais) *em mim* que não são nada *para mim*, cognitivamente falando (cf., p. ex., a carta de Kant a Marcus Herz de 26 de maio de 1789; Br II: 52; 314; Anthro 7: 135-136; 16-17).

Em segundo lugar, e igualmente importante, Kant só está reivindicando que o *eu penso* deve *ser capaz de acompanhar* (ênfase minha) todas as minhas representações, não que ele tenha de fazê-lo efetivamente. Em outras palavras, Kant está afirmando aqui apenas a necessidade da possibilidade da autoatribuição. Ademais, isso é claramente verdadeiro, pois uma representação que (por alguma razão) eu não pudesse atribuir a mim mesmo não poderia representar alguma coisa a mim, embora pudesse muito bem ser minha em algum sentido não cognitivo[220].

A segunda ramificação do princípio da apercepção se aplica às representações de um sujeito tomadas coletivamente, pois se pensa que elas constituem um pensamento unificado. Abordando o texto à luz da discussão mais refinada da Dedução A, a preocupação básica é com a representação de um diverso como um diverso[221]. Seja qual for seu conteúdo, tal representação possui a forma de

---

218. Essa objeção foi levantada de diversas formas, mais enfaticamente por Guyer (1987, p. 140-142). Para uma interessante resposta a Guyer, cf. Keller (2001, p. 67-69).

219. Em outra passagem, Kant se refere a esse eu como o "eu da reflexão" em contraste com o "'eu da apreensão" (Anthro 7: 141-142; 22), e como o "eu lógico" em contraste com o "eu psicológico" (Fort 20: 270).

220. Esse último ponto foi posto em questão por Keller (2001, p. 68). Mas, visto que ele reconhece o espaço deixado por Kant para a possibilidade lógica de representações *em mim* que não são nada para mim, não consigo ver o sentido de seu desacordo. Se as representações estão em mim, então sem dúvida há um sentido em que elas são minhas (por oposição a serem de outrem). O exemplo de Guyer de um sonho que não consigo recordar ao despertar ilustra bem o ponto. Minha incapacidade de recordar não impede que o sonho seja meu, e o sonho não se torna meu só quando ou se eu me lembrar dele.

221. Cf. particularmente A99. Em sua discussão sobre a necessidade de uma tripla síntese, o problema para Kant é o de determinar as condições da representação de um diverso temporal enquanto tal. Mas na formulação mais abstrata da Dedução B, na qual a primeira parte explicitamente faz abstração da natureza específica da sensibilidade humana, a preocupação é com as condições da representação de um diverso sensível enquanto tal, isto é, simplesmente como um diverso.

um único pensamento complexo (uma unidade sintética) e requer um sujeito pensante único. Esse ponto já foi salientado por William James: um conjunto de pensamentos distintos dos elementos de um todo jamais pode ser equivalente ao pensamento do próprio todo[222]. Embora seja concebível que cada uma das representações, que coletivamente constituem o pensamento complexo único, pudesse ser distribuída entre uma multiplicidade de sujeitos pensantes, o próprio pensamento não poderia sê-lo. Ele deve ser pensado por (ou atribuído a) um sujeito único.

Como já indicado, a terceira ramificação desse princípio consiste na unificação dos dois primeiros. O resultado dessa unificação é o princípio da unidade sintética necessária da apercepção, que funciona como a premissa fundamental da primeira parte da Dedução B. Em termos simples, esse princípio afirma que os componentes de um pensamento complexo devem estar conectados de modo a permitir a possibilidade de sua atribuição a um sujeito pensante único, e isso implica que eles constituem uma unidade sintética.

O argumento em defesa desse princípio prossegue tomando as duas primeiras ramificações na ordem inversa: dado que um pensamento complexo único logicamente exige um pensador único, segue-se (1) que cada um dos componentes de tal pensamento deve ser atribuível a um sujeito pensante idêntico, e (2) que deve ser (necessariamente) possível para esse pensador estar consciente de sua identidade. Esta última é uma condição necessária de possibilidade para que diversas representações discretas sejam unificadas no pensamento de um sujeito único como suas representações e, *a fortiori*, para que constituam um pensamento complexo único. Em outras palavras, para que as representações *A*, *B* e *C* sejam pensadas conjuntamente em uma única consciência, o "eu" que pensa *A* deve ser idêntico ao "eu" que pensa *B*, e assim por diante. Além do mais, para que o sujeito esteja consciente que essas representações constituem uma unidade, também deve ser possível que ele se torne consciente de sua própria identidade como sujeito em relação ao pensamento de cada uma dessas representações. Como veremos em seguida de maneira mais detalhada, tais condições são recíprocas.

Nossa preocupação imediata, no entanto, é com uma característica da explicação de Kant que foi negligenciada até o momento: a analiticidade do princípio da apercepção. Kant menciona esse aspecto do princípio da apercepção duas

---

222. Essa semelhança entre James e Kant foi apontada por Kemp Smith (1962, p. 459) e por R. P. Wolff (1963, p. 106).

vezes no espaço de quatro páginas: primeiro afirmando que, apesar de sua relevância, "esse princípio da unidade necessária da apercepção é [...] ele próprio idêntico, portanto uma proposição analítica" (B135). Num segundo momento, Kant nos lembra que essa proposição é

> ela própria analítica [...], pois diz apenas que, em uma intuição dada qualquer, todas as *minhas* representações precisam submeter-se à única condição sob a qual eu posso, como *minhas* representações, atribuí-las a um eu idêntico e, portanto, enquanto conectadas sinteticamente em uma apercepção, reuni-las através da expressão universal *eu penso* (B138).

Embora muitos comentadores não digam palavra sobre essas passagens, Guyer está bem consciente delas. Não obstante, ele rejeita a tese da analiticidade com a justificativa de que ela reflete a confusão de Kant quanto à sua estratégia argumentativa, uma estratégica que estaria supostamente condenada ao fracasso mesmo quando depurada dessa confusão. Em defesa dessa interpretação, Guyer indica uma nota de rodapé na Dedução A, na qual Kant declara explicitamente que o princípio da unidade da apercepção é sintético (Guyer, 1982, p. 184; 1987, p. 134, 136-137, 139-140). Como Kant afirma nessa nota,

> a proposição sintética de que toda consciência empírica diferente tem de ser ligada em uma única autoconsciência é o princípio sintético e absolutamente primeiro de nosso pensamento em geral (A117n.).

Tomando essa observação como equivalente ao princípio caracterizado por Kant como analítico na segunda edição, Guyer o acusa de mais uma confusão (ou, pelo menos, de uma desconcertante mudança de ideia) quanto à natureza de seu próprio princípio fundamental.

Ao lidar com essa questão, devemos resistir à tentação de salvar Kant da inconsistência limitando o escopo da tese da analiticidade a um aspecto trivial do princípio – por exemplo, que, para que sejam minhas, minhas representações devem estar sujeitas a quaisquer condições que forem necessárias. Como notado acima, o que Kant alega ser realmente analítico é a proposição complexa e aparentemente substantiva [*contentful*] de que

> todas as minhas representações precisam submeter-se à única condição sob a qual eu posso, como minhas representações, atribuí-las a um eu idêntico e, portanto, enquanto conectadas sinteticamente em uma apercepção, reuni-las através da expressão universal eu penso (B138).

Isso, no entanto, parece piorar o problema, já que não está claro que essa última tese seja sequer verdadeira (e muito menos analítica). Não posso, pois, atribuir ao meu eu idêntico pensamentos que não constituem, enquanto tais, uma unidade sintética – por exemplo, o pensamento da minha presente perplexidade quanto ao princípio da apercepção de Kant e minha preocupação contínua quanto à situação dos Red Sox*?

A resposta é que, ao pensá-los conjuntamente como meus pensamentos, eu estou, por essa via, conferindo-lhes uma unidade sintética. De fato, não posso atribuí-los a meu eu idêntico sem que também lhes confira, *no mesmo ato*, uma unidade sintética (mesmo que seja apenas a unidade contingente possuída por eles em virtude de terem sido conjuntamente reconhecidos como meus pensamentos). Consequentemente, é uma condição de possibilidade da autoatribuição de pensamentos distintos que eles possam receber uma unidade sintética, assim como é condição de tal unidade sintética que os pensamentos sejam atribuíveis a um sujeito pensante único. Em uma passagem dos Paralogismos B, cujo propósito é claramente o de complementar a análise da apercepção na Dedução, Kant observa:

> Que o eu da apercepção, portanto o de todo pensamento, seja um *singular* [*ein Singular sei*] que não pode dissolver-se em uma pluralidade de sujeitos e, assim, descreve um sujeito lógico simples, isto já está no conceito do pensar [*des Denkens*] e, por conseguinte, é uma proposição analítica; mas isto não significa que o eu pensante seja uma *substância* simples, o que seria uma proposição sintética (B407-408)[223].

Aqui, Kant não apenas insiste na analiticidade do princípio, como também o apresenta como consistindo no "conceito do pensar" (ou pensamento). Aplicando os próprios critérios kantianos da analiticidade, o conceito no qual o predicado está "contido" e do qual se segue por meio do princípio da contradição é o do pensar ou do pensamento. Ou, mais precisamente, dado que Kant explicitamente limita o escopo do princípio da apercepção a um intelecto discursivo (cf. B138-139; 145-146), esse conceito se segue do conceito de pensamento discursivo[224]. Ele

---

* Allison se refere ao Boston Red Sox, conhecido time de beisebol pertencente à divisão Leste da Liga Americana [N.T.].

223. Temos aqui um interessante contraste com a versão dos Paralogismos na primeira edição, onde é possível a interpretação de que Kant estaria negando a analiticidade do princípio, pois rejeita a possibilidade de provar "a partir de conceitos" a proposição de que "muitas representações têm de estar contidas na unidade absoluta do sujeito pensante para constituir um pensamento" (A352). Uma consideração do contexto, contudo, indica que a ênfase deve ser posta em "absoluta", geralmente dotada de um sentido metafísico em Kant. Além disso, a única coisa que ele explicitamente nega ser analítica é a proposição bastante distinta e manifestamente metafísica de que "um pensamento só pode ser o efeito da unidade absoluta do ser pensante" (A353). A proposição original, presumivelmente destituída de seu sentido metafísico, é explicada como a expressão de uma condição necessária da apercepção. Para uma interpretação diferente dessa passagem, cf. Kemp Smith (1962, p. 479).

224. Em contraste com a leitura apresentada aqui, tanto McCann (1985, p. 74) quanto Longuenesse (1998a, p. 67, n. 13) afirmam que o princípio se baseia numa análise de "minha representação" ou

não pode ser concebido à parte de um sujeito numericamente idêntico porque tal pensamento consiste em trazer um diverso da intuição sob um conceito. Por outro lado, dado que o sujeito está sendo considerado apenas como o sujeito de um pensamento discursivo, sua identidade é inseparável da unidade sintética do seu pensamento. Em suma, a proposição analítica é uma tese sobre como o sujeito pensante deve ser pensado (ou como deve conceber a si mesmo) enquanto engajado em tal atividade, e não uma tese metafísica sobre a natureza da coisa que pensa.

Mas o que faremos com o fato de que Kant caracteriza, em A117n., o que parece ser o mesmo princípio como sintético? A resposta curta é que eles não são idênticos. O princípio sintético enuncia que "cada consciência empírica distinta deve ser ligada em uma autoconsciência única". Aqui, consciência empírica é equivalente à percepção; e a tese é a de que percepções distintas devem elas mesmas ser ligadas em uma autoconsciência única (identificada com a "consciência transcendental" ou a "consciência de mim mesmo enquanto apercepção originária"). Dado que a última é considerada necessária para a conexão de percepções temporalmente distintas e, portanto, para a possibilidade da experiência, ela é claramente sintética. Mas o que a torna sintética é sua conexão com o tempo e a experiência possível, não sua conexão com a unidade sintética enquanto tal. Em contraste, na discussão da apercepção na Dedução B, ela é apenas a noção abstrata de uma unidade sintética do diverso numa intuição dada (não importando sua "forma" ou seu modo de ser dada [*giveness*]) que está em questão.

As diferenças nas explicações da apercepção refletem os procedimentos distintos de Kant nas duas versões da Dedução. A Dedução A começa com uma referência explícita à temporalidade da experiência. Na verdade, Kant prefacia sua discussão com o que ele descreve como uma "observação geral sobre a qual devemos fundamentar tudo o que se segue", a saber:

> Nossas representações podem surgir de onde for [...], como modificações da mente, elas pertencem sempre ao sentido interno, e todas as nossas cognições, como tais, estão sempre subordinadas à condição formal do sentido interno, qual seja, o tempo, no qual elas têm de ser conjuntamente ordenadas, conectadas e colocadas em relações (A99).

Em contraste, a primeira parte da Dedução B faz abstração da natureza da sensibilidade, o que significa que também abstrai das próprias condições requeridas para fundamentar juízos sintéticos. Como Kant insiste reiteradamente, estes últimos exigem a relação dos conceitos com intuições sensíveis, e no

---

da noção de uma representação ser *minha*. Creio, porém, que essa própria "qualidade ou estado de ser minha" [*mineness*] deve ser entendida em conexão com o conceito de pensamento discursivo.

caso presente essa exigência não pode ser cumprida. Em vez de relacionar o pensamento com a intuição humana, Kant, aqui, o relaciona com o *conceito* de "intuição sensível em geral", o que torna o juízo analítico. Desse modo, dada a explicação de Kant das condições para o juízo sintético, ele não teve outra escolha a não ser considerar o princípio elucidado na primeira parte da Dedução B como analítico. É evidente que esse princípio pode não ser analítico em uma compreensão diferente de analiticidade (ou de sinteticidade), mas isso não vem ao caso.

B. *Síntese e consciência da síntese: analiticidade sem esterilidade*

Todavia, resta um grande obstáculo à leitura analítica do princípio da apercepção, a saber, sua conexão com a doutrina da síntese. Quer consideremos essa doutrina, na esteira de Strawson (1966, p. 32), como parte do "sujeito imaginário da psicologia transcendental", quer a consideremos, seguindo outros comentadores, como uma tese empírica global em psicologia cognitiva[225], parecerá difícil entendê-la como a consequência de um princípio analítico. Contudo, isso é precisamente o que Kant reivindica quando declara que, levando-se em consideração o que já foi estabelecido sobre a apercepção ("essa ligação original"), segue-se que

> [...] essa identidade completa da apercepção de um diverso dado na intuição contém uma síntese das representações e só é possível através da consciência dessa síntese. Pois a consciência empírica, que acompanha várias representações, é em si dispersa e não tem relação com a identidade do sujeito. Essa relação acontece, portanto, não pelo fato de eu acompanhar com consciência cada representação, mas sim porque eu *adiciono* uma à outra e sou consciente de sua síntese. Assim, somente porque eu posso ligar o diverso de representações dadas *em uma consciência* é possível que eu me represente a *identidade da consciência nessas mesmas representações*, isto é, a unidade *analítica* da apercepção só é possível sob a pressuposição de alguma unidade *sintética* (B133-134) (cf. tb. B135).

Essa passagem contém, reunidas na conclusão de que a unidade analítica da apercepção pressupõe uma unidade sintética, duas teses distintas: (1) a de que a consciência da identidade do *eu penso* "contém" uma síntese; e (2) a de que ela é possível apenas mediante a consciência dessa síntese. Ambas, bem como a conclusão, são essenciais para o argumento global de Kant, e nós discutiremos uma

---

225. Para um representante desse último ponto de vista, cf. Patricia Kitcher (1990, p. 186). Embora não aceite a leitura da Dedução apresentada por Kitcher, Keller (2001, p. 90-91) apoia sua rejeição da tese da analiticidade.

por vez. Para fazê-lo, no entanto, é necessário, primeiro, que consideremos brevemente a explicação inicial da síntese apresentada por Kant no § 15. O diverso, Kant observa, pode ser dado em uma intuição puramente sensível; sendo a forma dessa intuição o modo como o sujeito é afetado:

> Mas a *ligação (conjunctio)* de um diverso em geral não pode jamais chegar a nós através dos sentidos [...], pois ela é um ato da espontaneidade do poder de representação e, como este tem de ser denominado entendimento [...], toda ligação – quer sejamos dela conscientes ou não, quer ela seja a ligação do diverso da intuição ou de alguns conceitos [...], é uma ação do entendimento; uma ação que poderíamos designar com a denominação geral de *síntese,* para com isso tornar claro, ao mesmo tempo, que nós não podemos nos representar nada como ligado no objeto sem que o tenhamos nós próprios previamente ligado; e uma *ligação* que é a única, entre todas as representações, que não é dada através de objetos, mas é antes executada pelo próprio sujeito, pois é um ato de sua autoatividade (B129-130).

Essa tese (e suas variantes) é frequentemente criticada sob a alegação de que se ancora na pressuposição dúbia de que o que é realmente dado à mente é um "mero feixe" humeano de impressões ou mesmo um "caos de sensação"[226]. Tal crítica, contudo, é equivocada, particularmente no contexto da Dedução B, em que a pressuposição em atuação é apenas a de que estamos falando de uma mente para a qual o diverso deve ser dado, ou seja, de um intelecto discursivo, e não intuitivo. Como o texto deixa claro, o problema é explicar como tal intelecto pode *representar para si* seus dados como ligados, ou seja, enquanto uma unidade sintética. Mas esse problema surge independentemente de quaisquer pressuposições sobre como o diverso é dado. Pois mesmo se supusermos que as sensações já são dadas de modo organizado ou unificado, o intelecto ainda precisaria representar para si mesmo ou pensar essa unidade "dada". Kant formula esse ponto sucintamente em uma carta a Beck: "Nós devemos *compor* [*zusammensetzen*] para que possamos representar qualquer coisa como *composta* [*zusammengesetzt*] (mesmo o espaço e o tempo)" (Br 11: 515; 482).

Dadas essas observações preliminares, estamos agora em condições de examinar as duas teses de Kant sobre a unidade necessária da apercepção. Na realidade, a primeira já foi considerada na seção anterior, na qual vimos que um sujeito não pode pensar (aperceber) sua própria identidade em relação a representações distintas sem, no mesmo ato, conferir-lhes unidade sintética. Pensar

---

[226]. A natureza dogmática da tese de Kant é enfatizada tanto por Kemp Smith (1962, p. 284) quanto por Ewing (1950, p. 115), que se refere especificamente à segunda edição. O último ponto é afirmado por Henrich (1976, p. 7, 21).

esse pensamento (aquele da identidade do *eu penso*) é unificar as representações distintas numa consciência única, motivo pelo qual Kant afirma que esse pensamento "contém" uma síntese.

Obviamente, o contrário não vale; nem todo ato de unificação de representações em uma única consciência produz uma consciência efetiva da identidade do *eu penso*. Mas isso é irrelevante, pois tudo o que se requer é a unificação permitir a *possibilidade* de tal autoconsciência. Kant chama essa autoconsciência de "universal" (B132), o que é aqui equivalente a transcendental, pois constitui o que em outro lugar ele chama de "forma lógica de toda cognição" (A117n.). Logo veremos por quê.

A tese de que a apercepção é possível apenas mediante uma *consciência* da síntese é mais complexa por conta da ambiguidade vinculada ao termo *síntese*. Ele pode se referir ao próprio ato ou ao seu produto, e Kant aparentemente pretendeu usá-lo nos dois sentidos. Se entendida no segundo sentido, a tese não é problemática. Considerando o caso mais simples possível, em que há apenas duas representações (A e B), a consciência da identidade do eu que pensa *A* com o eu que pensa *B* obviamente requer uma consciência de *A* e *B* conjuntamente. Como afirma Kant, pondo de lado tal consciência, "eu teria um eu [*Selbst*] tão multicolorido e diverso quantas são as representações que tenho e das quais sou consciente" (B134). Contudo, não apenas uma consciência única só é possível por meio da ligação dessas representações, como ela própria é uma consciência do produto da sua ligação. Pelo menos nesse sentido, então, a apercepção (a consciência de um *eu penso* idêntico) necessariamente envolve a consciência da síntese das representações.

Contudo, essa tese parecerá consideravelmente mais problemática se considerarmos que a consciência da síntese se refere à atividade. Em primeiro lugar, há a questão de sua compatibilidade com o que Kant diz em outros lugares. Por exemplo, na passagem supracitada do § 15, ele se refere *en passant* a "toda ligação, quer sejamos dela conscientes ou não"; isso sugere a negação por parte de Kant de que todos esses atos envolvem necessariamente uma consciência do ato[227]. Em segundo lugar, se tomada como uma tese psicológica, a tese kantiana de que a mente deve estar consciente de seus atos de síntese parece extremamente implausível. Por essa razão, é tentador conceber essa afirmação como uma

---

227. Cf. tb. A78/B103, onde Kant a princípio caracteriza síntese como um "mero efeito da imaginação" e descreve esta última como "uma função cega, mas indispensável da alma [ou entendimento], sem a qual não teríamos nenhuma cognição, mas da qual raramente tomamos consciência".

aberração que precisa ser explicada, em vez de concebê-la como um ingrediente essencial na explicação transcendental da cognição proposta por Kant[228].

Todavia, esse tratamento negativo é injustificado, tendo em vista que certa consciência do ato de síntese é uma característica ineliminável da doutrina kantiana da apercepção[229]. Embora no momento seja impossível justificar plenamente uma tese global como essa, os pontos básicos podem ser expressos sucintamente. Para começar, deve-se notar que a afirmação não aparece somente na Dedução B. Por exemplo, em uma surpreendente passagem da versão anterior, Kant observa:

> Pois seria impossível à mente pensar a identidade de si mesma no diverso de suas representações, e de fato *a priori*, se ela não tivesse diante dos olhos [*vor Augen hätte*] a identidade de sua ação [*Handlung*], que submete toda síntese da apreensão (que é empírica) a uma unidade transcendental e torna primeiramente possível sua concatenação segundo regras *a priori* (A108).

Além de oferecer uma ilustração clara da presença dessa tese na Dedução A, esse trecho sugere que a necessidade de uma consciência dos *atos* de síntese se aplica especificamente às operações do entendimento e não inclui as da imaginação (aqui, a síntese empírica da apreensão). Presumivelmente, então, na passagem do § 15, na qual Kant se refere à ligação (síntese), da qual poderíamos *não* estar conscientes, ele tinha esta última em mente. É verdade que Kant explicitamente vincula ali a ligação com o entendimento e não se refere à imaginação, mas isso ocorre porque ele está se concentrando no pensamento discursivo enquanto tal (o que ele chamará mais tarde de "síntese intelectual"). Além do mais, veremos que, quando Kant finalmente introduz a imaginação na história, na segunda parte da Dedução B, ele praticamente a identifica com o entendimento. Dada essa identificação em potência, e também a tese, presente

---

228. Cf., p. ex., Patricia Kitcher (1990, p. 111; 126-127), onde a autora rejeita a ideia de uma consciência da síntese como um "observar a síntese". Crítico a explicação de Kitcher em Allison (1996a, p. 53-66 – seção intitulada de "On naturalizing Kant's transcendental psychology").

229. Esse ponto se relaciona com a importante crítica, feita por Ameriks e Dieter Sturma, à "teoria da reflexão" de Henrich, teoria essa que ele, seguindo o que ele chama de "a intuição original de Fichte", atribui a Kant. *Grosso modo*, essa teoria sustenta que se deve explicar a autoconsciência como a consequência do fato de um sujeito fazer de si mesmo um objeto. Ademais, Henrich, seguindo Fichte, defende que qualquer explicação dessa natureza é viciosamente circular (cf. Henrich, 1967, p. 188-232). Segundo a crítica de Sturma e Ameriks a Henrich, Kant não só não está comprometido com tal teoria, como também, o que é mais interessante, antecipou o germe da intuição de Fichte, a saber, que a consciência é "primitivamente autorreferencial" (cf. Sturma, 1985, e Ameriks, 2000, p. 244-249). Eis o sucinto comentário de Ameriks (2000, p. 249): "'eu penso que x' [...] *já* é uma espécie de autoconsciência – visto que expressa diretamente a atividade de um eu pensante – ainda que não seja precisamente uma reflexão sobre um 'eu-objeto' distinto".

no § 15, de que ele está se referindo a *toda* ligação, parece razoável supor que ele pretendia que ela incluísse a imaginação; parece ainda razoável supor que era esta última que ele tinha em mente ao se referir a uma ligação da qual a mente *não* está consciente.

Essa passagem da Dedução A também concorda com sua contrapartida na Dedução B ao afirmar que a consciência da síntese é necessária para que a mente seja capaz de pensar sua própria identidade no diverso de suas representações. A primeira passagem sugere ainda que a mente deve ser capaz de pensar sua identidade *a priori*, isto é, de acordo com regras *a priori* (as categorias), e isso é obviamente crucial para o argumento global da Dedução. Mas essa complicação pode ser ignorada por ora, já que apenas a tese inicial é essencial para compreender a conexão entre a doutrina da apercepção de Kant e a necessidade de uma consciência da síntese. Para entender tal conexão, no entanto, precisamos ver por que o pensamento da mente sobre sua própria identidade com respeito ao diverso de suas representações é dependente de uma consciência de sua atividade unificadora (e de fato consiste nela).

Em primeiro lugar, por "identidade de sua ação" (que a mente presumivelmente possui "diante de seus olhos") deve-se compreender a unidade necessária de um ato de pensamento. Assim como um único pensamento complexo requer um único pensador, ele requer também um ato de pensamento unificado no qual seja conferida uma unidade sintética a todos os componentes do pensamento. Ainda que eu seja o mesmo sujeito que pensa A em t_1 e B em t_2, isso não os torna conteúdos de um único pensamento, pois para isso é necessário que eu os pense juntos em um único ato.

Em segundo lugar, por causa do caráter formal do *eu penso*, não há literalmente nada, fora a consciência da identidade de sua ação (ao pensar um pensamento complexo), que permita ao sujeito pensante, considerado enquanto tal, tornar-se consciente de sua própria identidade. Expressa esquematicamente, a consciência da identidade do eu que pensa A com o eu que pensa B só pode consistir na consciência da identidade de sua ação ao pensar conjuntamente A e B como suas representações. É por isso que uma consciência da síntese (considerada tanto atividade quanto produto) é condição necessária da apercepção, mesmo que esta exija apenas a *possibilidade* da autoatribuição de suas próprias representações.

Além do mais, Kant considerava essa tese complexa sobre a conexão entre apercepção e síntese como equivalente à tese de que "a unidade *analítica* da apercepção só é possível sob a pressuposição de alguma unidade *sintética*"

(B133-134). Aqui e na importante nota de rodapé vinculada a essa afirmação, Kant começa a forjar a conexão entre apercepção e entendimento, central para a Dedução. Já vimos que Kant concebia todos os conceitos gerais como unidades analíticas, o que significa que eles contêm no interior de uma única representação o pensamento do que é comum a uma multiplicidade de representações distintas. Também vimos que ele considerava tais conceitos como produzidos por uma série de "atos lógicos", designados de "comparação", "reflexão" e "abstração". O que agora devemos considerar é a conexão entre essas teses e a doutrina da apercepção.

Dois pontos são de extrema relevância aqui. Primeiro, esse *eu penso* idêntico, isto é, "a mera representação eu", pode ser visto como a forma ou protótipo da unidade analítica que pertence a todos os conceitos gerais. Na verdade, ele *simplesmente é* essa unidade analítica considerada em abstração de todo conteúdo. Consequentemente, o *eu penso* ele próprio é o pensamento do que é comum a toda conceitualização, que é o que o torna "um e o mesmo em toda consciência" (B132). O segundo ponto é que o ato de tomar consciência desse *eu penso* idêntico é a forma do ato de reflexão, e é por meio desse ato que a mente apreende a identidade na diferença na formação de conceitos gerais. Uma vez mais, esse ato não é nada além de um "ato lógico", considerado por abstração de todo conteúdo. A consciência desse ato, isto é, a consciência da síntese é, portanto, a consciência da forma do pensamento[230].

Daí se segue que a doutrina da apercepção não é nem psicologia introspectiva nem uma tese ontológica idealista concernente à maneira pela qual a mente "cria" o mundo fenomênico ao impor suas formas aos materiais sensíveis dados[231]. Trata-se antes de um modelo formal ou esquema para a análise do entendimento e suas atividades "lógicas". Enquanto tal, ela especifica as condições às quais todas as minhas representações devem se conformar para que possam funcionar na cognição, isto é, para que sejam "algo para mim", cognitivamente falando. Correlativamente,

---

230. Essa interpretação é sugerida pelas análises de Reich ([1932] 1992, p. 34) e de Stuhlmann-Laeisz (1976, p. 81-83). Mais recentemente, uma análise semelhante foi oferecida por Carl (1997, p. 147-163).

231. Também não creio que ela deva ser tomada como uma espécie de protociência cognitiva, como diversos comentadores apontaram, incluindo Kitcher e, mais recentemente, Brook (1994, p. 4 *passim*). Desnecessário dizer, não estou negando que a explicação de Kant da apercepção em conjunção com a síntese tenha *alguma* relevância potencial para a ciência cognitiva. Meu ponto é outro: a conexão é mais complexa e indireta do que sugerem filósofos como Brook e Kitcher, que tratam as teses centrais de Kant como globalmente empíricas e argumentam em defesa de uma apropriação direta dessas teses. Pois se há algo que não se pode negar na explicação de Kant é que ela é *a priori*.

a teoria da síntese implicada por essa doutrina é uma explicação analítica do modo de operação do modelo. Kant tinha em mente precisamente isso quando, no final da nota de rodapé mencionada acima, observa que

> [...] a unidade sintética da apercepção é, assim, o ponto mais alto a que se tem de elevar todo uso do entendimento, inclusive a lógica inteira e, depois dela, a filosofia transcendental; tal faculdade é, na verdade, o próprio entendimento (B134n.).

C. Apercepção, objetividade e juízo

Embora implícita desde o início, a estratégia fundamental é a identificação da apercepção (como uma faculdade para produzir unidade sintética) com o entendimento. Dada essa identificação, Kant está em condições de conectar a apercepção com a representação de objetos e, por essa via, com o juízo, o que conduz por sua vez à sua conexão com as categorias. Contudo, enquanto um resultado da apresentação progressiva ou sintética de Kant, essas implicações emergem apenas gradualmente. Devemos então continuar a seguir de perto a análise kantiana das condições *a priori* da cognição discursiva.

O passo inicial e essencial é estabelecer uma conexão necessária (na verdade, uma reciprocidade) entre a unidade sintética da apercepção (identificada com o entendimento) e a representação de objetos. O argumento para essa conexão crucial está comprimido em um único parágrafo:

> O *entendimento* é, para falar em termos gerais, a faculdade das *cognições*. Estas consistem na relação determinada das representações dadas a um objeto. O *objeto*, porém, é aquilo em cujo conceito é *unificado* o diverso de uma dada intuição. Mas toda unificação de representações exige unidade da consciência na síntese das mesmas. Consequentemente, a unidade da consciência é aquilo que unicamente constitui a relação das representações a um objeto, portanto sua validade objetiva, por conseguinte que se tornem cognições; e é aquilo em que, consequentemente, baseia-se a própria possibilidade do entendimento (B137).

Como o texto indica, a atividade característica do entendimento é relacionar representações dadas a um objeto. Visto que a cognição também consiste em tal relação, isso presumivelmente se segue da definição do entendimento como a faculdade da cognição[232]. Mas essa conclusão imediatamente dá origem

---

232. Anteriormente, Kant tinha definido o entendimento como a faculdade de cognição por conceitos (A68/B93) e como uma "faculdade de julgar" (*Vermögen zu urteilen*) (A69/B94). Na Dedução A, ele passa em revista as diversas definições de entendimento e sugere que elas se reúnem na caracterização do entendimento como a "faculdade das regras" (A126).

à questão de saber o que se está entendendo por objeto (*Objekt*), e vemos que ele é definido simplesmente como "aquilo em cujo conceito é unificado o diverso de uma dada intuição". Isso reflete a "virada copernicana" de Kant: o discurso de primeira ordem sobre objetos é substituído por um discurso de segunda ordem sobre o *conceito* de um objeto e as condições da representação de um objeto. O significado de "objeto" é, assim, determinado por uma análise dessas condições. E visto que as condições consistem em um diverso dado da intuição e sua unificação sob um conceito, um objeto pode ser entendido como o correlato de um ato de unificação conceitual. Assim, o que quer que seja representado mediante tal unidade sintética conta como um objeto.

Kant não está se referindo aqui a uma espécie distinta de objeto. Ao contrário, ele está preocupado com *qualquer* objeto da cognição discursiva, enquanto considerado meramente pelo lado do entendimento. Na linguagem da Dedução A, ele está preocupado com o conceito de um "objeto em geral"[233]. Assim como não há intuição em geral, também não há objeto em geral; embora haja (ou, pelo menos, Kant pensou que houvesse) condições necessárias e suficientes para a representação de um objeto enquanto tal.

Essa concepção de um objeto subjaz à tentativa de Kant de vincular a unidade da consciência à representação de objetos. A tese segundo a qual "a unidade da consciência é aquilo que unicamente constitui a relação das representações a um objeto, portanto sua validade objetiva", é crucial. Visto que Kant a apresenta como uma consequência direta do princípio de que "toda unificação de representações requer a unidade da consciência na sua síntese", pode parecer que ele seja responsável por um *non sequitur* grosseiro, pois aquele princípio implica apenas que a unidade da consciência seja uma condição *necessária* para a representação de um objeto, não que ela também seja uma condição *suficiente*. Contudo, é precisamente isso que Kant reivindica ao afirmar que essa unidade é "aquilo que unicamente constitui a relação das representações a um objeto"[234].

---

233. Todavia, há diferenças significativas entre as duas explicações, o que talvez explique por que Kant eliminou as referências a um "objeto em geral" (também caracterizado como um "objeto transcendental = x") na Dedução B. Pois quando Kant apelou a este último na Dedução A, foi para caracterizar que o pensamento de um objeto corresponde a nossas representações, mas é distinto delas (cf. A104-05, 108-09). Em contraste, na Dedução B, o enfoque não está num objeto considerado como distinto de nossas representações, mas sim num objeto considerado por abstração de sua maneira de ser dado. Sobre esse ponto, cf. Zöller (1984, p. 148-149).

234. Entre aqueles que criticam o argumento de Kant mais ou menos nessas linhas estão Hossenfelder (1978, p. 128-130) e Guyer (1987, p. 117). Uma preocupação similar é expressa também por Carl (1998, p. 197-198), mas ele encontra sua solução na especificação da unidade da consciência como uma unidade objetiva no § 18.

De fato, é isso que ele *deve* reivindicar se pretende estabelecer uma conexão necessária entre a unidade da consciência e as categorias.

A aparência de um *non sequitur* pode ser evitada, contudo, se tivermos em mente o significado operativo de "objeto". Em primeiro lugar, segue-se da doutrina da apercepção não apenas que a unidade sintética das representações sob o conceito de um objeto é impossível se estiver separada da unidade da apercepção, mas também que esta última é impossível se estiver separada daquela. Em suma, a doutrina afirma uma reciprocidade entre a unidade da apercepção e a unidade sintética das representações (a unidade da consciência e a consciência da unidade). Em segundo lugar, como indica a identificação da apercepção com o entendimento, essa unidade sintética só pode ser obtida pela unificação das representações sob o conceito de um objeto. Em terceiro lugar, dado que unificar representações dessa forma é apenas relacioná-las com um objeto, segue-se que a relação com um objeto também é uma condição necessária da unidade da apercepção, o que torna esta última uma condição suficiente daquela. Isso permite a Kant afirmar que

> [a] unidade sintética da consciência é, portanto, uma condição objetiva de toda a cognição, e não uma de que eu apenas necessite para conhecer um objeto, mas uma sob a qual toda intuição tem de estar *para tornar-se um objeto para mim,* pois de outro modo, e sem essa síntese, o diverso não se unificaria em uma consciência (B138).

Aqui, Kant enfatiza a força epistêmica do princípio da apercepção. Afirmar que a unidade sintética da consciência é "uma condição objetiva de toda cognição" é, com efeito, afirmar que ela é uma condição *objetivadora*. Kant salienta esse ponto ao negar que tal unidade seja "uma de que eu apenas necessite para conhecer um objeto", o que efetivamente a reduziria a uma condição psicológica sem relevância normativa. Tampouco se deve presumir que essa força epistêmica seja de alguma forma minada pela referência, na última frase, a "um objeto para mim". O "mim" em questão aqui não é um sujeito cognoscente particular, mas a forma acusativa do "eu" da apercepção, cuja unidade transcendental constitui a forma do pensamento de um objeto.

Disso não se segue, entretanto, que a mera união *de facto* de representações em uma única consciência seja suficiente para conferir objetividade a essa união. Para dissipar qualquer impressão dessa espécie, Kant distingue, no § 18, entre uma unidade objetiva e uma unidade subjetiva da consciência. Embora essa última noção suscite seus próprios problemas, com os quais nos ocuparemos na próxima sessão, estamos agora preocupados apenas com a primeira, definida como "aquela unidade por meio da qual todo o diverso dado em uma intuição é unificado em um conceito do objeto" (B139).

Como Kant deixa claro no § 19, uma unidade objetiva é produzida mediante um ato de juízo. E, fazendo um contraste entre isso e uma relação de representações conforme leis da imaginação reprodutiva (princípios humeanos de associação), que constituiria uma mera unidade subjetiva, ele observa:

> Descubro que um juízo não é outra coisa senão o modo de submeter determinadas cognições à unidade objetiva da apercepção. É para isso que aponta, nos juízos, a palavrinha relacional "é", diferenciando a unidade objetiva de representações dadas da subjetiva (B141-142).

Quando, no capítulo 4, consideramos pela primeira vez essa caracterização do juízo, notamos que ela vai além da caracterização anterior esboçada por Kant no "Fio condutor", pois faz da validade objetiva (uma noção normativa) uma característica definidora do juízo, e não uma propriedade de alguns juízos. Embora a natureza aparentemente paradoxal dessa tese tenha sido consideravelmente mitigada pela interpretação de tal validade como uma capacidade para a verdade ou falsidade, e não como verdade, era impossível naquele momento discernir o fundamento dessa validade. Isso, contudo, é precisamente o que aprendemos na Dedução Transcendental, por meio de sua conexão com a unidade objetiva da apercepção.

Kant enfatiza o último ponto quando critica a explicação apresentada pelos lógicos, segundo a qual o juízo seria a "representação de uma relação entre dois conceitos" (B140). Além de se aplicar apenas a juízos categóricos (um defeito comparativamente menor), seu principal problema, sugere Kant, está em não conseguir determinar em que consiste essa relação (B141). A resposta de Kant é que ela consiste na relação dos juízos com a unidade objetiva da apercepção, resposta que não estava disponível aos lógicos tradicionais, pois provém da lógica transcendental e não da lógica geral.

Podemos ver, a partir disso, que a doutrina da apercepção subjaz à explicação do juízo proposta por Kant como o ato fundamental do pensamento discursivo e fornece a base para sua inclusão no domínio da lógica transcendental. Contudo, também vem ao caso que a análise do juízo ilumina a explicação anterior da apercepção. Em particular, ela nos auxilia a compreender melhor a insistência de Kant não apenas na necessidade de uma síntese, mas também na consciência desta última, o que pareceu tão desconcertante quando de sua apresentação inicial. Porém, se considerarmos em retrospecto essa discussão inicial do ponto de vista privilegiado da concepção do juízo, fica claro que a síntese a que Kant se referia ali não era nada além do ato de julgar. Tal ato deve ser atribuído à espontaneidade do sujeito, pois consiste num representar-se a si mesmo de representações como unificadas em um objeto. Também se deve considerar que esse ato é governado por normas, já que pensado como válido para toda consciência ("consciência em geral" ou "autoconsciência universal"), e não apenas para si mesmo enquanto consciência particular. Além do mais, se o que precede está correto, segue-se que a "consciência da síntese" é a autoconsciência embutida no ato de pensar[235].

Do ponto de vista sistemático, no entanto, a importância da explicação do juízo no § 19 se deve ao fato de ela fornecer a base para a introdução das categorias no § 20. Ademais, trata-se de um grande aperfeiçoamento em relação à Dedução A, que tentou relacionar a apercepção com as categorias e estas com a experiência sem se referir explicitamente ao juízo (cf. Longuenesse, 1998a, p. 33-34). De fato, o próprio Kant sublinhou a relevância desse ponto e assinalou a direção que a nova versão da Dedução tomaria em uma nota de rodapé do Prefácio dos *Primeiros princípios metafísicos da ciência da natureza*. onde sugere que a dedução poderia ser realizada

> quase mediante uma única inferência a partir da definição exatamente determinada de um *juízo* em geral (de uma ação pela qual as representações dadas se tornam, em primeiro lugar, cognições de um objeto) (MAN 4: 475-476n.; 190).

Tomar ou não tal sugestão como uma indicação da fluidez da opinião de Kant sobre a Dedução durante o período entre as duas edições da *Crítica*, ou como uma antecipação da estratégia de prova que adotou um ano mais tarde na Dedução B, depende do sentido que se atribui àquele "quase". Mas em qualquer uma dessas leituras, a passagem mostra que Kant conferiu a essa concepção de juízo um papel essencial no argumento[236].

---

235. Discuto em mais detalhe essa concepção da espontaneidade do pensamento no juízo, entendido como um ato de "tomar como", e também sua relação com a autoconsciência em Allison (1990, p. 36-38) e, em conexão com minha crítica a Kitcher, em Allison (1996a, p. 57-64). Uma análise similar, que influenciou meu próprio tratamento desse tópico, foi apresentada por Pippin (1987, p. 449-475).

236. Nessa nota, Kant está abordando a resenha escrita por Johann G. Schultz da obra *Institutionis logicae et metaphysicae* (1785) de Heirich Ulrich. Um wolffiano algo eclético, Ulrich tentou reconciliar os principais resultados positivos da *Crítica* (por exemplo, a idealidade do espaço e do tempo e a validade dos Princípios) com uma metafísica leibniziana, argumentando que, dadas as suas próprias premissas, a *Crítica* não deveria limitar a cognição a objetos da experiência possível. Em sua resenha, Schultz (um aliado próximo de Kant e autor do primeiro comentário sobre a *Crítica*) expressa seu acordo com Ulrich em diversos pontos, mas também o censura por negligenciar a Dedução Transcendental. Ao mesmo tempo, porém, ele parcialmente desculpa Ulrich por essa

Como se torna claro primeiramente no § 20, a razão para isso está na conexão discutida anteriormente entre as categorias e as funções lógicas. Essa breve seção, que constitui a conclusão da primeira parte da Dedução B, tem como título "Todas as intuições sensíveis estão sob as categorias como únicas condições sob as quais o diverso das mesmas pode reunir-se em uma consciência". O argumento consiste nos cinco passos seguintes:

> [1] O diverso dado em uma intuição sensível se situa necessariamente sob a unidade sintética originária da apercepção, pois somente por meio desta é possível a *unidade* da intuição (§ 17). [2] Aquela ação do entendimento, porém, pela qual o diverso de representações dadas (sejam intuições ou conceitos) é posto sob uma apercepção em geral, é a função lógica dos juízos (§ 19). [3] Todo diverso, portanto, na medida em que seja dado em *uma* [*Einer*] intuição empírica, é *determinado* em relação a uma das funções lógicas de julgar, qual seja, aquela por meio da qual ele é trazido a uma consciência em geral. [4] Todas as *categorias*, pois, são justamente essas funções de julgar, na medida em que o diverso de uma intuição dada é determinado em relação a elas (§ 10). [5] Assim, também o diverso em uma intuição dada está necessariamente sob categorias (B143).

Os dois primeiros passos desse argumento requerem pouco comentário, pois simplesmente reafirmam o que se supõe já ter sido mostrado. O terceiro passo é obviamente crucial, embora uma leitura possível seja a de que ele explicita as consequências do primeiro. Assim interpretado, temos a seguinte tese: posto que o diverso de uma intuição dada é apreendido como um diverso, ou trazido à unidade sintética da apercepção, ele é, *por esse mesmo ato*, também unificado em um juízo. Contudo, dado que as funções lógicas do juízo são as formas de tal unificação, segue-se que o diverso é também determinado com respeito a elas. Em suma, para um entendimento discursivo, pensar o diverso de uma intuição dada é justamente unificá-lo num juízo por meio das funções lógicas. O quarto passo explora a conexão entre as funções lógicas e as categorias presumivelmente estabelecida na Dedução Metafísica. Aqui, a chave é que o diverso pensado é *determinado* (ênfase de Kant), isto é, positivamente ordenado (digamos, como *a-b* em vez de *b-a*) por meio do juízo. Por fim, visto que as categorias são jus-

---

negligência em razão da excessiva obscuridade desse texto. Em particular, olhando para a Dedução A a partir dos *Prolegômenos*, ele observa uma ambiguidade na concepção kantiana de experiência que ameaça o argumento inteiro. Se, argumenta Schultz, Kant entende por esta última os juízos de experiência, então a afirmação de que a experiência nesse sentido pressupõe as categorias é trivialmente verdadeira. Mas se por experiência ele quer dizer juízos de percepção, então, por um lado, há uma contradição entre a *Crítica* e os *Prolegômenos*, e, por outro, o argumento não é capaz de estabelecer a necessidade das categorias. A importância dessas críticas, vindas de alguém tão próximo, para a compreender a estratégia revisada de Kant na Dedução B foi convincentemente demonstrada por Thöle (1991, p. 274-282).

tamente essas funções lógicas, que, nessa chave, funcionariam dessa maneira, segue-se que o diverso, porque pensado junto em uma consciência única, está necessariamente sujeito às categorias.

Esse resultado, que em determinado momento Kant identifica com a dedução transcendental (B159), nos leva para além da Dedução Metafísica por nos oferecer razões para sustentar aquilo que esta foi forçada a pressupor, a saber, que o entendimento tem um uso real (enquanto oposto a um uso meramente lógico), mediante o qual ele introduz um "conteúdo transcendental" em suas representações. Em outras palavras, esse resultado mostra que o entendimento tem uma função objetivadora, que ele relaciona representações dadas a um objeto por intermédio do juízo. Além disso, uma vez que essa função consiste em determinar o que é dado na intuição de maneira fixa para o juízo, ele também mostra que as funções lógicas, considerando-se que elas funcionam desse modo, são categorias.

Ele não mostra, porém, que as aparências, enquanto dadas sob as formas do espaço e do tempo, necessariamente se conformam a essas categorias. Por conseguinte, não exorciza o espectro de que as aparências poderiam ser "de tal modo constituídas que o entendimento não as encontrasse de acordo com as condições de sua unidade". Como já indiquei, essa é a tarefa da segunda parte da Dedução B, mediante a qual a validade das categorias é assegurada pela primeira vez. Mas, antes de nos voltarmos para ela, devemos ainda considerar o conceito da unidade subjetiva da consciência e sua diferença com relação à unidade objetiva.

II. O problema da unidade subjetiva

Vimos que Kant introduz a distinção entre unidade objetiva e subjetiva no § 18 para dissipar a impressão, criada pela explicação da função objetificadora da apercepção no § 17, de que uma conexão *de facto* de representações na consciência conferiria, por si só, objetividade a essas representações. Também vimos que Kant contorna tais preocupações ao indicar que esta última se aplica apenas a um determinado tipo de unidade, que não é recebida passivamente, mas produzida espontaneamente pelo entendimento mediante uma atividade, que no § 19 é identificada com o juízo.

Embora isso resolva o problema imediato e nos diga o que uma unidade subjetiva *não* é, a saber, uma unidade produzida por um ato de juízo, não indica, porém, o que ela é. Além disso, a explicação enigmática que Kant oferece de tal unidade é ela própria altamente ambígua, levantando tanto mais questões quanto resolve. E o problema é exacerbado quando considerado em conexão com a distinção problemática entre juízos de percepção e juízos de experiência estabelecida nos *Prolegômenos*. Esses dois textos não somente contêm tensões internas significativas, como também parecem ser incompatíveis entre si e com os princípios centrais da *Crítica*.

Para tratar desses problemas interrelacionados, três teses fundamentais serão propostas: (1) que não há contradição entre os *Prolegômenos* e a *Crítica*, dado que a distinção desta última entre duas espécies de unidade deve ser vista como uma mudança de tópico, e não como uma correção da distinção, feita nos *Prolegômenos*, entre duas espécies de juízo; (2) que o conceito de uma unidade subjetiva não apenas corrige a falsa impressão criada pela análise da apercepção, como também aponta para uma questão central na segunda parte da Dedução B; e (3) que as tensões no interior de cada um desses textos e a aparência de um conflito entre eles podem ser significativamente mitigadas, se não mesmo completamente eliminadas, pela consideração dos contextos e restrições metodológicas das duas explicações.

A. Juízos de percepção e juízos de experiência

A discussão dessa distinção nos *Prolegômenos* pretende ser uma contrapartida da Dedução Transcendental da *Crítica*. Conforme o método analítico da obra, entretanto, em vez de se defrontar com o espectro de que trata a Dedução, Kant pressupõe a efetividade de certos juízos sintéticos *a priori* (identificados com a "ciência natural pura") e investiga as condições de sua possibilidade. A tese básica é que, sem apelar para um conjunto de conceitos puros, nós não poderíamos distinguir entre o modo como as coisas apenas parecem ser para um observador particular sob condições contingentes e variáveis e o modo como elas são objetivamente (intersubjetivamente) constituídas enquanto fenômenos. Para ilustrar essa tese, Kant introduz a distinção entre duas espécies de juízo empírico:

> *Juízos empíricos, na medida em que possuem validade objetiva*, são juízos de experiência; aqueles, entretanto, que são *válidos apenas subjetivamente* denomino simples juízos de percepção. Os últimos não precisam de nenhum conceito puro do entendimento, mas apenas da conexão lógica das percepções em um sujeito pensante. Os primeiros, porém, além das representações da intuição sensorial, sempre exigem certos conceitos *gerados originalmente no entendimento*, que são, precisamente, aquilo que faz com que o juízo de experiência *seja objetivamente válido* (Pro 4: 298; 73).

Considerada à luz da Dedução B, a característica marcante dessa passagem é a sugestão de que apenas uma dessas duas espécies de juízo empírico possui a validade objetiva que, de acordo com o § 19, pertence ao juízo enquanto tal. Os membros da outra espécie são apenas subjetivamente válidos e não fazem uso das categorias, embora envolvam, na condição de juízos bem-formados, as funções lógicas[237]. Kant sugere adiante que estes últimos contêm uma conexão de percepções "em uma consciência do meu estado", o que ele contrasta com a conexão "em uma consciência em geral" que ocorre em um juízo de experiência objetivamente válido (Pro 4: 300; 94). Uma caracterização equivalente desse modo de unificação meramente subjetivo mostra que as representações são "relacionadas a uma consciência em um único sujeito" (novamente, em contraste com a consciência em geral) (Pro 4: 304; 98).

Kant introduz uma complicação adicional ao distinguir entre duas classes de juízos de percepção: aqueles que podem e aqueles que não podem se tornar juízos de experiência pela aplicação de um conceito puro. Eis alguns exemplos destes últimos: "o aposento está quente", "o açúcar é doce" e "absinto é amargo" (Pro 4: 299; 76). Tais juízos são inerentemente subjetivos, pois se referem a estados de sentimento ou sensações que jamais podem ser atribuídos ao objeto. Como resultado, não há, no caso deles, trabalho algum para um conceito puro realizar. Um exemplo de juízos que podem se tornar juízos de experiência com a introdução de um conceito puro é "se [*Wenn*] o sol incide sobre a pedra, ela se torna quente"[238]. Kant pondera que, com a adição do conceito de causalidade, essa proposição se converte no juízo objetivamente válido "o sol *aquece* a pedra" (Pro 4: 301n.; 77). O exemplo final e mais interessante de Kant, "o ar é elástico", é um caso no qual se considera, num primeiro momento, que uma única e mesma proposição expressa um juízo de percepção e, em seguida, um juízo de experiência (Pro 4; 299; 75)[239].

Sem aprofundar os detalhes dessa discussão, podemos notar que um tema subjacente é o contraste entre o que Kant considera como a concepção comum do juízo, consistindo essencialmente em um ato de comparação mediante o qual as percepções são conectadas na consciência, e a concepção crítica, segundo a

---

237. Além de se referir à "conexão lógica das percepções em um sujeito pensante" (cf. tb. Pro 4: 304; 98), que é presumivelmente uma conexão de acordo com as funções lógicas, Kant também se refere aos "momentos lógicos em todos os juízos" e afirma que, se os mesmos momentos servem como conceitos, "são conceitos da união *necessária* dessas representações em uma consciência e, portanto, princípios de juízos objetivamente válidos" (Pro 4: 305; 98). Essa última observação sugere que há juízos em que esses momentos *não* servem como conceitos e carecem, portanto, de validade objetiva.

238. Como observa Longuenesse (1998a, p. 179, n. 26), aqui é apropriado traduzir "*Wenn*" como "se", e não "quando", a fim de capturar a forma hipotética do juízo. Isso torna claro que a mudança de um juízo de percepção para um juízo de experiência não envolve uma mudança de forma lógica.

239. Uma discussão da ciência por trás desse exemplo, baseada numa explicação de Michael Friedman, é oferecida por Longuenesse (1998a, p. 179-180, n. 27).

qual um juízo empírico apenas obtém validade objetiva mediante a subsunção das percepções comparadas sob um conceito puro do entendimento. Isso sugere que a distinção entre juízos de percepção e juízos de experiência é uma distinção entre duas *concepções* de juízo, e não, como inicialmente apresentado, entre duas espécies de juízo empírico[240]. Nessa leitura, Kant está argumentando que, de acordo com a concepção comum (a explicação empirista costumeira) – que reduz um juízo empírico a uma comparação entre percepções como elas ocorrem em uma consciência particular –, tal juízo jamais poderia reivindicar mais do que uma validade meramente subjetiva, um relato de como as coisas parecem a um observador particular (ou um conjunto de observadores) sob condições particulares. Em suma, com base nessa imagem do juízo, Hume estaria correto e não haveria razões para distinguir entre mera conjunção constante e conexão causal genuína, ou para inferir esta daquela. Tudo o que se poderia dizer é que

> não importa quantas vezes eu e outros tenhamos percebido isso [a pedra tornando-se quente quando o sol incide sobre ela]; tudo que ocorre é que essas percepções se encontram costumeiramente conjugadas dessa maneira (Pro 4: 301n.; 77).

Não se poderia pretender que o sol efetivamente *aqueça* a pedra.

Todavia, na concepção alternativa de juízo, que atribui uma função constitutiva aos conceitos puros, esse resultado indesejável é evitado. Esses conceitos geram juízos objetivamente válidos ao servir como regras mediante as quais as percepções são conectadas de uma maneira válida não apenas para uma consciência particular, mas universalmente (para a consciência em geral). A ideia central, desenvolvida com mais detalhe na *Crítica*, dispõe que relacionar as próprias representações a um objeto é apenas pensá-las como unificadas de um modo independente do próprio estado perceptivo ou de qualquer outro fator subjetivo e que, portanto, vale para todas as pessoas. Em outras palavras, o pensamento da validade objetiva de tal unificação é equivalente ao pensamento de sua universalidade e necessidade, motivo pelo qual Kant afirma que "validade objetiva e validade universal necessária (isto é, para todos) são, portanto, conceitos intercambiáveis" (Pro 4: 298; 74). Mas pensar as próprias representações como unificadas desse modo consiste em pensá-las como ordenadas segundo uma regra que expressa ela própria tal validade universal necessária[241]. Visto que

---

240. Uma abordagem similar é adotada por Kotzin e Baumgärtner (1990, p. 401-412).

241. Como o próprio Kant estava perfeitamente ciente (cf. Pro 4: 305n.; 99), a dificuldade suscitada por essa análise se encontra na noção de necessidade, particularmente em conexão com juízos *a posteriori*. Além disso, considerações similares se aplicam, *mutatis mutandis*, à discussão paralela no § 19 da *Crítica*, onde Kant se refere à necessidade conectada com o juízo empírico: "todos os

os conceitos puros são precisamente essas regras, segue-se que a validade objetiva de nossos juízos é fundamentalmente dependente deles.

Interpretando a distinção dos *Prolegômenos* entre juízos de percepção e juízos de experiência como uma distinção entre duas concepções de juízo, evitamos qualquer conflito com a *Crítica*. O problema, porém, é que essa leitura não está completamente de acordo com o texto dos *Prolegômenos*, pois Kant também usa a distinção para caracterizar estados sucessivos em um processo cognitivo no qual o entendimento procede de meros "pareceres" ou "percepções" subjetivamente válidos a cognições objetivamente válidas. Com efeito, no início de sua discussão, Kant afirma explicitamente que

> [t]odos os nossos juízos são, de início, simples juízos de percepção, válidos apenas para nós, isto é, para nosso sujeito, e só depois lhes damos uma nova referência, a saber, a um objeto, e pretendemos que o juízo seja válido para nós em todos os tempos e igualmente para todas as pessoas (Pro 4: 298; 73).

Ao conceber juízos de percepção como o primeiro estágio em um processo cognitivo que leva a juízos de experiência, Kant os trata como juízos efetivos (ou, pelo menos, "juízos preliminares" [*vorläufige Urteile*]), o que parece de fato estar em conflito com o § 19 da *Crítica*[242]. Todavia, como logo veremos, a explicação de que a cognição empírica envolve a passagem da percepção à experiência apresentada nos *Prolegômenos* ecoa o § 26 da Dedução B, embora não em termos de uma distinção entre duas espécies de juízo. Por essa razão, é ali (e não no

---

corpos são pesados" (B142). A necessidade que estaria envolvida em tais juízos não pode nem ser lógica, uma vez que isso efetivamente os tornaria analíticos, nem da categoria modal, já que essa categoria não se aplica a todos os juízos, e sua presença é um critério da apriorididade de um juízo, não da sua objetividade. Em minha concepção, o sentido de necessidade que pertence até mesmo a juízos empíricos é normativo, fundado numa condição transcendental (a unidade necessária da apercepção). A ideia básica é que a tese de que certa propriedade ou relação vale para um objeto envolve uma exigência implícita do acordo dos outros. E subjacente a essa exigência está a tese de que se está julgando o objeto como ele *deve* ser julgado. Embora o juízo seja cognitivo e, enquanto tal, se baseie num conceito que serve como regra, essa necessidade normativa é similar àquela envolvida num juízo de gosto. Para minha análise deste último, cf. Allison (2001a, p. 146-147). Para uma análise um pouco diferente da questão, que conecta a necessidade de juízos empíricos à sua derivabilidade a partir de leis empíricas, cf. Longuenesse (1998a, p. 180-183).

242. Kant aborda juízos de percepção explicitamente dessa maneira em seu tratamento do tópico nas diversas versões das suas lições de lógica. Cf., p. ex., LD-W 24: 767; 499; JL 9: 113; 608. Para uma discussão desses textos e de sua relação com a distinção dos *Prolegômenos*, cf. Longuenesse (1998a, p. 188-195). Além disso, o *Nachlass* de Kant oferece ampla evidência de uma complexa teoria de juízos preliminares lidando com pareceres [*semblances*], presumivelmente influenciada pela fenomenologia de Lambert, segundo a qual juízos de percepção podem ser vistos como uma espécie. O tópico dos juízos preliminares e sua relação com a teoria kantiana do conhecimento empírico são discutidos, a partir de um ponto de vista hermenêutico, por Svendsen (1999, p. 285-303).

§ 19) que devemos olhar para chegarmos a uma compreensão apropriada sobre a compatibilidade da explicação dos *Prolegômenos* com a da Dedução B[243].

Uma vez que o § 26 estabelece, como veremos, a tese fundamental segundo a qual a percepção é ela própria governada pelas categorias, isso parece nos trazer de volta ao nosso problema original. Contudo, como parece razoável, uma reconciliação é possível se a negligência dos *Prolegômenos* quanto a esse ponto crucial for atribuída a seu objetivo e método particulares e não a alguma confusão filosófica ou mudança doutrinal por parte de Kant. Em primeiro lugar, o enfoque sobre o juízo e as condições de sua validade objetiva pode ser facilmente compreendido à luz do método analítico adotado naquela obra. Pressupondo a efetividade de juízos possuidores dessa propriedade normativa, Kant investiga as condições de sua possibilidade. E ele elucida estas últimas ao mostrar a função judicativa das categorias. Em segundo lugar, e o mais importante, para Kant ir além e tentar explicar o papel desempenhado pelas categorias na percepção seria necessária a introdução da função transcendental da imaginação. Mas a inclusão desse tópico não apenas teria complicado bastante o argumento, comprometendo assim a adequação dos *Prolegômenos* como "exercícios preliminares" (Pro 4: 261; 29), como também teria concentrado a atenção precisamente nas características de sua explicação enfatizadas pelos críticos de Kant, a saber, sua obscuridade inerente e seu aparente subjetivismo. Desse modo, é compreensível que Kant tenha permanecido em silêncio quanto a essa importante questão nos *Prolegômenos*, muito embora essa opção tenha o potencial (infelizmente, plenamente realizado) de levar a sérios mal-entendidos[244].

---

243. Isso também é sugerido por Freudiger (1991, p. 414-435). Freudiger, porém, insiste que a Dedução B pressupõe, na verdade, juízos de percepção (e não apenas percepções) e que estes diferem de juízos de experiência apenas por não se aplicarem a categorias *esquematizadas*. Mas tudo o que Freudiger consegue de fato fazer é indicar a importância da passagem da percepção para a experiência na Dedução B, um ponto quanto ao qual estou totalmente de acordo. Além disso, a sugestão de que juízos de percepção (para não falar da própria percepção) podem envolver categorias *não esquematizadas* me parece enigmática, posto que estas últimas, *ex hypothesi*, não envolvem qualquer referência à sensibilidade.

244. Aqui reside o ponto central de meu desacordo com Longuenesse (1998a, p. 167-197) quanto a essa questão. Pois o fato de não haver referência às categorias na discussão dos juízos de percepção nos *Prolegômenos* é considerado por ela como uma virtude e não como uma falha. Embora as questões envolvidas sejam complexas demais para serem tratadas aqui, no final das contas, Longuenesse adota essa leitura por acreditar que ela dá apoio à sua tese interpretativa central sobre a prioridade das funções lógicas para as categorias, particularmente quando estas últimas são entendidas como conceitos plenamente refletidos empregados em juízos. Em minha concepção, porém, Longuenesse não consegue dar conta do papel das categorias (enquanto distintas das funções lógicas) em nenhuma das partes da Dedução B. A respeito desse último ponto, cf. Allison (2000, p. 67-80).

B. Unidade subjetiva na Crítica

Como já assinalei, o contraste feito na Dedução B entre as unidades objetiva e subjetiva da consciência deve ser visto, em relação à distinção dos *Prolegômenos* entre juízos de percepção e juízos de experiência, como uma mudança de tema e não como uma correção. A mudança vai de uma reflexão sobre as condições sob as quais um *juízo* possui validade objetiva para uma reflexão a respeito das condições sob as quais uma unidade da consciência constitui um juízo[245]. Mas tal como o problema na interpretação dos *Prolegômenos* decorre principalmente da concepção de um juízo de percepção, o presente problema diz respeito à compreensão da concepção de uma unidade não judicativa da consciência, isto é, de uma unidade subjetiva e apenas *de facto*, à qual Kant atribui (como faz em relação aos juízos de percepção) validade subjetiva.

No âmago do problema jaz uma ambiguidade na concepção de unidade subjetiva. Ela pode significar ou uma unidade *na consciência*, isto é, uma unidade ou ordem que um conjunto de representações possui, ou uma unidade *para a consciência*, isto é, uma unidade da qual um sujeito está em certo sentido consciente (mas não como objetiva), unidade essa que corresponde, portanto, a certa forma (puramente subjetiva) de consciência. Kant não apenas compreende tal unidade de ambas as maneiras, como também essa unidade se apresenta em duas formas distintas. A primeira delas é a unidade mediante a qual os materiais [*data*] para um ato de juízo são empiricamente dados [*given*], descrita por Kant como uma "determinação do sentido interno" (B139). Esta se refere à ordem de ocorrência das percepções no sentido interno, ou, de modo equivalente, à "ordem da apreensão" – a ordem em que eu sucessivamente apreendo as partes de uma casa, por exemplo. Tal ordem é "subjetiva" no sentido em que eu não *julgo* que essas partes sucessivamente percebidas se sucedem objetivamente no tempo. A segunda dessas formas corresponde à unidade produzida por meio da associação. Como exemplos dessa unidade, Kant cita as conexões distintas que sujeitos diferentes poderiam fazer com a representação da mesma palavra (B140) e a associação entre carregar um corpo e sentir a pressão do peso, algo distinto do juízo "ele, o corpo, é pesado" (B142).

---

245. Por isso, não posso aceitar a concepção de Keller (2001, p. 85), segundo a qual Kant teria restringido, na Dedução B, os juízos àquilo que os *Prolegômenos* consideravam como juízos de experiência. Em primeiro lugar, no § 19 Kant está claramente oferecendo uma explicação genérica do juízo (ou do juízo enquanto tal), e não simplesmente uma explicação dos juízos empíricos. Em segundo lugar, a distinção entre juízos de percepção e juízos de experiência (embora sob uma forma ligeiramente diferente) também se encontra em textos posteriores à Dedução B.

Embora essas formas de unidade subjetiva tenham ancestrais causais bem diferentes, elas compartilham um *status* não representacional, pois não são unidades *por meio das quais* algo é representado ou "tomado" como um objeto. Associar A e B não é, por si só, representá-los como ligados em um objeto, ainda que isso possa se tornar a base (embora inadequada) para tal juízo. De forma similar, unidades *na consciência* podem se tornar unidades *para a consciência* ao serem representadas reflexivamente como objetos do sentido interno. Mas, neste caso, o sujeito presumivelmente forma um juízo sobre seu estado, juízo esse, tal como qualquer outro, objetivamente válido e submetido às categorias.

Se, por unidade subjetiva da consciência, Kant tivesse compreendido apenas essas duas formas de unidade não representacional, a distinção entre as unidades objetiva e subjetiva da consciência não seria problemática. Nesse sentido, é tentador fazer a leitura de que sua explicação da unidade subjetiva estaria meramente afirmando tal compreensão, assim como foi tentador considerar a distinção dos *Prolegômenos* entre juízos de percepção e juízos de experiência como uma distinção entre duas concepções de juízo.

Uma vez mais, porém, o texto não permite tal leitura, pois ele também se refere a uma unidade para a consciência e, portanto, a uma forma de consciência que não é "objetiva" no sentido kantiano, já que não constitui um juízo efetivo. Trata-se da unidade empírica da apercepção que Kant introduz, *en passant*, como um contraste em relação à unidade transcendental. Apenas esta última, assinala Kant, é objetivamente válida, ao passo que

> a unidade empírica da apercepção, que nós não levamos aqui em consideração e que, além disso, só pode ser derivada da primeira sob condições dadas *in concreto,* tem validade apenas subjetiva (B140).

Pressupondo que Kant entenda aqui por apercepção empírica o que ele normalmente entende, ou seja, um imediato estar consciente [*immediate awareness*] dos conteúdos da consciência [*consciousness*] (por oposição a um juízo sobre esses conteúdos), então a unidade dessa apercepção é algo *para* – e também *na* – consciência, ainda que careça de qualquer validade objetiva[246]. Além disso,

---

246. A explicação mais completa da apercepção empírica e de seu contraste com a variedade transcendental ou pura fornecida por Kant está na *Antropologia*. Ali, Kant primeiro caracteriza a variedade transcendental como a "autoconsciência da reflexão" (ou entendimento) e a apercepção empírica como a "autoconsciência da *apreensão*" (Anthro 7: 134n.; 15). E um pouco depois ele contrasta "*o 'eu' da reflexão*", que não contém diverso algum, e "o 'eu' da apreensão", que o contém (Anthro 7: 141-142; 22). Em outro lugar, Kant os distingue como o "eu lógico" e o "eu psicológico". Para uma proveitosa explicação da concepção kantiana da apercepção empírica e suas diversas formulações, cf. Carl (1992, p. 62-65).

embora muita coisa permaneça obscura nesse ponto, pelo menos está claro que nossa compreensão inicial do contraste entre as unidades objetiva e subjetiva era muito simplista. Dado que a apercepção empírica é um modo de estar consciente [*awareness*] (consciência [*consciousness*] empírica) distinto de um juízo sobre os conteúdos do sentido interno (que, enquanto juízo, é objetivamente válido), devemos compreender que a unidade subjetiva da consciência inclui tanto um modo subjetivo de estar consciente [*awareness*] quanto as unidades não representacionais na consciência descritas acima[247].

Uma outra complicação é introduzida pela tese kantiana de que a unidade empírica da apercepção é derivada da unidade transcendental ou objetiva "sob condições dadas *in concreto*". Presumindo que, pela primeira, Kant entenda uma forma de estar consciente [*awareness*], isso deve significar que, embora o conteúdo de tal consciência [*consciousness*] seja determinado por fatores empíricos contingentes (por exemplo, a ordem na qual percepções ocorrem na consciência empírica), sua forma enquanto modo de consciência está sujeita às condições transcendentais de unidade (cf. Longuenesse, 1998a, p. 184-185). Embora seja precisamente isso o que a análise kantiana da apercepção nos leva a esperar, ela não consegue explicar como tal forma não objetiva da consciência é possível. Mas, em lugar de explicar tal possibilidade, Kant casualmente descarta o problema observando que, aqui, ele não está examinando a unidade empírica da apercepção.

Apesar das diferenças nas questões abordadas, o presente problema está conectado de maneira interessante com aquele encontrado nos *Prolegômenos*. Vimos ali que o entendimento inicial da distinção entre juízos de percepção e juízos de experiência como sendo uma entre duas teorias do juízo cai por terra já que Kant entende a primeira como uma forma distinta de estar consciente [*awareness*] (ou até mesmo de julgar). Agora vemos que nossa interpretação, que inicialmente parecia promissora, da distinção entre unidade objetiva e subjetiva fica comprometida pelo fato de que última inclui (enquanto um de seus modos) aquela forma mesma de estar consciente [*awareness*]. Isso também sugere, po-

---

247. Keller (2001, p. 82-84 e 242, n. 3) sustenta que minha explicação da unidade subjetiva na primeira edição desta obra não conseguiu dar conta da apercepção empírica como uma forma não objetiva de autoconsciência por causa de minha suposta tendência a colapsar toda autoconsciência para Kant numa consciência de estados de coisas objetivos. Embora não creia que seja válida a acusação de que eu "colapse" toda autoconsciência da maneira como ele descreve, reconheço a inadequação da minha discussão anterior da apercepção empírica, da qual a presente abordagem pretende ser uma correção. Isso, contudo, não equivale a referendar a tese mais ampla de Keller (2001, p. 92-94) de que o objetivo da segunda parte da Dedução B seja fundamentar o autoconhecimento.

rém, que podemos lidar com o problema de forma similar – concentrando-nos no contexto no qual a distinção é introduzida.

No caso dos *Prolegômenos*, vimos que o método analítico e o escopo limitado de suas preocupações levou Kant a ignorar a questão. Em contraste, na Dedução B, é a estratégia de prova em duas etapas, baseada em um procedimento sintético, que leva a um resultado similar. Ao exigir, na primeira parte do argumento, que se faça abstração da contribuição cognitiva da sensibilidade (para além da sua função de fonte genérica de dados), a metodologia de Kant exclui qualquer consideração dos elementos empíricos da cognição e sua conexão com as categorias. Assim, como veremos, é apenas no § 26, em conexão com a síntese empírica da apreensão e seu papel na percepção, que Kant introduz o tópico da consciência empírica. Veremos também que é a introdução da síntese transcendental da imaginação no § 24 que inicialmente nos coloca em condições de entender a dependência da apercepção empírica em relação à apercepção transcendental. Por conseguinte, devemos nos voltar a essas seções não apenas para completarmos nossa análise do argumento da Dedução B, mas também para compreendermos de modo mais aprofundado a apercepção empírica e sua unidade subjetiva.

III. Imaginação, percepção e experiência

A segunda parte da Dedução B põe novamente em cena a sensibilidade humana e suas formas *a priori*. Ela pode, assim, ser vista como uma tentativa fazer uma síntese entre os resultados da Dedução Metafísica e da primeira parte da Dedução Transcendental e aqueles da Estética Transcendental. Ou, mais precisamente, ela pode ser vista como um primeiro passo nessa síntese que abrange o restante da Analítica.

Kant descreve, no § 21, a tarefa como sendo a de mostrar,

> a partir do modo como a intuição empírica é dada na sensibilidade, que a unidade desta última não é outra senão aquela prescrita pela categoria para o diverso de uma intuição dada em geral (B144-145).

No § 26, ele caracteriza essa tarefa de modo mais amplo como sendo a de explicar

> a possibilidade de conhecer *a priori*, por meio das *categorias*, os objetos que *podem aparecer sempre somente aos nossos sentidos* – não, certamente, segundo a forma de sua intuição, mas segundo as leis de sua ligação – e, portanto, como que prescrever a lei à natureza e mesmo torná-la possível (B159-160).

A questão da equivalência ou não dessas caracterizações requer mais discussão. Por ora, precisamos apenas notar que um segundo passo é necessário em cada uma das formulações, pois a unidade que a categoria prescreve em um juízo é puramente conceitual. Ela governa o *pensamento* ou a unificação conceitual de um diverso dado da aparência, mas não garante que este será unificável da maneira especificada na categoria, caso em que as categorias permaneceriam "meras formas do pensamento sem realidade objetiva" (B148).

A estratégia de Kant para demonstrar que as categorias são mais do que formas vazias de pensamento se baseia em conectá-las com a imaginação. O argumento consiste em dois passos, separados por uma discussão da relação entre sentido interno e apercepção[248]. Em primeiro lugar, Kant vincula a unidade da apercepção, e com ela as categorias, ao tempo enquanto a forma do sentido interno (§ 24). Essa vinculação se baseia na conexão de ambos com a síntese transcendental da imaginação. Ele então relaciona as categorias ao conteúdo do sentido interno, a saber, percepção ou intuição empírica (§ 26). O ponto focal deste último passo é uma análise da síntese empírica da apreensão. Argumentando que essa síntese é condicionada pela síntese transcendental da imaginação, Kant pondera que ela também está necessariamente submetida às categorias. Contudo, esse passo é complicado pelo fato de que, depois de conectar as categorias com a percepção, Kant prossegue e, sem maiores argumentos, afirma seu *status* como condições da experiência, definindo esta última como "cognição por meio de percepções conectadas" (B161). Assim, a questão da conexão entre percepção e experiência, que surgiu primeiramente nos *Prolegômenos* nos termos da distinção entre juízos de percepção e juízos de experiência, deve ser reconsiderada à luz dessa nova explicação, segundo a qual a percepção seria ela própria categorialmente determinada. Mas, antes de abordar esse argumento complexo, é necessário considerar brevemente a concepção kantiana da imaginação e sua função cognitiva, bem como algumas das formas como esses tópicos são tratados na literatura.

A. *A imaginação e sua função cognitiva*

Ao introduzir a imaginação na Dedução Metafísica, Kant a caracteriza como aquela "função cega mas indispensável da alma [ou entendimento][249], sem a qual

---

248. A concepção kantiana do sentido interno será abordada no capítulo 10.
249. Em um comentário marginal à sua cópia da primeira edição da *Crítica*, Kant substituiu "alma" por "entendimento" (LB 23: 45). Estranhamente, porém, ele não incorporou essa mudança na segunda edição, que enfatiza fortemente a relação entre a imaginação e o entendimento.

jamais teríamos qualquer cognição, mas da qual apenas raramente tomamos consciência". Essa função é a síntese, ao passo que a do entendimento é "elevar essa síntese a conceitos", produzindo pela primeira vez, portanto, cognição "em sentido próprio" (A78/B103). Deixando de lado a conhecida obscuridade dessa caracterização, ela estabelece básica e simplesmente que a imaginação é um ingrediente essencial na cognição, sem gerar, no entanto, cognição "em sentido próprio". Trata-se de uma tese kantiana central, e é afirmada nas duas versões da Dedução Transcendental.

Embora nunca definida explicitamente, na Dedução A, a imaginação está no palco desde a cena inicial e a ela é atribuída a dignidade de constituir um poder cognitivo à parte, que faz a mediação entre sensibilidade e entendimento (A124). Nessa primeira versão da Dedução, Kant também apresenta uma explicação extensa, embora difusa, de sua função cognitiva, sintetizada na seguinte observação: "que a imaginação seja ela própria um ingrediente necessário da percepção é algo que não foi, até aqui, concebido por nenhum psicólogo" (A120n.). Em contraste, na Dedução B, a imaginação entra tardiamente em cena, sob o disfarce da síntese figurativa (*synthesis speciosa*), no § 24, que a define como "a faculdade de representar um objeto mesmo *sem sua presença* na intuição" (B151) – em termos, portanto, bem tradicionais, aos quais nenhum empirista faria objeção. Porém, em vez de vê-la como uma faculdade distinta, Kant agora a vincula intimamente ao entendimento. Assim, ele inicialmente descreve a síntese transcendental da imaginação como um "efeito [*Wirkung*] do entendimento sobre a sensibilidade" (B152), e afirma que é o entendimento, "sob a denominação de uma síntese transcendental da imaginação", que determina o sentido interno (B153). Com efeito, a certa altura ele sustenta que "é sempre a mesma espontaneidade que, lá sob o nome de imaginação, aqui de entendimento, introduz a ligação no diverso da intuição" (B162n.).

Essa conexão da imaginação com a percepção, por um lado, e com o entendimento, por outro, chamou a atenção de alguns filósofos ilustres, que a viram como uma antecipação de noções wittgensteinianas familiares. Assim, embora adote uma leitura literal da definição kantiana da imaginação como faculdade produtora de imagens, Strawson (1982, p. 82-99) lhe atribui um papel essencial no reconhecimento perceptivo. Como afirma em certa passagem, "a experiência visual [de um objeto como um objeto de certa espécie, ou como um objeto particular dessa espécie] é *impregnada* de conceito, ou *irradiada* por ele; ou *banhada* pelo conceito" (Strawson, 1982, p. 93)[250]. De forma similar, Wilfred Sellars (1978,

---

250. Deve-se notar, porém, que Strawson está aqui se concentrando mais na metáfora de Wittgenstein (1963, p. 212) do "eco do pensamento na visão" do que em qualquer doutrina kantiana específica.

p. 236), embora prestando uma atenção consideravelmente maior aos textos e insistindo numa distinção nítida entre imaginar e imagear [*imagining, imaging*], argumenta que a percepção para Kant já é, em certo sentido, impregnada de teoria [*theory laden*]. De acordo com Sellars (1978, p. 243), é por causa do papel da imaginação na percepção que a intuição (enquanto distinta de imagens e sensações) possui uma forma categorial e até mesmo "corporifica a prototeoria de um mundo".

Ainda que essas tentativas de reabilitar a concepção kantiana da imaginação sejam de considerável interesse filosófico e estejam conectadas com temáticas kantianas profundas, elas não deixam de ser um pouco problemáticas enquanto interpretações de Kant. No caso de Strawson, o problema é duplo. Em primeiro lugar, embora esteja de acordo com a letra da definição de Kant, o modo como Strawson compreende a imaginação kantiana (essencialmente como uma capacidade de formar imagens) a aproxima demais de concepções empiristas familiares – o que não é o caso[251]. Em segundo lugar, e em aparente contradição com o primeiro ponto, ele superintelectualiza a imaginação ao misturar seu papel de reconhecimento com aquele atribuído por Kant aos conceitos.

Por fazer uma distinção explícita entre imagear e imaginar, Sellars evita o primeiro problema e tem plena consciência do segundo. Assim, ele distingue entre tomadas perceptivas [*perceptual takings*] – que são atribuídas à imaginação e que fornecem ao sujeito perceptivo termos-objeto para o juízo – e o juízo propriamente dito, que envolve predicação explícita (Sellars, 1978, p. 233). Em outro texto, ele faz essencialmente a mesma distinção em termos de um contraste entre o caráter "minimamente conceitual" da síntese imaginativa, mediante a qual nós apreendemos um particular – por exemplo, "este cubo" ou "esta coisa branca" – e a representação plenamente conceitual expressa em um juízo sobre esse particular (Sellars, 1968, p. 1-30).

Todavia, Sellars também chega perigosamente próximo de superintelectualizar a imaginação kantiana, embora por razões complexas que não podem ser consideradas a contento aqui[252]. Apesar da estreita filiação entre a imaginação e

---

251. Todavia, em A120-121, Kant de fato sugere que o papel da imaginação, mesmo na apreensão, é a geração de uma imagem.

252. Sellars (1968) distingue entre um representar em qualquer sentido conceitual e um representar completamente não conceitual – o que, para ele, seria necessário para salvar a concepção kantiana da sensibilidade de cair na incoerência ou na vacuidade. O problema seria saber como a sensibilidade pode contribuir para a cognição de um modo que não fosse meramente causal, mas que ao mesmo tempo permanecesse não conceitual. Como solução, ele propõe que a sensibilidade fornece para nossas representações perceptivas [*perceptual representings*] análogos ou contrapartes não conceituais que de alguma maneira guiam **estes últimos**. Embora profundamente sugestiva,

o entendimento afirmada na Dedução B, Kant preserva a divisão de trabalho entre eles: a tarefa da imaginação é sintetizar e a do entendimento é submeter essa síntese a conceitos. Além do mais, isso sugere que a atividade da imaginação não é ela própria diretamente conceitual nem mesmo no sentido "mínimo" indicado por Sellars. Em vez disso, caracterizá-la como "protoconceitual" talvez seja mais apropriado. Embora a distinção entre ser "minimamente conceitual" e "protoconceitual" possa parecer sutil demais, ela é essencial para uma interpretação adequada da complexa doutrina de Kant. O ponto básico é que a imaginação tem por tarefa unificar os dados sensoriais de um modo que *torne possível* sua subsequente conceitualização, sem *ser* ela mesma um modo de conceitualização.

De fato, a maneira como a imaginação executa sua tarefa no nível da percepção já foi indicada por Sellars quando assinala, num sentido fenomenológico, que os produtos da síntese imaginativa, denominada por ele de "modelos de imagem", são de natureza perspectiva ou "relativa a ponto de vista" [*point-of-viewish*] (Sellars, 1978, p. 237-240). Em outras palavras, a percepção (pelo menos a percepção visual) sempre ocorre a partir de um ponto de vista, com o objeto se apresentando como dotado de aspectos não efetivamente "dados". Essa função de apresentação, necessária para a subsequente cognição do objeto como de certa espécie, forma, tamanho etc., é o trabalho da imaginação.

A ideia básica subjacente a essa explicação é exposta de maneira um pouco mais clara por J. Michael Young (1988, p. 140-164; e 1984, p. 123-131). Como Sellars, Young nega que a imaginação deva ser vista principalmente como uma capacidade de "imagear". E como Strawson, Sellars e aqueles que abordam Kant a partir da tradição hermenêutica, Young situa a função da imaginação na interpretação ou decifração dos dados perceptivos[253]. Além disso, ainda em conformidade com Sellars, Young também enfatiza a natureza perspectiva de tal interpretação. Assim, para ele, a interpretação imaginativa consiste em tomar algo como "outra coisa ou mais do que é percebido", o que é a glosa não imagística de Young a respeito da definição kantiana da imaginação (Young, 1988, p. 142)[254].

---

essa teoria dos análogos ou contrapartes não conceituais de representações conceituais me parece muito obscura e de questionáveis credenciais kantianas. Não se trata de Kant não ter deixado espaço para análogos não conceituais de representações *plenamente* conceituais. Veremos, porém, que **esses análogos** são esquemas, que já são produtos da síntese imaginativa e que, portanto, não são completamente não conceituais no sentido de Sellars.

253. Para uma apresentação abrangente da abordagem hermenêutica da imaginação kantiana, cf. Makkreel (1990).

254. Estranhamente, porém, Young não critica Strawson de modo explícito quanto a esse ponto.

No entanto, Young difere de Sellars ao insistir na natureza pré-linguística e pré-conceitual dessa interpretação perceptiva. Assim, enquanto sublinha o fato de a síntese imaginativa ser governada por regras, ele preserva seu caráter não conceitual ao interpretar sua relação com o entendimento em termos da distinção kantiana entre proceder de acordo com uma lei e proceder de acordo com a concepção de uma lei (Gr 4: 413; 66). Substituindo "lei" por "regra", o ponto básico de Young é que o entendimento procede da primeira maneira, e a imaginação, da segunda. Em outras palavras, enquanto a imaginação permanece "cega" no sentido em que sua atividade interpretativa governada por regras não é realizada de modo autoconsciente (motivo pelo qual ela não equivale à cognição "no sentido próprio"), o entendimento, procedendo de acordo com a *concepção* de uma regra, toma reflexivamente algum conteúdo como caindo sob um conceito, formando assim um juízo que faz uma exigência normativa à concordância dos outros (Young, 1988, p. 153-154)[255]. Vamos pressupor então a correção, pelo menos em suas linhas gerais, dessa concepção da imaginação kantiana como uma faculdade protoconceitual e interpretativa, distinta da capacidade de produzir imagens, por um lado, e de formar juízos, por outro. E vejamos agora se isso ajuda a iluminar o argumento progressivo de Kant na segunda parte da Dedução B, vinculando as categorias com as aparências ao conectar ambas com a imaginação.

B. A síntese transcendental da imaginação

Como já indiquei, o primeiro passo ocorre no § 24, onde Kant introduz a síntese figurativa ou *"synthesis speciosa"* e a distingue da síntese puramente intelectual atribuída ao entendimento. Nesse contexto, Kant propõe duas teses em relação à síntese figurativa, das quais depende o progresso ulterior do argumento: (1) que essa síntese, sob o nome de síntese transcendental da imaginação, possui tanto uma dimensão *a priori* quanto uma função transcendental na determinação do tempo como a forma do sentido interno; e (2) que pelo fato de essa função precisar estar de acordo com as condições da unidade sintética da apercepção, ela se encontra sujeita às categorias (B151-152). É evidente que se

---

255. Antes disso, Young sugere que até mesmo alguns animais possuem uma capacidade interpretativa ou discriminatória da imaginação governada por regras, mas não a capacidade discursiva do entendimento. Como ele observa, isso corresponde à distinção que Kant traça na sua *Lógica* e alhures entre *Erkenntnis* (cognição em sentido robusto) e mera *Kenntnis* (conhecimento por contato [*acquaintance*]) (Young, 1988, p. 152). Esse segundo aspecto da posição de Young foi fortemente apoiado por Gibbons (1994, esp. p. 25-26, 30-32), que enfatiza, contra Strawson, a natureza pré-conceitual da síntese imaginativa.

essa tese em duas partes puder ser demonstrada, estaremos consideravelmente mais perto de ver como as categorias servem para estruturar a percepção, alcançando assim a realidade objetiva. Além disso, embora não se possa afirmar que o próprio Kant tenha realmente estabelecido alguma das duas partes dessa tese, ele oferece os materiais necessários para construir os argumentos relevantes.

Para começar, temos a definição da imaginação já mencionada. Uma capacidade de representar o que não está presente na intuição é claramente necessária para a representação do tempo tal como descrito na Estética. O ponto essencial é que cada intervalo de tempo determinado é intuído como uma porção de um único tempo global [*all-inclusive*], o qual é ele próprio representado como uma grandeza infinita dada. Disso se segue que a consciência de um tempo determinado envolve a consciência desse tempo como uma porção desse tempo único. Mas, como no caso do espaço, esse todo não é ele próprio efetivamente dado na intuição como um objeto. O tempo é, por assim dizer, apenas dado um momento após o outro. Por conseguinte, para representarmos um tempo determinado, precisamos ser capazes de representar tempos passados e futuros que não estão "presentes" até finalmente o tempo único do qual eles são partes. Mas isso requer uma contribuição da imaginação.

A questão de determinar como essa contribuição deve ser compreendida é mais difícil. Embora no Esquematismo Kant caracterize o tempo como "a imagem pura [...] de todos os objetos dos sentidos em geral" (A142/B182), é evidente que a representação desse tempo único e global não pode ser literalmente apenas questão de formar uma imagem. Mas parece igualmente problemático caracterizar tal representação como uma "interpretação", visto que ela aparentemente carece de uma característica normalmente exigida de qualquer coisa que faça as vezes de interpretação, a saber, a disponibilidade de alternativas. Todavia, a ilustração oferecida por Kant da tese de que uma síntese imaginativa é necessária para a representação do tempo indica um sentido no qual ela pode ser entendida como algo similar a uma interpretação. Assim, após notar, no caso do espaço, que não podemos pensar uma linha sem desenhá-la em pensamento nem um círculo sem delineá-lo, ou representar as três dimensões do espaço sem colocar três linhas perpendiculares entre si sobre um mesmo ponto, Kant observa que não podemos representar o tempo

> se não atentarmos apenas, através do *desenho* de uma linha reta (que deve ser a representação figurativa externa do tempo), para a ação de síntese do diverso pela qual determinamos o sentido interno de maneira sucessiva e, desse modo, para a sucessão dessas determinações no nesse sentido interno (B154).

Isso sugere não apenas que a representação imaginativa do tempo pressupõe uma síntese figurativa (o que também se aplica ao espaço), mas também que ela envolve uma interpretação da linha como imagem do tempo. A necessidade de tal interpretação deriva do fato de que o sentido interno não possui nenhum diverso próprio. Sendo este o caso, os materiais para a representação do tempo devem ser fornecidos pelo sentido externo, o que significa que o tempo é necessariamente representado ou "interpretado" em termos espaciais. Nos termos de Young, a linha é tomada "como algo mais ou diferente do que ela é percebida como sendo". De fato, pode-se até mesmo dizer que essa interpretação deixa espaço para uma interpretação alternativa, pois sempre se está livre para abstrair do processo generativo e considerar apenas seu produto, a saber, a própria linha, como pura determinação do espaço.

Para os propósitos da Dedução, no entanto, a principal questão é saber por que a síntese imaginativa que determina o tempo deve se conformar aos requisitos categoriais do entendimento. Embora a análise da representação do tempo a partir de uma linha desenhada sugira que a categoria da quantidade está envolvida, não parece ser possível generalizar este caso para as categorias restantes. Além disso, é precisamente a natureza figurativa da síntese imaginativa que torna problemática sua conformidade com os requisitos puramente conceituais do entendimento. Por essa razão, nossa questão original sobre a necessidade de tal conformidade da parte do dado sensorial reaparece em conexão com a imaginação.

Infelizmente, o tratamento que Kant dispensa a essa questão é extremamente superficial. Em vez de apresentar um argumento, ele simplesmente afirma que a síntese imaginativa é expressão da espontaneidade do pensamento, que ela determina *a priori* o sentido interno com respeito à sua forma, e que essa determinação está de acordo com a unidade da apercepção (B151-152). O último ponto é certamente relevante. Se a determinação do tempo está de acordo com a unidade da apercepção, então, dado o argumento da primeira parte da Dedução, ela também deve estar de acordo com as categorias. Mas também aqui o problema é entender por que essa síntese figurativa deve concordar com as condições da unidade sintética da apercepção que governam o pensamento discursivo.

Como primeiro passo para lidar com esse problema, deve-se notar que a partir da explicação da apercepção oferecida por Kant, segue-se que a *representação* do tempo mediante o desenho de uma linha deve se conformar às condições de sua unidade sintética. Não apenas a representação intuitiva de uma linha enquanto tal, mas também a "interpretação" de sua síntese sucessiva como a imagem pura do tempo pressupõe um sujeito único consciente de sua identidade ao longo do processo generativo. Em suma, embora, como vimos no capítulo 5, o próprio tempo não seja uma unidade sintética composta de partes preexistentes, sua representação determinada requer uma unidade sintética da consciência [*consciousness*] que coloca essa representação sob as categorias[256].

Todavia, isso é apenas metade da história. Embora todo *representar* imaginativo deva se conformar às condições da unidade da apercepção, o que é *representado* (tempo e espaço) é determinado pelas formas da sensibilidade humana. Em outras palavras, a necessidade de representar todas as aparências em um tempo e espaço únicos não é uma exigência imposta à sensibilidade pelo entendimento, mas é, ao contrário, algo que o entendimento requer da sensibilidade[257]. É também por isso que a segunda parte da Dedução B não é uma passagem trivial das condições da representação de um diverso da intuição em geral às condições da representação do diverso puro do tempo. A introdução da sensibilidade humana e suas formas *a priori* traz consigo um elemento que não pode ser explicado em termos dos requisitos puramente conceituais do entendimento.

A dependência parcial do pensamento em relação a condições impostas pela natureza da sensibilidade é ilustrada por uma passagem que, segundo leituras frequentes, indicaria precisamente o contrário, a saber, o que está posto na muito discutida nota de rodapé localizada no § 26. Embora essa nota já tenha sido brevemente discutida no capítulo 5 em conexão com a análise da "dadidade" do espaço na Estética, será proveitoso citá-la novamente no presente contexto:

> Representado como *objeto* (tal como, de fato, se requer na geometria), o espaço contém mais do que a mera forma da intuição, a saber, a *reunião* [*Zusammenfassung*] do diverso dado em uma representação *intuitiva* segundo a forma da sensibilidade, de tal modo que a *forma da intuição* fornece apenas o diverso, mas a *intuição formal* fornece a unidade da representação. Na Estética contei essa unidade como pertencente apenas à sensibilidade, de modo a sublinhar que ela precede todo conceito apesar de pressupor uma síntese que não pertence aos sentidos, pela qual todos os conceitos de espaço e tempo se tornam primeiramente possíveis. Pois,

---

256. Sobre esse ponto, cf. a importante nota em B136. Embora localizada na primeira parte da Dedução, ela antecipa o argumento central da segunda parte.

257. Keller (2001, p. 107-109) questionou minha formulação original dessa tese alegando que ela leva a Dedução a se articular em torno da pressuposição puramente *ad hoc* de que o espaço e o tempo devem ser unitários. Isso, porém, é negligenciar o fato de que a Dedução vem depois da Estética, onde supostamente a natureza unitária do espaço e do tempo teria sido estabelecida por meio dos argumentos em defesa da tese de que eles são intuições. Embora se possa, claro, rejeitar o argumento da Estética, não se pode reconstruir o argumento da Dedução sem recorrer a ele.

uma vez que por meio dela (quando o entendimento determina a sensibilidade) são dados, em primeiro lugar, o espaço ou o tempo como intuições, então a unidade dessa intuição *a priori* pertence ao espaço e ao tempo, e não ao conceito do entendimento (§ 24) (B160-161n.).

Se nos concentrarmos, como costumeiramente se faz, apenas na primeira sentença, a nota parece sugerir uma revisão fundamental da teoria da sensibilidade delineada na Estética. Em vez de simplesmente serem "dadas", como sugeria a imagem inicial, as intuições efetivas do espaço e do tempo enquanto "intuições formais" são agora vistas como constituídas por uma atividade sintética. Na versão mais radical dessa leitura, espaço e tempo se tornam *entia imaginaria** [258]. No entanto, se considerarmos a nota como um todo, uma imagem bem diferente emerge. Em primeiro lugar, Kant sugere fortemente que a aparente discrepância entre a presente explicação, que enfatiza a necessidade da síntese imaginativa, e aquela da Estética, que silencia sobre a questão, deve ser atribuída a seu modo de apresentação e não a uma mudança de doutrina. Tendo em vista que a preocupação de Kant na Estética era isolar a sensibilidade de modo a determinar sua contribuição particular à cognição, ele teve de ignorar, naquele momento, a necessidade de uma síntese para representações determinadas do espaço e do tempo (intuições formais). Sendo assim, essa omissão metodologicamente necessária está agora sendo retificada. Em segundo lugar, quando Kant diz que na Estética ele atribuiu essa unidade à sensibilidade "de modo a sublinhar que ela precede todo conceito", ele não está negando a dependência da síntese imaginativa em relação às categorias. Como o texto deixa claro, os conceitos que Kant tinha em mente ali eram os de espaço e tempo, e não as categorias[259]. Em terceiro lugar, quando Kant afirma, no fim da nota, que "a unidade dessa intuição *a priori* pertence ao espaço e ao tempo, e não ao conceito do entendimento", ele não está nem negando a tese inicial de que a representação de um espaço ou tempo unificados resulta de uma síntese mediante a qual eles são "primeiramente dados como intuições" (intuições formais), nem contradizendo a dependência dessa síntese unificadora em relação às categorias. Uma vez mais, a questão é que a

---

* "Entes imaginários" (em latim no original) [N.T.].

258. Essa tese foi defendida recentemente por Waxman (1991) e Longuenesse (1998a, esp. p. 214-225). Crítico a leitura dessa nota e a versão dessa tese apresentados por Longuenesse em Allison (2000, p. 74-76). Embora em determinado momento Kant de fato caracterize o espaço e o tempo puros dessa maneira (A291/B347), o contexto deixa claro que ele apenas pretende mostrar que eles são formas de intuir, e não verdadeiros objetos intuídos, o que é totalmente diferente de dizer que devem ser atribuídos à imaginação e não à sensibilidade.

259. O contrário é afirmado por Longuenesse (1998a, p. 224).

síntese imaginativa é ela própria restringida pelo espaço e pelo tempo como formas da intuição, que é justamente o que o § 24 exige. Por conseguinte, não é por acaso que Kant remeta o leitor a esse parágrafo.

C. A síntese da apreensão

Embora a conexão das categorias com as formas da sensibilidade por meio da síntese transcendental da imaginação seja, sem dúvida, o passo central do argumento, essa conexão por si só não basta para assegurar o objetivo da Dedução. Esse objetivo exige a demonstração de uma conexão necessária das categorias com a intuição *empírica*. Kant tenta atingir esse objetivo no § 26, ao vincular as categorias à síntese da apreensão, definida por ele como "a composição [*Zusammensetzung*] do diverso em uma intuição empírica pela qual se torna possível a percepção, isto é, a consciência empírica da mesma (como aparência)" (B160).

Como de costume, aqui também os problemas começam com a terminologia. Especificamente, eles dizem respeito à relação entre "intuição empírica", "percepção", "consciência empírica" e "aparência". Basicamente, Kant está afirmando que a intuição empírica (referindo-se ao seu conteúdo) apenas se torna percepção (entendida como consciência efetiva desse conteúdo) quando seu diverso é apreendido, ou seja, sintetizado ou reunido em uma consciência empírica única. Esta última é "empírica" porque é consciência do que está imediatamente presente na percepção para um sujeito particular, e não daquilo que é determinado como sendo o caso em uma cognição empírica ou em um juízo de experiência. Assim, em nítido contraste com os *Prolegômenos*, Kant agora afirma que mesmo a percepção, embora não mais vista como um tipo de juízo, está sob as categorias[260].

Embora a consolidação dessa tese seja essencial para o objetivo da Dedução, a explicação de Kant é bastante esparsa e carece da riqueza que caracteriza a discussão na Dedução A. Em vez de argumentar que a percepção envolve uma

---

260. Como ressalto esse aspecto do argumento de Kant, minha interpretação da segunda parte da Dedução B difere significativamente daquela de Thöle, apesar de haver uma considerável convergência quanto à primeira parte. Para esse autor, a melhor leitura do argumento do § 26 não é a de que ele se aplica à percepção enquanto tal ou a tudo que é representado no espaço e no tempo, mas a de que ele se aplica apenas ao que está representado no espaço ou no tempo de modo determinado como um objeto da experiência (cf. Thöle, 1991, esp. p. 285-293). A leitura de Thöle também é defendida por Carl (1998, p. 206-207). Entretanto, como o próprio Thöle parece reconhecer, sua leitura é antes uma reconstrução do que, a seu ver, Kant deveria ter argumentado do que uma interpretação do texto kantiano.

síntese imaginativa ou "interpretação" no sentido indicado anteriormente, Kant simplesmente o pressupõe, e procura mostrar que essa síntese, tal como a síntese transcendental da imaginação, também está sujeita às categorias. O argumento em defesa dessa tese consiste em seis passos, novamente comprimidos em um único parágrafo (B160-161). Como os cinco primeiros formam uma unidade, eles serão tratados em conjunto na presente seção, reservando-se a discussão do sexto, que leva o argumento a uma nova direção, para a próxima seção.

> [Passo 1] Nós temos *a priori,* nas representações de espaço e tempo, *formas* tanto da intuição externa como da interna, e a síntese da apreensão do diverso da aparência tem de ser sempre conforme a elas, já que somente assim pode acontecer.

Como notado acima, aqui Kant pressupõe a efetividade de uma síntese da apreensão. Considerando-a evidente, ele nos lembra que tal síntese deve se conformar ao espaço e ao tempo. O objetivo desse lembrete é indicar que independentemente do que venha a ser uma condição necessária para a representação determinada do espaço e do tempo, ela será também uma condição necessária para a apreensão ou percepção de qualquer coisa intuída no espaço e no tempo.

> [Passo 2] O espaço e o tempo, contudo, são representados *a priori* não apenas como *formas* da intuição sensível, mas como *intuições* mesmas (que contêm um diverso), portanto com a determinação da *unidade* desse diverso neles (cf. a Estética Transcendental).

Kant anexa a essa passagem a já discutida nota de rodapé em que distingue entre uma forma da intuição e uma intuição formal. A relevância sistemática desse passo (incluindo a nota) é sublinhar a tese (já defendida no § 24) de que o espaço e o tempo não são apenas formas da intuição, mas também eles próprios intuições com um diverso (conteúdo) próprio. Enquanto tais, eles só podem ser representados na medida em que seu diverso é unificado. Embora Kant não se refira explicitamente a ela no texto ou na nota, está claro que a síntese transcendental da imaginação é o veículo para essa unificação e, portanto, para uma representação determinada do espaço ou do tempo.

> [Passo 3] Assim, a própria *unidade da síntese* do diverso em nós ou fora de nós, e também uma *ligação* à qual tem de ser conforme tudo que tem de ser representado como determinado no espaço ou no tempo, já é dada *a priori* juntamente com (não em) essas intuições, como condição da síntese de toda *apreensão.*

Esse passo é na verdade uma combinação dos dois primeiros. Aqui, Kant afirma que as condições da representação da unidade do espaço ou do tempo são também condições da apreensão de qualquer coisa como neles determinada.

Consequentemente, tudo que for representado como determinado no espaço ou no tempo deverá se conformar às condições da representação de sua unidade.

A concepção-chave, aqui, é a representação de algo como determinado no espaço ou no tempo. Embora Kant não explique o que entende por tal representação, parece razoável supor que ela envolve (no caso do espaço) a percepção de que algo tem certa figura e posição, e (no caso do tempo) a percepção de que um evento tem certa duração e lugar em uma ordem temporal (por exemplo: antes de *A*, depois de *B*, simultaneamente com *C* etc.)[261]. Isso explicita o ponto ainda implícito no passo 1. Mas, tendo em vista que aprendemos no § 24 (e vimos reafirmado no passo 2) que a determinação do espaço e do tempo é obtida mediante a síntese transcendental da imaginação, essa representação também serve para conectar a síntese empírica da apreensão com esta última. A tese de que essa unidade sintética é dada "juntamente com (não em) estas intuições" reflete o princípio kantiano básico de que a representação da unidade exige uma atividade sintética e não pode ser passivamente recebida por meio da sensibilidade.

> [Passo 4] Essa unidade sintética, *porém,* não pode ser outra senão a da ligação do diverso de uma dada *intuição em geral* em uma consciência originária, em conformidade com as categorias, somente aplicada à nossa *intuição sensível.*

Apesar de ser obviamente o passo-chave, já que vincula a síntese da apreensão às categorias, Kant, uma vez mais, não oferece qualquer argumento. Em vez disso, ele simplesmente afirma que a unidade requerida para a apreensão é uma aplicação à sensibilidade humana da unidade do diverso de uma intuição em geral, necessária para a apercepção, o que justifica a tese de que tanto a primeira quanto a última são governadas pelas categorias. Ainda assim, podemos ver que esse resultado deriva de fato da pressuposição (considerada em conexão com o passo 3) de que a síntese transcendental da imaginação é governada pelas categorias. Isso, ao menos, seria corroborado se o passo em questão estiver afirmando que a síntese da apreensão está sujeita às condições da síntese transcendental da imaginação. Por essa razão, praticamente todo o peso do argumento recai sobre a tese de que esta última é governada pelas categorias.

---

261. Como aqui estamos considerando a determinação no nível da percepção, deve estar claro que, ao nos referirmos à apreensão de uma aparência como dotada de certa figura ou a um evento dotado de certa duração, não estamos nos referindo a algo que esteja especificado matematicamente. Ao contrário, referimo-nos a um objeto que se apresenta imediatamente como dotado de certo formato e tamanho – digamos, um objeto cuja estrutura é grande e oblonga. **Um objeto como esse se** torna, então, a base para uma determinação matemática precisa, que envolve o trabalho do entendimento.

[Passo 5] Por conseguinte, toda síntese, pela qual a própria percepção se torna possível, situa-se sob as categorias [...].

Ao afirmar que mesmo a síntese por meio da qual a percepção se torna possível está sob as categorias, Kant extrai a conclusão pretendida pelos quatro passos anteriores. No entanto, isso só pode ser inferido, evidentemente, se supusermos que a percepção já envolve representar o que é percebido como determinado no espaço e no tempo no sentido previamente designado. Considerando por ora apenas o espaço, a tese é a de que perceber ou apreender algo significa considerá-lo dotado de certa forma espacial e grandeza, além de qualidades sensoriais.

Além do mais, devemos ter em mente que essa tomada perceptiva [*perceptual taking*] ou "interpretação" é obra da imaginação e não envolve um juízo discursivo. Em outras palavras, estamos lidando com uma mera "consciência empírica" e com uma "unidade subjetiva" que, de acordo tanto com os *Prolegômenos* quanto com o § 18 da *Crítica*, supostamente carecem de determinação categorial. Ao considerar inicialmente esses textos, sugeri que a aparente exclusão de um papel para as categorias deveria ser entendida como uma omissão e não como uma negação, e que, em ambos os casos, isso poderia ser explicado a partir de fundamentos metodológicos. Mas não havia nenhuma tentativa, naquele momento, de explicar qual papel as categorias desempenham nesse nível "protoconceitual". Contudo, essa questão não pode mais ser evitada, pois é essencial para o sucesso da Dedução.

Visto que essa é uma questão de percepção, e não de juízo, as categorias não podem, aqui, servir de predicados (cf. Longuenesse, 1998a, p. 199 *passim*). Por essa razão, não se trata de subsumir um objeto que tomamos como uma casa sob a categoria de substância, mas sim de uma categoria funcionar como uma "regra de apreensão", direcionando a síntese empírica do diverso da casa de acordo com a condição requerida para a determinação do espaço que ela ocupa[262]. Consideremos a primeira das duas ilustrações da função de uma categoria que Kant apresenta no § 26:

> Assim, se eu transformo a intuição empírica de uma casa, por exemplo, por meio da apreensão do diverso da mesma, em uma percepção, então eu tenho por fundamento a *unidade necessária* do espaço e da intuição sensível em geral, e como que desenho sua figura em conformidade com essa unidade sintética do diverso no espaço. Se faço abstração da forma do

---

262. Kant se refere à "regra de apreensão" (*Regel unserer Auffassung*) em R 2880 16: 557. A importância dessa concepção foi ressaltada por Longuenesse (1998a, esp. p. 116-118).

espaço, contudo, essa mesma unidade sintética tem seu lugar no entendimento e é a categoria da síntese do homogêneo em uma intuição em geral, isto é, a categoria de *quantidade* à qual aquela síntese da apreensão, isto é, a percepção, tem de ser inteiramente conforme (B162).

Kant argumenta, aqui, que a percepção de uma casa, que instancia um objeto tridimensional, é condicionada pela determinação do espaço que se percebe que ela ocupa. Contudo, não se trata de duas sínteses distintas: uma síntese *a priori* ou transcendental que determinaria o espaço e uma síntese empírica que determinaria os contornos e extensão do que é nele percebido. Ao contrário, esses dois aspectos estão relacionados como o aspecto formal e o material de uma síntese. A síntese transcendental da imaginação é a forma da síntese empírica da apreensão no sentido em que a apreensão ou a percepção de uma casa é governada pelas condições da determinação do espaço que se percebe que ela ocupa. Expresso de outra forma, a síntese empírica está necessariamente sujeita a uma "regra de apreensão".

Nesse caso, a regra é fornecida pela categoria da quantidade. Mas a necessidade da categoria não deriva de qualquer requisito *conceitual* que diga respeito às condições do juízo, mas sim das condições impostas, na síntese figurativa, pela singularidade e homogeneidade do espaço. Dado que o conceito puro de quantidade é apenas o conceito da "síntese do homogêneo em uma intuição em geral" (B162), Kant conclui que a apreensão ou percepção de uma casa deve ser governada por aquela categoria.

D. Completando a Dedução: percepção e experiência

> [Passo 6] [...] e, como a experiência é cognição por meio de percepções conectadas, então as categorias são condições de possibilidade da experiência e valem *a priori,* portanto, também para todos os objetos da experiência.

Embora seja parte da mesma frase do passo anterior, trata-se de um passo distinto no argumento, pois aqui Kant vai da percepção à experiência. Além do mais, esse movimento, que Kant faz sem qualquer argumento a não ser um apelo à definição de experiência como "cognição por meio de percepções conectadas", levanta pelo menos duas questões, centrais para a interpretação e avaliação da Dedução B.

A primeira questão diz respeito à função desse movimento dentro do projeto da segunda parte da Dedução, que, como vimos, Kant descreve de duas maneiras que obviamente não são equivalentes: (1) mostrar,

> a partir do modo como a intuição empírica é dada na sensibilidade, que a unidade da mesma não é outra senão aquela que a categoria prescreve para o diverso de uma intuição dada em geral (B144-145);

e (2) explicar

> a possibilidade de conhecer *a priori* por *meio das categorias*, os objetos que *podem aparecer sempre somente aos nossos sentidos* [...] segundo as leis de sua ligação e, portanto, como que prescrever a lei à natureza e mesmo torná-la possível (B159-160).

Se o projeto for compreendido da primeira maneira, o objetivo pode ser realizado ao se estabelecer, da maneira indicada nos passos 4 e 5, uma relação entre as categorias e a percepção. Além do mais, isso também parece suficiente para exorcizar o espectro que vem nos assombrando desde o início. Segundo essa leitura, o movimento que vai da percepção até a experiência não ocupa um lugar central no argumento principal. Se compreendermos o projeto no segundo sentido, entretanto, seria necessário mostrar que as categorias são condições de possibilidade da experiência, conclusão a que Kant efetivamente chega. Mas com isso a passagem da percepção para a experiência carece seriamente de justificação.

A segunda questão, intimamente relacionada à anterior, concerne à compreensão da tese de que as categorias são condições de possibilidade da experiência. Tal tese pode ser interpretada de duas maneiras, dependendo do peso que colocamos nos componentes da definição kantiana de experiência. Por um lado, se nos concentrarmos simplesmente no fato de que a percepção é um ingrediente necessário na experiência, pode-se concluir que Kant deve ter mostrado que as categorias são condições (necessárias) da percepção, pois ele já havia mostrado que as categorias são condições da possibilidade da experiência. Dessa forma, a conclusão que Kant extrai é compatível com a leitura mais fraca da Dedução, que a vê antes de mais nada como um exercício de exorcismo transcendental. Por outro lado, se enfatizarmos a *diferença* entre percepção e experiência – implícita na definição e característica essencial da posição de Kant –, então mostrar que as categorias são condições da última requer mostrar que elas tornam possível a experiência cognitiva enquanto distinta da percepção pré-cognitiva (pois esta seria apenas protoconceitual). Mas definitivamente não está claro se o argumento, até aqui, seria capaz de chegar a tal resultado.

Infelizmente, a segunda ilustração de Kant – envolvendo a categoria da causalidade e seu papel na percepção do congelamento da água –, mais complica do que resolve o problema. Kant nota que a percepção de tal evento envolve a apreensão da sucessão de dois estados da água: fluidez e solidez. O problema é explicar como essa apreensão é possível. Com esse objetivo em mente, Kant faz a seguinte observação:

> No tempo, porém, que eu ponho como fundamento para as aparências da *intuição interna*, eu me represento necessariamente a *unidade* sintética do diverso sem a qual aquela relação não poderia ser dada, de maneira *determinada* (em relação à sucessão temporal), em uma intuição (B162-163).

Embora a frase dificilmente seja um exemplo de clareza, o ponto básico é que a apreensão de uma sequência determinada no tempo (os estados sucessivos da água) pressupõe a representação da unidade sintética do tempo e, portanto, uma síntese governada por uma categoria. Em outras palavras, é apenas como resultado de tal determinação do tempo, presumivelmente realizada pela síntese transcendental da imaginação, que é possível apreender uma sequência determinada de percepções no tempo. A outra tese, que Kant sequer tenta justificar, é a de que a categoria de causalidade, "por meio da qual, se a aplico à minha sensibilidade, eu determino tudo que acontece no tempo em geral segundo sua relação", é o fundamento dessa determinação ou unidade sintética . Dadas essas colocações, ele conclui que

> [em] tal acontecimento, [...] a apreensão e, portanto, o próprio acontecimento no que diz respeito à percepção possível, está sob o conceito da *relação* de *causa* e *efeito*, e assim em todos os demais casos (B163).

Talvez a característica mais surpreendente desse exemplo seja a falta de qualquer referência à experiência. Em lugar de afirmar que a categoria da causalidade é uma condição da *experiência* de um evento ou ocorrência, que é o que poderíamos esperar neste ponto, Kant continua falando de apreensão ou percepção. Isso sugere que o propósito do exemplo é indicar um paralelo entre as funções das categorias de quantidade e causalidade. Ambas estão diretamente envolvidas na percepção, a primeira na percepção do sentido externo e sua forma espacial, a segunda na percepção do sentido interno e sua forma temporal (sucessão). Assim, ambas as categorias funcionam como regras de apreensão.

Contudo, isso não apenas entra em conflito com a Segunda Analogia, cuja pretensão é mostrar que a categoria funciona como condição da experiência e não como mera apreensão ou percepção, mas também leva a uma leitura profundamente contraintuitiva da Dedução B. Isso ocorre porque se coloca praticamente todo o peso do argumento em seu lugar menos provável, a saber, naquela mesma consciência perceptiva que, de acordo tanto com os *Prolegômenos* quanto com os § 18-19 da *Crítica*, é uma forma de consciência que supostamente dispensa determinação categorial! É como se Kant tivesse invertido completamente sua rota, afirmando agora que é a percepção o *locus* primário da determinação categorial e que a subsequente aplicação das categorias à experiência e a seus objetos não é senão consequência disso.

Se considerarmos o problema à luz da distinção, introduzida na segunda edição, entre as categorias matemáticas e as categorias dinâmicas (B110), que corresponde à distinção feita por Kant na primeira edição entre os princípios matemáticos e os dinâmicos (A161-162), poderíamos dizer que o argumento, até este ponto, estabeleceu, no máximo, a validade da primeira, mas não da última. Isso ocorre porque os diferentes tipos de categoria, assim como seus princípios correspondentes, têm funções epistêmicas muito distintas. As categorias da quantidade e da qualidade estão diretamente relacionadas à intuição de objetos e, portanto, à percepção destes, enquanto as últimas, ou, mais especificamente, as categorias relacionais, dizem respeito à existência desses objetos em relação uns com os outros no tempo[263]. Mas, como veremos no capítulo 9, essa existência é questão de experiência ("cognição por meio de percepções conectadas") e não de mera percepção, pois envolve o pensamento de determinada ordem temporal objetiva, que não pode ser identificada com a ordem de apreensão das percepções na consciência empírica. É por isso que um argumento destinado a vincular as categorias à percepção (como parece ser o caso do argumento do § 26) não pode dar conta da função epistêmica de *todas* as categorias.

Quer entendamos o problema em termos da caracterização dupla do objetivo do argumento ou em termos da distinção entre funções categoriais, o intérprete ainda terá diante de si um dilema, já que parece nos deixar com duas opções pouco atraentes. Deve-se ou bem reconhecer que a Dedução, no máximo, seria apenas parcialmente bem-sucedida, estabelecendo para as categorias somente o papel de regras da apreensão, ou bem concluir que o próprio Kant não tinha clareza a respeito da natureza nem do escopo de seu argumento.

Ademais, devemos rejeitar como inadequadas duas formas à primeira vista atraentes de evitar esse dilema. A primeira seria sustentar que o papel das categorias como condições da experiência já teria sido estabelecido na primeira

---

263. Embora Kant as inclua entre as categorias dinâmicas e sugira que elas dizem respeito à relação dos objetos com o entendimento (B110), estou deixando de lado as categorias modais por conta do seu estatuto especial. Tendo em vista que essas categorias estão unicamente ligadas ao juízo, pode-se defender que a primeira parte da Dedução B é suficiente para estabelecer sua validade. Ou, alternativamente, visto que nos Postulados Kant sustenta que os princípios da modalidade não são "senão definições dos conceitos de possibilidade, efetividade e necessidade em seu uso empírico" (A219/B266), a tese poderia ser a de que (se bem-sucedida) a Dedução como um todo estabelece a validade das categorias modais ao mostrar que as outras possuem um uso empírico legítimo. Apesar de minha acentuada preferência pela segunda alternativa, não é necessário aqui tomar posição nesse debate.

parte da Dedução, de modo que a preocupação da segunda parte se voltaria precisamente para seu papel na consciência empírica ou na mera percepção, ou seja, um modo subjetivo de consciência que não equivale a uma cognição[264]. Porém, se a análise aqui oferecida está correta, essa leitura se baseia numa interpretação bastante equivocada da primeira parte da Dedução. Ainda que ali a preocupação de Kant tenha sido com o juízo e com as condições da validade objetiva, e embora a experiência difira da mera percepção precisamente por envolver juízos, não podemos afirmar que Kant já teria demonstrado ali (ou sequer que ele teria pensado já tê-lo feito) que as categorias são condições da experiência. Isso exigiria conectar as categorias com as condições da sensibilidade humana, o que ocorrerá somente na segunda parte.

A outra abordagem, a mais comum aliás, consiste em descartar o problema insistindo que a Dedução está preocupada com uma prova geral da validade de todas as categorias e que uma consideração das funções específicas das categorias está reservada para a Analítica dos Princípios. Embora até certo ponto esteja correta, essa resposta é inadequada porque o argumento tal como apresentado não parece realizar plenamente essa tarefa. É possível que esse ponto seja geralmente negligenciado porque o problema das diferentes funções categoriais não surge em conexão com a primeira parte da Dedução, na qual a preocupação é com a função intelectual comum das categorias como fundamentos da validade objetiva do juízo. Assim, parece razoável presumir que ali o argumento inclua todas as categorias identificadas na Dedução Metafísica. Isso não se aplica, contudo, à segunda parte da Dedução, onde o enfoque recai sobre a função *experiencial* das categorias. Pois se os diferentes tipos de categoria têm funções experienciais significativamente distintas, como vimos ser o caso, então o argumento deve, de algum modo, incorporar esse ponto. No mínimo, não se deve sugerir que o resultado desejado possa ser obtido por um argumento aplicável a apenas um desses tipos.

Infelizmente, é justamente isso que Kant sugere no § 26, e isso significa que o dilema interpretativo não pode ser evitado. Todavia, sua gravidade pode ser de algum modo mitigada se atribuirmos o problema a exigências metodológicas e não a uma confusão filosófica. Como já salientei em várias ocasiões, o método de Kant por vezes lhe coloca dificuldades em (ou o impossibilita de) dizer tudo que precisa ser dito sobre um dado tópico em um ponto particular da análise. Essa parece ter sido a fonte da aparente tensão entre a explicação do espaço e do tempo na Estética como "dados" pela sensibilidade e a tese nos § 24 e 26 de que

---

264. Diferentes versões dessa leitura foram oferecidas por Prauss (1971, esp. p. 277) e Keller (2001, esp. p. 91).

eles pressupõem uma síntese imaginativa. No caso dos *Prolegômenos*, sugeriu-se que foi o método analítico de Kant e a compreensível ênfase (naquele contexto) sobre as condições *a priori* da cognição empírica, que o levaram a permanecer em silêncio quanto ao importante papel das categorias na própria percepção. De forma similar, argumentou-se que o enfoque de Kant sobre o juízo enquanto pensamento discursivo, considerado por abstração de sua conexão com a natureza específica da sensibilidade humana, teria sido o que o levou essencialmente ao mesmo resultado na discussão da unidade subjetiva nos § 18-19 da Dedução B. Da mesma maneira, parece então razoável concluir que foi o enfoque de Kant na percepção (um enfoque que é requerido pela problemática subjacente da Dedução) que o impediu de fazer mais no § 26 do que apenas apontar (de maneira que pode levar a equívocos) na direção das questões complexas concernentes ao papel das categorias na conexão das percepções que constituem a experiência propriamente dita.

Com efeito, isso não equivale a uma defesa irrestrita da Dedução B. As ambiguidades resultantes constituem um significativo defeito em sua estratégia de prova, embora seja um defeito que tem sua contraparte na Dedução A[265]. No entanto, tal abordagem indica que essas dificuldades não derivam de nenhuma incoerência intrínseca na posição geral de Kant; ao contrário, elas sugerem que devemos olhar para o Esquematismo e para a Analítica dos Princípios (particularmente as Analogias) para que completemos a explicação da conexão entre as condições intelectuais e as condições sensíveis da cognição humana, que só começou a ser apresentada na segunda parte da Dedução B[266].

---

265. A situação na Dedução A é mais complexa, pois o que ela apresenta pretende ser uma única linha argumentativa sob duas formas (como um argumento "**de cima**" [*from above*] e um argumento "**de baixo**" [*from below*]), e não, como na Dedução B, um único argumento em duas etapas. O argumento "de cima" (A116-9), que começa com a apercepção, busca mostrar que distintos episódios da consciência empírica de um objeto singular devem ser unificáveis em uma autoconsciência universal e singular. Por essa razão, o argumento se orienta para as categorias como condições da experiência, no sentido em que conectam as percepções, sendo completamente omisso quanto a qualquer papel que elas possam ter no nível da mera percepção. Embora comece com a percepção e contenha **as notas** previamente citadas concernentes ao papel da imaginação na percepção, esse último problema também não é tematizado no argumento "de baixo" (A119-28). No entanto, esse argumento, cujo ponto central é a concepção problemática da afinidade transcendental, **envolve deslizar das** teses sobre "aparências", entendidas como os conteúdos da consciência empírica, **para as** teses sobre "aparências", compreendidas em sentido transcendental como coisas que são conhecidas enquanto aparecem. Além disso, esse **deslizamento** é paralelo à **passagem** da percepção para a experiência no § 26 da Dedução B. Discuto essa concepção de afinidade e a natureza dessa passagem em Allison (1974, p. 119-127).

266. Como observa Longuenesse (1998a, p. 244), o Esquematismo e os Princípios não só aplicam os resultados da Dedução Transcendental, como também ajudam a esclarecer seu significado.

8
O esquematismo do entendimento e o poder de julgar

Assim como a Dedução, o Esquematismo possui uma duradoura reputação por sua dificuldade e obscuridade e, tal como no caso da Dedução, essa reputação não é imerecida. No entanto, à diferença da Dedução, o Esquematismo foi por vezes visto como supérfluo. Nessa linha, Prichard, levantando essa acusação ao segundo livro da Analítica Transcendental como um todo, observa que

> [...] naturalmente sentimos uma dificuldade preliminar no que diz respeito ao próprio fato da segunda parte da Analítica existir. Parece claro que se a primeira parte for bem-sucedida, a segunda deve ser desnecessária. Pois se Kant está em condições de estabelecer que as categorias devem se aplicar a objetos, nenhuma condição especial de sua aplicação precisa ser ulteriormente determinada. Se, por exemplo, puder ser estabelecido que a categoria da quantidade deve se aplicar a objetos, isso implica ou que não existem condições especiais para sua aplicação, ou que a existência dessas condições já foi descoberta e revelada. Afirmar a aplicabilidade das categorias é efetivamente afirmar a existência de princípios e, de fato, justamente daqueles princípios que o Sistema dos Princípios visa provar. Dessa forma, afirmar a aplicabilidade da categoria de quantidade, bem como da de causa e efeito é afirmar, respectivamente, os princípios de que todos os objetos da percepção são quantidades extensivas e de que toda mudança ocorre de acordo com a lei da causa e efeito (Prichard, 1909, p. 246-247).

Objeção similar, embora dirigida apenas ao Esquematismo, foi levantada por G. J. Warnock. Ele sustenta que a presença desse capítulo na *Crítica* se deve inteiramente à separação ilícita, feita por Kant, entre a posse de um conceito e a habilidade de usá-lo. Para Warnock (1949, p. 77-82), o objetivo da Dedução é provar que nós possuímos certo conjunto de conceitos e que, se esse objetivo fosse alcançado, não haveria questões remanescentes sobre a aplicabilidade desses conceitos e, portanto, nenhum problema para cuja solução fosse necessária uma teoria do esquematismo. Além disso, Warnock foi pelo menos parcialmente seguido por Jonathan Bennett. Embora note que ele e Warnock estão em "desacordo quanto ao escopo e à má reputação do 'problema' de Kant", Bennett (1966, p. 150) acrescenta: "mas concordamos que, seja qual for o seu problema, Kant não o soluciona". Com efeito, ele chega ao ponto de pretender que "a incoerência do problema de Kant quanto à aplicação das categorias só se compara com a vacuidade da solução que ele propõe" (Bennett, 1966, p. 151).

Essas concepções, que desqualificam o problema de Kant, são equivocadas. A questão colocada pelo Esquematismo não é *se* as categorias se aplicam às aparências (questão tratada na Dedução), mas sob quais *condições* (sensíveis) elas podem fazê-lo. Além do mais, essa questão é perfeitamente coerente e não foi, em grande medida, abordada pela Dedução. Saber que o conceito de quantidade se aplica a aparências não é ainda saber que os objetos aos quais ele se aplica são grandezas extensivas e que todas as aparências são tais grandezas. Essa última conclusão requer o conhecimento adicional de como esse conceito é expresso em termos sensíveis, isto é, de como ele é esquematizado. O mesmo é válido, *mutatis mutandis**, para as outras categorias.

Considerações similares aplicam-se à objeção em sua forma warnockiana. O propósito da Dedução Transcendental não é, como sugere Warnock, provar que possuímos certo conjunto de conceitos. Pelo contrário, ela pressupõe, com base na Dedução Metafísica, que de fato possuímos esses conceitos e que eles têm pelo menos um "uso lógico". Ela trata da questão de se saber se esses conceitos também possuem um uso extralógico ou "real", ou seja, se podem ser aplicados a aparências. Uma vez mais, se o argumento for sólido, ele prova que os conceitos de fato têm tal uso, mas não mostra como e sob quais condições específicas os conceitos particulares devem ser empregados. Essa é a tarefa do Esquematismo. Kant coloca assim a questão em uma de suas *Reflexionen*: "o Esquematismo mostra as condições sob as quais uma aparência é determinada relativamente a uma função lógica e, portanto, está sob uma categoria" (R 5133 18; 392).

No entanto, para entender esse difícil capítulo, é crucial reconhecer que o problema do qual ele trata é a especificação, para o caso particular das categorias, de um problema geral acerca das condições da aplicação de conceitos. Infelizmente, Kant o obscurece por conta da forma como apresenta o problema no Esquematismo, cuja sugestão é que nada análogo a um esquematismo seria necessário para quaisquer outros conceitos além das categorias. Mas Kant de fato alude ao problema global tanto na breve Introdução ao segundo livro da

---

* "Mudando o que tem de ser mudado" ou "com as devidas modificações" (em latim no original) [N.T.].

Analítica, onde discute a função da faculdade de julgar (*Urteilskraft*), considerado uma faculdade cognitiva distinta, quanto em dois parágrafos contidos no próprio Esquematismo, onde pondera em termos gerais sobre a necessidade de esquemas que também se apliquem a conceitos matemáticos (sensível puro) e empíricos.

Todavia, a esquematização das categorias coloca problemas especiais por causa da separação entre as condições sensíveis e intelectuais da cognição humana. De fato, essa separação parece excluir a possibilidade de juízos sintéticos *a priori* que apliquem as categorias a aparências, o que explica o enfoque de Kant no problema específico. Todavia, esse problema permanece sendo uma especificação (devido à natureza única das categorias) de um problema geral relativo à aplicação de todos os conceitos. Por conseguinte, é melhor abordá-lo considerando o problema primeiro em sua generalidade para, em seguida, tratar das complicações adicionais introduzidas pelo estatuto singular das categorias.

Operando com base nessa pressuposição, o presente capítulo está dividido em cinco partes. As duas primeiras tratam, respectivamente, do problema geral da esquematização e do problema especial do esquematismo transcendental. A terceira examina os principais modos mobilizados por Kant de caracterizar os esquemas transcendentais, tanto no Esquematismo quanto em outros textos. Essa terceira parte defende que as determinações transcendentais do tempo correspondem ao modo básico de caracterização e oferece uma análise dessa concepção. A partir dessa análise, a quarta parte considera a questão da natureza e da justificação da tese de que um esquema particular pertence a uma dada categoria. Sugere-se que teses como essa constituem uma classe especial de juízos sintéticos *a priori* (aqui denominados de "juízos de esquema") e explora-se como tais juízos podem ser justificados. Por fim, a quinta parte discute a conexão entre os esquemas e os princípios. Defende-se que essa conexão dá acesso à chave para a compreensão do *status* sintético *a priori* desses princípios.

I. Esquematismo e juízo em geral

Uma notável peculiaridade do segundo livro da Analítica Transcendental, cujo primeiro capítulo versa sobre o Esquematismo, são seus dois títulos: "Da doutrina transcendental do poder de julgar" e "A analítica dos princípios". Dado que a preocupação central de Kant recai sobre os "Princípios do Entendimento Puro", isto é, sobre o conjunto de proposições *a priori* resultantes da predicação das categorias de objetos da experiência possível, é tentador atribuir essa dualidade ao apego de Kant à sua adorada arquitetônica. Nessa leitura, a presença do primeiro título se deve inteiramente ao desejo de Kant de encontrar um lugar no interior da lógica transcendental para o segundo membro da trindade das faculdades cognitivas (entendimento, juízo e razão) distinguidas em lógica geral (cf., p. ex., Kemp Smith, 1962, p. 332-333). Contudo, devemos resistir a essa tentação, já que o Esquematismo aborda um problema real relativo ao juízo. Além do mais, uma vez que reconhecido esse problema, fica evidente que uma Doutrina Transcendental do Poder de Julgar é um elemento integrante do projeto do qual faz parte (estritamente falando) a Analítica dos Princípios.

Para começar, deve-se enfatizar que a preocupação de Kant nesse momento é com o *poder* (ou faculdade) de julgar (*Urteilskraft*), ou seja, a habilidade de julgar, e não com a natureza e as condições formais do juízo (*Urteil*). Vimos nos dois capítulos precedentes que destas últimas se ocupa a Dedução Metafísica e a primeira parte das Deduções Transcendentais, nas quais também observamos a íntima relação entre o juízo e o entendimento, pois "a tarefa do entendimento é julgar". Mas isso não significa que a *habilidade* de julgar seja equivalente à habilidade de entender.

Para Kant, as duas estão relacionadas como a habilidade de formular e apreender regras e a habilidade de aplicá-las a casos particulares. Assim, o entendimento é definido por Kant como a "faculdade das regras" e o poder de julgar como a "faculdade de *subsumir* sob regras" (A132/B171). A preocupação de Kant recai, portanto, sobre as condições do exercício bem-sucedido dessa última capacidade. Claramente, essas condições não podem ser identificadas com as categorias. Estas últimas, como vimos, são condições epistêmicas, pois fornecem as regras que validam uma síntese de representações. Enquanto tais, elas fundamentam a pretensão normativa de tal síntese (ou juízo) sobre o assentimento dos outros. Por essa razão, elas também podem ser descritas como "condições de validação". Mas assim como a validade objetiva não equivale à verdade, a conformidade com essas exigências normativas não garante a verdade de um juízo. Assim, parece haver necessidade de uma condição (ou conjunto de condições) distintas pertencentes ao juízo.

Aqui, como alhures, o jogo de xadrez constitui uma excelente ilustração. Entender o jogo exige evidentemente que se apreenda suas regras e seu objetivo. Como essas regras determinam quais movimentos são legítimos ou "enxadristicamente possíveis" e o objetivo define o propósito de se fazer tais movimentos, fica claro que, sem esse conhecimento, seríamos totalmente incapazes de jogar xadrez. No entanto, como qualquer principiante poderá atestar, possuir esse conhecimento rudimentar não basta para ser bem-sucedido no jogo. Pois o fato de um movimento ser legítimo não o torna um bom movimento, ou seja, um que seja requerido pelas circunstâncias particulares. Porém, o conhecimento destas últimas é, nos termos de Kant, uma questão de juízo, que envolve "subsumir o particular sob o universal" (o conjunto de movimentos enxadristicamente possíveis ditado pelas regras do jogo).

Com um conhecimento do propósito do jogo, podemos facilmente especificar um critério geral para avaliar se um movimento particular é bom: ele deve melhorar nossa posição global no jogo e, portanto, nossa chance de ganhar ou, pelo menos, de forçar um empate. Infelizmente, esse conhecimento, embora necessário, não é suficiente. Precisamos saber também como aplicar esse princípio a casos particulares: será que mover meu cavalo para a casa cinco da torre do rei realmente irá melhorar minha posição? Além do mais, a situação não pode ser remediada simplesmente introduzindo outras regras mais específicas: por exemplo, evitar deixar a rainha desprotegida ou duplicar os peões. Por um lado, sempre existem exceções a essas regras e é importante reconhecê-las quando surgem. Por outro, essas regras não exaurem as alternativas. Consequentemente, elas não nos liberam da necessidade de determinar por nós próprios o que a situação particular exige, ou seja, que façamos uso de nosso juízo. Como Kant sucintamente afirma: "embora o entendimento possa ser instruído e equipado por meio de regras, o poder de julgar é talento especial que certamente não pode ser ensinado, mas só pode ser exercitado" (A133/B172).

Essa passagem frequentemente citada, e a tese subjacente de que (sob pena de um regresso infinito) não pode haver regras para a aplicação de regras, recebeu aprovação de muitos filósofos, pois é vista como uma antecipação das influentes considerações sobre seguir regras feitas por Wittgenstein (1963, § 217)[267]. Mas se quisermos compreender a importância de Kant ter negado que existam regras para o juízo, é essencial termos em mente a natureza altamente qualificada dessa negação. Em primeiro lugar, seu escopo se limita à lógica geral, que é considerada incapaz de fornecer "preceitos" (*Vorschriften*) para o poder de julgar. No entanto, no caso da lógica transcendental, Kant observa que "parece ser uma de suas tarefas mais próprias a de corrigir e assegurar o poder de julgar, no uso do entendimento puro, por meio de determinadas regras" (A135/B174). E, antecipando a contribuição específica do Esquematismo, Kant acrescenta que a filosofia transcendental possui a vantagem (compartilhada apenas com a matemática) de poder, "independentemente da regra (ou, melhor, da condição uni-

---

[267]. Para uma discussão perspicaz da relação entre Kant e Wittgenstein sobre esse ponto, cf. Bell (1987, esp. p. 221-224).

versal para as regras), dada no conceito puro do entendimento, indicar *a priori* também o caso a que ela deve aplicar-se" (A135/B174-75). Em outras palavras, a filosofia transcendental (mediante sua designação dos esquemas das categorias) e a matemática (mediante a construção, na intuição pura, de seus "conceitos sensíveis puros") *podem* especificar *a priori* as condições de suas regras.

Em segundo lugar, com relação ao poder de julgar em geral, Kant nega apenas que a lógica geral possa propiciar-lhe preceitos (princípios básicos) e, a partir disso, ele conclui que a habilidade de bem julgar não pode ser ensinada. Mas disso não se segue que o juízo não precise de instrução ou que seja incapaz de recebê-la. Pelo contrário, Kant insiste que ele precisa ser exercitado e que isso normalmente requer o uso de exemplos. Assim, para citar uma célebre observação de Kant: "os exemplos são o andador [*Gängelwagen*] do poder de julgar, de que nunca poderá prescindir aquele que careça desse talento natural para julgar" (A134-35/B174).

Embora a primeira dessas qualificações seja central para a compreensão da função sistemática do Esquematismo, convém começar com um exame da segunda. Temos de admitir que Kant nega a estrita necessidade de exemplos, pois alguém suficientemente afortunado por possuir talento natural de julgar pode prescindir deles. Mas isso nos leva a questões como: o que os exemplos efetivamente fazem pelo juízo? Por que tais exemplos (à diferença dos esquemas) podem ser dispensáveis?

Retomemos à analogia com o xadrez, na qual os exemplos poderiam ser as partidas clássicas de mestres do passado. Fica claro que estudar esses exemplos é uma excelente forma de aguçar nosso poder enxadrístico de julgar. Mas é igualmente claro que não se trata de uma questão de imitação cega ou de ser escravo das regras. Mesmo se tivermos pleno conhecimento dos jogos dos mestres, seria necessário saber como aplicar à situação presente os ensinamentos que eles contêm. Por exemplo, eu poderia me lembrar que, certa vez, em uma situação similar, Bobby Fischer converteu uma aparente derrota em uma vitória ao sacrificar ousadamente um bispo. Mas minha situação presente é apenas similar àquela e ainda que a localização das peças no tabuleiro fosse porventura idêntica, o oponente não seria o mesmo[268]. Assim, o que se exige é uma interpretação da situação como caindo sob o princípio estratégico corporificado no exemplo, ou, em termos mais simples, reconhecer do que a situação é um exemplo. É aqui que entra o juízo.

---

268. Claro que é concebível que alguém enfrente o mesmo oponente, mas neste caso a situação também seria significativamente distinta, já que se pode presumir que o oponente tenha aprendido com a experiência e preparado uma resposta.

A analogia com o xadrez mostra tanto a possibilidade da extrema utilidade (mas não o caráter suficiente) dos exemplos enquanto indicadores quanto a razão de não possuírem um caráter necessário. Presumivelmente, o próprio Fischer não adotou sua estratégia vitoriosa seguindo um exemplo, ou, caso ele o tenha feito, a mesma coisa não pode ser dita do "gênio" original do xadrez que inventou essa estratégia. Além disso, embora Fischer, à diferença dos jogadores comuns, possa não ter precisado de um exemplo para descobrir sua estratégia vitoriosa, ele precisou de fato de uma habilidade para apreender o que a situação exigia. Mas, pelas razões previamente dadas, essa apreensão não pode ser compreendida de acordo com o modelo em que se apela a um conjunto de regras gerais. Ela envolve, em vez disso, reconhecer imediatamente o universal (a estratégia vitoriosa) no particular, o que significa, nos termos de Kant, possuir o esquema[269].

Podemos esclarecer a relevância dessa discussão para o Esquematismo se considerarmos a similaridade entre exemplos e imagens. Imagens compartilham com exemplos a propriedade de serem fixas ou determinadas, isto é, elas são inerentemente particulares. Daí a insistência de Kant, no Esquematismo, na necessidade de fundamentar conceitos matemáticos e empíricos em esquemas e não em imagens. O caso dos conceitos matemáticos é nítido. Como nota Kant, nenhuma imagem de um triângulo poderia valer como exemplificação adequada do conceito de triângulo, pois "não alcançaria a universalidade do conceito", universalidade essa que o torna válido para todos os triângulos (A141/B180). Isso só pode ser realizado por seu esquema, que "não pode existir senão no pensamento, e significa uma regra da síntese da imaginação em relação a figuras puras no espaço" (A141/B180). Em outras palavras, para sermos capazes de julgar que uma figura particular é um triângulo, precisamos não apenas do conceito de triângulo (aquele de uma figura delimitada por três linhas retas), mas também do seu esquema.

Embora um filósofo de orientação warnockiana pudesse questionar essa distinção entre conceito e esquema, bem como negar a possibilidade de haver o primeiro sem o segundo, podemos responder a essa objeção ressaltando a diferença entre possuir um conceito geométrico, no sentido de ser capaz de listar as propriedades da figura, e ter a habilidade de construí-la. Todavia, é preciso admitir

---

269. A presente discussão está relacionada de várias formas interessantes (que não podemos explorar no momento) com as considerações de Kant sobre a função do esquema ou da regra de apreensão como dotada de algo "universal em si mesmo" na formação de conceitos empíricos. Para meu tratamento do último tópico, cf. Allison (2001a, p. 20-30).

que a tese parece mais problemática no caso dos conceitos empíricos, tais como o de um cão (exemplo de Kant). Na verdade, aqui frequentemente se interpreta que Kant esteja implodindo qualquer distinção significativa entre conceito e esquema[270]. Isso ocorre porque ele define o *conceito* de um cão de maneira similar à sua caracterização do *esquema* de um triângulo, a saber, como

> uma regra segundo a qual a minha imaginação pode traçar a figura de um animal quadrúpede em geral, sem estar limitada a uma única figura singular, oferecida a mim pela experiência, ou mesmo a uma imagem possível qualquer, que eu possa apresentar *in concreto* (A141/B180).

Pelo menos no que diz respeito aos conceitos empíricos, se *tanto* os conceitos *quanto* seus esquemas forem interpretados como regras da imaginação, como poderia haver uma distinção de princípio entre eles?

Kant simplesmente expressou sua posição de forma equivocada, referindo-se ao *conceito* de cão quando claramente queria dizer *esquema* – eis nossa solução para esse enigma. Tal solução é confirmada tanto pelo contexto da caracterização de Kant quanto por sua óbvia similaridade com o esquema de um triângulo. Consideremos a observação precedente de Kant de que (em comparação com os conceitos matemáticos)

> um objeto da experiência ou uma imagem do mesmo alcançam ainda menos o conceito empírico, que antes se refere sempre ao esquema da imaginação, imediatamente, como uma regra da determinação de nossa intuição segundo um certo conceito universal (A141/B180).

O que é surpreendente aqui é a sugestão de que a lacuna entre conceito e imagem ou objeto seja ainda maior no caso dos conceitos empíricos do que no dos conceitos matemáticos. É possível que isso ocorra porque os conceitos matemáticos possuem apenas um número limitado de formas possíveis (determináveis *a priori*), ao passo que, no caso de conceitos empíricos, as várias formas possíveis de instanciação (tipos de cão, por exemplo) são indeterminadas. E isso indica a necessidade de esquemas tanto para os conceitos empíricos ordinários quanto para os conceitos *a priori*.

Como assinala Lauchlan Chipman em resposta ao argumento de Bennett de que não haveria tal necessidade, parte do problema reside na escolha por Kant do conceito de cão como seu exemplo. Cães são tão familiares que torna difícil

---

[270]. Isso é defendido por Chipman (1972, p. 42), assim como por muitos outros, entre os quais Guyer (1987, p. 159). Mas Chipman, diferentemente de Guyer, insiste que Kant necessita da distinção e que não deveria **ter feito a equivalência entre conceito e esquema**. Concordo com a tese de Chipman de que a distinção seja necessária para o caso dos conceitos empíricos, mas discordo da tese de que Kant não reconheça isso.

imaginar como alguém poderia ter o conceito e, ainda assim, não conseguir reconhecer um cão quando o encontrasse. Mas a situação parece bem diferente, sugere Chipman, se considerarmos conceitos de espécies de coisas menos familiares, tais como o de girino ou de medula óssea. Em tais casos, parece perfeitamente plausível supor que alguém poderia ter os conceitos, no sentido de ser capaz de falar inteligivelmente sobre a produção, o tamanho e o comportamento de girinos, bem como sobre a estrutura e os poderes medicinais da medula óssea, sem ser capaz de reconhecer um exemplar de nenhum deles (Chipman, 1972, p. 45-46).

Compreender a posse do esquema como uma capacidade recognitiva também fornece uma chave para compreender a conexão entre os esquemas e a imaginação, dado que a capacidade em questão é essencialmente *interpretativa*. Mais especificamente, trata-se de uma capacidade de interpretar os dados sensoriais como instanciando suficientemente os critérios pensados no conceito, de modo a justificar a subsunção da intuição sob o conceito. Como vimos no último capítulo, essa interpretação sensível é precisamente a função da imaginação. Assim, mesmo no caso de um objeto familiar, como um cão, para percebermos o animal diante de nós como membro dessa espécie, devemos ser capazes de processar os dados sensoriais de maneira apropriada. De fato, vimos que essa maneira de processar está implícita no próprio ato perceptivo, no qual assume a forma de uma "regra de apreensão" implícita. Tal regra implícita é precisamente o significado do esquema de um conceito empírico.

Isso nos leva à questão complexa e altamente controversa sobre se devemos ou não considerar como regras esquemas em geral (deixando de lado, por ora, os esquemas das categorias). Por um lado, Kant os apresenta explicitamente como tais: nas caracterizações dos esquemas do conceito matemático de triângulo e do conceito empírico de cão, por exemplo. Por outro, também vimos que Kant define o entendimento (não a imaginação) como a "faculdade das regras" e sugere que a própria necessidade de um esquema deriva do fato de que o exercício do poder de julgar não pode ser governado por regras. Nesse sentido, tem-se a impressão de que Kant exige que consideremos os esquemas como regras e ao mesmo tempo nos proíbe de fazê-lo.

No entanto, essa aparente contradição desaparece se distinguirmos entre duas espécies de regra. Por ser equivalente a um conceito, uma delas pode ser chamada de "regra discursiva", enquanto a outra, que equivale a um esquema, pode ser chamada de "regra perceptiva"[271]. Como vimos, possuir um conceito

---

271. Tomei emprestada de Longuenesse a expressão "regra discursiva", já introduzida no capítulo 4.

(mesmo um conceito empírico) envolve, para Kant, mais do que ter em mente um conjunto de marcas associadas conjuntamente com base na experiência passada. Requer considerar que essas marcas constituem uma "unidade analítica" e que, portanto, estão, em certo sentido, necessariamente ligadas. Como o próprio Kant afirma na Dedução A, "o conceito de corpo torna necessária a representação da extensão, e com ela, da impenetrabilidade, da figura etc." (A106)[272]. É isso que permite ao conceito funcionar como predicado em um juízo possível.

Por orientar a percepção e não o pensamento, uma regra perceptiva (ou esquema) não pode ser especificada discursivamente em termos de um conjunto de condições necessárias ou suficientes nem funcionar predicativamente em um juízo[273]. Em vez disso, ela serve para processar os dados sensoriais de determinada maneira, fornecendo-nos, assim, uma noção do que procurar ou esperar com base em certas "pistas" perceptivas. Por exemplo, quando vemos a fachada de uma casa, naturalmente esperamos que ela tenha lados e um fundo com características "caseiras" [*house-ish*] apropriadas. Regras desse tipo estão intimamente conectadas com a natureza perspectiva da percepção e, portanto, com a imaginação. Assim, sugerimos que os esquemas de conceitos empíricos devem ser interpretados como tais regras. Além disso, uma regra considerada nesse sentido não viola as duras restrições de Kant quanto a regras para a aplicação de regras, pois a regra assim concebida, por não ser discursiva, não pode ser formulada em termos de um conjunto de condições necessárias e suficientes.

II. Esquemas transcendentais e subsunção transcendental

Embora se tenha sugerido que a doutrina kantiana do esquematismo transcendental deveria ser considerada uma tentativa de solução para um caso especial de um problema geral a respeito da aplicação de conceitos, a caracterização do problema nos primeiros parágrafos do Esquematismo se concentra exclusi-

---

272. Para uma discussão dessa questão, cf. Longuenesse (1998a, p. 49). Como ela observa, "necessitar", aqui, significa essencialmente "*exigências inevitáveis*", o que equivale ao que chamei de "necessidade normativa". Deve-se notar também que em A106 o próprio Kant entende que o conceito de corpo funciona como uma "regra para intuições", uma sugestão de que ele o considera (em minha terminologia) uma regra perceptiva. Mas tal confusão parece inevitável neste momento, já que ainda não foi introduzida a distinção entre conceito e esquema.

273. Longuenesse (1998a, p. 50) caracteriza uma regra considerada nesse sentido como uma "regra para síntese sensível" e a associa com o "conceito como esquema". Embora esteja substancialmente de acordo com ela a esse respeito, caracterizo a distinção entre dois tipos de regras de forma ligeiramente diferente em meu tratamento do problema interno à explicação kantiana do esquematismo, algo não examinado por ela explicitamente.

vamente no problema de subsumir aparências sob as categorias, isto é, o de uma "subsunção transcendental"[274]. De início, Kant observa que todos os casos de subsunção de um objeto (ou do conceito de um objeto) sob um conceito exigem homogeneidade entre o conceito e o que é subsumido sob ele. Para ilustrar tal homogeneidade, Kant recorre à relação entre o conceito geométrico de um círculo e o conceito empírico de um prato. Pode-se dizer que aqui a homogeneidade está entre a redondez que é pensada no conceito empírico e a que é intuída no conceito geométrico[275]. Então, por via de contraste com essa situação não tão problemática, temos esta famosa observação de Kant:

> Ocorre que os conceitos puros do entendimento são inteiramente heterogêneos [*ganz ungleichartig*] em relação às intuições empíricas (e mesmo sensíveis em geral) e não podem ser encontrados jamais em uma intuição. Como é possível, então, a *subsunção* dos últimos sob os primeiros, portanto a *aplicação* das categorias às aparências, se ninguém diria delas, por exemplo, da causalidade, que ela também poderia ser intuída através dos sentidos e estaria contida na aparência? Esta tão natural e importante questão é, de fato, a razão pela qual se faz necessária uma doutrina transcendental do poder de julgar, no sentido de mostrar a possibilidade de *conceitos puros do entendimento* serem aplicados às aparências em geral (A136-137/B176-770).

Apesar da afirmação enfática de Kant, muitos comentadores não consideraram essa questão natural nem importante. Além da já discutida acusação de superfluidade, os críticos questionaram a naturalidade dessa questão a partir do apelo de Kant à noção de subsunção. Esses críticos, ao presumirem que Kant entenda o termo no sentido usado na teoria tradicional do juízo – a saber, para designar a relação entre um conceito de classe e os particulares que caem sob ele –, argumentam, de um lado, que tal termo é completamente inadequado para capturar a relação de representações em um juízo e, de outro, que por meio dele se interpreta erroneamente a relação existente entre as categorias e os dados sensoriais sustentada pela própria doutrina de Kant. Como afirma Kemp Smith, essa relação é propriamente uma relação entre forma e matéria, estrutura e conteúdo, e não entre universal e particular (Kemp Smith, 1962, p. 335-336)[276].

---

274. Kant coloca o problema nesses termos em sua importante carta a Tieftrunk de 11 de dezembro 1797, Br 12: 224-225; 538 (cf. tb. a versão provisória dessa carta, Br 13: 471-472).

275. Cf. tb. A137/B176. Estou seguindo, aqui, a versão original do texto (também seguida por Guyer e Wood) e não a versão emendada de Vaihinger adotada por Kemp Smith. Para uma discussão sobre esse ponto, cf. Paton (1936, vol. 2, p. 26, n. 1).

276. Aqui, assim como em outros momentos de sua discussão sobre o esquematismo, Kemp Smith acompanha de perto Curtius (1916, p. 338-366). As objeções esboçadas acima dirigem-se, portanto, tanto à posição de Curtius quanto à de Kemp Smith.

Embora os parágrafos iniciais do Esquematismo dificilmente sejam um modelo de lucidez filosófica, nos causaria surpresa se Kant de fato estivesse tão confuso quanto sugerem seus comentadores. Em primeiro lugar, podemos questionar se Kant pretendia (como supõem seus críticos) que o exemplo da relação entre o conceito geométrico de círculo e o conceito empírico de um prato fosse considerado uma instância da subsunção de um particular sob um conceito de classe. Isso exigiria que o conceito de um prato (ou antes o próprio prato) fosse considerado como um membro da classe dos círculos, o que está longe de ser o que Kant quis dizer. Ao contrário, como assinala H. J. Paton, a chave para compreendermos a intenção de Kant reside na referência, inicialmente enigmática, à rotundidade "intuída neste último" (o conceito geométrico puro de um círculo) (Paton, 1936, vol. 2, p. 26, n. 1). Isso indica que a possibilidade de exibir o conceito geométrico na intuição pura (construindo um círculo) é o que se supõe explicar a homogeneidade entre ele e objetos tais como pratos, dados na intuição empírica, e também entre ele e os conceitos empíricos formados pela abstração do conteúdo de tal intuição ("pensada neste último"). A homogeneidade, em suma, existe entre a intuição pura e a empírica, e não entre um conceito de classe e um membro dessa classe. Além do mais, apenas uma leitura como essa nos permite dar algum sentido ao contraste que Kant deseja estabelecer entre o conceito geométrico e os conceitos puros do entendimento, os quais "não podem ser jamais encontrados em uma intuição".

Entretanto, isso ainda nos resta a tarefa de explicar o uso problemático que Kant faz de "subsunção". Para tanto, devemos notar que se trata do segundo uso que Kant faz do termo em conexão com o problema do esquematismo, e que cada uso parece atribuir ao termo um sentido distinto (algo notado por Curtius (1916, p. 348) e por Kemp Smith (1962, p. 336)). O primeiro uso está presente na passagem já citada na qual Kant define o poder de julgar como a "faculdade de subsumir sob regras". Nessa passagem, Kant está contrastando este último com o entendimento (a faculdade das regras), e o termo tem claramente o sentido judicativo de determinar se particulares caem sob universais (regras gerais). Isso não significa, entretanto, que Kant esteja abandonando sua concepção subjacente de juízo. Sua intenção não é sugerir que o *ato de julgar* possa ser adequadamente analisado em termos de subsunção, mas chamar atenção para um conjunto de *juízos* sintéticos *a priori* (os Princípios do Entendimento Puro) que, à diferença dos juízos ordinários da experiência, não só fazem uso das categorias, como efetivamente subsumem todas as aparências sob elas. A preocupação de Kant é com as condições de possibilidade de tais juízos.

No interior do próprio Esquematismo, entretanto, Kant deixa claro que ele está usando "subsunção" como sinônimo para "aplicação" (cf. Prauss, 1971, p. 103). Além do mais, ao fazê-lo, ele agora toma o termo em seu sentido silogístico, tencionando assim esclarecer o problema especial que envolve a aplicação das categorias às aparências[277]. Como o texto indica, o problema, nessa forma, não emerge no caso de outros conceitos, pois (como ilustra o exemplo do prato-círculo) podem ser prontamente compreendidos como relacionados com a intuição. Em outras palavras, muito embora o conceito e aquilo a que ele se aplica ainda sejam heterogêneos enquanto universal e particular (o problema platônico tradicional), tais conceitos "não são tão diferentes e heterogêneos" dos particulares aos quais se aplicam de modo a justificar um tratamento especial. Mas tal tratamento é necessário no caso das categorias, pois elas são não apenas diferentes e heterogêneas em relação às aparências; elas são "inteiramente heterogêneas [*ganz ungleichartig*] [...] e não podem ser encontrad[a]s jamais em uma intuição" (B176).

Kant esboça suas concepções sobre a subsunção silogística tanto na *Crítica* quanto nas várias versões de suas *Lições de lógica*. Como afirma na *Crítica*, inferir ou "julgar mediatamente" tem lugar "por meio da subsunção da condição de um juízo possível sob a condição de um juízo dado". O "juízo dado" é a regra universal que funciona como a premissa maior ("todo o composto é *modificável*"). A premissa menor é caracterizada como "a subsunção da condição de um outro juízo possível sob a condição da regra" ("os corpos são compostos"). A conclusão é o "juízo mediato", resultante da aplicação da regra ao caso subsumido ("logo, todos os corpos são modificáveis") (A330-331/B386-387). Aqui, o termo crucial é "condição", pois, na premissa menor, é a "condição de um outro juízo possível" (corpos) que é subsumida sob "a condição da regra" (e não a própria regra). Kant também nos diz que essa regra "diz algo universal sob uma certa condição". No exemplo de Kant, essa condição é a qualidade de ser composto. A premissa menor afirma então que essa condição é satisfeita no caso dos corpos, o que autoriza a conclusão de que todos os corpos são modificáveis. A condição da regra é, assim, o termo médio, a "terceira coisa" que conecta a regra universal com os particulares aos quais ela é aplicada na conclusão.

---

277. Tanto Curtius (1916, p. 348s.) quanto Kemp Smith (1962, p. 336) reconhecem a pertinência da concepção silogística na apresentação da problemática do Esquematismo, mas criticam Kant por não aderir a ela. Em resposta a essa crítica, estou sugerindo que Kant na verdade adere a ela, pelo menos no interior do Esquematismo.

Embora Kant dificilmente tenha desejado interpretar a aplicação das categorias às aparências como uma espécie de raciocínio silogístico, a analogia sublinha o problema particular de compreender como tal aplicação é possível. Como já notado, o problema é a total heterogeneidade dos dois elementos a serem conectados, o que se deve ao fato de que, enquanto derivadas da própria natureza do entendimento, as categorias são singulares dentre os conceitos por não terem nenhuma relação *direta* com a intuição. Ainda assim, como demonstra a Dedução Transcendental, elas se relacionam *sim* com a intuição e, portanto, com as aparências. O propósito da analogia é, portanto, sugerir que, tal como no caso do raciocínio silogístico, a conexão entre a regra expressa na premissa maior e a instância à qual ela é aplicada na conclusão é estabelecida apenas por meio da subsunção da instância sob a condição da regra. No caso em pauta, em que as categorias são as regras universais, há necessidade de algum análogo da "condição da regra", ou o termo médio do silogismo, sob o qual as aparências podem ser "subsumidas". Esse análogo se revelará como o esquema transcendental, aquela infame "terceira coisa", que torna possível a mediação entre categoria e aparência.

III. Esquemas transcendentais como determinações transcendentais do tempo

Essas considerações levantam a questão do que seria capaz (caso algo seja capaz) de cumprir o papel requerido de um esquema transcendental. Infelizmente, em vez de nos oferecer uma resposta direta e inequívoca, Kant nos dá várias respostas. Limitando-nos ao Esquematismo e ignorando variações menores, encontramos as seguintes caracterizações de um esquema transcendental:

1. Enquanto um "terceiro elemento" ou "representação mediadora", que deve ser "homogênea com as categorias, de um lado, e com as aparências, de outro, e que torne possível a aplicação das primeiras às últimas". Kant também afirma que tal representação deve ser "pura" (não empírica) e embora "*intelectual*, por um lado, [...] *sensível*, por outro" (A138/B177).

2. Enquanto uma "determinação transcendental do tempo", que só é "homogênea com a *categoria* (que constitui a unidade da mesma) na medida em que seja universal e se baseie em uma regra *a priori*", e "com a *aparência* na medida em que o tempo esteja contido em toda representação empírica do diverso" (A138-139/B177-178).

3. Enquanto a "condição formal e pura da sensibilidade, à qual o conceito do entendimento está restrito em seu uso" (A140/B179).

4. Enquanto "apenas a síntese pura, de acordo com uma regra da unidade segundo conceitos em geral, que a categoria expressa" (A142/B181).

5. Enquanto "produto transcendental da imaginação que diz respeito à determinação do sentido interno em geral, segundo condições de sua forma (no tempo), em relação a todas as representações, na medida em que estas deviam ser concatenadas *a priori* em um conceito de acordo com a unidade da apercepção" (A142/B181).

6. Enquanto "nada senão *determinações a priori do tempo* segundo regras" (A145/B184).

7. Enquanto "as verdadeiras e únicas condições para fornecer a estes [os conceitos puros do entendimento] uma relação com objetos, portanto um *significado*" (A146/B185).

8. Enfim, o esquema transcendental como "tão somente o fenômeno ou o conceito sensível de um objeto em concordância com a categoria" (A146/B186).

Apesar das diferenças significativas entre elas, um breve exame dessas caracterizações indica que a principal é a segunda: o esquema transcendental enquanto "determinação transcendental do tempo" – caracterização essa introduzida por Kant como a solução do problema da possibilidade de uma subsunção transcendental. Embora Kant não ofereça nenhuma definição explícita, ele nos diz o suficiente sobre o que considera como uma determinação transcendental do tempo ao descrever sua função mediadora. Mais especificamente, ele nos diz que "a categoria constitui sua unidade" e que ela "se baseia em uma regra *a priori*". Além disso, já sabemos que, enquanto uma determinação do tempo, ela deve estar concatenada com a sensibilidade e, portanto, com a imaginação e sua síntese figurativa. Tudo considerado, podemos caracterizar de modo preliminar uma determinação transcendental do tempo como produto da síntese figurativa governado por regras (um "produto transcendental da imaginação"), que exibe, de maneira não discursiva, a forma da unidade conceitualmente expressa em uma categoria. Tal caracterização não apenas satisfaz condições requeridas por um esquema transcendental, com a possível exceção de (8), como é pelo menos compatível com as demais. Desse modo, (1) e (7) dizem respeito ao que um esquema transcendental faz e não ao que ele é, enquanto (6) parece ser um sinônimo próximo. Restam-nos (3), (4) e (5), que enfatizam, respectivamente, sua função enquanto condição *a priori* da sensibilidade, sua conexão com o sentido interno e sua origem na imaginação – todas as três se aplicam a uma determinação transcendental do tempo.

Além do mais, não se poderia objetar que tal "solução" seja puramente verbal, pois exige que uma representação singular possua o que Kant supõe ser as propriedades incompatíveis do sensível e do intelectual[278]. Isso significaria misturar a tese taxonômica válida de que nenhuma representação pode ser ao mesmo tempo um conceito e uma intuição com a tese ambígua de que nenhuma representação pode combinar em si componentes sensíveis e intelectuais devido à separação radical estabelecida por Kant entre as faculdades. Ora, a tese da discursividade não apenas permite tal combinação, ela a exige. Como afirma Kant no início da Analítica: "por isso, tornar sensíveis os conceitos da mente (isto é, acrescentar-lhes um objeto na intuição) é tão necessário quanto tornar compreensíveis suas intuições (isto é, colocá-las sob conceitos)" (A51/B75). O Esquematismo é parte integrante desse projeto, pois fornece as condições sob as quais as categorias podem se tornar sensíveis, ao mesmo tempo em que especifica os resultados de se colocar a forma do sentido interno sob várias categorias.

Vimos que uma intuição formal reúne essa combinação de propriedades. Enquanto intuição, ela está sujeita às condições da sensibilidade; enquanto determinada pela síntese figurativa, está sujeita às categorias. Como as determinações transcendentais do tempo possuem a mesma natureza dual, elas também deveriam ser consideradas intuições formais. Na verdade, tanto na segunda quanto na terceira *Crítica*, Kant caracteriza os esquemas transcendentais explicitamente desse modo (cf. KpV 5: 68; 195; KU 5: 351; 225, e a versão preliminar da carta de Kant a Tieftrunk de dezembro de 1797, Br 13: 468).

No intuito de tornar essa discussão um pouco mais clara e de chegar a uma compreensão mais detalhada de uma determinação transcendental do tempo enquanto uma intuição formal, consideremos, em primeiro lugar, o que significa em geral para Kant "determinar uma intuição"; em seguida, o que significa "determinar o tempo"; e, por fim, o que significa determiná-lo "transcendentalmente". Felizmente, isso poderá ser feito de forma rápida e eficaz com base no que já aprendemos.

Para começar, no nível empírico, determinar uma intuição é considerá-la como a percepção de algo particular, como uma casa ou uma certa casa, por

---

[278]. Essa posição foi defendida, p. ex., por Gram (1968, esp. 128-129), embora ele sugira que esquemas transcendentais devam ser compreendidos como intuições puras. Mais recentemente, posição similar foi sustentada por Seel (1998, p. 225).

exemplo[279]. Significa, em suma, "interpretá-la", tarefa essa, como se viu, que compete à imaginação e que envolve sujeitar os dados sensoriais a uma regra que guia a apreensão. Como também já observamos, tal regra não é ela própria um conceito, visto que não é expressa discursivamente, embora se torne um quando é assim expressa (refletida).

Uma determinação do tempo se encaixa nesse modelo desde que dotada de uma importante qualificação. Essa qualificação provém da natureza puramente formal do tempo, que a impede de se tornar objeto de percepção. Consequentemente, qualquer determinação desse tipo deve ocorrer indiretamente, por intermédio de uma determinação das coisas no tempo. Em outras palavras, determinar o tempo é fixar as relações temporais das aparências no tempo: como simultâneas ou sucessivas, como *a-b* em vez de como *b-a*, por exemplo. Embora isso também possa ser visto como uma questão de interpretação guiada por regras, o que é assim determinado ou interpretado é a posição temporal relativa das aparências, e não, como no primeiro caso, os tipos de coisas que elas apresentam como sendo elas próprias.

Por fim, determinar o tempo *transcendentalmente* é submetê-lo a uma regra *a priori*, isto é, a uma categoria, que constitui a "unidade" de tal determinação. Tendo em vista que a característica distintiva de toda determinação categorial é sua função objetificadora, determinar o tempo transcendentalmente é objetificá-lo. Mais precisamente, é representar as relações temporais como intersubjetivamente válidas, valendo para todos os sujeitos dotados de certa forma de sensibilidade. Embora tal determinação seja mais do que uma interpretação, sendo produto da imaginação e não do entendimento, ela ainda não é um juízo. No entanto, ela é a pré-condição para qualquer juízo sobre relações temporais objetivas.

Todavia, a situação se complica, pois o próprio tempo não pode ser percebido (tópico a ser melhor explorado no próximo capítulo). Por essa razão, uma determinação transcendental do tempo, tal como uma determinação meramente empírica, funciona indiretamente por meio da determinação da relação das aparências no tempo. Porém, ela difere desta última porque as relaciona com o que Kant às vezes denomina de "tempo em geral", que é a contrapartida tempo-

---

279. Deve-se notar aqui que, embora uma intuição seja, por definição, a representação de um indivíduo, uma intuição *determinada* é sempre a representação de um indivíduo sob uma descrição, isto é, um particular. Isso se aplica mesmo se, por exemplo, o que eu percebo não for simplesmente *uma* casa, mas a *minha* casa, e eu a perceba como tal. Neste caso, ela é percebida sob o que, uma vez refletida ou conceitualizada, vem a ser uma descrição definida. A situação é análoga, no nível da percepção, à do uso singular de um conceito, no nível do juízo.

ralizada de um "objeto em geral". Assim como o "objeto em geral" consiste na unificação de representações em conformidade com uma regra discursiva por meio da qual são colocadas sob a unidade objetiva da apercepção, o "tempo em geral" é a conexão das aparências no tempo com base na expressão temporal ou na exibição de tal regra.

É preciso reconhecer que isso transforma as determinações transcendentais do tempo em intuições formais num sentido um pouco diferente das intuições puras determinadas do espaço e do tempo. Estas últimas são características formais do espaço e do tempo eles próprios, enquanto as determinações transcendentais do tempo são determinações ou características necessárias de *coisas* no tempo. No entanto, isso não as impede de servir como intuições formais em um sentido *funcional*, visto que, tal como o espaço e o tempo, elas condicionam a intuição, mas não o pensamento de objetos. Kant sublinha esse aspecto de uma determinação transcendental do tempo quando a caracteriza como "condição formal e pura da sensibilidade, à qual o conceito do entendimento está restrito em seu uso" (3). Isso tampouco é contradito pela caracterização aparentemente anômala de um esquema transcendental como "o fenômeno, ou o conceito sensível de um objeto, em concordância com a categoria" (8), pelo menos não se entendermos, como parece razoável, "conceito sensível" enquanto abreviação de "expressão [ou exibição] sensível de um conceito".

No entanto, mesmo que concedamos a natureza intuitiva dos esquemas transcendentais, pergunta-se com frequência por que Kant está preocupado apenas com o tempo no Esquematismo, parecendo ignorar o espaço. Supõe-se que o espaço possui, enquanto forma da sensibilidade, um *status* igual ao do tempo; mas como as determinações transcendentais do tempo dizem respeito às relações das aparências no (e com o) tempo e não à natureza do próprio tempo, elas necessariamente envolvem uma referência a objetos e/ou a propriedades espaciais. De fato, o próprio Kant parece confirmar isso na *Observação geral sobre o sistema dos princípios*, acrescentada à segunda edição, observando que precisamos não apenas de intuições para estabelecer a realidade objetiva das categorias, mas também de intuições externas (B291) (Kant defende algo parecido em MAN 4: 478; 192).

Mas Kant tinha boas razões para privilegiar o tempo e suas determinações no Esquematismo, e nesse sentido estavam equivocados os críticos que o admoestavam por ter negligenciado o espaço[280]. Em primeiro lugar, o tempo é ca-

---

280. Para um versão recente dessa crítica, cf. Guyer (1987, p. 174).

racterizado na Estética Transcendental como a "condição formal *a priori* de todas as aparências em geral", em contraste com o espaço, que é apenas a condição *a priori* das aparências externas (A34/B50). Isso confere ao tempo uma universalidade maior que a do espaço, já que todas as aparências, enquanto "modificações do sentido interno", estão no tempo, ao passo que só as aparências externas estão no espaço. Ora, se as categorias são universalmente aplicáveis no domínio da experiência possível (como insiste Kant), então suas condições de aplicação devem fazer referência ao tempo. Em segundo lugar, é necessário distinguir entre a esfera dos objetos aos quais as categorias se aplicam e as condições necessárias sob as quais elas se aplicam. Kant claramente sustenta que elas se aplicam tanto a objetos do sentido externo quanto aos do sentido interno; porém, pelas razões citadas acima, ele também afirma que elas se aplicam aos primeiros em virtude de sua temporalidade. A síntese transcendental da imaginação ocupa-se, afinal, da determinação do diverso do sentido interno e, portanto, do diverso considerado enquanto temporal[281]. Além disso, essa característica essencial da posição de Kant permanece inalterada na segunda edição[282].

IV. O problema dos juízos esquemáticos e a conexão entre as categorias relacionais e seus esquemas

Depois de caracterizar a natureza e a necessidade dos esquemas transcendentais nos seis primeiros parágrafos do Esquematismo e de discutir brevemente os esquemas de conceitos geométricos e empíricos no sétimo, Kant se dedica, no oitavo parágrafo, à tarefa de especificar os esquemas das várias categorias. De forma a introduzir o novo tópico, Kant observa o seguinte:

> Sem determo-nos em uma seca e entediante decomposição daquilo que é exigido para os esquemas transcendentais de conceitos puros do entendimento em geral, preferimos apresentá-los segundo a ordem das categorias e em conexão com essas (A142/B181).

Ao descrever a tarefa como "seca e entediante", Kant parece tentar evitar a necessidade de fornecer qualquer argumento para as teses que conectam as várias categorias às determinações transcendentais do tempo específicas que servem como esquemas daquelas[283]. Em lugar disso, como a passagem indica,

---

281. Ferrarin (1995, p. 163) salienta esse aspecto ao discutir essa questão.
282. O contrário é sustentado por Franzwa (1978, p. 149-159).
283. Nos *Prolegômenos*, Kant descreve as preocupações tanto do Esquematismo quanto aquelas da primeira parte do capítulo Fenômenos-Númenos, intimamente relacionada com o Esquematismo, como "investigações, embora indispensáveis, completamente áridas [*äusserst trockene*]" (Pro 4: 316; 108-109).

ele se contenta em apenas listar os esquemas, ou, mais precisamente, ele lista os esquemas para oito das doze categorias[284]. No entanto, esse procedimento parece um pouco displicente, quando não em flagrante petição de princípio. Dada a importância atribuída por Kant aos esquemas, determinar que um certo esquema corresponde unicamente a uma determinada categoria não é certamente uma tarefa menor. Procurando suprir essa lacuna no argumento de Kant, trataremos a princípio do problema geral da natureza e dos fundamentos dessa tese da correspondência, e em seguida aplicaremos essas considerações à conexão entre as categorias relacionais e seus esquemas[285].

A. A natureza do problema

Como a tese de que certo esquema corresponde a uma categoria particular consiste em um juízo, é natural nos perguntamos sobre como classificar tais juízos (doravante referidos como "juízos esquemáticos") no interior do arcabouço kantiano. O fato de Kant não fazer mais do que listar os esquemas pertencentes às categorias particulares poder sugerir que esses juízos sejam analíticos ou então meramente estipulativos. Mas a heterogeneidade do intelectual e do sensível, juntamente com o *status* dos esquemas transcendentais enquanto intuições formais, exclui a primeira alternativa. Já a segunda é excluída porque tornaria arbitrária a conexão entre a categoria e o esquema. Também é óbvio que um juízo esquemático não pode ser sintético *a posteriori*, já que isso implicaria que a conexão entre a categoria e o esquema tenha como base a experiência, o que é incompatível com o *status a priori* de ambos. Donde se conclui, por eliminação, que o juízo esquemático é sintético *a priori*.

Não precisamos nos contentar, todavia, com um argumento por eliminação, pois esses juízos também têm de ser classificados como sintéticos *a priori*. Como assinala Lewis White Beck (1967a, p. 241-242), quando se fornece um esquema a um conceito,

> o que deve ser adicionado ao conceito ou incluído em sua definição não é o conceito de uma condição intuitiva [...] e sim a própria condição da sensibilidade.

---

284. Kant lista apenas um único esquema para as três categorias da quantidade e outro para as três categorias da qualidade. Para uma explicação plausível desse procedimento, cf. Paton (1936, vol. 2, p. 63-64).

285. Na carta a Tieftrunk, anteriormente citada, Kant aparentemente alude a essa lacuna e sugere que ela "pode ser remediada em um outro ensaio" (Br 12: 225; 538). Uma vez que esse ensaio nunca foi escrito, as considerações seguintes podem ser vistas como um esboço parcial de tal projeto.

Beck não caracteriza tal "condição da sensibilidade" como uma intuição formal, mas nota que ela é "um adendo transcendental, um predicado real, um predicado sintético, uma *Bestimmung**, um elemento da *ratio essendi* bem como da *ratio cognoscendi*** (Beck, 1967a, p. 242). Qualquer juízo que forneça isso é claramente sintético no sentido de Kant, e se o predicado for uma representação *a priori* (como é o caso em um juízo esquemático), então ele será também *a priori*.

Entretanto, esses juízos diferem significativamente dos juízos sintéticos *a priori* mais familiares que neles se baseiam, a saber, os princípios. Exceção feita aos Postulados, os princípios são diretamente objetivos, ou seja, envolvem teses sobre características necessárias da experiência possível e de seus objetos. Em suma, eles são juízos "sobre o mundo", não como é em si mesmo, mas como é necessariamente experienciado por seres com nossas faculdades cognitivas. Em contraste, um juízo esquemático não é, de modo algum, objetivo nem incide diretamente sobre o mundo. Ao contrário, ele incide sobre as condições subjetivas (sensíveis) sob as quais um conceito puro pode aplicar-se ao mundo.

Embora possa ajudar a explicar por que Kant não reconhece explicitamente a natureza sintética *a priori* dos juízos esquemáticos, isso não isenta estes últimos da exigência geral de algum tipo de dedução. Tal dedução consistiria em duas partes: a primeira estabeleceria as condições gerais de possibilidade de tais juízos; a segunda justificaria juízos esquemáticos particulares. A tarefa da primeira parte pode ser vista como um esforço para justificar a tese kantiana segundo a qual o que "é próprio à filosofia transcendental" (a "vantagem" sobre outras "ciências didáticas" compartilhada com a matemática) consiste em poder "indicar *a priori* o caso a que ela deve aplicar-se", independentemente "da regra (ou, melhor, da condição universal para as regras) que é dada no conceito puro do entendimento" (A135/B174-175). Kant, aqui, está efetivamente reivindicando que as categorias, tal como os conceitos matemáticos, trazem consigo as condições de sua própria aplicação. É fácil compreender essa posição no caso dos conceitos matemáticos, pois eles podem ser construídos na intuição pura ou mesmo ser considerados como regras para tal construção. Mas esse com certeza não é o caso das categorias, que não podem ser assim construídas. Além disso, ao explicar por que a filosofia transcendental possui essa vantagem, Kant nota apenas que

---

* "Determinação" (em alemão no original) [N.T.].

** Ratio essendi ou "fundamento do ser" designa a causa ou fundamento da existência de uma coisa; ratio cognoscendi ou "fundamento do conhecimento" assinala aquilo por meio de que uma coisa é conhecida [N.T.].

> [...] ela lida com conceitos que devem referir-se *a priori* a seus objetos e, portanto, não podem ter sua validade objetiva estabelecida *a posteriori*; porque isso deixaria completamente intocada a dignidade dos mesmos; em vez disso, ela tem de estabelecer, com características ao mesmo tempo gerais e suficientes, as condições sob as quais os objetos podem ser dados em concordância com tais conceitos; caso contrário, estes ficariam sem qualquer conteúdo e seriam meras formas lógicas, e não conceitos puros do entendimento (A135-136/B175).

O problema com essa explicação é que, em vez de elucidar *como* (sob quais fundamentos) a filosofia transcendental pode especificar as condições da aplicação de seus próprios conceitos (as categorias), Kant simplesmente afirma que, para que seus conceitos tenham um uso real, ela tem de ser capaz de fazê-lo. Mas esse argumento pode parecer completamente circular, pois o uso real dos conceitos é justamente o ponto em questão. Entretanto, considerar o argumento dessa maneira significa ignorar a Dedução Transcendental, pois esta parece já ter demonstrado que as categorias não só não são vazias como propiciam as condições da experiência e possuem, portanto, um "conteúdo transcendental". Mais especificamente, a segunda parte da Dedução B, ao conectar as categorias com a síntese transcendental da imaginação, demonstra que elas estão em uma conexão necessária com o tempo enquanto a forma do sentido interno. Além do mais, isso nos autoriza a pressupor que o produto de tal síntese imaginativa, governada por uma categoria específica, instanciará ou "exibirá" o que é pensado nessa categoria. Em suma, as condições gerais de possibilidade dos juízos esquemáticos já estão estabelecidas na Dedução Transcendental.

A segunda parte de uma dedução dos juízos esquemáticos é uma questão bem mais complicada. Para começar, uma dedução como essa não pode ela mesma proceder dedutivamente, isto é, ela não pode derivar o esquema da categoria por um procedimento puramente lógico, já que isso tornaria a conexão analítica. Trata-se antes de traduzir, em termos temporais (em "temporalês", se preferirem) o que é pensado em um conceito puro. Mas essa maneira de colocar a questão pode facilmente levar a mal-entendidos, já que ignora o ponto crucial de que um pensamento está sendo "traduzido" de sua forma discursiva natural para uma forma não discursiva[286]. Assim, o modelo da tradução de uma frase ou termo de uma linguagem natural para outra não pode ser aplicado aqui sem qualificações consideráveis.

O mesmo pode ser dito de outro modelo superficialmente atraente por vezes utilizado para interpretar a teoria kantiana do esquematismo transcenden-

---

286. Cf. Gibbons (1994, p. 56-57, n. 12). Nesse estudo, ela critica o tratamento que fiz dessa questão na primeira edição deste livro.

tal: um modelo estético importado da terceira *Crítica*[287]. Tal como é usualmente compreendido, esse modelo nos convida a considerar a esquematização de um conceito como uma questão de encontrar, na nossa experiência sensorial, uma unidade, coerência ou ordem, que, embora não seja ela mesma cognitiva ou conceitual, é uma condição necessária para a possibilidade de todo pensamento e juízo governados por regras[288]. Alternativamente (com base em um modelo estético), o problema pode ser visto como uma questão de "descobrir" uma expressão intuitiva adequada de uma categoria, à maneira do que diríamos da descoberta ou da invenção por um gênio de ideias estéticas especialmente adequadas para a expressão de ideias da razão[289].

O problema com esse modelo, em ambas as suas formas, é o exato oposto do problema linguístico. Enquanto a fraqueza deste último consiste em sua incapacidade de capturar a natureza não discursiva de um esquema e o papel da imaginação em sua produção, a fraqueza do modelo estético consiste em ignorar a natureza governada por regras do procedimento de determinação dos esquemas das categorias, comprometendo, portanto, a natureza sintética *a priori* de um juízo esquemático. Muito embora Kant, em passagem célebre, se refira ao processo de esquematização como uma "arte oculta nas profundezas da alma humana, cujas verdadeiras operações dificilmente conseguiremos decifrar na natureza, de modo a tê-las descobertas diante de nossos olhos" (A141/B180-181), a de-

---

287. Versões desse modelo foram propostas por Schaper (1964, p. 267-292) e, mais recentemente, por Bell (1987).

288. Trata-se da tese básica de Bell (1987, p. 239). Com efeito, segundo ele, "as preocupações da doutrina do esquematismo se revelaram idênticas às da *Crítica da faculdade de julgar*" (Bell, 1987, p. 230). Apesar da natureza esclarecedora e profundamente sugestiva da explicação de Bell, acredito que a afirmação de uma identidade de preocupações é demasiadamente forte e pode levar a sérios equívocos. Para além das diferenças vitais entre os usos determinantes e reflexionantes da faculdade de julgar, as quais Bell mal reconhece, a preocupação de Kant na terceira *Crítica* é com a imaginação em seu livre jogo, isto é, em sua atividade unificadora de atribuição de forma, independentemente de determinações conceituais. Já na primeira *Crítica*, Kant se preocupa tanto com a capacidade da imaginação de exibir o que é pensado em um juízo específico quanto com a capacidade do juízo de determinar a forma que tal exibição pode assumir. Posto de forma simples, a distinção de Bell entre a esquematização de um conceito e aquilo a que Kant se refere numa passagem da terceira *Crítica* como esquematização "sem um conceito" (KU 5: 287; 167) não consegue ser suficientemente clara. Para uma discussão a respeito desta última, cf. Allison (2001a, p. 170-171).

289. Embora eu não tenha conhecimento de nenhuma interpretação que aplique o modelo da criação artística à compreensão do esquematismo, creio que se trata, em diversos sentidos, de um modelo mais adequado a essa tarefa do que aquele baseado no juízo de gosto. Contudo, o primeiro também é inadequado pelas razões já citadas. Para meu exame de ideias estéticas como expressões de ideias da razão na teoria estética de Kant, cf. Allison (2001a, p. 256-262), e para sua relação com o gênio, cf. Allison (2001b, p. 284-288).

terminação da natureza desses esquemas (enquanto oposta à sua produção) não pode ela mesma ser vista como uma tal "arte", pelo menos não se quisermos que o projeto kantiano faça sentido.

A inadequação desses modelos indica a necessidade de uma compreensão dos juízos esquemáticos que reconheça tanto a natureza não discursiva de um esquema quanto a natureza guiada por regras do juízo que o especifica. Embora esta pareça uma tarefa de fôlego, ela é alcançável se mantivermos em mente que o que diferencia o uso da faculdade de julgar na determinação do esquema apropriado para as categorias de seu uso estético é que ela opera com um critério determinado de sucesso (algo captado pelo modelo linguístico). Mais especificamente, sabemos pela análise dos próprios termos do problema que uma hipotética determinação do tempo conta como o esquema de uma categoria apenas se ela tornar possível a aplicação às aparências da categoria em questão, ou seja, apenas se ela for capaz de servir como a "condição da regra".

Por essa razão, há duas questões a serem feitas a qualquer pretendente a esquema: (1) ele pode ser considerado (segundo o critério estabelecido na seção anterior) uma determinação transcendental do tempo?; (2) ele é o único qualificado para servir como a condição da regra expressa na categoria? Dado que uma discussão completa desse tópico exigiria tratar dessas questões para cada um dos esquemas, deverá bastar aqui o exame da conexão entre as categorias relacionais e seus esquemas[290]. Não só é mais plausível conceber esses esquemas, e não os demais, como determinações transcendentais do tempo, como eles também subjazem às Analogias da Experiência, das quais nos ocuparemos no próximo capítulo[291].

B. As categorias relacionais e seus esquemas

Segundo Kant, os esquemas das categorias relacionais dizem respeito à ordem do tempo (A145/B185), o que equivale a dizer que eles servem para orde-

---

290. Já vimos que categorias modais são um caso especial. Além disso, um tratamento adequado da relação entre as categorias da quantidade e da qualidade e seus esquemas envolveria longas considerações que não são diretamente pertinentes à nossa linha argumentativa principal.

291. Afirma-se por vezes que apenas esses esquemas satisfazem a definição de Kant de um esquema transcendental (cf., p. ex., Guyer, 1987, p. 175; e Seel, 1998, p. 236). Sem ir muito longe, podemos ver que há dificuldades especiais no caso do esquema das categorias matemáticas. Por exemplo, Kant designa o número, definido como "uma representação que reúne a adição sucessiva de uma unidade (homogênea) a outra", como o esquema da quantidade (A142/B182). Embora seja certamente plausível afirmar que nós necessariamente usamos números para determinar a quantidade das coisas e, portanto, aplicar o conceito ao mundo, é menos claro que o número possa ser compreendido como uma determinação transcendental do tempo.

nar as aparências no tempo[292]. Enquanto tais, eles claramente se encaixam na caracterização de uma determinação transcendental do tempo. Assim, em cada caso, trata-se de saber se o esquema é o único qualificado para funcionar como a condição sensível que torna possível a aplicação às aparências da regra contida no conceito puro correspondente. A primeira dessas categorias relacionais é a substância, cujo conceito puro, como já vimos, é o conceito de algo que sempre deve ser considerado como sujeito e nunca como predicado de outra coisa. Por esse motivo, seu esquema deve permitir a possibilidade de dizer de qualquer coisa temporal que ela é tal sujeito. Visto que Kant identifica esse esquema com a "permanência [*Beharrlichkeit*][293] do real no tempo" (A144/B183), nossa primeira tarefa é determinar se isso satisfaz o critério mencionado acima.

A análise aqui é análoga à análise do conceito puro feita anteriormente (capítulo 6). Começamos perguntando pela condição necessária sob a qual podemos dizer de algo temporal que ele é um sujeito real ou portador de propriedades, e não um mero sujeito lógico de predicados. O candidato mais óbvio para tal condição necessária é a reidentificabilidade: apenas algo que é reidentificável no decorrer de uma mudança de estados pode ser distinguido de um ou mais desses estados e considerado como seu "sujeito real", isto é, como algo a que esses estados pertencem enquanto modificações ou no qual eles "inerem" enquanto acidentes. Mas, para ser reidentificável, o sujeito precisa persistir por um dado intervalo de tempo. Por conseguinte, pelo menos uma permanência relativa é uma condição necessária para que algo temporal funcione como um "sujeito real".

No entanto, isso não é suficiente, pois Kant considera que o esquema da substância exige permanência no transcurso de *todo* o tempo (sempiternidade) e não apenas de certo intervalo de tempo. Assim, o problema é mostrar que essa última condição é necessária. Porém, não será difícil fazê-lo se lembrarmos da distinção traçada no capítulo 6 entre o conceito estritamente judicativo de algo que é definido como o sujeito de certo juízo e o conceito ontológico de substância, que é o conceito de algo que, para *todo* contexto judicativo, deve sempre ser concebido como

---

292. Já os esquemas restantes se referem às séries temporais (quantidade), ao conteúdo do tempo (qualidade) e ao "conjunto total do tempo [*Zeitinbegriff*] no que diz respeito a todos os objetos possíveis" (A145/B184-185). Para além da obscuridade desses rótulos, o último em particular, o problema com esses esquemas, como sugerido na nota precedente, é o de compreender como eles contam como determinações transcendentais do tempo.

293. "*Beharrlichkeit*" pode ser traduzido tanto como "permanência" quanto como "persistência". Kemp Smith geralmente traduz do primeiro modo e Guyer e Wood, do segundo. Uma vez que usamos a tradução de Guyer e Wood, tenderei a seguir seu exemplo, embora, em alguns casos, eu tenha optado por "permanência". • **Na tradução brasileira da *Crítica da razão pura* que utilizamos, o termo ao qual se refere Allison foi traduzido sempre como "permanência"** [N.T.].

sujeito e nunca como predicado ou propriedade de outra coisa. O ponto básico é que a permanência absoluta é exigida para a aplicação deste último (o conceito ontológico) a algo no tempo, mas não para a aplicação do primeiro.

O argumento aqui é simples e direto, consistindo em nada mais que a extensão da linha de raciocínio a respeito da reidentificabilidade. Dessa forma, assim como a permanência por certo intervalo de tempo seja uma condição a ser satisfeita por qualquer coisa temporal que sirva como um sujeito real ao qual se ligam propriedades, também a permanência no transcurso de todo o tempo é uma condição a ser satisfeita por qualquer coisa temporal que seja *sempre* concebida como sujeito e nunca como propriedade de qualquer outra coisa. Em outras palavras, o conceito de algo existindo no tempo, e que deve sempre ser visto como sujeito e nunca como propriedade ou estado, é equivalente ao conceito de algo que é reidentificável ao longo de toda mudança. Mas ser reidentificável por toda a mudança é permanecer. Consequentemente, por expressar a condição sob a qual a categoria pode ser aplicada a aparências, a permanência é o esquema da substância. Tal como Kant coloca a questão mais à frente na *Crítica*:

> Se deixo de lado a permanência (que é uma existência por todo o tempo), só o que me resta, como conceito de substância, é a representação lógica do sujeito, que pretendo realizar quando me represento algo que só pode ocorrer como sujeito (sem ser um predicado de nada). Mas eu não apenas não conheço quaisquer condições sob as quais esse privilégio lógico possa ser próprio a alguma coisa, como também não há mais o que fazer a partir dele, nem as mínimas consequências a extrair, já que nenhum objeto do uso desse conceito é por ele determinado e não se pode saber sequer se ele significa algo (A242-243/B300-301).

Kant caracteriza o conceito puro de uma causa simplesmente como "algo a partir do qual se pode inferir a existência de outro algo" (A243/B301). Visto que essa inferência se baseia no pensamento da dependência dessa última coisa em relação à primeira, a categoria relacional pura de causa e efeito é apenas a contrapartida ontológica da relação lógica de fundamento e consequente expressa na forma hipotética do juízo. Mais precisamente, ela é a relação de um fundamento real com seu consequente.

Correlativamente, o esquema da causalidade é definido como "o real, ao qual, uma vez posto ao acaso, sempre se segue algo". Kant ainda afirma que ele "permanece na sucessão do diverso, assim, na medida em que está submetido a uma regra" (A144/B183)*. Ao distinguir entre a definição ou caracterização

---

* Aqui Allison se equivocou na referência. A referência correta é A144/B183 e não A144/B187 como está no original [N.T.].

do esquema e a afirmação daquilo em que que ele consiste (o que não ocorre em nenhum outro esquema), Kant presumivelmente está tentando contrastar o esquema do conceito de uma causa enquanto tal com aquele de uma relação causal. No entanto, nos interessamos, na verdade, pelo último, que é apenas uma sucessão guiada por regras.

Por conseguinte, a questão é se a noção de uma sucessão governada por regras propicia a condição de aplicação, às aparências dadas sob a forma do tempo, da relação de um fundamento real ao seu consequente. Uma vez mais, entretanto, não deveria ser muito difícil dar uma resposta à questão. O ponto essencial é que a categoria expressa uma regra de ordenação, mais especificamente, uma ordenação de dependência existencial. Consequentemente, o esquema deve fornecer a representação de uma sequência temporal que exiba tal dependência. Mas representar uma sequência de estados de coisas ou eventos no tempo como exibição dessa relação de dependência seria apenas pensar que uma regra da forma a governa: se A em t_1, então B em t_2. Uma sucessão guiada por regras é, portanto, o esquema do conceito puro de causalidade. Ela é a única condição sob a qual o conceito puro de dependência existencial tem qualquer aplicabilidade aos dados da experiência humana, ou, de modo equivalente, ela é a "condição da regra".

Por fim, de acordo com Kant,

> o esquema da comunidade (reciprocidade), ou da causalidade recíproca das substâncias relativamente a seus acidentes, é a coexistência [*Zugleichsein*][294] das determinações de uma com as da outra segundo uma regra universal (A144/B183-184).

Assim, devemos ver se considerações similares também se aplicam a esse caso. Embora haja um nível extra de complexidade devido à obscuridade envolvendo a conexão da categoria com a forma disjuntiva do juízo, veremos que também aqui é possível encontrar argumentos em defesa do caso.

Como sugeri no capítulo 6, a chave para compreender a conexão entre a categoria de comunidade e a forma disjuntiva do juízo se encontra na corporificação, por parte desta última, da relação de coordenação lógica (o que contrasta com a relação de subordinação corporificada na forma hipotética). Assim, a categoria expressa o pensamento de uma coordenação *real* (entre existentes), ou, mais precisamente, uma interdependência completa. Uma vez mais, o esque-

---

[294]. Aqui, sigo Kemp Smith, e não Guyer e Wood, que geralmente traduzem "*Zugleichsein*" por "simultaneidade". A meu juízo, essa opção de tradução passa uma impressão que pode suscitar equívocos de que Kant esteja apenas preocupado com a relação de substâncias em um certo momento, e não ao longo de um intervalo de tempo. Essa questão será discutida no capítulo seguinte.

ma deve propiciar, portanto, a expressão ou a exibição temporal dessa relação. Contudo, há apenas duas relações possíveis entre coisas no tempo: coexistência e sucessão. Além disso, a sucessão claramente não é adequada à tarefa, já que, como acabamos de ver, uma sucessão governada por regras é o esquema da subordinação ou dependência lógica pensada na relação fundamento-consequente. Assim, para que a relação de coordenação ou interdependência pensada na categoria de comunidade tenha alguma expressão temporal (o que se exige para que seja aplicável a aparências), ela deve envolver a relação de coexistência. Fica claro, porém, que a mera coexistência não bastará, uma vez que se trata de uma questão contingente e, enquanto tal, não pode representar a necessidade pensada na categoria. Assim, *faut de mieux**, ela deve ser uma coexistência governada por regras, compreendida como a coexistência das mudanças de uma substância com aquelas das outras.

V. Os esquemas e os princípios

Embora as Analogias da Experiência sejam o tópico do próximo capítulo, será proveitoso concluir o presente capítulo com algumas considerações gerais referentes à conexão entre os esquemas e os princípios que fazem uso deles. A chave para essa conexão reside no fato de os esquemas transcendentais não serem apenas as condições sensíveis que tanto realizam quanto restringem as categorias, mas também as condições da determinação das aparências no tempo e, assim, da possibilidade da experiência. Na verdade, é precisamente por causa de sua função dual enquanto condições que podemos dizer que eles fazem a mediação entre os conceitos puros e as aparências.

O primeiro sentido de "condição" é o enfoque principal do Esquematismo e já foi suficientemente examinado aqui. É o segundo sentido, no entanto, que está atuante nos *Princípios do entendimento puro* e que ainda não examinamos. Aqui, a questão principal é que, à exceção dos *Postulados do Pensamento Empírico*, cada um desses princípios é um juízo sintético *a priori* que afirma que um esquema particular funciona como condição necessária de possibilidade da experiência[295]. Por exemplo, os Axiomas da Intuição e as Antecipações da Percepção (que

---

* Locução francesa que significa "por falta de algo melhor" ou "por falta de algo mais adequado" [N.T.].

295. Kant assevera que os Postulados, que tratam das categorias modais, não são "nada além de definições dos conceitos de possibilidade, efetividade e necessidade em seu uso empírico" (A219/B266), e nega que eles sejam "sintético-objetivos" (A233/B286).

não serão analisados em detalhe aqui) estabelecem, respectivamente, que tudo que é intuído possui grandeza extensiva, sendo, portanto, numerável (o esquema de quantidade), e que cada sensação possui grandeza intensiva, ou seja, um grau (o esquema da qualidade). Como veremos no caso das Analogias da Experiência, cada uma afirma que o esquema de uma das categorias relacionais funciona como condição da determinação empírica do tempo.

No entanto, Kant complica a situação ao usar o termo *analogia* para caracterizar tanto o conjunto de princípios designados por esse nome quanto a relação geral entre a categoria e o esquema que se aplica a todos os princípios. No primeiro caso, "analogia" é tomada em um sentido matemático, como equivalente a "*ratio*" ou "proporção". Kant justifica essa escolha de termos com base no fato de que os esquemas envolvidos nesses princípios correspondem às categorias relacionais (cada uma delas expressando uma relação diádica) e no fato de que a função específica desses princípios é determinar a relação das aparências entre si num único tempo. Assim, a analogia é, por um lado, entre a relação diádica expressa na categoria e seu esquema e, por outro, entre a relação presumida de uma dada aparência com algum *relatum* não especificado. Por exemplo, no caso da relação causal, a analogia nos permite determinar *a priori* que deve haver, para qualquer evento y, algum evento antecedente x, do qual y se segue conforme uma regra. Nos próprios termos de Kant, a relação fornece "uma regra para procurá-lo [o quarto membro] na experiência, e uma marca para nela encontrá-lo" (A180/B222). Kant nota que o fato de a analogia só fornecer uma regra ou um procedimento de decisão para buscar o quarto membro, em vez de fornecer o quarto membro ele próprio, diferencia as "analogias" da filosofia daquelas da matemática (A179-180/B222). Também por essa razão, ele afirma que as Analogias (diferentemente dos Princípios Matemáticos) são válidas para as aparências apenas regulativamente, mas não constitutivamente (A180/B223).

Em contraste com essa explicação razoavelmente bem desenvolvida, o segundo uso de "analogia" parece um mero adendo. Todavia, ele é essencial para compreender o caráter sintético *a priori* dos princípios como um todo. Esse uso ocorre na conclusão da discussão preliminar sobre as Analogias da Experiência, onde Kant anota que

> [a]través desses princípios, portanto, nós só estaremos autorizados a compor as aparências segundo uma analogia com a unidade lógica e universal dos conceitos; e no princípio empregaremos a categoria, mas na execução (a aplicação às aparências) empregaremos o esquema dela em seu lugar, como chave de seu uso, ou antes o colocaremos ao seu lado, como condição restritiva, sob o nome de uma fórmula daquele (A181/B224).

Embora a localização dessa passagem no texto sugira que Kant ainda esteja falando apenas das Analogias, a tese se aplica a todos os princípios[296]. Como a passagem indica, a analogia básica que Kant tem em mente é entre os conceitos puros e seus esquemas, baseada na concepção de um esquema como propiciador de uma expressão temporal do que é pensado no conceito ou categoria. Pode-se, então, atribuir a analogia subsequente entre categoria e princípio ao fato de que todos os princípios fazem uso dos esquemas ao subsumir as aparências sob eles. É precisamente isso que os torna tanto sintéticos quanto *a priori*.

Para começar, a analogia entre categorias e princípios (baseada na analogia entre as primeiras e seus esquemas) é importante, pois assegura que os princípios contenham um elemento categorial que os permite funcionar como regras universais e necessárias para a unificação das aparências. A negação dessa analogia seria, portanto, equivalente à negação da apriporidade desses princípios.

No entanto, é igualmente importante que a categoria e o esquema sejam *meramente* análogos, e não idênticos. Afirmar a segunda alternativa seria negar a distinção transcendental entre o sensível e o intelectual, o que levaria, por seu turno, à negação da sinteticidade desses princípios. Visto que eles estariam baseados em nada mais do que uma análise do que é necessário para a unidade do pensamento, eles seriam (à semelhança do princípio da unidade sintética da apercepção) analíticos. Além do mais, se entendêssemos que esses princípios se referem a objetos, estes últimos teriam de ser definidos em termos puramente conceituais como "objetos de um mero entendimento", sem qualquer referência às condições da intuição sensível. Em resumo, a caracterização da relação entre categoria e esquema como relação de "analogia" e não de identidade é crucial tanto para a sinteticidade dos princípios quanto para a limitação do seu escopo aos fenômenos.

Dessa forma, a presença dos esquemas explica tanto a apriporidade quanto a sinteticidade de *todos* os princípios e não apenas das Analogias. Diferentemente dos juízos que predicam conceitos puros de "objetos em geral", aqueles que subsumem aparências sob esquemas não podem ser considerados nem mesmo como "secretamente analíticos", pois as condições formais da sensibilidade (os esquemas), sob as quais os objetos (as aparências) são subsumidos nesses juízos, não estão elas mesmas contidas no mero conceito de um objeto. Tampouco se pode argumentar que esses juízos se tornam analíticos tão logo caracterizemos

---

296. Isso também se aplica à observação de Kant de que nas Analogias as aparências não são subsumidas "sob as categorias, simplesmente, mas apenas sob seus esquemas" (A181/B223). Para uma discussão dessa questão, cf. Paton (1936, vol. 2, p. 180-181).

os próprios objetos subsumidos sob os esquemas como temporais. Pois a determinação das propriedades universais e necessárias de objetos considerados como temporais só é possível por meio de juízos sintéticos, que conectam tais objetos com suas condições temporais[297]. Com efeito, os princípios são precisamente tais juízos. Vimos, contudo, que a possibilidade desses juízos, e, portanto, a possibilidade de uma "metafísica da experiência", se sustenta sobre a possibilidade de especificar os "análogos" temporais das regras categoriais fornecidas pelos conceitos puros do entendimento. Ademais, isso dá conta da sugestão, expressa por Kant em carta a Reinhold, de que a explicação da possibilidade dos juízos sintéticos *a priori* teria seu início efetivo no Esquematismo (Br 11: 38; 301).

---

297. Para uma discussão dessa questão especialmente à luz da crítica de C. I. Lewis a Kant, cf. Beck (1967a, p. 235-238); a mesma questão foi tratada em maior detalhe em Beck (1965, p. 108-124).

9
As Analogias da Experiência

Embora a maior parte da atenção crítica permaneça centrada na Segunda Analogia, reconhece-se cada vez mais que as Analogias só podem ser adequadamente compreendidas se tomadas em conjunto. Além do mais, isso reflete claramente o próprio ponto de vista de Kant, uma vez que todas as três se ocupam com uma única questão – as condições de determinação do tempo –, e cada uma trata de uma dessas condições, conectadas por Kant a distintos "modos do tempo": duração, sucessão e coexistência[298]. Mas como Kant antecipa sua discussão das Analogias específicas com uma consideração do problema subjacente e também inclui uma análise deste último na Segunda Analogia, o presente capítulo será dividido em quatro partes: a primeira tratará das análises de Kant do problema geral e as restantes de sua explicação das três Analogias.

I. O problema geral das Analogias

Vimos que, enquanto os princípios "matemáticos" de grandeza extensiva e intensiva dizem respeito à estrutura da intuição empírica ou da percepção, as Analogias, enquanto princípios "dinâmicos", dizem respeito à *experiência* de uma ordem temporal objetiva das aparências. Assim, com as Analogias, passamos de uma consideração das condições transcendentais da percepção, que envolve

---

298. Kant refere-se a "modos do tempo" em A177 e A216/B262. Supõem-se que cada uma das Analogias esteja correlacionada com um dos modos como uma regra para sua determinação. Essas passagens suscitam duas questões exegéticas: uma diz respeito ao significado da expressão "modo do tempo"; a outra diz respeito à compatibilidade **entre** a tese de que **esses modos correspondem** tanto à permanência ou duração quanto à sucessão e coexistência **e** o que Kant diz em outras partes das Analogias. Por exemplo, temos a tese de Kant (A183/B226) segundo a qual a alteração (ou sucessão) não afeta o próprio tempo, mas apenas as aparências no tempo. No entanto, ele afirma em seguida, no mesmo contexto, que a simultaneidade não é um modo do "próprio tempo" porque as partes do tempo não são simultâneas, mas sucessivas. Paton (1936, vol. 2, p. 165s.) indica a solução para esse atoleiro interpretativo ao assinalar que esses modos não devem ser interpretados como propriedades ou características do próprio tempo, mas sim como propriedades relacionais das coisas no tempo.

regras de apreensão guiando uma síntese imaginativa, para uma consideração das condições transcendentais da cognição de uma ordem temporal objetiva de existências correspondente a essas percepções. Para salientar esse fato, nos *Prolegômenos*, Kant recomenda que o leitor "leve bem em conta esta distinção entre experiência e um mero agregado de percepções e julgue o modo de prova [das Analogias] a partir deste ponto de vista" (Pro 4: 310; 103). Na *Crítica*, Kant discute esse modo de prova em dois lugares, que constituem um prelúdio às análises dos argumentos das Analogias específicas.

A. O cenário transcendental (A189/B234-A191/B236)

Embora Kant formule um princípio geral das Analogias e reserve um breve argumento para ele na primeira edição, a melhor introdução à problemática das Analogias na versão inicial da *Crítica* está localizada no primeiro parágrafo da Segunda Analogia[299]. Apesar de sua localização, como é nela que Kant levanta o problema geral de explicar como é possível a cognição de uma ordem temporal objetiva, esse parágrafo pode ser considerado uma introdução às Analogias como um todo[300]. O parágrafo divide-se nitidamente em quatro partes. A primeira introduz o problema de explicar a possibilidade da cognição de uma ordem temporal objetiva. A segunda argumenta que o realismo transcendental não é de fato capaz de dar conta dessa possibilidade. A terceira formula o problema em termos da linguagem e das pressuposições do idealismo transcendental. A quarta esboça a solução "crítica" ou transcendentalmente idealista.

1. A cognição de uma ordem temporal objetiva. Por uma "ordem temporal objetiva", entende-se simplesmente uma ordem de ocorrências no mundo. O problema geral de que as Analogias se ocupam é a possibilidade do conhecimento de tal ordem. Contudo, não é imediatamente evidente que haja aqui qualquer problema, pelo menos não um que exija uma solução transcendental. Além disso, a própria explicação de Kant serve mais para obscurecer do que para esclarecer a questão:

---

299. Na primeira edição, o princípio geral afirma: "No que diz respeito à sua existência, todas as aparências estão, *a priori*, sob regras de determinação da sua relação umas com as outras em *um* tempo" (A177). Embora seja uma formulação adequada do que deve ser demonstrado, o argumento esboçado em apoio de tal princípio geral, que tenta ligá-lo diretamente à unidade da apercepção (tal como ela atua na Dedução A), tem pouca relevância para o procedimento efetivo de Kant nas Analogias. Veremos, contudo, que isso é retificado na versão B.

300. Boa parte da confusão e da obscuridade neste parágrafo resulta da tendência de Kant de alternar, sem aviso prévio, entre os sentidos empírico e transcendental de termos-chave, tais como "aparência". Uma proveitosa discussão das dificuldades terminológicas é fornecida por L. W. Beck (1978d, p. 141-146).

A apreensão do diverso da aparência é sempre sucessiva. As representações das partes se seguem umas às outras. Se elas também se seguem no objeto é um segundo ponto da reflexão que não está contido no primeiro (A189/B234). Uma vez que a apreensão é sempre sucessiva, o problema parece ser o de que a inspeção da ordem de apreensão – isto é, da ordem em que as representações ocorrem na consciência – não fornece evidência adequada para formar juízos confiáveis relativos a uma ordem bem diferente, a ordem do que é representado. Assim, a partir da sucessão de minhas representações *a-b*, não posso inferir nada sobre a ordem do objeto representado. Para citar o exemplo de Kant: apreendo sucessivamente as partes de uma casa; no entanto, julgo-as como sendo partes coexistentes de um objeto durável. Como tal juízo é possível?

Afirma-se frequentemente que Kant só encontra aqui um problema devido a uma pressuposição psicológica duvidosa de que toda apreensão seja, de fato, sucessiva. Em resposta, argumenta-se por vezes que Kant não precisa realmente dessa pressuposição, pois a tese não controversa de que a ordem de apreensão não é um indicador fiável da ordem objetiva bastaria para gerar o problema. As duas ordens podem, mas não precisam, coincidir[301]. Embora essa resposta seja tão correta quanto possível, ela partilha com a objeção original a pressuposição errônea (sugerida pela formulação de Kant) de que o problema está em se fazer um juízo sobre a ordem objetiva com base numa ordem subjetiva.

A fim de compreender o problema de que se ocupa Kant nas Analogias, é necessário rejeitar essa última pressuposição. A ordem subjetiva não é um dado a partir do qual a mente deve, de algum modo, inferir ou construir uma ordem objetiva. É, antes, o que restaria se (*per impossibile*) pudéssemos suprimir a estrutura determinada, imposta pelo entendimento ao dado sensorial (o diverso do sentido interno). Assim, o que Kant está tentando dizer aqui é que, se tudo o que tivéssemos fosse essa ordem subjetiva indeterminada, não seríamos capazes de representar absolutamente nenhuma ordem temporal (objetiva ou subjetiva)[302]. O problema, então, é explicar como a consciência do tempo, ou seja, a cognição de uma ordem temporal, é possível. Nos termos de Kant, o problema é apresentar as "condições formais da verdade empírica". Trata-se não só de um problema importante, mas também do problema mesmo que ficou por resolver na Dedução Transcendental.

---

301. Ponto notado por vários comentadores, entre os quais Paton (1936, vol. 2, p. 231); Melnick (1973, p. 85); Beck (1978d, p. 144); e Van Cleve (1973, p. 69-87, esp. p. 75).

302. Veremos no capítulo 12 que, no juízo do sentido interno, essa assim chamada ordem subjetiva, quando convertida num objeto, é experienciada como parte de uma ordem temporal objetiva do mundo fenomênico. A rigor, só existe uma única ordem temporal porque só existe um único tempo.

2. A inadequação do realismo transcendental. Sugeriu-se que deveríamos entender a segunda parte do parágrafo como um argumento sobre a incapacidade do realismo transcendental de dar conta da possibilidade da cognição de uma ordem temporal objetiva. Mas como Kant no dito parágrafo não se refere explicitamente ao realismo transcendental, é possível que essa reconstrução soe fantasiosa. Todavia, ela não carece de base textual. Consideremos a caracterização de Kant do problema em termos da sua distinção transcendental:

> Se as aparências fossem coisas em si mesmas, ninguém poderia avaliar, a partir da sucessão das representações, como o seu diverso é ligado no objeto. Pois nós só lidamos com as nossas representações; o que as coisas poderiam ser em si mesmas (sem considerar as representações pelas quais nos afetam) está inteiramente fora de nossa esfera cognitiva (A190/B235).

Aqui, Kant afirma que, se os objetos empíricos forem considerados como coisas em si mesmas e não como aparências, é impossível compreender como podemos ter qualquer conhecimento da sua ordem temporal objetiva. Isso ocorre porque "só lidamos com as nossas representações", enquanto a ordem em questão é, por definição, distinta da ordem em que as representações ocorrem na consciência. Visto que o realismo transcendental considera como coisas em si mesmas o que para Kant são "meras aparências", ele não consegue explicar a possibilidade da cognição de tal ordem.

Isso não é mais do que uma aplicação, ao problema específico da cognição de uma ordem temporal, do ponto geral da versão A do Quarto Paralogismo:

> [se] deixamos que os objetos externos valham como coisas em si, é absolutamente impossível compreender como deveríamos chegar ao conhecimento de sua realidade fora de nós, uma vez que nos apoiamos apenas na representação que está em nós (A378).

Consequentemente, o argumento certamente aplica-se ao idealismo empírico – ou seja, a versão cartesiano-lockeana do realismo transcendental sob ataque nos Paralogismos. Caberia perguntar, contudo, se ele pode ser aplicado a *todas* as formas de realismo transcendental, incluindo aquelas que por uma ou outra razão poderiam rejeitar o idealismo empírico.

Sabemos que o argumento pode ser aplicado quando consideramos a tese de Kant de que o "tempo em si mesmo" ou "tempo absoluto" não pode ser percebido, o que está implícito no presente argumento. Essa imperceptibilidade impede a comparação direta de nossas representações com uma ordem temporal pré-dada que se supõe ser transcendentalmente real. Presumivelmente, isso seria concedido por todas as formas de realismo transcendental, incluindo a de

Newton[303]. Contudo, se o "tempo ele mesmo" não pode ser percebido, segue-se que a única maneira de determinar uma ordem temporal objetiva é através da ordenação das "aparências" nele. Aqui, porém, o realista transcendental tem de admitir que a única ordem que é realmente "dada" à mente é a da ocorrência de suas próprias representações. Esta última, portanto, será o único "objeto" ao qual a mente tem qualquer acesso numa explicação transcendentalmente realista. Assim, o problema do acesso, que o idealismo empírico levanta sobre os objetos materiais e que leva a um ceticismo sobre o "mundo exterior", reaparece para o realismo transcendental no caso de uma ordem temporal objetiva. De fato, é o realista transcendental (e não Kant) quem se encontra na situação impossível de ter que fazer inferências sobre uma hipotética ordem temporal objetiva com base numa ordem subjetiva.

3. *A reformulação idealista.* Dada a maneira como foi apresentado o problema de explicar a possibilidade da cognição de uma ordem temporal objetiva, não é de modo algum óbvio que, para resolvê-lo, o idealista transcendental esteja numa posição melhor do que o realista transcendental. Assim, enquanto este último enfrenta o problema de explicar a possibilidade do acesso a uma ordem temporal objetiva das coisas em si mesmas, o primeiro está diante do problema de explicar a possibilidade de distinguir entre uma ordem temporal objetiva e uma ordem temporal subjetiva *no interior* do reino da aparência.

Após introduzir o exemplo da percepção de uma casa, cujo propósito foi ilustrar o ponto de que não identificamos a ordem de representação das partes com uma ordem dos estados sucessivos no objeto representado, Kant coloca o problema em termos explícitos. "Tão logo", escreve ele, "eu eleve meus conceitos de um objeto até um significado transcendental, a casa certamente não é uma coisa em si mesma, mas apenas uma aparência, isto é, uma representação cujo objeto transcendental é desconhecido" (A190-191/B235-236). O que, por sua vez, o leva à seguinte questão:

> O que entendo eu, contudo, quando pergunto como o diverso da própria aparência (que, no entanto, nada é em si mesmo) pode ser ligado? Aquilo que está na apreensão sucessiva será considerado aqui como representação, mas a aparência que me é dada, apesar de não ser mais do que um conjunto dessas representações, será considerada como seu objeto, com o qual deve concordar o meu conceito que extraio das representações da apreensão (A191/B236).

---

303. A posição newtoniana é obviamente o **caso-teste**. Minha interpretação é baseada na análise de H. G. Alexander da caracterização newtoniana – expressa no célebre escólio da definição 8 dos *Principia* – do tempo absoluto ou real como o tempo tal como é mensurado pelo período da revolução das luas de Júpiter e por pêndulos (cf. Leibniz [1717] 1956, p. xxxv-xxxvi). O ponto, então, é que nem mesmo o próprio tempo absoluto ou real newtoniano é considerado como percebido.

A chave para entender essa difícil passagem está em reconhecer a natureza progressiva e dialética da exposição de Kant. Ele começa colocando a questão das condições de possibilidade de fazer juízos sobre uma ordem temporal objetiva, relevante tanto para o realista transcendental quanto para o idealista transcendental, ainda que o primeiro seja incapaz de dar-lhe uma resposta. Contudo, a análise transcendentalmente idealista do problema conduz a uma nova questão sobre o próprio conceito de uma ordem temporal objetiva das aparências. Essa questão só se coloca para o idealista transcendental.

Uma reflexão mais cuidadosa, contudo, sugere que essas duas questões são, na verdade, equivalentes. Como já vimos, é da própria essência da "virada transcendental" kantiana que o significado de "objeto" deva ser explicado em termos das condições da representação de objetos. Tudo o que Kant está fazendo aqui é aplicar esse princípio a um sentido especial de "objeto", a saber: uma ordem temporal objetiva. Como é apenas em e por um juízo que podemos representar objetos, determinar as condições ou os fundamentos para fazer juízos sobre uma ordem temporal objetiva também explica o que é representado no pensamento de tal ordem. Em outras palavras, a resposta à primeira dessas questões será também uma resposta à segunda.

4. *A solução "crítica"*. No restante do parágrafo, Kant oferece a essência de sua solução para o problema. Ele, então, explica como podemos representar-nos um objeto distinto das nossas representações por meio de representações sucessivas, mesmo que o objeto não seja outra coisa senão a soma dessas representações. A resposta de Kant é que representamos a aparência como um objeto, nesse caso uma ordem temporal objetiva, ao sujeitar nossas representações a uma regra. Correlativamente, o "objeto" aqui é apenas a ordem temporal de determinadas aparências pensada como o resultado da sujeição das representações a uma regra. Na conclusão do parágrafo, Kant observa que

> [a] aparência, em contraposição às representações da apreensão, só pode ser representada como o objeto delas distinto se está sob uma regra que a distingue de todas as demais apreensões e torna necessário um modo de ligar o diverso. O que na aparência contém a condição dessa regra necessária da apreensão é o objeto (A191/B236).

Essa passagem é um pouco enganosa, pois sugere que a regra em questão é uma "regra de apreensão". Como veremos com mais detalhe na sequência, ela é, antes, uma regra para conceitualização ou juízo que dita como as representações dadas devem ser conectadas numa unidade objetiva distinta da conexão por elas mantida contingentemente na apreensão[304]. Correlativamente, a "necessidade"

---

304. Kant apresenta esse ponto de modo menos ambíguo em A197/B242-243.

consiste aqui na restrição conceitual ao pensamento da ordem temporal, por meio da qual este último adquire validade objetiva. Finalmente, como de hábito em Kant, essa necessidade, e com ela a validade objetiva do pensamento, é produzida pela imposição de uma regra *a priori*. Por essa razão, as três Analogias ocupar-se-ão das diferentes regras necessárias para a cognição (experiência) das relações objetivas das aparências no tempo.

B. O princípio geral das Analogias em B (B218-219)

Como formulado na segunda edição, o princípio geral estabelece que a "*experiência só é possível por meio da representação de uma conexão necessária das percepções*" (B218). O contraste entre experiência e percepção indica a conexão íntima entre esse princípio e o § 26. O argumento em sua defesa consiste em cinco passos:

> [Passo 1] A experiência é uma cognição empírica, isto é, uma cognição que determina um objeto por meio de percepções. Ela é, portanto, uma síntese das percepções que não está ela própria contida nas percepções, mas antes contém a unidade sintética do diverso das mesmas em uma consciência que, por seu turno, constitui o essencial de uma cognição dos objetos dos sentidos, isto é, da experiência (não apenas da intuição ou sensação dos sentidos) (B218).

Vimos que o ponto central do § 26 é que a própria percepção requer uma síntese, cujas implicações são exploradas em detalhe nos Princípios Matemáticos. Ocorre que ao desenvolver o ponto enunciado apenas de passagem no § 26, Kant indica que todo um novo nível de síntese, cujos materiais são fornecidos pelas percepções já sintetizadas, é necessário para a experiência, isto é, para a cognição empírica dos objetos percebidos.

> [Passo 2] Agora, é verdade que as percepções só se juntam umas às outras, na experiência, de maneira contingente, de modo que a necessidade de sua conexão não se evidencia, nem pode ser evidenciada, a partir das próprias percepções; pois a apreensão é apenas uma reunião [*Zusammenstellung*] do diverso da intuição empírica, não se encontrando nela uma representação da necessidade da existência interligada dos fenômenos que ela reúne no espaço e no tempo (B219).

Por "na experiência", Kant quer dizer aqui, obviamente, na percepção ou na apreensão. Seu ponto consiste, assim, em afirmar que o modo pelo qual o diverso da intuição empírica é "reunido" na percepção é contingente, no sentido de estar baseado em fatores relativos à situação de um sujeito perceptivo, os quais não podem, portanto, legitimar por si só uma pretensão à objetividade. Uma vez mais, esta última requer sempre uma conexão regida por regras, que introduz "necessidade" na forma de uma restrição conceitual. Aqui, o que Kant acrescenta a essa história familiar é uma referência à "existência de aparências" e sua justaposição no espaço e no tempo. Tendo em vista que, pela primeira, Kant quer dizer a existência espaço-temporal das aparências, isto é, suas relações e localização determinadas no espaço e no tempo, ambos estão intimamente relacionados.

> [Passo 3] Como a experiência, no entanto, é um conhecimento dos objetos por meio de percepções e, portanto, a relação do diverso na existência deve ser representada não como é reunida no tempo, mas como é objetivamente no tempo [...] (B219).

Aqui, Kant contrasta a ordem temporal objetiva da existência com a ordem contingente e subjetiva da apreensão. Como é a primeira que é experienciada em sentido próprio, é ela o objeto de interesse.

> [Passo 4] [...] não podendo o tempo mesmo, contudo, ser percebido, então a determinação da existência dos objetos no tempo só pode ocorrer por meio de sua conexão no tempo em geral, portanto por meio de conceitos conectivos *a priori* (B219).

Trata-se do passo crucial, pois define o problema para todas as três Analogias. Como já assinalei, a tese da imperceptibilidade do tempo implica que as percepções não aparecem com sua ordem temporal, por assim dizer, estampadas nelas, embora se apresentem como grandezas extensivas e intensivas. Correlativamente, o "tempo em geral" funciona como a forma temporalizada do "objeto em geral". Assim como relacionar as representações de alguém ao último é unificá-las de acordo com conceitos *a priori* que fundamentam a validade objetiva da síntese, do mesmo modo, relacionar aparências ao primeiro é unificá-lo de acordo com regras que determinam sua ordem temporal para todos os sujeitos de experiência (a "consciência em geral"). Em outras palavras, é submetendo as aparências a tais regras que o sujeito representa para si próprio uma ordem temporal objetiva.

> [Passo 5] Como estes, no entanto, trazem sempre consigo a necessidade, a experiência só é possível por meio de uma representação da ligação necessária das percepções (B219).

Aqui, está explicitada a conclusão a que Kant chegou no passo precedente e que já estava prefigurada no § 26. Supondo, como parece razoável, que a experiência envolva a cognição de uma ordem temporal objetiva das aparências, segue-se que as regras necessárias para a cognição de tal ordem são condições necessárias da experiência. Por conseguinte, a tarefa das Analogias é especificar essas regras e demonstrar sua necessidade.

II. A Primeira Analogia

A Primeira Analogia diz respeito à aplicabilidade do esquema da substância: a persistência do real no tempo. Embora Kant sugira a certa altura (A215/B262) que a função dessa Analogia é servir como uma condição para a determinação da duração, isto é, da medição do tempo, ela, na verdade, diz respeito às condições necessárias de toda determinação do tempo[305]. Kant precisa mostrar que só uma coisa (ou coisas) que persiste por todo o tempo pode fornecer a condição necessária para a unificação das coisas e dos eventos num único tempo e, portanto, numa única experiência[306].

A situação se complica, contudo, pela combinação dessa tese geral de Kant sobre a necessidade de algo persistir como uma condição de toda determinação do tempo com uma tese sobre mudança. Ele argumenta que toda "mudança" (*Wechsel*) entre aparências deve ser concebida e experienciada como uma alteração (*Veränderung*) de uma substância que persiste. Assim, na primeira edição, temos o princípio segundo o qual

> [t]odas as aparências contêm algo que persiste (substância) considerado como o próprio objeto, e algo que pode mudar com sua mera determinação, ou seja, como um modo de existência do objeto (A182).

Na segunda edição, Kant faz uma afirmação que parece ser ainda mais forte: "Em toda mudança das aparências, a substância persiste, e seu *quantum* de substância não aumenta nem diminui na natureza" (B224). Assim, por afirmar que o *quantum* de substância permanece constante, muitos críticos consideraram que Kant estivesse engajado no desabonado projeto de apresentar uma prova transcendental de uma tese empírica.

Eis, portanto, as questões básicas com que temos de lidar. Em particular, nossa ênfase no argumento acrescentado na segunda edição o tem como objetivo mostrar que o argumento em defesa da persistência absoluta é sólido e que a persistência do *quantum* da substância por ele afirmado deve ser distinguida do princípio da conservação da matéria, defendido por Kant nos Primeiros princípios metafísicos da ciência da natureza.

O principal argumento, contido no primeiro parágrafo da segunda edição (B224-225), pode ser decomposto em sete passos, que podem, por sua vez, ser agrupados em quatro partes ou subargumentos. A primeira parte (passos 1 a 4) sustenta que algo pelo menos relativamente persistente é necessário como um

---

305. A tese contrária é a base da interpretação de Melnick (1973, p. 58-71) da Primeira Analogia.
306. Essa linha de argumentação foi desenvolvida por Walsh (1969, p. 70-88; 1975, p. 129-135).

substrato ou pano de fundo em relação ao qual a mudança pode ser experienciada. A segunda parte (passo 5) argumenta que toda mudança de aparências deve ser considerada como a mudança de estado desse substrato. A terceira parte (passo 6) afirma que esse substrato deve ser absolutamente, e não apenas relativamente, persistente. A parte final (passo 7) sustenta que a quantidade desse substrato persistente permanece constante ao longo de toda mudança. A partir desse esboço, já deve estar claro que o argumento tem uma estrutura progressiva, em que cada passo pressupõe e se baseia no passo anterior.

A. A tese do pano de fundo

> [Passo 1] Todas as aparências estão no tempo, que, como substrato (como forma permanente da intuição interna), permite que tanto a *simultaneidade* como a *sucessão* sejam representadas (B224-225).

Kant reafirma aqui a temporalidade de todas as aparências, reiterando, desse modo, a afirmação da Estética Transcendental de que "o tempo é uma condição formal *a priori* de todas as aparências em geral" e, portanto, de que "todas as aparências em geral, isto é, todos os objetos dos sentidos, estão no tempo e se inscrevem de modo necessário em relações de tempo" (A34/B50-51). O papel fundacional do tempo é agora expresso ao se caracterizar o tempo como "substrato", termo-chave no argumento como um todo, pois prepara o caminho para a eventual introdução do conceito de substância. A essa altura, entretanto, tudo o que Kant pode legitimamente afirmar é que a representação do tempo deve ser pressuposta a fim de representar seja a simultaneidade, seja a sucessão.

> [Passo 2] O tempo, portanto, no qual toda mudança das aparências deve ser pensada, permanece e não se modifica, pois é apenas nele que a sucessão e a simultaneidade podem ser representadas como suas determinações (B224-225).

Contra isso, é frequente argumentar-se que, embora seja verdade que o tempo não se modifica, e que, em vez disso, são as coisas que mudam no tempo, é igualmente verdadeiro que o tempo não permanece nem perdura. Como afirma Edward Caird:

> Pode objetar-se que dizer que "o próprio tempo não muda" é como dizer que o passamento, ele próprio, não passa [*passing away does not itself pass away*]. Até aí, o perdurar do tempo e a permanência do que se modifica podem até querer dizer apenas que os momentos do tempo nunca param de passar e que a mudança nunca para de se modificar. Um fluxo perpétuo, portanto, "representaria" suficientemente toda a permanência que está no tempo (Caird, 1889, *apud* Kemp Smith, 1962, p. 359, n. 4).

A alegação de Caird é verdadeira, mas irrelevante. O ponto essencial é que o fluxo constante ocorre num tempo único (cf. Kemp Smith, 1962, p. 359). A afirmação de que o tempo é imutável é equivalente à tese de que ele mantém sua identidade como um e o mesmo tempo (arcabouço temporal) ao longo de toda modificação. O máximo de que Kant pode ser acusado é de falta de clareza, embora seja difícil imaginar o que de diferente ele poderia ter querido dizer. Além disso, veremos que esse é precisamente o sentido em que a substância é dita ser imutável ou persistente. Essa é também a razão pela qual a tese da unicidade do tempo é central para todo o argumento, pois tornar possível conectar a substância diretamente com o tempo e argumentar que o esquema da substância é necessário para sua representação determinada.

[Passo 3] Agora, o tempo não pode ser percebido em si mesmo (B225).

Como já notamos, esse é um passo essencial no argumento de cada uma das Analogias. Sua importância provém do fato de que de um só golpe exclui a possiblidade de determinar a ordem temporal das aparências ao remetê-las ao próprio tempo como um quase-objeto e requer que essa ordem seja determinada "imanentemente" ao conectar essas aparências de acordo com regras para sua unificação na consciência.

[Passo 4] Consequentemente, tem de ser encontrado nos objetos da percepção, isto é, nas aparências, o substrato que representa o tempo em geral, e no qual toda mudança ou simultaneidade pode ser percebida na apreensão por meio da relação das aparências a ele (B225).

Esse é o primeiro passo na "imanentização" da ordem temporal das aparências, necessitada pela imperceptibilidade do tempo. Dada tal imperceptibilidade, torna-se necessário pressupor algum modelo perceptivamente acessível para o próprio tempo como uma condição de possibilidade da determinação das relações temporais das aparências. Na primeira edição, Kant identifica esse modelo ou, como ele o denomina, "substrato", com o "objeto ele mesmo" (A182-183). O ponto básico é que este último deve, de algum modo, corporificar a imutabilidade ou a persistência já atribuída ao próprio tempo. Se não houvesse nada que persiste, se tudo estivesse em fluxo constante, então não poderíamos sequer ter consciência da sucessão enquanto tal, para não mencionar a simultaneidade. Por conseguinte, um objeto (ou objetos) perceptível e perdurável é necessário para fornecer o pano de fundo ou o quadro de referência por meio do qual podem ser determinadas a sucessão, a simultaneidade e a duração das aparências num tempo comum.

Essa tese será denominada de "tese do pano de fundo" e resulta dos quatro primeiros passos do argumento. Embora não seja, por si só, um resultado trivial, ela está longe de ser a conclusão geral que o argumento busca. Assim, o maior interesse da Primeira Analogia concentra-se nos esforços de Kant para ir além desse resultado nas três partes seguintes do argumento.

B. Do substrato ao sujeito

> [Passo 5] Contudo, o substrato de todo o real, isto é, tudo o que pertence à existência das coisas, é a *substância*, em que tudo o que pertence à existência só pode ser pensado como determinação (B225).

Embora a expressão "tudo o que pertence à existência das coisas" seja altamente obscura, parece razoável seguir Paton (1936, vol. 2, p. 191) em sua interpretação de que essa expressão remete às aparências mutáveis detentoras de determinadas posições no tempo. Nessa leitura, Kant está afirmando que todas essas aparências devem ser consideradas como estados ou determinações de uma substância. Nesse estágio do argumento, não há, decerto, nenhuma justificação para entender que "substância", no sentido ontológico pleno, remeta a algo absolutamente persistente. Contudo, mesmo se compreendermos que ela se refere meramente às entidades fenomênicas relativamente persistentes, essa tese ainda assim nos leva consideravelmente para além da tese do pano de fundo. Enquanto esta última afirma apenas que a presença na experiência de uma entidade ou entidades relativamente persistentes é uma condição necessária da possibilidade da experiência da sucessão ou da simultaneidade de aparências no tempo, a presente tese sustenta que todas as mudanças (*Wechseln*) de aparências (nas quais uma aparência é sucedida por outra) devem ser experienciadas como alterações (*Veränderungen*) nos estados dessas entidades.

A formulação mais explícita de Kant dessa tese encontra-se no início da Segunda Analogia, onde se observa que um modo de expressar o resultado da Primeira Analogia corresponde ao princípio de que "*[t]oda mudança (sucessão) de aparências é apenas alteração*" (B233). Na reformulação mais precisa de Van Cleve, tem-se que "[p]ara todo x, se x muda, existe um y tal que y se altera com respeito a x"(Van Cleve, 1979, p. 153). É bem verdade que Kant descreve mal a situação ao sugerir que esse princípio é ele próprio a conclusão final do argumento; no entanto, trata-se decerto de um passo essencial (talvez *o* passo essencial). Nossa preocupação presente, portanto, é a de ver se é possível encontrar um argumento que dê suporte ao princípio.

Inicialmente, é crucial tornar mais claro o significado de "*Wechsel*", que tanto Kemp Smith quanto Guyer e Wood traduzem geralmente apenas como "mudança" [*change*]. Uma vez que Kant usa frequentemente o termo para se referir a um "surgir" (*Entstehen*) ou a um "perecer" (*Vergehen*), pode-se pensar que ele queira dizer por esse termo algo como a noção aristotélica de mudança substancial. Contudo, seria errôneo verter "*Wechsel*" desse modo, pois a principal tese de Kant é que apenas estados ou determinações de substâncias *wechseln*, não as próprias substâncias. Seu próprio exemplo de ein Wechsel é a mudança que ocorre quando um pedaço de madeira é queimado. No falar cotidiano, poderíamos dizer que a madeira "se torna" fumaça e cinzas, assim como diríamos de um experimento bem-sucedido na alquimia que o metal base "se torna" ou é "transformado em" ouro. Mas como nem a madeira nem o metal base sobrevivem ao processo, o que realmente se quer dizer é que o que inicialmente aparecia na forma de madeira ou de metal base (a matéria) se transforma, no processo, em fumaça e cinzas e em ouro, respectivamente. Embora o argumento precise mostrar justamente isso, para o objetivo presente o ponto principal é simplesmente que *ein Wechsel* é o tipo de mudança em que um item é substituído por outro. Por conseguinte, o termo será aqui caracterizado como uma "mudança de substituição[307].

Expresso esquematicamente, o que se deve mostrar é que toda substituição de um dado estado de coisas (x) em t_1 por algum estado de coisas contrário (não o x) em t_2 deve ser concebida e experienciada como uma alteração (mudança de estado) de alguma entidade (y) que perdura ao longo do processo. Correlativamente, como indicam os exemplos da combustão e da alquimia, x e não-x devem ser pensados como determinações sucessivas de y. Infelizmente, como na Primeira Analogia Kant está preocupado, em última análise, com a demonstração da necessidade de alguma coisa (ou coisas) que seja absolutamente persistente ou sempiterna, é difícil localizar um argumento voltado especificamente a essa tese subordinada, mas essencial. Talvez esta passagem contenha o equivalente mais próximo desse argumento:

> A alteração, assim, só pode ser percebida nas substâncias, e o simples surgir ou desaparecer, quando não se trata de uma mera determinação do permanente, não pode ser nenhuma percepção possível, pois é justamente esse permanente que torna possível a representação da passagem de um estado ao outro, e do não ser ao ser, que só podem ser empiricamente conhecidos, portanto, como determinações cambiantes daquilo que permanece (A188/B231).

---

307. Embora um pouco canhestro e não sem certa ambiguidade, entendo que o termo é mais informativo do que simplesmente "mudança" e decerto menos equívoco que "mudança de existência" – termo recomendado por Bennett (1966, p. 187-188).

As referências à representação da transição de um estado para outro e à cognição empírica indicam que o argumento requerido envolve as condições de possibilidade da cognição de tal mudança. Embora possa não ser imediatamente evidente que um argumento como esse esteja contido na passagem citada, parece ser possível encontrar ao menos o esboço de um argumento[308].

À semelhança do argumento em defesa da tese do pano de fundo, esse argumento requer a premissa de que o tempo não pode ser percebido. Consequentemente, uma única observação jamais é adequada para determinar que uma mudança de qualquer tipo tenha ocorrido ou, *a fortiori*, para determinar a ocorrência de uma mudança de substituição. Qualquer experiência desse gênero requer que duas observações sucessivas sejam feitas e que alguma diferença entre o que é observado em cada caso seja notada. Não se pode, entretanto, inferir de uma diferença em duas observações sucessivas que uma mudança de substituição de fato ocorreu. Dentre todas as coisas que podem ser determinadas a partir dessas duas observações apenas, uma delas pode ser simplesmente experimentar sucessivas observações de estados de coisas coexistentes.

Por exemplo, percebo minha mesa em t_1 e minha estante em t_2, mas não infiro da sucessão de percepções que uma mudança de substituição tenha ocorrido, isto é, não suponho que a mesa, de algum modo, "se tornou" ou se transformou em uma estante. Mais, suponhamos que durante o intervalo entre t_1 e t_2 a mesa foi removida e a estante tenha sido colocada em seu lugar. Eu experienciaria isso como uma mudança, certamente, mas não como uma mudança de substituição (pelo menos não no sentido no qual o termo está sendo empregado aqui). Se, em contraste, eu experiencio ou acredito experienciar uma mudança de substituição genuína (como nos casos de combustão), então sou forçado a referir os estados de coisas sucessivos a algum sujeito comum e a considerar essa ocorrência como uma alteração de seus estados. Apenas desse modo posso representar, através de minhas percepções ou observações sucessivas, a substituição de um estado de coisas por outro[309].

---

308. O que segue nos foi sugerido pelo tratamento deste tópico por Dryer (1966, p. 353-359).

309. Esse argumento deve ser contrastado com o argumento atribuído a Kant por Van Cleve (1979, p. 155-157). **O argumento kantiano**, segundo a interpretação de Van Cleve, **envolve um *non sequitur*** na passagem da premissa de que algum objeto antecedente deve ter existido em t_1 (se alguém experiencia uma mudança de substituição em t_2) para a conclusão de que o novo estado de coisas que passa a existir em t_2 deve ser apenas uma determinação ou estado do objeto existente em t_1. O argumento aqui esboçado, contudo, liga o estado de coisas que passa a existir em t_2 com um estado de coisas anterior e contrário (simbolizados por "não o x" e "x"), e não com um objeto previamente existente. Esse argumento ainda sustenta que, se o vir a existir desse último estado de coisas (a mudança de substituição) deve ser experienciado, ele tem de ser contrastado com o

O ponto crucial aqui, que é um tanto obscurecido pelos exemplos empíricos e pela referência a observações, é que a atribuição dos estados de coisas representados sucessivamente a um substrato que (tal como seus estados sucessivos) perdura funciona como a regra por meio da qual pensamos tal mudança. Isso também pode ser descrito como a forma do pensamento de uma mudança de substituição, no sentido em que pensar tal mudança (como um objeto de experiência possível) é apenas conectar nossas percepções de acordo com a regra.

C. Da persistência relativa à absoluta

> [Passo 6] O único **permanente**, portanto, em relação ao qual todas as relações temporais das aparências podem ser determinadas, é a substância na aparência, isto é, o real da **mesma** que, como substrato de toda **modificação**, permanece sempre a **mesma** (B225).

Até esse ponto, o argumento apenas mostrou que devemos incluir em nossa ontologia entidades permanentes, reidentificáveis, que funcionam como substratos da mudança. O próximo passo, e o mais decisivo, requer que demonstremos a persistência de algumas dessas entidades, ou talvez de algo mais fundamental, ao longo do tempo. Apenas assim Kant pode estabelecer a realidade objetiva do esquema do conceito puro de substância. É precisamente neste ponto, entretanto, que virtualmente todos os comentadores fazem objeção ao argumento de Kant por considerá-lo, no melhor dos casos, capaz apenas de provar a necessidade da persistência relativa, apontando ainda o caráter totalmente injustificado do movimento para a variedade absoluta[310].

À primeira vista pelo menos, essas críticas parecem bem fundadas, pois há passagens em que Kant parece supor que qualquer coisa que funcione substantivamente na experiência, isto é, qualquer coisa que sirva como um substrato da mudança, deve, por essa razão mesma, ser sempiterna (cf., p. ex., A185/B228 e A187/B230-231). Entretanto, como Kant estava sem dúvida consciente de que as coisas que normalmente funcionam desse modo – mesas, árvores, montanhas e planetas passando a existir e deixando a existência –, a leitura mais razoável da posição de Kant parece ser a de que tais mudanças devem ser experienciadas

---

estado de coisas anterior (caso contrário não haveria mudança), e isso exige que ambos os estados de coisas (não-x e x) sejam experienciados como estados sucessivamente existentes ou determinações de um objeto duradouro (y). Assim, embora **concorde com Van Cleve que o argumento por ele mobilizado envolve um *non sequitur*,** não vejo razão para aceitar sua reconstrução do argumento de Kant.

310. Entre aqueles que fazem de uma forma ou de outra essas objeções estão Bennett (1966, p. 199); Dryer, (1966, p. 367-368); Melnick (1973, p. 67) e Strawson (1966, p. 128-130).

como alterações de algo verdadeiramente substancial que persiste ao longo de toda mudança.

O argumento requerido aqui gira em torno da necessária unidade ou identidade do tempo como uma condição da unidade da experiência. Seu procedimento consiste em aplicar o princípio de que toda mudança de substituição é uma alteração para as entidades que perduram ou para os candidatos a substância, cuja necessidade foi estabelecida no passo precedente. Assim, longe de supor que entidades ou candidatos sejam sempiternos, o argumento supõe que eles não o são e considera as condições de possibilidade da experiência de seu surgimento ou perecimento. Como qualquer ocorrência como essa envolve a substituição de um estado de coisas pelo seu contrário, isso pode contar como uma mudança de substituição. Já vimos, no entanto, que a experiência de qualquer mudança desse tipo requer que ambos os estados de coisas estejam ligados a um sujeito idêntico ("o objeto ele mesmo") como suas determinações sucessivas. Contudo, um surgir ou um perecer absolutos seriam uma ocorrência em que, *ex hypothesi*, essas condições não são satisfeitas. Além disso, já que não haveria como conectar empiricamente a emergência desse novo estado de coisas ao tempo precedente (no qual o estado de coisas contrário existia), tal ocorrência causaria uma ruptura na unidade do tempo e, portanto, na unidade da experiência[311]. Eis como Kant resume a questão no final da Analogia:

> As substâncias (na aparência) são os substratos de todas as determinações do tempo. O surgir de umas e o desaparecer de outras suprimiriam até mesmo a única condição da unidade empírica do tempo, e as aparências se refeririam, então, a dois tempos diferentes, nos quais a existência fluiria paralelamente, o que é absurdo. Pois existe *somente um* tempo, no qual os diferentes tempos tem de ser postos não simultaneamente, mas uns após os outros (A188-189/B231-232).

O ponto pode ser elucidado por uma breve consideração da bem-conhecida ilustração do princípio – o exemplo inspirado em Lavoisier da queima de um pedaço de madeira:

> Perguntou-se a um filósofo: quanto pesa a fumaça? Ele respondeu: retire do peso da madeira queimada o peso das cinzas remanescentes e você terá o peso da fumaça. Ele pressupôs, assim, como incontestável, portanto, que mesmo no fogo a matéria (substância) não se perderia, mas apenas a forma da mesma sofreria uma alteração (A185/B228).

Deve-se presumir decerto que o pedaço de madeira queimada tenha existido por um intervalo de tempo antes de sua destruição pelo fogo e que tenha

---

311. Esse argumento foi desenvolvido por Walsh (1969; 1975); cf. nota 306, acima.

podido alterar-se de diversos modos durante aquele período sem perder sua identidade. Também está claro que sua destruição pelo fogo não pode ser considerada simplesmente como outra alteração da madeira, pois não é mais identificável como madeira ao final do processo. Não obstante, ainda consideramos o processo de combustão como uma alteração. A diferença é que, em vez de tratar o pedaço de madeira como o sujeito que se altera, pressupomos alguma matéria que, em certo estágio de sua existência, assumiu a forma de madeira e que, em um estágio posterior, foi transformada em fumaça e cinzas. Em outras palavras, para conceber tal transformação, é necessário considerar o pedaço de madeira como a forma, estado ou determinação temporária de uma matéria que perdura. Correlativamente, essa matéria da qual as coisas são compostas é o "sujeito último" da predicação ou, de modo equivalente, "o substancial" nas coisas. Enquanto tal, deve-se pressupor que perdure ao longo de toda mudança, incluindo o surgir e o perecer de suas configurações ou determinações particulares.

Embora a tese básica remonte pelo menos a Aristóteles, Kant rompe com a tradição ao dar a esse princípio um fundamento epistêmico, e não um fundamento lógico ou ontológico. Assim, em vez de afirmar que o pensamento de algo que simplesmente surge ou perece seria autocontraditório, ele sustenta que tal "ocorrência" (à semelhança de um "evento" sem uma causa) não poderia ser objeto da experiência possível. Isso se deve ao fato de que, caso isso ocorresse,

> cairia por terra a única coisa que pode representar a unidade do tempo, a saber, a identidade do substrato como aquilo em que toda modificação tem unidade completa (A186/B229).

Em outras palavras, na ausência de um substrato (ou substratos) da mudança que persista, seria impossível entender as percepções como percepções de ocorrências num único tempo, o que, por sua vez, impediria sua conexão numa experiência única.

D. O quantum *da substância*

> [Passo 7] Como, pois, ele [o substrato de toda **modificação**] não pode mudar na existência, seu *quantum* na natureza tampouco pode ser aumentado nem diminuído (B225).

Kant, aqui, vai além do que foi estabelecido até agora ao afirmar, com efeito, que a persistência da substância implica a conservação de sua quantidade no universo. Apesar de Kant fazer essa afirmação explicitamente apenas na segunda edição, a discussão da resposta do filósofo à questão relativa ao peso da fumaça indica que isso já está implícito na primeira edição. Por esse motivo, parece apropriado considerá-la um aspecto essencial da teoria da substância de Kant, em vez de um mero adendo. Porém, ela também é um aspecto amplamente rejeitado da teoria. A acusação básica é que ela envolveria uma passagem ilícita de considerações transcendentais a considerações empíricas e, em particular, que haveria um tentativa de "deduzir" o princípio da conservação de massa tal como entendido na mecânica newtoniana[312].

Essa objeção se origina, contudo, de uma falha em distinguir o argumento de nível transcendental da Primeira Analogia do argumento dos *Primeiros princípios metafísicos da ciência da natureza*, onde Kant de fato afirma o princípio da conservação da matéria ao "aplicar" os princípios transcendentais da *Crítica* ao conceito empírico de matéria. Para salientar a diferença, iremos brevemente considerar cada um dos argumentos.

Aqui, não é difícil apresentar um argumento, embora Kant não ofereça nenhum a essa altura da *Crítica*. Acabamos de ver que a substância, o sujeito último da predicação, deve ser identificada com a matéria da qual as coisas são compostas e que essa matéria deve ser concebida como permanente (para poder funcionar como tal sujeito). Nesse sentido, cumpre perguntar como iremos caracterizar essa matéria numa explicação transcendental que não faz uso de quaisquer pressuposições empíricas. Além disso, o próprio Kant responde a essa questão na Arquitetônica da Razão Pura, onde ele caracteriza a matéria, assim concebida, como "extensão impenetrável sem vida" (A848/B876). O ponto é que a única propriedade que pode ser legitimamente atribuída à matéria numa explicação transcendental é a ocupação de espaço.

A matéria, assim concebida, é completamente indeterminada. Diferentemente da matéria primeira aristotélica, entretanto – que é indeterminada no sentido metafísico de ser uma coisa pura, literalmente sem propriedades –, essa matéria é indeterminada no sentido metodológico de que nenhuma propriedade além da ocupação de espaço pode ser-lhe legitimamente atribuída numa explicação transcendental. Contudo, assim considerada, a única categoria disponível para a conceitualização da matéria é a quantidade. Consequentemente, a persistência da matéria deve ser concebida como a persistência da sua quantidade[313].

---

312. Entre os críticos de Kant a esse respeito, temos Broad (1926, p. 189-210), Bennett (1966, p. 200) e R. P. Wolff (1963, p. 251). O assunto como um todo foi discutido por Van Cleve (1979, p. 158-161).

313. Um argumento um pouco similar, envolvendo o apelo aos Axiomas da Intuição, foi sugerido por Weizsäcker (1971, p. 84). Também podemos encontrar suporte para essa interpretação em R 81 23: 30-31. Ali Kant observa que "se a substância persiste enquanto os acidentes mudam [*wechseln*], mas, ao mesmo tempo, a substância fora de todos os seus acidentes é o substancial

Em contraste com essa tese conceitual, que não pode ser equiparada nem a uma lei específica da natureza, nem a um princípio de conservação, Kant procura, nos *Primeiros princípios metafísicos da ciência da natureza*, derivar um princípio de conservação por ele denominado de Primeira Lei da Mecânica. Esse princípio estabelece que, em "todas as mudanças da natureza corpórea, a quantidade de matéria como um todo permanece a mesma, nem aumentada nem diminuída" (MAN 4: 541; 249). Embora Kant a caracterize como uma lei *a priori* da natureza, o ponto principal é que sua derivação, assim como as derivações das outras leis consideradas nessa obra, requer a introdução de premissas empíricas. Especificamente, ela apela ao conceito de matéria como o "movível no espaço". Mobilidade é, portanto, a característica "empírica" que diferencia essa definição daquela da *Crítica* e que se supõe tornar possível a derivação de leis específicas da natureza[314].

No caso do princípio de conservação da matéria, o passo-chave consiste na determinação da natureza da substância material. Kant procura determiná-la combinando sua definição de matéria com a definição nominal de substância como o "sujeito último de existência, isto é, aquilo que não pertence à existência de outro meramente como predicado" (MAN 4: 503; 214). O ponto é que somente a matéria, definida como o movível no espaço, satisfaz a definição de substância, pois fora a matéria (assim definida), nenhum sujeito real para as propriedades ou acidentes dos objetos de sentido externo pode ser pensado, com exceção do próprio espaço. A Estética Transcendental mostrou, contudo, que o espaço não é ele próprio um objeto, mas, antes, a forma ou condição de nossa representação dos objetos do sentido externo. Por conseguinte, o movível no espaço é o único candidato disponível para o *status* de substância.

Como consequência direta dessa tese, Kant ainda argumenta que as partes independentemente movíveis de uma substância material são elas próprias substâncias e que, por "quantidade de matéria", deve-se compreender o número de tais substâncias, das quais uma dada porção de matéria é composta. Aqui, o argumento é que qualquer uma dessas partículas de matéria, por ser capaz de se mover independentemente das outras partículas, é igualmente capaz de funcionar como um sujeito ao qual podem ser vinculados propriedades ou acidentes

---

vazio [*das leer substantiale ist*], então o que é que persiste? A única coisa na experiência que pode ser distinguida das determinações mutáveis é a quantidade [*Quantität*] e essa só pode ser medida pela grandeza [*Grösse*] do efeito meramente relativo com respeito a relações externas equivalentes. *Só se aplica, portanto, a corpos*".

314. Para uma discussão acerca da natureza empírica do conceito kantiano de matéria, cf. Walker (1974, p. 151-156).

(MAN 4: 503; 215). Qualquer um desses objetos, portanto, encaixa-se na definição de substância[315].

Dada essa concepção de substância material, tudo o que Kant necessita para derivar o princípio de conservação da matéria é a doutrina da Primeira Analogia segundo a qual substâncias não podem ser criadas nem destruídas. Como a quantidade de matéria é definida em termos do número de substâncias (partículas independentemente movíveis) das quais é composta a matéria, essa quantidade só pode ser alterada pela adição ou subtração de substâncias. Contudo, isso exigiria a criação ou a aniquilação de substâncias, o que é vedado pela Primeira Analogia. Como resultado, a quantidade de matéria na natureza como um todo deve permanecer constante ao longo de todo tempo (MAN 4: 541-542; 249-250)[316].

III. A Segunda Analogia

Uma vez mais, Kant formula diferentemente a Analogia na primeira e na segunda edição. Na primeira, ele a chama de o "Princípio de Geração" e afirma que tudo "o que acontece (começa a ser) pressupõe alguma coisa a que sucede, de acordo com uma regra" (A189). Na segunda edição, Kant, de um modo mais elaborado, designa esse princípio de o "Princípio da sucessão temporal de acordo com a lei da causalidade" e afirma que todas "as **modificações** acontecem segundo a lei da conexão de causa e efeito" (B232).

A formulação da primeira edição faz lembrar a caracterização de Hume no *Tratado* [*sobre a natureza humana*] do princípio causal como a máxima de que "*tudo que começa a existir deve ter uma causa de sua existência*"(Hume, [1739] 2000, p. 56). Isso sugere, portanto, que o alvo de Kant é o desafio de Hume ao princípio geral da causalidade feito no *Tratado*, em vez do seu desafio nas *Investigações* [*sobre o entendimento humano*] ao princípio distinto de que causas similares produzem efeitos similares. Seguindo Lewis White Beck, chamaremos o primeiro de princípio "todo-evento-alguma-causa" e o último de princípio "mesma-causa-mesmo-efeito" (Beck, 1978c, p. 111-129).

---

315. Deve-se notar que essa análise permite a Kant falar de uma pluralidade de substâncias, apesar da identificação de substância com matéria. Para uma discussão deste ponto, cf. Paton (1936, vol. 2, p. 211-212)

316. Van Cleve (1979, p. 160-161) afirmou que esse argumento só funciona para a conservação da quantidade de matéria tal como definida por Kant. E como Kant não consegue mostrar que a quantidade de matéria, assim interpretada, pode ser equiparada à massa, ele não consegue estabelecer o princípio da conservação da massa. Porém, mesmo se estiver correto, isso não afeta o ponto de que nenhum argumento como esse é apresentado na *Crítica*.

Como comprova seu parágrafo inicial, a reformulação na segunda edição pretende obviamente estabelecer uma conexão mais próxima do argumento com a Primeira Analogia. Se na Primeira Analogia argumentava-se que toda mudança é meramente a alteração da substância que persiste, na Segunda argumenta-se que todas essas alterações são governadas pela "lei da conexão de causa e efeito". Contudo, uma vez que essa lei é equivalente ao Princípio de Geração, a diferença entre as duas formulações é meramente terminológica. Em ambas as edições, o objetivo é estabelecer o princípio todo-evento-alguma-causa.

O objetivo básico desta seção é analisar e avaliar o argumento de Kant em suporte a esse princípio. A discussão será dividida em quatro partes. A primeira lida com algumas observações preliminares importantes, entre elas as definições dos termos-chave. A segunda analisa o argumento essencial contido em ambas as edições. A terceira discute algumas questões interpretativas concernentes à natureza precisa das teses de Kant e procura esboçar uma defesa do argumento contra algumas objeções costumeiras. A quarta considera a questão da conexão entre o princípio transcendental da causalidade e as leis causais particulares.

A. Algumas observações preliminares

Antes de considerarmos o argumento de Kant, é importante elucidar alguns pontos terminológicos e interpretativos. Entre estes temos os termos-chave "causa" e "evento" e a concepção profundamente ambígua de uma sucessão objetiva. Para começar, Kant concorda com Hume que a necessidade é o traço tanto essencial quanto problemático do conceito de causalidade. Assim, ele afirma que "esse conceito exige por certo que algum A seja de tipo tal que um outro B se siga a ele *necessariamente, segundo uma regra absolutamente universal*" (A91/B124); e, ainda, que "o conceito de causa traz consigo a marca da necessidade que nenhuma experiência pode dar" (A112). Embora Kant não explique o que quer dizer por "necessidade" nesse contexto, seu uso do termo sugere que aqui, como na Introdução à *Crítica* (B4-5), o termo deve ser tomado como equivalente à "universalidade estrita" ou "invariabilidade". Afirmar que *A* é a causa de *B* é afirmar que dado um evento de tipo-*A*, juntamente com certas condições vigentes, um evento de tipo-*B* seguir-se-á invariavelmente (*jederzeit*).

O segundo termo-chave é "evento" (*Begenheit, Ereignis, Wirklichkeit*), tratado geralmente por Kant como sinônimo de "acontecimento" ou "ocorrência" (*Geschehen*). Tal uso é fonte potencial de certa confusão, mas o ponto principal é que todos esses termos se referem ao vir a ser, ou à cessação de um estado, ou à determinação de algum objeto. Por exemplo, o congelamento da água é um evento, pois envolve o vir a existir de um novo estado (solidez) da água, que também é, evidentemente, a cessação de seu estado anterior (liquidez). Por conseguinte, como Kant esclarece na segunda edição, todo evento é uma alteração e toda alteração é um evento.

A concepção de uma sucessão objetiva é mais complicada, pois contém uma dupla ambiguidade. A primeira concerne ao referente de "sucessão", que pode remeter ou a uma sucessão de eventos (o movimento de um corpo imediatamente após um impacto causado pelo movimento de outro, por exemplo) ou à sucessão de estados constituindo um único evento (por exemplo, a alteração da água do estado líquido para o estado sólido). Embora Kant seja notoriamente escorregadio nesse ponto, caracterizando em diferentes contextos ambos os tipos de sucessão como simplesmente *A-B*, parece claro, a partir de sua formulação do princípio em ambas as edições, e a partir dos argumentos oferecidos em defesa desse princípio, que sua preocupação principal é com o último[317]. Em outras palavras, a tese é que o conceito, ou melhor, o esquema da causalidade, deve ser pressuposto como condição da determinação da sucessão de estados que constituem um evento e não que seja preciso supor uma conexão causal entre eventos a fim de determinar sua ordem temporal.

A segunda ambiguidade diz respeito ao sentido de "objetivo" e de seu correlato "subjetivo", sugerindo dois contrastes bem distintos. Um deles consiste no contraste entre uma sucessão real de estados e uma sucessão meramente aparente (o contraste entre o movimento real e aparente, por exemplo); o outro corresponde ao contraste entre uma sucessão de percepções consideradas (correta ou incorretamente) como percepções de estados sucessivos e uma sucessão que não é considerada como tal (as percepções sucessivas de uma casa, por exemplo). Dependendo da opção escolhida, o objetivo da Segunda Analogia é demonstrar que o esquema da causalidade é necessário para distinguir ou bem entre eventos reais e meramente aparentes, ou bem entre eventos e estados de coisas estáticos.

A primeira alternativa parece ter algum suporte textual direto. Assim, ao concluir sua principal linha de argumentação, Kant observa que a relação de causa e efeito "é a condição da validade objetiva de nossos juízos empíricos no que diz respeito à série de percepções, portanto, de sua verdade empírica e, consequentemente, da experiência" (A202/B247). Essa referência à "validade objetiva" e à "verdade empírica" de nossos juízos relativos à sucessão temporal sugere fortemente que Kant tem em mente a condição da correção de tais juízos, e

---

317. Algo notado e enfatizado por Guyer (1987, esp. p. 240-242).

não a condição para sua mera formulação. Além disso, a conexão previamente observada entre o conceito de causalidade e tipos de eventos parece fornecer suporte indireto para essa leitura ao indicar a inseparabilidade entre o conceito de causalidade e o de lei causal. Caso se suponha que a aplicação do esquema da causalidade seja subsumir aparências sob uma lei causal, então também é natural supor que sua função seja distinguir sequências causais genuínas das meramente aparentes[318].

Todavia, uma consideração mais cuidadosa sugere que tal leitura não só é errônea como fonte de uma boa dose de confusão em relação à interpretação da Segunda Analogia. Como assinala Graham Bird, a preocupação de Kant na Segunda Analogia é mostrar que o conceito ou o esquema da causalidade é necessário para tomar representações sucessivas como representações de um evento e não que ele seja requerido para distinguir entre eventos genuínos e meramente aparentes (Bird, 1962, p. 158-159). Consequentemente, saber se, num caso particular, estamos de fato experienciando um evento (por oposição a apenas imaginá-lo) ou se estamos na verdade experienciando o próprio evento que acreditamos estar experienciando é uma questão empírica, a ser decidida pelos meios empíricos usuais, em vez de ser resolvida pelo apelo a um princípio transcendental.

Uma justificação mais completa dessa tese deve aguardar uma análise do próprio argumento. Contudo, é possível, neste ponto, destacar três considerações que lhe dão suporte. Em primeiro lugar, como vimos no capítulo 7, não se deve entender que a tese de Kant no § 19, segundo a qual todo juízo enquanto tal possui validade objetiva, signifique que todo juízo seja verdadeiro, mas apenas que todo juízo possui um valor de verdade. Portanto, parece razoável supor que Kant esteja utilizando a noção no mesmo sentido no presente contexto. Essa leitura tampouco é excluída pela referência à "verdade empírica", pois Kant explicitamente afirma que sua preocupação nas Analogias é apenas com as "condições formais da verdade empírica" (A191/B236). No caso da Segunda Analogia, é possível compreender de forma mais plausível que isso se refira ao arcabouço *a priori* para os juízos concernentes à ocorrência de um evento – por oposição às "condições materiais" requeridas para a determinação da verdade de juízos particulares. Em segundo lugar, tal leitura corresponde à problemática em que se concentra o próprio Kant ao distinguir entre as percepções de um evento (o navio se movendo a jusante) e as percepções sucessivas dos aspectos de um objeto permanente (a casa). Em terceiro

---

318. Friedman, que compreende a função da causalidade dessa maneira, afirmou isso em diversos lugares. Cf., p. ex., Friedman (1992b, p. 161-197). Discuto a intepretação de Friedman sobre a Segunda Analogia em Alisson (1996, cap. 6).

lugar, e mais importante, mesmo que nos enganemos em nosso juízo sobre um evento (como no caso de uma ilusão ou alucinação), de acordo com a análise de Kant, segue-se que ainda se recorre ao esquema da causalidade. Assim, a questão de sua função transcendental deve ser distinguida daquela da correção de sua aplicação empírica em instâncias particulares.

B. O argumento essencial

O primeiro problema com que se defronta qualquer interpretação da Segunda Analogia é o aparente excesso de provas. Com efeito, comentadores chegaram a distinguir seis provas, incluindo a adicionada na segunda edição (Paton, 1936, vol. 2, p. 224-225)[319]. Além disso, embora em geral se reconheça que cinco dessas provas sejam variações de um único tema, pensou-se por vezes que uma delas, o chamado argumento a partir da natureza do tempo (A199-201/B244-246), destaca-se das demais e envolve dificuldades peculiares[320]. No entanto, essas complexidades serão ignoradas aqui, já que o texto fornece uma única linha de argumentação que consta em ambas as edições e que pode ser exposta e analisada sem apelar a quaisquer das características únicas e especialmente problemáticas daquele argumento em particular[321].

O argumento começa com uma descrição das características essenciais da percepção de eventos. Aqui encontramos esta observação de Kant:

> Que algo aconteça, isto é, que venha a ser algo ou um estado que antes não existia, não pode ser empiricamente percebido onde não houver uma aparência precedente que não contenha em si esse estado (A191/ B236-237).

Em outras palavras, não posso estar consciente de que "algo aconteceu" a não ser que eu possa contrastar o estado presente de algum objeto com seu estado precedente. Isso já está claro a partir do argumento da Primeira Analogia e é igualmente clara a consequência de que "toda apreensão de um acontecimento, portanto, é uma percepção que se segue a outra" (A192/B237). Contudo, essa é apenas uma condição necessária, mas não suficiente, da percepção de um evento. Uma vez que toda apreensão é sucessiva, *toda* percepção se segue de uma precedente. Consequentemente, o problema consiste em determinar as condições

---

319. Paton segue a tradição de Adickes e de Kemp Smith.
320. Cf. Kemp Smith (1962, p. 375-376), que foi seguido de perto por R. P. Wolff (1963, p. 373); para uma crítica mais desenvolvida, cf. Ewing (1924, p. 375). Uma reformulação oportuna dessas críticas encontra-se em Suchting (1967, p. 355-369). Uma tentativa interessante de defender Kant contra essas objeções foi oferecida por Paton (1936, vol. 2, p. 254-256).
321. Para uma avaliação similar da situação, cf. Guyer (1987, p. 241).

sob as quais uma sucessão de percepções pode ser tomada como a percepção de uma sucessão de estados no objeto, isto é, de um evento.

Para elucidar o problema, Kant introduz o exemplo da percepção de um navio navegando a jusante. Seu ponto é simplesmente que, em contraste com a percepção de um objeto estático (uma casa) – em que não considero minhas percepções sucessivas como percepções de uma mudança ou sucessão no próprio objeto –, é exatamente assim que tomo minhas percepções no caso da percepção de um navio. Kant conclui que, nesse último caso, sou forçado a considerar a ordem de minhas percepções como determinada ou irreversível. Em outras palavras, se julgo que estou percebendo uma mudança na posição do navio do ponto A em t_1 para o ponto B em t_2, então, também tenho de pensar a ordem de minhas percepções como determinada, isto é, tenho de pensar essa ordem como A-B em vez de B-A. É claro que se pode imaginar uma ordem diferente das percepções; contudo, fazê-lo significa imaginar um evento diferente – um navio navegando na direção oposta, por exemplo (cf. Bird, 1962, p. 155; Melnick, 1973, p. 79-80).

Infelizmente, a maneira como Kant caracteriza essa irreversibilidade pode levar a alguns mal-entendidos. Numa passagem, ele escreve que "está aqui determinada [...] a ordem na sequência das percepções na apreensão, e esta última tem de estar ligada àquela" (A192/B237). Essa passagem e outras similares frequentemente levaram os comentadores a pensar que Kant estivesse afirmando que, na percepção de um evento, a verdadeira ordem subjetiva das percepções (a ordem de apreensão) se torna necessária pela ordem sucessiva dos estados percebidos. Em outras palavras, a afirmação "a ela está sujeita a apreensão" é entendida como determinação causal de *sua* ordem, e isso tornaria impossível que a percepção ocorra na ordem inversa[322].

Todavia, seria estranho se Kant adotasse tal linha de argumentação. Em primeiro lugar, ao tratar o esquema da causalidade para todos os efeitos como uma regra de apreensão, o argumento ignora a distinção entre percepção (apreensão) e experiência em torno da qual gravita a distinção entre Princípios Matemáticos e Princípios Dinâmicos. Em segundo lugar, não é possível determinar por inspeção que uma ordem de percepções seja (ou não) irreversível. Trata-se de uma questão de "interpretação" (embora não da variedade imaginativa) e requer que se sujeite a ordem a uma regra *a priori*. Finalmente, se a irreversibilidade for compreendida desse modo, então Kant estaria afirmando que ela funciona

---

322. A esse respeito, são típicas as interpretações de R. P. Wolff (1963, p. 267) e de Melnick (1973, p. 80-82).

de algum modo como um "bilhete de inferência" [*inference ticket*], licenciando a inferência de juízos sobre a ordem temporal objetiva com base numa ordem subjetiva percebida. Porém, se for este o caso, então Kant está irremediavelmente confuso, pois isso o comprometeria com o próprio idealismo empírico por ele rejeitado de modo inflexível[323].

Como, então, devemos compreender essa irreversibilidade? A resposta curta é que ela caracteriza o modo como conectamos percepções no pensamento (a unidade objetiva da apercepção), já que representamos *por meio* delas uma sucessão objetiva[324]. Em outras palavras, a irreversibilidade não se refere a uma dada ordem perceptual, que podemos inspecionar e então inferir que ela é, de algum modo, determinada pelo objeto, mas sim à *ordenação* conceitual do entendimento por meio da qual ele determina o pensamento de um objeto (a sucessão objetiva, neste caso). Antes da determinação conceitual, não há pensamento de objeto algum e, *a fortiori*, não há experiência.

A tarefa, portanto, é a de determinar a condição sob a qual podemos pensar uma ordem de percepções como irreversível e, por via de consequência, como percepções de um evento. À luz da análise de Kant, tal condição só pode ser suprida por uma regra *a priori*. Além disso, como a ordem em questão é temporal, a regra deve ter o *status* de um esquema transcendental. Resta, então, perguntar qual esquema está envolvido no pensamento de tal ordem. E a resposta é clara: aquele do conceito puro de causalidade, isto é, "a sucessão do diverso na medida em que está submetido a uma regra" (A144/B183). De fato, esse esquema é justamente a forma do pensamento de um evento. Consequentemente, somente subsumindo nossas percepções sob essa regra é possível considerar que tais percepções contêm a representação de um evento.

O passo final diz respeito à passagem da subsunção de percepções à regra para a subsunção do próprio evento. Embora este seja claramente o passo-chave, já que necessário para assegurar a realidade objetiva da regra, ele também é o mais mal compreendido. Numa leitura bastante comum, costuma-se pensar que essa linha de argumentação pode estabelecer no máximo a necessidade de subsumir nossas percepções sob a regra, o que não tem relação com a regulação por regras do próprio evento. Consequentemente, o único modo de preservar o ar-

---

323. A mesma suposição é criticada de um ponto de vista diferente por Melnick (1973, p. 81-83).

324. Apesar da crítica citada acima, trata-se de algo reconhecido por R. P. Wolff (1963, p. 268): "O ponto real do argumento, como Kant torna claro posteriormente na Analogia, não é que tenhamos que perceber *B* depois de *A*, mas que temos de representar ou pensar *B* depois de *A*. A objetividade é uma característica da cognição, não da apreensão".

gumento é, à maneira fenomenista, reduzir os juízos sobre objetos a juízos sobre nossas *percepções* de objetos[325].

Entretanto, a esta altura já deve estar claro que essa leitura não pode ser a correta. Toda a problemática da Segunda Analogia está fundamentada na pressuposição da impossibilidade de identificar simplesmente a ordem das percepções com a ordem dos estados sucessivos do objeto percebido. Uma vez mais, então, a subsunção das percepções sob uma regra não pode ser interpretada como o meio para converter as próprias percepções em objetos, mas, antes, como a base para conceber uma ordem temporal – objetiva, distinta – nas percepções e por meio das percepções. Mas, ao fazê-lo, estamos necessariamente pensando a ordem objetiva de acordo com a regra. De fato, o princípio em ação aqui é um princípio fundamental para a Analítica como um todo: "as condições da *possibilidade da experiência* em geral são, ao mesmo tempo, condições da *possibilidade dos objetos da experiência*" (A158/B197) (cf. tb. A111).

Essa é, portanto, a linha central do argumento da Segunda Analogia. Não se trata de um argumento a partir da natureza do tempo, embora diga respeito às condições da representação de uma sucessão no tempo. Trata-se, antes, de um argumento que parte da natureza da percepção de eventos para chegar às condições de sua possibilidade e que pode ser decomposto em cinco passos: (1) Toda percepção de um evento requer percepções sucessivas de um objeto. (2) Mas isso é uma mera condição necessária, e não suficiente, da percepção de eventos. Esta última também requer a percepção de estados ou determinações sucessivas do objeto, e (como toda apreensão é sucessiva) isso jamais pode ser determinado com base na sucessividade das próprias percepções. (3) A fim de considerar a sucessão de percepções como percepções de estados ou determinações sucessivas de um objeto, é necessário conceber sua ordem como irreversível. (4) Conceber percepções dessa maneira é apenas subsumi-las sob uma regra *a priori* que, neste caso, tem de ser o esquema da causalidade. (5) Como uma condição de possibilidade da experiência de uma sucessão objetiva, o esquema também é uma condição da própria sucessão (como objeto da experiência possível).

C. Avaliação do argumento e resposta às críticas

Interpretado nessa chave, o argumento forneceria uma resposta adequada ao desafio humeano ao princípio causal? Deixando de lado dúvidas globais sobre

---

325. Cf. Van Cleve (1973, p. 75-76), para sua discussão da interpretação de Ewing; cf. tb. Melnick (1973, p. 81-82) para uma crítica a Paton sobre esse ponto.

o arcabouço transcendental subjacente, a aparente fraqueza de sua tese central é um motivo para pensar que o argumento não fornece tal resposta. Se, como se sugeriu, o argumento mostra apenas que o esquema da causalidade é necessário para o pensamento de um evento, mas não garante a veracidade de qualquer juízo empírico concernente a eventos, então como ele pode responder a um cético em relação à causalidade? No máximo, ele parece deslocar o desafio cético do princípio causal ele mesmo para os juízos dos eventos que se supõe que o princípio condicione[326].

Tal crítica, contudo, interpreta erroneamente o alvo de Kant. Ela supõe que o que Kant tentou fazer na Segunda Analogia (ou pelo menos deveria ter tentado fazer) foi responder a um ceticismo de tipo cartesiano relativo à "objetividade" de nossa experiência dos eventos. Contudo, como veremos no próximo capítulo, tais preocupações de tipo cartesiano são objeto da Refutação do Idealismo e não têm relação direta com a questão de que nos ocupamos agora. Pois Hume não duvida de que percebemos eventos, mas sim que tenhamos fundamentos (a não ser uma propensão psicológica) para supor qualquer conexão necessária entre eles. De fato, ele precisa não só pressupor que assim o fazemos como deve distinguir uma mera sequência de percepções da percepção de um evento para oferecer sua famosa explicação de como formamos a crença de que sequências futuras de eventos irão se assemelhar a sequências passadas. No entanto, como essa pressuposição é necessária para seu próprio programa, Hume deve igualmente aceitar qualquer coisa que se revele como sua condição necessária, que é exatamente o que Kant teria mostrado com o esquema da causalidade[327].

Em resposta a isso, insiste-se por vezes que nós "simplesmente vemos" uma sucessão objetiva (que B se segue a A) e, portanto, não temos necessidade de introduzir quaisquer princípios *a priori* ou aparatos transcendentais para explicar sua possibilidade (cf., p. ex., Prichard, 1909, p. 294-296). De um lado, essa resposta deriva sua plausibilidade da pressuposição errônea de que Kant estivesse descrevendo um processo psicológico pelo qual supostamente investigamos primeiro as percepções e só então concluímos que são percepções de um evento; de outro, ela deriva da ambiguidade observada anteriormente na noção de uma sucessão objetiva. Essa resposta pode ser prontamente aceita sem prejuízo para o

---

326. Essa linha de objeção já fora formulada na época de Kant por Solomon Maimon. Maimon concedeu que Kant estabelecera o *quid juris*, mas negou que ele tenha estabelecido o *quid facti*. Para uma discussão da crítica de Maimon a Kant, cf. Beiser (1987, p. 285-323) e Thielke (1999, esp. cap. 4 e 5).

327. A formulação clássica da lógica desse argumento transcendental com o qual Kant responde a Hume foi oferecida por L. W. Beck (1978b, esp. p. 131-135).

argumento caso entendamos que isso significa a possibilidade de determinar que um evento *B* se seguiu a um evento *A* sem ter de pressupor qualquer conexão causal entre eles. Pois esse argumento aborda a questão mais básica de como percebemos *A* e *B*, considerados como eventos discretos. E dizer que eles, também, são "simplesmente vistos" é uma petição de princípio.

Para se opor à negação de que a Segunda Analogia trata das condições da ordenação temporal de eventos sucessivos e não da ordenação dos estágios como um único evento, o crítico pode se sentir tentado a apelar para a frequente simultaneidade de causa e efeito admitida por Kant (A203/B248). Kant introduziu essa questão após completar seu argumento, pois aparentemente considerava tal simultaneidade como a base para uma possível objeção, abordando-a a partir de uma distinção entre a *ordem* e o *decurso* do tempo. Em resumo, sua tese é que o início da "causalidade da causa" ainda é anterior na ordem do tempo em relação ao vir a ser do efeito, mesmo que, como é normalmente o caso, haja pouco ou nenhum decurso de tempo entre os dois (A204/B249). Mas como causa e efeito são eventos distintos, poder-se-ia pensar que ao enfocar sua relação temporal, Kant estaria indicando que o objetivo da Segunda Analogia seria, de fato, assegurar a ordenação de eventos distintos, subsumindo-os sob a relação de causa e efeito. Entretanto, como salientou Guyer, a ordem temporal que interessa a Kant não é a de causa e efeito, mas sim a dos estados do objeto submetido à alteração no evento (Guyer, 1987, p. 259-262).

Como Guyer também observa, isso por si só é suficiente para descartar a tentativa feita por Schopenhauer de *reductio** do argumento de Kant (Guyer, 1987, p. 240). Ao considerar que o argumento de Kant seria o de que a única sucessão passível de ser considerada como objetiva é a de causa e efeito, Schopenhauer assinalou corretamente que as aparências podem perfeitamente seguir-se uma *após* a outra sem seguir-se uma *da* outra. Um caso exemplar é a sequência de noite e dia, que provavelmente Schopenhauer tomou emprestado de Reid, que a utilizara contra Hume (Reid, [1788] 1967, vol. 2, p. 627)[328]. Como Kant (nessa interpretação) é obrigado a negar a possibilidade de haver qualquer sucessão objetiva não causal, Schopenhauer argumentou que ele cai no erro oposto ao de Hume. Assim como Hume falsamente entendeu "*alles Erfolgen für blossen*

---

* Em lógica, a *reductio ad absurdum* (do latim, "redução ao absurdo") é um processo de inferência pelo qual é possível derivar uma proposição *não-A* a partir do fato de uma hipótese *A* conduzir a uma contradição. Isso significa que se uma contradição pode ser deduzida a partir de uma proposição *A*, então essa proposição não pode ser verdadeira e, portanto, pode-se afirmar *não-A* [N.T.].

328. Para uma discussão a esse respeito, cf. Guyer (1987, p. 259-260).

Folgen"*, Kant sustenta que "*dass es kein anderes Folgen gebe, als das Erfolgen*"** (Schopenhauer, [1813] 1919, vol. 1, § 23, p. 85-92).

É evidente, porém, que essa linha de objeção se baseia numa completa deturpação do argumento de Kant. Uma vez que a sucessão objetiva, da qual ele se ocupa, é a dos estados que constituem um evento, o argumento não possui qualquer relação direta com a objetividade da sucessão de eventos distintos. Consequentemente, ele não implica que a única sucessão (de eventos distintos) que podemos experienciar seja a de causa e efeito. Além disso, retornando ao exemplo de Schopenhauer, se entendermos que a sucessão de noite e dia se refere a uma sucessão de estados da Terra (ou de uma parte dela), então a própria sucessão é um evento no sentido de Kant e, portanto, está sujeita ao princípio causal.

Por fim, temos de considerar a notória objeção de *non-sequitur* que supõe igualmente que a percepção de um evento é imediata e não problemática. Essa objeção foi inicialmente formulada por Arthur Lovejoy e posteriormente reiterada, aparentemente sem qualquer conhecimento da análise de Lovejoy, por Strawson, que celebremente a apelidou de "um *non sequitur* de entorpecente bruteza" (Strawson, 1966, p. 137; Lovejoy, 1967, p. 284-308). Por questão de brevidade, examinaremos aqui apenas a versão de Strawson.

Strawson aquiesce à tese de Kant segundo a qual a ordem das percepções, na experiência de um evento, é determinada ou irreversível e "nesse sentido necessária", pois a considera como uma tentativa de articular a recusa da "indiferença à ordem" característica da percepção de eventos. Consequentemente, Strawson admite que, salvo possíveis exceções, na percepção de uma sucessão A-B, é "necessário que a percepção de um segundo estado B se siga e não preceda a percepção do primeiro estado A". O problema de Kant, entretanto, seria o fato de acreditar erroneamente que

> conceber essa ordem da percepção como necessária [seria] equivalente a conceber a transição ou mudança de A para B como *ela própria* necessária, isto é, como caindo sob uma regra da lei da determinação causal; considerá-la necessária [seria] equivalente a conceber o evento da mudança ou transição como precedido por alguma condição, de modo a um evento desse tipo necessária e invariavelmente se seguir de uma condição do mesmo tipo (Strawson, 1966, p. 138).

Segundo Strawson, é aqui que reside o *non sequitur*, por ele atribuído ao deslocamento ilícito e inadvertido de Kant de uma noção conceitual para uma

---

* "todas as consequências como meras sequências" (em alemão no original) [N.T.].

** "que não haja outras sequências a não ser a consequência" (em alemão no original) [N.T.].

noção causal de necessidade. É conceitualmente necessário que, na percepção da sequência de estados *A-B*, as percepções do observador devam seguir a ordem: percepção de *A*, percepção de *B*. No entanto, insiste ele que

> a necessidade invocada na conclusão do argumento não é, de modo algum, uma necessidade conceitual; ela é a necessidade causal da mudança ocorrer, dado algum estado de coisas anterior. Trata-se de uma contorção de fato bem curiosa pela qual uma necessidade conceitual, baseada no fato de uma mudança, é equiparada com a necessidade causal dessa mesma mudança (Strawson, 1966, p. 138).

Toda essa linha de objeção, entretanto, está contaminada pelo ponto de vista transcendentalmente realista por ela pressuposto. Ignorando o arcabouço em que o problema está posto (seu "cenário transcendental"), ela trata Kant como se fosse um idealista empírico, interessado em fundamentar uma conclusão concernente às relações causais de coisas e eventos ontologicamente distintos sobre uma característica de nossas percepções (sua irreversibilidade). Como Beck salienta, Kant bem poderia responder que, dada *essa* concepção de um objeto, da ordem de nossas percepções não poderíamos inferir nada sobre a ordem objetiva *A-B* (Beck, 1978a, p. 151-152 – "A *non-sequitur* of numbing grossness?"). Além disso, para evitar esse problema, Strawson tem de pressupor que experienciamos eventos diretamente, o que, como já se observou, significa incorrer em petição de princípio.

De fato, precisamente por conta de seu ponto de vista transcendentalmente realista, Strawson critica Kant por uma inferência que ele não faz – a saber, das percepções subjetivas (no sentido empírico) para os eventos objetivos (no sentido transcendental). Contrariamente à sua pressuposição, o argumento de Kant não passa da irreversibilidade das percepções num hipotético exemplo de percepção de eventos (a presumida necessidade conceitual) para a "necessidade causal da mudança". Ao contrário, como já observei diversas vezes, a tese é que o esquema da causalidade fornece a regra mediante a qual pensamos uma ordem de percepções como irreversível, entendendo-as, assim, como percepções de estados sucessivos de um objeto. Em outras palavras, a passagem não é da irreversibilidade para a causalidade (o que seria um *non sequitur*), mas *para* a suposta irreversibilidade (num exemplo particular) da sequência de percepções *pela* subsunção dessa sequência sob o esquema da causalidade, *por meio* do qual consideramos essa sequência como a cognição de um evento. Uma vez mais, o esquema é a forma do pensamento de uma sucessão objetiva, pois é a regra pela qual se entende que a percepção de um evento é produzida pela sucessão de percepções.

D. Um problema interpretativo: esquema da causalidade ou de leis causais?

A análise precedente da Segunda Analogia pode ser denominada de uma "interpretação fraca", pois insiste que o argumento mostra (e tem por objetivo mostrar) apenas que todo evento cai sob o esquema da causalidade, e não sob leis causais particulares. Enquanto tal, ela é oposta a uma "interpretação forte", para a qual todo evento cai sob leis causais. Assim, para concluir esta discussão, pode ser instrutivo reconsiderar a interpretação forte, que se apresenta sob duas formas principais.

Uma dessas formas é a leitura epistemológica oferecida por Guyer. De acordo com ele, o objetivo da Segunda Analogia é fornecer as condições para a confirmação de juízos particulares relativos à ocorrência de eventos e mostrar que isso exige apelar para leis causais particulares. Eis como Guyer ilustra seu argumento:

> É somente se estivermos de posse das leis causais conforme as quais um navio navega a jusante apenas nas circunstâncias relevantes – isto é, não em circunstâncias em geral, mas em circunstâncias particulares de vento, maré, configuração das velas etc. – que teremos efetivamente evidências suficientes para interpretar nossas representações dele como de um navio navegando a jusante (Guyer, 1987, p. 252).

Para além de sua insistência numa conexão estreita entre a Segunda Analogia e a Refutação do Idealismo, a explicação de Guyer parece basear-se na premissa de que a validade objetiva dos juízos sobre eventos seja equivalente à sua verdade empírica[329]. Contudo, independentemente dessas suposições questionáveis, há duas razões principais pelas quais sua leitura é altamente duvidosa. Em primeiro lugar, ela é, à primeira vista, implausível, já que obviamente conseguimos reconhecer muitos casos de sucessão objetiva mesmo não sendo capazes de subsumir essa sucessão sob uma lei causal. Por exemplo, será realmente o caso de não poder haver "experiência objetiva" do congelamento da água sem o conhecimento das condições causais dessa mudança? Seres humanos decerto experienciaram (e continuam a experienciar) incontáveis ocorrências desse tipo de evento sem o conhecimento de suas condições, ou seja, sem serem capazes de subsumir o evento sob a lei causal apropriada.

---

329. Assim, em aparente apoio a essa leitura, Guyer (1987, p. 239; 259) nos remete por duas vezes a A201-202/B246-247, onde Kant se refere à validade objetiva dos juízos empíricos relativos a um evento. Deve-se notar, entretanto, que em ambas as ocasiões Guyer utiliza esse princípio para discutir a objeção de Schopenhauer, em vez de o utilizar para confirmar sua própria pressuposição subjacente.

A segunda dificuldade o próprio Guyer a reconhece e procura enfrentar: sua leitura elevaria as leis empíricas, que devem se basear na experiência, a condições necessárias da experiência. A resposta de Guyer envolve uma deflação dessas leis de uma condição de experiência possível para uma condição de *confirmação* de juízos particulares relativamente à ordem temporal. Evitando uma leitura metafísica das Analogias, segundo a qual elas funcionariam no sentido de constituir uma ordem temporal objetiva, ele insiste que elas dizem respeito exclusivamente à determinação do arcabouço epistemológico para a confirmação de tais juízos. No interior desse arcabouço puramente epistemológico, sustenta ele, não há incoerência ou circularidade na ideia de que leis causais são necessárias para justificar afirmações sobre sucessão objetiva, apesar de só adquirirmos conhecimento das leis causais por meio do conhecimento de tal sucessão. Haveria um problema apenas se a mesma sequência fosse ao mesmo tempo derivada de uma lei causal particular e mobilizada como evidência para essa lei (Guyer, 1987, p. 258-259, 315, 326).

Essa resposta é insatisfatória por causa de sua visão míope das possibilidades interpretativas. As únicas opções que Guyer contempla correspondem ou a uma leitura fortemente metafísica, segundo a qual a mente humana de alguma forma constituiria a ordem da natureza, impondo-lhe suas formas *a priori* (o que reflete sua compreensão do idealismo transcendental), ou a uma estreita leitura empírica, segundo a qual a função do princípio causal seria especificar a necessidade de leis causais particulares a fim de confirmar ou verificar os juízos relativos à ocorrência de eventos inicialmente feitos sem qualquer recurso a essas leis. Está claro, contudo, que há espaço para pelo menos uma outra opção: a concepção de que a Segunda Analogia diz respeito a uma sucessão objetiva, cuja condição é oferecida pelo esquema da causalidade. Nessa leitura, o esquema fornece a condição transcendental para aquela experiência inicial de um evento, cuja confirmação supõe-se fornecida pela subsunção do evento hipotético sob leis empíricas. Como já mencionamos mais de uma vez, essa é a tarefa básica da Segunda Analogia.

Uma versão mais ortodoxa da interpretação forte considera que a Segunda Analogia teria por objetivo provar que todo evento cai sob *alguma* lei causal empírica, cuja natureza precisa tem de ser aprendida a partir da experiência. Em outras palavras, parte-se da suposição de que Kant se esforça ali para responder a Hume demonstrando uma "lei de causalidade" ou "princípio de indução" que garantiria generalizações ou leis particulares[330].

---

330. Essa formulação é tirada de Brittan (1978, p. 189). Para ser justo, porém, deve-se notar que isso não reflete sua interpretação do argumento.

Os defensores dessa leitura geralmente reconhecem que Kant não está comprometido com a visão extremamente implausível de que em qualquer mudança de estado *A-B*, o estado inicial deve ser visto como a causa ou condição iniciadora do seu sucessor, uma vez que isso só ocorre em relativamente poucos casos[331]. Em vez disso, supõe-se que, para Kant, a sequência de estados *A-B* deve ser "conforme a lei", no sentido em que, dada alguma condição iniciadora, a transição de *A* para *B* é subsumível sob uma lei causal. Expressa esquematicamente, a tese defende que, para cada objeto do tipo *x* que muda do estado *A* em t_1 para o estado *B* em t_2, deve haver alguma "condição iniciadora" *C*; e uma vez dada tal condição (juntamente com certas "condições existentes" não especificadas), estados do *tipo A* serão necessariamente seguidos por estados do *tipo B* em todos os objetos do *tipo x*. O apoio textual para essa leitura é proporcionado pela conexão, já mencionada, entre o conceito de causalidade e a lei causal. Posto que dizer que *A* é a causa de *B* é afirmar uma lei causal conectando eventos do *tipo A* a eventos do *tipo B*, pode-se pensar que a conformidade de todos os eventos a leis causais empíricas se segue diretamente de sua sujeição à "lei transcendental da conexão de causa e efeito"[332].

Contra essa leitura, cabe insistir que a Segunda Analogia parece fornecer uma autorização para procurar a causa de qualquer evento e, portanto, a lei causal sob a qual este pode ser subsumido. Porém, não determina qual é a causa nem garante que poderemos descobrir essa causa ou a lei causal relevante. Com efeito, Kant deixa isso bem claro em sua explicação da escolha do termo *analogia* para os princípios que caem sob esse nome. Como vimos no capítulo 8, há analogia entre a relação diádica expressa na categoria e seu esquema, por um lado, e entre a relação de uma dada aparência com algum *relatum* não especificado, por outro. Assim, Kant sugere que a relação fornece "uma regra para procurá-lo [o quarto membro] na experiência e uma marca para nela encontrá-lo" (A180/ B222). O que se revela crucial, contudo, e que serve para distinguir as analogias em filosofia daquelas da matemática, é que as primeiras fornecem apenas uma regra ou um procedimento de decisão para procurar o quarto membro, e não o

---

331. Embora sem ter em mente o problema preciso do qual estamos tratando aqui, uma caracterização de tal situação é sugerida por Melnick (1973, p. 117) em sua análise de um "sistema fechado". Segundo Melnick, "um sistema fechado é aquele cuja descrição num determinado momento é governável por leis cujas condições de aplicação constituem uma descrição do sistema num outro momento". O movimento dos planetas é um exemplo de tal sistema porque "a posição dos planetas em qualquer momento é uma função da sua massa e posição em outros momentos". Talvez isso possa ser considerado como a descrição de uma situação em que o estado anterior de uma "substância" é a causa ou condição do seu estado posterior.

332. Trata-se da opinião de Friedman (1992b). Cf. a nota 318, acima.

quarto membro ele mesmo (A179-801/B222). Aplicando isso à relação causal, vemos que a Segunda Analogia permite-nos determinar *a priori* que para qualquer evento dado *y*, deve haver algum evento prévio *x* do qual *y* se segue de acordo com uma regra, embora isso não garanta que possa ser encontrado. Expresso de outro modo, esse procedimento não assegura que seremos capazes de distinguir entre regularidades meramente contingentes e conexões causais genuínas.

Em contraste, os Princípios Matemáticos supostamente relacionam-se de maneira direta com a intuição e asseguram que todas as aparências (enquanto intuídas) são grandezas extensivas e intensivas. No caso de grandezas intensivas, Kant ilustra a questão observando que podemos "fornecer de maneira determinada, isto é, construir, o grau das sensações da luz do sol a partir, digamos, de duzentas mil iluminações pela lua" (A178-179/B221). O ponto não é que possamos saber *a priori* que a sensação da luz do sol está precisamente nesta (ou em qualquer outra) relação determinada com a iluminação da lua. É, antes, que podemos saber *a priori* que ela tem de ter algum grau determinado e que existe uma razão [*ratio*] matematicamente construível entre a sua iluminação e a de qualquer outro corpo (neste caso, a lua). Em outras palavras, o princípio garante a possibilidade de determinar essa razão matematicamente. Todavia, isso é precisamente o que falta no caso das Analogias. Visto que estas últimas dizem respeito à existência de aparências no tempo, e visto que, como afirma Kant, "esta [a existência das aparências] não pode ser construída [determinada *a priori*]" (A179/B222), segue-se que só podemos saber *a priori* que uma aparência tem de estar numa relação necessária com alguma outra aparência, mas não que seremos capazes (mesmo em princípio) de determinar o que é essa outra aparência e a lei que as conecta.

Retornando à Segunda Analogia, a questão óbvia que se coloca neste momento é por que continua a existir um problema substantivo relativo à determinabilidade de tais leis e de causas particulares, já que, como supostamente se sabe, cada ocorrência deve cair sob uma lei causal. Decerto, sua descoberta é uma questão empírica e pode envolver grandes dificuldades; porém, ainda se pode pensar que a Segunda Analogia deve fornecer uma garantia transcendental de que tais leis existem e podem ser encontradas, ou seja, que são em princípio passíveis de descoberta, tal como os Princípios Matemáticos pretendem mostrar que qualquer aparência é, em princípio, mensurável e que a razão entre duas (ou mais) aparências é determinável segundo uma métrica comum.

Embora se trate de uma questão importante, ela não é abordada na Analítica Transcendental. Kant, contudo, trata dela brevemente no Apêndice à Dialética Transcendental, em conexão com o uso hipotético (indutivo) da razão e, mais amplamente, na Introdução à terceira *Crítica*, em conexão com sua explicação do juízo reflexionante. O primeiro será abordado no capítulo 15, mas a segunda está fora dos limites deste estudo[333]. Entretanto, pode ser apropriado encerrar esta discussão citando uma passagem da obra tardia de Kant. Nela, ele caracteriza o problema de uma forma particularmente notável:

> Pois é perfeitamente possível pensar que, à parte toda a homogeneidade das coisas da natureza segundo as leis universais sem as quais a forma de uma cognição por experiência em geral não teria lugar de modo algum, as diferenças específicas das leis empíricas da natureza, juntamente com seus efeitos, poderiam ser todavia tão grandes que seria impossível para o nosso entendimento descobrir neles uma ordem compreensível, dividir seus produtos em gêneros e espécies – para utilizar os princípios de explicação e compreensão de uns também para a explicação e compreensão dos outros – e fazer desse material tão confuso (propriamente falando, apenas infinitamente diverso e incompatível com a nossa capacidade de compreensão) uma experiência concatenada (KU 5: 185; 729) (cf. tb. Fl 20: 209; 13).

Como essa passagem indica, o problema é que a análise transcendental da primeira *Crítica*, que garante a uniformidade (conformidade a leis) da natureza no nível mais geral, não garante sua uniformidade igualmente no nível empírico. Apesar de tudo que as Analogias mostraram, permanece possível que a natureza seja tão complexa que a compreensão humana nunca seja capaz de se orientar nela. Por outras palavras, Kant introduz outro espectro, distinto daquele subjacente à Dedução Transcendental, que não é capaz de exorcizá-lo.

IV. A Terceira Analogia

A Terceira Analogia é identificada na primeira edição como o "Princípio da comunidade" (A211) e na segunda como o "Princípio da coexistência [*Zugleichsein*] segundo a lei da interação ou comunidade" (B256). Tal como as analogias precedentes, esta é formulada de modo diferente na primeira e na segunda edição. Na primeira, o princípio afirma que todas "as substâncias, na medida em que coexistem, estão em completa comunidade (isto é, em interação umas com as outras)" (A211); na segunda encontramos o princípio segundo o qual todas "as substâncias, na medida em que podem ser percebidas como coexistentes no espaço, estão em interação universal" (B256). Embora a formulação da segunda edição difira da primeira tanto em sua orientação mais explicitamente episte-

---

333. Discuto essa questão em detalhe em Allison (2001a, cap. 1).

mológica (referindo-se à percepção de substâncias coexistentes) quanto em seu escopo aparentemente mais restrito (limitado a substâncias no espaço), não parece haver qualquer diferença substantiva entre elas. Já na primeira edição, o argumento diz respeito às condições da experiência da coexistência, e em ambas as edições está suposto que as únicas substâncias cujas relações temporais podem ser determinadas são as que existem no espaço. Assim, a tese básica é que a interação universal é a condição sob a qual a coexistência de substâncias distintas pode ser experienciada num mundo espaço-temporal comum.

Uma vez que se trata de uma tese ousada, cujas raízes remontam a algumas das primeiras especulações físicas e metafísicas de Kant, sua relativa negligência na literatura pode parecer surpreendente. No entanto, é compreensível (se não justificada), dada a extraordinária atenção prestada à Segunda Analogia como o *locus* da "resposta de Kant a Hume", a obscuridade do seu argumento, a já mencionada natureza problemática da conexão entre a categoria de comunidade e a forma disjuntiva do juízo, e, sobretudo, a aparência de redundância, decorrente do fato de que, tal como a Segunda Analogia, também a Terceira trata da causalidade, embora da variedade recíproca.

Embora a obscuridade do argumento e a natureza não óbvia da conexão entre a categoria e a forma do juízo não possam ser negadas, a Terceira Analogia não se torna redundante em virtude da Segunda. Pelo contrário, iremos argumentar que ela tem uma função distinta e igualmente essencial como condição da experiência. A discussão está dividida em quatro partes que espelham essencialmente a divisão da Segunda Analogia. A primeira parte tenta elucidar alguns dos problemas terminológicos em grande medida responsáveis pela obscuridade. A segunda parte analisa o argumento e se concentra na formulação mais rigorosa da segunda edição. À luz dessa análise, a terceira parte examina e responde à objeção da redundância. Por fim, a quarta parte procura esclarecer um pouco mais as teses centrais de Kant, particularmente no que se refere à concepção de comunidade.

A. *Algumas observações preliminares*

Na ordem de exposição, o primeiro dos vários problemas terminológico--conceituais postos pela Terceira Analogia corresponde ao da interpretação apropriada do termo *Zugleichsein*, que pode ser traduzido como "coexistência" ou "simultaneidade" (cf. capítulo 8, nota 294). Kemp Smith geralmente traduz da primeira forma; Guyer e Wood, da segunda. Embora Kant utilize ocasionalmente também o alatinado *Koexistenz*, sugerindo assim um contraste com

Zugleichsein, a primeira forma está mais de acordo com o fio condutor do argumento. O ponto básico é que a simultaneidade é uma relação entre eventos ou estados de coisas num momento particular do tempo, enquanto a coexistência se refere a uma relação diacrônica entre substâncias que existem durante um período de tempo comum[334]. Como veremos, na Terceira Analogia, Kant interessa-se principalmente (embora não exclusivamente) pela última.

Um problema frequentemente assinalado é o de que a coexistência de substâncias (ao longo de todo tempo) pode ser inferida sem qualquer apelo a um princípio distinto uma vez que a Primeira Analogia já teria mostrado, supõe-se, que toda substância é permanente. Todavia, como Paton salienta, Kant está presumivelmente interessado nas condições do conhecimento empírico da coexistência de substâncias consideradas em certos estados ou em relação a certos acidentes (Paton, 1936, vol. 2, p. 298)[335]. Em outras palavras, interessa-se pela coexistência de coisas determinadas, que são elas próprias, de acordo com a Primeira Analogia, acidentes de uma substância ou, de forma equivalente, maneiras em que as substâncias das quais elas são formas determinadas existem. Consequentemente, não é preciso conceber que elas persistem ao longo de todo o tempo.

O segundo termo que requer elucidação é "interação" (*Wechselwirkung*). Em certa passagem, a linguagem de Kant sugere que o termo é interpretado simplesmente como uma causalidade dupla ou recíproca (A212/B259). No entanto, na maior parte dos casos, Kant o toma como equivalente à relação de "influência recíproca" (*wechselseitiger Einfluss*). Uma vez que "influência" é um termo técnico retirado de Baumgarten e se refere à ação de uma substância sobre outra, uma influência recíproca seria uma ação recíproca entre duas (ou mais) substâncias (cf. Baumgarten, 1739, § 211 (7,71), *apud* Paton, 1936, vol. 2, p. 143, n. 7). Num sentido lato, tal ação é inegavelmente uma espécie de causalidade, o que explica porque Kant faz uso da terminologia causal. Contudo, como Eric Watkins salienta, ela difere da causalidade evento-evento tratada na Segunda Analogia, uma vez que consiste numa relação direta entre substâncias que pode ser considerada como contínua e, portanto, não precisa envolver uma mudança de estado, ou seja, um evento (Watkins, 1997, p. 438-440)[336]. O exemplo paradigmático dessa relação é o exercício contínuo de força (atrativa e repulsiva) entre substâncias em interação.

---

334. Para a análise que Kant faz da simultaneidade, cf. ID 2: 401; 394.

335. Mais recentemente, o mesmo ponto foi defendido por Thöle (1998, p. 291-292).

336. Watkins também sugere que o mesmo modelo de causalidade se aplica à Segunda Analogia, mas não concordo com tal sugestão.

Essa compreensão da interação também fornece a chave para sua modelação. Se concebermos a influência recíproca em termos do modelo sugerido pela Segunda Analogia, veríamos que a influência se dá entre estados sucessivos das substâncias envolvidas. Utilizando a ilustração da Terra e da Lua (T e L) mobilizada por Kant, neste modelo, T_1 é uma causa de L_2, e L_1 uma causa de T_2, e assim por diante. Contudo, além de quaisquer problemas conceituais que esse modelo possa envolver, ele não explica a coexistência. Pois, como Watkins (1997, p. 435-436) também assinalou, ele requer apenas que L_2 ocorra após T_1, e T_2 após L_1, e assim por diante; desse modo, ele não mostra nem que L_1 coexiste (ou é simultâneo) com T_1, nem que T_2 coexiste (ou é simultâneo) com L_2.

Esse problema não se coloca, contudo, se supusermos que a influência ocorre entre estados simultâneos das substâncias: T_1 influencia L_1, T_2 influencia L_2 e vice-versa. Além disso, esse modelo não entra em conflito com a Segunda Analogia. Esta última se interessava somente pelas condições da experiência de um evento, e tal influência (também aqui devendo ser pensada em termos de um exercício de força) não constitui um evento. Por conseguinte, embora o próprio Kant não discuta a questão, parece razoável supor que ele tivesse esse modelo em mente[337].

O último termo que requer discussão preliminar é "comunidade" (*Gemeinschaft*), apresentado por Kant enquanto uma alternativa a "interação" como um nome para a categoria. Kant observa que o termo é ambíguo e pode significar tanto *communio* quanto *commercium*, mas que na Terceira Analogia ele o usa no segundo sentido, o de uma "comunidade dinâmica sem a qual a própria comunidade local (*communio spatii*) jamais poderia ser conhecida empiricamente" (A213/B260). Como sugere essa última expressão, a referência à comunidade serve para sublinhar o papel singular da Terceira Analogia enquanto condição da relação das substâncias no espaço. Embora Kant se interesse sobretudo pela coexistência, o fato de a coexistência de substâncias só poder ser experienciada no espaço implica que a interação ou a comunidade dinâmica também seja, portanto, a condição da possibilidade da experiência de substâncias enquanto coexistentes num espaço único[338]. Com efeito, numa carta a J. G. Schulz de 1784, Kant chega ao ponto de afirmar que a interação é condição da experiência externa (Br 10: 367; 215).

---

337. Paton (1936, vol. 2, p. 321-322) chega a uma conclusão similar.

338. Esse ponto foi enfatizado por muitos comentadores, e mais recentemente por Morrison (1998, esp. p. 266-267).

No entanto, poder-se-ia questionar por que Kant deveria tratar "interação" e "comunidade" como permutáveis, uma vez que os termos claramente não são sinônimos. Além disso, a situação torna-se mais intrigante pelo fato de Kant também ligar o conceito de comunidade ao conceito de um todo (*Ganze*) (cf., p. ex., B112, A214/B261). Pois certamente não parece ser o caso de pensar que as substâncias devem constituir um todo para que se possa experienciá-las como em interação e/ou em coexistência. Para antecipar as coisas, temos a chave da resposta: a comunidade dinâmica é composta por *todas* as substâncias coexistindo ao longo de um intervalo de tempo e apenas a interação do conjunto completo dessas substâncias é suficiente para determinar sua coexistência. Em outras palavras, a coexistência de *T* e *L* é uma função não só da sua interação direta, mas também da sua interação com todas as substâncias coexistentes, o que coletivamente constitui uma comunidade. Infelizmente, porém, Kant obscurece esse ponto por sua tendência a retratar a interação como uma relação entre duas substâncias.

B. O argumento da segunda edição

Como é o caso para as duas primeiras Analogias, o argumento adicionado na segunda edição está contido no parágrafo inaugural da Terceira Analogia (B256-258). O argumento pode ser subdividido em sete passos, e serão citados e discutidos um por vez, como tem sido nosso procedimento habitual.

> [Passo 1] As coisas são *coexistentes* quando, na intuição empírica, a percepção de uma pode seguir-se à percepção da outra *reciprocamente* [...]. Assim, eu posso situar minha percepção primeiro na lua e depois na terra, como também, inversamente, primeiro na terra e depois na lua; e, visto que as percepções desses objetos podem seguir-se uma a outras reciprocamente, eu digo que eles coexistem.

Kant parece oferecer aqui um critério empírico para a determinação da coexistência. De acordo com esse critério, as coisas coexistem apenas no caso de as percepções desses objetos poderem se seguir reciprocamente. Como já sugerimos, se Kant estiver se referindo aqui a um processo diacrônico em que os objetos são experenciados como coexistindo ao longo de um intervalo de tempo, a situação pode ser representada esquematicamente ou como T_1, L_2, T_3, L_4 e assim por diante, ou como L_1, T_2, L_3, T_4 e assim por diante.

A situação real, contudo, acaba por ser um pouco mais complicada. Uma vez que não podemos ler diretamente uma ordenação recíproca das nossas percepções a partir dessas percepções tanto quanto não podemos ler sua irreversibilidade, o modo como esse critério pode ser aplicado empiricamente constitui um problema. A situação epistêmica é exatamente análoga à descrita na Segunda Analogia, e isso significa que não podemos utilizar essa ordenação recíproca como premissa a partir da qual seria possível inferir a coexistência do que é percebido.

> [Passo 2] Agora, a coexistência é a existência do diverso ao mesmo tempo [*in derselben Zeit*].

Trata-se da definição de "coexistência" na segunda edição, muito próxima da primeira (A211). Tendo em vista que já discutimos essa questão, basta assinalar que a definição (em ambas as edições) se refere à existência de coisas (ou do diverso) *no* mesmo tempo, que pode ser entendido como "no mesmo instante" ou "no mesmo intervalo de tempo". No primeiro caso, temos simultaneidade e, no segundo, coexistência. Caso contrário, todas as aparências seriam coexistentes, uma vez que todas elas existem no mesmo tempo (Paton, 1936, vol. 2, p. 297).

> [Passo 3.] Não se pode, contudo, perceber o próprio tempo para, a partir do fato de que as coisas estão postas no mesmo tempo, deduzir que suas percepções podem seguir-se reciprocamente.

Essa é a premissa onipresente a respeito da imperceptibilidade do tempo, que desempenha um papel central em todas as Analogias (embora de modo menos pronunciado na Segunda). Digna de nota aqui é a conclusão extraída por Kant a partir disso, a saber: somos incapazes de determinar que nossas percepções são reciprocamente ordenáveis. Embora isso seja sem dúvida verdadeiro, poder-se-ia esperar que sua conclusão seria a de que não podemos determinar a coexistência referindo as nossas percepções ao "próprio tempo". De fato, é apenas porque o tempo é imperceptível que temos de considerar a ordenabilidade recíproca das nossas percepções, a fim de determinar antes de mais nada a coexistência. Entretanto, apesar desse embaraço, parece razoavelmente claro que Kant esteja aqui tentando preparar o terreno para as etapas subsequentes do argumento ao ressaltar a dificuldade de determinar tal ordenabilidade.

> [Passo 4] A síntese da imaginação na apreensão, portanto, apenas forneceria essas percepções uma por uma, estando cada qual no sujeito quando a outra não está e vice-versa; o que não significa, todavia, que os objetos sejam coexistentes, isto é, que quando um existe o outro exista também no mesmo tempo, e que isso seja necessário para que as percepções possam seguir-se umas às outras reciprocamente.

Tal como antes, o ponto crucial é a incapacidade de mera apreensão determinar uma ordem temporal objetiva (seja de coexistência ou de sucessão). Mas em vez de apelar para a natureza sucessiva da apreensão (como fez na Segunda Analogia), Kant observa agora que a apreensão revela apenas que, quando uma de duas coisas hipoteticamente coexistentes está sendo percebida, a outra não está, e *vice-versa*. Em outras palavras, em qualquer tempo dado posso apreender uma ou a outra, mas não ambas. Assim, o problema é que a partir disso não posso inferir que os objetos coexistem, pois é possível que o segundo não tenha existido quando apreendi o primeiro, e vice-versa.

Claro que, se eu soubesse que podia apreendê-los em qualquer das duas ordens, então (pelo passo 1) eu saberia também que os objetos coexistem. Trata-se precisamente do que a mera apreensão jamais pode mostrar, pois equivale à afirmação contrafactual de que em t_1 eu *poderia ter* apreendido T_1 em vez de L_1 (ou vice-versa), apesar de ter de fato apreendido L_1[339]. Tal como era o caso nas duas primeiras Analogias, essa determinação exige que minha apreensão se sujeite a uma regra não derivável da própria apreensão.

> [Passo 5] Consequentemente, é necessário um conceito do entendimento, relativo à sequência recíproca das determinações dessas coisas que coexistem umas fora das outras, para dizer que a sequência recíproca das percepções está fundada no objeto, e, assim, representar a coexistência como objetiva.

Kant torna explícito aqui o que estava implícito no passo anterior e caracteriza a regra a ser encontrada como um conceito do entendimento, mais especificamente, um conceito da sequência recíproca das determinações das coisas percebidas. As tarefas seguintes e cruciais são a identificação dessa regra e o estabelecimento de sua realidade objetiva. Mas antes de abordar essas questões, há dois pontos essenciais a serem observados a fim de relacionar o argumento da Terceira Analogia com a teoria kantiana das funções lógicas e categorias. Em primeiro lugar, o fato de a regra em questão envolver a ordenabilidade recíproca nos permite ver mais claramente por que ela serve para a *coordenação* das nossas representações num juízo, e não, como acontece com o princípio causal, para sua *subordinação*. Em segundo lugar, uma vez que apenas uma das sequências possíveis pode ser efetivamente percebida, o juízo de coexistência deve assumir a forma de uma disjunção exclusiva. Limitando-nos, uma vez mais, à experiência diacrônica das determinações sucessivas de duas coisas coexistentes (a Terra e a Lua), a regra para pensar a coexistência indica que posso apreender *ou* a ordem L_1, T_2, L_3 etc., *ou* T_1, L_2, T_3 etc., mas *não ambas* (cf. Paton, 1936, vol. 2, p. 307)[340]. A adição de outros objetos coexistentes aumenta o número de disjuntos, mas não afeta o ponto básico, a saber – que a regra para julgar a coexistência assume

---

339. A natureza contrafactual da afirmação de Kant nesse ponto foi notada por Watkins (1997, p. 426).
340. Paton, entretanto, não faz a conexão entre isso e a função disjuntiva do juízo.

necessariamente uma forma disjuntiva e exige que consideremos as coisas coexistentes como uma comunidade.

> [Passo 6] A relação das substâncias [...] em que uma contém determinações cujo fundamento está contido na outra é a relação de influência, e, se aquela contém, reciprocamente, o fundamento das determinações nesta última, é a relação de comunidade ou de interação.

Nessa passagem, Kant especifica que a regra ou o conceito do entendimento a ser identificado é o de comunidade ou interação. Combinado com o passo anterior, isso implica que a concepção das coisas como unidas por essa relação é condição necessária da sua representação como coexistindo externamente umas com as outras no espaço. Presumivelmente, esse é o ponto que Kant tinha em mente ao afirmar que a interação é uma condição da experiência externa.

Uma vez mais, a chave para o argumento está na imperceptibilidade do tempo. Estritamente falando, o que torna minhas percepções reciprocamente ordenáveis é o fato de serem percepções de coisas coexistentes. Se o tempo pudesse ser percebido, eu poderia simplesmente notar a coexistência dos objetos percebidos, do que poderia então inferir a ordenabilidade recíproca das minhas percepções (apesar da inferência ser supérflua neste caso). Mas como o tempo não pode ser percebido e a coexistência dos objetos não é determinável simplesmente com a remissão destes a aquele, para determinar a coexistência devo ser capaz de interpretar uma sequência de percepções como percepções de estados sucessivos de coisas coexistentes, ou seja, como reciprocamente ordenáveis. Todavia, isso só é possível se eu considerar os objetos percebidos como influenciando-se reciprocamente uns aos outros.

Esse último ponto é o cerne do argumento e alvo de muitas das críticas dirigidas contra ele. O problema básico é que parece contraintuitivo sugerir que, para se considerar como coexistentes dois ou mais objetos materiais, também se deve considerá-los como em interação. Recorrendo à análise da Segunda Analogia, seria possível afirmar que tal conclusão é análoga ao pressuposto equivocado de que para experienciar como objetiva a sucessão *A-B* seria necessário considerar que *A* e *B* estariam relacionados como causa e efeito. Uma vez que se trata de algo manifestamente falso, pode parecer igualmente falso que precisemos conceber *A* e *B* como em interação para que os experienciemos como coexistentes[341].

---

341. Essa linha de crítica é encontrada em muitas formas, que vão do tratamento negativo de Prichard (1909, p. 304-307), para quem Kant estaria simplesmente confuso sobre o assunto, e Strawson (1966, p. 139-140), que efetivamente acusa Kant de um *non sequitur* comparável ao que teria supostamente cometido na Segunda Analogia, à formulação mais simpática de Ewing (1924, p. 116-117), que apela para a distinção da Segunda Analogia.

No entanto, essa comparação com a Segunda Analogia é altamente enganosa, pois ignora a natureza da sucessão objetiva, alvo do interesse desta última. Como vimos, pensar que o argumento de Kant na Segunda Analogia o compromete com a consequência absurda de que toda a sucessão objetiva seja de causa e efeito é um erro porque a sucessão em questão é a dos estados de uma substância que constitui um evento. No caso da Terceira Analogia, porém, a relação de coexistência é entre substâncias distintas e seus estados; portanto, essa lição negativa da Segunda Analogia não se aplica aqui.

Além do mais, como veremos em maior detalhe adiante, Kant distingue, no decurso da Terceira Analogia, entre uma comunidade imediata e uma comunidade mediata. Consequentemente, ele não afirma, de fato, a necessidade de se conceber que duas substâncias estejam em interação direta a fim de experienciá-las como coexistentes. Tudo o que se exige é que cada substância seja concebida como em uma tal relação com outras substâncias coexistentes, que, por sua vez, estão – talvez por uma cadeia complexa de mediações – na mesma relação com a outra.

Por fim, devemos ter em mente que a ordenabilidade recíproca das percepções, por meio da qual a coexistência é representada, é considerada como fundada no objeto (caso contrário, não produziria coexistência objetiva), o que significa que cada uma das duas ordens possíveis deve igualmente ser vista como assim fundada. Desse modo, se a ordem realmente percebida for T_1, L_2, T_3, L_4 etc., tenho de considerá-la e também sua recíproca como igualmente objetivas, ou seja, como fundadas na relação entre T e L. Mas a interação ou a influência recíproca é a única relação capaz de autorizar o pensamento dessa ordenabilidade recíproca. Na ausência da perceptibilidade do tempo, que presumivelmente permitiria uma inspeção direta da coexistência, contornando assim qualquer necessidade de uma regra, não há simplesmente nada mais capaz de cumprir essa função.

> [Passo 7] A coexistência das substâncias no espaço, portanto, só pode ser conhecida na experiência sob a pressuposição de uma interação entre elas; [8] essa é também, portanto, a condição da possibilidade das próprias coisas como objetos da experiência.

Embora essa frase contenha duas afirmações, podemos considerá-la como um único passo. Em primeiro lugar, ela explicita o ponto, anteriormente referido, sobre a função epistêmica do conceito, ou melhor, do esquema de interação, e então afirma sua realidade objetiva. Este último é o objetivo para o qual o argumento sempre esteve dirigido. Mas, como as mesmas considerações se aplicam tanto aqui quanto na Segunda Analogia, nada mais precisa ser dito a esse respeito.

C. O problema da redundância

Pressupondo o quadro básico do tratamento de Kant das Analogias, que implica a necessidade de recorrer a *alguma* regra para determinar a coexistência, a réplica previsível consiste em desafiar a suposição de que a interação seja, de fato, a regra exigida. Especificamente, o crítico afirmará que a tarefa pode ser executada pelo princípio unidirecional da causalidade, o que, por sua vez, leva à acusação de redundância. Embora o *locus classicus* dessa linha de objeção seja Schopenhauer ([1819] 1969, vol. 2, p. 459-462)[342], iremos nos concentrar aqui em duas formulações contemporâneas, as de Melnick e Guyer.

(1) Melnick. Esse autor não nega a distinção entre causalidade e interação (ou, em seus termos, entre leis causais e leis de interação), mas nega que essa distinção seja correlativa a uma distinção entre leis que determinam a ordem temporal das aparências como sucessiva e aquelas que a determinam como simultânea ou coexistente. Assim, Melnick (1973, p. 96) defende que a tentativa de Kant de separar seu argumento básico para o papel de causalidade (e das leis causais) em duas Analogias distintas seria "artificial e forçada".

Ele sustenta sua posição com base num contraexemplo hipotético concebido para mostrar que a determinação da sucessão não pode ser correlacionada especificamente com a causalidade e que a determinação da simultaneidade ou da coexistência não pode ser correlacionada com a interação. Melnick (1973, p. 103), a princípio, descreve assim a situação:

> Suponhamos que temos duas bolas de bilhar, b e c, em repouso, e que elas são atingidas por uma bola de bilhar a em movimento, após o que b e c movem-se em direções diferentes [diagrama inserido]. Temos, assim, duas séries de estados sucessivos: 1) b no lugar p_1, b em p_2..., b em p_n; 2) c em p_1', c em p_2', ..., c em p_n'. Novamente, temos uma lei dinâmica L_1 que descreve o movimento de b e c como uma função de vários fatores – a elasticidade das bolas de bilhar, a direção da força atuante (o ângulo em que a atinge b, e o ângulo em que a atinge c), a grandeza da força atuante (o momento de a), o coeficiente de atrito de b e c em relação à mesa de bilhar, e assim por diante.

Dado esse cenário, Melnick pensa que é fácil mostrar que a causalidade pode, por si só, determinar a coexistência sem qualquer apelo à interação. Para reduzir aos termos mais simples, isso ocorre porque, dada a colisão de a com b e c (a condição iniciadora) juntamente com L_1, é perfeitamente possível traçar as posições relativas de b e c sem pressupor seus efeitos sobre a ou entre si. Melnick

---

342. Para críticas concisas à visão de Schopenhauer sobre a Terceira Analogia, cf. Kemp Smith, (1962, p. 387-389) e Ewing (1924, p. 118-119).

reconhece uma atração gravitacional entre *b* e *c*, mas insiste que podemos desconsiderá-la com segurança. Consequentemente, ele acredita estar autorizado a concluir que

> a posição de *b* em qualquer momento não é *diretamente* [ênfase minha] uma função da posição de *c* ou vice-versa; isto é, *b* e *c* não estão, *em nenhum sentido relevante* [ênfase minha] em interação (Melnick, 1973, p. 104).

Ou, como ele também afirma:

> Podemos usar a mesma lei (L_1) sob as mesmas condições (a colisão) para determinar tanto a sucessão como a simultaneidade dos estados (Melnick, 1973, p. 105).

Há duas observações básicas a serem feitas sobre a análise de Melnick. Em primeiro lugar, ele aparentemente compreende que a interação requer uma influência recíproca direta, ou, nas palavras de Kant, uma "comunidade imediata" – e, nesse sentido, é questionável que sua análise realmente contemple a posição kantiana. Em segundo lugar, Melnick está correto ao sugerir que o lugar de *b* num determinado ponto do tempo (digamos, *n* segundos após seu impacto com *a*) pode ser determinado independentemente da sua relação com *c*, e o lugar de *c* independentemente da sua relação com *b*, pois cada um desses lugares, *tomado individualmente*, pode ser determinado subsumindo-se os dados relevantes sob L_1. Seu equívoco é supor que isso seja suficiente para determinar sua coexistência. Esta última exige não só que sejamos capazes de prever onde cada bola estará num momento particular do tempo, mas também que sejamos capazes de identificar o momento em que *b* está em p_1 com o momento em que *c* está em p_1'. Mas isso não pode ser feito sem uma determinação da relação temporal de *b* e *c* nas suas respectivas localizações – o que, como vimos, pressupõe sua influência recíproca. Consequentemente, Melnick incorre em petição de princípio, simplesmente presumindo a coexistência, não explicando como sua representação é possível, ou, de forma equivalente, sem explicar o que nos autorizaria a tomar nossas representações sucessivas como reciprocamente ordenáveis[343].

(2) Guyer. Embora esse autor enfatize a importância sistemática da Terceira Analogia, sua visão dos limites do argumento é muito semelhante à de Melnick. De acordo com sua leitura, o argumento básico procede da seguinte maneira: (i) embora a reversibilidade (ordenabilidade recíproca) de uma sequência de percepções possa ser o sinal de que são percepções de estados de coisas coexistentes, essa reversibilidade não nos é dada mais diretamente do que (no caso da

---

343. Uma crítica similar foi feita por Watkins (1997, p. 429).

Segunda Analogia) nos foi dada sua irreversibilidade; (ii) ademais, mesmo se soubéssemos que nossas percepções são reversíveis, isso ainda não seria uma condição *suficiente* para julgar que os *objetos* por elas representados coexistam – presumivelmente, isso se deve ao fato de não se poder excluir a possibilidade de que os próprios objetos se sucedam um ao outro na mesma ordem das representações (Guyer, 1987, p. 270; 452, n. 12); (iii) consequentemente,

> [se] tanto A como B devem coexistir durante todo o intervalo de tempo t_1 até t_2, em que tenho, por exemplo, uma sucessão de representações do tipo A_r-então-B_p e se, *a fortiori*, devo saber que, em vez dessa sequência, eu poderia ter tido representações do tipo B_r-então-A_p então devo saber que no tempo t_1, quando estava percebendo A [...], eu *poderia ter* percebido B [...]. Mas minha única base para acreditar nisso deve ser a crença de que o estado de B em t_1 "determina [que] a posição" de A também existe em t_1. [...] [Pois] somente uma relação entre A e B em que o estado de A em t_1 está necessariamente conectado com o estado de B em t_1 irá me fornecer a evidência necessária para julgar que, embora fosse A que eu estava percebendo em t_1, B também existia em t_1, e *a fortiori* poderia ter sido percebido por mim então [...]. O *fundamento* para tal inferência, por sua vez, teria de ser que o estado de A naquele tempo ou depende efetivamente da existência simultânea de B, ou então que tem de produzi-la; [...] [O] estado de um é uma condição necessária do estado do outro, de modo que o estado de um objeto num momento deve ser ou causa necessária ou efeito necessário do estado do outro neste mesmo momento (Guyer, 1987, p. 271-272).

A crítica de Guyer é consequência direta dessa leitura do argumento. Se, em sua interpretação, uma relação de dependência causal (em que um dos estados de coisas é tomado *ou* como causa *ou* como efeito do outro) é tudo o que é necessário para justificar que se infira a coexistência ou a simultaneidade de estados de coisas, segue-se que uma relação distinta de interação ou de causalidade recíproca é supérflua. Nessa medida, ele chega à conclusão de que

> [o] que é exigido pelo argumento de Kant é simplesmente que a existência de um objeto em certo estado num dado momento necessita da existência de outro objeto em outro estado neste mesmo momento para que se possa inferir que ambos os objetos existem de fato no mesmo momento e, *a fortiori*, que ambos poderiam ser percebidos neste momento. Mas essa relação lógica de necessitação será satisfeita se um objeto depender do estado do outro *ou* se ele o produzir neste momento; não é, portanto, óbvio que cada estado tenha de ser *simultaneamente* causa e efeito do outro (Guyer, 1987, p. 272).

Quatro pontos em resposta a esse diagnóstico do argumento de Kant devem ser mencionados. Em primeiro lugar, como o próprio Guyer observa, sua análise depende fundamentalmente da simultaneidade de causa e efeito. Nesse sentido, ele dá muita importância ao fato de Kant admitir a possibilidade do exercício da "causalidade de uma causa" ser simultâneo com o vir a ser do seu efeito. Neste caso, porém, a causa deve *necessariamente* ser simultânea com seu efeito – uma afirmação que certamente não pode ser feita sobre todas as causas e, portanto, não pode ser tomada como consequência da análise do princípio causal na Segunda Analogia (algo notado por Watkins, 1997, p. 431).

Em segundo lugar, Guyer, tal como Melnick, serve-se ilicitamente da noção de simultaneidade. Uma vez que nem *toda* causa é simultânea com seu efeito, não se pode simplesmente recorrer à relação de dependência causal para determinar que dois estados de coisas são simultâneos. Pelo contrário, é preciso recorrer a uma relação na qual tanto a causa como o efeito "existem no mesmo momento", de modo que se possa perceber qualquer dos dois. Mas, como a determinação deste último é justamente aquilo que requer explicação, a tentativa de Guyer de mostrar que a relação de causalidade unidirecional seria suficiente para determinar a coexistência aparentemente fracassa (Watkins, 1997, p. 432).

Em terceiro lugar, a explicação de Guyer ignora completamente a distinção traçada por Kant entre a relação de subordinação, pensada através da categoria da causalidade, e a relação de coordenação, pensada através da categoria da comunidade. Deve-se admitir que essa negligência não é relevante para Guyer, uma vez que descarta explicitamente qualquer suposta conexão entre as Analogias e as questões envolvidas na Dedução Metafísica. No entanto, esse descarte tem um preço, pois conduz à negligência da conexão entre a categoria e o pensamento da ordenabilidade recíproca de nossas percepções, o que, como vimos, equivale à forma do pensamento da coexistência.

Finalmente, ao recorrer à relação de necessitação causal como necessária e suficiente a fim de fundamentar um juízo de coexistência, Guyer compromete Kant com a exigência implausivelmente forte de que, para estabelecer a coexistência ou a simultaneidade, seja necessário subsumir os itens hipoteticamente simultâneos sob uma lei causal, "que dita que eles *devem* existir simultaneamente" (Guyer, 1987, p. 273). À luz do que já vimos sobre a interpretação de Guyer da Segunda Analogia, isso não nos surpreende. Trata-se de mais uma razão para questionar a adequação de sua leitura, particularmente face à distinção de Kant entre comunidade imediata e mediada, completamente ignorada tanto por Guyer quanto por Melnick.

D. Considerações adicionais sobre a natureza da comunidade e a força da tese de Kant

As considerações acima apontam para a necessidade de se compreender melhor a distinção entre uma comunidade imediata e uma comunidade mediata – o que, por sua vez, nos leva de volta ao próprio conceito de comunidade. Como vimos, Kant interpreta esse conceito em seu sentido dinâmico (como *commercium*), que envolve o pensamento de um todo cujos membros influenciam e são influenciados por cada um dos outros a todo momento ao longo de um intervalo indefinido de tempo. Esse conceito de comunidade também indica uma imagem profundamente leibniziana de natureza, operante na Terceira Analogia, uma imagem que difere nitidamente da concepção humeana mais familiar de acontecimentos discretos, que opera na Segunda Analogia. Apesar da substituição de uma harmonia universal e preestabelecida pela interação, Kant mantém a concepção leibniziana central de uma interdependência funcional conectando todas as partes de natureza corpórea.

É contra esse pano de fundo que devemos considerar a distinção entre uma comunidade imediata e uma comunidade mediata à qual Kant recorre em vários momentos na Terceira Analogia. Como ponto de partida, é conveniente considerar a distinção feita por Eric Watkins (1997, p. 424-425) entre interpretações "fortes" e "fracas" da concepção kantiana da interação, distinção análoga à anterior entre interpretações fortes e fracas da Segunda Analogia. De acordo com Watkins, a interpretação forte sustenta que cada substância no universo, em algum grau, interage diretamente com todas as outras; já a interpretação fraca sustenta que a interação também pode ser indireta. Como Watkins corretamente observa, a primeira é fortemente sugerida pelo princípio newtoniano da gravitação universal à qual Kant apela nos *Primeiros princípios metafísicos da ciência da natureza* – mas isso, por si só, não exclui a interpretação fraca, pois a segunda permite tanto a interação direta como a indireta.

Além disso, a interpretação fraca está mais de acordo com o texto da Terceira Analogia e capta melhor o sentido filosófico do seu argumento. Ela está em maior concordância com o texto porque, como já observamos, o próprio Kant distingue explicitamente entre uma comunidade imediata e uma comunidade mediata (uma distinção que jamais deixa de misteriosa na interpretação forte). Ela capta melhor o sentido do argumento porque, como indicam as críticas de Melnick e Guyer, a interação direta (particularmente se interpretada à maneira destes últimos, isto é, como equivalente a uma determinação causal recíproca) é uma condição necessária implausivelmente forte para a determinação da coexistência.

Além do mais, a própria discussão críptica de Kant sobre o tópico indica fortemente que ele considerava o estabelecimento de uma comunidade meramente mediata como suficiente para a determinação da coexistência. Nessa medida, com o propósito de ilustrar a doutrina da interação universal, Kant observa que

> [em] nossas experiências, é fácil notar que apenas as influências contínuas em todas as posições do espaço podem conduzir nosso sentido de um objeto a outro; que a luz, que atua entre nossos olhos e os corpos do mundo, ocasiona uma comunidade mediata entre estes e nós e, desse modo, prova a coexistência [*Zugleichsein*] dos últimos; que nós não podemos modificar um lugar empiricamente (perceber essa mudança) sem que a matéria torne em toda parte possível a percepção de nossa posição; e que somente através de sua influência recíproca pode a matéria estabelecer sua simultaneidade [*Zugleichsein*] e, assim, a coexistência [*Koexistenz*] dos corpos (ainda que apenas mediatamente) até o mais distante deles (A213/B260).

Embora essa densa passagem reúna pelo menos quatro teses distintas numa única frase e deixe inexplicada a natureza recíproca da influência em questão, ela sugere claramente que uma comunidade meramente mediata, como a que é produzida pelos raios de luz intervenientes (e não pela força gravitacional), é suficiente para estabelecer a coexistência do observador com objetos remotos no espaço. É bem verdade que Kant está aqui preocupado com a determinação da coexistência de um observador com tais objetos, e talvez seja esse o motivo pelo qual ele ignora a influência do observador sobre o observado. No entanto, não há razão para supor que ele não tenha pensado que a mesma concepção de comunidade ou interação mediata também se aplique, *mutatis mutandis*, à coexistência uns com os outros dos objetos observados.

Todavia, como Watkins (1997, p. 425, 436-437) também salienta, isso exige que a relação de comunidade e, portanto, a interação, seja vista como transitiva. Em outras palavras, se A está em comunidade dinâmica ou numa relação de influência recíproca com B, e B com C, então A e C estão relacionados de modo similar, ainda que (atração gravitacional à parte) possa não haver interação direta entre eles. Mas isso é possível se, como já sugerido, tomarmos a influência recíproca (mediata ou imediata) como se dando entre estados simultâneos, em vez de entre estados sucessivos das substâncias coexistentes (Watkins, 1997, p. 436). Kant, decerto, não afirma explicitamente em parte alguma que entenda essa relação como sendo transitiva; mas vimos que ele precisa fazê-lo se quiser distinguir entre uma comunidade imediata e uma comunidade mediata. Mais importante ainda, ele tem de afirmar tal transitividade se, como defende o argumento, essa relação deve servir como condição para a representação das relações temporais transitivas de simultaneidade e coexistência.

Assim interpretada, a tese da Terceira Analogia é "fraca" em relação à da Segunda, uma vez que sua concepção de influência é muito mais fraca do que a concepção de causa (como condição suficiente), atuante nesta última. Em outros aspectos, contudo, sua tese é fraca precisamente no mesmo sentido. Em ambos os casos, trata-se antes de subsumir representações sucessivas sob o esquema de uma categoria (aqui "a coexistência das determinações de uma [de duas substâncias supostamente coexistentes] com as da outra conforme uma regra universal" [A144/B183-184]) do que de subsumi-las sob uma lei determinada. Presumivelmente, antes de Newton as pessoas eram perfeitamente capazes de formar juízos sobre a coexistência de objetos percebidos sucessivamente, e, se o argumento de Kant estabelece alguma coisa, é que tais juízos devem envolver a subsunção de percepções sob uma regra que autoriza o pensamento de sua ordenabilidade recíproca. Além do mais, à semelhança da Segunda Analogia, a natureza reguladora do princípio indica que nos é permitido procurar leis que regem a interação, mas não especifica quais são essas leis nem garante que haveremos de encontrá-las. Por conseguinte, uma vez que temos experiência de coexistência objetiva (bem como de sucessão) independentemente de tais leis, estas últimas não podem ser vistas como condições necessárias para a possibilidade de experiência. Por fim, a Terceira Analogia não deve ser considerada um argumento em defesa da terceira lei do movimento de Newton (a igualdade de ação e reação em toda a comunicação de movimento), caracterizada por Kant como a terceira lei mecânica, cuja prova ele pretende fornecer nos *Primeiros princípios metafísicos da ciência da natureza* (MAN 4: 544-547; 252-254). Tal como a lei da conservação da quantidade de matéria, a terceira lei mecânica é uma *aplicação* do princípio transcendental e não uma explicação desse princípio[344].

---

344. O ponto foi enfatizado por Morrison (1998, p. 257-277).

10
Sentido interno e a refutação do idealismo

Este capítulo se ocupa com dois tópicos estreitamente relacionados, reunidos por Kant na segunda edição da *Crítica*: a teoria do sentido interno e a refutação do idealismo. É bem verdade que esses tópicos não são tratados pela primeira vez ali. A concepção de um sentido interno e do tempo como sua forma, assim como a doutrina da fenomenalidade do autoconhecimento que lhe é associada, já se encontram na primeira edição. E já vimos que o Quarto Paralogismo da primeira edição contém uma refutação do idealismo. Todavia, é somente na segunda edição que Kant tematiza o problema do sentido interno, vincula-o à concepção da autoafecção e tenta explicar como esta última fundamenta o caráter meramente fenomênico do autoconhecimento. É também na segunda edição que Kant tenta, pela primeira vez, basear sua refutação do idealismo problemático na tese segundo a qual a cognição de objetos externos é uma condição da cognição empírica de nossa própria existência como determinada no tempo. Por essa razão, o presente capítulo se divide naturalmente em duas partes: a primeira tratando do sentido interno e sua conexão com o autoconhecimento, e a segunda, da refutação do idealismo problemático que se baseia nessa conexão.

I. Sentido interno e autoconhecimento

Poucos deixariam de concordar com o lamento de Paton (1958, p. 233) de que "a doutrina do autoconhecimento de Kant é a parte mais obscura e difícil de sua filosofia". Além do mais, as razões para isso não são difíceis de encontrar. Em última análise, elas provêm do fato de a explicação kantiana do autoconhecimento estar arraigada na sua teoria do sentido interno, segundo a qual só podemos nos conhecer como aparecemos para nós mesmos. Essa teoria da natureza sensorial do autoconhecimento não só é inerentemente paradoxal (de fato, ela é apresentada enquanto tal por Kant), como suas discussões esparsas sobre o tópico são bastante fragmentárias. Elas se baseiam na concepção do tempo como a forma do sentido interno, e sua finalidade é mostrar que o autoconhecimento está sujeito às mesmas condições transcendentais que o conhecimento dos objetos do sentido externo. A presente discussão enfocará essa tese geral e está dividida em três partes: (1) uma análise da tese de que o tempo é a forma do sentido interno; (2) uma determinação da natureza do objeto do sentido interno e da experiência interna; e (3) um exame do argumento de Kant em defesa da fenomenalidade desse objeto.

A. O tempo como a forma do sentido interno

Na Estética, Kant extrai três conclusões da Exposição Metafísica e da exposição transcendental do conceito de tempo. A primeira espelha a primeira conclusão concernente ao espaço:

> O tempo não é algo que subsista por si mesmo ou que se ligue às coisas como determinação objetiva, algo que permanecesse, portanto, caso se fizesse abstração de todas as condições subjetivas da intuição das mesmas (A32/B49).

As outras duas conclusões, entretanto, pretendem salientar as diferenças entre o *status* e as funções do espaço e do tempo. A segunda conclusão afirma que o "tempo não é senão a forma do sentido interno, isto é, do intuir a nós mesmos e a nosso estado." Em apoio a essa restrição do tempo a nosso sentido interno, Kant observa que

> [o] tempo não pode ser uma determinação dos fenômenos externos; ele não pertence a uma figura, a uma situação etc.; ele determina, pelo contrário, a relação das representações em nosso estado interno (A33/49-50).

A terceira conclusão afirma que "o tempo é a condição formal *a priori* de todas as aparências em geral" (em oposição ao espaço, que é meramente a forma pura de todas as intuições externas) (A34/B50).

À primeira vista, a segunda e a terceira conclusões parecem conflitar uma com a outra, já que a primeira parece limitar o escopo do tempo às aparências internas, enquanto a segunda afirma que ele é condição de *todas* as aparências. Kant, todavia, tenta mostrar que esse conflito é apenas aparente ao afirmar que o tempo é "a condição imediata das aparências internas (nossa alma) e, por isso mesmo, a condição mediata também das externas". O tempo é condição mediata das aparências externas porque todas as aparências, enquanto representações ou modificações da mente, são dadas no sentido interno. Além do mais, dado que o tempo é a forma do sentido interno, isso habilita Kant a concluir que todas as aparências em geral, isto é, todos os objetos dos sentidos, estão no tempo e se inscrevem de modo necessário em relações do tempo (A34/B51).

É somente nas Analogias que a plena dimensão dessas observações começa a se tornar evidente. Como vimos no último capítulo, a ordem temporal objetiva é pensada, em vez de intuída, o que é consequência direta da negação de Kant de que o tempo seria uma determinação de aparências externas, isto é, uma qualidade de tais aparências análoga a seu tamanho, sua forma, sua posição espacial e suas propriedades sensoriais[345]. Via-se ali o sentido interno como fornecedor de uma ordem meramente subjetiva da sucessão das representações na consciência empírica, e a necessidade de princípios *a priori* de determinação objetiva do tempo era vista como proveniente do fato de uma ordem objetiva não poder ser determinada nem inspecionando essa ordem subjetiva (já que ela é sempre sucessiva), nem recorrendo diretamente a uma ordem temporal objetiva (já que o tempo não pode ser percebido). Agora, em contraste, o enfoque passa para o sentido interno como forma sensorial da autoconsciência, por meio da qual a mente intui a si mesma e a seus estados. O sentido interno, assim interpretado, é contrastado não com o sentido externo, mas com a apercepção (ou, pelo menos, com a apercepção "pura" ou transcendental). Na *Antropologia*, Kant caracteriza esta última como "consciência do que o ser humano *faz*" e o primeiro como "consciência do que ele *sofre* na medida em que é afetado pelo jogo de seus próprios pensamentos" (Anthro 7: 161; 39). Expresso de outro modo, a apercepção é "consciência intelectual" do ato de pensar (consciência da espontaneidade), enquanto o sentido interno é consciência sensorial dos conteúdos do pensamento.

Consequentemente, aquilo de que a mente está consciente pelo sentido interno, ou, de modo equivalente, pela introspecção, são apenas suas próprias representações, todas elas concernentes ao sentido externo. Em outras palavras, o sentido interno não possui um diverso que lhe seja próprio, razão pela qual Kant insiste que a representação do tempo requer um apelo ao espaço. Desse modo, na segunda conclusão, imediatamente depois de negar que o tempo possa ser uma determinação das aparências externas, por "não pertence[r] a uma figura,

---

[345]. Embora não seja possível determinar se Kant tinha algo do gênero em mente, sua análise sugere uma distinção entre coisas ou pessoas e suas histórias, por vezes feita por filósofos que trabalham nas áreas de gramática e lógica temporal. O ponto fundamental é que objetos individuais, entre os quais coisas tanto quanto pessoas, não têm, eles próprios, partes, extensão ou mesmo localização temporal. Propriedades temporais são todas predicadas das histórias, processos e eventos conectados com coisas e pessoas, mas não *diretamente* predicados das próprias coisas e pessoas. Cf., p. ex., Holt (1981, p. 149-156). Holt, entretanto, não menciona Kant.

a uma situação", Kant observa: "E, justamente porque essa intuição interna não fornece nenhuma figura, nós procuramos suprir essa falta por meio de analogias" (A33/B50). Não é de se estranhar que essas analogias se revelem espaciais. Especificamente, somos constrangidos a representar o tempo em termos de uma linha avançando para o infinito, com a ressalva de que as partes de uma linha coexistem, enquanto as do tempo são sucessivas. Quando a encontramos pela primeira vez no capítulo 7, essa tese estava conectada com uma análise da função transcendental da imaginação. Como vimos então, a representação do tempo por uma linha envolve uma "interpretação" imaginativa dessa linha, que, por atentar para o ato pelo qual ela é gerada e não para o produto desse ato, toma a linha como algo diferente daquilo que imediatamente se apresenta como sendo. Porém, a natureza inerentemente espacial dos conteúdos do sentido interno e da representação do tempo – a forma do sentido interno – também tem implicações para a concepção kantiana de autoconhecimento.

B. O objeto do sentido interno

A primeira dessas implicações diz respeito ao objeto do sentido interno. Embora Kant frequentemente caracterize esse objeto em termos tradicionais como alma, mente ou Eu [*self*], não se encontra tal objeto na experiência interna[346]. Além do mais, trata-se de uma consequência direta da negação kantiana de que o sentido interno teria um diverso que lhe fosse próprio. Pois isso significa que o sentido interno não possui quaisquer dados que possam ser considerados representações da alma à semelhança das intuições externas, que podem ser consideradas como representações do corpo. Ademais, Kant também rejeita o que pareceria ser o candidato mais óbvio para as representações da alma e de seus estados: os sentimentos. Embora possam ser conhecidos como objetos do sentido interno, os sentimentos não possuem qualquer função representacional, mesmo com relação ao Eu (cf. tb. KU 5: 206; 92; Anthro 7: 153; 32).

Como resultado, a explicação kantiana do sentido interno está muito próxima da de Hume. Assim como Hume negou haver qualquer impressão distinta do Eu, afirmando em vez disso que,

---

346. Por "alma", Kant quer dizer uma substância imaterial separada dotada com a capacidade de pensar, sentir etc. Kant sugere que a antropologia abstrai da questão de se os seres humanos têm ou não alma nesse sentido, ao passo que na psicologia (termo pelo qual Kant presumivelmente compreende a psicologia empírica wolffiana de Baumgarten), tal entidade é pressuposta. Cf. Anthro 7: 161; 39.

> quando adentro mais intimamente naquilo que denomino *eu* [*myself*], sempre tropeço em alguma impressão particular [...]. Jamais posso apreender a *mim mesmo* [*myself*] em qualquer tempo sem uma impressão, assim como nunca posso observar qualquer coisa senão a impressão (Hume, [1739] 2000, p. 165),

para Kant, os únicos dados introspectivamente disponíveis para a cognição do Eu são suas representações, que derivam, todas, do sentido externo. Todavia, há duas diferenças essenciais entre os dois pensadores no que diz respeito a essa questão. Em primeiro lugar, Kant, diferentemente de Hume, distingue entre sentido interno e apercepção. Desse modo, a falha em encontrar uma intuição interna do eu não leva à rejeição do *pensamento* do eu. Em segundo lugar, e mais relevante para nossas preocupações presentes, Kant tenta dar conta de uma experiência genuinamente interna.

Tal como Kant descreve tal experiência no que se denomina de "*Reflexion* de Leningrado sobre o sentido interno", ela ocorre quando "eu trago as representações do sentido externo a uma consciência empírica do meu estado" (LR 10-11). Isso sugere que a experiência interna envolve uma espécie de reapropriação reflexiva dos conteúdos da experiência externa. Seu conteúdo consiste nas próprias representações mediante as quais conhecemos os objetos externos; porém, em vez de conhecer os objetos *mediante* essas representações ao colocá-las sob as categorias, ela converte essas próprias representações em objetos (subjetivos), que ela conhece como os conteúdos dos estados mentais.

Isso conduz a uma assimetria significativa entre experiência externa e experiência interna, o que, por seu turno, tende a solapar o paralelismo nítido entre sentido externo e sentido interno sugerido pela explicação de Kant na Estética. Em juízos de experiência externa e, portanto, na própria experiência externa, as representações são consideradas representações do objeto e são predicadas dele no juízo. Porém, o próprio objeto é visto como algo determinado, já considerado sob alguma descrição, por exemplo, uma mesa, que recebe determinação adicional no juízo, por exemplo, como sendo retangular e apoiando meu computador, e não como um "simples particular" ou "substrato" ao qual se atribui propriedades[347]. É verdade que Kant frequentemente se refere ao objeto como um "algo em geral = x", mas essa caracterização se aplica somente ao objeto transcendental, ou melhor talvez, ao objeto considerado transcendentalmente, e não ao objeto considerado enquanto objeto da experiência externa.

---

347. Esse ponto é destacado por Sellars (1971, p. 8): "[...] esse eu ou ele ou isso (a coisa) que pensa [...]".

Uma vez que o sentido interno não possui um diverso próprio, não existem representações sensíveis mediante as quais o Eu possa representar-se para si mesmo como objeto. Consequentemente, ao referir suas representações a si mesmo em juízos do sentido interno, ele não as concebe como representações *de si mesmo* da mesma maneira que as intuições externas são vistas como representações de objetos externos. Em vez disso, ele concebe essas representações como *pertencendo a si mesmo*, como seus "objetos subjetivos" próprios. Correlativamente, o Eu considera a si mesmo meramente como o substrato ou sujeito ao qual essas representações inerem. Como afirma Kant numa importante *Reflexion*:

> Toda experiência interna é (tem) um juízo no qual o predicado é empírico e o sujeito é o eu. Independentemente da experiência, portanto, para a psicologia racional apenas o eu permanece; pois o eu é o substrato de todos os juízos empíricos (R 5453 18: 186) (cf. tb. R 6354 18: 680).

Além da caracterização explícita do eu como substrato de todos os juízos empíricos, o traço mais digno de nota dessa *Reflexion* é sua clara implicação de que esse eu é não empírico. Embora isso, por si só, não seja surpreendente dada a explicação kantiana da apercepção, a consequência é que o eu não pode conhecer a si mesmo mediante predicados empíricos (representações) que ele refere a si mesmo nos juízos da experiência interna. Ou, mais precisamente, ele não pode conhecer a si mesmo do mesmo modo como conhece os objetos externos mediante os predicados que lhes atribui em juízos da experiência externa. Se nesse último caso tanto os predicados (derivados do sentido externo) quanto os objetos dos quais eles são predicados são empíricos, nos juízos do sentido interno, isso não pode ser dito do objeto. Como não empírico, o eu [*I*] (alma, mente ou Eu [*self*]) não é ele próprio um objeto da experiência interna ou do sentido interno[348]. Esses objetos são, antes, as representações que ele se atribui como "objetos subjetivos".

C. Sentido interno e idealidade transcendental

Em consequência de tudo isso, a aplicação da distinção transcendental ao Eu [*self*] torna-se extremamente problemática. Se ele for considerado como o substrato ou possuidor de suas representações, o que é aparentemente a concepção de Kant, então não se pode dizer de modo algum que ele apareça para si mesmo. Consequentemente, em contraste com os objetos externos, parece não haver base para distinguir entre o Eu (ou substrato) como aparece para si mesmo e

---

348. Em R 5654 18: 312, Kant se refere ao objeto do sentido interno como o "objeto transcendental da apercepção".

como é em si mesmo. Tampouco parece de grande valia tomarmos os objetos do sentido interno e da experiência interna como sendo as próprias representações, pois, como entidades mentais, estas últimas já são ideais no sentido empírico. De qualquer modo, então, parece que não temos qualquer base para distinguir entre tal objeto como ele aparece e como é em si mesmo.

Todavia, Kant insiste na idealidade do sentido interno e na fenomenalidade de seu objeto e, portanto, na doutrina de que nos conhecemos somente como aparecemos para nós mesmos. Claramente, o fio condutor dessa doutrina reside no contraste entre sentido interno e apercepção enquanto dois modo de autoconsciência, esta última produzindo o pensamento, embora não a cognição, do Eu. Porém, uma vez que não se pode dizer que o Eu (como substrato) apareça para si mesmo mediante o sentido interno, isso parece insuficiente para fundamentar a aplicação da distinção transcendental a ele. Além do mais, ainda que Kant certamente apele ao contraste entre sentido interno e apercepção, seus argumentos para a tese da idealidade não dependem da justaposição de ambos. Com efeito, Kant sugere duas linhas de argumentação em defesa dessa tese, aqui denominadas de argumento dos "materiais" e argumento da "autoafecção". Veremos que, embora nenhum deles seja, por si só, capaz de estabelecer a conclusão desejada, o segundo ao menos nos aponta a direção correta.

1. O argumento dos materiais. A proposição principal desse argumento na *Crítica* se insere num argumento geral em defesa da idealidade transcendental tanto do sentido externo quando do sentido interno, adicionado por Kant à Estética na segunda edição. Esse novo argumento é apresentado como uma "confirmação" do argumento principal da idealidade (examinado no capítulo 5). Ele consiste na conjunção da tese de que o conteúdo da intuição contém somente meras relações e o princípio leibniziano de que a "coisa [*Sache*] em si não pode ser conhecida mediante meras relações". Kant começa por aplicá-lo ao sentido externo, sustentando que o conteúdo do sentido externo, pelo fato de consistir em meras relações, pode gerar uma representação do objeto somente na sua relação com o sujeito, mas não como o objeto é em si mesmo, independentemente dessa relação. Ele, então, prossegue:

> Com a intuição interna se verifica a mesma coisa. Não somente no sentido de que as representações do *sentido externo* constituem aí o verdadeiro material com que guarnecemos nossa mente, mas no de que o tempo em que colocamos essas representações, e que antecede a consciência das mesmas na experiência, além de constituir, como condição formal, o fundamento do modo como as colocamos na mente – já contém as relações de sucessão e coexistência e daquilo que é coexistente com a sucessão (o **permanente**) (B67).

Embora Kant seja extremamente críptico, o que torna arriscada qualquer interpretação, sua linguagem certamente sugere que ele esteja propondo dois argumentos independentes. O primeiro, que ele interpõe somente *en passant*, é o argumento dos materiais. Reduzido ao essencial, ele tem a seguinte forma: (1) dado que os materiais do sentido externo são também os materiais do sentido interno, e (2) dado que essas representações contêm somente relações, e (3) dado que uma coisa em si não pode ser conhecida mediante meras relações, (4) segue-se que não podemos nos conhecer como somos em nós mesmos mediante o sentido interno[349].

Formulado assim, o argumento é obviamente inadequado, já que envolve dois *non sequitur* distintos. Em primeiro lugar, mesmo se supusermos que a intuição sensível contém somente relações e nada "absolutamente interno", não se segue que tal intuição gere uma representação do objeto somente como ele é em relação ao sujeito e não como ele é em si mesmo. Aqui, Kant parece misturar duas teses bastante distintas sobre o caráter relacional do que é intuído sensivelmente: (1) a de que podemos intuir sensivelmente somente as *propriedades relacionais* das coisas (por causa da forma espaço-temporal da intuição sensível); e (2) a de que podemos intuir sensivelmente objetos *somente em sua relação com o sujeito*. Adicionalmente, parece haver uma mistura de dois sentidos de "coisa em si": a concepção leibniziana de uma substância simples ou mônada – que serve como o fundamento não-sensível das relações, mas que não contém, ela própria, quaisquer propriedades relacionais – e a concepção transcendental da coisa como ela é, independentemente de sua relação epistêmica com o sujeito cognoscente[350].

Em segundo lugar, mesmo concedendo que, mediante o sentido externo, conhecemos objetos apenas como eles aparecem, daí não se segue que o sentido interno gere uma representação do *Eu* somente como ele aparece. Nada muda, tampouco, com a introdução da premissa de que os materiais do sentido interno são todos derivados do sentido externo. Isso porque, como já vimos, as intuições externas, por definição, não são representações do Eu. De fato, se esse argumento estabelece alguma coisa, é que não podemos nos conhecer de modo algum, pelo menos não mediante a intuição sensível, e não que podemos nos conhecer somente como aparecemos para nós mesmos.

---

349. Alhures, ao discutir a natureza fenomênica do autoconhecimento nas *Reflexionen*, Kant se refere à tese de que os conteúdos do sentido interno (exceto os sentimentos) são derivados do sentido externo, mas não sugere que se trate de um argumento separado (cf., p. ex., R 5653 18: 306-307; R 5655 18: 313-316; R 6313 18: 6319; 633; LR 9-11). Assim, pode não ser correto supor que Kant o considere um argumento independente na *Crítica*, embora, para propósitos de análise, seja proveitoso considerá-lo enquanto tal.

350. Para uma crítica similar, cf. Hossenfelder (1978, p. 31, 61-63).

2. O argumento da autoafecção. Embora a difícil noção de autoafecção seja central para a explicação kantiana do autoconhecimento, ela é discutida somente em duas passagens da segunda edição da *Crítica*. A primeira está relacionada com a passagem já citada da Estética Transcendental. A segunda está no § 24 da Dedução Transcendental. Em ambos os casos, o objetivo de Kant é vincular essa noção com sua doutrina da idealidade transcendental dos objetos do sentido interno. Vimos que, na primeira passagem, Kant fala em "colocar" ou "pôr" (*setzen*) as representações na mente, e do tempo como a "condição formal" desse pôr. Mais adiante, no mesmo parágrafo, ele equipara explicitamente esse pôr inicialmente à autoafecção e depois à apreensão. A ideia básica é que a mente deve, de algum modo, afetar a si mesma no ato de apreensão de seus próprios conteúdos tal como aparecem no sentido interno. A partir disso, em conexão com a doutrina da idealidade do tempo, infere-se que a mente só pode se conhecer "como aparece para si mesma, não como ela é" (B69).

A explicação na Estética não fornece muito esclarecimento sobre a natureza do ato de autoafecção, mas indica a linha de argumentação mediante a qual Kant tenta conectá-lo com a tese da idealidade. A tese da idealidade envolve a conexão entre sensibilidade e afecção. Como vimos, Kant sustenta que a afecção por "objetos externos" é a fonte da matéria da intuição empírica e, portanto, dos materiais de nossa cognição. Visto que a mente só pode receber esses materiais enquanto é afetada, ela é, nesse sentido, passiva, e esses materiais estão sujeitos à sua forma de receptividade. Generalizando esse aspecto, Kant parece argumentar que *qualquer coisa* conhecida com base na afecção só é conhecida como aparece. Porém, como a mente tem de afetar a si mesma a fim de apreender seus conteúdos, como se alega, segue-se que a cognição que a mente tem de si é de natureza sensível e diz respeito apenas ao modo pelo qual aparece para si mesma.

Como o esboço acima indica, o cerne do argumento de Kant é que o autoconhecimento requer intuição sensível, o que é, por sua vez, uma consequência do fato de envolver a autoafecção. Claramente, esse argumento não é mais forte que a presumida analogia entre autoafecção e afecção por objetos externos. Infelizmente, entretanto, a analogia não parece ser forte o suficiente para sustentar o peso que Kant lhe atribui. O problema foi notado por Paton (1936, vol. 2, p. 238-240), para quem a função da afecção por objetos externos é fornecer as matérias-primas para a cognição, ao passo que a função da autoafecção é combinar esses materiais de acordo com as condições do tempo. Porém, a conexão original entre afecção e sensibilidade, defendida por Kant, repousa sobre a concepção da afecção como a fonte dos dados sensoriais – isto é, sobre uma compreensão dela como afecção exterior. Consequentemente, parece difícil derivar daí que uma conexão comparável com a sensibilidade deva ser atribuída à autoafecção, já que não se considera esta última como uma fonte independente de dados.

A posição de Kant torna-se ainda mais problemática se consideramos a explicação mais detalhada da autoafecção presente no § 24. Nessa passagem, Kant afirma explicitamente que por "autoafecção", ou, de modo equivalente, por "afecção do sentido interno", se quer dizer a determinação do sentido interno pelo entendimento "sob a designação de uma *síntese transcendental da imaginação*" (B153). Em outras palavras, ela é equivalente à síntese figurativa. Mas como já tratamos em detalhe dessa síntese e de sua função transcendental, não é necessário retomar aqui essa discussão. Todavia, devemos observar dois pontos diretamente relacionados com nossos objetivos presentes. Em primeiro lugar, como há pouco em comum entre a influência dos objetos sobre o sentido externo (afecção externa) e a "influência sintética do entendimento sobre o sentido interno" (B154), a identificação da autoafecção com a síntese transcendental serve para acentuar a *desanalogia* entre os dois modos de afecção.

Em segundo lugar, a síntese figurativa é condição transcendental de *toda* experiência, e não apenas da experiência interna. Como vimos, o principal objetivo do argumento da segunda parte da Dedução B é mostrar que a determinação do sentido interno pelo entendimento ("sob a designação de uma síntese transcendental da imaginação") é necessária para prover uma intuição determinada para a consciência. Tal tese independe da questão de saber se a intuição seria de objetos internos ou de objetos externos, pois todas as aparências, enquanto modificações da mente, pertencem ao sentido interno. Consequentemente, o mero apelo à autoafecção, entendida como síntese transcendental, dificilmente explica como tal síntese poderia servir como condição específica da experiência interna. Com efeito, ao sugerir exatamente essa leitura, Kant parece confundi-la com a síntese empírica da apreensão.

3. A tese da idealidade de outra tentativa. Mas a posição de Kant não é tão confusa como parece sugerir o comentário anterior. As dificuldades são reais, mas se devem sobretudo à forma extremamente críptica de apresentar sua doutrina. O que falta é uma distinção entre dois sentidos de "autoafecção": um conectado com a síntese transcendental, servindo como condição de toda experiência; o outro conectado com a síntese empírica da apreensão, servindo como condição de uma experiência especificamente interna. Embora Kant nunca apresente essa distinção com essas palavras, essa forma de apresentá-la está implícita na caracterização na Dedução B da síntese transcendental como "a primeira aplicação [do entendimento à sensibilidade] (e também o fundamento de todas as demais) aos objetos da intuição possível para nós" (B152) (cf. Washburn, 1970, esp. p. 194-215)[351]. Como vimos, essa "primeira aplicação" determina a representação de um único tempo universal, no qual todas as aparências têm uma localização determinada. Por essa razão, ela funciona como uma condição transcendental de *toda* experiência. A importância disso para nossos propósitos é a sugestão de que, assim como a síntese transcendental da apreensão é condicionada pela síntese transcendental da imaginação e dela distinta, também haveria uma segunda aplicação (igualmente descrita como autoafecção) condicionada pela primeira, embora dela distinta. Presumidamente, essa "segunda aplicação" estaria diretamente envolvida na experiência interna.

Tal leitura é reforçada pelo subsequente apelo de Kant, em nota de rodapé ao § 25, ao fenômeno da atenção. Embora Kant confunda as coisas ao sugerir que a atenção é meramente uma ilustração empírica da tese aparentemente paradoxal de que a mente afeta a si mesma, é evidente que a real significância da atenção não é o fato de tornar inteligível uma noção de afecção que, de outro modo, seria misteriosa, mas antes o fato de indicar o tipo específico de autoafecção requerido para a instituição da experiência interna. O ponto é que, ao atentar a suas representações, a mente as converte em objetos representados. Assim, em vez de perceber uma casa mediante uma sucessão de percepções, todas elas referidas à casa como suas representações, tomo essa própria sequência como meu objeto. Tal ato, enquanto um ato reflexivo de segunda ordem, pressupõe uma experiência externa anterior e, consequentemente, a síntese transcendental da imaginação (a "primeira aplicação"). Todavia, enquanto "segunda aplicação", esse ato envolve uma busca ativa, por parte da mente, das representações que ela se esforça por transformar em objetos do sentido interno. Ele também exige uma mudança de foco epistêmico e, com isso, uma reconceitualização. Enquanto a conceitualização inicial é o ato pelo qual as representações dadas são referidas a um objeto, a segunda é o ato pelo qual essas representações se tornam elas próprias objetos[352]. Em última análise, portanto, a tese de Kant de que o autoconhecimento requer autoafecção resume-se à tese de que a mente tem de reconceitualizar suas representações a fim de apreendê-las como objetos.

---

351. Boa parte da análise que se segue me foi sugerida pela discussão de Washburn. Para uma descrição um pouco diferente da autoafecção, cf. Zoeller (1989, p. 263-270).

352. A significância de tal reconceitualização e mudança de enfoque epistêmico foi discutida detidamente por Prauss (1971, p. 254-321).

Essa explicação da autoafecção nos permite ver como ela está envolvida na determinação dos objetos do sentido interno. Tais objetos são produtos da autoafecção no sentido em que é somente neles e por meio deles que os conteúdos dados da mente podem ser representados como um objeto. Ela é, portanto, constitutiva da experiência interna, assim como a síntese transcendental é constitutiva da experiência em geral. Ademais, uma vez que o tempo é a forma do aparecer das representações no sentido interno, segue-se que o tempo também tem de ser a forma na qual os produtos de sua própria atividade aparecem para a mente na experiência interna. Tal como acontece com as intuições espaciais formais, não é que o tempo seja imposto ao diverso das representações por essa autoafecção; a questão é, antes, essa atividade ser, ela própria, constrangida ou condicionada pela forma temporal do aparecer dessas representações na consciência. Ao menos neste aspecto, o papel desempenhado pelo tempo na experiência interna é análogo ao que desempenha o espaço na experiência externa. Tal como o espaço – a forma do sentido externo – é a forma segundo a qual a mente (mediante sua atividade conceitual) representa objetos como externos, assim o tempo – como a forma do sentido interno – é a forma segundo a qual ela representa (mediante uma atividade conceitual subsequente) algo interno (suas próprias representações) como um objeto. Isso significa que os objetos da experiência interna – enquanto objetos, produtos dessa atividade conceitual – são, ainda assim, representados sensivelmente. E, enquanto tais, eles contam como aparências no sentido transcendental.

II. A refutação do idealismo

Tem sido sugerido que não se deve considerar que o argumento básico da Analítica seria contrário a um ceticismo de tipo cartesiano concernente à "objetividade da experiência" ou a nosso conhecimento hipotético de um mundo externo. Em lugar disso, seu alvo principal é um empirismo radical, contestador da relevância cognitiva e, por essa via, da validade dos conceitos *a priori* hipoteticamente requeridos para juízos sobre o mundo, independentemente da questão da verdade ou falsidade desses juízos em instâncias particulares.

Mas isso não quer dizer que Kant não tivesse se preocupado com o desafio cético mais tradicional. Ao contrário, sua preocupação com este último pode ser traçada até seus primeiros escritos, sendo um tema recorrente, apesar de subordinado, em seu desenvolvimento filosófico[353]. De fato, Kant fornece dois tratamen-

---

353. A primeira discussão sobre o problema publicada por Kant está em NE 11: 411-412; 39. O desenvolvimento do argumento de Kant contra o idealismo no período pré-crítico é discutido por

tos bastante distintos do problema nas duas edições da *Crítica*. O primeiro está localizado no Quarto Paralogismo e procura tratar o idealista cético como um psicólogo racional que considera o conhecimento da existência de um Eu substancial como indubitável, mas a existência de um mundo externo (independente da mente) como problemática, já que se baseia numa inferência não evidente dos conteúdos da consciência para sua causa (A368-380). Como indicado anteriormente, Kant considera que essa forma de idealismo (chamada ali de "realismo empírico") está inseparavelmente conectada com o realismo transcendental, e sua crítica deve, portanto, ser compreendida nesse contexto[354]. Em contraste, na segunda edição, o argumento anticético é ostensivamente designado de Refutação do Idealismo, localizando-se nos Postulados do Pensamento Empírico em Geral, onde assume uma forma radicalmente diferente, conectando autoconhecimento ou experiência interna com a experiência genuína de objetos existentes no espaço distintos do Eu. Kant procurou inclusive desenvolver e esclarecer essa última linha de argumentação numa série de *Reflexionen* do final da década de 1780 e inícios dos anos 1790, às quais Guyer conferiu especial relevância (Guyer, 1983, p. 329-383; 1987, p. 279-329).

A presente discussão irá concentrar-se na versão da segunda edição (e suas variações nas *Reflexionen*), dividindo-se em três partes. A primeira oferece algumas observações preliminares relativas à localização, natureza e finalidade do argumento. A segunda apresenta uma análise passo a passo de sua estrutura. Por fim, a terceira trata da questão altamente controversa da relação entre a refutação do idealismo por Kant e seu próprio idealismo transcendental.

A. Algumas observações preliminares

Como notado acima, a Refutação do Idealismo está localizada nos Postulados do Pensamento Empírico em Geral, que tratam do sentido empírico e da função das categorias modais. Mais especificamente, a Refutação se vincula à

D. H. Heidemann (1998) e por Caranti (2001 – tese de doutorado, Universidade de Boston, não publicada). • A tese de Caranti foi publicada em 2007 com o título *Kant and the scandal of philosophy: the Kantian critique of Cartesian scepticism* [N.T.].

354. Embora Kant tenha reformulado o Quarto Paralogismo na segunda edição e tenha tratado do problema da relação entre corpo e mente e não do ceticismo sobre o mundo externo (B409-410), devemos ter em mente que ele manteve uma miniversão do argumento na seção da Antinomia da Razão Pura em que explicita o idealismo transcendental (B519-520). Em ambos os casos, a preocupação de Kant é salientar a diferença entre seu idealismo transcendental ou formal e o ilícito idealismo empírico ou material. O mesmo vale para seu tratamento do problema nos *Prolegômenos*, muito próximo ao da primeira edição (Pro 4: 336-337; 91-92).

discussão da efetividade (*Wirklichkeit*) ou do efetivo, definido como "o que se conecta com as condições materiais da experiência (da sensação)" (B265-266). Embora a explicação kantiana oficial dessa localização seja um tanto enganosa, a conexão entre efetividade, assim definida, e a Refutação é crucial para a compreensão apropriada desta última.

Na discussão do Postulado, o principal objetivo de Kant é mostrar que, apesar de o critério de efetividade envolver percepção, não é necessário que algo seja percebido para que seja considerado efetivo ou existente. Tudo o que se requer é que seja conectado com algo percebido de acordo com leis empíricas, governadas, em última instância, pelas Analogias e descritas por Kant como "regras para provar mediatamente a existência". A justificação aduzida para localizar a Refutação nesse contexto é a de que o idealismo apresenta uma "poderosa objeção contra essas regras" (B274). Isso sugere que a disputa com o idealismo está diretamente relacionada com a validade dessas regras ou, mais precisamente, com os princípios *a priori* em que se baseiam. Porém, isso entra em conflito com o *status* desses princípios nas Analogias, onde teriam sido estabelecidos como válidos. Consequentemente, uma interpretação mais plausível da explanação de Kant dispõe que o desafio do idealista se dirige à premissa subjacente à aplicabilidade dessas regras e não às próprias regras. O que o idealista questiona é a pressuposição de que estar conectado com a sensação (uma ocorrência mental) seja uma marca confiável da efetividade com relação ao mundo externo[355].

Embora, a partir dessa leitura, a preocupação cética tradicional não seja vista como uma ameaça direta aos resultados da Analítica por se localizar num nível diferente de reflexão, ela certamente põe em questão a *significância* desses resultados ao redespertar o espectro de que nossa experiência categorialmente estruturada não passaria de um sonho consistente. Com efeito, o fato mesmo de Kant reservar um espaço à parte para uma refutação do idealismo, posposta ao término do argumento central da Analítica, é uma indicação clara de que o filósofo não acreditava que esta última teria resolvido o problema. A consciência da necessidade de fazê-lo por parte de Kant é evidenciada por sua famosa observação na nota de rodapé ao Prefácio-B dedicada à Refutação, segundo a qual

> permanece escandaloso, para a filosofia e para a razão humana universal, ter de aceitar por mera crença a existência das coisas fora de nós [...] (Bxxxix).

---

355. Minha abordagem aqui foi influenciada pela discussão de Caranti (2001, p. 187-193).

Na mesma nota, Kant também nos diz que está apresentando uma "prova estrita", de fato a única possível, da "realidade objetiva da intuição externa" (Bxxxix)[356]. Na realidade, contudo, a Refutação só aborda uma única forma de "idealismo material", que é o termo kantiano genérico para todas as formas de idealismo opostas à sua própria "variedade formal". Nesse sentido, é difícil vê-la como uma prova (estrita ou não) autossuficiente da "realidade objetiva da intuição externa". Especificamente, ela deixa de lado a forma "dogmática" de tal idealismo, que supostamente considera o espaço como "algo que seria impossível em si mesmo" e, portanto, "as coisas no espaço, do mesmo modo, como [...] meramente imaginárias" (B274). Kant identifica essa última posição com a de Berkeley e se exime de abordá-la ali alegando que já fora abordada na Estética Transcendental (cf. B70-71).

A ameaça restante, e mais séria, é a do "idealismo problemático" de Descartes, o alvo explícito da Refutação. O que a torna mais séria é o fato de seu fio condutor ser principalmente epistemológico e não metafísico. Em vez de negar a realidade do espaço e dos objetos nele contidos, ela nega apenas que possamos ter experiência imediata e, portanto, certeza, com relação à *existência* de tais objetos. De acordo com a caracterização que Kant faz dessa posição, a tese básica desse idealismo é a de que há somente uma afirmação empírica indubitavelmente certa: "eu sou" (B274). Consequentemente, a existência de algo distinto da mente e de seus conteúdos só pode ser estabelecida por via inferencial, e qualquer inferência desse tipo é problemática[357].

Contra essa posição cética, Kant pretende demonstrar o "teorema" segundo o qual "*[a] mera consciência de minha própria* existência, *empiricamente determinada*, prova a *existência dos objetos no espaço fora de mim*" (B275). Porém, dada a natureza do projeto, a demonstração ou "prova estrita" é necessariamente indireta, pois para evitar uma petição de princípio, o argumento tem de se basear numa premissa concernente ao autoconhecimento empírico que o cético cartesiano aceitaria, ou seja, uma premissa que compartilhe a indubitabilidade do "eu sou".

---

356. A afirmação de que se trata da única prova possível é reiterada nas *Reflexionen* (R 6311-6316 18: 607-623). O fato de Kant esboçar ali várias provas indica que ele as via como expressões alternativas da mesma linha de argumentação, que é, ela própria, vista como o único modo de derrotar o cético. De fato, todas essas provas assumem a forma de uma tentativa de mostrar que o cético tem de aceitar a realidade da experiência externa como condição de possibilidade de um tipo mínimo de autoconhecimento que é, ele próprio, presumivelmente indubitável.

357. Como Descartes deixou claro, a mesma linha de raciocínio também conduz a um ceticismo com relação às outras mentes. Por isso, o "idealismo problemático" poderia igualmente ser caracterizado como "solipsismo problemático". Porém, Kant ignora completamente essa última dimensão do problema, concentrando-se somente no ceticismo relativo ao mundo físico.

A estratégia de Kant é explorar uma ambiguidade na compreensão cartesiana dessa última proposição, derivada da mescla de duas formas de autoconsciência: apercepção e sentido interno. Segundo a análise de Kant, como resultado direto dessa mesclagem, o cartesiano recorre à inferência do *cogito* para assegurar a existência do "eu" concentrando-se apenas na atividade de pensar, abstraindo completamente do conteúdo do pensamento. Porém, segundo Kant, isso gera apenas o pensamento vazio do "eu" como sujeito lógico do pensamento, não a cognição de um ser pensante determinado. Como toda cognição, esta última requer intuição – intuição interna, neste caso –, que fornece o conteúdo necessário. Ademais, isso significa que mesmo a fração mais rudimentar de autoconhecimento (eu estou percebendo neste momento uma superfície branca, por exemplo) repousa no sentido interno e em suas condições. Eis como esse conhecido ponto é formulado na Refutação:

> A representação *eu penso*, que exprime a consciência que pode acompanhar todo pensamento, é certamente aquilo que abarca em si, imediatamente, a existência de um sujeito, mas não ainda uma *cognição* do mesmo, portanto também nenhuma cognição empírica, isto é, nenhuma experiência; pois a esta pertence, além do pensamento de algo existente, também uma intuição, que é aqui interna […] (B277).

Com isso, podemos ver que, na segunda edição, a crítica de Kant ao idealismo problemático cartesiano é inseparável da explicação do sentido interno. De fato, veremos no capítulo 12 que a acusação de mesclar apercepção e sentido interno subjaz a toda a crítica de Kant ao que se pode denominar de o "projeto cartesiano", isto é, a tentativa de chegar à certeza sobre a natureza e a existência do Eu como *res cogitans* simplesmente refletindo sobre o que deve ser pressuposto como condição do pensamento. Isso também deixará claro que a Refutação do Idealismo, a explicação do sentido interno e a versão revisada dos Paralogismos são partes integrantes dessa crítica e devem ser compreendidos enquanto tais, embora possuam também implicações mais amplas. Nossa preocupação presente, entretanto, é com o próprio argumento da Refutação, que agora estamos em condições de considerar.

B. O argumento

O argumento, tal como apresentado na *Crítica*, consiste em cinco passos. Seguindo nosso procedimento costumeiro, esses passos serão discutidos um por vez. Materiais adicionais advindos das *Reflexionen* serão introduzidos quando necessário.

[Passo 1] Estou consciente de minha existência como determinada no tempo (B275).

Uma vez que se trata da premissa que deve ser aceita pelo idealista e que supostamente gera a *reductio*, sua interpretação correta é claramente uma questão que merece alguma atenção. Entretanto, como costuma ser o caso, é também fonte de desacordo. Uma questão que recebeu alguma atenção na literatura mais antiga é a de se saber se essa consciência [*consciousness*] (autoconsciência empírica) deveria ser identificada com um mero estar consciente [*awareness*] ou como o conhecimento empírico efetivo do Eu[358]. Outra questão diz respeito ao que exatamente se supõe que estejamos conscientes (ou tenhamos conhecimento) quando estamos conscientes de nossa existência como determinada no tempo. A primeira questão concerne ao *status* epistêmico dessa forma de consciência, e a segunda, a seu conteúdo.

Para começar, parece relativamente claro que a espécie de consciência que Kant tem em mente envolve autoconhecimento efetivo e não apenas um estar consciente. Suporte textual para tal é fornecido pela identificação feita por Kant entre essa consciência e a experiência interna, que consiste numa cognição (B275) (cf. tb. R 5653, 5655, 18: 309; 314). Mais importante, a lógica do argumento requer que a premissa seja tomada dessa forma, uma vez que ela tem de corresponder a uma *proposição* colocada fora de dúvida pelo cartesiano (cf. Rousset, 1967, p. 148-151; Gochnauer, 1974, p. 195-206, esp. p. 198; Aquila, 1979, p. 259-278, esp. p. 260-261).

A segunda questão é mais difícil, pois parece haver pelo menos duas respostas plausíveis, ambas com fundamento nos textos kantianos. Para uma delas, que chamaremos de concepção "densa" [*thick*] do autoconhecimento empírico, a premissa dispõe que o Eu tem algum conhecimento de seus estados mentais passados. Como afirma Bennett (1966, p. 205):

> Quando Kant fala da "determinação no tempo" de minha existência, ele quer dizer o estabelecimento dos fatos empíricos sobre mim – do que meus estados [mentais] foram – em vários estágios de minha história.

De modo similar, Bennett glosa a "consciência determinada do Eu" de Kant como "uma consciência do Eu *como* determinado de certas maneiras, como tendo essa história e não uma outra" (Bennett, 1966, p. 205). Ao desenvolver o que ele denomina de "argumento do realismo", Bennett tenta mostrar que essa premissa relativamente densa sobre autoconhecimento conduz a um argumento

---

[358]. As abordagens mais relevantes desse tópico estão em Lachièze-Rey (1950, p. 60-148) e Rousset (1967, p. 139-161).

contrário à possibilidade de uma experiência puramente interna. *Grosso modo*, a tese básica é que o autoconhecimento requer conhecimento do passado, e este pressupõe conhecimento de eventos e estados de coisas "externos" (Bennett, 1966, p. 200-214).

Além de seu interesse filosófico intrínseco, tal leitura parece ser apoiada pela ênfase de Kant na *Crítica* sobre a determinação de nossa existência no tempo. E isso decerto sugere que Kant estava se referindo ao conhecimento que um sujeito tem de sua própria história mental. Ademais, apoio adicional parece ser fornecido pela distinção traçada por Kant nas "*Reflexionen* de Leningrado sobre sentido interno" entre apercepção empírica e transcendental:

> [a] primeira diz meramente eu sou, a segunda eu era, eu sou e eu serei, isto é, eu sou uma coisa do tempo passado, do tempo presente e do tempo futuro [...] (LR 23-24).

A leitura alternativa da premissa em questão opta por uma concepção relativamente "tênue" do autoconhecimento empírico. Em vez de pressupor que a consciência de nossa existência como determinada no tempo inclua o conhecimento de nosso passado e, portanto, envolva confiança na memória, ela limita esse conhecimento aos conteúdos de nosso estado mental atual. Para se enquadrar na caracterização de Kant, essa consciência deve ter uma dimensão diacrônica e consistir em, pelo menos, duas representações sucessivas, que são conhecidas como tais. Porém, ela não precisa, por essa razão, ser interpretada como conhecimento de nossa história mental anterior, a não ser num sentido mínimo que não envolve qualquer confiança na memória ou, mais importante, qualquer possibilidade de erro.

A explicação esboçada por Kant para a experiência interna, como instituída mediante autoafecção, é compatível com tal leitura. Como vimos, essa experiência envolve um reenfoque de nossa atenção. Em vez de relacionar representações a objetos, essas representações e a ordem de seu aparecimento na consciência empírica tornam-se elas próprias um objeto (subjetivo). Assim, ao perceber uma casa, posso introspectivamente atentar para o fato de que primeiro apreendo o teto, depois a parede frontal e assim por diante. Se considerarmos tal percepção como um juízo sobre minha história mental *passada*, ela pode claramente estar equivocada. Deixando de lado saber se eu estava realmente percebendo uma casa ou apenas imaginando que a estivesse percebendo, permanece possível que eu tenha, na verdade, recebido as representações em uma ordem diferente. Porém, essa possibilidade não se aplica a minha consciência introspectiva presente de ter representações na ordem *A-B* e não o inverso. O que é crucial aqui é que essa sucessão (como o conteúdo de um único pensamento complexo) é para um único *eu penso*, e a experiência interna diz respeito à sucessão como ela é para esse *eu penso*. Uma coisa é eu duvidar da veracidade de minha "recordação" de uma experiência passada, outra coisa bem diversa é duvidar de que eu (Henry Allison) estou agora "recordando" tal experiência.

Esse ponto também pode ser expresso em termos mais cartesianos. Suponha que o gênio maligno cartesiano ou algum análogo seu contemporâneo tenha me criado neste instante, juntamente com um conjunto completo de "memórias" e crenças sobre minha existência passada. Nesse caso, todos os meus juízos sobre meu passado seriam manifestamente falsos. Todavia, permaneceria a certeza de que estou consciente de mim mesmo como o sujeito atualmente existente que possui essas pseudomemórias e essa pseudo-história. Trata-se de uma concepção "tênue" de autoconhecimento – mas, enquanto um conhecimento da ordem temporal dos conteúdos de meu estado mental presente, ele envolve, sem dúvida, uma "consciência de minha existência como determinada no tempo".

Ainda que essa complexa questão tenha de ser revisitada adiante, deve ser suficiente, por ora, notar que a razão principal e evidente para preferir tal leitura é o fato de ela continuar a evitar que a Refutação incida em uma petição de princípio. Uma vez que ela pretende ser uma *reductio* da posição cartesiana, seu sucesso depende fundamentalmente de encontrar uma premissa que esta última aceite. Isso significa que essa premissa tem de ser uma proposição sobre o autoconhecimento que, por um lado, tenha algum conteúdo intuitivo e, por outro, seja imune à dúvida hiperbólica que emana da hipótese do gênio maligno cartesiano e suas variantes modernas[359].

> [Passo 2] Toda determinação de tempo pressupõe algo *permanente* na percepção.

Uma vez que Kant apresenta isso como uma simples afirmação, supõe-se geralmente que ele esteja recorrendo ao argumento da Primeira Analogia. No entanto, essa leitura às vezes é rejeitada, rejeição essa baseada seja na insatisfa-

---

359. Na Terceira Meditação, o próprio Descartes sugere essa compreensão temporalizada dos conteúdos da consciência quando – antes de demonstrar da existência de Deus e, portanto, ainda sob a hipótese do gênio maligno – observa de passagem o seguinte: " quando penso que existo agora e me lembro, além disso, de ter existido outrora, ou quando concebo diversos pensamentos, cujo número reconheço, então adquiro em mim as ideias da duração e do número que, em seguida, posso aplicar a todas as outras coisas que quiser" (Descartes, [1641] 1985, vol. 2, § 20, p. 30-31). Embora o ponto que Descartes está tentando demonstrar não seja cético, mas sim que a mente tem os recursos para gerar essas ideias a partir de si mesma (o que não é o caso para a ideia de Deus), a passagem sugere que ele atribuía certa dimensão diacrônica aos conteúdos do *cogito*.

ção com esta última, seja a partir do questionamento de sua relevância para o argumento em questão. Assim, Bennett observa enfaticamente que "a Refutação do Idealismo teria pouco interesse se pressupusesse a inverdade que é a Primeira Analogia" (Bennett, 1966, p. 202). Essa opinião encontra eco em Guyer, que distingue três argumentos da Primeira Analogia concebidos para provar que a determinação temporal requer algo permanente. Porém, Guyer (1983, p. 332-224; 1987, p. 283-284) considera dois desses argumentos "não persuasivos" e nega que o terceiro seja capaz de sustentar a conclusão da Refutação, pois não teria excluído a possibilidade de que a entidade requerida possa ser simplesmente o Eu.

Uma vez que já comentamos o argumento da Primeira Analogia, não precisamos reexaminá-lo aqui. Para os propósitos presentes, deve ser suficiente notar duas características dos esforços de Bennett e Guyer para distanciar a Refutação do Idealismo de tal argumento. Em primeiro lugar, ambos os autores parecem supor que, para que o argumento da Primeira Analogia seja relevante para a Refutação, ele deve garantir, de alguma forma, que aquilo que persiste seja tanto de natureza espacial quanto numericamente distinto do eu. Em outras palavras, eles ignoram a possibilidade de que sua relevância se limite ao presente passo, o que, por si só, obviamente nada estabelece sobre a natureza do que persiste. Em segundo lugar, eles falham em reconhecer que esse passo se apoia apenas parcialmente no argumento progressivo da Primeira Analogia, a saber, a tese do pano de fundo. Recordemos que essa tese afirma apenas a necessidade de pressupor algum substituto perceptual (persistindo pelo menos relativamente) do próprio tempo como condição da possibilidade de determinar as relações temporais dos fenômenos. Se não houvesse nada que persistisse, então não poderíamos nos tornar conscientes nem da coexistência nem da sucessão de fenômenos em um tempo comum, objetivo. O presente passo apenas estende esse princípio ao domínio da experiência interna. Kant não precisa acrescentar qualquer argumento aqui, uma vez que essa extensão é autorizada pela generalidade da tese da Primeira Analogia (que se refere a *toda* sucessão e coexistência).

> [Passo 3] Mas esse persistente não pode ser uma intuição em mim. Pois todos os fundamentos de determinação de minha existência que podem ser encontrados em mim são representações e, enquanto tais, necessitam elas mesmas de algo persistente delas distinto, em relação ao qual possam ser determinadas a mudança das mesmas e, portanto, a minha existência no tempo em que elas mudam (Bxxxix).

Na nota de rodapé ao trecho do Prefácio referente à Refutação, Kant observa que o trecho acima deve substituir a seguinte passagem do texto: "Esse persistente, contudo, não pode ser algo em mim, pois a minha própria existência só pode ser determinada no tempo através dele". Embora a razão oferecida para essa emenda seja a obscuridade da formulação original, uma explicação mais provável é que Kant teria percebido que não mencionar a intuição havia deixado o caminho aberto para o cartesiano afirmar que o sujeito pensante (*res cogitans*) é ele próprio a entidade que persiste e que a existência dos estados do sujeito pode ser determinada no tempo ao ser-lhe referida. Como vimos por diversas vezes, Kant reconhece que temos o pensamento, embora não a intuição, do próprio eu como um tal sujeito. Portanto, para Kant, é precisamente por se tratar de um pensamento e não de uma intuição que esse sujeito não se refere a nada de determinado que possa por si só servir para determinar a existência do Eu e seus estados no tempo[360].

A situação é remediada na versão revisada da premissa. Ali, não só há uma referência à intuição, como também uma tentativa de explicar por que a intuição exigida não pode estar "em mim". Uma vez que todas as intuições, enquanto modificações do sentido interno, estão "em mim" (no sentido empírico), é claro que aqui o termo tem de se referir ao objeto intuído (*das Angeschaute*) e não à própria intuição (*die Anschauung*). Em outras palavras, a tese kantiana dispõe que o que persiste não pode ser algo intuído internamente, o que significa que não pode ser um objeto do sentido interno. Uma vez mais, tudo o que intuímos internamente é o aparecer (para nós mesmos) de nossas próprias representações. Não há qualquer intuição adicional de um sujeito para o qual elas aparecem (nenhuma impressão do Eu). Como cada um desses aparecimentos é uma ocorrência fugaz, a intuição interior não fornece nada capaz de determinar a existência do sujeito no tempo. Consequentemente, a entidade que persiste deve ser algo externamente intuído, o que, dada a natureza da sensibilidade humana, significa algo intuído no espaço.

> [Passo 4] A percepção desse persistente, portanto, só é possível por meio de uma *coisa* fora de mim, e não por meio da mera *representação* de uma coisa fora de mim. Logo, a determinação de minha existência no tempo só é possível por meio da existência de coisas efetivas que percebo fora de mim.

Esse é o cerne do argumento. Os passos anteriores estabeleceram que a cognição de nossos estados interiores depende da *representação* de algo que persiste no espaço. Mas, para refutar o cético, Kant não pode se contentar com essa conclusão bastante modesta. Em vez disso, ele deve mostrar que realmente experiencio ou percebo – e não apenas imagino ou acredito que percebo – algo

---

360. Kant deixa isso explícito em B278.

persistente (o que é afinal do que trata a passagem acima). É bem verdade que ele tem o cuidado de assinalar, no último dos três escólios anexados ao argumento, que essa tese não implica que *todas* as minhas percepções dos objetos exteriores tenham de ser verídicas. Em qualquer caso dado, eu poderia estar imaginando em vez de experienciando realmente tais objetos. Todavia, o ponto essencial é se tratar de uma questão empírica se em uma instância particular estou experienciando ou apenas imaginando, questão essa que só pode ser inteligivelmente colocada contra um fundo pressuposto de efetiva experiência de coisas persistentes. É esta última que o cético nega e que o argumento de Kant tenta estabelecer. Como o diz sua própria formulação do projeto, "aqui só tivemos de provar que a experiência interna em geral só é possível por meio da experiência externa em geral" (B278-279).

Mas Kant teria conseguido provar essa asserção? Uma vez mais, o cético poderia aceitar prontamente uma relação de implicação entre crenças e, assim, reconhecer a necessidade das representações externas. O que ele não concederia é a alegação de que isso autorizaria a conclusão sobre a experiência efetiva ou a existência real. Ademais, fica claro a partir da nota no Prefácio que Kant estava bem ciente desse fato. Nessa medida, ele observa que

> [c]ontra essa prova, se pode presumivelmente dizer: "eu só sou imediatamente consciente daquilo que está em mim, isto é, da minha *representação* das coisas externas"; permaneceria indecidido, portanto, se há ou não algo correspondente a ela fora de mim (Bxxxix-xl n.).

Pode-se dizer que a tarefa mais importante que qualquer interpretação da Refutação do Idealismo deve enfrentar é apresentar a resposta kantiana a essa objeção. Infelizmente, porém, não se trata de uma tarefa fácil. De fato, se considerarmos o argumento oficial da *Crítica*, a nota do Prefácio e as *Reflexionen* relevantes, encontraremos também neles duas linhas distintas de argumentação. E apenas uma delas fornece base para uma resposta adequada ao cético, mas mesmo ela deve ser desenvolvida muito além do ponto em que Kant a deixa.

A primeira linha de argumentação, manifestamente inadequada, envolve a natureza do sentido externo. Eis sua premissa básica, formulada por Kant na nota do Prefácio: "o sentido externo já é em si mesmo uma relação da intuição com algo efetivo fora de mim". Uma vez que ninguém negaria que ao menos parecemos ter um sentido externo, ou seja, que temos representações de objetos externos (espaciais), bastaria, para refutar o cético cartesiano, demonstrar a incoerência da sugestão de que podemos simplesmente acreditar ou imaginar que temos um sentido externo. Kant considera uma tal sugestão como equivalente a afirmar que temos apenas uma imaginação externa, mas não um sentido externo. Sua resposta básica a essa ideia encontra-se numa nota de rodapé ao texto principal:

> É claro [...] que, mesmo para apenas imaginar algo como externo, isto é, apresentá-lo ao sentido na intuição, nós já temos de possuir um sentido externo e, por meio dele, de distinguir imediatamente a mera receptividade de uma intuição externa, de um lado, da espontaneidade que caracteriza toda imagem. Pois um sentido externo meramente imaginado aniquilaria a própria faculdade de intuir que deve ser determinada através da imaginação (B276-277n.).

Essa tese parece estar implícita no próprio argumento da *Crítica* (na passagem da *representação* à *coisa* representada) e reaparece explicitamente, numa forma ligeiramente diferente, no terceiro escólio anexado ao argumento. Ao comentar a possibilidade de simplesmente imaginar coisas externas (como em sonhos ou ilusões), Kant observa ali que isso só se daria "através da reprodução de percepções externas anteriores, as quais somente são possíveis, como foi demonstrado, por meio da realidade dos objetos externos" (B278). Além disso, variações do mesmo tema básico estão espalhadas pelas *Reflexionen*. Embora essas formulações difiram umas das outras no pormenor, elas se reduzem à tese da incapacidade da imaginação, quer por si mesma, quer com a ajuda do sentido interno, de produzir a representação do espaço ou das coisas no espaço. Por trás dessa tese está a afirmação de que o sentido interno não tem um diverso que lhe seja próprio, do que Kant infere sua incapacidade de gerar os dados do sentido externo (cf. R 5653, 6315 18: 308; 618-620)[361]. Consequentemente, o simples fato de termos representações externas é tomado como prova de que temos um sentido externo, o que, por sua vez, implica que a mente é afetada por, e percebe, objetos efetivamente existentes (embora não como eles são em si mesmos).

Não é necessário prosseguir com os pormenores dessa linha de argumentação para reconhecer sua inadequação. Por um lado, a alegação de que não podemos sequer imaginar ou sonhar com objetos externos a menos que tenhamos um sentido externo é semelhante a uma que próprio Descartes entretém e rejeita na Primeira Meditação. Por outro lado, ela repousa sobre algumas afirmações dúbias sobre a capacidade (ou a falta de capacidade) de faculdades particulares produzirem espécies particulares de representações. Mas mesmo que, pelo bem do argumento, essas teses fossem aceitas, continuaria em aberto a possibilidade das nossas representações das coisas exteriores serem o resultado de alguma "fa-

---

361. A questão é discutida por Rousset (1967, p. 155).

culdade oculta" desconhecida. Recordemo-nos que Descartes aventa essa mesma possibilidade na Terceira Meditação em conexão com seu argumento em defesa da existência de Deus. Embora Descartes negue que tal faculdade possa ser a fonte da Ideia de Deus como o ser mais perfeito, o cético neste ponto poderia responder prontamente a Kant, sugerindo a possibilidade de tal faculdade ser a fonte das nossas representações das coisas externas[362]. Em suma, devido aos seus pressupostos dogmáticos, o argumento a partir da natureza das representações externas não pode minar a possibilidade de os conteúdos da consciência – ou seja, a sequência das representações "externas" – serem precisamente como de fato são sem que haja algo exterior à mente que lhes corresponda.

A segunda linha de argumentação, encapsulada na afirmação de que na prova anterior "o jogo adotado pelo idealismo se volta contra ele com tanto mais razão" (B276), parece consideravelmente mais promissora. Para dizê-lo na terminologia kantiana, o "jogo" idealista consiste em supor a indubitabilidade da experiência interna e – utilizando-a como modelo de certeza perfeita – em pôr em dúvida a realidade da experiência externa, alegando que ela falha por não estar à altura dessa norma. Virar esse jogo contra o idealista é argumentar que a experiência interna, que este último reconhece como não problemática, pressupõe a realidade da experiência externa. Por conseguinte, a crítica é imanente, baseia-se numa premissa com a qual o idealista está supostamente comprometido e afirma que isso implica um compromisso com o que o idealista considera questionável. Kant formula o ponto de modo sucinto em nota acrescentada ao Prefácio-B: "eu sou tão seguramente consciente de que há coisas fora de mim, referidas a minha sensibilidade, quanto sou consciente de que eu mesmo existo determinadamente no tempo" (Bxli). E, de forma um pouco mais abrangente, Kant observa em uma das *Reflexionen* que

> [a] proposição é: a consciência empírica da nossa existência no tempo está necessariamente ligada à consciência empírica de uma relação com algo fora de nós, e uma é tão pouco ilusória como a outra, resultando de uma inferência equivocada, mesmo que seja tão somente uma inferência (R 5653 18: 308).

Nessas passagens, Kant afirma que a experiência interna e a experiência externa possuem o mesmo *status* epistêmico. Uma tese semelhante fora afirmada na primeira edição, onde Kant insistia que ambas são "imediatas", no sentido em que nenhuma delas envolve qualquer inferência da representação para o objeto externo como causa (A370-371). Mas agora Kant vai além, argumentando que

---

362. Essa objeção foi levantada por G. E. Schulze ([1792] 1969, p. 105-108).

a experiência externa "é quem manda", no sentido em que condiciona a experiência interna. Consequentemente, o preço de duvidar da experiência externa é tornar a experiência interna igualmente duvidosa.

Embora o cartesiano ortodoxo possa não estar disposto a pagar esse preço, uma forma mais radical de ceticismo (atinente ao autoconhecimento) parece aceitá-lo. De fato, dada a concepção "densa" de autoconhecimento defendida por Bennett, tal ceticismo parece inicialmente plausível. No entanto, a concepção "tênue" caracterizada anteriormente é imune a tais dúvidas. Se estou consciente de uma sucessão de representações, então, por esse fato mesmo, essas representações realmente sucedem-se umas às outras na minha consciência. Em outras palavras, embora possa haver uma sucessão de representações sem uma consciência da sua sucessão, o inverso não vale. Minha consciência de tal sucessão é, ao mesmo tempo, uma sucessão em minha consciência. Além disso, é precisamente essa última que se afirma ser conhecida com certeza.

Mesmo assim, o argumento ainda não se fecha, uma vez que o cético poderia questionar o princípio de igual certeza. Especificamente, seria possível perguntar por que razão a experiência externa, que se presume ser uma condição da experiência interna, não poderia ela própria ser algo ilusório. Se, como tem se admitido, as afirmações de Kant sobre a possível fonte das nossas representações externas são insuficientes para responder ao cético, então não parece que o argumento, até este ponto, seja suficiente para eliminar essa possibilidade[363]. Assim, a questão converte-se em outra: a consciência da própria existência tal como determinada no tempo perderia seu *status* epistêmico se fosse condicionada por algo ilusório? Embora Kant possa não ter tido precisamente essa preocupação em mente, o quinto passo do argumento pode ser visto como uma tentativa de responde-la.

> [Passo 5] Agora, a consciência está necessariamente ligada, no tempo, à consciência da possibilidade dessa determinação de tempo: portanto, ela também está necessariamente ligada à existência das coisas fora de mim como condição da determinação do tempo; isto é, a consciência da minha própria existência é, ao mesmo tempo, uma consciência imediata da existência de outras coisas fora de mim.

Aqui Kant torna totalmente explícita a dependência da experiência interna em relação à experiência externa, implícita desde o início. O mesmo pensamento é também expresso de forma mais enfática numa passagem da nota acrescentada ao Prefácio:

---

363. Essa é a principal questão posta por Caranti (2001, cap. 4).

> Assim, essa consciência de minha existência no tempo está identicamente conectada à consciência de uma relação a algo fora de mim, e é portanto experiência, não ficção, sentido e não imaginação, e liga meu sentido externo ao sentido interno de maneira indissociável; pois o sentido externo já é em si mesmo uma relação da intuição a algo efetivo fora de mim; e realidade do mesmo, à diferença da imagem, consiste simplesmente em estar, como ocorre aqui, indissociavelmente ligada à própria experiência interna como sua condição de possibilidade (Bxl n.).

E mais adiante, na mesma nota, Kant acrescenta:

> A representação de algo *persistente* na existência não é o mesmo que *representação persistente*; pois esta pode, como todas as nossas representações – inclusive as da matéria – ser bastante mutável e cambiável, e se refere todavia a algo **persistente**, que tem de ser, portanto, uma coisa externa e distinta de todas as minhas representações, uma coisa cuja existência está necessariamente incluída na *determinação* da minha própria existência, constituindo ambas uma única experiência que não ocorreria internamente se não fosse ao mesmo tempo (em parte) externa (Bxli n.).

O uso de termos como "está ligada" ou "identicamente conectada" (*identisch verbunden mit*) indica a inseparabilidade da experiência interna em relação à experiência externa. Na segunda das passagens citadas, Kant tenta explicar essa inseparabilidade ao sugerir que a experiência interna e a experiência externa constituem duas facetas de uma única experiência; chegando mesmo a sugerir que a experiência interna também é "(em parte) externa". Parece haver dois fatores subjacentes a essa tese: (1) os objetos de ambos os modos de experiência existem num único tempo universal e estão sujeitos às suas condições; (2) a natureza peculiar da experiência interna não contém qualquer objeto interno persistente, o que significa que o objeto necessário para a determinação do tempo tem de ser encontrado alhures. Assim, afirmar que a experiência interna é em parte externa significa afirmar que ela requer uma persistência intuída exteriormente como condição da sua própria possibilidade. Contudo, o inverso não se aplica, uma vez que a experiência externa, tendo seu próprio objeto persistente, não requer experiência interna como sua condição de possibilidade. Consequentemente, ainda que o tempo seja a forma do sentido interno e não possa ser intuído exteriormente, não se pode dizer (pelo menos não no mesmo sentido) que a experiência externa seja em parte interna.

Embora nada disso seja realmente novo, trata-se de algo essencial para compreender e avaliar o argumento de Kant. Em particular, essa análise fornece a base para rejeitar a possibilidade de que a consciência da própria existência no tempo seja determinada caso não haja algo genuinamente externo que persista e que sirva de base para essa existência interna ser determinada. Em termos simples, se a experiência interna é realmente inseparável da experiência externa, se são duas facetas de uma única experiência, e se toda a experiência interna é também em parte externa, então a experiência interna não pode ser verídica e a experiência externa que a condiciona, ilusória. O que tornaria a experiência externa ilusória, a saber, a não existência das coisas que eu percebo persistir em meio à mudança e como distintas de mim mesmo, faria o mesmo com minha hipotética experiência interna. Assim, eu poderia *imaginar* que estou consciente de minha existência como determinada no tempo, mas não estaria realmente consciente, já que, *ex hypothesi*, não haveria nada capaz de determiná-la.

É certo que se trata mais de um esboço para uma possível refutação do que de um argumento totalmente elaborado, capaz de responder ao cético cartesiano. É necessário um desenvolvimento considerável e um exame detido dos pormenores para que essa refutação se torne adequada. Por exemplo, em algumas de suas *Reflexionen*, Kant insinua um argumento ao mostrar que o nosso corpo funciona como o objeto persistente em relação ao qual nossa existência é determinada no tempo (cf. R 5461 18: 189). Presumivelmente, a ordem temporal dos nossos estados mentais é determinada por sua correlação com os nossos estados corporais, e através dessa conexão nossa existência é determinada em relação à de outros objetos no "campo da experiência". Contudo, não há necessidade aqui de insistir em nada disso, pois importa apenas que essa segunda linha de argumentação, mesmo em sua forma embrionária, seja distinta da anterior e superior à primeira. Se a primeira envolve uma tese questionável sobre o que deve ser pressuposto para dar conta de algumas das representações que de fato possuímos, a segunda sustenta que um modo de experiência aceito pelo cético é condicionado por, e inseparável de, outro modo de experiência, que o cético não aceita. Nesse sentido, ela contém ao menos o germe de uma verdadeira *reductio* da posição do cético.

C. A *Refutação do Idealismo* e o idealismo transcendental

Uma das preocupações relativas às refutações do idealismo de Kant que mais persistem incidem sobre sua compatibilidade com o idealismo transcendental. Essa preocupação toma uma forma particularmente pungente diante da refutação da primeira edição. Diversos estudiosos consideraram que, nessa versão, Kant só consegue rejeitar o idealismo problemático de Descartes por meio de um tortuoso dispositivo de redução de objetos supostamente externos a "meras representações", adotando assim uma posição fenomenista ou um "idealismo subjetivo" essencialmente sintonizados com o idealismo e o fenomenismo de Berkeley.

Argumentou-se no capítulo 2 que essa leitura implica uma patente deturpação da posição kantiana, já que o idealismo de Kant, mesmo na primeira edição, é bastante distinto das formas habituais de fenomenismo e que Kant não se alia a Berkeley para refutar da posição de Descartes. Mesmo concedendo isso, podemos entretanto questionar se o idealismo transcendental, corretamente compreendido, é de todo relevante para a versão da segunda edição da Refutação e suas variantes nas *Reflexionen*.

Não é de surpreender que essa linha de questionamento tenha sido vigorosamente seguida por Guyer e outros[364]. Com efeito, Guyer insiste que, para que a Refutação tenha alguma esperança de sucesso, é necessário atribuir mais do que um *status* meramente fenomênico aos objetos persistentes em relação aos quais nossos estados interiores são determinados no tempo. Além disso, Guyer defende que o próprio Kant, em suas *Reflexionen* posteriores, se não na Refutação publicada, adota exatamente tal ponto de vista. Para Guyer, esse é um ingrediente de fato essencial para sua tese mais ampla de que tudo o que é filosoficamente viável em Kant independe do idealismo transcendental.

Efetivamente, o esforço de Guyer para divorciar a Refutação do Idealismo do idealismo transcendental de Kant passou por um desenvolvimento interessante. Uma constante na leitura de Guyer é a seca rejeição da versão-A sob a alegação de que contém uma forma fenomenista de idealismo incapaz de gerar uma refutação genuína (Guyer, 1983, p. 330-331; 1987, p. 281, *passim*). Ele também insiste consistentemente que esse problema é evitado com a estratégia bem-sucedida nas versões posteriores, uma vez que nelas Kant defende, primeiro, a independência ontológica do objeto persistente, necessária para "interpretar" e "justificar" a ordem das nossas representações, e só então infere sua espacialidade com o argumento de que o espaço é a forma do sentido externo (Guyer, 1983, p. 360-361; 1987, esp. p. 310-317). Assim, Guyer admite com relutância que a Refutação é compatível com uma forma não fenomenista de idealismo transcendental subscrita por Kant, segundo ele, a partir de 1787 (embora não em 1781). Nessa forma não fenomenista, os objetos seriam ontologicamente (e não apenas fenomenologicamente) distintos das representações que temos deles, embora não possamos conhecê-los como eles são em si mesmos devido a nossa necessá-

---

364. Além da leitura de Guyer, a interpretação sistemática e erudita mais notável da Refutação segundo linhas realistas foi feita por Rousset (1967, esp. p. 139-161). Como Guyer, Rousset enfatiza as *Reflexionen* tardias.

ria dependência de nossas formas de sensibilidade. Não que Guyer endosse essa forma de idealismo, evidentemente, ele apenas admite que ela não foi excluída pelas versões posteriores da Refutação.

Mais recentemente, porém, Guyer parece ter ido além ao sustentar que, embora compatível com a idealidade do espaço, a Refutação não seria compatível com a idealidade do tempo. Apelando aos primeiros críticos dessa doutrina (Lambert, Mendelssohn e Sulzer), Guyer (1998, p. 322-323) argumenta que

> Kant não pode considerar a duração [...] uma característica das nossas representações que não seja também uma característica real de objetos distintos das nossas representações [porque] sua teoria da determinação do tempo depende precisamente do pressuposto de que os objetos outros que [...] representações *de fato perduram* de uma maneira que nossas representações "transitórias e mutáveis" não perduram.

Daí se seguiria que tais objetos têm de ser coisas em si mesmas no sentido transcendental, e não apenas no sentido empírico.

Essa análise, contudo, está longe de ser convincente. Para começar, ela parece girar em torno de uma ambiguidade contida na frase "*perduram* de uma maneira que as nossas representações 'transitórias e mutáveis' não perduram". Em certo sentido, trata-se de algo inegavelmente correto, já que o argumento claramente exige que os objetos *perdurem*, isto é, persistam por um intervalo de tempo, enquanto nossas representações não o fazem. Mas daí não se segue nem que o tempo no qual os objetos perduram tenha um estatuto ontológico distinto do tempo das nossas representações transitórias e mutáveis, nem que o tempo de ambos deva ser algo que não seja transcendentalmente ideal. Pelo contrário, da mesma forma que a idealidade do espaço é compatível com sua realidade empírica, não há razão para que a idealidade transcendental do tempo não seja compatível com sua realidade empírica. Como já deve estar claro, isso não compromete Kant com a visão de que os objetos só *parecem* perdurar quando na realidade não perduram. Esses objetos *realmente* persistem precisamente da mesma forma que as nossas representações *realmente* mudam. Só que nem essa persistência nem essa mudança têm qualquer significado se considerarmos as coisas em abstração de nossas formas de sensibilidade.

Além disso, a Refutação do Idealismo não é apenas compatível com o idealismo transcendental, devidamente interpretado, ela o pressupõe. Para avaliar adequadamente essa relação entre a Refutação do Idealismo e o idealismo transcendental, devemos ter em mente que a finalidade do primeiro é demonstrar a realidade objetiva da intuição externa, ou seja, a existência de objetos no espaço (Bxxxix). Na própria Refutação, o idealista cético é caracterizado por Kant como preocupado com a realidade da experiência externa. Assim, para derrotá-lo é necessário mostrar que a experiência externa enquanto tal (enquanto distinta de "experiências" particulares) não pode ser descartada como ilusória, pois é a condição da experiência interna o que o idealista aceita. Mas essa finalidade não pode ser alcançada a partir do pressuposto transcendentalmente realista de que nossa intuição ou nossa experiência externa devem ser de coisas como elas são em si mesmas, pois esse pressuposto abre uma lacuna epistemológica entre a representação de algo externo e seu suposto objeto – lacuna que o cético é capaz de explorar. Como o próprio Kant afirma em uma de suas *Reflexionen*,

> [se] nossa cognição dos objetos exteriores deve ser uma cognição desses objetos (e do espaço) como coisas em si mesmas, então nunca seríamos capazes de provar a realidade de tais objetos a partir da nossa representação sensível deles (como exteriores a nós). Pois só nos são dadas representações, cuja causa pode estar dentro ou fora de nós, e os sentidos nada decidem quanto a isso. Mas se as representações tanto do sentido interno quanto as do sentido externo forem apenas representações das coisas na aparência e mesmo se a determinação da nossa consciência no sentido interno só seja possível através de representações fora de nós no espaço... (R 6313 18: 614-615).

Esse texto é digno de nota por conter uma combinação interessante de temas das versões da Refutação da primeira e da segunda edição da *Crítica*, indicando assim que Kant jamais abandonou completamente o argumento da primeira. Mais especificamente, Kant está aqui aparentemente tentando combinar o pensamento central da versão da primeira edição – segundo o qual jamais poderemos ter acesso epistêmico aos objetos de cognição se tomarmos os objetos de cognição no sentido transcendentalmente realista como coisas em si mesmas – com o movimento essencial da versão da segunda edição – segundo o qual a experiência interna, que o cético acede, pressupõe a experiência externa, que é considerada problemática. Assim, mesmo que a passagem se interrompa no meio da frase, podemos facilmente completá-la com base no argumento da segunda edição: sob o pressuposto transcendentalmente idealista de que experienciamos as coisas tal como elas nos aparecem de acordo com a nossa forma de sensibilidade ("são apenas representações das coisas na aparência"), podemos facilmente ver por que a determinação da nossa consciência no sentido interno (experiência interna) só é possível com base na experiência de objetos persistentes no espaço. Em outras palavras, Kant continuou sustentando que a preocupação central, já indicada na nota dedicada à Refutação no Prefácio-B – a saber, que só sou imediatamente consciente da representação de coisas externas, a partir do que permanece indecidido se existe ou não algo fora de mim que lhes corresponda (Bxxxix) – apenas pode ser abordada no âmbito de um arcabouço transcendentalmente idealista[365].

Sim, é verdade que Kant insiste com frequência neste ponto: devemos pensar que os objetos que representamos no espaço e no tempo também existem em si mesmos. Guyer se concentra nesse ponto. No entanto, isso não deve ser visto como o fio condutor da Refutação, pelo menos não com base no que foi aqui caracterizado como a estratégia bem-sucedida, baseada numa *reductio* da tese do idealista cético segundo a qual a única forma segura de experiência é a variedade interna. Uma vez que essa confrontação diz respeito à realidade da *experiência externa*, ou seja, a nossa suposta cognição de objetos persistentes no espaço, não é suficiente responder-lhe apelando a coisas que existem em si mesmas, pois, *ex hypothesi*, estas não são experienciadas como são em si mesmas. Em outras palavras, uma vez introduzida a distinção transcendental entre dois modos de considerar as coisas, movimento necessário para escaparmos da lacuna epistemológica explorada pelo idealista cético, não será suficiente apelar às coisas não experienciáveis como elas são em si mesmas para assegurar a validade da experiência. Pelo contrário, só se supusermos que conhecemos as coisas como elas nos aparecem em virtude das formas da nossa sensibilidade e não como elas são em si mesmas é que teremos alguma esperança em estabelecer a realidade das coisas que são ontologicamente distintas do Eu.

E Kant faz precisamente essa afirmação numa *Reflexion* tardia (datada de 1790 ou de 1791):

> Se [...] se demonstrar [contra o idealista] que a determinação da nossa própria existência no tempo pressupõe a representação do espaço, de modo a podermos também representar para nós mesmos a relação das determinações da intuição interna com o objeto que persiste [...], então a realidade pode ser assegurada para os objetos externos (como coisas em si mesmas) [*als Sachen an sich*] precisamente na medida em que não se presume que sua intuição seja de uma coisa em si mesma [*einer Sache an sich*]; pois se fosse assim, e a forma do espaço fosse a forma de uma coisa que lhe pertencesse mesmo sem a constituição especial do nosso sujeito, então seria possível que tivéssemos a representação de uma coisa sem que ela também existisse. Mas é um tipo especial de intuição em nós, que não pode representar o que está em nós, portanto o que existe no fluxo do tempo, porque então, como uma mera representação, seria capaz de ser pensada apenas em relações de tempo; por conseguinte, tal intuição deve estar numa relação real com um objeto fora de nós, e o espaço de fato significa algo, que só é possível representar nessa

---

365. Embora com fundamentos um pouco diferentes, um ponto similar foi defendido por Caranti (2001, esp. cap. 4).

forma de intuição mediante relação com uma coisa efetiva fora de nós (R 6317 18: 627-628)[366].

Embora Kant pareça estar afirmando que é necessário estabelecer a realidade dos objetos externos como coisas em si mesmas e não como meros fenômenos para derrotar o idealista cético, ele também insiste que isso só pode ser realizado se estivermos dispostos a negar que nossa representação de que esses objetos estão no espaço seja uma intuição deles tal como são em si mesmos. Como Kant esclarece, isso ocorre, uma vez mais, devido à lacuna epistemológica entre representação e objeto que surge sob o pressuposto de que nossa intuição externa deve corresponder às coisas tal como elas são em si mesmas. Mas, continua Kant, é possível evitar esse problema se considerarmos a representação do espaço como "um tipo especial de intuição em nós", uma vez que (sendo externa) "tal intuição deve estar numa relação real com um objeto fora de nós".

Deve-se admitir que a última parte dessa afirmação é dúbia; de fato, ela é um exemplo da primeira das duas estratégias distinguidas anteriormente. No entanto, embora possa não corresponder precisamente ao que Kant tinha em mente aqui, o ponto pode ser reformulado em termos da bem-sucedida estratégia da *reductio*. Nessa leitura, o movimento vai da efetividade da experiência externa (considerada como uma condição da possibilidade da experiência interna aceita pelo idealista cético como não-problemática) à existência de objetos que não podemos conhecer tal como são em si mesmos. Em outras palavras, a autenticidade da experiência externa implica a efetividade dos objetos fenomênicos do sentido externo, o que, por sua vez, implica a realidade de algo que existe em si mesmo. Pois o objeto percebido como persistente é algo que existe em si mesmo (tal como todos os objetos da experiência), embora não seja conhecido tal como é em si mesmo. Mais importante: é precisamente o fato de o objeto *não ser conhecido* como é em si mesmo o que lhe permite servir como uma condição para a determinação do tempo. Consequentemente, apesar de Guyer estar correto em assinalar a necessidade de se supor que os objetos externos que experienciamos sob as condições impostas por nossa sensibilidade têm uma existência em si mesmos ontologicamente distinta do Eu, permanece sendo o caso que a versão-B da Refutação é dependente do idealismo transcendental.

---

366. Vale notar que Guyer (1987, p. 415) cita a passagem acima na última página de seu livro e sugere que a forma de idealismo transcendental que ela requer é compatível com uma leitura realista da conclusão pretendida para a refutação do idealismo. É claro que ele imediatamente nega sua importância, já que havia demonstrado a irrelevância desse idealismo para a teoria transcendental da experiência de Kant. Mas é justamente isso que tenho tentado negar.

PARTE IV

A Dialética Transcendental

11
Razão e ilusão

Embora o papel principal na *Crítica da razão pura* seja atribuído à razão, sua primeira aparição significativa se dá no terceiro ato – a Dialética Transcendental. A bem dizer, a razão fez uma ponta no início da Lógica Transcendental (A63/B88); mas, ali, ela não era distinguida do entendimento puro, cujo uso não empírico é identificado como a fonte da ilusão dialética[367]. Além disso, com frequência, a longa crítica das pretensões da razão na Dialética é considerada sobretudo redundante, já que boa parte da demolição da metafísica tradicional já fora realizada na Analítica por meio da limitação do conhecimento à experiência possível. De fato, no último parágrafo da Dialética, Kant admite que a Analítica, por si só, basta para estabelecer a tese da limitação e sugere que, não fosse pela ilusão contínua que acompanham as pretensões metafísicas, nos teriam sido poupados os labores adicionais da Dialética (A702-703/B730-731).

Todavia, Kant também indica, no mesmo contexto, que a ilusão persiste mesmo após a demonstração da insustentabilidade de todas as pretensões ao conhecimento de objetos para além daqueles da experiência possível. Com efeito, para ele, a ilusão de tal extensão do conhecimento é tanto natural quanto inevitável. Consequentemente, uma crítica transcendental tem a dupla tarefa de suprimir seu caráter enganador ao expor sua fonte na natureza da razão humana e de demonstrar a natureza falaciosa das inferências concernentes à alma, ao mundo e a Deus – os objetos hipotéticos da razão pura – feitas sob sua influência, nas "ciências" metafísicas da psicologia racional, da cosmologia racional e da teologia racional, cuja proveniência são esses objetos[368].

---

367. Kant, entretanto, oferece um indício do papel atribuído à razão em A132/B171. A concepção inicial reflete sua primeira posição, articulada na *Dissertação inaugural*, segundo a qual o termo em latim "*intellectus*" abarca tanto a razão quanto o entendimento. Porém, evidência clara da importância que essa distinção veio a ter para Kant é fornecida pelas *Reflexionen*, produto da "década silenciosa". A primeira a estabelecer uma clara distinção entre os dois é R 4675 17: 648-653, datada de 1775.

368. Essas ciências eram tradicionalmente vistas como ramos distintos da "metafísica especial" porque cada uma tratava de um objeto distinto de especulação metafísica. Como tais, elas são distinguidas da "metafísica geral" ou ontologia, que trata do ser enquanto ser ou das "coisas em geral".

Todavia, a Dialética contém mais do que uma exposição sistemática da ilusão subjacente e das falácias específicas dela emanadas. Essa exposição é fundamentada numa análise da razão como faculdade cognitiva distinta do entendimento, ainda que intimamente relacionada a ele. Além disso, apesar da recepção pouco simpática à explicação kantiana da função teórica da razão, iremos argumentar aqui que não só ela é de considerável interesse filosófico, mas também indispensável para uma compreensão apropriada da *Crítica*. É este, então, o tema do presente capítulo, que pretende ser uma introdução à quarta parte deste estudo e está dividido em duas partes. A primeira apresenta um esboço da concepção kantiana da razão teórica e de seus produtos essenciais – as ideias transcendentais. A segunda analisa a espécie peculiar de ilusão (a ilusão transcendental) que se supõe ser inseparável de seu uso[369].

I. Razão

Em contraste com o tratamento do entendimento no início da Analítica, onde se contentava em distinguir entre seus usos lógico e transcendental, Kant começa seu exame da razão com uma breve consideração sobre a "razão em geral" ou "enquanto tal" (*überhaupt*) e só então distingue entre seus usos lógico e real (transcendental). Essa camada adicional de complexidade é significativa, pois indica que, contrariamente à suposição generalizada, Kant não justapôs simplesmente sua explicação das ideias transcendentais a uma concepção tradicional do raciocínio silogístico (o uso lógico da razão). Ao contrário, Kant observa que a concepção lógica tradicional da razão como a faculdade de derivar inferências mediatas nada acrescenta ao exame da natureza da razão enquanto faculdade transcendental com um uso real, isto é, metafísico. Além disso, ele sugere que tanto seu uso lógico ou silogístico quanto seu uso real (baseado em ideias) devem ser vistos como expressões de uma função genérica da razão (A299/B355-356). Por esse motivo, começaremos por esta última, passaremos

---

Esse arcabouço foi utilizado por Wolff e Baumgarten na apresentação de suas metafísicas e subjaz à crítica kantiana. Como veremos, isso se reflete numa divisão de trabalho entre as funções críticas da Analítica e da Dialética: a primeira fornecendo uma crítica da metafísica geral e a última da metafísica especial.

369. Isso quer dizer que invertemos a ordem dos tópicos da Introdução à Dialética tal como estabelecida por Kant. Isso porque ele começa com uma discussão da ilusão e só então passa para sua explicação preliminar da razão. Porém, como essa ordem parece ter sido ditada pela caracterização da dialética como a "lógica da ilusão", e não por quaisquer considerações sistemáticas, nos parece melhor começar com sua explicação da razão, que subjaz à doutrina da ilusão.

então para a questão de seu uso real e, finalmente, procedermos a um exame das ideias transcendentais e de sua "dedução metafísica".

A. Razão em geral

Kant inicia seu exame genérico da razão observando que

> [t]odas as nossas cognições começam com os sentidos, daí passam ao entendimento e terminam na razão, além da qual nada se encontra em nós mais elevado para elaborar a matéria da intuição e trazê-la à mais alta unidade do pensamento (A298/B355).

Claramente, essa progressão é lógica e não temporal. Se a função do entendimento é unificar a matéria-prima dada à intuição sensível, trazendo-a para a unidade objetiva da apercepção, a função da razão é unificar os produtos discretos do entendimento (juízos), convertendo-os num todo coerente (um sistema). O trabalho da razão, desse modo, situa-se no ápice do empreendimento cognitivo; se atingido, a unidade a que ele visa constituiria a conclusão do conhecimento.

Kant se esforça para explicar o supremo *status* da razão caracterizando-a como a "*faculdade dos princípios [Prinzipien]*", em contraste com o entendimento, que fora definido anteriormente como a "faculdade das regras" (A299/B356). Porém, como a diferença entre regras e princípios não é imediatamente aparente, Kant julga necessário esclarecer a questão distinguindo entre um sentido lato e um sentido estrito destes últimos.

Tomada no primeiro sentido, qualquer proposição universal da qual se possa deduzir consequências conta como um "princípio". Como isso inclui os produtos do entendimento, não basta diferenciar as duas faculdades. Com efeito, Kant nos recorda o que já falara na "Analítica dos Princípios [*Grundsätze*] do Entendimento Puro". Esses princípios, todavia, só produzem cognição sintética em relação à intuição sensível (ou experiência possível). Consequentemente, princípios no sentido estrito ou "absoluto" (caso existam) produziriam cognição sintética apenas a partir de conceitos, sem qualquer apelo à intuição (A301/B357-358). São esses princípios que Kant relaciona ao uso da razão.

Para leitores da Analítica, isso parece profundamente misterioso, já que uma de suas maiores lições é que a cognição sintética requer intuição tanto quanto conceitos[370]. Kant não está afirmando, contudo, que a razão pode fornecer tal cognição. Pelo contrário, ele enfatiza que a própria ideia de tal cognição, "se

---

370. Assim, Bennett (1974, p. 262) sugere que Kant devia ter negado que haja quaisquer princípios neste sentido.

não impossível, é pelo menos muito paradoxal em sua exigência" (A302/B358). Todavia, veremos que é necessário reconhecer que a razão, considerada como distinta do entendimento, envolve de fato tal exigência para compreender tanto como ela dá origem a uma ilusão natural e inevitável quanto como ela, liberada do caráter enganador dessa ilusão, produz princípios reguladores essenciais para o progresso do entendimento no âmbito da experiência.

Nessa discussão introdutória, porém, o propósito de Kant é contrastar a espécie de unidade visada pela razão em seu conhecimento projetado a partir de princípios com aquela produzida pelo entendimento por meio de regras, esclarecendo a conexão entre eles. Nesse sentido, Kant observa que

> [se] o entendimento pode ser definido como a faculdade de unificar as aparências mediante regras, então a razão é a faculdade da unidade das regras do entendimento sob princípios (A302/B359).

Em outras palavras, enquanto o entendimento é uma faculdade de primeira ordem, que se relaciona diretamente à intuição, a razão é uma faculdade de segunda ordem, que diz respeito aos produtos conceitualmente determinados da primeira. Como assinala Kant, isso torna a unidade da razão qualitativamente diferente da unidade produzida pelo entendimento.

Embora Kant não nos informe aqui sobre a significação cognitiva dessa "mais alta unidade do pensamento", o ponto essencial é que ela é necessária para completar o conhecimento fragmentário obtido pelo entendimento. Basicamente, o entendimento se esforça em explicar as aparências colocando-as sob regras. Desse modo, seus princípios fornecem as condições transcendentais de possibilidade para fazê-lo. Mas, sem aprofundar demais no tópico, deve estar claro que a explicação de qualquer aparência dada depende fundamentalmente de conectá-la com as outras (como uma ocorrência [*token*] de um tipo [*type*]). De modo similar, a explicação de um tipo – os gases, por exemplo – requer que se entenda que seu comportamento característico cai sob um conjunto mais geral de regras ou leis explanatórias – por exemplo, aquelas referentes ao nível molecular – e assim por diante.

Temos então o seguinte quadro: o entendimento, em sua busca por unificar os fenômenos, é impulsionado, pela lógica inerente da explanação, em direção a conjuntos cada vez mais abrangentes de regras. O fim último desse esforço é denominado por Kant de a "unidade da razão", que equivale à interconexão das outrora dispersas e fragmentárias cognições do entendimento sob um único princípio. Como Kant assinala no Apêndice à Dialética, trata-se de uma unidade projetada, e ela repousa sobre a ideia da forma de um todo da cognição, que precede a cognição determinada das partes e que contém as condições para determinar *a priori* o lugar de cada parte e sua relação com as outras (A645/B673).

Em outras palavras, o entendimento humano discursivo está orientado, desde o início, para a ideia de tal todo, que poderia, por si só, fornecer a completude necessária. Desse modo, embora a unificação seja produto do entendimento, a unidade ideal e projetada, visada por ele, difere em espécie de qualquer unidade que possa ser obtida apenas pelo entendimento, sendo ela a contribuição distintiva da razão[371].

B. O uso real da razão

Após uma breve discussão sobre o "uso lógico da razão" ou silogística, Kant se volta para a seguinte questão: a razão tem um uso real, um uso por ele chamado de "puro"? Em outras palavras, a questão é saber se a função da razão seria meramente organizar cognições já dadas em parcelas convenientes, cujos componentes estariam relacionados por implicação lógica ou se ela também serviria como uma fonte independente de conhecimento. Em vista da definição precedente de razão, isso equivale à seguinte questão: a razão teria princípios em sentido estrito capazes de produzir conhecimento sintético *a priori* independentemente de qualquer referência à intuição ou à possibilidade da experiência?

Ao tratar dessa questão, Kant se concentra no princípio que atua na direção do entendimento pela razão. E, como esperado, a função lógica (silogística) da razão fornece a pista para a descoberta do princípio transcendental, exclusivo da razão. Essa função é a de inferir, ou, mais precisamente, a de derivar inferências mediatas[372]. O que torna uma inferência "mediata" no sentido de Kant não é simplesmente o número de premissas, mas o fato de envolver a subsunção de um juízo, tomado como "condicionado", sob outro juízo, tomado como "condição", por meio de uma condição adicional interveniente. Além do mais, é justamente esse procedimento que está em ação no silogismo ou inferência de

---

371. Kant por vezes caracteriza a primeira como uma unidade "coletiva", e a segunda como uma unidade "distributiva" (cf. A582/B610 e A644/B672). Além disso, essa distinção é prefigurada no *Nachlass*. Por exemplo, em R 4757 17: 703, Kant relaciona a unidade distributiva aos princípios da possibilidade da experiência; e em R 4760 17: 711, ele vincula a unidade coletiva com a unidade do uso total da razão. À semelhança de R 4675 (cf. nota 367), essas relações provêm do período das primeiras tentativas de Kant de estabelecer uma clara distinção entre entendimento e razão.

372. Kant atribui inferências imediatas ao entendimento. Basicamente, trata-se das inferências que podem ser feitas com base no quadrado aristotélico de oposição. Cf. JL 9: 115-119; 610-614.

razão [*Vernunftschluss*], caracterizado por Kant como "nada mais que um juízo mediado pela subsunção de sua condição sob uma regra universal (a premissa maior)" (A307/B364)[373].

Esse procedimento lógico é ilustrado pelo silogismo categorial paradigmático: Todos os humanos são mortais/Caio é humano/Caio é mortal. Aqui, a regra afirmada na premissa maior é que todos os humanos são mortais e "a condição da regra", isto é, a condição sob a qual a regra se aplica, é que alguém é humano. A partir daí, a premissa menor afirma que Caio cai sob essa condição que, por seu turno, autoriza a inferência: Caio é mortal. Generalizando a partir disso, Kant sugere em outro lugar que o princípio universal a governar todas as inferências da razão pode ser expresso na fórmula "*O que está sob a condição de uma regra está também sob a própria regra*" (JL 9: 120; 615)[374].

Para compreender a função da razão o ponto crucial é que o processo de unificação não cessa com a subsunção de uma cognição dada sob uma regra universal por meio de uma premissa mediadora. Em vez disso, a própria regra requer fundamentação racional, que só pode receber ao ser derivada de um princípio superior, e assim por diante. Dessa forma, a razão, em seu uso lógico, esforça-se por ordenar os dados fornecidos pelo entendimento numa série de pró-silogismos. Além do mais, ao fazê-lo, ela é guiada pela diretiva "[encontre] o incondicionado para as cognições condicionadas do entendimento, pelas quais sua unidade estará completa" (A307/B364).

Kant caracteriza esta última como uma "máxima lógica". Porém, uma vez que essa máxima coloca uma exigência incondicional ao entendimento, análoga à que a razão pura prática coloca à vontade – a saber, a exigência de coerência máxima –, ela também pode ser vista como um imperativo categórico intelectual. Interpretá-la assim, entretanto, não a faz equivaler a um princípio da razão no sentido exigido, uma vez que ela não tem forma proposicional nem pode, por si só, dar origem a qualquer conhecimento. Todavia, Kant sugere que ela se torna tal princípio quando se admite que

---

373. "*Vernunftschluss*", cujo significado literal é "inferência da razão", é o termo usado por Kant para se referir a um silogismo. Nessa medida, silogismo e inferência de razão serão em geral tratados aqui como intercambiáveis.

374. A situação se complica, entretanto, quando Kant nota, em sua *Lógica*, que apenas o silogismo categórico é realmente uma inferência da razão, pois somente ele tem um termo médio (JL 9: 129; 623). Assim, ele também sugere que todos os silogismos hipotéticos são realmente inferências imediatas baseadas numa proposição antecedente e numa proposição consequente (JL 9: 129; 623), ao passo que todos os silogismos disjuntivos envolvendo mais de dois disjuntos são polissilogísticos (JL 9: 130; 624). Estranhamente, Kant ignora essas observações em sua derivação das ideias.

quando o condicionado é dado, então é dada também (isto é, contida no objeto e na sua ligação) toda a série das condições subordinadas umas às outras (A307/B364).

Este último é, então, *o princípio da razão*; e veremos que ele é também o que Kant entende por ilusão transcendental. De fato, Kant assim o indica, perto do final de sua discussão, quando aventa a possibilidade de que essa "necessidade da razão" (por condições), "devido a um mal-entendido, foi considerada um princípio transcendental da razão, que postula com excessiva precipitação essa completude ilimitada da série das condições nos próprios objetos" (A309/B355-356). Em vez de prejulgar a questão de sua natureza ilusória, Kant aqui se contenta em indicar que esse princípio é sintético, pois "o condicionado está analiticamente relacionado a alguma condição, mas não ao incondicionado" (A308/B364). Em outras palavras, esse princípio (em contraste com a máxima lógica) envolve uma pressuposição metafísica concernente à realidade de um conjunto completo de condições para todo condicionado, um conjunto que deve ser considerado como incondicionado, uma vez que, *ex hypothesi*, ele próprio não pode ser condicionado por nada mais.

Ademais, esse princípio, agora caracterizado como o "princípio supremo da razão pura" (A308/B365), é a própria fonte de vários princípios subordinados, todos eles, à semelhança do próprio princípio supremo, transcendentes, uma vez que os objetos incondicionados para os quais eles apontam nunca podem ser encontrados numa experiência possível. Esses princípios governam a regressão de distintos tipos de condições a seu fundamento incondicionado. E posto que o incondicionado, em cada caso, deve ser concebido em termos do tipo de condição que fundamenta, eles fazem emergir um conjunto distinto de conceitos, exclusivos da razão, denominados por Kant de "ideias transcendentais".

C. As ideias transcendentais como conceitos da razão

Kant inaugura de forma célebre sua discussão das ideias com uma referência favorável ao entendimento platônico original do termo[375]. Platão, assinala Kant, mobilizou o termo para caracterizar objetos (do pensamento) que transcendem toda experiência possível e que servem como arquétipos. Consequentemente, as

---

[375]. É importante ter em mente que, para Kant, a classe de ideias da razão é mais ampla do que a classe das ideias transcendentais, uma vez que inclui ideias práticas tais como a virtude e uma constituição republicana, que funcionam como arquétipos. Kant salienta esse ponto prefaciando sua explicação das ideias transcendentais com uma discussão das ideias em geral (A312-320/B368-377). Porém, são só as primeiras que nos concernem aqui.

ideias devem ser nitidamente distinguidas tanto dos conceitos do entendimento ou categorias, de que se ocupara Aristóteles (A317-318/B373-374), quanto das "ideias" no sentido cartesiano-lockeano, que incluem todas as representações (A319/B376).

De igual importância para a compreensão da teoria kantiana das ideias, ainda que ressaltada com menos frequência, é a distinção entre conceitos refletidos e inferidos, que inaugura o primeiro livro da Dialética Transcendental (A310/B366). Essa distinção se refere à origem dos conceitos. Vimos que Kant considera todos os conceitos gerais como unidades analíticas, constituídas por um conjunto de marcas comuns, e como produtos dos "atos lógicos" de "comparação", "reflexão" e "abstração". Também vimos que um procedimento similar é suposto explicar a gênese das categorias, consideradas como conceitos de pleno direito, capazes de servir como predicados em juízos possíveis. Pois estes últimos também são adquiridos mediante um ato de reflexão, em vez de serem inatos, embora neste caso a reflexão se dirija aos seus esquemas, funcionando como regras que guiam a síntese figurativa[376].

Embora as ideias transcendentais ou conceitos da razão tenham uma genealogia bastante diferente (o que é indicado por Kant ao caracterizá-las como "inferidas"), elas também são adquiridas, e não inatas[377]. A inferência em questão procede sob a direção do "princípio supremo da razão", mencionado acima, partindo de certa cognição, vista como condicionada, em direção à totalidade de suas condições e, portanto, a algo incondicionado, que fornece a completude exigida. Em suma, as ideias transcendentais surgem a partir de um processo inferencial, que expressa a dinâmica inerente à razão, e caracterizam as várias maneiras possíveis de conceber a culminação do processo (o incondicionado).

Isso sugere que, da mesma maneira que as formas do juízo catalogadas na lógica geral forneciam a pista para a descoberta dos conceitos puros do entendimento, as formas de inferência envolvidas na regressão de uma cognição condicionada a suas condições deverão fornecer a "pista" para a descoberta das ideias transcendentais. Além do mais, uma vez que essas formas de inferência serão encontradas nas várias formas do silogismo, é para elas que devemos voltar nossa atenção a fim de encontrar a fonte dessas ideias. Como Kant afirma no início de sua discussão das ideias transcendentais,

---

376. As sínteses são um tema central na obra de Longuenesse (1998a).

377. Nos *Prolegômenos*, Kant parece entreter a possibilidade de que as ideias sejam inatas, mas sugere que se elas não o são, sua fonte deve residir no mesmo ato da razão expresso nas várias formas da inferência silogística (Pro 4: 430; 84). Porém, sua caracterização na *Crítica* como conceitos inferidos indica que Kant não as considerava inatas.

> [a] analítica transcendental nos deu um exemplo de como a mera forma lógica de nossa cognição pode conter a origem dos conceitos puros *a priori*, que representam objetos anteriormente a toda experiência, ou melhor, que indicam a unidade sintética, única que torna possível uma cognição empírica dos objetos. A forma dos juízos (transformada num conceito da síntese das intuições) produziu categorias, que dirigem todo o uso do entendimento na experiência. Do mesmo modo [*Ebenso*], podemos esperar que a forma dos silogismos, se aplicada à unidade sintética das intuições sob a autoridade das categorias, conterá a origem dos conceitos especiais *a priori*, a que podemos dar o nome de conceitos puros da razão ou *ideias transcendentais* e que determinarão o uso do entendimento segundo princípios no conjunto total da experiência (A321/B377-378).

Talvez nenhuma outra doutrina na *Crítica* tenha se deparado com uma recepção tão uniformemente hostil. Com efeito, mesmo um crítico habitualmente simpático como Walsh (1975, p. 173) concorda em geral com Bennett no que diz respeito à inutilidade de toda a teoria kantiana da razão (incluindo sua distinção a partir do entendimento). Walsh reserva um desprezo especial para o que ele chama de "a improvável narrativa de Kant sobre silogismos", observando que "não se pode senão desviar o olhar ante essa tolice" (Walsh, 1975, p. 174-175).

A "tolice" supostamente reside no apelo ao silogismo com o propósito de localizar os conceitos metafísicos básicos: alma, mundo e Deus. Tal crítica equivale a reiterar, no nível da razão, o tratamento negativo dirigido à Dedução Metafísica e repousa numa distorção similar do ponto de vista de Kant. Como vimos no capítulo 6, Strawson, Guyer e outros rejeitam a Dedução Metafísica porque supõem que Kant estivesse tentando mostrar a necessidade de uma categoria particular para sermos capazes de julgar sob a forma lógica correspondente. No caso em pauta, a suposição é a de que Kant estaria sustentando que silogismos categóricos envolveriam de alguma forma a ideia da alma, ao passo que silogismos do tipo hipotético envolveriam a ideia do mundo e silogismos disjuntivos envolveriam a ideia de Deus. E como qualquer tese do gênero é patentemente absurda, todo o argumento de Kant é rejeitado como um embaraço, indigno de consideração séria[378].

Porém, essa linha de crítica é equivocada neste caso, tal como o foi em relação à derivação das categorias. No que concerne a estas últimas, vimos no capítulo 6 que o verdadeiro ponto de vista de Kant estabelecia que função lógica e categoria expressam a mesma função do entendimento, atuando em dois níveis: como uma regra para a unificação dos conceitos num juízo e como uma regra

---

378. Para um tratamento particularmente severo da ideia da alma e do silogismo categórico a partir desse ponto de vista, cf. Bennett (1974, p. 281).

para a síntese das intuições na experiência. De modo similar, no caso da razão, é uma e a mesma função (buscar a totalidade das condições para um condicionado dado) que está atuando tanto no raciocínio silogístico quanto no raciocínio metafísico e que conduz às ideias transcendentais, entendidas como conceitos distintos do incondicionado[379]. Embora essa tese esteja longe de ser óbvia, ela não é patentemente absurda. Vale a pena, portanto, avaliar o motivo de Kant considerá-la verdadeira.

Como é frequentemente o caso, a explicação oficial de Kant não se mostra de utilidade imediata. Ela começa com uma breve reconsideração daquilo que supostamente já está estabelecido, a saber, que

> a função da razão em suas inferências consiste na universalidade da cognição segundo conceitos, e o próprio silogismo é um juízo determinado *a priori* em toda a extensão de sua condição (A321-322/B378).

Essa caracterização da função inferencial da razão é bastante opaca, mas Kant tenta esclarecê-la por meio de uma breve análise do silogismo categórico considerado anteriormente. Em conformidade com sua ênfase no lado regressivo do processo inferencial, Kant começa com sua conclusão: "Caio é mortal", que é, como ele observa, uma proposição empírica derivada pelo entendimento sem qualquer apoio direto na razão (A322/B378). Por esse motivo, a função da razão não é estabelecer a verdade dessa proposição, mas torná-la compreensível ao mostrar que ela é uma consequência de sua condição (ser humano), considerada em sua plena extensão. Como vimos, ela realiza isso encontrando um conceito ("humano"), que fornece a condição sob a qual o predicado ("mortalidade") pode ser afirmado do sujeito (Caio). Entretanto, como também vimos, para fundamentar essa predicação é necessário tomar a condição em toda a sua extensão – o que é a função da premissa maior ("Todos os humanos são mortais"). Além disso, uma vez que humanos são julgados mortais em virtude de serem animais e animais em virtude de serem seres vivos, e assim por diante, é óbvio que esse processo classificatório pode ser estendido pró-silogisticamente.

Chegamos, assim, à concepção de uma condição (ser humano, animal ou ser vivo) considerada em sua totalidade. Aqui, totalidade é apenas universalidade enquanto uma função lógica (*universalitas*). Recorrendo aos resultados da Dedução Metafísica, Kant todavia nos lembra, na sequência, que

> na síntese da intuição esta [a universalidade como função lógica] corresponde à *totalidade* (*universitas*) ou à *integralidade* das condições (A322/B379).

---

[379]. O paralelo foi muito bem expresso por Grier (2001, p. 133-137).

E ele conclui a partir daí, sem argumentação adicional, que "o conceito transcendental da razão é apenas o conceito da totalidade das condições relativamente a um condicionado dado" (A322/B379). Por fim, pressupondo a reciprocidade da *totalidade das condições* e do incondicionado, Kant afirma que

> um conceito puro da razão pode ser explicado, em geral, pelo conceito do incondicionado, na medida em que contém um fundamento da síntese do que é condicionado (A322/B379).

Pondo de lado, por ora, a identificação da ideia racional da totalidade das condições para um condicionado dado com o incondicionado, o que é desconcertante em relação a esse raciocínio são suas passagens: em primeiro lugar, do conceito de uma condição tomada em sua totalidade (universalidade enquanto função lógica) para o conceito de uma totalidade de condições (a categoria da integralidade ou totalidade) e, em segundo lugar, desta última para a totalidade das condições de um condicionado dado (o conceito transcendental da razão). Uma vez que a plausibilidade de todo o argumento de Kant depende inteiramente da viabilidade dessas passagens, elas requerem, evidentemente, um exame mais detido.

A primeira passagem, de uma condição considerada em sua totalidade para uma totalidade de condições, visa claramente refletir a passagem da função lógica para a categoria. No nível da lógica geral, em que a primeira opera, a preocupação é unicamente com a relação entre as extensões dos conceitos constituintes. Por esse motivo, a extensão do conceito é vista como dada em sua totalidade, ou, de modo equivalente, a condição é considerada em sua totalidade, como é necessário para que a inferência seja válida. Em contraste, a categoria, que opera no nível da lógica transcendental ou da síntese da intuição, está relacionada em primeiro lugar à determinação de uma extensão. No presente caso, isso equivale à coleção completa dos x (Caio, Sócrates, Maria etc.) caindo sob o conceito "humano", e portanto envolve o pensamento da síntese da totalidade das condições para a predicação expressa no juízo[380].

A segunda passagem, da categoria para a ideia da razão, é mais intrigante, em particular porque Kant parece apresentá-la como uma consequência direta da caracterização precedente da categoria da integralidade ou totalidade. Com efeito, ao fazê-lo, Kant cria a impressão de que está simplesmente misturando dois sentidos bastante distintos de uma "totalidade de condições": a coleção completa dos itens que caem sob a extensão de um conceito e o conjunto com-

---

[380]. Em B111, Kant caracteriza a categoria de totalidade como "nada além da pluralidade considerada como uma unidade".

pleto de premissas ou fundamentos explicativos para uma conclusão ou matéria de fato considerada como condicionada.

Numa leitura mais caritativa, entretanto, é possível considerar que Kant estaria indicando a *distinção* entre a categoria de integralidade ou totalidade e um conceito transcendental de razão, cuja concepção mesma seria o que está sendo explicado aqui. Ademais, tal distinção é certamente necessária, uma vez que Kant conecta a concepção de "totalidade" tanto com o entendimento quanto com a razão. Sob esse ângulo, o ponto de Kant é o seguinte: se "totalidade" como categoria é equivalente a "integralidade", no sentido de todos os indivíduos caírem sob a extensão de um conceito, "totalidade" como pensada pela razão se refere à completude do conjunto de condições pressupostas por algo tomado como condicionado. Segue-se daí que a primeira não requer nada além de uma universalidade empírica e indutivamente fundamentada, ao passo que a última abarca todas as condições *concebíveis*[381].

Kant salienta esse ponto crucial mediante uma reflexão sobre o termo *absoluto*. Apelando para uma ambiguidade em seu uso, segundo a qual esse termo pode tanto se referir ao que vale para uma coisa considerada em si ou internamente – por oposição a ser considerada em relação a outras coisas (por exemplo, o que é absolutamente ou inerentemente possível) – quanto ao que vale para uma coisa em todas as relações, Kant propõe usá-lo neste último sentido (A324-325/B381-382). Consequentemente, uma totalidade absoluta de condições é algo que constitui uma totalidade em todos os aspectos, o que significa que dela nada pode ser adicionado (ou subtraído). Evidentemente, é a totalidade das condições assim concebida a preocupação da razão e o equivalente ao condicionado.

Uma vez que essa totalidade de condições faz referência a algo condicionado, seu pensamento necessariamente faz uso das categorias relacionais e consiste na extensão da relação entre o condicionado e suas condições, expressa nessas categorias, com o condicionado. Em outras palavras, a dita função da razão, seja esta real ou transcendental, seria apenas estender essa relação entre o condicionado e suas condições (pensada pelo entendimento de maneira gradual) à

---

381. Neste contexto, vale notar que Kant não só distingue nitidamente entre uma universalidade meramente comparativa, obtida pela indução, e a verdadeira universalidade (B3-4), como também relaciona a primeira com a unidade do entendimento e a segunda com a unidade da razão. Cf., p. ex., R 4759 17: 709, onde ele se refere ao universal do entendimento como apenas "*totalitas secundum quid*" ["totalidade em certo sentido" – N.T.], em contraste com a totalidade absoluta; e R 5553 18; 224.

finalidade ideal da totalidade dessas condições. Kant torna essa conexão entre conceitos da razão e categorias relacionais plenamente explícita ao observar que

> [h]averá tantos conceitos puros da razão quantas as espécies de relações que o entendimento se representa mediante as categorias; e assim, teremos que procurar, *em primeiro lugar*, um *incondicionado* para a síntese *categórica* num *sujeito, em segundo lugar*, para a síntese *hipotética* dos membros de uma *série* e, *em terceiro lugar*, para a síntese *disjuntiva* das partes num *sistema* (A323/B379)[382].

Embora essa concepção das ideias da razão possa ajudar a desmistificar a posição de Kant, ela também evoca duas objeções levantadas pela literatura que estão estreitamente relacionadas. Uma delas concerne à aparente relativização ou trivialização da distinção entre o entendimento e a razão como duas formas de conceitualização. Em vez de indicar que a razão tem uma função distinta do entendimento, a explicação acima sugere que a diferença entre elas é apenas uma questão de grau: ao entendimento é atribuída a responsabilidade por níveis relativamente baixos de generalização e à razão por níveis mais elevados. Porém, se essa é a visão de Kant, então a distinção entre entendimento e razão tem uma significação filosófica questionável, por ser incapaz de suportar o pesado fardo que ele lhe impõe (cf. Bennett, 1974, p. 262-264; Walsh, 1975, p. 173-174).

Tal objeção ignora completamente a força da noção de uma totalidade *absoluta* de condições, pois nunca abandona o nível do entendimento, que envolve uma hierarquia de regras, mas não princípios genuínos. Além disso, Kant enfatiza esse ponto, insistindo que a concepção racional do incondicionado é completamente alheia ao entendimento, uma vez que este último, em virtude de seu procedimento gradual, que é ele próprio uma consequência da necessidade de pavimentar seus conceitos com intuições, jamais pode considerar *qualquer* condição como absoluta ou incondicionada (A326/B383). Com efeito, veremos que ao seguir a exigência da razão de pensar o incondicionado, o entendimento é levado inevitavelmente a violar as condições de seu próprio emprego legítimo.

A segunda linha de objeção diz respeito à conexão entre essa genealogia das ideias da razão enquanto produtos da combinação das categorias relacionais com o conceito racional do incondicionado e sua suposta derivação a partir das formas da inferência silogística. Kant sugeriu inicialmente que essas formas fornecem a pista para a descoberta das ideias da razão, assim como as formas do juízo o fazem para os conceitos puros do entendimento. Porém, agora parece que a verdadeira explicação de Kant para a origem dessas ideias é bem inde-

---

382. Numa das *Reflexionen* (datada entre 1778 e o início dos anos 1780), Kant observa: "O conceito da totalidade da síntese segundo as categorias de relação é o conceito puro da razão" (R 5555 18: 231).

pendente da estrutura do raciocínio silogístico. Além do mais, embora tal explicação tenha parecido a muitos uma abordagem mais promissora, ela suscita questões sobre a consistência da posição de Kant. Nesse sentido, Kemp Smith (1962, p. 450) anota que

> [a] dedução [das ideias a partir das três formas do silogismo] é [...] completamente artificial e mascara o método real de Kant para obter as ideias, que se dá pela combinação do conceito único do incondicionado com as três categorias de relação.

Para compreender a relação entre essas explicações, é essencial ter em mente que Kant inicialmente não sugeriu que as formas silogísticas de alguma forma produziriam, por si sós, as ideias da razão, mas apenas que elas poderiam fazê-lo "se aplicadas à unidade sintética da intuição sob as categorias" (A321/B378). Por conseguinte, temos de determinar o que se quer dizer com tal unidade sintética e como as formas silogísticas são supostamente aplicadas a ela.

Para começar, uma vez que as categorias relacionais estão envolvidas na geração das ideias da razão, a unidade sintética em questão deve ser governada por essas ideias. Em outras palavras, ela consiste no pensamento da relação de algo condicionado com sua condição, que se expressa em juízos dotados de formas categóricas, hipotéticas e disjuntivas. Porém, para que envolvam o pensamento do incondicionado, esses juízos, ao pensarem essas relações, têm de expressar uma regra do entendimento, isto é, um uso puro da categoria. Isso porque o que torna a categoria extensível ao incondicionado é precisamente sua pureza, isto é, a falta de qualquer referência às condições espaço-temporais da cognição humana. Além disso, uma vez que a divisão dos silogismos em categóricos, hipotéticos e disjuntivos é ela própria baseada na natureza da relação expressa em suas premissas maiores, a aplicação em questão tem de consistir na formação de silogismos dotados dessas regras do entendimento como suas premissas maiores e na asserção de um objeto correspondendo à ideia (a realidade objetiva da ideia) em sua conclusão.

Se isso estiver correto, então uma ideia transcendental pode ser caracterizada como a concepção de algo incondicionado obtido mediante um processo inferencial que corporifica uma das formas silogísticas, na qual a premissa maior é um juízo que expressa uma regra do entendimento considerada como um princípio no sentido absoluto (cf. Grier, 2001, p. 136). Essa última qualificação é crucial, pois Kant define razão como a faculdade dos princípios e compreende por esses princípios juízos que servem como a fonte das cognições sintéticas *a priori* sem qualquer apelo às *condições* da intuição[383].

Isso nos dá o conceito de uma ideia transcendental e nos diz onde procurá-las, a saber, nos supracitados silogismos, nos quais as regras para o uso puro do entendimento servem como uma premissa maior. Porém, não nos diz nem porque a alma, o mundo e Deus deveriam ser incluídos entre essas ideias, nem, o que é mais importante do ponto de vista de Kant, porque elas exaurem o conjunto dessas ideias. Essa é a tarefa da seção 3 do capítulo introdutório de Kant sobre as ideias, que, tal como sua contraparte na Analítica, pode ser caracterizado como sua dedução metafísica propriamente dita[384].

No cerne dessa dedução reside ainda outra célebre tricotomia, que serve para definir o conjunto das relações genéricas nas quais todas as representações podem estar: ou relações com o sujeito ou com objetos, estes últimos considerados em dois sentidos, a saber, como aparências ou como "objetos do pensamento em geral". Ademais, Kant conclui disso que

> todas as relações de representações das quais podemos ter ou um conceito ou uma ideia são de três tipos: 1) a relação com o sujeito, 2) com o diverso do objeto na aparência, e 3) com todas as coisas em geral (A334/B391).

Sem informar ao leitor do fato, Kant passa aqui de uma preocupação com as formas das relações envolvidas na cognição para uma preocupação com seu conteúdo, isto é, com os tipos de relações capazes de gerar ou um conceito ou uma ideia (mas especialmente esta última). Todavia, se é para especificar as ideias resultantes das várias formas inferenciais, fica evidente que tal mudança foi necessária. Além do mais, presumindo que Kant esteja só preocupado com as relações nas quais as representações se situam quando entram na cognição, a dicotomia inicial não é problemática, pois todas essas representações têm de estar numa relação tanto com um sujeito pensante quanto com um objeto. O primeiro (o sujeito) se segue de sua natureza como representação, o segundo (o objeto) de seu papel na cognição.

---

383. Enfatizei a independência das condições de intuição por causa da referência de Kant à "unidade sintética da intuição sob categorias". Como na primeira parte da Dedução B, aqui podemos tomar Kant como referindo-se à "intuição em geral", que é precisamente o que está envolvido no uso puro de uma categoria, por contraste com uma função lógica, por um lado, e com um esquema, por outro.

384. Kant caracteriza seu projeto como uma "derivação substantiva de [ou "introdução a"] elas [estas ideias] a partir da natureza de nossa razão" (A336/B393). A incerteza na caracterização provém do desacordo entre o texto da Academia, no qual consta *Anleitung* [introdução], e a emenda de Erdmann, que registra *Ableitung* [derivação]. Embora a primeira seja certamente possível, acredito que a segunda faça mais sentido, já que corresponde ao que Kant está de fato tentando fazer.

Embora a divisão subsequente desta última em relações com aparências e em relações com coisas em geral pareça suspeita por sugerir que Kant estaria sub-repticiamente injetando idealismo transcendental na narrativa, ela não precisa ser considerada dessa maneira. Pode-se ler aí que a intenção de Kant seria a de distinguir entre duas concepções dos objetos condicionados da cognição humana: uma na qual o condicionado é explicitamente considerado como algo espaço-temporal; e a outra na qual ele é considerado apenas segundo seu conceito como uma coisa (suas propriedades espaço-temporais sendo ignoradas ou abstraídas, ainda que não negadas). Claramente, a significação dessa distinção depende da habilidade de Kant em mostrar que cada um desses tipos de condicionado envolve uma concepção distinta do incondicionado – e embora ele vá defender justamente isso no curso da Dialética, não se trata de algo óbvio neste momento. Consequentemente, como em muitas outras passagens, é melhor reter o que diz Kant nessa seção como uma espécie de nota promissória.

Para os propósitos em pauta, entretanto, o ponto saliente é que essa tricotomia dá a Kant a base tanto para a especificação quanto para a divisão sistemática das ideias transcendentais. Operando com base na premissa já estabelecida de que essas ideias dizem respeito à unidade sintética incondicionada (totalidade absoluta) das condições para algo condicionado, Kant sugere que elas caem sob três classes,

> das quais a *primeira* contém a *unidade* absoluta (incondicionada) do *sujeito pensante*, a *segunda*, a *unidade* absoluta da série de *condições da aparência* e a *terceira*, a *unidade* absoluta da *condição de todos os objetos do pensamento em geral* (A334/B391).

Essas formas da unidade sintética incondicionada são, por sua vez, identificadas com a alma, com o mundo e com Deus, respectivamente – que são os objetos, como se viu, das disciplinas metafísicas da psicologia racional, da cosmologia racional e da teologia (racional) transcendental (A334-335/B391-392).

Além da conexão, já discutida, entre o conceito de uma ideia transcendental e as formas da inferência silogística, essas identificações são a principal razão para a recepção extremamente hostil com que se deparou o tratamento kantiano da razão. A queixa básica, que aparece sob diversas formas, concerne ao fato de Kant aparentemente favorecer as ideias de alma e de Deus. Por vezes, a ênfase incide sobre o que poderia ser chamado de "inclinação espiritualista" que esse favorecimento conferiria a seu esquema metafísico[385]. Outra queixa incide sobre o que é percebido como pura arbitrariedade: a suposição subjacente é que,

---

385. Isso fica particularmente nítido em Kemp Smith (1962, p. 454). Cf. tb. England, 1968, p. 117-118).

em obediência cega aos requisitos de sua arquitetônica, Kant teria sido levado a insuflar a filosofia acadêmica de sua época nos autênticos preceitos da razão pura (cf., p. ex., Bennett, 1974, p. 258). Além do mais, à luz disso, tem sido frequentemente sugerido, à maneira de uma "emenda" mais ou menos "amigável", que Kant poderia ter construído uma crítica da metafísica mais simples e mais coerente se enquadrasse toda a discussão nos termos da Antinomia[386].

Em resposta à objeção básica, aqui basta observar que com sua divisão tripartite Kant não está tentando fornecer um inventário exaustivo de todas as posições metafísicas, atuais ou possíveis. Sua preocupação é, antes, com certo tipo de raciocínio metafísico: com aquele que leva a pressupor entidades transcendentes. Uma vez que as ideias de alma e de Deus claramente caem dentro dessa categoria, não há nada de arbitrário no fato de Kant incluí-las.

Ademais, Kant não ignora as posições metafísicas do naturalismo clássico, por exemplo, o materialismo e o antiteísmo. Seu procedimento é, antes, o de considerá-las sob a rubrica da cosmologia, o que parece inteiramente apropriado dado o compromisso de tais posições com uma negação de entidades que transcendem o mundo sensível. Temos de reconhecer que isso parece dar suporte à sugestão dos críticos de que Kant deveria ter confinado a Dialética Transcendental à Antinomia. De fato, há ampla evidência textual, tanto no *Nachlass* quanto na *Crítica*, de que Kant entreteve seriamente tal possibilidade[387]. Todavia, há boas razões para Kant ter adotado a estrutura mais complexa. A primeira e mais importante é que ela é exigida por sua teoria da razão. Embora a concepção que a razão tem do incondicionado seja ilusória, ela não é autocontraditória, como teria de ser se *toda* tentativa de pensá-la produzisse uma antinomia. Em vez disso, veremos que uma antinomia só surge quando essa tentativa leva a um conflito entre as leis do entendimento, o que requer considerar toda condição como ela própria condicionada, e a exigência da razão pelo incondicionado. Também veremos que isso só ocorre no caso das ideias cosmológicas.

---

386. Tal concepção é sugerida por Strawson (1966, p. 159-160); Bennett (1974, p. 283); e Walsh (1975, p. 176).

387. Evidência do *Nachlass* sugere que a divisão tripartite da Dialética foi um desenvolvimento relativamente tardio, cujas primeiras expressões são encontradas nas *Reflexionen* 5552-5555, 18: 218-235, que são datadas de 1778 e 1779. *Reflexionen* anteriores (4756-4760, 17: 699-713) indicam que Kant inicialmente pretendia que a Dialética fosse coextensiva a seu tratamento das Antinomias. Para uma discussão mais aprofundada, cf. Guyer (1989). Dentro da *Crítica*, como frequentemente se assinala, Kant sugere que a Segunda Antinomia é relevante para a questão da simplicidade da alma (A463/B491); e um argumento para a existência de Deus é retomado na Quarta. Finalmente, nas duas *Críticas* posteriores, Antinomia e Dialética são explicitamente identificadas.

A segunda razão é que não é possível tratar adequadamente da ideia de alma e da ideia de Deus, tal como são em geral compreendidas na tradição metafísica, no interior do arcabouço limitado da cosmologia racional. No caso da primeira, isso ocorre em larga medida porque a simplicidade atribuída à alma pela psicologia racional tem uma genealogia bastante distinta daquela que é afirmada na Tese da Segunda Antinomia. Se à última se chega mediante uma análise dos elementos de uma coisa compósita, a primeira deriva de uma reflexão sobre a natureza do pensamento. De modo similar, a Quarta Antinomia, que trata do conceito de um ser absolutamente necessário, não produz o conceito de um ser distinto do mundo espaço-temporal como um todo[388]. Porém, uma vez que o Deus da tradição, em contraste com o Deus de Espinosa, é por definição extramundano, é certamente razoável procurar pela origem da ideia de tal ser fora do arcabouço do pensamento cosmológico (tal como compreendido por Kant).

Podemos concluir que é injustificada a frequente e extrema hostilidade com que é recebida a discussão introdutória da razão em Kant e seu hipotético uso real. Embora muito do que Kant diz ali seja obscuro e promissório, nem por isso é arbitrário, desinteressante ou incoerente. Pelo contrário, contém uma explicação profundamente sugestiva dos fundamentos racionais (em contraste com os motivos psicológicos) subjacentes ao desafio de "pensar o todo", ou, mais precisamente, as várias espécies de todo – temas tradicionalmente vistos como o projeto da metafísica. Além disso, essa explicação está intimamente vinculada com sua concepção da ilusão transcendental, para a qual nos voltaremos a seguir.

II. Ilusão transcendental[389]

A discussão kantiana preliminar da ilusão transcendental se complica por estar entrelaçada com o que pretende ser uma explicação geral do erro (que incluiria o erro metafísico). Isso suscita dois problemas, que serão tema da primeira parte da presente seção: (1) o significado e a adequação dessa explicação inicial do erro; e (2) sua compatibilidade com a explicação subsequen-

---

388. Esse ponto é indicado por Kant em sua Observação sobre a Tese da Quarta Antinomia (A456-458/B484-486).

389. A discussão que se segue deve muito a Grier (2001, esp. p. 101-130). A meu juízo, sua explicação não só é a mais completa, como também contém o tratamento mais esclarecedor desse tópico complexo e relativamente negligenciado dentre os disponíveis na literatura. Isso não significa, porém, que ela subscreveria todos os aspectos da presente explicação.

te da ilusão. Numa segunda parte, examinaremos a tese controversa de Kant segundo a qual a ilusão (mas não o erro que ela engendra) seria tanto natural quanto inevitável.

A. Erro e ilusão

Kant começa por notar que verdade e erro, assim como as ilusões que levam a este último, só podem ser encontrados no juízo, isto é, na relação entre um objeto intuído do juízo e o entendimento (A293/B249-250). À primeira vista, isso parece um apelo direto à teoria da correspondência da verdade. A verdade surge quando um juízo (o produto do entendimento) está de acordo com seu objeto (tal como dado na intuição sensível), ao passo que o erro surge quando não há essa correspondência. Todavia, é evidente que Kant tem em mente um quadro mais complexo, uma vez que ele não localiza o fundamento dessa falta de concordância nem no próprio entendimento, nem nos sentidos, mas na

> influência despercebida da sensibilidade sobre o entendimento, pela qual ocorre que os fundamentos subjetivos do juízo se confundem com seus fundamentos objetivos e fazem estes últimos desviarem de sua destinação [*Bestimmung*] (A294/B350-351).

Está claro o motivo de Kant não atribuir erro nem ao entendimento nem aos sentidos considerados isoladamente. Seria incoerente atribuir erro ao entendimento enquanto tal, uma vez que ele contém as normas de correção; e o erro tampouco pode ser atribuído aos sentidos, uma vez que eles não produzem juízos. Porque essas são as únicas faculdades cognitivas envolvidas no juízo, segue-se que uma explicação geral do erro judicativo (pressupondo que tal explicação seja possível) tem de envolver algum tipo de desajuste entre eles, ponto que Kant enfatiza em sua caracterização de um juízo errôneo do entendimento "como uma diagonal entre duas forças que determinam o juízo em duas direções diferentes" (A295/B351). O que não fica claro, entretanto, é porque tal erro deve sempre ser atribuído à "influência despercebida da sensibilidade", e porque essa influência deveria ser vista como uma confusão dos fundamentos subjetivos e objetivos de um juízo, o que conduz este último a se desviar de sua "verdadeira destinação".

Kant elimina uma fonte potencial de perplexidade com bastante facilidade. A questão óbvia levantada por essa caracterização do erro é sua compatibilidade com a tese da discursividade, segundo a qual a cognição humana tem um componente sensorial. Consequentemente, poderia parecer que a "influência da sensibilidade" seria mais bem descrita como uma condição de verdade do que como a fonte do erro. Kant está completamente consciente do problema e o aborda numa nota apensada à caracterização, na qual ele observa que

> [a] sensibilidade, subordinada ao entendimento, como o objeto ao qual esse aplica à sua função, é a fonte de cognições reais. Mas, essa mesma sensibilidade, na medida em que influencia a ação do entendimento e o determina a julgar, é o fundamento do erro (A294/B351n.).

Ao estabelecer uma distinção entre o papel da sensibilidade enquanto subordinado ao entendimento e enquanto influenciando as ações deste último, Kant consegue distinguir entre sua função propriamente dita e seu papel na geração do erro. Mas isso dificilmente resolveria todos os problemas. Uma dificuldade remanescente diz respeito ao uso kantiano de um modelo físico que envolve "forças" conflitantes, cada qual exercendo uma "influência" sobre o juízo, para expressar a relação epistêmica de fundamentos de crença em competição[390]. Face à distinção kantiana fundamental entre a espontaneidade do entendimento e a receptividade dos sentidos, tudo leva a crer que Kant tenha escolhido uma metáfora bastante inapropriada para ilustrar sua teoria do erro. Um outro problema, talvez mais grave, diz respeito à sua plausibilidade enquanto tese geral sobre o erro. Mesmo na mais caritativa das leituras, ela obviamente não dá conta de coisas como erros de cálculo (que presumivelmente não seriam considerados por Kant como um erro judicativo), e tampouco está claro se ela seria adequada para compreender os tipos de erros que interessam a Kant na *Crítica*.

Estes últimos são os erros que teriam sido cometidos pelos metafísicos; mas, antes de nos debruçarmos sobre esse tópico, devemos notar que essa explicação, levando-se em conta sua natureza altamente metafórica, é aplicável a tipos de erro mais mundanos. Um caso atinente imediatamente sugerido pelo modelo diz respeito ao erro no juízo perceptivo ordinário. Por exemplo, se julgo que um bastão está torto porque aparece como tal quando percebido na água, então meu juízo está claramente sendo induzido a erro pela aparência sensível. Aqui, a influência da sensibilidade foi "despercebida", ou seja, não foi levada em conta no juízo. Caso fosse levada em consideração, eu teria reconhecido que o bastão apenas *parecia* estar torto por causa do efeito da água sobre a luz, e que, na realidade, não estava.

---

390. Kant já apelara a tal modelo para explicar o erro metafísico (ou ilusão metafísica) em 1766 (Tr 2: 342-348; 329-335). Para uma discussão a esse respeito, cf. Grier (2001, p. 32-35).

Mais interessante é o fato de o modelo também ser aplicável a pelo menos um certo tipo de erro metafísico, a saber, o tipo abordado na *Dissertação* sob a rubrica de "axiomas sub-répticos", que envolvem a dissolução dos contornos entre as condições da cognição sensível (das coisas como elas aparecem) e as condições das coisas tal como pensadas pelo intelecto puro (como elas realmente são)[391]. Aqui, a sensibilidade exerce uma influência supostamente nefasta sobre o entendimento, levando-o a tomar condições meramente "subjetivas" (sensíveis) como condições "objetivas" aplicáveis às coisas como elas são em si mesmas. Apesar de Kant rejeitar o pressuposto da possibilidade de uma cognição puramente intelectual das coisas como elas "realmente são", essa concepção de erro metafísico sobrevive na *Crítica*. Daí Kant atribuir ao númeno o papel de um conceito limitador, cuja função é "limitar a pretensão da sensibilidade" (A255/B311). Como vimos, continua sendo importante para Kant preservar a concepção crítica das coisas como elas são em si mesmas de qualquer "contaminação" pelos predicados sensíveis, isto é, espaço-temporais, mesmo negando que podemos conhecer as coisas consideradas como são em si mesmas.

Mesmo concedendo isso, continua sendo difícil ver como Kant poderia sustentar que *todos* os erros metafísicos cabem nesse molde. Com efeito, na Anfibolia, ele parece diagnosticar que os erros fundamentais da ontologia leibniziana provêm do não reconhecimento da contribuição essencial da sensibilidade e de suas formas *a priori* à cognição humana. Como, então, Kant pode afirmar no capítulo seguinte que o erro metafísico deve ser sempre visto como o produto da "influência despercebida da sensibilidade sobre o entendimento"? Ou, alternativamente, como ele pode afirmar que o erro metafísico sempre envolve a união de forças entre os fundamentos subjetivos e objetivos, levando estes últimos a "se desviarem de sua destinação"? Do ponto de vista kantiano, seria mais acurado considerar que o problema da ontologia leibniziana é sua recusa em atribuir qualquer papel para as condições "subjetivas" (sensíveis). Mas se a sensibilidade não tem nenhuma função epistêmica positiva, como se pode dizer que ela une forças com as condições "objetivas" (intelectuais), levando estas últimas a se desviarem de sua verdadeira destinação?

Ainda que forcemos a metáfora um pouco, de fato parece possível ver como Kant poderia caracterizar dessa maneira os erros da ontologia leibniziana. En-

---

391. Na *Dissertação*, Kant define um axioma sub-réptico como um "axioma *híbrido*, que tenta fazer passar o que é sensível como se pertencesse necessariamente a um conceito do entendimento" (ID 2: 412; 408). Para uma discussão da explicação kantiana da sub-repção na referida obra, cf. Grier (2001, p. 57-64).

tretanto, para fazê-lo, é necessário considerar a explicação kantiana do erro contra o pano de fundo da crítica geral da ontologia apresentada na Analítica. Basicamente, o ponto principal dessa crítica é que as teses ontológicas dependeriam de um emprego transcendental das categorias, isto é, de seu emprego ilícito (independentemente de seus esquemas) relativo às coisas em geral, por oposição a seu emprego empírico legítimo, limitado aos objetos na medida em que são dados segundo as condições da sensibilidade humana. Como vimos, ainda que as categorias sejam caracterizadas como conceitos "de um objeto em geral", elas só geram cognição de objetos sob as condições restritivas fornecidas pela sensibilidade (os esquemas transcendentais). Por essa razão, não notar a influência da sensibilidade é ignorar ou sua natureza subjetiva ou sua função epistêmica positiva com relação ao entendimento. Além disso, o reconhecimento da natureza subjetiva e da função epistêmica da sensibilidade exige precisamente que

> o imponente nome de ontologia, que presume oferecer cognições sintéticas *a priori* de coisas em geral [...], [ceda] lugar à denominação mais modesta de uma mera analítica do entendimento puro (A247/B303).

Isso sugere a existência de duas maneiras bem diferentes, embora complementares, da incapacidade de notar que a influência da sensibilidade sobre o entendimento conduz ao erro metafísico, ambas envolvendo uma extensão ilícita das categorias às coisas em geral – o que pode ser corrigido por uma dose saudável de reflexão transcendental. Uma delas é a maneira descrita acima, mediante a qual axiomas sub-répticos orientam o entendimento a estender seus princípios a objetos em geral (fazendo, assim, um uso transcendental das categorias) sob a pressuposição enganosa de que as condições sensíveis são, elas próprias, condições ontológicas das coisas em geral e não apenas condições epistêmicas das coisas enquanto objetos da experiência possível. Na Anfibolia, Kant vincula essa forma de erro à posição lockeana, acusado por Kant de haver "sensualizado os conceitos do entendimento" (A271/B327). Entretanto, está claro que essa acusação pretende ter um escopo muito mais amplo, não se resumindo aos pontos de vista do Locke histórico. Como já observamos, a receita de Kant para evitar esse tipo de erro é introduzir o númeno para "limitar a pretensão da sensibilidade".

A segunda maneira é a de Leibniz, que Kant afirma

> ter construído um sistema intelectual do mundo, ou melhor, acreditou-se capaz de conhecer a constituição interior das coisas, comparando todos os objetos apenas com o entendimento e os conceitos formais abstratos de seu pensamento (A270/B326).

Embora aqui o problema esteja no malogro em perceber o papel positivo da sensibilidade como fonte das condições de *realização* do entendimento, o resultado é o mesmo: a extensão ilícita das categorias às coisas em geral. Além disso, essa ontologia também pode ser descrita como um caso em que fontes subjetivas (sensibilidade) unem forças com fontes objetivas (o entendimento), levando estas últimas a se desviarem do seu verdadeiro destino. Segundo a tese da discursividade, o destino verdadeiro do entendimento é conectar-se com a intuição sensível, produzindo assim cognição. Porém, ao tratar a distinção entre sensibilidade e entendimento como uma distinção de grau e não de espécie, Leibniz efetivamente dissolveu os contornos entre fontes subjetivas e objetivas de cognição, o que levou, por sua vez, o entendimento a desviar-se do seu verdadeiro destino.

Em suma, podemos então argumentar que ambas as espécies de metafísicos, embora por razões diametralmente opostas, fracassaram em perceber a influência da sensibilidade sobre o entendimento, e isso conduz à extensão ilícita das categorias às coisas em geral em ambos os casos. A diferença consiste apenas no fato de, no primeiro caso, esse malogro se basear na suposição errônea de que as condições de sensibilidade sejam também condições das coisas em geral (o que as torna "objetivas" no sentido da *Dissertação*), ao passo que, no segundo caso, ele se baseia na suposição igualmente errônea (embora oposta) de que a sensibilidade não é a fonte de quaisquer condições genuínas de cognição. Além disso, como já deve ter ficado claro, em ambos os casos essa falha é uma função direta de suas pressuposições transcendentalmente realistas, e em ambos os casos a solução se encontra na reflexão transcendental.

Caso estivermos corretos sobre a breve explicação kantiana do erro (reconhecidamente um tópico altamente controverso), então é possível compreender por que ele descreve o erro de uma forma que inicialmente parece ser tão enganosa e também reconciliar essa explicação com a crítica geral da ontologia esboçada na parte final da Analítica[392]. Ao mesmo tempo, porém, isso parece também exacerbar, em vez de resolver, nosso segundo problema, que diz respeito à ligação entre o erro metafísico, assim interpretado, e a doutrina da ilusão transcendental, por Kant introduzida imediatamente após a explicação do erro.

A questão que se nos coloca é: qual papel em princípio desempenhado pela ilusão na geração do erro metafísico? Ou, de forma equivalente, por que Kant considera necessário introduzir essa complicação adicional quando presumi-

---

392. Bennett (1974, p. 267), rejeita essa explicação do erro porque, a seu ver, está em conflito "com tudo o mais que Kant disse sobre o tema, a não ser que o reinterpretemos de um modo inaceitável". A explicação apresentada aqui é uma tentativa de mostrar que não se trata disso. Uma vez mais, estou em dívida com Grier (2001, p. 102-110), embora eu vá além dela em minha tentativa de incorporar a crítica da ontologia leibniziana a essa explicação.

velmente já nos forneceu uma explicação adequada do erro metafísico em termos de princípios extraídos da Analítica? Com efeito, uma vez que o erro assim analisado (tanto na sua forma sub-réptica quanto na sua forma leibniziana) se reduz a uma má aplicação das categorias e não envolve qualquer referência à razão, seria possível perguntar por que é necessária uma análise separada da razão, ou seja, uma dialética transcendental, para a compreensão e repúdio do erro metafísico?

A resposta reside no argumento subjacente de Kant de que existem dois tipos bastante distintos de extensão ilícita das categorias, cada um deles exigindo uma análise e um remédio específicos. Um dos tipos, descrito acima, é estender as categorias dos objetos da experiência possível às coisas em geral. O outro tipo é sua extensão dos objetos condicionados do entendimento aos objetos incondicionados da razão. Como o primeiro tipo pertence àquilo que é tradicionalmente conhecido como ontologia ou metafísica geral (a ciência do ser enquanto ser), ele não envolve a pressuposição de uma esfera adicional de objetos e, portanto, não faz qualquer referência à razão. Consequentemente, ele pode ser evitado pela reflexão transcendental, e isso quer dizer que as fontes da Analítica são suficientes tanto para expô-lo quanto para evitá-lo. Isso não vale, porém, para a segunda forma, que pertence às disciplinas tradicionais da metafísica especial e a seus objetos hipotéticos (Deus, alma e mundo). Uma vez que isso envolve a pressuposição de um conjunto distinto de objetos não sensíveis, cujos conceitos (enquanto pertinentes ao incondicionado) supostamente têm sua sede na razão e não no entendimento, a questão requer um tratamento em separado e mais extensivo.

A discussão introdutória de Kant sobre a ilusão transcendental tem por objetivo explicar a necessidade desse tratamento em separado e, assim, justificar a inclusão na *Crítica* da extensa Dialética Transcendental. Kant introduz essa nova concepção de uma ilusão transcendental e a contrasta com a já conhecida ilusão **de tipo** óptico. A tese básica é que, enquanto esta última pode infectar o uso empírico de conceitos, a ilusão transcendental "influi sobre princípios cujo uso nunca se destina à experiência, uma vez que nesse caso teríamos pelo menos uma pedra de toque para sua correção". Em vez disso, "contra todas as advertências da crítica, [ela] nos arrasta para além do uso empírico das categorias, e oferece-nos a miragem de uma extensão do entendimento puro" (A295/B352). Porém, como vimos, essa extensão é bastante diferente da que foi diagnosticada na Analítica.

Embora Kant não esteja ainda em condições de esclarecê-lo, o ponto-chave é que essa ilusão tem seu fundamento na própria natureza da razão. A referência é, portanto, a "princípios cujo uso nunca se destina à experiência", o que pode significar apenas princípios da razão, por oposição aos do entendimento. Kant esclarece a diferença contrastando dois tipos de princípios: os imanentes, cuja aplicação está totalmente dentro dos limites da experiência possível, e os transcendentes, que pretendem contornar esses limites. E ele observa ainda que

> [por] estes últimos, não compreendo o uso ou o abuso *transcendental* das categorias, que é um mero erro da faculdade de julgar quando não é devidamente refreada pela crítica, e, portanto, não atenta suficientemente aos limites do único território em que ao entendimento puro é permitido se exercitar; refiro-me, antes, a princípios que nos incitam efetivamente a demolir todos esses postos de fronteira e a reivindicar um território totalmente novo que não reconhece qualquer demarcação em parte alguma. Assim, *transcendental* e *transcendente* não são o mesmo (A296/B352).

Essa distinção entre o transcendental e o transcendente é das mais importantes da *Crítica*, embora também uma das mais mal-compreendidas (cf., p. ex., o tratamento negativo de tal distinção em Bennett, 1974, p. 267). Como a passagem acima indica, ela equivale a uma distinção entre dois tipos de princípios: aqueles cujo uso apropriado é imanente – mas que, enquanto regras genéricas para o pensamento discursivo dos objetos, não contêm em si mesmos nenhuma restrição a objetos de experiência possível – e aqueles que efetivamente exigem que o entendimento ignore qualquer restrição desse tipo e projete sua esfera de normatividade para além dos limites da experiência possível. A passagem também indica que o remédio para o abuso dos primeiros é a devida atenção às fronteiras traçadas pela *Crítica*, ou seja, a reflexão transcendental. Assim, ao distinguir claramente entre esses dois tipos de princípios, Kant sugere que os danos causados pelos últimos não podem ser tratados tão despreocupadamente, razão pela qual é necessária uma Dialética Transcendental.

Kant desenvolve esse ponto nos dois parágrafos finais da seção, que se concentram na fonte e no poder da ilusão transcendental supostamente subjacente no apelo aos princípios transcendentes. Uma vez mais, seu procedimento consiste em contrastá-la com outra espécie familiar de ilusão, desta vez sua variedade lógica. Tal variedade consiste apenas em inferências falaciosas que parecem válidas, mas essa aparência de validade é inteiramente eliminada pela devida atenção às regras da lógica. Contudo, Kant nega que isso se aplique à ilusão transcendental, uma vez que esta última permanece mesmo quando desvelada pela crítica transcendental. Além do mais, sugere Kant, isso ocorre porque

> na nossa razão (considerada subjetivamente como uma faculdade humana de cognição) existem regras e máximas fundamentais para seu uso, que se assemelham inteiramente a princípios objetivos, e através deles sucede

que a necessidade subjetiva de uma certa ligação dos nossos conceitos em favor do entendimento é tomada por uma necessidade objetiva, a determinação das coisas em si mesmas (A297/B353).

Como essa passagem indica, a ilusão transcendental consiste em certos princípios subjetivos da razão parecerem ser objetivos. Em breve veremos com mais detalhe o que isso significa, mas no momento nosso objetivo imediato consiste em sublinhar **a diferença** entre a presente **explicação** da ilusão e **a explicação** anterior sobre o erro. Como por vezes se pensa, a questão não é, porém, que **elas** seriam duas explicações da mesma coisa, é, antes, que elas abordam dois conjuntos de questões fundamentalmente diferentes, e o insucesso de ter isso em mente torna impossível a compreensão da Dialética Transcendental. Essa diferença é dupla. Em primeiro lugar, como já se observou, elas se ocupam de diferentes esferas de objetos: coisas em geral, por um lado, e um conjunto especial de objetos transcendentais, por outro. Em segundo lugar, essa aparência ilusória de objetividade não é errônea por si só, embora possa facilmente levar ao erro. Uma coisa é um princípio subjetivo parecer objetivo (como o bastão que parece torto na água), outra coisa bem diferente é ser (mal) compreendido como tal. Além disso, se no caso de erro judicativo a questão era a união de "fundamentos subjetivos" de um juízo (sensibilidade) com "fundamentos objetivos" (entendimento), induzindo assim este último a se desviar do seu verdadeiro curso, no caso da razão não há qualquer desvio. Pelo contrário, ao seguir essas regras e máximas aparentemente objetivas (ainda que apenas subjetivas), a razão está justamente seguindo seu próprio curso natural. Consequentemente, se a ilusão deriva da própria natureza dos princípios envolvidos, o erro judicativo surge de um uso equivocado de princípios que em sua própria esfera são perfeitamente legítimos. É isso que torna tão difícil e tão importante para o destino da metafísica a exposição da "sede" dessa ilusão na razão e dos erros que ela gera.

A aparência de objetividade suscitada por princípios ilusórios também explica por que Kant encarou a ilusão transcendental como natural e inevitável, ainda que o erro judicativo, incluindo a variedade resultante de tal ilusão, não seja nem uma coisa nem outra. Ao desenvolver esse pensamento, Kant retoma a comparação com a ilusão óptica. Seu argumento é que, em ambos os casos, se trata de algo que parece ser diferente do que é (exemplos de ilusão óptica mobilizados por Kant: o mar aparece mais alto no horizonte do que na costa porque é visto através de raios de luz mais altos; a lua nascente parece maior para um astrônomo); e em ambos os casos essa aparência persiste mesmo depois de ter sido reconhecida como ilusória. Além disso, Kant assinala que essa inevitabilidade tem consequências importantes para o tratamento das teses metafísicas e dos princípios transcendentes nos quais elas se baseiam. Especificamente, desvelar a ilusão subjacente e proporcionar proteção contra ser por ela enganado é o máximo que se pode conseguir nesse domínio (A297/B354).

B. A naturalidade e inevitabilidade da ilusão transcendental

Para avaliar essa nova e ousada tese sobre uma natural e inevitável ilusão relacionada a regras e máximas do uso da razão, primeiro é necessário determinar a natureza desta última. Felizmente, à luz de nossa análise anterior da razão, não se trata de algo difícil de se fazer. É claro que a máxima em questão não pode ser outra senão aquela escolhida por Kant para o uso lógico da razão, a saber: "encontrar o incondicionado para as cognições condicionadas do entendimento, com as quais sua unidade estará completa" (A307/B364). Uma vez que essa máxima expressa uma exigência necessária da razão, nela não pode haver nada de inerentemente ilusório. Dessa forma, o problema tem de residir em sua inseparabilidade do outro problema que o acompanha: "quando o condicionado é dado, então também é dada toda a série de condições subordinadas umas às outras (ou seja, contidas no objeto e em sua conexão)" (A307-308/B364).

Na esteira de Grier (2001, p. 117-130), esses problemas serão doravante referidos como P_1 e P_2, respectivamente. E ainda acompanhando Grier, iremos argumentar que a chave para a compreensão da doutrina kantiana da ilusão transcendental reside em determinar a relação entre eles. Ora, segundo Kant, P_1 torna-se ele próprio um princípio de razão precisamente ao pressupor P_2, considerado por ele como obviamente sintético, já o vimos. Isso sugere que P_2 serve como condição de aplicação para P_1, ou, alternativamente, sugere que P_1 e P_2 estão numa relação análoga à que existe entre uma categoria e seu esquema e, nesse sentido, são recíprocos. A diferença crucial, entretanto, é que no caso de P_1 a condição de aplicação não pode ser satisfeita, uma vez que a totalidade absoluta das condições – ou, de modo equivalente, o incondicionado posto por P_2 nunca pode ser dada como um objeto.

A partir daí, podemos ver que o uso real de P_1 (isto é, seu uso em conexão com o pensamento das coisas e das suas condições) deve ser inerentemente ilusório, já que tal uso é inseparável de um apelo à sua condição de aplicação P_2, que, por sua vez, não é realizável. Ademais, uma vez que P_1, enquanto uma máxima para o uso lógico da razão, é claramente um princípio subjetivo (ditando como a razão deve proceder se quiser ser consistente com sua vocação), e uma vez que P_2, como pressuposição metafísica, pretende ser objetivo, podemos, além disso, ver porque essa ilusão consiste em algo subjetivo apresentando-se como objetivo. Não se trata simplesmente de P_1 se confundir com P_2, pois permanece uma diferença conceitual clara entre eles. Trata-se, antes, da impossibilidade de P_1 realizar sua função sem também pressupor P_2.

Todavia, ainda pairam dúvidas a respeito do caráter ou natural ou inevitável dessa ilusão, que subjaz à geração das ideias transcendentais consideradas na primeira parte deste capítulo. Com efeito, essa tese, à semelhança de quase todos os aspectos da explicação kantiana da razão, tem sido recebida com considerável ceticismo. Uma vez mais, Walsh (1975, p. 173) fala por muitos quando observa que

> [a] ilusão de que ele falava seria, talvez, "natural e inevitável" para um pensador com a formação de Kant na metafísica racionalista, mas seria menos perigosa para um positivista de mentalidade científica, por exemplo.

Embora Kant não tenha muito a dizer sobre a naturalidade dessa ilusão, ela aparentemente advém da inseparabilidade de P_2 e P_1, que, enquanto princípio subjetivo da razão, é ela própria claramente "natural". Pelo menos, se for natural supor que as condições para a realização de uma exigência da razão estão estabelecidas, parece legítimo caracterizar a ilusão como natural. Por isso, iremos nos concentrar na discussão sobre a questão da evitabilidade – o verdadeiro pomo da discórdia.

À luz da análise precedente da ilusão, parece haver duas maneiras principais de procurar evitá-la. Uma delas é simplesmente recusar reconhecer P_1, isto é, rejeitar todo o projeto de procurar o incondicionado. A outra é tentar erigir uma divisória entre P_1 e P_2, obedecendo assim, ao "imperativo categórico intelectual" e ao mesmo tempo evitando quaisquer compromissos metafísicos tidos como envolvidos nessa obediência. Consideraremos brevemente cada uma dessas maneiras, uma por vez.

A princípio, deve-se admitir que há um sentido específico em que essa ilusão é evitável pela primeira estratégia, embora a significação de tal evitação seja altamente questionável. Poderíamos fazê-lo ao simplesmente se recusássemos a busca por condições, do mesmo modo que se evita uma ilusão de óptica recusando-se a abrir os olhos[393]. Porém, como evidentemente não se trata de uma estratégia particularmente frutífera a ser adotada pelo positivista de mentalidade científica de Walsh, podemos presumir que sua recomendação seria limitar a investigação à busca pelas condições particulares, isto é, ao domínio do enten-

---

393. Essa analogia foi sugerida por Serck-Hanssen (1996, p. 220).

dimento, tal como definido por Kant, abstendo-se assim de qualquer procura grandiosa, mas fútil, pelo "incondicionado".

Embora essa estratégia possa parecer plausível, particularmente para os críticos (como Walsh) que rejeitam a introdução da razão por Kant como uma faculdade distinta, é possível mostrar facilmente seu caráter profundamente falho. O problema é a equivalência desse incondicionado ilusório à totalidade das condições para um dado condicionado. Por essa razão, o que P_1 exige pode ser expresso também em máximas aparentemente mais aceitáveis como: nunca pare de procurar condições até obtê-las todas; nunca se satisfaça com uma explicação que deixa algo por explicar etc. Além disso, é duvidoso que o positivista de Walsh, devido à sua mentalidade científica, possa simplesmente rejeitar tais injunções. Empregando a terminologia kantiana, parece, antes, que o positivista insistiria no *status* meramente "regulador" dessas exigências, isolando assim a procura da verdade científica de qualquer contaminação pela metafísica.

Mas, a esta altura, a primeira das estratégias supramencionadas de evitar essa ilusão metamorfoseou-se na segunda. Pois o que agora está sendo reivindicado é precisamente a separabilidade entre P_1 e P_2. E, em apoio dessa separabilidade, possivelmente haverá o argumento de que a procura por condições para um dado condicionado, que caracteriza a atividade própria ao entendimento com relação à experiência, não precisa envolver nenhuma pressuposição ilusória sobre a "dadidade" [*givenness*] do conjunto completo dessas condições.

Aqui também temos uma resposta que parece ser plausível, talvez mesmo uma resposta genuinamente kantiana. Todavia, aqui também as coisas não são tão simples. A pressuposição subjacente a essa resposta parece ser que a garantia de ser bem-sucedido em encontrar todas as condições não é condição da razoabilidade de sua busca. A busca poderia ser parcialmente bem-sucedida, encontrando não todas, mas algumas das condições procuradas – o que é perfeitamente correto, mas não vem ao caso. A questão não é a necessidade de ter a certeza de encontrar todas as condições para um dado condicionado; é, antes, a necessidade de se pressupor que elas estão lá para serem encontradas. Porém, não é de forma alguma evidente que essa pressuposição seja dispensável. Com efeito, precisamente porque a busca é por *condições*, parece que a pressuposição (não a busca) não pode ser dispensada sem a concomitante negação de P_1. Afinal, uma "caça às condições" não é como a caça a um tesouro perdido, por exemplo – empreendimento razoável, mesmo que se reconheça que o tal tesouro possa não existir. Uma vez que o condicionado está analiticamente relacionado a *alguma* condição, relacionada por sua vez à sua condição etc., não se pode referendar a possibilidade de haver algo condicionado a que faltem condições suficientes sem com isso perder a coerência.

Parece, então, que a ilusão transcendental não é evitável; certamente não pelo simples expediente de assumir uma postura antimetafísica. Com efeito, descobriremos que o positivista ou o hipotético antimetafísico – que Kant considera um empirista dogmático e identifica à posição da antítese nas várias Antinomias – é na verdade um metafísico de tipo naturalista, e, portanto, não escapa de ser vítima dessa ilusão. Veremos ainda, no último capítulo, que o uso regulador da razão, que o positivista está presumivelmente disposto a referendar, é ele próprio baseado nessa ilusão.

Isso mostra a importância da distinção entre evitar a ilusão e evitar seu caráter enganador. Como a analogia com a ilusão de óptica indica, Kant defende a tese de que a segunda não é inevitável, ainda que a primeira o seja. Além do mais, veremos que o fundamento último de seu caráter enganador é o realismo transcendental com o qual metafísicos de todos os tipos (incluindo o naturalista) estão implicitamente comprometidos. Consequentemente, além de expor os erros metafísicos específicos, a estratégia terapêutica de Kant na Dialética envolverá a tentativa de privar essa ilusão de seu poder de enganar pela remoção do cancro do realismo transcendental[394]. Embora essa estratégia seja mais evidente nas Antinomias, onde Kant oferece uma prova indireta do idealismo transcendental pela demonstração da natureza autocontraditória do realismo ao qual se opõe, veremos que ela opera também nos Paralogismos e no Ideal, e isso fornecerá mais uma vez evidências da inseparabilidade entre o projeto kantiano como um todo e o idealismo transcendental, bem compreendido.

---

394. Na primeira edição desta obra, não fui bem-sucedido em traçar uma distinção nítida entre realismo transcendental e ilusão transcendental. E, uma vez mais, expresso minha dívida com Grier (2001, p. 101; 143; 151) por ter assinalado a importância dessa distinção para a compreensão do procedimento de Kant na Dialética.

12
Os Paralogismos

A intenção explícita dos Paralogismos é oferecer uma crítica sistemática da psicologia racional. Por esta última, entende-se o projeto de construir uma doutrina da alma ou do Eu* baseada inteiramente nos escassos recursos do *eu penso*, caracterizado por Kant como seu "único texto" (A343/B401). O motivo dessa limitação provém do fato de que quaisquer recursos adicionais envolveriam necessariamente considerações empíricas, comprometendo, assim, a pureza dessa "ciência". Embora associada especificamente às filosofias de Wolff e Baumgarten, que traçam uma nítida distinção entre psicologia racional e empírica, sua base é claramente cartesiana[395]. Consequentemente, a crítica de Kant a esse procedimento é parte integrante de sua crítica mais ampla do que pode ser denominado de "projeto cartesiano".

O tratamento kantiano dos Paralogismos, ou pelo menos dos três primeiros que constam na primeira edição, foi objeto de considerável interesse e foi comparativamente bem recebido (particularmente em contraste com outras partes da Dialética) devido às suas afinidades com debates contemporâneos na filosofia da mente e na psicologia filosófica. Contudo, em quase toda essa discussão contemporânea, mesmo naquela que é historicamente informada, foram completamente ignoradas ou marginalizadas as conexões entre a crítica de Kant das teses da psicologia racional e as preocupações sistemáticas subjacentes da Dialética, a saber, a ilusão transcendental e o realismo transcendental – este último fonte do seu poder enganador, como vimos[396].

Isso não chega a surpreender, pois o que a maior parte dos intérpretes kantianos de hoje acha interessante nos Paralogismos parece bastante distante

---

*No que se segue, "eu" com inicial minúscula sempre traduz o inglês "*I*"; "Eu" com inicial maiúscula, por sua vez, traduz "*self*", exceto em início de período [N. T.].

395. Bennett (1974, p. 66) adota a expressão "base cartesiana" para caracterizar o procedimento da psicologia racional.

396. A grande exceção é Grier (2001, cap. 5).

dessas preocupações sistemáticas, e é apenas no contexto do Quarto Paralogismo da primeira edição – muitas vezes rejeitado como uma infeliz incursão ao idealismo subjetivo – que se discute abertamente o tópico do realismo transcendental. Todavia, argumentaremos que essa abordagem é totalmente equivocada, pois só se pode apreciar toda a força da crítica de Kant à psicologia racional à luz dessas preocupações mais abrangentes. Contudo, é preciso considerar também essa segunda versão, já que Kant reescreveu o capítulo na segunda edição. Por esse motivo, este capítulo se encontra dividido em duas partes principais: a primeira trata dos três primeiros paralogismos na edição A e a segunda da explicação revisada na edição B.

I. Os Paralogismos na primeira edição

Como nosso principal interesse é salientar as questões sistemáticas que jazem sob a superfície do argumento de Kant, nos concentraremos principalmente no Primeiro Paralogismo, que, do ponto de vista de uma teoria do Eu, parece ter à primeira vista um menor interesse intrínseco em comparação aos dois seguintes. Contudo, também defenderemos que os dois paralogismos subsequentes – voltados respectivamente à simplicidade do Eu (essencial para a tese da imaterialidade) e à identidade deste último ao longo do tempo (identidade pessoal) – exibem a mesma estrutura sistemática.

A. O Primeiro Paralogismo

Esse Paralogismo, que trata da substancialidade da alma, consiste no seguinte silogismo categórico:

> Aquilo cuja representação é o *sujeito absoluto* de nossos juízos e, portanto, não pode ser usado como determinação de outra coisa, é a *substância*.
> Eu, como um ser pensante, sou o *sujeito absoluto* de todos os meus juízos possíveis, e essa representação de mim mesmo não pode ser usada como predicado de alguma outra coisa.
> Logo, eu, como ser pensante (alma), sou *substância* (A348).

Segundo o diagnóstico oficial de Kant, essa inferência comete a falácia de um *sophisma figurae dictionis*, isto é, uma falácia de equivocação manifestada em um termo médio ambíguo. Mais especificamente, Kant alega que a premissa maior faz um uso meramente transcendental da categoria de substância, ao passo que a premissa menor e a conclusão fazem um uso empírico da mesma categoria, subsumindo a alma sob esta última como a condição da regra (A402). Em outras palavras, como "substância" tem sentidos diferentes nas premissas maior e menor, na realidade, o silogismo consiste em quatro termos, o que o torna evidentemente inválido.

Em seus comentários críticos sobre o Primeiro Paralogismo, Kant se concentra, porém, no caráter estéril da inferência, não na sua invalidade, o que gerou certa confusão quanto à natureza precisa da queixa de Kant. Considera-se que a esterilidade da inferência provém do fato de que a premissa maior toma a categoria no seu sentido puro ou transcendental como o conceito de algo em geral, o que implica, à luz dos ensinamentos da Analítica, que ela só pode admitir um uso lógico e não um uso real. Nas palavras de Kant: "posso dizer de uma coisa em geral que ela é uma substância se posso diferenciá-la de meros predicados e determinações das coisas" (A349). Portanto, pode-se perfeitamente bem dizer a mesma coisa do eu, considerado como sujeito pensante. Contudo, como assinala Kant, o psicólogo racional não pode fazer disso nenhum uso real, visto que carecemos da condição (o esquema) sob a qual apenas a alma pode ser legitimamente subsumida sob a categoria. Consequentemente, nenhuma conclusão metafísica acerca da imaterialidade, da indestrutibilidade ou da persistência da alma pode ser daí derivada.

Apesar da insistência de Kant em contrário, isso levou alguns comentadores a negar haver uma falácia formal no silogismo tal como efetivamente formulado e a procurar em outro lugar o equívoco do psicólogo racional. Nesse sentido, Bennett (1974, p. 72) afirma que o silogismo, tal como formulado, é perfeitamente respeitável e que o erro consiste apenas em inflar sua conclusão, isto é, em tomá-la como uma demonstração da imortalidade da alma. De modo similar, Ameriks – apesar de questionar a tese de Bennett de que o argumento, desde que interpretado como uma verdade meramente formal, estabelece de fato que eu sou uma substância – sustenta a validade formal do silogismo e sugere que uma falácia emerge apenas quando o argumento é ampliado para gerar uma conclusão hipotética relativa à permanência da alma. Assim, para Ameriks,

> Kant está definindo os objetivos da psicologia racional em termos da crucial questão prático-racional da imortalidade e, nesse sentido, simplesmente não se ocupa das pretensões de uma psicologia racional modestamente concebida (Ameriks, 1982a, p. 68).

Embora as reflexões de Kant sobre o Primeiro Paralogismo possam ter dado mote para essas leituras revisionistas e talvez até mesmo para uma consideração superficial do silogismo (que, à primeira vista, não parece ser inválido), elas não resistem a um exame mais detido. A começar pelo óbvio: não seria de se esperar que os silogismos do psicólogo racional fossem cristalinamente inválidos, pois caso o fossem, eles não teriam poder de convencer e tampouco necessitariam de uma crítica transcendental para desmascará-los. Portanto, deve-se supor que é um tanto trabalhoso localizar a falácia. Além disso, Kant especifica a falácia do Primeiro Paralogismo em sua discussão crítica quando afirma que "ele faz passar [*ausgibt*] o sujeito lógico constante do pensamento como a cognição de um sujeito real de inerência [...]" (A350). Tendo em vista que a premissa maior apenas oferece o equivalente a uma definição nominal de substância (como categoria pura), está claro que o "fazer passar" deve constar na premissa menor.

Desse modo, a questão passa a ser a de se saber se é plausível considerar que esse erro consta na premissa menor – e a resposta é um evidente sim. Embora essa premissa não mencione o "sujeito lógico constante do pensamento", ela efetivamente subsume o conceito de tal sujeito, disfarçado de representação do eu como "sujeito absoluto de todos os meus juízos possíveis", sob a categoria pura da substância tal como caracterizada na premissa maior. Não se deve supor, contudo, que o problema resida numa mistura de dois sentidos de "sujeito absoluto": enquanto base de predicação e enquanto objeto [*subject matter*] de pensamento[397]. Isso geraria uma falácia do tipo pretendido por Kant, mas uma patentemente desinteressante. Em vez disso, a expressão é tomada no primeiro sentido em ambas as premissas; mas na premissa menor ela é aplicada ao eu da apercepção em virtude de sua função como sujeito lógico, isto é, como o ineliminável "eu penso", que "deve ser capaz de acompanhar todas as minhas representações" (como seu sujeito lógico constante). Consequentemente, o silogismo mistura a ineliminabilidade lógica do "eu penso" com a ineliminabilidade real (permanência) do sujeito pensante como objeto.

Na discussão que conclui os Paralogismos, Kant descreve tanto essa falácia quanto as falácias análogas cometidas pelo psicólogo racional nos outros paralogismos como a "sub-repção da consciência hipostasiada (*apperceptionis substantiate*)" (A402). Como vimos no capítulo anterior, por "sub-repção" Kant entende um erro metafísico decorrente de uma espécie de confusão conceitual. Mais especificamente, a confusão em questão se dá entre conceitos sensíveis e conceitos intelectuais e seus respectivos domínios (aparências e objetos em geral) (cf. Grier, 2001, esp. p. 58-59). Na *Dissertação*, os axiomas sub-répticos com os quais Kant se ocupava envolviam a extensão ilícita de conceitos sensíveis a coisas em geral (o nascedouro dos conceitos intelectuais). Por conseguinte, a explicação kantiana da sub-repção pressupõe a distinção entre sensibilidade e entendimento e, portanto, a tese da discursividade.

---

397. Algo como essa interpretação da falácia é sugerido, embora não sancionado, por Bennett (1974, p. 74-75).

Em vista disso, parece relativamente claro o motivo de Kant acusar o psicólogo racional de sub-repção envolvendo a categoria de substância. Este último emprega a categoria em sua forma pura na premissa maior, enquanto tacitamente usa sua forma esquematizada na menor. Isso está de acordo com a própria explicação kantiana do erro enquanto algo que envolve um "uso meramente transcendental da categoria" na premissa maior e um "uso empírico" da mesma categoria na premissa menor e na conclusão (A402-403)[398].

Todavia, isso ainda nos deixa com três questões: (1) por que Kant descreve essa sub-repção como uma sub-repção da "consciência hipostasiada"?; (2) como esse erro, assim descrito, se relaciona com a ilusão transcendental subjacente?; (3) qual a relação entre esse erro metafísico, aparentemente substancial, e a falácia formal do silogismo? O problema aqui é que esse uso ilícito da categoria ou "erro categorial" parece ser um erro metafísico substancial e não o erro puramente formal sustentado por Kant.

Como a última questão é a mais fácil de tratar, ela será considerada primeiro. O ponto-chave aqui é que o erro metafísico subjacente ao uso silogístico das premissas não afeta as próprias premissas. Ao contrário, a premissa menor, a única que cumpre considerar a esta altura, é perfeitamente aceitável por direito próprio. O eu, enquanto ser pensante, *é* o "sujeito absoluto" de todos os seus juízos e, considerado enquanto tal, não pode ser concebido predicativamente. Trata-se de uma consequência da explicação kantiana da apercepção. Além disso, dada a natureza da categoria pura, segue-se também que o eu, enquanto ser pensante, deve *ser concebido* como substância nesse sentido[399]. Contudo, a fim de gerar a conclusão de que esse eu *realmente é* uma substância, a premissa menor tem de envolver uma substituição ilícita do uso puro pelo uso esquematizado da categoria, o que significa que a inferência comete justamente a falácia que Kant a acusou de cometer[400].

O que torna mais difíceis as duas primeiras questões é que elas dizem respeito à relação complexa da hipostasiação tanto com a sub-repção quanto com a

---

398. É importante ter em mente que por "uso empírico" de uma categoria Kant entende um uso que envolve seu esquema, o que não é o mesmo que seu uso num juízo meramente empírico.

399. Cf., p. ex., A400, onde Kant observa que o eu da apercepção é "substância no conceito, é simples no conceito etc., e assim todos esses teoremas psicológicos possuem sua exatidão incontestável". Como ele observa na sequência, a questão crucial não é saber se esse eu é "substância no conceito", mas saber se ele é efetivamente uma substância; e esse segundo ponto não se segue do primeiro.

400. Estou novamente seguindo os passos de Grier (2001, p. 153-160), que oferece uma análise similar da falácia formal, embora com muito mais detalhes e em termos um pouco diferentes.

ilusão. Se identificamos o erro metafísico do psicólogo racional unicamente com a sub-repção, então parece que devemos equiparar com a ilusão a hipostasiação subjacente a essa sub-repção. Além disso, o próprio Kant parece referendar essa equiparação ao sugerir a identificação da sub-repção da consciência hipostasiada com "a ilusão de tomar a unidade na síntese dos pensamentos por uma unidade percebida no sujeito desses pensamentos" (A402)[401]. Mas se é isso o que Kant quer dizer, então ele está contradizendo um princípio básico da Dialética. Como a própria hipostasiação é uma forma de erro metafísico, ela deve ser evitável e, portanto, não pode ser identificada com uma ilusão inevitável. Por conseguinte, parece necessário considerar a hipostasiação como um estágio intermediário entre ilusão e sub-repção, complicando mais ainda a já complexa explicação kantiana da patologia do erro metafísico.

Ainda que o tratamento que Kant dá a esse tópico esteja longe de ser claro, o que diz no Ideal e em outros lugares indica que ele realmente considera a hipostasiação como uma forma de erro metafísico e, de fato, como sua forma mais básica, intimamente conectada com o realismo transcendental. Kant entende a hipostasiação em termos bastante tradicionais: ela toma o que existe apenas no pensamento como um objeto real existindo fora do sujeito pensante (A384) (cf. tb. A395; A582-584/B610-611; A693/B721)[402]. Nos Paralogismos, o que é hipostasiado pelo psicólogo racional é obviamente o eu da apercepção; daí o uso parentético que Kant faz da expressão latina "*apperceptionis substantiate*". Além disso, se por sub-repção se entende um uso ilícito das categorias relativamente ao sujeito pensante, parece razoável pretender que ela pressupõe uma hipostasiação. Afinal, é apenas quando se toma o eu da apercepção como uma entidade que se tem alguma razão para aplicar-lhe a categoria de substância. Entretanto, também parece ser o caso que não se pode hipostasiar sem uma sub-repção, pelo menos não se desejarmos reivindicar algo a respeito do que é hipostasiado. Consequentemente, somos levados a concluir que, no domínio da psicologia racional, ou, de modo mais geral, da metafísica especial, hipostasiação e sub-repção são erros recíprocos, porém conceitualmente distintos[403].

---

401. O que Kant efetivamente está dizendo é que podemos chamar essa ilusão de sub-repção da consciência hipostasiada. Isso deixa as coisas ainda mais confusas, pois sugere a identificação da ilusão com a sub-repção, o que é diretamente contrário à nítida distinção traçada por Kant entre ilusão e erro.

402. A segunda passagem será discutida no capítulo 14.

403. A limitação dessa tese da reciprocidade à metafísica especial é necessária porque, como vimos, a ontologia envolve, para Kant, sub-repção; mas como esta última não requer a postulação de um conjunto distinto de objetos transcendentes, ela não envolve hipostasiação. É essa também a razão pela qual a sub-repção não envolve ilusão transcendental.

Isso nos conduz, então, à questão da relação entre a hipostasiação do eu e a ilusão. Como já foi observado, elas devem ser diferenciadas, já que Kant faz distinção entre falácia e ilusão. Mas como elas também estão intimamente conectadas, isso acaba sendo difícil de fazer. Além disso, o problema é exacerbado pelo fato de Kant não se referir explicitamente à doutrina da ilusão em sua discussão dos paralogismos individuais, o que sem dúvida ajuda a explicar a tese amplamente difundida de que essa doutrina não é de essencial importância para a crítica da psicologia racional. Entretanto, ele aponta essa conexão tanto na seção introdutória do capítulo, comum a ambas as edições, quanto na porção final dos Paralogismos na edição A, explicitamente dedicada a conectar essa análise com a doutrina da ilusão (A396-403)[404]. Com efeito, bem no primeiro parágrafo do capítulo, Kant sugere que um paralogismo transcendental (por oposição a um mero paralogismo lógico ou uma inferência comum formalmente inválida) "possui um fundamento transcendental para inferir erradamente no que diz respeito à forma", concluindo a partir disso que "uma falácia dessa espécie terá seu fundamento na natureza da razão humana, e trará consigo uma ilusão inevitável, ainda que não insolúvel" (A341/B399).

Isso sugere que a chave para compreender a conexão entre as falácias formais da psicologia racional e a ilusão transcendental reside na identificação desse fundamento transcendental que se supõe subjacente a essas falácias. Além do mais, esse fundamento não pode ser identificado com o próprio princípio da apercepção, ou, de modo mais simples, com o "eu penso". Ainda que este último seja claramente transcendental e, como se supõe, o "texto único da psicologia racional", o "eu penso" é aquilo a respeito do qual essa ciência está iludida, não a própria fonte da ilusão. Com efeito, não há nada no "eu penso" enquanto tal para gerar uma ilusão, o que equivale a dizer que o princípio da unidade sintética da apercepção não é inerentemente dialético.

Aqui, como alhures, a ilusão só surge quando a razão entra na narrativa, isto é, quando se faz a tentativa de encontrar uma condição do pensamento que seja, ela própria, incondicionada[405]. Isso significa, por sua vez, que P_2 deve ser o fundamento transcendental procurado[406]. Portanto, a tarefa é entender como esse princípio ilusório, que afirma a "dadidade" da totalidade absoluta das condições

---

404. Ao cabo dessa discussão (A403-405), Kant acrescenta uma breve justificação da ordenação sistemática dos Paralogismos com base na tábua das categorias; mas vou ignorá-la porque parece algo de pouca relevância para a crítica efetiva da psicologia racional.
405. Kant conecta explicitamente a unidade da apercepção com o incondicionado requerido pela razão em A398. Trata-se, contudo, de um aspecto subjacente à discussão como um todo.
406. Grier (2001, p. 144) explicita esse ponto.

para qualquer objeto condicionado do entendimento, leva o psicólogo racional a hipostasiar o eu da apercepção, o que, por seu turno, conduz ao raciocínio ilícito concernente à natureza desse eu.

Ao considerar essa questão, devemos ter em mente que Kant descreve a ilusão resultante do uso de P_2 como um tipo de fusão entre subjetivo e objetivo. Especificamente,

> a necessidade subjetiva de uma certa conexão dos nossos conceitos para o entendimento é tomada como uma necessidade objetiva da determinação de coisas em si mesmas (A297/B353)[407].

Embora isso ainda não constitua hipostasiação, é muito semelhante a ela, o que explica a dificuldade em mantê-las separadas uma da outra. Talvez a melhor maneira de exprimir a diferença seja notar que elas envolvem dois tipos distintos de fusão entre subjetivo e objetivo. No caso da ilusão, é uma questão de fundir princípios (P_1 e P_2). Aquilo que tem validade meramente subjetiva como máxima da razão (P_1) é considerado como se também tivesse validade objetiva (P_2). Em contraposição, a hipostasiação diz respeito não a princípios, mas a entidades hipotéticas. Hipostasiar não é tomar simplesmente um princípio válido subjetivamente como válido objetivamente, mas também, com base nessa pressuposição, afirmar uma existência real. A hipostasiação se baseia na ilusão, mas não é idêntica a ela.

Além do mais, Kant acusa o psicólogo racional de estar produzindo justamente esta última. Pensar o eu da apercepção como o sujeito absoluto do pensamento e, portanto, como "substância no conceito", como simples (etc.), é subjetivamente necessário em virtude de sua função epistêmica, cuja análise foi empreendida na Dedução Transcendental. A esse respeito, o psicólogo racional está bem fundamentado. O problema, porém, é que, sob a influência de P_2, o mesmo psicólogo inevitavelmente confunde essa necessidade meramente subjetiva com uma necessidade objetiva e, com base nisso, postula uma entidade real – a alma –, que satisfaz essa descrição. Como Kant observa numa de suas *Reflexionen*, datada de 1778 ou 1779, na ilusão paralogística "a unidade da apercepção, que é subjetiva, é tomada pela unidade do sujeito como uma coisa" (R 5533)[408]. Ou, como ele formula na própria *Crítica*:

---

407. Creio que aqui Kant não está afirmando que a necessidade objetiva é atribuída a coisas em si mesmas e não simplesmente a aparências, como se fosse se isso a ilusão. O ponto, antes, é que aquilo que não é mais que uma exigência subjetiva do pensamento é considerado como se fosse objetivo, isto é, como uma determinação das coisas.

408. Grier (2001, p. 146) cita essa passagem.

nada é mais natural e tentador do que a ilusão de tomar a unidade na síntese dos pensamentos por uma unidade percebida no sujeito desses pensamentos (A402).

É estritamente inevitável, portanto, considerar a unidade da apercepção como se fosse a unidade de uma coisa, pois isso é condição para pensá-la como o fundamento incondicionado do pensamento. Contudo, no caso da hipostasiação falaciosa é diferente, pois ela envolve uma asserção existencial que vai além dessa maneira de considerar a unidade da apercepção. Por conseguinte, enquanto a ilusão é inevitável, a hipostasiação não o é, e isso vale também para os erros sub-répticos que dela se seguem.

Por fim, isso nos leva à espinhosa questão de saber por que o psicólogo racional é enganado por essa objetividade ilusória, ao passo que os tipos tradicionais de ilusão de óptica com as quais Kant a compara não são capazes de enganar ninguém que tenha um mínimo de conhecimento de óptica. A resposta, como indicamos, reside no realismo transcendental tacitamente pressuposto pelo psicólogo racional[409]. Esse realismo, o leitor se recordará, consiste na confusão de aparências com coisas em si mesmas. Consequentemente, a tese de Kant é que essa confusão, natural (mas não inevitável), nos deixa indefesos ante a objetividade ilusória da unidade do sujeito pensante.

Também não é difícil ver por que isso é assim. Basicamente, o realismo transcendental não possui as ferramentas conceituais para traçar a *espécie* de distinção entre subjetivo e objetivo necessária para evitar que sejamos enganados pela ilusão. Isso não significa dizer que o realismo transcendental não possa traçar *nenhuma* distinção dessa espécie, pois está claro que realistas transcendentais distinguem o tempo todo entre o que parece ser o caso e o que realmente é o caso. Com efeito, como salientei na primeira parte deste livro, isso subjaz às costumeiras interpretações equivocadas do idealismo transcendental. Como veremos com mais detalhe nos capítulos subsequentes, o que o realismo transcendental não pode fazer é distinguir entre o meramente subjetivo e objetivo *no domínio do racionalmente necessário*. Para tal realista, se um princípio realmente parece ser objetivamente necessário no sentido de ter a autorização da razão, então ele também deve ser tomado como plenamente objetivo e aplicável às coisas como elas são em si mesmas.

---

409. Essa conexão entre realismo transcendental e ilusão transcendental foi claramente estabelecida por Grier (2001, p. 150-152) e constitui um importante corretivo para minha interpretação anterior, que basicamente identificava ambos. Como Grier argumenta em diversas ocasiões, essa identificação não pode ser feita, pois Kant sustenta que a ilusão é inevitável, ao passo que o realismo transcendental não o é.

Já o idealismo transcendental nos proporciona essas ferramentas, visto que permite (na verdade, insiste em) que tracemos a distinção entre o que é subjetivamente necessário para o *pensamento* de objetos em geral e aquilo que é objetivamente necessário para a *cognição* de objetos da experiência possível. Mas isso não é suficiente para eliminar a ilusão, já que P_2 e suas implicações continuam a parecer objetivos para o idealista transcendental, do mesmo modo que uma ilusão de óptica persiste para alguém que tenha conhecimento de óptica. Mas essas ferramentas tornam possível evitar que sejamos enganados por essa ilusão, o que é o objetivo de Kant, como já observamos. No caso da psicologia racional, isso ocorre quando revelamos a hipostasiação subjacente à aplicação transcendental equivocada da categoria de substância ao eu da apercepção.

Temos de admitir que o papel insidioso atribuído ao realismo transcendental nessa interpretação não é imediatamente evidente a partir do texto. De fato, é apenas no Quarto Paralogismo, que aborda principalmente o problema do idealismo cético e não a natureza da alma *per se*, que Kant recorre a ele explicitamente[410]. Não obstante, parece claro que a incessante polêmica de Kant com o realismo transcendental subjaz à crítica da psicologia racional, bem como ao argumento da *Crítica* como um todo.

B. *O Segundo e o Terceiro Paralogismo*

Ainda que de um ponto de vista estritamente sistemático o Segundo e o Terceiro Paralogismo tenham pouco a acrescentar a essa narrativa, eles são de considerável interesse intrínseco e, por isso, merecem ser considerados à parte. Além disso, veremos que o tratamento que Kant lhes dispensa está em perfeito acordo com a análise oferecida acima.

1. O Segundo Paralogismo. Esse paralogismo diz respeito à simplicidade da alma, que está intimamente relacionada à sua hipotética imaterialidade. Ele se expressa no seguinte silogismo dialético:

> Aquela coisa cuja ação não pode jamais ser considerada como a concorrência de muitas coisas atuantes é *simples*.
> Ora, a alma, ou o eu pensante, é tal coisa.
> Logo etc. (A351).

Significativamente, Kant descreve esse paralogismo como "o Aquiles de todas as inferências dialéticas da doutrina pura da alma" (A351). No contexto da análise da ilusão transcendental, isso só pode se referir ao seu poder superior de

---

410. Cf., porém, A380, onde Kant conecta o tomar as aparências como coisas em si mesmas com as posições metafísicas tanto do materialismo quanto do espiritualismo.

enganar, o que pode ser um reflexo do fato de que o próprio Kant, a certa altura, sucumbira a ele[411]. Com efeito, mesmo agora, ele o descreve como "uma inferência que parece suportar o mais acurado exame e a mais escrupulosa investigação" (A351). Nesse sentido, o objetivo de Kant é mostrar que essa aparência de cogência é ilusória.

Tendo em vista que a premissa maior oferece apenas uma definição nominal de simplicidade, a crítica outra vez se concentra quase inteiramente na premissa menor e, portanto, nas razões, não apresentadas na inferência, para atribuir simplicidade, assim compreendida, ao eu pensante. Embora já propostas por Leibniz[412], essas razões mantêm estreita relação com a explicação kantiana da apercepção. Na formulação de Kant, o argumento para a premissa menor consiste em uma *reductio* da pressuposição do caráter compósito da coisa que pensa. Isso é tido como impossível porque a espécie de unidade requerida para o pensamento (a unidade da consciência) não pode ser concebida como o produto da ação coletiva de seres distintos. Nas palavras de Kant:

> [...] uma vez que as representações, distribuídas entre os diferentes seres (as palavras singulares de um verso, por exemplo), jamais constituem um pensamento inteiro (um verso), o pensamento não pode ser inerente a um composto enquanto tal. Ele só é possível, assim, em uma substância que não é um agregado de muitas, mas sim, portanto, uma substância absolutamente simples (A352).

Esse argumento pretende claramente atacar o materialista, que, dada a natureza da matéria enquanto composta de partes externamente relacionadas umas às outras, parece estar comprometido com a tese de que o pensamento pode ser compreendido como o produto coletivo de tal compósito. Assim, Kant situa o cerne da *reductio* na proposição segundo a qual "muitas representações têm de estar contidas na unidade absoluta do sujeito pensante para constituir um pensamento" (A352).

Ainda que tal argumento possa não parecer persuasivo de um ponto de vista contemporâneo, visto que repousa sobre uma concepção bastante estreita de explicação científica[413], sua grande afinidade com a própria explicação kantiana da unidade da apercepção nos leva a acreditar que ele deve ter parecido persuasivo para Kant[414]. Além do mais, como a premissa maior não é problemática,

---

411. Cf., p. ex., Tr 2: 327-328; 314-315. Para uma discussão da história das concepções anteriores de Kant sobre esse tópico, cf. Ameriks (1982a, p. 27-37).

412. Para uma análise do uso desse argumento por Leibniz (chamado de "argumento da unidade"), cf. M. Wilson (1974, p. 495-513).

413. Para uma discussão dessa questão, cf. M. Wilson (1974, p. 511) e Allison (1996a, p. 97-98).

414. Isso é afirmado por Patricia Kitcher (1990, p. 211). Para uma crítica à Kitcher a esse respeito, cf. Grier (2001, p. 167).

e a conclusão claramente se segue das duas premissas, a inferência como um todo parece persuasiva. Consequentemente, a questão se converte em outra: do ponto de vista de Kant, o que está errado com a conclusão dessa *reductio* e, por extensão, com a premissa menor do paralogismo?

O problema se complica porque Kant, em vez de atacar diretamente a proposição em questão, questiona seus fundamentos de prova[415]. De acordo com princípios críticos básicos, ele propõe três possíveis fundamentos e os rejeita a todos. A rejeição de dois deles – o de que essa proposição pode ser conhecida sinteticamente e *a priori* a partir de conceitos e o de que ela é derivada da experiência –, não é problemática. Porém, Kant também afirma que a proposição "'um pensamento só pode ser o efeito da unidade absoluta do ser pensante' não pode ser tratada como analítica" (A353). Trata-se de algo problemático porque parece estar em conflito direto com sua insistência, na Dedução B, na analiticidade do princípio da unidade sintética da apercepção.

A fim de evitar imputar a Kant uma inconsistência flagrante, é necessário distinguir entre a proposição que ele aqui nega ser analítica e aquela que ele afirma ser analítica na Dedução B[416]. Felizmente, isso pode ser feito, pois, apesar de inegáveis semelhanças, a proposição atribuída por Kant ao psicólogo racional difere do princípio da apercepção em pelo menos um aspecto crucial. A tese do psicólogo racional, como Kant a apresenta aqui, é patentemente causal (ela diz respeito à espécie de entidade da qual o pensamento poderia ser "um efeito"), e qualquer tese dessa espécie é obviamente sintética. Além do mais, é precisamente com base nisso que Kant critica a tese no momento em que, ao negar a possibilidade de tratá-la como analítica, ele observa que

> [...] a unidade do pensamento que se constitui de muitas representações é coletiva e pode, segundo os meros conceitos, referir-se tanto à unidade coletiva das substâncias aí coatuantes (como o movimento de um corpo é o movimento composto de todas as suas partes) quanto à unidade absoluta do sujeito (A353).

Esse diagnóstico da situação também nos habilita a compreender o que de outro modo pareceria misterioso, a saber, que Kant recorre à sua doutrina da

---

415. Esse procedimento está de acordo com a distinção que Kant traça entre objeções dogmáticas, críticas e céticas (A388-389). Como Kant observa ali, tanto objeções dogmáticas quanto objeções céticas são endereçadas (embora de maneiras diferentes) contra as proposições sob consideração e, portanto, presumem alguma clareza sobre natureza do objeto. Em contraste, objeções críticas, que são a espécie de objeção que Kant está mobilizando na sua discussão dos paralogismos, são dirigidas apenas contra as provas aduzidas para as proposições. Consequentemente, elas se eximem de qualquer presunção dessa espécie.

416. Cf. o capítulo 7 para uma discussão da analiticidade do princípio da apercepção na Dedução B e da sua relação com o tratamento da apercepção na Dedução A.

apercepção para ilustrar o *erro* cometido pelo psicólogo racional. Tal como no Primeiro Paralogismo, esse erro consiste na confusão da unidade da consciência requerida como condição lógica do pensamento com a unidade real ou metafísica (simplicidade) da coisa que pensa. Assim, na conclusão dessa parte da discussão do paralogismo, Kant afirma que

> [a] simplicidade da representação de um sujeito não é [...] a cognição da simplicidade do próprio sujeito, já que se faz completa abstração de suas propriedades quando ele é designado apenas pela expressão – inteiramente vazia e sem conteúdo – "eu" (que pode ser aplicada a todo sujeito pensante) (A355).

Tendo em vista a análise do Primeiro Paralogismo, podemos ver que essa confusão da simplicidade da representação do sujeito de pensamento com a simplicidade de um sujeito real repousa sobre a hipostasiação ilusória desse sujeito sob a direção de P_2. Podemos ver também que isso leva naturalmente a um tratamento equívoco da premissa menor, e que a razão para essa equivocação não ser notada está no compromisso do psicólogo racional com o realismo transcendental. Assim, se esse argumento é o "Aquiles" da psicologia racional, o realismo transcendental é aqui como alhures seu "calcanhar de 'Aquiles'"[417].

2. *O Terceiro Paralogismo*. Kant aqui se ocupa pela primeira vez nos Paralogismos da dimensão diacrônica da consciência, isto é, da consciência que o Eu tem de sua identidade ao longo do tempo, ou identidade pessoal[418]. Enquanto tal, ele espelha o Segundo Paralogismo, pois a simplicidade pode também ser concebida como identidade sincrônica, isto é, a identidade de algo consigo mesmo em um instante (cf. Hume [1739] 2000, p. 171). Novamente, o argumento sob ataque recebe forma silogística, com a premissa maior equivalendo a uma definição nominal de personalidade e a premissa menor, que subsume a alma sob esse conceito, carregando praticamente todo o peso[419]. Kant formula a inferência dialética da seguinte forma:

---

417. A parte final do Paralogismo (A356-361) é dedicada a uma complexa e por vezes confusa demonstração da inutilidade do argumento da unidade para o estabelecimento da imaterialidade da alma, que é claramente o objetivo almejado. Para uma boa discussão de algumas das questões envolvidas, incluindo distinções entre diversos sentidos de "materialismo" e de seu oposto, cf. Ameriks (1982a, esp. p. 35-47, 73-76). Diferentemente de Ameriks, entretanto, eu vejo essa discussão antes como um apêndice do que como o cerne do argumento.

418. Discuto as conexões entre o argumento do Terceiro Paralogismo e a teoria da identidade pessoal de Locke em Allison (1977, p. 105-122).

419. Em outro texto, Kant distingue entre personalidade moral e psicológica. Kant define a primeira como "a liberdade de um ser racional sob leis morais" (que é a condição da imputabilidade) e a segunda como "a habilidade de ter consciência de sua própria identidade nas diferentes condições da própria existência" (MS 6: 223; 378).

> Aquilo que é consciente da identidade numérica de si mesmo em diferentes tempos é, nessa medida, uma *pessoa*.
> Ora, a alma é etc.
> Logo, ela é uma pessoa (A361).

Tendo em vista que a análise básica desse paralogismo segue de perto aquela do segundo, nos concentraremos aqui nas características que o distinguem. A principal dentre elas é o contraste entre as perspectivas de primeira e de terceira pessoa, que é introduzido no contexto de uma distinção **entre** os fundamentos da atribuição de identidade numérica ou homogeneidade a objetos do sentido externo no espaço **e** os fundamentos da atribuição de identidade numérica ou homogeneidade ao próprio Eu de cada um como objeto do sentido interno no tempo. No primeiro caso, essa atribuição consiste em um juízo empírico baseado naquilo que experienciamos persistir ao longo de uma mudança das determinações de um objeto. No segundo caso, porém, não há tal determinação empírica, embora a identidade seja atribuída ao Eu como objeto do sentido interno. Ao contrário, a tese é que o Eu não pode não se considerar o mesmo Eu durante o tempo em que tem consciência de si próprio como objeto.

Disso se segue que os juízos de identidade de primeira pessoa possuem a indubitabilidade atribuída a eles por Descartes e pelo psicólogo racional, embora a partir de fundamentos bem distintos. Para Kant, essa indubitabilidade não deve ser compreendida como derivada de um acesso privilegiado a um objeto (o próprio Eu), mas apenas do fato de o sujeito pensante ser necessariamente para si próprio uma consciência única ou "eu penso". Assim, Kant sugere que

> a personalidade da alma teria de ser considerada não como inferida, mas sim como uma proposição completamente idêntica da autoconsciência no tempo, e esta é também a razão pela qual ela vale *a priori* (A362).

Embora diga respeito à questão da identidade numérica ao longo do tempo e não da posse de estados mentais presentes, o ponto salientado por Kant faz lembrar o dito de Shoemaker: "um juízo de identidade só pode ser feito quando faz sentido levantar uma questão de identidade" (Shoemaker, 1963, p. 135). O psicólogo racional pressupõe tanto que tal questão pode ser posta com relação ao Eu quanto que a consciência de um "eu penso" idêntico proporciona, do ponto de vista de primeira pessoa, base suficiente para uma resposta afirmativa. Kant não nega a possibilidade de se colocar a questão da identidade com respeito ao Eu, mas nega que ela possa ser coerentemente posta ou respondida exclusivamente da perspectiva de primeira pessoa, que é a do psicólogo racional[420].

---

420. Consequentemente, rejeito veementemente a caracterização do Terceiro Paralogismo por parte de Bennett (1974, p. 95). Segundo ele, esse Paralogismo encarnaria a "desastrada tentati-

Assim, sua tática básica para expor o erro do psicólogo racional é contrastar os pontos de vista de primeira e de terceira pessoa sobre a identidade do Eu.

Como já observado, essa identidade se verifica invariavelmente do ponto de vista de primeira pessoa porque ela é uma condição formal do pensamento, que, enquanto tal, nada indica quanto à natureza da coisa que pensa. Assim, seria possível dizer que, desse ponto de vista, a questão não pode ser apropriadamente posta, visto que o eu ubíquo e idêntico já está pressuposto. Em contrapartida, do ponto de vista de terceira pessoa – a partir do qual a questão da identidade pessoal é vista como de tipo similar à questão da identidade de um objeto do sentido externo –, a questão é perfeitamente adequada. Desse ponto de vista, contudo, o "eu penso" não está mais disponível para respondê-la.

Kant tenta ilustrar essa dupla tese por meio de um par de experimentos de pensamento complementares. No primeiro experimento (A363), assumimos um ponto de vista de terceira pessoa com respeito a nós próprios, isto é, consideramo-nos como um objeto da intuição externa de um observador. Tal observador, observa Kant, estará perfeitamente disposto a reconhecer que eu necessariamente me considero idêntico a mim mesmo durante todo o tempo em que estou consciente de mim mesmo como objeto do sentido interno porque eu acompanho o pensamento de mim mesmo com um "eu penso" idêntico. Todavia, isso não tem nenhuma influência sobre o juízo do observador, para quem eu sou meramente um objeto do sentido externo.

No segundo experimento, Kant sugere a possibilidade de um cenário em que, de modo análogo à transferência de movimento de um corpo para outro, a consciência é transferida de uma substância pensante para outra (A363-364). Em tal cenário, o ponto é simplesmente que a identidade verdadeira, substancial (a espécie de identidade na qual insiste o psicólogo racional), não é preservada, ao passo que a "identidade lógica do eu" o seria, pois ela é "apenas uma condição formal dos meus pensamentos e da sua conexão" (A363).

Dessa maneira, muito embora a situação se complique pelo contraste entre as perspectivas de primeira e de terceira pessoa sobre o Eu, o erro do psicólogo racional no Terceiro Paralogismo é análogo àquele dos dois primeiros Paralogismos. Especificamente, pode-se dizer que ele trata da questão da identidade numérica do Eu como um tipo de questão de terceira pessoa, isto é, como uma

---

va" de Kant de dizer algo a respeito de juízos específicos de autoidentidade (aqueles exprimíveis na forma "era eu quem era/estava F em t"), a saber, "na base cartesiana, eu não posso saber que alguém era F e me perguntar se se tratava de mim". Em minha concepção, não há nada de "desastrado" na análise de Kant, que nada tem a ver com a confiabilidade da memória.

questão relativa a um objeto (ainda que dado no sentido interno) e, ao mesmo tempo, tenta respondê-la por apelo exclusivo a considerações de primeira pessoa concernentes a como o Eu necessariamente concebe a si mesmo ao referir suas representações (desta vez, de si próprio) a si próprio como o sujeito pensante. Além do mais, isso pode ser visto outra vez como uma "sub-repção da consciência hipostasiada", baseada em uma ilusão transcendental subjacente que deriva seu poder de enganar do compromisso implícito do psicólogo racional com o realismo transcendental.

II. Os Paralogismos na segunda edição

Como já foi observado, à exceção da seção introdutória (A341-348/B399-406), Kant reescreveu completamente o capítulo sobre os paralogismos para a segunda edição. Nesse processo, ele também apresentou uma nova caracterização do Quarto Paralogismo, uma explicação muito mais concisa da falácia formal que os Paralogismos coletivamente corporificam e uma importante discussão da relação entre a apercepção e a consciência da existência do Eu, que completa a crítica da concepção cartesiana do *cogito* iniciada na Dedução B e na Refutação do Idealismo[421]. Tendo isso em vista, a abordagem à versão revisada dos Paralogismos se dividirá também aqui em duas partes: a primeira se ocupa da nova análise dos próprios paralogismos e a segunda do conjunto de problemas relativos à apercepção, à existência e ao *cogito* cartesiano.

A. A nova análise

A chave para o argumento de Kant na segunda edição reside na tese de que os Paralogismos como um todo estão baseados no seguinte silogismo inválido:

> *Aquilo que só pode ser pensado como sujeito também existe apenas como sujeito e, portanto, é uma substância.*

---

421. Kant também acrescentou uma crítica do argumento de Mendelssohn em defesa da imortalidade (B413-418) e algumas reflexões sobre a relevância prática da sua análise (esp. B423-426) que estão intimamente conectadas com temas tratados na segunda *Crítica*. Além disso, como o próprio Kant observa, uma preocupação central de sua revisão era responder ao que ele considerava como "mal-entendidos" sobre sua explicação original (Bxxxviii). Embora Kant não designe tais mal-entendidos, parece provável que ele tivesse em mente as críticas do seu tratamento do Eu, particularmente com respeito à distinção entre fenomênico e numênico, formuladas por H. A. Pistorius e A. H. Ulrich. Para discussões desses pontos, cf. Kemp Smith (1962, p. 467) e Horstmann (1993, p. 412). Discuto a crítica de Pistorius porque ela remete à questão da liberdade apresentada em Allison (1996a, p. 29-53).

> Ora, um ser pensante, considerado apenas enquanto tal, só pode ser pensado como sujeito.
> Logo, ele também só existe enquanto tal, isto é, como substância (B410-411).

Esse argumento evoca o silogismo associado ao Primeiro Paralogismo na primeira edição (A348), mas difere dele. Em primeiro lugar, conforme indica a inclusão de uma referência à existência, a premissa maior não oferece mais uma definição meramente nominal de substância. Em vez disso, ela enuncia a condição sob a qual um ente existente pode receber estatuto de substância, a saber, que ele possa ser pensado apenas como sujeito. Em segundo lugar, a premissa menor, em lugar de fazer um uso implicitamente empírico (esquematizado) da categoria, exige simplesmente que um ser pensante, "considerado apenas enquanto tal", satisfaça essa condição, do que se infere na conclusão que ele deve existir dessa maneira. Assim, a nova versão dos paralogismos põe em primeiro plano uma preocupação com o modo de existência do sujeito pensante em larga medida implícita na versão original.

Todavia, Kant continua a insistir que o silogismo comete a falácia da equivocação. Embora em sua análise desse silogismo Kant sugira que o termo usado equivocamente seja "pensamento", parece-nos mais acurado situar a equivocação na expressão inteira: "o que só pode ser pensado como sujeito". Como Kant assinala, essa expressão se refere, na premissa maior, a um objeto ou ente em geral, portanto a algo que (supostamente) pode ser dado na intuição (B411). Dizer de tal ente que ele só pode ser pensado como sujeito é simplesmente dizer que ele é uma substância. Trata-se de um juízo sintético em que um objeto é subsumido sob uma categoria.

Em contrapartida, na premissa menor, é simplesmente o sujeito pensante, que só pode pensar a si mesmo enquanto sujeito ao considerar a si mesmo como o sujeito do pensamento. A expressão chave aqui é "apenas enquanto tal", que é a versão condensada de "apenas enquanto sujeito de pensamento", o único modo pretendido pelo psicólogo racional de considerar o Eu. Aqui o "pensamento" se reduz à tautologia de que o sujeito de pensamento deve considerar a si mesmo como sujeito de pensamento. Enquanto tal, essa tautologia não permite a conclusão de que esse sujeito de pensamento autoconsciente é uma substância pensante efetiva. Consequentemente, além da óbvia hipostasiação, torna-se claro nessa nova formulação que o psicólogo racional é responsável por confundir uma proposição meramente analítica sobre como o sujeito de pensamento deve conceber a si mesmo com uma proposição sintética *a priori* sobre a natureza real desse sujeito.

Aplicando esse esquema a cada uma das inferências da psicologia racional, Kant é capaz de diagnosticar concisamente o problema sem se debruçar meticulosamente, caso por caso, sobre a maquinaria silogística subjacente. Assim, no Primeiro Paralogismo, Kant observa que "em todos os juízos eu sou sempre apenas o sujeito determinante daquela relação que constitui o juízo", mas prossegue chamando atenção para o fato de que a proposição

> "o eu que pensa [...] só pode ser considerado no pensamento como *sujeito*, e como algo que é inerente ao pensamento **não apenas como** predicado" [...] é uma proposição apodítica e *idêntica* a si mesma; mas não significa que eu, como *objeto*, seja por mim mesmo um *ser autossubsistente* ou uma *substância* (B407).

Isso ocorre porque essa última tese, baseada numa hipostasiação, é sintética *a priori* e, portanto, deve ser nitidamente distinguida da tese analítica, única a que o psicólogo racional tem direito.

O Segundo Paralogismo também recebe um tratamento conciso. Ali Kant faz a seguinte observação:

> que o eu da apercepção, portanto o de todo pensamento, seja um *singular* [*ein Singular*] que não pode dissolver-se em uma pluralidade de sujeitos e descreve, assim, um sujeito lógico simples, isso já está no conceito do pensamento e, por conseguinte, é uma proposição analítica.

Contudo, observa ele na sequência, isso não autoriza a conclusão (a que chega o psicólogo racional) de "que o eu pensante seja uma *substância* simples" (B407). Uma vez mais, essa última tese é sintética e, enquanto tal, só pode ser estabelecida por um apelo à intuição, que neste caso não está disponível.

O Terceiro Paralogismo, que afirma a identidade numérica do sujeito pensante, recebe um tratamento praticamente idêntico. O ponto básico é que, por causa da hipostasiação ilícita, o psicólogo racional confunde uma proposição analítica sobre a identidade do sujeito lógico do pensamento com uma proposição sintética sobre a identidade de uma pessoa ao longo do tempo, proposição essa que exigiria, outra vez, um apelo à intuição.

O Quarto Paralogismo requer uma análise um pouco mais extensa, pois introduz um novo tópico. Ele examina a tese de que a alma, enquanto ser pensante, pode existir independentemente do corpo. Nesse sentido, tal como sua contraparte na primeira edição, ele trata de uma doutrina ostensivamente cartesiana. À diferença de sua contraparte, porém, o problema está diretamente relacionado às preocupações centrais da psicologia racional.

O argumento específico sob ataque infere a distintividade ontológica da alma ou da mente, enquanto substância pensante, em relação ao corpo, sob o fundamento de que o sujeito pode distinguir sua própria existência como ser pensante daquela de outras coisas "fora" de si, incluindo seu próprio corpo. Embora Kant não faça referência a Descartes aqui, pode-se prontamente reconhecer que se trata do conhecido argumento da Segunda e da Sexta Meditação. Na Segunda Meditação, Descartes argumenta que a mente está certa de sua existência como coisa que pensa, mesmo em face da pressuposição (baseada no gênio maligno) da não existência do corpo. Descartes reconhece que essa certeza, por si só, não estabelece a distintividade da mente em relação ao corpo, mas pondera que isso está estabelecido na Sexta Meditação, na qual se faz apelo à veracidade de Deus. O argumento envolve, portanto, uma combinação da tese de que a mente pode ser clara e distintamente concebida à parte do corpo (presumivelmente estabelecida na Segunda Meditação) com o princípio de que "todas as coisas que entendo clara e distintamente podem ser criadas por Deus de forma a corresponder exatamente a meu entendimento delas". Com base nisso, Descartes ([1641] 1985, p. 169) conclui que

> [...] basta que possa entender clara e distintamente uma coisa sem outra para ficar certo de que uma é diversa da outra, porque pode ser posta separadamente, ao menos por Deus. E não importa a potência exigida para que tal ocorra e sejam consideradas diversas. Por conseguinte, pelo próprio fato de que conheço com certeza que existo e, ao mesmo tempo, note que absolutamente nada pertence a minha natureza ou essência senão que sou coisa pensante, concluo retamente que minha essência consiste em que sou somente coisa pensante [ou uma substância cuja essência ou natureza consiste inteiramente em pensar].

Embora Kant, em sua reformulação críptica desse argumento, não faça qualquer referência às familiares noções cartesianas das ideias claras e distintas e da veracidade divina, ele consegue capturar o movimento essencial, que vai da conceptibilidade separada para a existência separada. Além disso, Kant caracteriza esse movimento de modo a tornar claro o erro nele contido é idêntico à confusão entre analítico e sintético cometida nos outros paralogismos. Kant insiste, portanto, na analiticidade da tese de que posso distinguir minha existência como ser pensante da existência de outras coisas fora de mim, de meu próprio corpo, inclusive. O peso aqui recai sobre "outras coisas". Visto que essa expressão se refere ao que quer que seja distinto de mim mesmo como ser pensante, meu próprio corpo está incluído em seu escopo. Nesse sentido, então, trata-se de uma verdade analítica que meu corpo é "outro" em relação à minha mente e, portanto, distinto dela. Todavia, o ponto-chave é que, a partir disso (como tentou fazer Descartes), não posso determinar se a autoconsciência é possível

> sem coisas fora de mim, por meio das quais me são dadas representações, e se, portanto, eu poderia existir apenas como ser pensante (sem ser um ser humano) (B409).

Kant não o diz explicitamente, mas está claro que essa passagem expressa mais uma proposição sintética, que exige apelo à intuição.

Em determinado momento, Kant sugere que esse procedimento da psicologia racional se baseia num mero mal-entendido [*ein blosser Missverstand*]:

> a unidade da consciência, que serve de fundamento às categorias, é tomada aí por uma intuição do sujeito como um objeto, e a categoria da substância é aplicada a ela (B421-422).

Como um mal-entendido é presumivelmente evitável e claramente distinto de uma ilusão, pode-se indagar o que houve com a tese de que as inferências paralogísticas estão fundadas em uma ilusão transcendental inevitável. Além disso, o problema é exacerbado pelo fato de que o mal-entendido descrito por Kant é claramente uma instância de hipostasiação acompanhada de sub-repção. Porém, quase no final da sua discussão, Kant se volta a esse tópico, deixando claro que ele ainda considera a doutrina da ilusão como essencial para uma compreensão dos paralogismos. Eis como agora Kant formula o ponto:

> A ilusão dialética na psicologia racional se baseia na confusão de uma ideia da razão (de uma inteligência pura) com o conceito inteiramente indeterminado de um ser pensante em geral. Em favor de uma experiência possível, eu me penso fazendo abstração de toda experiência efetiva, e disso concluo que eu poderia tornar-me consciente de minha existência mesmo fora da experiência e de suas condições empíricas. Consequentemente, confundo a *abstração* possível de minha existência empiricamente determinada com a suposta consciência de uma possível existência *separada* de meu eu pensante, e acredito *conhecer* o substancial em mim, como sujeito transcendental, na medida em que apenas tenho no pensamento a unidade da consciência que serve de fundamento, como mera forma da cognição, a todo determinar (B426-427).

Aqui, é dito que a ilusão consiste na identificação do conceito indeterminado de um ser pensante (uma consciência unificada), a que se chega mediante uma abstração de todo o conteúdo do pensamento, com a ideia de um ente transcendente, definido aqui como uma "inteligência pura". Essa identificação é ilusória porque a razão não tem nenhum objeto como esse, ou melhor, tem-no "apenas em ideia". Ela é inevitável porque, sob a influência de P_2, o conceito indeterminado de um ser pensante, que resulta da abstração de todo o conteúdo do pensamento, se apresenta como o conceito de tal inteligência pura. Embora a linguagem difira daquela empregada na primeira edição, o pensamento básico permanece o mesmo. Em ambos os casos, trata-se de confundir (por causa de

P_2) a unidade subjetivamente necessária do pensamento com uma condição objetivamente necessária dessa unidade.

Uma vez mais, a ilusão diz respeito ao estatuto epistêmico de um pensamento (atribuindo-lhe validade objetiva em vez de validade meramente subjetiva). Por conseguinte, ela é diferente da hipostasiação, que é, enquanto uma atribuição de existência real, o fundamento dos erros sub-répticos cometidos pelo psicólogo racional. Todavia, como é justamente por ser o pensamento considerado dotado de validade objetiva que o psicólogo racional hipostasia seu pretenso objeto, a **hipostasiação** é consequência direta da ilusão. Com efeito, a **hipostasiação** é o resultado inevitável de sermos enganados **pela ilusão**, mas não **o resultado** da própria ilusão. Enquanto tal, ela também equivale ao "mal-entendido" descrito acima, segundo o qual a unidade da consciência é tomada por uma intuição do sujeito como objeto e a categoria da substância lhe é aplicada.

Por fim, muito embora Kant não o torne explícito, sucumbir a essa ilusão pode ser visto, uma vez mais, como derivada do realismo transcendental do psicólogo racional. Isso também ajuda a explicar uma tese de Kant a respeito da confusão que o psicólogo racional faz entre a "unidade da consciência, que fundamenta as categorias" e "uma intuição do sujeito como objeto" – tese que de outro modo seria enigmática. É claro que, para Kant, não temos nenhuma intuição do sujeito como objeto, ou, mais precisamente, a intuição interna que temos nos proporciona apenas os conteúdos do sentido interno e não um sujeito permanente [*abiding*] ao qual esse conteúdo pertença. Mas como o realismo transcendental (por causa de sua incapacidade endêmica de traçar a distinção entre entendimento e sensibilidade da maneira correta) é incapaz de distinguir entre as condições do *pensamento* do sujeito e as condições de sua *intuição* como objeto, ele inevitavelmente confunde essas duas coisas[422]. E o resultado é uma confusão adicional entre uma proposição analítica sobre aquelas e uma proposição sintética sobre elas.

B. Apercepção e existência

Em vista da análise dos Paralogismos B feita acima, na qual se enfatizou tanto o erro de hipostasiação quanto a confusão sistemática de proposições ana-

---

422. Na discussão dos Paralogismos A, o problema do realista transcendental foi descrito como uma incapacidade de traçar a distinção apropriada entre objetivo e subjetivo, ao passo que Kant aqui sustenta que ele concerne à distinção entre sensibilidade e entendimento (intuição e conceito). Dada a tese da discursividade, porém, essas duas coisas dão praticamente no mesmo.

líticas sobre o sujeito de pensamento considerado enquanto tal afirmadas nas premissas menores e a natureza sintética (porque existencial) das conclusões extraídas pela psicologia racional, pode parecer que o propósito de Kant seja o de separar sua doutrina da apercepção de qualquer conexão com teses sobre a existência do Eu. Na realidade, porém, a posição de Kant é muito mais matizada, pois, por um lado, ele distingue nitidamente sua posição da cartesiana, ao passo que, por outro lado, adiciona uma dimensão existencial à sua concepção da apercepção. Com efeito, já na Dedução B, ao contrastar apercepção e sentido interno como modos da autoconsciência, Kant observa que, na primeira, "não sou consciente de mim mesmo *como* me apareço nem como sou em mim mesmo, mas apenas *de que* sou" (B157). E acrescenta numa nota:

> O *eu penso* expressa o ato de determinar minha existência. A existência já está dada aí, mas o modo pelo qual eu deveria determiná-la, isto é, colocar em mim o diverso a ela pertencente, ainda não está dado aí. Para isso se exige a autointuição, em cujo fundamento tem de haver uma forma dada *a priori*, isto é, o tempo, que é sensível e pertence à receptividade do determinável (B157n.).

Esse tema foi também transportado para os Paralogismos B, onde Kant prefacia sua crítica das inferências paralogísticas com uma discussão do contraste entre o mero pensamento ou consciência do Eu e a cognição genuína. Aquele está conectado ao Eu determinante, esta última, ao Eu determinável (B407). Pelo primeiro, Kant entende o sujeito epistêmico ativo, espontâneo ou, mais simplesmente, o Eu enquanto sintetizador, e pelo último, o Eu que é conhecido pela intuição interna ou introspecção, cuja existência é determinada no tempo. Como vimos, Kant está comprometido, dada sua explicação da natureza discursiva da cognição, com a possibilidade da *consciência* daquele primeiro Eu, isto é, a consciência do ato de pensar e, dada a exigência da intuição, com a negação da possibilidade da *cognição* desse Eu. Mas, apesar dessa negação de qualquer cognição genuína do Eu por meio desse modo de consciência, Kant insiste que ele envolve uma certeza [*assurance*] de existência ("que eu sou").

Mas essas passagens não estão isoladas. Assim, ao comentar a organização de sua crítica às doutrinas da psicologia racional, Kant observa que, se seguirmos o "procedimento analítico" (que é o de Descartes nas *Meditações*), a psicologia racional começa com "o 'eu penso' como uma proposição que já encerra em si uma existência"; portanto, não "a partir do conceito de um ser pensante em geral, mas de uma efetividade" (B418). E, mais adiante, no contexto de uma discussão do materialismo, Kant observa que "a apercepção é algo real cuja simplicidade já está em sua possibilidade" (B419). Por fim, numa longa nota de rodapé, notoriamente obscura, que contém também o âmago de sua crítica à inferência cartesiana do *cogito*, Kant observa que

> [o] "eu penso", como já dito, é uma proposição empírica e contém em si a proposição "eu existo". Mas eu não posso dizer "tudo o que pensa existe"; pois nesse caso a propriedade de pensar tornaria todo ser que a possui em um ser necessário. Também a minha existência, portanto, não pode, como defendia Descartes, ser considerada como decorrente da proposição "eu penso" (pois então a premissa maior "tudo o que pensa existe" teria de antecedê-la), mas é idêntica a ela. Ela exprime uma intuição empírica indeterminada, isto é, uma percepção (provando todavia, portanto, que já a sensação, que pertence assim à sensibilidade, serve de fundamento a essa proposição existencial), mas antecede a experiência que deve determinar o objeto da percepção, por meio da categoria, em relação ao tempo; e a existência, aqui, não é ainda uma categoria, que não se refere a um objeto dado indeterminadamente, mas a um de que se tem o conceito e do qual se quer saber se também é posto fora desse conceito ou não. Uma percepção indeterminada significa apenas, aqui, algo real que foi dado, e apenas para o pensamento em geral, portanto não como aparência nem como coisa em si mesma (número), mas sim como algo que de fato existe e é caracterizado, enquanto tal, na proposição "eu penso". Pois é preciso notar que, quando denominei empírica a proposição "eu penso", não quis dizer com isso que o eu seja uma representação empírica nessa proposição; ela é antes puramente intelectual, pois pertence ao pensamento em geral. Sem alguma representação empírica, contudo, para fornecer material ao pensamento, o *actus* "eu penso" não teria lugar, e o empírico é somente a condição da aplicação ou do uso da faculdade intelectual pura (B422n.).

Pelo menos para os propósitos presentes, o principal enigma colocado por esses textos (em particular pela nota) é compreender como essa tese sobre a existência do "Eu aperceptivo" (se tal expressão é permitida) é compatível com o ataque de Kant à hipostasiação supostamente ilícita do Eu pelo psicólogo racional. Não seria Kant responsável aqui pelo mesmo erro do qual ele acusa o psicólogo racional? Embora Kant não o diga explicitamente, a nota recém-citada pode ser lida como sua tentativa de tratar dessa questão no contexto de uma justaposição da concepção crítica da relação entre o *cogito* e existência com aquela de Descartes. Essa tentativa envolve três elementos distintos, ainda que intimamente relacionados: (1) a tese de que a existência já é dada no "eu penso" ou, equivalentemente, que este último "contém em si a proposição 'eu existo'"; (2) a tese de que "eu penso" é uma proposição empírica; e (3) a crítica da inferência cartesiana: *cogito, ergo sum*. No que se segue, consideraremos cada um desses elementos separadamente, embora vá haver necessariamente alguma superposição.

1. "Eu penso" e "eu existo". Embora a explicação kantiana da natureza da conexão entre essas duas proposições esteja obviamente relacionada com sua crítica a Descartes, a tese lógica que ele está tentando exprimir é independente dessa crítica. Na primeira edição, ele a formula tendo em mente especificamente Descartes ao declarar que a assim chamada inferência cartesiana, *cogito, ergo sum*, é na realidade uma tautologia, "visto que o cogito (*sum cogitans*) exprime imediatamente a efetividade" (A355). Na nota da segunda edição citada acima, ele indica que seu ponto é simplesmente que as proposições "eu penso", "eu sou um ser pensante" e "eu existo pensando" são todas equivalentes. A tese de Kant parece ser, então, que a assunção ou pressuposição existencial já está embutida na proposição "eu penso" e, portanto, não pode ser considerada apropriadamente como uma inferência a partir dela.

Numa interessante discussão das crípticas observações de Kant sobre o *cogito*, Bernard Williams sugeriu como possível fonte da tese de Kant a máxima de Espinosa: "'eu penso, logo, eu existo' é uma proposição equivalente a 'eu sou pensante'"[423]. Williams está sem dúvida correto em sustentar que ela expressa a visão de Kant. Contudo, dada a atitude extremamente negativa de Kant para com Espinosa, essa fonte não me parece provável. Uma fonte muito mais plausível seria Leibniz, que fórmula o mesmo argumento em seus *Novos ensaios sobre o entendimento humano*: "dizer *eu penso logo eu sou* não é realmente provar a existência a partir do pensamento, pois *pensar* já é dizer *eu sou*" (Leibniz, [1765] 1981, livro 4, cap. 7, § 7, p. 411). Como Kant estudou com afinco os *Novos ensaios*, ele sem dúvida estava familiarizado com a observação de Leibniz. Todavia, não há realmente a menor necessidade de se pressupor qualquer fonte externa para a concepção de Kant sobre o *cogito*. O ponto principal é simplesmente que sua tese sobre existência se segue diretamente da concepção da apercepção como consciência da *atividade* de pensar. Estar consciente de si próprio como engajado nessa atividade é estar consciente de si próprio como existindo, embora não traga consigo qualquer conhecimento adicional a respeito de sua própria natureza como ser pensante. Presumivelmente, essa é também a razão pela qual Kant negaria que tal consciência envolveria a hipostasiação de um Eu substancial. Aqui o ponto básico é simplesmente que essa hipostasiação repousa sobre uma determinada concepção do Eu como um ser pensante (que é aquilo que é hipostasiado) e, portanto, sobre a ilusão subjacente.

2. *"Eu penso" como proposição empírica*. Essa tese é mais difícil, particularmente se tentarmos conectá-la com a afirmação de que o eu que funciona como sujeito da proposição não é ele próprio empírico. Por um lado, Kant quer dizer com essa tese que a proposição em questão expressa uma verdade contingente

---

423. Williams (1967, p. 95). A afirmação de Espinosa encontra-se nos *Princípios da filosofia cartesiana*, vol. I, Prolegômenos ([1663] 1951).

e não uma verdade necessária. A esse respeito, ele concorda novamente com Leibniz, para quem tal proposição é uma "proposição de fato, fundada na experiência imediata, e não uma proposição necessária cuja necessidade é vista no acordo imediato das ideias" (Leibniz, [1765] 1981, livro 4, cap. 7, § 7, p. 411). Por outro lado, contudo, o texto também indica que Kant tem em mente que alguma representação sensorial dada deve funcionar como ocasião para o ato de pensamento e, portanto, para a consciência da existência. Sem algo dado à sensibilidade, isto é, sem sensação, não haveria nenhuma *cogitatio*, ou melhor, nenhum *ergo sum cogitans*. Em outras palavras, a apreensão de algum conteúdo sensorial (como modificação do sentido interno) é condição necessária da consciência da existência que se presume ser inseparável da consciência do pensamento. Assim, Kant sustenta parenteticamente que "a sensação, que pertence à sensibilidade, serve de fundamento a essa proposição existencial" e, no final da nota, defende mais uma vez que "o empírico é apenas a condição da aplicação ou do uso da faculdade intelectual pura". O ponto relevante aqui não é que o empírico seja *somente* a condição, mas que ele *é* a condição, pois daí se segue que a apercepção, como consciência efetiva do pensamento ("algo real"), sempre envolve um elemento empírico.

Igualmente importante, porém, é a insistência de Kant em que a sensação que apresenta a ocasião para a apercepção e, portanto, para a apreensão da existência, não é uma representação empírica do sujeito. De fato, ela não é de modo algum uma representação do sujeito. Além disso, visto que na apercepção pura ou transcendental faz-se explicitamente abstração de tudo que é empírico, inclusive a sensação, e um vez que não há nenhuma representação não empírica determinada do sujeito (nenhuma intuição intelectual), segue-se que o sujeito pensante, cuja existência está dada ou "contida" na consciência do pensamento, pode ser caracterizado apenas como "algo em geral = x". Trata-se, claramente, de uma representação não empírica, "puramente intelectual": com efeito, ela nada mais é do que o pensamento vazio de um sujeito lógico. Consequentemente, do fato de o pensamento de um sujeito de pensamento existente ser não empírico não se segue que possamos ter qualquer conhecimento não empírico da natureza real desse sujeito. Mas "a possibilidade de ter conhecimento não empírico da natureza real do sujeito" é justamente a pressuposição subjacente à hipostasiação ilícita do Eu pelo psicólogo racional.

Isso também nos habilita a interpretar a misteriosa observação de Kant de que a noção de existência envolvida no *cogito* não pode ser identificada com a categoria. Kant justifica essa afirmação alegando que estamos lidando aqui com "um objeto indeterminadamente dado" e a categoria não se aplica a tal objeto, "mas antes a um objeto do qual se tem um conceito, e sobre o qual se quer saber se ele é posto fora desse conceito ou não". Por trás disso está a explicação kantiana da natureza peculiar das funções e categorias modais, que, como vimos, nada acrescentam ao conteúdo do juízo[424]. Dada essa explicação, segue-se que a categoria da existência só é posta em jogo quando temos um conceito determinado e queremos determinar se há um objeto efetivo que lhe corresponda. E como hipostasiar nada mais é do que aplicar a categoria de existência a um objeto hipotético de pensamento, segue-se que onde não há nenhum objeto do tipo não pode haver hipostasiação. Mas isso é precisamente o que está ausente no caso do eu de "eu penso". Em vez de um conceito determinado de sujeito pensante, temos apenas uma "percepção indeterminada" ou, como Kant diz alhures, uma "mera consciência" (A346/B404), inseparável do ato de pensamento ou "contida" nele. Consequentemente, ao conectar esta última com a existência, Kant, à diferença do psicólogo racional, não usa a categoria e tampouco pode ser acusado de uma hipostasiação.

3. Cogito, ergo sum: *a crítica kantiana*. Embora a crítica de Kant à inferência do *cogito* cartesiano seja parte integrante de sua crítica geral à psicologia racional, será mais conveniente tratá-la separadamente. A própria crítica se encontra dividida em duas partes. A primeira se baseia na controversa interpretação da inferência cartesiana como um silogismo. Kant avança a tese segundo a qual essa inferência, assim concebida, gera a conclusão absurda de que tudo o que pensa existe necessariamente. A segunda parte, estreitamente conectada com o argumento geral dos Paralogismos, dirige-se ao projeto cartesiano tal como se manifesta em todo o programa da dúvida radical. Visto de uma perspectiva kantiana, esse projeto pode ser descrito como a tentativa de chegar à certeza quanto à existência do Eu como *res cogitans* por meio da simples reflexão sobre o que deve ser pressuposto como condição do pensamento.

Como frequentemente se observa, o problema básico com a primeira parte da crítica de Kant reside em sua leitura silogística da inferência do *cogito*, leitura amplamente rejeitada pelos intérpretes de Descartes[425]. Como, porém, Kant

---

424. Isso também subjaz à famosa observação de Kant na sua crítica ao argumento ontológico: "ser obviamente não é um predicado real, isto é, um conceito de algo que pode ser acrescentado ao conceito de uma coisa. É apenas a posição de uma coisa ou de certas determinações em si mesmas" (A598/B626). Voltaremos a essa questão no capítulo 14.

425. Para fundamentar essa rejeição costuma-se citar o argumento de Descartes segundo o qual "quando alguém diz 'eu penso, portanto eu sou ou existo', ele não deduz a existência a partir do pensamento mediante um silogismo, mas a reconhece como algo autoevidente por uma simples

baseia inteiramente sua crítica a Descartes quanto a esse ponto em sua própria explicação da apercepção, ela não está relacionada com sua interpretação da forma lógica da inferência do *cogito*. Sua tese central é que o *cogito*, que sobrevive ao programa da dúvida radical, nada mais é do que o vácuo "eu penso". Além disso, ele só sobrevive porque deve ser capaz de acompanhar todas as minhas representações. Correlativamente, nossa concepção desse *cogito* deve ser caracterizada como a "mera representação" ou "consciência puramente intelectual" de um sujeito de pensamento permanente [*abiding*].

Diante disso, o erro de Descartes fica claro: ele identificou esse eu formal ou transcendental com um Eu real, ou seja, ele o hipostasiou. Além disso, é por causa dessa hipostasiação que Descartes erroneamente acreditou ter chegado, por meio da inferência do *cogito*, à certeza sobre sua própria existência como uma substância pensante particular (*res cogitans*). Por fim, também fica claro que esse erro está arraigado na própria ilusão transcendental que subjaz ao projeto da psicologia racional como um todo. Enquanto realista transcendental convicto, Descartes, como outros psicólogos racionais, não dispunha de quaisquer armas filosóficas para se proteger dessa ilusão inevitável. Portanto, ele sucumbiu de forma inevitável a ela em suas teses positivas sobre o *cogito*, bem como em suas dúvidas sobre a realidade do mundo exterior (dois lados da mesma moeda, para Kant). No próximo capítulo, veremos como, no domínio da cosmologia racional, a mesma combinação letal de ilusão transcendental e realismo transcendental conduz a razão a um conflito antinômico, cuja resolução só é possível com o apelo ao idealismo transcendental.

---

intuição da mente" (Descartes, [1641] 1985, vol. 2, p. 100, Resposta às segundas objeções). A questão interpretativa, porém, não é tão clara quanto poderiam sugerir esta e outras passagens. Por exemplo, de acordo com Kenny (1968, p. 51), "a premissa '*cogito*' em conjunção com a pressuposição de que é impossível que aquilo que está pensando seja não existente engendra a conclusão '*sum*'". Kenny também observa que a única coisa requerida para interpretar essa inferência como simples silogismo é aceitar a premissa de que "existência" seja um predicado. Como Kant critica a versão cartesiana do argumento ontológico precisamente porque ela trata a "existência" como um predicado (real), é sem dúvida razoável que ele reconstrua a inferência do *cogito* da mesma maneira. Além disso, dada essa leitura, Kant está perfeitamente correto ao afirmar que ela implica que tudo o que pensa existe necessariamente, "pois neste caso a propriedade do pensamento transformaria todos os seres que a possuem em seres necessários". A questão foi discutida por Williams (1967, p. 94).

13
A Antinomia da Razão Pura

É praticamente impossível superestimar a importância da Antinomia para o projeto crítico de Kant. Decerto, o próprio Kant claramente a considerava como absolutamente central. Assim, em uma famosa carta a Christian Garve de 1798, ele observa que foi a Antinomia da razão pura que

> primeiramente me despertou de meu sono dogmático e me conduziu à crítica da própria razão, com vistas a resolver a aparente contradição da razão consigo mesma (Br 12: 258; 552).

Para evitar a estranheza ante ao uso de praticamente a mesma linguagem da descrição de sua descoberta da Antinomia na caracterização (feita cerca de quinze anos antes) do efeito da "recordação de David Hume" (Pro 4: 260; 57), deve-se ter em conta essa outra observação feita por Kant nos *Prolegômenos*:

> Esse produto da razão pura no seu uso transcendente é seu mais notável fenômeno e, de todos, o que mais fortemente atua para despertar a filosofia de seu sono dogmático e impeli-la para o difícil labor da própria crítica da razão (Pro 4: 338; 129).

De fato, já na primeira edição da *Crítica* Kant havia escrito que a Antinomia "preserva a razão de adormecer em uma convicção imaginada, produzida por uma ilusão meramente unilateral" (A407/B434).

Por causa de sua grande importância sistemática, da variedade e complexidade das questões envolvidas, assim como de sua íntima conexão com o idealismo transcendental, a explicação kantiana da Antinomia requer uma discussão muito mais completa que aquela feita sobre os Paralogismos. Todavia, um tratamento minimamente adequado dos quatro conflitos cosmológicos distintos ou "antinomias" em que Kant divide sua análise da Antinomia da Razão Pura exigiria diversos capítulos, quando não um livro inteiro[426]. Por esse motivo, a fim de manter a discussão dentro de limites razoáveis, na sequência de uma in-

---

426. Embora Kant se refira a quatro antinomias distintas, assim como o fez para o caso dos Paralogismos, observou-se muitas vezes que o termo *antinomia* é utilizado sempre no singular e se refere

trodução à problemática e ao método da Antinomia como um todo, a segunda e a terceira partes deste capítulo irão se concentrar na Primeira e na Terceira Antinomia, respectivamente. A quarta e última parte tratará da crucial tese de que o idealismo transcendental oferece a chave para a resolução da Antinomia e da tese igualmente fundamental de que a análise fornece uma prova indireta desse idealismo, complementando, assim, a prova direta oferecida na Estética.

I. Preliminares essenciais

A Antinomia trata da espécie de ilusão que se conecta com a ideia cosmológica do mundo sensível, entendida como a soma total das aparências (entes e eventos espaço-temporais). Como Kant assinala bem no início de sua discussão, essa ilusão (por oposição àquelas conectadas às ideias psicológicas e teológicas) tem grande importância por apresentar duas faces. Em outras palavras, o raciocínio baseado nessa ideia (e nas diversas ideias cosmológicas mediante as quais ela se expressa) gera duas séries de conclusões igualmente persuasivas, mas aparentemente contraditórias. Uma vez que o êxito de cada lado em refutar o outro descarta a possibilidade de uma solução dogmática para o conflito, Kant afirma que a situação coloca um dilema relativo à escolha entre um ceticismo radical quanto à razão e um obstinado dogmatismo que simplesmente ignora a cogência de cada uma das asserções contrárias[427]. Além disso, sugere Kant, qualquer dessas opções leva à "eutanásia da razão pura" (A407/B434).

Pierre Bayle ([1697] 1965, s.v. "Zenão de Eleia") – que havia proposto séries similares de argumentos conflitantes um século antes – optou pela deriva cética. Já a grande estratégia de Kant para evitar o dilema como um todo consiste em adotar o que ele chama de "método cético", que consiste em um exame dos pressupostos subjacentes à disputa (A424/B451-452). Não admira que esse exame revele que o conflito se baseia em uma ilusão transcendental compartilhada por todas as partes, ilusão essa que, combinada à influência perniciosa do realismo transcendental, conduz inevitavelmente a razão a esse atoleiro. Isso, por sua vez, torna possível uma "resolução crítica" do conflito pela negação do pressuposto subjacente. Visto que propicia a base de todo o exame de Kant, essa análise da

---

ao problema geral que surge na tentativa de raciocinar sobre o mundo sensível como um todo. Cf. Heimsoeth (1969, p. 199); Martin (1955, p. 62-64) e Grier (2001, p. 173).

427. Isso traz à mente o "perigoso dilema" de Hume, definido como uma escolha "entre uma razão falsa ou razão nenhuma", na qual ele se vê enredado na conclusão do livro I do *Tratado* [*sobre a natureza humana*] (Hume, [1739] 2000, p. 174). Kuehn (1983, p. 25-45) assinala uma possível relação, via Hamann, entre esse tópico e Kant.

natureza e da fonte do conflito será nossa preocupação inicial. A discussão se encontra dividida em três partes. A primeira considera a natureza dessa ilusão de duas faces e a falácia por ela engendrada; a segunda discute a tentativa de Kant de mostrar como a mesma ilusão dá origem às ideias cosmológicas específicas; e a terceira analisa sua afirmação de que as antinomias oriundas dessas ideias se dividem em duas classes, e cada uma requer um modo distinto de resolução.

A. Ilusão e falácia na cosmologia racional

Kant afirma que a Antinomia como um todo repousa sobre este argumento dialético: "se é dado o condicionado, também é dada a inteira série de todas as condições do mesmo; ora, os objetos dos sentidos nos são dados como condicionados; logo etc." (A497/B525). Como a premissa maior desse silogismo hipotético é justamente P_2, Kant está aqui conectando de forma ostensiva a problemática da Antinomia à doutrina da ilusão transcendental. Aplicar esse silogismo dialético à ideia do mundo sensível gera antinomias, e não meros paralogismos, pois há duas maneiras incompatíveis de se pensar tal totalidade, cada qual concordando com a ideia da razão do incondicionado: em uma, a totalidade contém uma condição primeira, incondicionada (a tese); na outra, a totalidade contém um número infinito de condições, sendo incondicionada apenas à totalidade destas últimas (a antítese). Por razões que ficarão claras em breve, o próprio Kant caracteriza a primeira como o "dogmatismo da razão pura", e a segunda, como "empirismo puro". Ele ainda as associa respectivamente a Platão e a Epicuro (A471-472/B499-500).

A razão pela qual tal totalidade pode ser pensada desses dois modos reside na natureza peculiar da ideia cosmológica (a ideia do mundo). Como ideia da totalidade das *aparências*, ela difere das outras ideias transcendentais por não parecer se referir a um ente transcendente. Na *Crítica*, Kant formula esse ponto ao observar que "somente as ideias cosmológicas têm em si a propriedade de poder pressupor como dados o seu objeto e a síntese empírica exigida para o conceito desse objeto" (A478-479/B506-507). Nos *Prolegômenos*, Kant nota, de modo mais amplo, que, sendo sensível, o objeto da ideia cosmológica, diferentemente da alma, é imanente e não transcendente e, desse modo, "ainda não é, sob este aspecto, uma ideia". Todavia, ele se torna uma ideia (no sentido técnico) uma vez que ele

> expande em tão alto grau a conexão do condicionado com sua condição [...] que a experiência jamais pode igualá-lo e, portanto, quanto a esse ponto, é sempre uma ideia cujo objeto jamais pode ser dado adequadamente em nenhuma experiência (Pro 4: 338; 129).

Isso significa efetivamente que, se as ideias da alma e de Deus podem ser vistas como pseudorracionais por envolverem a ilusão de se referirem a um objeto não sensível da razão pura, a ideia do mundo pode ser considerada como pseudoempírica por envolver a ilusão de se referir a um objeto sensível de ordem superior. Porém, enquanto tal, a ideia do mundo é governada por duas normas conflitantes: a do entendimento e a da razão. Se se pretende *empírica*, ela é governada pela primeira norma, o que significa que está submetida às condições de possibilidade da experiência. Se se pretende uma *ideia*, ela é governada pela última, o que significa que envolve o pensamento do incondicionado. Por conseguinte, é precisamente sua sujeição a essas duas normas conflitantes o que explica a natureza biface da ilusão conectada a essa ideia e das inferências nela baseadas. Cada uma das posições acima adere consistentemente a uma dessas normas e evita a outra, motivo pelo qual Kant as caracteriza como o "dogmatismo da razão pura" (Platão) e o "empirismo puro" (Epicuro).

Esse conflito fundamental se desenrola em cada uma das antinomias. Kant afirma que em cada caso o problema decorre do fato de que a completude ou a totalidade das condições requerida pela razão "é grande demais para o entendimento", uma vez que jamais pode ser dada em uma experiência possível, ao passo que a relação com a experiência possível requerida pelo entendimento "é pequena demais para a razão", posto que jamais pode proporcionar completude ou totalidade (A422/B450). À primeira vista, essa caracterização do conflito poderia sugerir que a posição empirista teria saído vitoriosa, pois ela representaria, alegadamente, as demandas já legitimadas do entendimento. Veremos, contudo, que essa atribuição ignora o fato crucial de que o empirismo puro é, à sua maneira, tão dogmático quanto seu oponente intelectualista, visto que também ele se encontra sob o feitiço de P_2, e, portanto, pressupõe que a posição intelectualista se refere a uma totalidade dada de condições, que, enquanto tal, é incondicionada[428].

Essas considerações também fornecem a chave para compreendermos a falácia formal cometida pelo silogismo dialético subjacente ao conflito antinômico[429]. Também neste caso Kant caracteriza a falácia como um *sophisma figu-*

---

428. Kant descreve como o empirismo se torna dogmático em A471-472/B499-500 (cf. tb. A781/B809).

429. Esse silogismo dialético e sua falácia devem ser distinguidos dos argumentos favoráveis às teses e antíteses das diversas antinomias. Estas últimas não são apresentadas em forma silogística, e, embora a questão seja bastante controversa, Kant nitidamente considera essas provas como válidas. Assim, nos *Prolegômenos*, onde Kant não discute os argumentos específicos, ele "atesta" que são corretos (Pro 4: 340; 131).

rae dictionis, ou falácia de equivocação (A499/B528)[430]. E também, neste caso, ela reflete um erro metafísico substancial. Kant inicialmente descreve esse erro como uma "anfibolia" por meio da qual uma ideia é tomada como "uma suposta representação de um objeto empiricamente dado e, portanto, também cognoscível segundo leis da experiência" (A484/B512). Mais adiante, em conexão com a discussão da função reguladora legítima das ideias cosmológicas, Kant se refere a esse erro como uma "sub-repção transcendental, mediante a qual se atribui realidade objetiva a uma ideia que só serve de regra" (A509/B537). Por conseguinte, tal como nos Paralogismos, o erro fundamental consiste em atribuir-se realidade objetiva a uma mera ideia, isto é, em hipostasiá-la. A diferença é apenas que, neste caso, o produto de tal hipostasiação é pensado como algo sensível.

Esse erro metafísico subjacente, consequência imediata de ser enganado pela premissa maior ilusória, conduz, por sua vez, à falácia formal no silogismo cosmológico. Esta última consiste em uma equivocação relativa ao termo-chave *condicionado*, entendido em sentidos diferentes nas duas premissas, diz Kant. Enquanto na premissa maior ele é entendido no sentido transcendental de categoria pura, na menor ele é tomado no sentido empírico enquanto "um conceito do entendimento aplicado a simples aparências" (A499/B527). Entendê-lo no primeiro sentido envolve a costumeira abstração das condições espaço-temporais mediante as quais o condicionado é dado empiricamente, de tal modo que efetivamente se considera sua relação com suas condições em termos do modelo de uma conclusão com suas premissas. Inversamente, tomá-lo no segundo sentido, o que é requerido para sua aplicação a "objetos dos sentidos" na premissa menor, torna necessário que se leve em conta essas mesmas condições. O silogismo cosmológico (assim como sua contraparte psicológica) é, portanto, formalmente falacioso. Aqui, porém, em vez de apenas quatro silogismos falaciosos envolvendo uma única ideia (a alma), temos quatro ideias cosmológicas distintas, cada uma delas consistindo em certa maneira de pensar o mundo sensível como um todo.

B. O sistema das ideias cosmológicas

Como seria de se esperar, Kant deriva as ideias cosmológicas específicas da tábua das categorias. O princípio subjacente a essa derivação é que conceitos puros e transcendentais podem se originar apenas do entendimento e, portanto,

---

430. Como o que se costuma chamar de silogismo hipotético não possui um termo médio, a falácia aqui não pode ser caracterizada como a de um termo médio ambíguo, mas é análoga a ela.

que a razão realmente não pode criar conceitos, mas apenas libertar o conceito do entendimento das limitações inevitáveis de uma experiência possível e, assim, buscar estendê-lo para além dos limites do empírico, ainda que em conexão com ele (A408-409/B435-436).

Por esse motivo, Kant afirma que "as ideias transcendentais não serão mais [...] que categorias estendidas até o incondicionado" (A409/B436).

Embora essa tese possa parecer surpreendente em vista da nítida separação que Kant estabelece entre razão e entendimento e da sua insistência em que a primeira tem seus próprios princípios, distintos dos do segundo, não há nenhuma inconsistência na posição de Kant. Já vimos que o que a razão efetivamente acrescenta ao entendimento é a ideia do incondicionado e o princípio a ele associado (P_2) – o que equivale precisamente ao argumento que Kant está propondo aqui.

Desse modo, a questão agora é saber quais categorias são capazes de tal extensão em relação ao pensamento da totalidade das aparências. Visto que essa extensão se dá pela conexão de uma categoria com P_2, isso equivale à questão de saber quais categorias podem fornecer uma regra de síntese em que os itens sintetizados se subordinem um ao outro como condicionado e condição (A409/B436). Tal como anteriormente, apenas uma série ou síntese regressiva indo do condicionado à condição irá servir, pois ela sozinha requer o pensamento da totalidade das aparências exigido pela razão. Dados esses parâmetros, Kant conclui que as categorias de quantidade, realidade, causalidade e necessidade se qualificam como regras de síntese e são, portanto, fontes potenciais de ideias cosmológicas específicas.

Como a razão, sob a direção de P_2, é naturalmente levada a considerar o mundo sensível como possuidor de quantidade ou grandeza extensiva, a categoria (ou categorias) de quantidade está claramente envolvida. Além do mais, dado que essa "quantificação" diz respeito à relação do mundo tanto com o espaço quanto com o tempo, caracterizados por Kant como "os dois *quanta* originais de toda intuição" (A411/B438), ela envolve tanto a idade quanto a grandeza do mundo[431]. Contudo, em lugar de argumentar diretamente em defesa dessa tese, que talvez considerasse autoevidente, Kant se concentra nas diferenças e similaridades salientes na quantificação do tempo e do espaço.

Em virtude de sua natureza sucessiva, o caso do tempo é nítido. O ponto principal é que nós naturalmente consideramos o momento presente do

---

431. Essa ótima caracterização do objeto da Primeira Antinomia foi extraída de Bennett (1974, p. 114).

tempo como "condicionado" pelos momentos passados, isto é, o presente é concebido como o resultado de uma síntese completa desses momentos passados. Kant observa, porém, que isso se aplica apenas a tempos passados, não a tempos futuros. Em relação a estes últimos, uma ideia transcendental não desempenha nenhum papel, pois não há um pensamento de completude ou totalidade absoluta (A411-412/B438-439). Em suma, o futuro, diferentemente do passado, está em aberto.

Em contraste, o espaço deve ser pensado como um agregado (de espaços) e não como uma série, já que suas partes coexistem. Por conseguinte, não se pode, no mesmo sentido, considerar uma parte particular do espaço como a "condição" de outra, o que aparentemente exclui o tipo de síntese regressiva atuante na determinação do tempo passado. Todavia, Kant sugere que algo análogo está envolvido na *mensuração* do espaço, pois cada parte do espaço é limitada por outras partes e, nesse sentido, pressupõe essas outras partes como "a condição dos limites das anteriores" (A412/B439). Desse modo, a mensuração de um espaço determinado (e de aparências no espaço) envolve necessariamente uma síntese ou um regresso do condicionado à sua condição, governada pelo conceito de grandeza extensiva sob a direção de P_2. Nesse sentido, Kant afirma: "posso perguntar pela totalidade absoluta das aparências tanto no espaço quanto no tempo transcorrido" (A413/B440). Ele também dá a entender, porém, que a questão real é saber se *qualquer* dessas investigações é legítima.

As categorias de qualidade estão envolvidas no pensamento de uma totalidade absoluta das aparências porque "realidade no espaço" ou aquilo que ocupa espaço, isto é, a matéria, também são pensadas como algo condicionado. Aqui, as condições são as partes que compõem a matéria, que, por sua vez, tem suas partes ou condições, e assim por diante. Dessa forma, em virtude de P_2, temos novamente uma síntese regressiva, cuja totalidade absoluta ou completude é exigida pela razão (A413/B440).

Entre as categorias de relação, Kant defende que só a causalidade é adequada para a formação de uma ideia cosmológica. Como relação de fundamento e consequente, sua adequação é evidente, já que a passagem do consequente ao fundamento ou do efeito à causa é um regresso de algo condicionado à sua condição. Por essa razão, ela abre a perspectiva de uma totalidade absoluta dessas condições causais. O que pode parecer problemático, porém, é a exclusão das outras categorias relacionais: substância e comunidade, já vinculadas por Kant às ideias transcendentais da alma e de Deus. A questão é que, ao negar a essas categorias qualquer conexão com P_2, Kant estaria agora pura e simplesmente contradizendo sua análise anterior, sobre a qual se baseia toda a estrutura da Dialética (cf. Kemp Smith, 1962, p. 479)[432].

Como é o caso na geração das ideias transcendentais, não há nenhuma contradição. O ponto crucial é que esse interesse se dirige à totalidade das *aparências*, e não à ideia psicológica ou à ideia teológica. Por essa razão, a questão não é saber quais categorias são capazes de gerar ideias transcendentais ao serem estendidas ao incondicionado; é, antes, saber quais categorias estão envolvidas no pensamento de uma totalidade absoluta das *aparências*. Expresso de outro modo, o projeto é determinar as variadas maneiras pelas quais o mundo espaço-temporal como um todo pode ser pensado e não as maneiras pelas quais o incondicionado em geral pode ser pensado. Além disso, nesse quesito, nem substância nem comunidade se qualificam, já que não geram uma ordenação serial das aparências.

Kant tem bem mais dificuldade de encontrar uma ideia cosmológica conectada às categorias modais. A fim de consegui-lo, ele introduz o conceito do contingente na existência, que, afirma Kant, deve ser visto como condicionado e, enquanto tal, se refere a uma condição sob a qual ele é necessário. Mas como esta última é ela própria contingente em relação à sua própria condição, Kant sugere que somos novamente levados por P_2 a um regresso que culmina no pensamento de algo incondicionado, que aqui significa algo cuja existência é incondicionalmente necessária (A415/B442). Portanto, a quarta ideia cosmológica é aquela de um ser incondicional ou absolutamente necessário, isto é, um ser cuja existência não é dependente da existência de nenhum outro ser.

Aqui, talvez mais do que em qualquer outro lugar no tratamento kantiano da Antinomia, a familiar acusação de uma preocupação excessiva com a arquitetônica parece ter alguma força. A objeção básica, que mais uma vez remonta a Schopenhauer, é que a Quarta Antinomia, baseada nessa ideia cosmológica, nada mais é do que uma repetição da Terceira (cf. Schopenhauer ([1819] 1969, vol. I, p. 498; Kemp Smith, 1962, p. 495; Bennett, 1974, p. 241; Wilkerson, 1976, p. 133). Contra essa objeção, pode-se assinalar que a Terceira Antinomia trata da *causalidade* incondicionada, ao passo que a Quarta, da *existência* incondicionada. Embora seja verdadeiro e baste para diferenciar essas ideias cosmológicas de suas antinomias correspondentes, isso cria o problema novo de distinguir a ideia de um ser necessariamente existente no que diz respeito à cosmologia

---

432. Esse autor apela a essa aparente inconsistência para sustentar sua leitura "**heteróclita**" [*"patchwork" reading*], segundo a qual o tratamento das ideias cosmológicas representa a posição anterior de Kant, que identificava a Dialética com a Antinomia.

racional, da ideia de tal ser no que concerne à teologia racional propriamente dita. Veremos no próximo capítulo que Kant de fato traça tal distinção, mas sua tentativa de abrir espaço para o conceito de um ser necessariamente existente como ideia *cosmológica*, isto é, como uma ideia conectada com o pensamento da totalidade das aparências, permanece profundamente problemática[433].

Deixando essa questão de lado, o que é verdadeiramente importante é a tese kantiana de que cada ideia cosmológica gera duas concepções igualmente persuasivas, mas contraditórias, do incondicionado. Isso seria relevante mesmo se houvesse uma única ideia dessa espécie, pois já seria suficiente para gerar a contradição da razão consigo mesma em seu esforço endêmico de pensar as aparências enquanto uma totalidade. Por conseguinte, talvez seja suficiente analisar duas das quatro antinomias especificadas por Kant: a Primeira, por ser a mais amplamente discutida e a que mais claramente se encaixa no quadro antinômico, e a Terceira, em razão de sua importância intrínseca para toda a filosofia de Kant, tanto teórica quanto prática. Mas antes de nos voltarmos para essas antinomias, creio ser proveitoso considerar brevemente a divisão kantiana das ideias cosmológicas e das antinomias correspondentes em dois tipos distintos, cada um com seu modo próprio de resolução.

C. Mundo, natureza e a distinção entre as antinomias matemáticas e as dinâmicas

Perto do final de sua discussão preliminar das ideias cosmológicas, Kant introduz a distinção entre os conceitos de mundo e de natureza. O mundo, diz Kant, significa

> o todo [*Ganze*] matemático das aparências e a totalidade [*Totalität*] de sua síntese tanto no grande como no pequeno, isto é, tanto na sua progressão por meio da composição como por meio da divisão [;]

a natureza se refere a esse mesmo mundo, mas considerado como um "todo dinâmico" (A418/B446). Essa divisão antecipa e estabelece os fundamentos para o contraste traçado posteriormente por Kant entre antinomias matemáticas e dinâmicas, que espelha uma distinção similar já feita nos níveis de categoria e de princípio (A528-532/B556-560). Ela aqui se resume a uma distinção entre

---

433. Para um proveitoso tratamento dessa questão, cf. Grier (2001, p. 218-229). Ela observa corretamente que o Deus de Espinosa se encaixa bastante bem na concepção aqui apresentada por Kant. Historicamente, porém, é mais provável que Kant tivesse em mente o Deus de Newton tal como interpretado por Clarke em suas correspondências com Leibniz.

dois tipos de todo: o primeiro (o mundo) é um todo no sentido de uma coleção completa de elementos ou partes; o segundo (natureza) é um todo explicativo, isto é, um todo em que não há lacunas explicativas. Apelando à linguagem dessa última distinção, Kant os caracteriza como um "todo matemático" e um "todo dinâmico", respectivamente (A418-419/B446-447).

A chave para o contraste entre esses dois tipos de todo reside na distinção entre duas espécies de síntese por meio das quais são pensados. No pensamento de um *mundo*, os elementos sintetizados ou reunidos são necessariamente homogêneos, no sentido de serem simplesmente considerados enquanto espaço--temporais, isto é, enquanto aparências. Em contraste, no pensamento da *natureza* como um todo, os itens são conectados dinamicamente, o que significa que podem ser heterogêneos, no sentido de não serem todos necessariamente entes ou eventos espaço-temporais (A528-529/B556-557). Embora este último ponto possa parecer estranho à luz do fato de que todas as ideias cosmológicas devem dizer respeito ao pensamento do mundo *sensível*, trata-se de uma consequência do conceito de um todo explicativo, já que esse conceito abre espaço para a possibilidade [*possibility*] de o fechamento requerido poder [*might*] necessitar de condições que não sejam elas próprias sensíveis. Em suma, ele deixa espaço conceitual para "começos intelectuais" ou condições incondicionadas, que não têm lugar no conceito do mundo estritamente concebido[434].

Dada essa distinção, segue-se que as antinomias geradas por essas duas espécies de ideias cosmológicas estão sujeitas a análises e resoluções significativamente diferentes. A resolução das duas primeiras antinomias – as "Antinomias Matemáticas" – que dizem respeito, respectivamente, à grandeza extensiva do mundo (sua idade e grandeza) e à divisibilidade da matéria (o que ocupa espaço), depende de mostrar que tanto a tese quanto a antítese são falsas, já que ambas repousam sobre uma concepção subjacente e autocontraditória do mundo sensível como um todo autossubsistente. Inversamente, visto que as "antinomias dinâmicas", que tratam da síntese de elementos heterogêneos, não repousam sobre tal concepção autocontraditória, elas deixam espaço para a possibilidade de que ambos os lados (propriamente compreendidos) estejam corretos: a tese, por afirmar a necessidade de uma condição incondicionada das aparências fora do

---

434. Isso também pode ser entendido em termos do contraste entre princípios matemáticos e dinâmicos. Tenhamos em mente que, se os primeiros lidam com aparências enquanto intuídas, os últimos se referem ao que é *pensado*, e não ao que é intuído. Embora não tenha desempenhado nenhum papel nos Princípios, isso abre a possibilidade de que poderia [*might*] ser pensado algo que não pode [*cannot*] ser dado na experiência possível.

domínio das aparências; a antítese, por negar que se possa encontrar qualquer coisa incondicionada no mundo espaço-temporal[435].

II. A Primeira Antinomia

A tese da Primeira Antinomia afirma que o mundo tem tanto um começo no tempo quanto um limite no espaço. A antítese nega cada um desses argumentos e propõe em vez disso que o mundo é infinito no que diz respeito ao tempo e também ao espaço. Considerando x como referente ao mundo e F e I como referentes às posições finitista e infinitista, respectivamente, a pressuposição comum subjacente a essa disputa pode ser simbolizada como $(\exists x)(Fx \vee Ix)$[436].

É preciso enfatizar desde o começo que a disputa diz respeito à natureza da *relação* entre o mundo, de um lado, e o espaço e o tempo, de outro, e não, como às vezes se pressupõe, à natureza do espaço e do tempo eles próprios[437]. Por conseguinte, o conceito de um mundo (especificamente, um mundo espaço-temporal ou uma totalidade de aparências) é central para a análise como um todo e é pressuposto por ambas as partes. O que está em questão é saber se tal mundo é limitado pelo seu arcabouço espaço-temporal ou se é coextensivo a ele. Embora

---

435. Essa distinção, essencial para o projeto filosófico geral de Kant porque abre espaço conceitual para a liberdade, foi posta em questão por Kemp Smith (1962, p. 511) e Walsh (1975, p. 211-212), entre outros. O problema diz respeito sobretudo à Segunda Antinomia, que alguns pensam ser mais afim ao modelo dinâmico do que ao matemático. Nesse sentido, Walsh sugere que, em vez de argumentar que tanto a tese como a antítese são falsas – pois nem a reivindicação de que nada existe no mundo a não ser o que é simples e o que é composto de simples (a tese), nem a reivindicação de que não existe nada simples em lugar algum do mundo (a antítese) conseguem sobreviver à *reductio* armada pelo defensor da concepção oposta –, seria possível argumentar que a tese e a antítese podem ambas ser verdadeiras. Pois, na leitura de Walsh, o que a antítese descarta é apenas a possibilidade de se encontrar algo de simples no curso da investigação empírica, o que deixa espaço para localizá-lo no reino numênico. A conclusão de Walsh está correta, mas não vem ao caso, já que ignora a natureza cosmológica do problema em questão. Admitamos, esta última parece passível de ser desafiada porque, diferentemente da Primeira Antinomia, a Segunda não parece estar preocupada com o mundo como um todo. Mas isso é formular equivocadamente a questão da qual se ocupa. O que faz dessa questão uma questão cosmológica, a bem dizer matemática, é que ela diz respeito a *toda composição*, isto é, trata do conceito mesmo de um composto espacial enquanto tal. Por conseguinte, aqui, como na Primeira Antinomia, o apelo a algo não sensível estaria fora de lugar, pois não poderia entrar em uma tal composição. Para um tratamento das conexões entre as duas Antinomias Matemáticas, cf. Grier (2001, p. 209-214).

436. Deve estar claro pelo contexto que a disjunção aqui é tomada no sentido exclusivo. A posição da antítese é simbolizada como I (para infinito), e não como $\neg F$ (não finito) porque ela argumenta em defesa de um infinito **atual**, em vez de afirmar meramente que o mundo não pode ser considerado finito nos aspectos relevantes. Ora, veremos que isso é precisamente o que há de errado com a posição.

437. É o que afirma claramente Al-Azm (1972, p. 8). Estranhamente esse ponto importante passou despercebido a Guyer (1987, p. 407-408).

se trate de uma disputa idealizada, ela possui afinidades óbvias e frequentemente notadas com a disputa efetiva entre Newton e Leibniz[438].

A. A *tese*

À semelhança de todas as provas utilizadas na Antinomia, a prova da tese da Primeira Antinomia é apagógica. Ela pretende demonstrar que o mundo deve ser finito nos aspectos relevantes mediante uma demonstração de que ele não pode ser infinito nesses mesmos aspectos. A parte temporal do argumento, objeto de nosso interesse aqui, depende em larga medida da análise kantiana da noção de uma série infinita e da questão de sua compatibilidade com o conceito de um mundo. Ela pode ser decomposta nos seis passos seguintes:

1. Suponha o oposto: o mundo não tem começo no tempo.

2. Disso se segue que, até qualquer momento dado (o presente), uma eternidade se passou.

3. Isso, por sua vez, significa que ocorreu realmente um número infinito de mudanças sucessivas nos estados de coisas (um número infinito de eventos sucessivos), isto é, que uma série infinita foi completada.

4. Mas, segundo o "verdadeiro conceito transcendental", a infinitude de uma série consiste no fato de que ela não pode jamais ser completada mediante uma síntese sucessiva.

5. O conceito de uma série do mundo infinita que já "se passou" [*passed way*] (que foi completada) é, portanto, autocontraditório.

6. Por conseguinte, deve haver um começo do mundo no tempo, isto é, um primeiro evento (A426/B454).

A tese central é que o argumento de que o mundo não tem começo no tempo requer logicamente que se sustente que a cada dado momento do tempo uma eternidade "se passou" (*abgelaufen*). Como a disputa se dá sobre a sequência das coisas no tempo e não sobre o próprio tempo, considera-se que isso significa que, em qualquer momento dado, "uma série infinita de estados reais que se sucedem uns aos outros transcorreu [*verflossen*]". Presumivelmente, isso quer

---

[438]. Chamar atenção para esse fato foi a grande contribuição de Al-Azm (1972). Infelizmente, porém, ele tende a ignorar a natureza idealizada da disputa, criando a impressão de que, ao longo de toda a Antinomia, Kant está fazendo pouco mais que justapor as posições Leibniziana e Newtoniana (esta última representada por Clarke). Para uma esclarecedora e equilibrada discussão dessa questão, cf. Grier (2001, p. 182-183, *passim*).

dizer que uma série infinita foi completada. Contudo, prossegue o argumento, "a infinitude de uma série consiste precisamente no fato de que ela não pode ser completada mediante uma síntese sucessiva". Na Observação sobre a Tese, Kant caracteriza essa incompletude da série sucessiva como "o verdadeiro conceito (transcendental) de infinitude" (A432/B460). À luz desse conceito, o argumento conclui: "é impossível, portanto, uma série infinita decorrida no mundo e, por conseguinte, um começo do mundo é condição necessária de sua existência" (A426/B454).

Algumas críticas costumeiras. Como esse argumento é extremamente críptico e parece apelar a pressuposições arbitrárias, não é de surpreender que sua recepção não tenha sido muito favorável. A crítica prevalecente considera que o argumento mobiliza uma forma bastante bruta de psicologismo (ou, alternativamente, que pressupõe o idealismo transcendental)[439]. Na formulação sucinta de Kemp Smith (1962, p. 485): "da impossibilidade subjetiva da apreensão, [Kant] infere uma impossibilidade objetiva de existência".

Praticamente o mesmo argumento foi proposto por Russell, que o associa à concepção cantoriana do número infinito ou transfinito. À luz dessa concepção, Russell rejeita a caracterização kantiana da infinitude de uma série, que envolveria "a impossibilidade da completude de uma síntese sucessiva". Russell argumenta – e muitos estudiosos passaram a acompanhar o argumento – que a referência à síntese, que parece pressupor a atividade mental de sintetizar, está fora de lugar em uma discussão do conceito de infinitude. Ao incluí-la, Kant conseguiu apenas, nas palavras de Russell (1914, p. 160-161), introduzir "mais ou menos sub-repticiamente aquela referência à mente que contamina toda a filosofia de Kant". Porém, a noção de infinitude (como a de todos os números) se refere antes de mais nada a uma propriedade de classes e é apenas aplicável a séries de modo derivado. Além disso, observa Russell (1914, p. 161),

> classes infinitas são dadas todas de uma só vez pela propriedade definitória de seus membros, de modo que não há lugar para "completude" ou "síntese sucessiva".

---

439. Uma versão dessa vertente familiar de crítica é proposta por Guyer (1987, p. 407). De acordo com Guyer, esse argumento (e, de fato, todos os argumentos antinômicos) "depende de questões puramente epistemológicas" concernentes ao que é impossível representar ou conceber. Por conseguinte, Guyer sugere que eles só podem gerar os resultados metafísicos que os argumentos presumivelmente almejam se for pressuposto ou que "tudo o que é verdadeiro de coisas que realmente existem tem de ser cognoscível" (o que Kant explicitamente nega) ou que o idealismo transcendental seja verdadeiro. Isso, porém, significa supor que Kant esteja apresentando seus próprios argumentos em vez dos argumentos do cosmólogo racional, que está comprometido com o realismo transcendental e, portanto, está sob o feitiço da ilusão transcendental.

Com essa análise, as objeções de Kant relativas à suposta infinitude do mundo foram postas de lado.

Quase como um adendo, Russell introduz uma segunda crítica, independente da primeira. De acordo com essa nova objeção, o argumento de Kant não teria salvação, mesmo se concedêssemos seu apelo à síntese sucessiva, pois

> o argumento kantiano de que uma série infinita "jamais" pode ser completada por uma síntese sucessiva só lhe dá o direito de dizer, no máximo, que ela não pode ser completada em um tempo finito. Portanto, o que Kant realmente prova, quando muito, é que, se o mundo não teve começo, ele deve já ter existido por um tempo infinito. Trata-se, porém, de uma conclusão bastante pífia e de modo algum adequada a seus propósitos (Russel, 1914, p. 161).

Essa linha de crítica, que foi reiterada por Strawson (1966, p. 176), se resume à acusação de que Kant teria cometido uma *petitio principii**. O raciocínio é aproximadamente o seguinte: ou (1) o mundo teve um começo no tempo, ou (2) ele existiu por todo o tempo. Se, como pressupõe o argumento, a síntese não pode ser completada (em um tempo finito), segue-se que o mundo não poderia ter tido um começo no tempo. Mas como o único propósito do argumento seria mostrar o que se segue da negação da primeira conclusão, a conclusão apropriada teria de ser a segunda. E Kant só conseguiria evitar essa consequência sustentando que a segunda é impossível, o que o faria incorrer em petição de princípio.

Uma crítica um pouco similar foi feita por G. E. Moore, cuja objeção ao argumento de Kant é parte de seu ataque contra o idealismo em todas as suas formas. A posição de Moore é a seguinte: a única coisa possível de ser provada pelo argumento seria apenas que o tempo não existe (o que está longe de ser a conclusão que extraiu Kant a partir dele). Moore reconhece que tal resultado se seguiria se Kant pudesse realmente provar que nem a tese nem a antítese são verdadeiras. Ademais, visto que ele aceita a reinvindicação da antítese de que o tempo e o espaço não podem ter partes ou momentos primeiros, ele apresenta a questão de maneira tal que tudo depende da prova da tese. Entretanto, essa prova é sumariamente rejeitada sob a alegação de que se trata de "uma pura falácia baseada em uma ambiguidade na noção de fim" (Moore, 1953, p. 179).

O argumento de Moore, reiterado por Bennett, é que Kant teria confundido a proposição verdadeira de que uma série infinita não possui dois fins – isto é, não é limitada em ambas as extremidades – com a tese manifestamente falsa de

---

* "Petição de princípio" (em latim no original). Em lógica, a petição de princípio é uma falácia informal que consiste em pressupor como já dado nas premissas aquilo que deve ser demonstrado. Essa falácia implica um círculo vicioso, pois pressupõe a verdade daquilo que se quer provar [N.T.].

que ela não pode possuir um fim – isto é, de que ela não pode ser limitada de modo algum (Moore, 1953, p. 179; Bennett, 1974, p. 118-119). Bennett cita a série dos números naturais como exemplo de uma série que é limitada em uma das extremidades, mas ainda assim é infinita. A partir desse exemplo, afirma que o erro de Kant foi inferir falsamente do fato de a série temporal possuir um fim (o momento presente) a impossibilidade de sua infinitude. No entanto, o máximo que se pode inferir é que, caso seja infinita, a série não poderia ter tido um começo, que é precisamente o que afirma a posição infinitista. Moore (1953, p. 181) conclui, então, que se trata,

> portanto, de pura falácia supor que não pode ter havido uma série infinita de horas passadas simplesmente porque essa série possui um fim em uma direção e chegou ao fim agora; tudo o que queremos dizer ao chamá-la de infinita é que ela não possui fim na outra direção, ou, em outras palavras, que ela não tem nenhum começo.

Resposta a essas críticas. Tendo a crítica de Russell em mente, consideremos algumas observações de Kant sobre o infinito. Antes de mais nada, Kant é cuidadoso em distinguir seu "verdadeiro conceito (transcendental) de infinitude", segundo o qual "a síntese sucessiva da unidade [*Einheit*] na mensuração de um *quantum* jamais pode ser completada" (A432/B460), daquilo que ele chama de "conceito defectivo da infinitude de uma grandeza dada" (A430/B548). Trata-se simplesmente do conceito de um número máximo ou do maior de todos os números. Como não pode haver tal número, essa concepção nos permite obter uma vitória fácil, mas espúria, sobre a posição infinitista. O objetivo de Kant, portanto, é distinguir seu argumento de outros baseados nessa concepção[440]. Aqui, o ponto importante é que, de acordo com a definição kantiana, a noção do infinito não é incoerente, o que permite à posição infinitista pelo menos levantar voo.

Em uma nota de rodapé anexada por Kant à sua caracterização do infinito, ele observa que esse *quantum* infinito "contém uma multiplicidade [*Menge*] (de unidades dadas) que é maior do que qualquer número", identificado por ele como o "conceito matemático de infinito" (A432/B460n.). Presumindo que por "número" (*Zahl*) Kant entenda aqui um número natural, isso pode ser tomado como uma versão esquematizada do conceito transcendental. Essa caracterização contém uma referência específica ao número, o esquema da quantidade (A142/B182), e expressa em termos numéricos o que o conceito "transcendental" ou "puro" expressa em termos estritamente conceituais, a saber, o pensamento da

---

440. Um argumento como esse foi proposto por Martin Knutzen. Para uma discussão a respeito dessa questão, cf. Cohn (1960, p. 215).

incompletabilidade ou inexaustibilidade do processo enumerativo[441]. Portanto, de acordo com essa concepção, dizer que um conjunto contém infinitos membros significa simplesmente que, não importa quantos membros tenham sido selecionados ou enumerados, sempre haverá ainda outros por contar[442]. Isso é compatível com a caracterização russelliana das classes infinitas como "dadas de uma só vez pela propriedade definitória dos seus membros" e talvez com a concepção cantoriana[443].

Igualmente crucial para a compreensão do argumento é a distinção feita na Observação sobre a Tese da Segunda Antinomia entre um *compositum* e um *totum* (A438/B467). Em outra passagem, Kant se refere a eles como um *totum syntheticum* e um *totum analyticum*, respectivamente[444]. Um *totum syntheticum* é um todo composto de partes que são dadas separadamente (pelo menos no pensamento). Não apenas o conceito desse todo pressupõe suas partes distintas e pré-dadas, como também é ainda concebido como o produto da reunião (no termo de Kant, da "síntese") dessas partes. Por conseguinte, a questão de se saber se um *totum syntheticum* particular é possível equivale à questão de se saber se uma reunião completa de suas partes é concebível. Um *totum analyticum*, em contraposição, é um todo cujas partes são possíveis somente com referência a esse todo. O espaço e o tempo, de acordo com Kant, são *tota analytica*, razão

---

441. Podemos ver a partir daí a impropriedade de uma crítica como a de Swinburne (1968, p. 282). De acordo com esse autor, a relevância da tese infinitista pode ser defendida com base no fato de que podemos entender o significado de dizer que não há limite para a sucessão de eventos, ainda que não possamos contá-los. Embora esse argumento seja perfeitamente correto, ele é irrelevante, pois ainda se coloca a questão de saber se devemos entender que essa tese expressa uma ideia reguladora no sentido de que se pode sempre conceber condições ulteriores (o que corresponde à posição de Kant), ou se devemos entendê-la (à maneira do "dogmático") como uma afirmação da existência de uma infinitude atual de condições (eventos passados).

442. Devo essa formulação a William McKnight. Esse conceito do infinito pode ser formalmente definido do seguinte modo: S contém um número infinito de membros se e somente se para todo n S contiver mais do que n membros (n sendo um número natural).

443. Como McKnight também notou, a definição do infinito que consta na nota precedente é equivalente à definição cantoriana, de acordo com a qual S tem um número infinito de membros se e somente se houver um subconjunto próprio de S, S', e uma relação R, de tal modo que R estabeleça uma correlação de um para um entre S e S'. A questão também foi discutida por Gram (1967a, p. 499-518, esp. p. 514) tendo em vista especificamente a formulação de Russell. Como antes, a chave é tomar "número" como equivalente a "número natural" na caracterização kantiana do infinito matemático. Pois dizer, com Kant, que o infinito é maior que qualquer número (natural), significa dizer que ele é reflexivo e não indutivo, ou seja, que não se pode alcançá-lo por um processo de contagem que comece com os números naturais.

444. As expressões *totum analyticum* e *totum syntheticum*, assim como a afirmação de que o espaço e o tempo são exemplos do primeiro e corpos exemplos do segundo, ocorre na *Reflexion* 393 (Erdmann, 1878, p. 121). Embora Al-Azm não se refira a essa *Reflexion*, uma explicação dessa distinção e da sua importância para o argumento de Kant encontra-se em Al-Azm (1972, p. 9-22).

pela qual são caracterizados como infinitos; já o universo material, o mundo no espaço e no tempo, é concebido como um *totum syntheticum*.

Dada essa caracterização do universo material, fica claro que a alegada contradição na posição infinitista deve ser localizada em sua aplicação do conceito do infinito – que é, ele próprio, perfeitamente legítimo – ao universo material. Uma vez que este último é concebido como um *totum syntheticum*, o pensamento da enumeração ou "síntese" completa de suas partes, embutido nesse conceito, contradiz o pensamento da inexaustibilidade, igualmente embutido no conceito do infinito. Kant deixa isso explícito no final de sua Observação sobre a Tese:

> Como essa síntese [...] teria de constituir uma série que nunca acaba, não se pode pensar uma totalidade antes dela nem, por conseguinte, por meio dela. Pois o próprio conceito de totalidade é, neste caso, a representação de uma síntese completa das partes, e essa completude é impossível e, portanto, também seu conceito (A433/B461)[445].

A análise acima sugere a natureza da resposta kantiana à acusação geral de subjetivismo ou psicologismo, pois ela mostra que a crítica à posição infinitista depende de uma tese conceitual e não tem qualquer relação com a presumida impossibilidade psicológica de apreender ou abarcar o infinito[446]. O ponto pode ser esclarecido ao se observar que o conceito de um *totum syntheticum* é aqui operacionalmente definido em termos do procedimento intelectual por meio do qual ele é concebido. Por conseguinte, o problema está na colisão entre a regra ou procedimento para se pensar um *totum syntheticum* e a regra ou procedimento para se pensar uma quantidade infinita. A primeira exige precisamente aquilo que a segunda exclui, a saber, a completabilidade (pelo menos em princípio). Em suma, são-nos dadas duas regras incompatíveis para pensarmos o

---

445. Em outra passagem (A428/B456n.), Kant observa que um *quantum* indeterminado poderia ser intuído como um todo (*als eine Ganzes*) se fosse dado ou encerrado dentro de limites. Como nesse caso os próprios limites determinam a totalidade, ela poderia ser apreendida sem ter de ser constituída em pensamento. O ponto, porém, é que o defensor da posição infinitista não pode afirmar isso do mundo. Enquanto infinito (*ex hypothesi*), ele não é nem indeterminado nem limitado. Por conseguinte, a síntese seria, nesse caso, necessária e impossível ao mesmo tempo.

446. Um interessante erro interpretativo quanto a esse ponto encontra-se em Swinburne (1968, p. 282-283). Embora reconheça que a dificuldade que Kant está colocando envolva falar do universo como um todo, ele equivocadamente pressupõe que se trata de uma preocupação relativa à impossibilidade geral de se fazer uma afirmação sobre todos os membros de uma classe. Tendo-a reconstruído desse modo, ele é obviamente capaz de dispensá-la facilmente, observando simplesmente que podemos, por exemplo, falar sobre todos os cisnes. Claramente, porém, isso não tem nada a ver com o argumento de Kant, pois falar sobre o universo, do modo como Kant o compreende, é falar sobre um indivíduo de ordem superior, não sobre os membros de uma classe.

mesmo objeto, uma oriunda da razão (P_2) e a outra, do entendimento, o que equivale a uma contradição genuína.

Considerações semelhantes aplicam-se às objeções de Russell-Strawson e de Moore-Bennett. Em primeiro lugar, em resposta à acusação de *petitio principii* dos primeiros, deve-se notar que a pressuposição de que a série é infinita implica não apenas que ela não pode ser completada em um tempo finito, mas que ela não pode ser completada de modo algum. Ademais, se esse for o caso, então ela não constitui um mundo (*totum syntheticum*). Tem-se, assim, duas alternativas: ou (1) a série não constitui um mundo, ou (2) há um primeiro momento. A opção kantiana correta é a primeira; mas, como o argumento pressupõe que a série constitui de fato um mundo, a conclusão apropriada é a segunda.

Como vimos, a objeção de Moore-Bennett sustenta que o argumento comete uma "falácia de ambiguidade", confundindo uma série infinita, que, por definição, é aberta em uma das extremidades, com uma série que não tem fim em nenhuma das pontas. Por causa dessa confusão inicial, Kant teria raciocinado falsamente que a série não poderia ser infinita porque ela teria de fato um fim (o momento presente). Kant, porém, não afirma que uma série não pode ser infinita se tiver um fim. Como sua crítica ao "conceito defectivo" do infinito esclarece, ele não teria qualquer objeção à infinitude da série dos números naturais. Ao contrário, seu ponto é que se a série, enquanto infinita, tivesse apenas um fim, ela não poderia constituir uma totalidade. Em outras palavras, a concepção de uma série infinita que "não pode ser completada por síntese sucessiva" é rejeitada porque que violaria a condição de totalidade embutida no conceito do mundo como um *totum syntheticum*.

A esta altura, o crítico provavelmente irá questionar o apelo ao conceito de um *totum syntheticum*, do qual depende fundamentalmente essa defesa da tese da Primeira Antinomia. A objeção é que a exigência de que uma série infinita de estados passados do mundo (ou de um mundo se estendendo infinitamente no espaço) constituiria tal *totum* parece completamente arbitrária. Por que, poder-se-ia perguntar, não se poderia simplesmente pensar essa série como infinita no sentido de fechada apenas em uma extremidade (como no caso da série dos números naturais) sem se presumir também (*per impossibile*) que ela, de alguma maneira, constitui uma "totalidade"? Como o próprio Kant reconhece, não há a menor dificuldade em fazê-lo no caso da série dos estados futuros, que pode ser concebida como infinita (cf. A410-411/B437)[447]. Por que, então, a situação

---

447. A questão foi discutida por Ewing (1950, p. 210).

deveria ser diferente no caso da série dos estados passados? Sim, é verdade que em tal caso a série não constituiria um *totum syntheticum* – mas isso importa?

Isso nos leva ao âmago do problema. Ainda que não esteja explicitamente mencionada, a parte temporal do argumento da tese claramente deriva sua força da pressuposição de que os estados passados do mundo constituam um *totum syntheticum*. E o mesmo pode ser dito, *mutatis mutandis*, da parte espacial do argumento. A questão, portanto, passa a ser como se justifica essa própria pressuposição, pois caso não o seja, a crítica da posição infinitista articulada na tese perde toda pretensão à credibilidade.

Essa justificação pode ser encontrada na problemática do conflito antinômico como um todo e não nas premissas do argumento da tese consideradas apenas em seus próprios termos. Basicamente, a aplicação do ilusório princípio P_2 à série dos estados passados faz dela um *totum syntheticum*. Por conseguinte, o que justifica essa pressuposição é precisamente sua inevitabilidade. Na medida em que pensamos que o mundo sensível seja um todo, ou, de modo equivalente, que as aparências no espaço e no tempo constituam um mundo, não podemos evitar concebê-lo como um *totum syntheticum*. A esse respeito, essa pressuposição é "subjetivamente necessária". De modo correlativo, é precisamente porque concebemos o mundo dessa maneira que somos obrigados a pressupor que ele é ou finito, ou infinito em extensão. Levantar a questão mesma em pauta na disputa cosmológica já é tratar a série como um *totum syntheticum*. É por essa razão que ambos os lados estão comprometidos com essa pressuposição e é por isso também que Kant observa:

> nada parece mais claro, no entanto, do que a necessidade de uma das duas ter razão – seja a que afirma que o mundo tem um começo, seja a que afirma que o mundo não tem começo e existe desde a eternidade (A501/B529).

É claro que Kant sustenta que esse "parece" é ilusório, assim como o é a concepção de um *totum syntheticum* de estados passados no qual esse "parecer" se baseia. Mas antes de avaliar essa tese e sua conexão com o realismo transcendental, devemos considerar o argumento da antítese.

B. A antítese

Tal como a tese, a antítese trata do mundo no espaço e no tempo, e não do próprio espaço e do próprio tempo. A antítese, portanto, pressupõe o mesmo conceito do mundo sensível, mas afirma que esse mundo não pode ter nem um começo no tempo nem um limite no espaço. Além disso, ela pressupõe, em concordância com a lógica do raciocínio antinômico, que uma demonstração de que o mundo não pode ter tal começo nem tal limite – isto é, uma demonstração de que ele não é finito –, é logicamente equivalente a uma demonstração de que ele é efetivamente infinito. Como antes, nos ocuparemos principalmente da porção temporal do argumento, decomponível em seis passos:

1. Suponha o oposto: o mundo tem um começo no tempo.

2. O conceito de um começo (temporal) pressupõe um tempo precedente em que a coisa que virá a ser ainda não existe.

3. Portanto, o conceito de um mundo vindo a ser no tempo pressupõe um tempo vazio, pré-mundano.

4. Mas é impossível que alguma coisa venha a ser no tempo vazio, porque "nenhuma parte de tal tempo possui [...] qualquer condição que distinga a existência e a faça prevalecer sobre a não existência".

5. Portanto, o "próprio mundo" não pode ter um começo no tempo.

6. Portanto, o mundo é infinito em relação ao tempo passado (A427/B455).

Os passos mais importantes são os 4 e 6. Se supusermos que nada pode vir a ser no tempo vazio, então *a fortiori* o mundo não pode ter tido um começo (no tempo), visto que qualquer tempo anterior ao mundo é por definição "vazio". Em consequência, a primeira questão é saber por que um começo no tempo vazio seria impossível. O argumento depende da presumida impossibilidade de o tempo (ou o espaço) vazio servir de condição de contorno [*boundary condition*] do mundo. Como observa Kant em sua discussão da antítese,

> a prova a favor da infinitude da série dada do mundo e do conjunto completo do mundo se baseia no seguinte: que na suposição contrária o limite do mundo teria de ser constituído por um tempo vazio e, do mesmo modo, por um espaço vazio (A431/B459).

Na tentativa de mostrar por que o tempo vazio não pode desempenhar essa função, o argumento perfaz um giro epistemológico, que não deve ser confundido com o verificacionismo[448]. Embora o crucial quarto passo coloque o problema em termos ontológicos, afirmando que o tempo vazio não pode proporcionar quaisquer condições distintivas da existência ou da não existência do mundo, o fio condutor do argumento parece ser que nenhum componente do tempo vazio

---

448. Infelizmente, incorri nessa confusão na primeira edição deste livro. Trata-se de uma confusão, porque implica (falsamente) que a pressuposição de um começo absoluto é destituída de significado, em vez de simplesmente falsa.

possui características que o distinga de qualquer outro, o que lembra o apelo de Leibniz ao princípio da identidade dos indiscerníveis mobilizado para refutar a tese newtoniana, defendida por Clarke, de que o mundo veio a ser em um momento particular de um tempo cósmico infinito[449]. Em uma leitura estritamente epistemológica, porém, esse argumento parece apenas dar na conclusão de que não se pode *saber* que o mundo veio a ser em qualquer instante particular, e não na conclusão mais forte de que ele não poderia tê-lo feito, que é supostamente o que se exige.

Seja como for, isso ignora a perspectiva transcendentalmente realista adotada pelo cosmólogo racional. Também aqui, o que é essencial a essa perspectiva é a presunção de uma visão divina [*God's-eye view*] das coisas como a norma em cujos termos são avaliados a natureza e os limites do conhecimento humano. Em consequência, para o realista transcendental, a incapacidade de encontrar as condições distintivas da existência do mundo no tempo vazio significa não só que o intelecto humano é incapaz de determinar o tempo em que o mundo veio a ser, mas que tal determinação não pode ser feita nem mesmo por "olhos tão clarividentes quanto os de Deus", o que equivale a afirmar que não seria possível de modo algum que o mundo tenha vindo a ser no tempo.

As mesmas considerações servem para elucidar o sexto passo do argumento, que consiste na passagem da negação da posição finitista para a afirmação da posição oposta, a infinitista. Embora o próprio Kant vá rejeitar essa passagem como um *non sequitur*, já que repousa sobre a falsa pressuposição de que o mundo deve ser ou finito ou infinito, ela não é de modo algum problemática do ponto de vista do realismo transcendental sob o feitiço de P_2. Desse ponto de vista, a negação da finitude do mundo implica sua infinitude, e vice-versa.

Objeções e réplicas. Parece haver duas grandes estratégias para defender a posição finitista (ou outra similar) contra o ataque contido no passo 4. Embora ambas considerem o argumento como de natureza essencialmente verificacionista, elas podem ser vistas, de modo geral, como tentativas de defender a tese da finitude ao separá-las da exigência de uma condição de contorno.

A primeira, sugerida por Strawson, envolve a tentativa de legitimar a questão "por que o mundo começou quando começou?" ao interpretá-la como uma questão interna, e não como uma questão externa (Strawson, 1966, p. 177-179).

---

449. Na verdade, Leibniz ataca a tese de que Deus poderia ter criado o universo em um momento anterior (ou posterior) no tempo cósmico. Cf. sua Quarta e Quinta Cartas (Leibniz, [1717] 1956, p. 38; 75-77).

Nessa chave, a questão diz respeito à ordem ou ao arranjo dos elementos no interior do mundo – por exemplo, "por que *a* antes de *b*?" Em contrapartida, se entendida como uma questão externa, ela envolve referência a alguma condição ou fator externo que possa explicar por que o mundo começou em t_1 em vez de em t_2. A pressuposição operativa é que o interesse pelo mundo como um todo exclui a possibilidade de tratá-la como uma questão externa, mas não impede que a consideremos como uma questão interna legítima. Assim, a questão passa a ser "por que um dado evento foi o primeiro na série de eventos que constitui a história do mundo?" Essa questão é significativa porque sempre se pode supor a possibilidade se ordenar de forma diferente seja os eventos anteriores ao evento designado, seja a série efetiva de eventos.

A distinção feita por Keith Donnellan (1968, p. 281-304) entre uso "referencial" e uso "atributivo" de uma dada descrição definida pode demonstrar o principal problema com essa estratégia. Se a descrição definida "o primeiro evento" é entendida referencialmente como um "designador rígido", então a questão "por que o mundo começou com *este* evento e não com algum outro?" se torna uma questão interna perfeitamente legítima da maneira sugerida acima. Se, por outro lado, "o primeiro evento" é entendido atributivamente como denotador do evento mais antigo na série (qualquer que ele possa ter sido), então a única questão a ser posta é "por que o primeiro evento ocorreu quando ocorreu?" Contudo, esta última não pode ser considerada uma questão interna, uma vez que ela envolve referência a um arcabouço temporal externo. Está claro, porém, que apenas o uso atributivo da expressão "o primeiro evento" é relevante para a problemática da Primeira Antinomia. Consequentemente, a reinterpretação da questão como interna não dá conta do desafio posto pelo argumento da antítese.

A segunda estratégia, desenvolvida por Bennett, procura mostrar que a negação de que o mundo tenha um começo não se segue das premissas enunciadas. Bennett admite que, ainda que seja possível dar algum sentido à noção de um espaço extramundano (argumento usado contra a parte espacial do argumento), o mesmo provavelmente não pode ser feito no caso de um tempo pré-mundano. Seja como for, ele nega que tal impossibilidade justifique a conclusão efetivamente extraída no argumento favorável à antítese. Bennett (1974, p. 160), assim, observa que

> da impossibilidade de um tempo pré-mundano não infiro a impossibilidade de um primeiro evento. Mas infiro que, se houve um primeiro evento, ele ocorreu no primeiro instante [*first time*].

Além disso, continua ele,

> da premissa verdadeira de que "um tempo vazio anterior ao mundo" é um "não ente", [Kant] não infere imediatamente que o primeiro evento deve ter ocorrido no primeiro instante, mas, antes, que não pode ter havido um primeiro evento (Bennett, 1974, p. 161).

A partir dessa análise, Bennett se dá a tarefa de defender a coerência da pressuposição segundo a qual o primeiro evento ocorreu no primeiro instante. Isso requer a defesa da inteligibilidade não apenas das noções de um primeiro instante e de um primeiro evento tomadas individualmente, mas também de sua conjunção. Embora Bennett tenha êxito em demonstrar a coerência de um primeiro instante e de um primeiro evento, ele não é exitoso em relação ao terceiro ponto – que é o fator decisivo. Em outras palavras, enquanto as noções de um primeiro instante e de um primeiro evento são elas próprias perfeitamente coerentes, o mesmo não pode ser dito da noção de um primeiro evento em um primeiro instante.

Para se conceber um primeiro instante, Bennett sugere que tomemos como nosso ponto de referência qualquer evento histórico H e suponhamos que n representa o número de anos de H até o primeiro instante. A expressão "n anos antes de H" designa, portanto, o primeiro instante (Bennett, 1974, p. 161). O problema óbvio suscitado por essa análise diz respeito à possibilidade de concebermos instantes antes de H superiores a n anos e, portanto, anteriores ao "primeiro instante". Se n tem um valor finito (valor exigido pelo argumento), então deve ser possível conceber tais instantes. Como solução, Bennett (1974, p. 161) propõe que qualquer formulação da expressão "K anos antes de H", na qual $K > n$ "é dotada de sentido, mas não se refere a nenhum instante". O ponto parece ser que podemos facilmente imaginar instantes mais distantes de H do que n. Assim, muito embora a expressão "K anos antes de H" não se refira efetivamente a nenhum instante (dado que, *ex hypothesi*, n é o primeiro instante), ela poderia concebivelmente fazê-lo, o que seria suficiente para garantir a coerência da noção de um primeiro instante. Essa análise parece perfeitamente aceitável.

Embora Bennett não defenda especificamente a noção de um primeiro evento, isso pode ser feito facilmente. Dada a definição de "evento" (*Begebenheit, Ereignis*) como mudança de estado ou alteração de uma coisa no tempo, a expressão "o primeiro evento" designa a mais antiga mudança ocorrida no universo. Eventos concebivelmente anteriores a essa mudança primeva podem receber o mesmo tratamento destinado por Bennett aos instantes concebivelmente anteriores ao primeiro instante.

Contudo, como já assinalamos, a dificuldade concerne à localização de um hipotético primeiro evento em um pretenso primeiro instante. Dado que por "evento" se entende uma mudança no estado de uma coisa, o problema é que todo evento pressuporá um instante anterior em que a coisa existia em um estado distinto. Por conseguinte, a noção de um primeiro evento em um primeiro instante – isto é, um evento que não é precedido por um instante em que o mundo (a "coisa" em questão) estava em um estado distinto – acaba se revelando incoerente. Porém, na análise de Bennett, um começo do mundo no primeiro instante seria precisamente tal "evento". É possível, portanto, rejeitar essa possibilidade mobilizando as mesmas razões.

A resposta óbvia é conceder que um hipotético começo do mundo não é um "evento" no sentido recém-mencionado, mas insistir que isso não elimina sua conceptibilidade. Trata-se de uma resposta acertada e que permite a defesa da conceptibilidade de uma criação ou de um começo do mundo. O problema, contudo, é que ela não permite sustentar que esse começo ocorreu no primeiro instante (ou em qualquer outro). Independentemente da questão de se poder ou não denominar uma mudança de "evento", o ponto central (discutido no capítulo 9) é que ser capaz de contrastar o estado de uma coisa em um instante anterior com seu estado em um instante posterior é uma condição da possibilidade para se conceber a mudança dessa coisa no tempo. Disso resulta que talvez se possa sustentar, na companhia de Agostinho e de muitos outros (inclusive Leibniz), que o tempo tenha começado com a criação, embora não se possa reivindicar de modo significativo que a criação tenha ocorrido no primeiro instante[450]. Entretanto, é preciso fundamentar essa última conclusão para refutar o argumento sob exame.

Como no caso da tese, defender a antítese contra tais objeções não constitui, evidentemente, uma justificação do argumento. Em particular, podemos acabar preocupados com ideia de que a antítese teria mostrado somente (ou no máximo) que – supondo que o mundo teve um começo – é impossível responder a questão de por quê o mundo começou em um instante e não em outro; algo aparentemente bem diferente de mostrar (como se pretendeu) que ele não poderia ter começado no tempo (cf. Strawson, 1966, p. 177-178; Grier, 2001, p. 190n., que, neste particular, acompanha Strawson). Uma vez mais é crucial

---

450. Apesar de Kant não traçar precisamente essa distinção, ele de fato observa que a criação do mundo não pode ser considerada um evento no tempo, uma vez que o tempo começou com a criação (VR 28: 1095).

ter em mente o ponto de vista transcendentalmente realista a partir do qual o argumento se desenvolve. Vimos que, *deste ponto de vista*, faz sim todo sentido argumentar que a impossibilidade de um começo do mundo no tempo efetivamente se segue da impossibilidade de determinar (a partir de uma visão divina das coisas) o instante em que ele começou[451].

III. A Terceira Antinomia

Vimos que as antinomias dinâmicas se ocupam da "natureza", entendida como a totalidade das aparências considerada como um todo explicativo. No caso da Terceira Antinomia, a relação entre condicionado e condição, que se supõe constituir tal todo, é causal. Além disso, ambos os partidos da disputa presumem a validade da "causalidade segundo leis da natureza" no interior da experiência, isto é, o modo de causalidade afirmado na Segunda Analogia. O que está em questão é saber se não seria também necessário, ou mesmo permissível, apelar para uma outra concepção de causalidade – a liberdade transcendental, definida como "a faculdade [*Vermögen*] de iniciar por si [*von selbst*] um estado" (A533/B561) – para dar conta da origem do mundo como um todo. Por conseguinte, assim definida, a questão é explicitamente cosmológica. Com efeito, Kant salienta esse ponto na sua Observação à Tese. Ali, a fim de confirmar a "necessidade de a razão" de presumir tal começo, ele nota que, à exceção dos epicuristas, todas as escolas da filosofia antiga afirmavam a necessidade de se postular um primeiro motor para a explicação dos movimentos no mundo (A450/B478). Essa exceção é significativa, tendo em vista a identificação feita por Kant do ponto de vista da antítese em todas as Antinomias com o de Epicuro.

Kant também afirma nessa Observação que a concepção da espontaneidade absoluta de uma causa tem importantes implicações para o problema tradicional do livre-arbítrio (liberdade prática), pois representa o maior obstáculo para que se conceba tal liberdade. Ele sugere ainda que, com a distinção entre um "começo no tempo" e um "começo na causalidade", abre-se a possibilidade de se permitir que determinadas séries de aparências no mundo – a saber, ações humanas voluntárias e suas consequências causais – tenham um "primeiro começo absoluto" no segundo sentido, muito embora não sejam começos no primeiro

---

451. Kant se afasta dessa posição na nota a A521/B549, onde distingue entre a resolução "crítica" da Antinomia e a prova "dogmática" da antítese.

sentido (A450/B478). Tais questões, porém, estão para além de escopo desta seção, que se limita à dimensão cosmológica da Terceira Antinomia[452].

Ao afirmar a necessidade de se postular um começo ou uma causalidade incondicionada para dar conta da origem do mundo como um todo, a tese expressa a exigência da razão à completude explicativa. A antítese nega tanto a legitimidade de se postular tal causalidade quanto sua extensão a certas séries de aparências no mundo, o que não está explícito na própria tese. Em vez disso, ela afirma que toda causalidade deve ser do tipo da Segunda Analogia e, ao fazê-lo, expressa a exigência do entendimento a que se permaneça dentro dos limites da experiência possível. Embora não fique imediatamente claro na formulação de Kant, mais uma vez, intenciona-se que as demonstrações sejam de natureza apagógica: cada lado procura estabelecer sua conclusão pela demonstração da impossibilidade das outras. A fim de capturar essa intenção, pode-se entender que a tese e a antítese defendem, respectivamente, que nem tudo se dá de acordo com a causalidade natural e que tudo se dá de acordo com essa causalidade (cf. Röttges, 1974, p. 37; Ortwein, 1983, p. 24).

A. A tese

Como já apontamos, a tese faz uma reivindicação a respeito dos requisitos para uma explicação adequada da natureza, considerada como um todo dinâmico. Ela afirma que para explicar esse todo é necessário pressupor, como complemento à "causalidade segundo leis da natureza" (atuante no interior da natureza), uma "causalidade da liberdade". O argumento pode ser decomposto nos oito passos seguintes:

1. A suposição da concepção oposta: "não há nenhuma outra causalidade a não ser segundo leis da natureza".

2. Isso significa que "tudo o que acontece pressupõe um estado anterior ao qual ele se segue inexoravelmente segundo uma regra".

3. Mas isso implica (por universalização) que o estado anterior, por sua vez, deve ter vindo a existir no tempo. Caso se negue isso, isto é, caso se pressuponha que o estado precedente tenha existido desde sempre, então sua consequência (o estado subsequente) teria também existido desde sempre. Mas isso contradiz a pressuposição de que este último veio a existir no tempo.

---

452. Minha concepção sobre as conexões entre a Terceira Antinomia e o tratamento kantiano do problema do livre-arbítrio encontra-se em Allison (1990, p. 11-53; 1998, p. 475-483). Esse último texto expressa meus pensamentos mais recentes sobre a questão, que evoluíram ao longo dos anos.

4. Visto que "a causalidade das causas, pelas quais acontece algo, é ela própria algo acontecido", ela pressupõe, "segundo a lei da natureza [*nach dem Gesetz der Natur*]" sua própria causa anterior e assim por diante.

5. Por conseguinte, na pressuposição de que "tudo acontece segundo meras leis da natureza [*nach blossen Gesetzen der Natur*]", haverá sempre apenas um "começo subalterno [*subalternen*], mas jamais um começo absoluto, nem, portanto, uma completude da série pelo lado das causas oriundas umas das outras".

6. "Ora, a lei da natureza [*Gesetz der Natur*] consiste justamente no seguinte: que nada acontece sem uma causa suficientemente determinada *a priori*".

7. Portanto, quando "tomada em sua ilimitada universalidade", a tese de que "toda causalidade só seria possível segundo leis da natureza [*nach Naturgesetzen*] contradiz a si mesma".

8. Consequentemente, ela não pode ser considerada o único tipo de causalidade (A444-445/B472-474).

Estritamente falando, esse argumento estabelece, no máximo, a conclusão negativa de que a causalidade segundo leis da natureza não é a única espécie de causalidade, o que parece bem diferente de se estabelecer uma tese positiva sobre uma espécie não natural de causalidade envolvendo espontaneidade absoluta ou, de modo equivalente, liberdade transcendental. Porém, como deixa claro ao discutir a resolução da antinomia, Kant está tratando essas duas concepções de causalidade como contraditórias (A533/B561). Além disso, na medida em que a liberdade é entendida aqui em sentido puramente negativo como independência das condições da natureza, não há nada particularmente problemático com a passagem da insuficiência da primeira para a necessidade da segunda.

A julgar pelo tratamento que recebe na literatura secundária, não se pode dizer o mesmo sobre o argumento básico contra a recusa de qualquer causalidade não natural. Esse argumento depende de duas asserções estreitamente relacionadas: (1) a causalidade natural, por si só, jamais pode produzir completude em uma série causal (passo 5); e (2) é autocontraditória a afirmação de que a causalidade natural é a única espécie de causalidade, quando considerada como estritamente universal (passo 7). A primeira parece ou ser irrelevante ou então pressupor o que se quer provar: por que essa falta de completude deveria importar? A segunda parece profundamente misteriosa, e se sustenta às vezes que ela repousa sobre uma grosseira confusão [*conflation*].

Nenhuma delas, porém, é verdadeira. Para começar, a exigência de completude aludida no passo 5 é o pressuposto subjacente a toda a disputa. Desse modo, a questão não é saber *se* a natureza deve ser considerada como um todo dinâmico (a exigência de completude), mas sim – partindo-se do princípio de que ela o seja – saber como esse todo deve ser concebido. Por conseguinte, ao apelar para a exigência nesta altura, o argumento da tese não está introduzindo considerações alheias à discussão nem pressupondo a questão a ser aqui provada.

A acusação de autocontradição é mais complexa e requer uma discussão detalhada. Ela é deduzida no passo 7 a partir da incompletude explicativa afirmada no passo 5, através do princípio de que "nada acontece sem uma causa suficientemente determinada *a priori*", apresentado no passo 6 como "a lei da natureza". O que faz do passo 6 o cerne do argumento.

Dada sua óbvia centralidade, não é de surpreender que a natureza dessa lei e sua relação com as "leis da natureza" referidas em outra parte do argumento tenham sido o ponto focal tanto das críticas a ele dirigidas quanto das tentativas de interpretá-lo. Os problemas começam com a interpretação de "uma causa suficientemente determinada *a priori*". Talvez a leitura mais natural dessa expressão seja a de que ela se refere a uma causa suficiente por oposição a uma causa parcial, isto é, a um conjunto de condições necessárias e suficientes combinadas. Embora a Segunda Analogia pretenda mostrar que toda ocorrência deve ter uma causa suficiente nesse sentido, isso, por si só, não gera a contradição alegada. Como assinalou Schopenhauer ([1819] 1969, vol. I, p. 497-498), uma coisa é afirmar que todo evento requer uma causa suficiente para produzir o efeito, outra coisa bem diferente é afirmar que deve haver uma completude na série das causas antecedentes que resultam no evento . Em consequência, nessa interpretação, o argumento só consegue alçar voo amalgamando essas duas asserções. Ademais, Schopenhauer é aqui novamente seguido de perto por Kemp Smith. Esse autor observa que a questão de saber "se *A* é suficientemente explicado" é distinta da questão de saber "se *A* (uma vez dado) é suficiente para explicar *B*" (Kemp Smith, 1962, p. 493).

Felizmente, há pouco suporte textual para a leitura de Schopenhauer-Kemp Smith. Como nota Bennett, a tese é que a causa deve ser *suficientemente determinada*, não que ela deve ser suficiente; e (seguindo Heimsoeth) acrescenta que

> "*a priori*" aqui tem seu sentido tradicional de "antes de" ou "anterior a", e não o sentido especificamente kantiano de "independentemente da experiência (Bennett, 1974, p. 185).

Mas em vez de tentar explicar em que exatamente consiste a exigência de que uma causa seja suficientemente determinada antes de sua ocorrência ou de explicar como o argumento baseado nessa concepção deve funcionar, Bennett se dá por vencido e oferece, em lugar disso, um breve apanhado das explicações supostamente inadequadas presentes na literatura (Bennett, 1974, p. 186).

Dentre elas, a mais promissora é uma sugestão de Ewing. De acordo com ela, caso houver apenas a causalidade da natureza, nenhuma explicação seria última no sentido de não restar nada mais a ser explicado (Ewing 1950, p. 218, *apud* Bennett, 1974, p. 184). Bennett, contudo, rejeita essa proposta, alegando que ela considera o alvo da tese uma versão do princípio de causalidade que sustenta *tanto* haver apenas a causalidade da natureza *quanto* que todo evento tem uma explicação última. Bennet (1974, p. 186) a considera inaceitável porque transforma o oponente "em um espantalho [*straw man*] tão óbvio que Kant não teria levado a sério ou imaginado que o defensor da proposta teria a levado a sério".

O que é particularmente curioso na caracterização bennetiana da proposta como um espantalho é ela corresponder à posição de um de seus filósofos favoritos – Leibniz. De fato, basta substituir o que Bennett chama de um "princípio de causalidade" pelo princípio de razão suficiente para se chegar à posição leibniziana tal como articulada em sua polêmica com Clarke. Nessa polêmica e em outros textos, Leibniz sustenta que toda ocorrência tem uma razão suficiente – *tanto* por ter uma causa antecedente *quanto* por ter uma explicação última (acessível apenas a Deus) devido a seu papel no interior do contexto total de um mundo possível efetivado pela vontade divina[453].

Isso é evidenciado pelo fato de que, nesse texto, Leibniz ([1717] 1956, p. 95) considera que o princípio de razão suficiente se aplica igualmente "ao existir de qualquer coisa [...], ao acontecer de qualquer evento [...], ao ter lugar de qualquer verdade". Em termos kantianos, isso significa que ele o considera ao mesmo tempo um princípio lógico, que requer fundamentos adequados para qualquer conclusão, e um princípio real ou causal, que governa ocorrências ou estados de coisas. Além disso, se consideramos essas exigências – como Leibniz parece ter feito – como duas expressões de um mesmo princípio que tem força lógica e também metafísica, então é natural considerar que ele requer, para qual-

---

453. Cf. a Quinta Carta de Leibniz a Clarke, esp. seções 1-20 em Leibniz ([1717] 1956, p. 55-60). Para o assombro de Clarke, Leibniz estende ali esse princípio até a própria vontade divina, afirmando que ela é determinada (embora não necessitada) pelo que o intelecto divino reconhece como o melhor. Além disso, ao insistir na universalidade estrita (ilimitada) desse princípio, ele explicitamente exclui a espontaneidade que Clarke afirma ser necessária para a compreensão da agência divina (ou humana).

quer *explanandum*, uma explicação ou fundamentação última análoga à fundamentação lógica em princípios requerida para a justificação de conclusões. Em suma, em virtude de sua compreensão do princípio de razão suficiente, Leibniz se compromete com a concepção segundo a qual deve haver tanto uma causa antecedente quanto uma explicação completa (pelo menos em princípio ou para Deus) para toda ocorrência ou estado de coisas, incluindo a existência do mundo como um todo.

Portanto, em vez de atacar um espantalho, como Bennett sugere, podemos considerar que a tese da Terceira Antinomia apresenta uma *reductio* da posição de Leibniz, particularmente tal como formulada em sua polêmica com Clarke relativa à natureza e ao escopo do princípio de razão suficiente[454]. O ponto básico dessa *reductio* é que as duas exigências embutidas no que se pretende como um único princípio têm orientações opostas. Especificamente, a exigência de completude explicativa afirmada no passo 5 não pode ser reconciliada com o princípio de que *toda* causalidade, e, portanto, toda explicação, está de acordo com leis da natureza, pois esse último modo de explicação não pode jamais produzir a completude explicativa exigida[455]. Por conseguinte, quando esse princípio é "tomado em sua ilimitada universalidade", como deve sê-lo quando aplicado à natureza como um todo, ele produz a contradição a que se refere o passo 7. Leibniz, assim, não pode manter ambas as exigências ao mesmo tempo.

Todavia, seria um erro ver o argumento da tese como nada mais do que uma *reductio* da posição leibniziana, ou mesmo daquela concepção particular do princípio de razão suficiente, pois isso significaria que a conclusão poderia ser evitada simplesmente pelo abandono desse princípio dogmático[456]. O fato de o crucial passo 6 ser uma expressão ligeiramente disfarçada de P_2 é, no final das contas, o que impede essa rejeição fácil. Em outras palavras, a "lei da natureza" segundo a qual "nada acontece sem uma causa suficientemente determinada *a priori*" é logicamente equivalente ao princípio de que "se o condicionado é dado,

---

454. É o que defende Al-Azm (1972, p. 92-93).

455. Uma análise um pouco similar foi feita por Walsh (1975, p. 204-205). Walsh, porém, não se concentra especificamente na Terceira Antinomia e vê a contradição na tensão interior a um princípio de razão suficiente, afirmada sem muito entusiasmo tanto por Leibniz quanto por Newton/Clarke, e não na compreensão que o próprio Leibniz tem do princípio. Mais importante, à luz da sua total rejeição da teoria kantiana da razão, Walsh deixa passar despercebida a conexão entre esse princípio e P_2. Veremos que isso subjaz e compromete sua crítica do argumento indireto de Kant a favor do idealismo transcendental.

456. Para formulações contemporâneas desse tipo de crítica, que remonta a Hegel, cf. Röttges (1974, p. 36) e Ortwein (1983, p. 24-26).

então também é dada a série inteira de todas as suas condições" quando este último é aplicado à natureza considerada como um todo dinâmico. Portanto, não apenas a concepção de Leibniz, mas *qualquer* concepção naturalista da causalidade entra em conflito com esse princípio quando "tomado em sua ilimitada universalidade" porque não pode dar conta da "dadidade" da série como um todo (a condição de completude).

B. A antítese

Como já indicado, a antítese nega a possibilidade de uma causalidade da liberdade, afirmando, ao contrário, que "tudo no mundo acontece unicamente segundo leis da natureza" (A445/B473). Ela pode ser decomposta nos oito passos seguintes, suplementados por algumas observações sobre a "ilusão da liberdade":

1. A suposição da concepção oposta: há uma liberdade em sentido transcendental.

2. Isso significa que há (a) "uma faculdade de começar absolutamente um estado", e (b) "uma série de consequências do mesmo".

3. Isso implica que (a) uma série de ocorrências terá seu começo absoluto em uma causa espontânea e que (b) essa causalidade, por sua vez, terá um começo absoluto.

4. Por conseguinte, "não a antecede nada que determinasse essa ação que acontece segundo leis constantes".

5. Mas: "todo começo de ação [...] pressupõe o estado da causa ainda não atuante".

6. Além disso, se, como está sendo pressuposto, não se trata apenas de um "começo *dinâmico*" (o começo de uma sequência causal), mas também de um começo *absoluto*, ele "pressupõe um estado que não tem nenhuma conexão causal com o estado precedente dessa mesma causa[457], isto é, não se segue a ele de modo algum".

7. Assim,

---

457. Sigo aqui a tradução de Kemp Smith e não a de Guyer e Wood – que vertem "*dem vorhergehenden eben derselben Ursache*" para "a causa do anterior" –, pois parece deixar mais claro o argumento. O que está em questão é a relação entre um começo dinâmico e o estado anterior do agente, não a causa daquele estado.

a liberdade transcendental se contrapõe à lei causal [*der Kausalgesetze*] e é uma ligação [*Verbindung*] dos estados sucessivos de causas efetivas, pela qual não é possível uma unidade da experiência que, portanto, não poderia ser encontrada em nenhuma experiência.

8. A ideia de tal liberdade é, portanto, "um vazio objeto do pensamento", isto é, não pode haver liberdade transcendental (A445-447/B473-475).

Esse argumento, que representa o ponto de vista de um "empirismo puro", é relativamente simples e não contém quaisquer premissas surpreendentes, como é o caso do passo 6 no argumento da tese. Após especificar a tese a ser refutada e suas implicações relevantes nos três primeiros passos, o argumento apela, no passo 5, ao que parece ser (posto que não apresentado enquanto tal) um princípio básico das Analogias, segundo o qual toda mudança deve estar conectada ao estado anterior do agente. O passo 6, então, assinala que a concepção de um começo absoluto dinâmico, com a qual a doutrina da liberdade transcendental está comprometida, viola essa condição; donde se infere, no passo 7, que esta última não pode ser encontrada na experiência, pois conflita com a "lei causal" que especifica as condições da unidade da experiência. Por fim, o passo 8 infere a impossibilidade absoluta da liberdade transcendental a partir de sua impossibilidade empírica e a descarta como um "vazio objeto do pensamento".

Esse argumento recebeu, em geral, dois tipos de resposta. De um lado, há a visão de Schopenhauer ([1819] 1969, vol. I, p. 498), segundo a qual o argumento reflete a posição crítica de Kant e é perfeitamente satisfatório. Uma versão modificada dessa posição foi apresentada por Strawson (1966, p. 208-209), que descreve o argumento como uma "simples negação da liberdade", consistente com os resultados da Segunda Analogia. De outro, há aqueles críticos que consideram haver uma harmonia entre o argumento e a Analítica ao mesmo tempo que o rejeitam como circular ou como petição de princípio justamente por essa razão. Objetam que Kant não pode legitimamente apelar aos resultados da Analítica a essa altura, sobretudo porque esses resultados são inseparáveis do idealismo transcendental – e é justamente esse idealismo que está em jogo. Além disso, sustenta-se por vezes que uma equiparação radicalmente não kantiana entre liberdade e ausência de lei [*lawlessness*] seria necessária para fazer o argumento funcionar; e que o argumento, ao apelar às condições da unidade da experiência, só descarta uma causa espontânea no interior da natureza, o que deixaria intacto o ponto central da tese, segundo o qual devemos pressupor essa causa fora da natureza (cf. Röttges, 1974, p. 45-48; Ortwein, 1983, p. 26-27).

Em relação à primeira objeção, fica claro que o argumento da antítese não incorre em circularidade pressupondo ilicitamente a validade do princípio causal, nem pressupõe a verdade do idealismo transcendental. Ele não é circular porque a validade desse princípio (no interior da experiência) é pressuposta por ambos os partidos em disputa. O que está em questão é apenas saber se também é possível encontrar espaço conceitual para uma concepção diferente de causalidade (liberdade transcendental). Além do mais, a antítese aqui claramente argumenta em favor de (em vez de meramente supor) sua recusa. Nesse sentido, o argumento não pressupõe a verdade do idealismo transcendental porque a disputa entre esse idealismo e o realismo transcendental não surge no nível empírico; ela só surge quando princípios empiricamente válidos são estendidos para além dos limites da experiência.

A objeção de que o argumento não funciona sem a equiparação entre liberdade e ausência de lei, que supostamente conflita com as próprias doutrinas de Kant, tampouco vem ao caso. Em primeiro lugar, ela não diz respeito realmente ao lado cosmológico da disputa, que é o tópico central da Terceira Antinomia propriamente dita. Em segundo lugar, "ausência de lei" é aqui entendida por oposição à "lei da natureza" ou, de modo mais geral, às leis causais. Por essa razão, ela nada tem a ver com a conexão entre liberdade e princípios morais, esfera em que Kant nega, em passagens célebres, uma liberdade sem lei (cf. esp. Gr 4: 446-447; 94-95). Em terceiro lugar, aqui como alhures, a antítese representa o ponto de vista de um empirismo puro e não a posição crítica do próprio Kant.

A objeção de que o argumento passa da rejeição da liberdade transcendental no interior da natureza para sua total rejeição, ou, de modo equivalente, de sua impossibilidade empírica para sua impossibilidade absoluta, atinge de fato um ponto sensível e requer um comentário mais detido. Ao lidar com essa objeção, devemos novamente ter em vista que o argumento representa a perspectiva transcendentalmente realista de um empirismo puro ou dogmático. Devemos igualmente atentar que, se as aparências são consideradas como coisas em si mesmas, então aquilo que são apenas condições epistêmicas para Kant passa a ser necessariamente interpretado como dotado de força ontológica. Por essa razão, a antítese argumenta consistentemente a partir de seus próprios pressupostos, como o próprio Kant mais tarde assinala ao comentar que, "se as aparências são coisas em si mesmas, então a liberdade não pode ser salva" (A536/B564); ou, de modo ainda mais enfático: "se nos rendêssemos à ilusão do realismo transcendental, então não restaria nem natureza nem liberdade" (A543/B571).

IV. O idealismo transcendental e a resolução da antinomia

Esse último ponto nos leva a nossa preocupação central: a conexão entre a análise feita por Kant do conflito antinômico e a oposição entre realismo transcendental e idealismo transcendental. A questão pode ser dividida em duas partes. A primeira, que se aplica (ainda que de diferentes maneiras) a todas as quatro antinomias, trata da tentativa de Kant de mostrar que toda a disputa repousa sobre um mal-entendido, decorrente do compromisso implícito de todos os contendores com o realismo transcendental, e pode ser resolvida optando-se pelo idealismo transcendental. A segunda, que se aplica apenas às duas primeiras antinomias (Antinomias Matemáticas), trata da prova indireta do idealismo transcendental apresentada por Kant a partir da natureza dita contraditória das implicações do realismo transcendental. Se podemos entender que o primeiro ponto trata o idealismo transcendental como condição suficiente para a resolução da antinomia, o segundo efetivamente o eleva a condição necessária.

A. "O idealismo transcendental como a chave para resolver a dialética cosmológica"

Esse é o título da sexta seção do capítulo da Antinomia (A490/B518). Ela é imediatamente sucedida pelo contraste entre idealismo transcendental e realismo transcendental, considerado detidamente no capítulo 2. Contudo, Kant aplica esse contraste ao conflito antinômico apenas na oitava seção. Como vimos, Kant começa essa seção fundamental observando que a Antinomia inteira repousa sobre o princípio ilusório de que "se o condicionado é dado, é dada também a série inteira de suas condições", o que quer dizer que a Antinomia repousa sobre P_2. Vimos também por que Kant sustenta que o silogismo hipotético – no qual tal princípio corresponde à premissa maior e que subjaz a todo o conflito antinômico – comete uma falácia de equivocação, uma consequência direta de sermos enganados por essa ilusão. Mas Kant está perfeitamente ciente de que isso não basta para pôr fim à questão, já que, independentemente de qualquer falácia oculta, continua parecendo que um dos partidos em disputa deve estar certo (A501/B529). Em suma, a ilusão ainda não perdeu sua aderência.

Uma vez que a ilusão, na condição de natural e inevitável, não pode ser completamente eliminada, a função terapêutica do idealismo transcendental nesse contexto é reduzir sua aderência, isto é, diminuir seu poder de levar ao erro. Como foi o caso nos Paralogismos e será de novo no Ideal, uma parte essencial da estratégia consiste em mostrar que a força enganadora da ilusão é uma função do compromisso implícito do metafísico com o realismo transcendental. Mas, como neste caso a ilusão é biface, Kant irá sugerir também que o idealismo transcendental oferece uma nova maneira de considerar a situação. Nessa nova abordagem, o conflito entre as teses concorrentes, que parece insolúvel do ponto de vista do realismo transcendental, pode ser visto como meramente aparente, pois proviria dessa ilusão (cf. A506/B534).

O primeiro passo de Kant nesse processo terapêutico foi distinguir entre uma condição nos ser dada (*gegeben*) e ser "*dada a nós como problema*" (*aufgegeben*) ou sua busca "proposta como tarefa" (A498/B526)[458]. A tarefa de procurar as condições para todo condicionado decorre da máxima lógica da razão ou do imperativo categórico intelectual (P_1)[459]. Por essa razão, Kant trata a proposição de que temos essa tarefa como uma proposição analítica, estando "acima de qualquer temor de uma crítica transcendental" (A498/B526). Entretanto, não é analítico que as condições procuradas sejam, por sua vez, "dadas", no sentido de estarem aí para serem encontradas (mesmo em princípio ou a partir de uma visão divina das coisas). Ora, essa é precisamente a ilusão de cujas garras é necessária a liberação.

Contudo, mais uma vez isso se mostra como algo que excede os recursos do realismo transcendental, servindo mais para reforçar a ilusão. Isso se deve ao fato de que a ilusão, em sua forma cosmológica, consiste justamente em que a totalidade das condições (aqui, as aparências) exista de maneira atemporal como coisa em si mesma, isto é, como um objeto de ordem superior para um hipotético "entendimento puro". Por conseguinte, se (como faz o realismo transcendental) tomarmos as aparências, isto é, os entes espaço-temporais, como coisas em si mesmas, então, ao seguir P_1, inevitavelmente tomamos a série total das condições como efetivamente dada, em vez de simplesmente considerarmos a procura por tais condições como uma tarefa. Kant coloca o problema desta maneira:

> Se tanto o condicionado como sua condição são coisas em si mesmas, então **quando o primeiro é dado**, não apenas o regresso ao primeiro *é dado como um problema*, mas a última efetivamente já *dada* [*gegeben*] com ele; e, como isso vale para todos os membros da série, também a

---

458. A primeira dessas expressões entre aspas é da tradução para "*aufgegeben*" de Kemp Smith e a segunda é de Guyer e Wood. Aqui seguirei a primeira por razões estilísticas. • Essa distinção só existe nas traduções utilizadas por Allison. No original, não há qualquer referência a "tarefa" ou "problema": "Zuerst ist folgender Satz klar und ungezweifelt gewiss: dass, wenn das Bedingte gegeben ist, uns eben dadurch ein Regressus in der Reihe aller Bedingungen zu demselben aufgegeben sei." Na tradução aqui utilizada, lê-se: "se é dado o condicionado, é-nos *imposto*, justamente por isso, um regresso na série de todas as condições do mesmo" [N.T.].

459. Kant aqui se refere a ela como "um postulado lógico da razão" (A498/B526).

> série completa das condições, e por consequência o incondicionado, é, portanto, dado **simultaneamente**, ou, antes, pressuposto pelo fato de o condicionado, que só era possível por meio daquela série, ser dado. A síntese do condicionado com sua condição é, aqui, uma síntese do mero entendimento, que representa as coisas *como elas são*, sem se preocupar se e como podemos chegar ao conhecimento delas (A498/B526-527).

A última sentença dessa importante passagem é particularmente crucial para uma compreensão da resolução que Kant dá à Antinomia. Para começar, uma "síntese do mero entendimento" é apenas a "síntese intelectual" da Dedução B. Enquanto tal, ela envolve um uso puro ou transcendental das categorias, uso esse que, uma vez que faz abstração das condições sensíveis de sua aplicação (os esquemas transcendentais), proporciona meramente regras para o pensamento de "objetos em geral". Assim, não se deve entender a tese de que tal síntese "representa as coisas como elas são" como uma sugestão de que ela forneceria conhecimento de coisas como elas são em si mesmas. O ponto do argumento é, antes, que o realismo transcendental é obrigado a tomá-la desse modo, visto que ignora a questão de se saber "se e como podemos chegar ao conhecimento delas".

Essa consequência não vale, contudo, se tomarmos, com o idealismo transcendental, os objetos espaço-temporais apenas como aparências. Pois sob essa pressuposição, os objetos são dados apenas no e por meio do regresso do condicionado à sua condição, isto é, por meio de uma síntese empírica que, enquanto tal, leva em consideração as condições espaço-temporais por meio das quais as condições são dadas. Por conseguinte, o idealismo transcendental não apenas abre espaço para, como também requer precisamente aquilo que o realismo transcendental parece forçado a negar, a saber, uma distinção não arbitrária entre uma condição ser dada e a procura dessa condição ser proposta apenas como tarefa (A499/B527).

Além disso, segue-se daí que o idealismo transcendental não está comprometido com a pressuposição ilusória de que a totalidade das condições para qualquer aparência condicionada já está dada no sentido supramencionado. É verdade que continua sendo "natural" pensar em uma série de condições como dada nesse sentido e, portanto, como obrigatoriamente finita ou infinita nos aspectos relevantes. Mas o idealista transcendental está equipado com uma ferramenta crítica – o que lhe permite resistir à sedução exercida por essa maneira de pensar.

No contexto do debate cosmológico, essa ferramenta cava um espaço conceitual para uma alternativa que não é reconhecida pelo realista transcendental, a saber, que ambos os partidos em disputa estejam errados (ou, no caso das antinomias dinâmicas, que ambos possam estar corretos). Kant aborda essa resolução do conflito aludindo favoravelmente a Zenão de Eleia, a cujo pensamento dialético Bayle apelara anteriormente como apoio a seu ataque às pretensões da razão (cf. Bayle [1697] 1965, s.v. "Zenão de Eleia"). Contudo, à diferença de Bayle, Kant não considera que o vetor principal da dialética de Zenão seja cético. Assim, em vez de acusar Zenão de querer negar duas proposições mutuamente contraditórias – a de que o mundo é finito e a de que o mundo é infinito, por exemplo –, Kant o vê como um precursor de sua própria posição crítica por questionar a pressuposição de que tais proposições sejam realmente contraditórias. Segundo o diagnóstico de Kant, isso se faz pela demonstração de que os dois juízos mutuamente conflitantes pressupõem uma condição inaceitável, o que implica que eles não são realmente contraditórios e que são ambos falsos. Como exemplo empírico, Kant cita a proposição de que todo corpo ou cheira mal ou cheira bem, sendo a condição inaceitável, neste caso, que todo corpo tenha um odor. Como é evidente que existem corpos totalmente desprovidos de qualquer odor, ambas as alternativas são falsas (A502-503/B530-531).

No caso cosmológico, a condição inaceitável é que o mundo (a totalidade das aparências) seja dado como uma coisa em si mesma (A504/B532). Como vimos, por causa da ilusão subjacente, o realista transcendental não está em condições de desafiar a aceitabilidade dessa condição, mas o idealista transcendental felizmente detém tais condições. Assim, Kant pode pretender que a grandeza do mundo não seja nem finita nem infinita, pela simples razão de que o mundo não é o tipo de "coisa" ao qual se possa atribuir uma grandeza, ou, mais precisamente, o mundo não é de modo algum uma "coisa". Do ponto de vista lógico, isso significa que as teses e antíteses das Antinomias Matemáticas são contrárias e não contraditórias, o que, de novo, abre espaço para a possibilidade (aqui realizada) de que ambas sejam falsas. Elas seriam genuinamente contraditórias se a antítese só afirmasse que o mundo não é finito; mas, como vimos, ela vai além e afirma que ele é efetivamente infinito em grandeza[460].

Esse diagnóstico sublinha a importância sistemática do último passo nos argumentos das antíteses e revela o profundo equívoco daquelas interpretações (por exemplo, as de Schopenhauer e Strawson) que identificam a posição das antíteses com a do próprio Kant. Como vimos nos casos da Primeira e da Terceira Antinomia, é nesse passo que o empirismo puro, ao ir além da simples

---

460. Correlativamente, se a tese apenas negasse que o mundo é infinito, as duas afirmações seriam não apenas compatíveis, mas também, do ponto de vista de Kant, corretas.

negação da tese e afirmar sua própria concepção alternativa positiva, revela suas tendências transcendentalmente realistas. Por essa razão, Kant sugere que o empirismo puro se torna dogmático e, tal como seu oponente dogmático, "diz mais do que sabe" (A472/B500)[461].

Entretanto, como também vimos, esse diagnóstico leva a resoluções significativamente diferentes dessas duas antinomias. Isso ocorre principalmente porque o empirismo puro diz mais do que sabe de modos distintos nos diferentes tipos de antinomia. No caso da Primeira Antinomia, ele o faz ao inferir impropriamente da premissa correta de que o mundo não pode ter uma grandeza finita que ele deve ter uma grandeza infinita. No caso da Terceira Antinomia, ele diz mais do que sabe ao inferir impropriamente da premissa igualmente correta de que a *causalidade empiricamente cognoscível* deve estar de acordo com leis da natureza que *toda causalidade* deve estar de acordo com tais leis. Do ponto de vista do realismo transcendental, essa inferência é válida (como é também, infelizmente, a inferência oposta, a da tese). Mas ela repousa sobre a pressuposição dogmática de que condições epistêmicas são também condições ontológicas. Por conseguinte, aqui o idealismo transcendental abre a perspectiva de limitar (em vez de simplesmente rejeitar) a asserção da antítese, abrindo assim espaço conceitual para o pensamento da liberdade transcendental como um modo não empírico de causalidade. Todavia, a contribuição direta do idealismo transcendental ao problema da liberdade se limita a apenas isso, pois não pode garantir que esse espaço conceitual seja preenchido. É por essa razão que Kant nega enfaticamente ter estabelecido a realidade ou mesmo a possibilidade real da liberdade, afirmando só ter mostrado que "a natureza pelo menos não entra em conflito com a causalidade pela liberdade" (A558/B586). Como estamos prestes a ver, essa também é a razão pela qual somente as Antinomias Matemáticas podem entrar na prova indireta do idealismo transcendental apresentada por Kant.

B. A prova indireta

A prova indireta de Kant é a culminação da sua resolução crítica da Antinomia. Ela pretende mostrar não apenas que o idealismo transcendental oferece uma chave para essa resolução como também que ele é a única chave: ou aceitamos o idealismo transcendental ou acabamos vítimas da "eutanásia da razão pura". Uma tese aparentemente demasiado ousada, que Kant respalda no que

---

[461]. A tese diz mais do que ela sabe ao passar da negação da infinitude do mundo para a afirmação de sua finitude.

parece ser uma linha de argumentação excessivamente tênue. A prova como um todo se baseia em um dilema e procede do seguinte modo:

> Se o mundo é um todo existente em si mesmo, ele é ou finito ou infinito. Ora, tanto a primeira como a segunda alternativa são falsas (segundo as provas acima apresentadas da antítese, por um lado, e da tese, por outro). Logo, também é falso que o mundo (o conjunto de todas as aparências) seja um todo existente em si. Donde se segue, então, que as aparências em geral não são nada fora de nossas representações, que era o que queríamos dizer por meio da sua idealidade transcendental (A506-507/B534-535).

A forma lógica desse argumento é um *modus tollens** combinado a uma inferência imediata. A negação do consequente ("o mundo é ou finito ou infinito") é usada em seguida para negar o antecedente ("o mundo é um todo existente em si mesmo"), o que implica, então, a conclusão de que "as aparências em geral não são nada fora de nossas representações". Esse último enunciado é a tese do idealismo transcendental.

Pressupondo que as provas da tese e da antítese sejam válidas, o *modus tollens* é pertinente[462]. Por conseguinte, o peso do argumento recai sobre a inferência imediata a partir dos resultados negativos das Antinomias Matemáticas. Isso, porém, parece bastante problemático. Com efeito, se nos restringirmos aos termos do argumento, parece perfeitamente possível aceitar a conclusão do *modus tollens* de que o mundo (a soma de todas as aparências) não é um todo existente em si mesmo e rejeitar ao mesmo tempo o resultado idealista que se presume seguir-se imediatamente dela.

A maneira casual que Kant exprime esse resultado pode ser parte do problema. A tese de que "as aparências em geral não são nada fora de nossas representações" poderia ser entendida como analítica, pois pode ser derivada diretamente da definição de "aparência", sem qualquer referência ao argumento anterior. Esse, contudo, é apenas um defeito menor, que pode ser remediado com uma simples reformulação da tese: "objetos espaço-temporais são aparências"; enquanto tais, eles são também

---

* *Modus tollens* (ou *modus tollendo tollens*, que literalmente significa: "excluindo... exclui-se") ou negação do consequente é uma bem conhecida regra de inferência em lógica que assume a seguinte forma: "Se P, então Q. Não Q. Logo, não P". Em notação lógica: "P → Q. ¬Q. ∴ ¬P" [N.T.].

462. Deve-se ter em mente aqui que tudo o que o argumento do idealismo requer são os resultados negativos desses argumentos, isto é, as demonstrações de que o mundo não pode ser infinito e de que ele não pode ser finito. Suas conclusões positivas posteriores, baseadas na pressuposição de que as concepções opostas são genuinamente contraditórias, são claramente ilícitas do ponto de vista de Kant. Mas isso não afeta a solidez do *modus tollens*.

meras representações que, tal como são representadas – como seres extensos ou séries de mudanças –, não têm uma existência fundada em si mesma fora de nossos pensamentos (B519).

Mas essa reformulação também explicita nitidamente o problema principal: como podemos inferir o idealismo transcendental da mera negação do antecedente? A passagem do enunciado "é falso que o mundo (o conjunto de todas as aparências) seja um todo existente em si" para o idealismo transcendental parece constituir, ao menos a princípio, mais um caso de *non sequitur* grosseiro que diversos críticos alegaram encontrar em Kant.

Há também outra maneira de expressar a dificuldade. Em última análise, a prova do idealismo transcendental repousa sobre a pressuposição de que ele oferece a única base possível para evitar o conflito antinômico. Porém, essa pressuposição pode ser posta em questão. Numa formulação linguística da questão, seria possível, por exemplo, argumentar que o problema com as posições tanto da tese quanto da antítese advém de conceberem "mundo" e "a soma de todas as aparências" como expressões nomeadoras [*naming expression*] ou como descrições definidas. Dada essa pressuposição, faz todo sentido investigar a grandeza do referente de "mundo" e pressupor que essa grandeza deve ser ou finita ou infinita em quaisquer aspectos considerados. Isso sugere, entretanto, que tudo o que se requer para resolver a disputa é mostrar que "mundo" não tem referente. Com efeito, essa é seguramente a leitura mais natural da conclusão do *modus tollens*. Como "mundo" não se refere a nenhum ente particular, seu referente não é nem finito nem infinito. Na verdade, do fato de que a palavra "mundo" não ter referência segue-se que ela não se refere a uma coisa em si mesma; mas segue-se também que ela não se refere às aparências de alguma coisa desconhecida. Em todo o caso, parece injustificado e desnecessário justapor a pressuposição de que os objetos espaço-temporais[463] são eles próprios meras aparências (crítica essa esboçada por Gram, 1967a, p. 509-512).

Ainda que esse tipo de crítica pareça plausível, ela falha em considerar o papel essencial da ilusão transcendental na análise de Kant. No contexto presente, essa ilusão explica por que parece perfeitamente natural, e mesmo inevitável, tomar "mundo" ou seus equivalentes como uma expressão nomeadora. Continuando a análise linguística, o termo parece funcionar mais como "exército" do que como, digamos, "a família média", pelo fato de designar uma coleção atual, com efeito, uma coleção que é "dada" (em um sentido empírico) e em relação à

---

463. Já se supôs equivocadamente que esses objetos, tomados coletivamente, oferecem o referente de "mundo".

qual a determinação da grandeza parece perfeitamente pertinente[464]. É verdade que os termos diferem porque (logicamente) só pode haver um mundo, ao passo que podem existir exércitos em qualquer número. Contudo, essa diferença não parece decisiva relativamente à questão em pauta, dado que se pode traçar a mesma comparação com um exército particular.

Expresso em termos mais kantianos, o problema com o conceito do mundo é que ele é pseudoempírico. Como vimos, isso quer dizer que, de um lado, ele parece equivaler a um objeto empírico de ordem superior (como um exército), de outro, isso quer dizer que – por envolver o pensamento de uma completude absoluta das condições – ele se isenta das condições sob as quais seu suposto objeto, e somente ele, poderia ser determinado empiricamente. É essa última característica que faz dele uma ideia da razão e, portanto, um conceito pseudoempírico, apenas. Além disso, por essa razão mesma, ele envolve uma contradição interna, o que, por sua vez, explica por que ele gera implicações contraditórias[465].

Todavia, mesmo aceitando a correção dessa análise – e sua sugestão de que podemos simplesmente negar que "mundo" seja uma expressão com referente sem que com isso também se exponha a ilusão subjacente que nos leva naturalmente a vê-lo como tal –, ainda restam problemas relativos à inferência imediata do idealismo transcendental. Isso se deve ao fato de que a inferência não é, ao contrário do que sugere o texto, realmente imediata, mas baseada em duas premissas suprimidas. A primeira é que o antecedente ("o mundo [...] é um todo existente em si mesmo") é uma implicação do realismo transcendental. A segunda é que o realismo transcendental e o idealismo transcendental são dois pontos de vista filosóficos contraditórios. Da primeira dessas premissas segue-se que a conclusão do *modus tollens*, a negação do antecedente, implica a negação do realismo transcendental. Da segunda se segue que essa negação equivale à afirmação do idealismo transcendental. Dadas essas premissas, o argumento geral de Kant é claramente válido. A questão principal, portanto, diz respeito à verdade dessas premissas adicionais. Iremos aqui nos concentrar sobretudo na segunda premissa, pois já elaboramos um extensa defesa da primeira no capítulo 2.

---

464. Também é possível afirmar, evidentemente, que a família média possui, digamos, 1,7 filhos, mas se trata claramente de uma tese estatística, que não se refere a nenhuma família *particular*.

465. De fato, Kant vez por outra parte da natureza autocontraditória dessa ideia do mundo para sustentar uma resolução do conflito antinômico. Ver Pro 4: 342; 132-133, Fort 20: 321; 403. Discuto essa linha de argumentação em mais detalhe em Allison (1976a, p. 224-253).

Felizmente, à luz do que já vimos, deve ter ficado bastante claro que o realismo transcendental está necessariamente comprometido com a proposição de que "o mundo [...] é um todo existente em si mesmo". Os pontos-chave aqui são dois: primeiro, P_2, quando aplicado a aparências, implica que a soma total dessas aparências é um todo existindo em si mesmo; segundo, o realismo transcendental, como aqui compreendido, está comprometido com a validade objetiva de P_2.

O primeiro ponto está expresso no silogismo hipotético que subjaz à Antinomia como um todo. Lembre-se que a premissa maior desse silogismo ("se o condicionado é dado, então é dada também a série inteira de todas as suas condições") é simplesmente P_2. Além disso, a conclusão, que Kant não se dá ao trabalho de detalhar, é que a série inteira das condições para os objetos dos sentidos deve ser dada. Mas como essa série inteira constitui "o mundo", e como a "dadidade", no sentido aqui operante, significa ser dado para um entendimento puro ou para uma síntese intelectual, que abstrai das condições sensíveis da dadidade empírica, o mundo é tomado como existente "em si mesmo", ou, de forma equivalente, como uma coisa em si mesma. Por conseguinte, que o mundo (sob essa definição) exista desse modo é implicado por P_2.

Como vimos, considerações similares também dão conta do compromisso do realismo transcendental com esse princípio ilusório. Uma vez que a cognição considerada a partir de uma pretensa visão divina é definitória para o realismo transcendental, ele é incapaz de reconhecer a natureza ilusória de P_2. Por conseguinte, ele trata esse princípio como objetivamente válido. Mas isso, por sua vez, requer que ele também aceite suas consequências lógicas, o que significa que está comprometido com a proposição sobre o mundo geradora do conflito antinômico.

A partir daí, não é difícil apresentar os passos restantes da prova indireta. Visto que o realismo transcendental necessariamente pressupõe que o mundo é um todo existindo em si mesmo, ele deve igualmente pressupor que o mundo é finito ou infinito nos aspectos relevantes. Mas a análise das Antinomias Matemáticas (para este propósito, a Primeira Antinomia é suficiente) mostrou que esse mundo não pode ser nem finito nem infinito. Por conseguinte, tanto a concepção do mundo que se mostrou autocontraditória quanto o realismo transcendental que lhe é subjacente devem ser rejeitados. Por fim, dada a dicotomia entre realismo transcendental e idealismo transcendental, a negação do primeiro é logicamente equivalente à afirmação do segundo. Em suma, o idealismo transcendental é verdadeiro.

Seria um eufemismo dizer que esse argumento não foi alvo de uma recepção favorável. Causa um pouco de surpresa que Walsh, dada sua rejeição em bloco da teoria kantiana da razão, seja um comentador relativamente simpático a esse argumento. Em sua leitura, as Antinomias devem ser levadas a sério porque correspondem a posições de fato referendadas por metafísicos e que têm sua fonte "em um conceito ou princípio cuja incoerência interna não é evidente à primeira vista" (Walsh, 1975, p. 205). Walsh também pensa que esse princípio problemático está conectado com o realismo transcendental que subjaz às posições desses metafísicos, mas ele diverge de Kant tanto na identificação da natureza desse princípio quanto na análise de suas implicações.

Na esteira de Al-Azm, Walsh identifica a premissa geradora de contradição com o princípio de razão suficiente, aceito (embora em sentidos diferentes) tanto por Leibniz quanto por Clarke. O problema com esse princípio, segundo Walsh (1975, p. 204), é que ele ao mesmo tempo exige e exclui a existência, no universo, "de algum fato, evento ou ente último e autoexplicativo". Em outras palavras, haveria uma ambiguidade embutida nesse princípio, e uma de suas faces é explorada por cada um dos participantes da disputa cosmológica.

Isso representa claramente uma revisão da explicação de Kant, pois ele associou a proposição geradora de conflito à pressuposição do realista transcendental de que o mundo sensível existe absolutamente ou como coisa em si mesma e não ao princípio de razão suficiente. A justificação de Walsh para essa revisão é que ela evita o que ele entende como uma grande falha na análise efetivamente apresentada na *Crítica* – ela compromete Kant com a pressuposição de que o realismo transcendental é não apenas falso, mas *necessariamente falso*, o que implica que seu contraditório (o idealismo transcendental) seja necessariamente verdadeiro. Segundo Walsh (1975, p. 202), trata-se de uma coisa implausível, já que "a ideia da existência absoluta de um mundo dos sentidos [por oposição a um mundo de aparências] parece à primeira vista perfeitamente inteligível"[466]. Porém, como observa Walsh, essa revisão tem um custo, pois identificar a raiz do conflito antinômico no ambíguo princípio de razão suficiente e não em um realismo transcendental subjacente invalida a prova do idealismo. Por essa razão, ele conclui que

> o argumento da Antinomia como aqui interpretado [...] dá suporte à defesa do idealismo transcendental, embora não equivalha a uma prova indireta dessa doutrina (Walsh, 1975, p. 205-206).

---

466. Cf. tb. Walsh (1975, p. 205). Ali, o autor sugere que a tentativa de Kant de mostrar a falsidade do realismo transcendental indica que ele deve ser ao menos inteligível.

Para responder à reconstrução de Walsh, dois pontos devem ser ressaltados. Primeiro, ele confunde o sintoma com a doença, uma consequência de ter divorciado sua discussão da teoria da razão a ela subjacente. Nessa medida, se, de um lado, Walsh está correto em seu diagnóstico da ambiguidade embutida no princípio de razão suficiente e em sua afirmação de que cada partido explora um lado diferente dessa ambiguidade (algo particularmente claro na Terceira Antinomia), de outro, ele não consegue de ver que o apelo dogmático de cada uma das partes a esse princípio deita raízes em sua adesão a P_2. Em outras palavras, é precisamente por estarem sob o jugo da ilusão de que a totalidade das condições é dada que tanto a tese quanto a antítese apelam acriticamente a esse princípio (ainda que sob interpretações diferentes) em seus esforços para pensar o mundo como um todo dinâmico.

O mal-entendido de Walsh se revela em sua sugestão de que a passagem

> de uma concepção realista do estatuto das coisas no espaço e no tempo para uma concepção idealista propicia a transformação do princípio dogmático de Razão Suficiente no princípio "crítico" da Segunda Analogia (Walsh, 1975, p. 205).

Ainda que pretenda ser claramente um esforço caridoso para capturar o "momento de verdade" na análise kantiana do conflito antinômico, e resista, ao mesmo tempo, a concluir que ela corresponde a uma demonstração efetiva do idealismo transcendental, a sugestão de Walsh distorce significativamente a posição de Kant. A passagem do realismo transcendental para o idealismo transcendental não converte um princípio dogmático da *razão* em um princípio "crítico" do *entendimento* (algo que não faz o menor sentido para Kant); em vez disso, essa passagem torna possível a atribuição de um estatuto meramente regulador a um princípio que, do ponto de vista do realismo transcendental, é necessariamente concebido como constitutivo[467].

Considerações similares se aplicam também ao segundo ponto, que diz respeito à tese de Walsh segundo a qual o argumento de Kant, se for sólido, provaria demais, isto é, provaria tanto que o realismo transcendental é necessariamente falso quanto que o idealismo transcendental é necessariamente verdadeiro. Walsh está sem dúvida correto ao afirmar que a ideia de que o mundo sensível existe absolutamente, isto é, à parte de sua relação com as condições da sensibilidade humana, parece perfeitamente inteligível. Com efeito, ela é "inteligível" no duplo sentido de ser concebível e de não ser sensível. Ele está igualmente correto ao sugerir que, *em um certo sentido*, o argumento de Kant leva à conclusão de que o realismo transcendental é necessariamente falso e o idealismo transcen-

---

467. Cf. A509/B537 para uma formulação clara desse ponto.

dental necessariamente verdadeiro. No entanto, não precisa haver qualquer incompatibilidade entre essas duas teses.

Para começar, o que faz a proposição de que o mundo sensível existe absolutamente parecer perfeitamente inteligível é precisamente o fato de expressar um princípio da razão (P_2). Mas é preciso que se tenha em mente que tal princípio é ilusório. O problema é que os filósofos pré-críticos (enquanto realistas transcendentais) não estavam equipados para detectar essa ilusão, o que significa que procediam de maneira perfeitamente razoável a partir de sua pressuposição subjacente. Além disso, Walsh convenientemente ignora aquilo que, para Kant, é claramente o aspecto mais problemático dessa concepção, a saber, sua natureza pseudoempírica. Como vimos, essa natureza pseudoempírica se deve a tal concepção conter o pensamento desse mundo como uma totalidade, isto é, como algo incondicionado, o que, como também se viu, se deve à influência de P_2.

Supondo a correção da argumentação apresentada acima, então o que torna o realismo transcendental em última análise incoerente e, portanto, "necessariamente falso" só emerge via sua combinação com P_2, visto que esse princípio leva esse realista a considerar um hipotético mundo sensível existente *an sich* como uma totalidade (*totum syntheticum*), o que, por sua vez, engendra o conflito antinômico. Dessa forma, não fosse essa malfadada combinação, o realismo transcendental poderia ter continuado indefinidamente em seus caminhos dogmáticos paralelos exemplificados por Platão e Epicuro; e isso é precisamente o que Kant quis dizer quando afirmou que a descoberta da antinomia o despertou de seu sono dogmático. Correlativamente, o que torna o idealismo transcendental "necessariamente verdadeiro" não é o caráter autocontraditório da tese oposta (segundo a qual os objetos espaço-temporais existem como coisas em si mesmas, ou, mais precisamente, de acordo com a qual as propriedades e relações espaço-temporais pertencem a coisas como elas são em si mesmas), mas o fato de que ela propicia o único meio de dissolver essa combinação, que, se deixada intacta, resulta na "eutanásia da razão pura". Em resumo, pelo menos no que se refere à Antinomia, a verdade do idealismo transcendental corresponde à sua indispensabilidade terapêutica – o que é precisamente demonstrado pela prova indireta[468].

Dirão alguns que o que foi apresentado acima constitui uma interpretação "anódina" do idealismo transcendental, algo que o reduz a uma doutrina supostamente

---

468. Contudo, não se está afirmando com isso que a única função do idealismo transcendental seja terapêutica. Está claro que Kant também o vê como o meio essencial (a meu ver, mediante a concepção de condições epistêmicas) para dar conta da possibilidade de conhecimento sintético *a priori*, ponto enfatizado na Estética e na Analítica, embora a função terapêutica seja também importante e predomine na Dialética.

inocente de "modéstia" ou "humildade epistemológica", doutrina que, enquanto tal, não consegue capturar sua força metafísica. Em particular, Guyer (1987, p. 386) insiste que o que diferencia o tratamento kantiano da Antinomia na *Crítica* de seu tratamento prévio das questões concernentes é a substituição das "restrições metodológicas às reivindicações dos sentidos e da razão" por um "dogma metafísico". Daí sua rejeição da prova indireta de Kant como mais uma de suas fúteis tentativas de estabelecer um idealismo metafísico, que acaba se mostrando sem valor para sua "teoria transcendental da experiência" (Guyer, 1987, p. 385-415)[469].

Com exceção de sua proveitosa ênfase no fio condutor metodológico das discussões anteriores de Kant sobre as questões relativas à Antinomia, Guyer está totalmente errado[470]. O idealismo transcendental é uma ferramenta crítica indispensável, e não, como Guyer insiste reiteradamente, um dogma metafísico dispensável. Além do mais, não há lugar em que esse caráter indispensável seja mais evidente do que na análise e na resolução da Antinomia da Razão Pura, cujo teor é metodológico do princípio ao fim.

Sendo este capítulo essencialmente um argumento estendido em defesa dessa tese, parece apropriado concluí-lo com uma breve revisão dos principais pontos a ela relativos. (1) O conflito antinômico não surge nem de P_2 nem do realismo transcendental considerados isoladamente, mas de sua combinação. (2) Ele surge porque o realismo transcendental é incapaz de evitar ser ludibriado por esse princípio ilusório. Com efeito, tudo se passa como se ele estivesse programado para considerar a validade objetiva desse princípio, o que, no caso das ideias cosmológicas, leva inevitavelmente a uma ilusão biface relativa a "mundo" ou "natureza" considerados como totalidades discretas. (3) Contudo, o próprio realismo transcendental não é uma posição metafísica no sentido tradicional, mas um ponto de vista partilhado por proponentes de diversas concepções metafísicas, a partir do qual questões tanto metafísicas quanto epistemológicas são abordadas. Especificamente, ele pode ser compreendido como o ponto de vista que aborda essas questões (as questões cosmológicas, inclusive) desde de uma perspectiva divina ou teocêntrica, que ignora sistematicamente o papel de condições espaço-temporais na concepção de como essas totalidades são "dadas"[471].

---

469. Em uma nota na p. 462, Guyer critica minha explicação da prova indireta presente na primeira edição deste livro. Devo confessar, porém, que não fui capaz de reconhecê-la na caracterização feita por Guyer.

470. Para uma crítica da análise de Guyer do desenvolvimento da concepção kantiana sobre a natureza e a resolução do conflito antinômico, cf. Grier (2001, p. 191-194).

471. Talvez a mais clara formulação de Kant sobre a relação entre a Antinomia e a perspectiva teocêntrica esteja em sua carta a Herz, onde ele discute a obra de Solomon Maimon. Cf. BII: 70; 316.

(4) Como o realismo transcendental é antes um ponto de vista metafilosófico do que uma doutrina metafísica, ao idealismo transcendental que Kant lhe opõe deve ser atribuído um *status* similar. (5) Por conseguinte, a prova indireta do idealismo transcendental – por meio de uma demonstração das consequências contraditórias geradas pelo realismo transcendental em seu engajamento com o mundo sensível considerado como um todo que existe em si mesmo – deve ser vista como um argumento em defesa da necessidade de se adotar o ponto de vista oposto do idealismo transcendental para lidar apropriadamente com a problemática cosmológica, e não como um argumento em defesa da combinação entre uma doutrina metafísica fenomenista e um reino incognoscível de coisas em si mesmas[472]. Como Kant situa a questão no final de sua explicação do idealismo transcendental como a chave para a resolução da Antinomia, a questão de saber se estamos lidando com aparências ou com coisas em si mesmas não se coloca no contexto de uma investigação empírica da natureza. Em vez disso,

> [a]penas em outra relação, quando tais aparências têm de ser usadas para a ideia cosmológica de um todo absoluto, e quando se trata, portanto, de uma questão que vai além dos limites da experiência possível, é importante diferenciar o modo como se toma a realidade dos mencionados objetos dos sentidos, de modo a evitar o erro deceptivo [*trüglichen Wahne*][473] que tem de surgir inevitavelmente da má compreensão de nossos próprios conceitos da experiência (A496-497/B524-525).

Em outras palavras, a distinção transcendental, que constitui o âmago do idealismo transcendental, é antes uma espécie de terapia metafilosófica do que uma doutrina metafísica de primeira ordem. No presente contexto, sua função é evitar que se interprete equivocadamente os conceitos empíricos de objetos como conceitos de coisas como elas são em si mesmas, o que, por sua vez, leva à atribuição de realidade objetiva à ideia cosmológica e ao conflito antinômico resultante. Se enfatizar essa função terapêutica e insistir em uma distinção nítida entre o idealismo transcendental kantiano e o fenomenismo ou o idealismo subjetivo (com os quais é costumeiramente identificado) torna "anódina" essa interpretação, então que assim seja.

---

472. É porque tendem a ver essa prova como uma defesa de algo nesse sentido que os críticos não a levam a sério. Cf., p. ex., Strawson (1966, p. 199-206).

473. Altero aqui a tradução de Guyer e Wood dessa expressão como "ilusão enganadora" [*deceptive illusion*] em favor de "erro deceptivo" [*deceptive delusion*]. Embora certamente soe melhor em inglês, a primeira tradução leva a crer que a **ilusão transcendental deriva de uma interpretação equivocada** de nossos conceitos empíricos. Como vimos, trata-se antes do inverso.

14
O ideal da razão pura

No Ideal [da Razão Pura], a crítica de Kant à teologia racional se divide *grosso modo* em três partes principais: uma análise das credenciais racionais do conceito de *ens realissimum*, que constitui o cerne filosófico da ideia de Deus; uma consideração acerca da necessidade da razão humana supor que *algum* ser exista com necessidade absoluta e de identificar tal ser com o *ens realissimum*; e uma crítica das tentativas teóricas de demonstrar essa dupla tese. Esses são os tópicos das primeiras três partes deste capítulo. Uma quarta parte se ocupará com o que pode ser chamado de diagnóstico kantiano da patologia da razão humana no domínio teológico, em que a fonte do problema parece residir novamente na combinação virulenta da ilusão transcendental com o realismo transcendental. A principal questão que perpassa o capítulo é: como Kant pode afirmar a necessidade racional do conceito de *ens realissimum* e, ao mesmo tempo, insistir na natureza necessariamente falaciosa de todas as tentativas de estabelecer sua existência?

I. A determinação completa e o *ens realissimum*

No capítulo 11, vimos que Kant distingue a ideia cosmológica da ideia teológica sob a alegação de que a primeira tem origem no pensamento do incondicionado em relação às aparências e a segunda no pensamento do incondicionado em relação às coisas em geral. Também notamos que, naquele momento, ainda estava opaca a necessidade de diferenciar entre essas duas formas distintas de pensar o incondicionado – para não mencionar a conexão entre a ideia cosmológica e a hipotética e a conexão entre a ideia teológica e o silogismo disjuntivo. Assim, uma vez que vimos por que a ideia cosmológica está conectada com aparências que perfazem uma totalidade absoluta, nos ocuparemos agora do caráter necessário desse pensamento adicional de uma totalidade absoluta ou incondicionada no que diz respeito às coisas em geral.

Infelizmente, a explicação de Kant é notoriamente obscura. Em vez de apelar diretamente à necessidade de pressupor a existência de um ser primordial e necessariamente existente para, por assim dizer, ancorar a cadeia da contingência, Kant introduz o que parece ser um problema novo, e, pelo menos à primeira vista, altamente obscuro, que é o da determinação total ou completa (*durchgängige Bestimmung*). Como esse problema parece muito distante das preocupações da teologia tradicional, embora seja uma questão que despertou um profundo interesse em Kant em suas primeiras reflexões metafísicas, alguns comentadores mais antigos rejeitaram a discussão de Kant, considerando-a uma recaída na metafísica dogmática pré-crítica, que teria sido reintroduzida na *Crítica* por conta das frequentes considerações arquitetônicas[474]. Além disso, como a partir desse tópico Kant passa diretamente para o tema mais familiar de que a razão precisa postular algo que exista com necessidade absoluta, também se sugeriu que Kant teria sido ambíguo quanto à origem racional da ideia de Deus (cf. Strawson, 1966, p. 221-223).

Veremos que ambas as objeções são equivocadas, mas, no momento, iremos nos ocupar exclusivamente da primeira. O ponto inicial da análise de Kant é o que ele chama de "o princípio da *determinação completa*", segundo o qual "*de todos os predicados possíveis* das coisas, na medida em que sejam comparados com seus opostos, um tem de servir-lhe". Ele é contrastado com o "princípio da *determinabilidade*", que sustenta o seguinte: "*de dois predicados* contraditoriamente opostos um ao outro apenas um pode servir-lhe" (A571/B599). O ponto principal é que, se o segundo é um princípio apenas lógico, redutível ao princípio de contradição[475], o primeiro é metafísico, pois considera cada coisa não simplesmente em termos de um par de predicados contraditórios, mas "em relação com *a possibilidade total* enquanto conjunto completo de todos os predicados das coisas em geral". Além disso, ao pressupor o segundo como condição *a priori*, ele "representa cada coisa como tendo sua possibilidade derivada da parte que tem naquela possibilidade total" (A572/B600).

O princípio da determinação completa vale, então, para *coisas*, e não apenas para *conceitos*, ou, mais precisamente, vale para o próprio conceito de uma coisa. Ele afirma que, para todo par de predicados possíveis (um predicado e

---

474. Como de costume, o *locus classicus* dessa linha de crítica é Schopenhauer ([1819] 1969, vol. 1, p. 508-509). Schopenhauer foi mais uma vez seguido de perto por Kemp Smith (1962, p. 522-525). Crítica similar foi feita por England (1968, p. 12-25).

475. Kant afirma que ele "repousa sobre o princípio de contradição" (A571/B579); contudo, como assinala Wood (1978, p. 42), um é equivalente ao outro.

seu oposto contraditório, a ∨ ¬a, b ∨ ¬b, e assim por diante), um dos predicados deve pertencer a cada coisa como condição de sua coisidade [*thinghood*]. Embora Kant não o caracterize explicitamente como tal, isso o torna sintético *a priori*, o que indica que requer alguma espécie de dedução[476]. E Kant de fato oferece tal dedução, mas também sem caracterizá-la como tal.

A dedução se apoia nas condições da cognição completa de uma coisa individual, o que é equivalente, do ponto de vista atemporal da razão, às condições de sua possibilidade real (absoluta)[477]. A ideia subjacente é de origem leibniziana, embora nem por isso seja estranha à filosofia crítica de Kant[478]. Basicamente, a ideia é que apenas um conceito completo no sentido definido pelo princípio da determinação completa é suficiente para definir um indivíduo. Em outras palavras, tal conceito deve conter um membro de cada par de predicados possíveis, o que significa que a tarefa de definir um indivíduo, tarefa infinita tanto para Kant quanto para Leibniz, exige um inventário exaustivo ou uma síntese desses pares[479]. De um ponto de vista kantiano, a necessidade de tal projeto deriva da natureza dos conceitos como representações parciais. Dado que todo conceito como esse é, por sua própria natureza, geral, nada menos que a totalidade absoluta dos pares de predicados será suficiente para determinar um indivíduo. Por conseguinte, Kant dá ao princípio da determinação completa o *status* de uma regra, ela própria derivando da razão, para o uso completo do entendimento (A573/B601).

Embora isso sugira que o apelo de Kant ao princípio tenha como fundamento sua concepção da cognição humana como discursiva, não se trata de um tópico por ele destacado de forma isolada. Ao contrário, sua intenção é usá-lo como base para um argumento regressivo que culmina no conceito de um *ens realissimum* como o ideal único da razão pura. Em consequência, é esse argumento regressivo, composto de três passos, que examinaremos agora.

---

476. Rohs (1978, esp. p. 170-172) expressa esse ponto de modo mais enfático.

477. O sentido de "possibilidade" neste contexto é uma questão importante. É claro que Kant está se referindo aqui à possibilidade real e não apenas lógica, mas não está claro como essa possibilidade real deve ser compreendida. Seguindo Wood (1978, p. 44-50), entendo que Kant não estaria se referindo ao sentido de possibilidade real como concordância com as condições formais da experiência, presente nos Postulados (A218/B265), mas antes ao que ele compreende ali como "possibilidade absoluta": aquilo que é possível sob todos os aspectos, por oposição a uma experiência contingente. Significativamente, Kant relaciona esse último sentido de "possibilidade" à razão e não ao entendimento (A232/B284-285).

478. Wood (1978, p. 59) enfatiza esse ponto em resposta às teses de Kemp Smith e de England de que seria remanescente das concepções pré-críticas de Kant (cf. nota 474, acima).

479. Isso foi notado por Wood (1978, p. 41), que também assinalou corretamente a diferença entre Leibniz e Kant em relação a esse ponto: para o primeiro, trata-se de uma tarefa infinita de análise, ao passo que, para o segundo, se trata de uma tarefa infinita de síntese.

(1) Da determinação completa ao conjunto completo (Inbegriff) *da possibilidade*. Ao introduzir o princípio da determinação completa, Kant assinala que a "matéria de *toda possibilidade*" é seu pressuposto transcendental (A572-573/B600-601). O ponto do argumento é que, como uma condição para o engajamento ao projeto de definição exaustiva de um indivíduo, o entendimento necessariamente pressupõe o conjunto completo dos predicados possíveis como disponível para a tarefa. Esse conjunto completo pode, portanto, ser pensado como um "repositório global de predicados", ou, nas palavras de Allen Wood, como um "espaço ontológico", do qual é exigido um predicado de cada par para a completa determinação de um indivíduo[480]. Subjacente a essa linha de pensamento está a concepção, que remonta às primeiras reflexões metafísicas de Kant, de que a possibilidade repousa não apenas sobre uma condição formal (falta de contradição interna), mas também sobre a "condição material" de que há algum conteúdo a ser pensado (cf. ND 1: 395-396; 15-17; EMB 2: 77-81; 122-126). Assim, na *Crítica*, é esse repositório de predicados que fornece o "material de toda possibilidade", pressuposto pelo princípio da determinação completa.

(2) Do conjunto completo da possibilidade à omnitudo realitatis. Para compreender a linha de pensamento de Kant a esta altura, é necessário, antes de tudo, esclarecer o que ele entende por "realidade". Seguindo uma tradição que remonta a John Duns Scotus e que abarca seus próprios predecessores racionalistas, Kant compreende pela realidade de uma coisa não sua existência ou efetividade, mas sua natureza positiva, aquilo que define a "quididade" (*quidditas* ou *essentia*) ou a "coisidade" (*Sachheit*) de uma coisa (cf. Courtine, 1971, p. 178-193). Apesar de suas raízes escolásticas e de estar intimamente associada às doutrinas dos racionalistas dogmáticos, essa concepção já opera na Analítica. Com efeito, é isso que é pensado na categoria da realidade, que cai sob o título da qualidade e que corresponde à função lógica da afirmação[481]. Além disso, ela nos permite falar da realidade como algo que se manifesta por graus – no nível fenomênico, isso significa possuir uma grandeza intensiva – e de coisas como compostas de distintas "realidades" (qualidades sensíveis)[482].

---

480. Cf. Wood (1978, esp. p. 33-34) para sua discussão a respeito da metáfora do "espaço ontológico".

481. Isso foi notado por Wood (1978, p. 31-32). Wood está respondendo ali à objeção de Kemp Smith de que o apelo de Kant a esse tipo de ontologia tradicional no Ideal seria incompatível com as doutrinas críticas da Analítica (cf. Kemp Smith, 1962, p. 524-525).

482. Como também assinala Wood (1978, p. 31-33), parece haver certa ambiguidade na concepção kantiana de realidade, da qual não precisamos tratar aqui.

No Ideal, entretanto, Kant está mais interessado na realidade inteligível ou numênica do que na realidade sensível ou fenomênica[483]. Isso é consequência da natureza puramente conceitual do exercício – que prioriza as condições de possibilidade da pensabilidade de coisas em geral –, e não uma consequência da possibilidade da cognição de coisas enquanto objetos da experiência. Todavia, isso não afeta o ponto conceitual básico, que é a preeminência (tanto lógica quanto ontológica) das realidades ou dos predicados positivos sobre os negativos.

Isso torna possível eliminar um número indefinido de predicados dentre aqueles requeridos para se conceber a possibilidade de uma coisa, a saber, os pares negativos das duplas de predicados. Não é que esses pares não possam fazer parte das proposições verdadeiras acerca de uma coisa: por exemplo, podemos dizer que, para certo animal, o que lhe falta em astúcia ele possui de sobra em agilidade. A questão é que, dada sua condição derivada, tais predicados negativos (que não expressam realidades) podem ser excluídos do "substrato transcendental", que "contém, por assim dizer, o repositório de matéria de onde podem ser extraídos todos os predicados possíveis das coisas" (A576/B603). Além disso, esse "substrato" ou "repositório", considerado como um todo, contém "o todo da realidade" ou "*omnitudo realitatis*" (A575-576/B603-606).

À luz dessa concepção de *omnitudo realitatis*, Kant nos convida a considerar a determinação completa de um indivíduo como um processo de limitação iterativa. Por exemplo, se penso que algo é um pássaro, excluo implicitamente todas as realidades incompatíveis; ao determiná-lo como um cisne, excluo, de forma similar, aquelas realidades não partilhadas por pássaros dessa espécie; especificando-o como uma fêmea, excluo ainda mais realidades, *ad infinitum*. Assim, muito embora essas negações cumpram um papel crucial na determinação completa de qualquer coisa finita, elas todas dependem de suas realidades correspondentes e, no final das contas, da *omnitudo realitatis*.

Nessa altura da *Crítica*, a linguagem de Kant, à semelhança das demais abordagens que fez a esse tópico, é altamente metafórica. Em uma passagem – fonte da metáfora woodiana de "espaço ontológico" –, Kant afirma que

> toda a diversidade das coisas é apenas um modo tão variado de limitar o conceito da realidade suprema, que é seu substrato comum, quanto o são as figuras enquanto diferentes modos de limitar o espaço infinito (A578/B606).

---

483. Kant distingue explicitamente dessa forma *realitas phenomenon* de *realitas noumenon* em ML 2 28: 560.

De forma similar, em uma de suas *Lições*, a transcrição indica que Kant mobiliza a analogia da luz e da realidade, por um lado, e da sombra e da negação, por outro, para defender o mesmo ponto (PV 28: 1005; 34) (cf. Wood, 1978, p. 33). A mesma metáfora também é usada em uma de suas *Reflexionen*, onde Kant contrasta a concepção racionalista da determinação completa enquanto proveniente da introdução da escuridão como limitação da luz universa com sua própria concepção crítica dessa determinação enquanto proveniente da gradual introdução de luz (determinação conceitual) na escuridão (o dado sensorial) (R5270 18: 138-139)[484]. Por fim, em outra passagem, Kant recorre à metáfora de um repositório inesgotável de mármore, do qual um número infinito de estátuas (indivíduos determinados) são produzidas ao se esculpir uma certa parte do todo (Fort 20: 302; 390).

Embora o contraste feito nessa *Reflexion* indique a distância crítica de Kant em relação à compreensão racionalista do projeto da determinação completa, ele sustenta de forma consistente que, do ponto de vista de uma consideração das coisas em geral, que faz abstração da condição sensível sob a qual coisas são dadas na intuição, a razão é obrigada a conceber o material de toda a possibilidade como uma totalidade pré-dada de realidades, na qual a determinação é introduzida por limitação[485]. E consequência, desse ponto de vista, que é tanto aquele do Ideal quanto da primeira metafísica de Kant, o pressuposto da *omnitudo realitatis* é apropriado e o princípio racionalista "*omni determinatio est negatio*" válido.

Isso também lança luz sobre a tentativa de Kant de conectar o projeto da determinação completa com o silogismo disjuntivo. Como diz Kant em uma passagem em que alude explicitamente à sua conexão anterior entre as três ideias transcendentais e as três formas de silogismo,

---

484. Longuenesse (1998a, p. 309) cita e discute essa *Reflexion*.

485. O apoio parcial, apesar da distância crítica, de Kant à posição racionalista na *Crítica* se exprime mais claramente em sua discussão da relação entre matéria e forma na Anfibolia. Como ele observa ali, do ponto de vista da lógica, a matéria é anterior à forma no mesmo sentido em que os conceitos são anteriores aos juízos nos quais eles são relacionados. O aspecto mais importante é, contudo, que a mesma anterioridade vale do ponto de vista ontológico (aqui Kant indica ter Leibniz em mente), dado que a "realidade ilimitada", entendida como a "matéria de toda possibilidade", deve ser concebida como a condição da determinação conceitual das coisas, que procede (como no Ideal) pela introdução de limitações (A266-256/B322). Mas quando a intuição sensível é trazida ao proscênio, a relação se inverte, já que a possibilidade das coisas (enquanto objetos da experiência possível) pressupõe uma intuição formal (A267-268/B323-324). Apesar disso, no Ideal, Kant afirma a anterioridade conceitual da matéria da possibilidade empírica (com sua forma espaço-temporal) sobre sua forma. Para uma discussão das conexões entre a Anfibolia e o Ideal, cf. Longuenesse (1998a, esp. p. 154-156).

> o uso da razão pelo qual ela põe o ideal transcendental como fundamento da determinação de todas as coisas possíveis é análogo àquele pelo qual ela procede nos silogismos disjuntivos [...] (A577/B605).

Dado o tom aparentemente dogmático das primeiras observações de Kant sobre o tópico, essa caracterização desses dois usos da razão (um real ou transcendental e o outro lógico) como apenas "análogos" pode parecer surpreendente (cf. A323/B379 e A335/B392). No entanto, uma vez que Kant deseja enfatizar tanto as diferenças quanto as similaridades entre eles, tal relação de analogia é perfeitamente apropriada. Para ser exato, Kant começa o parágrafo que introduz a analogia salientando a *diferença* entre o procedimento disjuntivo da razão na determinação lógica de um conceito e sua contraparte transcendental.

No primeiro caso, a premissa maior contém uma divisão lógica da esfera de um conceito geral: "todo *A* é ou *B* ou *C*", por exemplo; a premissa menor restringe essa esfera a uma única parte: "*A* é não *B*"; e a conclusão determina o conceito por meio dessa parte: "*A* é *C*" (A576-577/B604-605). Contudo, prossegue Kant, o conceito geral de realidade não pode ser tratado como um gênero especificável *a priori*, já que é só por meio da experiência que podemos nos familiarizar [*acquainted*] com a espécie determinada de realidade que poderia cair sob esse conceito. Tendo isso em vista, Kant conclui que

> [...] a premissa maior transcendental da determinação completa de todas as coisas não é outra coisa senão a representação do conjunto completo de toda realidade: não um conceito que só compreende todos os predicados *sob si* no que diz respeito a seu conteúdo transcendental, mas um conceito que os compreende *em si;* e a determinação completa de cada coisa se baseia na limitação desse *todo* da realidade, na medida em que algo desse todo é atribuído à coisa, e o resto é excluído, o que concorda com o ou-ou da premissa maior disjuntiva e com a determinação do objeto por meio de um dos membros dessa divisão na premissa menor (A577/B605).

Kant parece estar sugerindo, na primeira parte dessa construção extraordinariamente densa, que o conceito do conjunto completo da realidade, atuante na "premissa maior transcendental" do procedimento quase-silogístico da determinação completa, possui a estrutura lógica de uma intuição e não a de um conceito do entendimento, visto que realidades particulares devem ser pensadas como inclusas nele e não como caindo sob ele. Ademais, isso presumivelmente explica por que o procedimento da razão a respeito desse conceito é *meramente* análogo a seu procedimento silogístico mais familiar.

Todavia, como deixa claro a segunda parte, Kant também quer insistir que, apesar dessa diferença, *há* uma analogia entre as funções da razão nos dois procedimentos[486]. A analogia envolve a natureza disjuntiva da premissa maior, que fornece o ou/ou (as realidades possíveis) a partir do qual a determinação completa de um indivíduo procede. Dessa forma, na esteira de Wood, podemos pensar que a premissa maior é composta de uma comparação de um indivíduo a ser determinado (*A*) com o todo da realidade (ou "espaço ontológico") enquanto dividido em duas partes (*F* e *G*), cada qual consistindo em um conjunto de realidades (Wood, 1978, p. 53). Dada essa disjunção, a determinação procede, então, eliminando, na premissa menor, as realidades situadas em uma porção desse espaço (aquelas contidas em *G*), deixando-nos com as restantes (aquelas contidas em *F*), que determinam completa e unicamente *A*.

Como indicado acima, esse procedimento seria mais bem descrito como quase-silogístico por conta do *status* peculiar da premissa maior transcendental. Mas isso não precisa nos levar a concluir com Wood que "é difícil considerar o procedimento silogístico, aqui, como algo além de um dispositivo escolástico desajeitado e artificial" (Wood, 1978, p. 53-54). Embora possa ser natural encará-lo dessa forma, se rejeitarmos a teoria subjacente da razão da qual ele faz parte como nada além de um exercício desastrado de construção arquitetônica, ele também pode ser visto de forma mais caridosa como indicador de um profundo isomorfismo entre uma função da razão em dois níveis. Como já vimos, esse isomorfismo funcional é, decerto, uma característica onipresente e importante do pensamento de Kant[487].

(3) *Da* omnitudo realitatis *ao* ens realissimum. Esse é o passo final no regresso, embora um passo que Kant não reconheça explicitamente enquanto tal, já que tende a comprimir as duas linhas de raciocínio em uma só. A estratégia envolve o caráter global do conceito de *omnitudo realitatis*, que, por sua vez, emergiu do conceito do conjunto completo de toda possibilidade. Tendo em vista que ocupa todo o espaço ontológico, fora do qual não há material para determinação, a *omnitudo realitatis* é necessariamente pensada como completamente determinada, isto é, como definidora de um indivíduo. Como diz Kant, a ideia subjacente do conjunto completo da possibilidade

---

486. Isso faz lembrar a tese kantiana de uma analogia entre categoria e esquema na Analítica (A181/B224), discutida no capítulo 8.

487. Vimos que, na Analítica, Kant afirma esse isomorfismo entre função lógica e categoria, de um lado, e categoria e esquema, de outro. Outro isomorfismo importante subjaz ao tratamento kantiano do belo como símbolo do moralmente bom na *Crítica da faculdade de julgar* (§ 59). Para minha discussão do segundo isomorfismo, que caracterizo como um "isomorfismo reflexivo", cf. Allison (2001a, p. 254-263).

se refina em um conceito determinado completamente *a priori*, tornando-se assim o conceito de um objeto singular completamente determinado através da mera ideia, e tendo de ser denominada, portanto, um *ideal* da razão pura (A574/B602).

É nesse ponto que entra em jogo a distinção entre ideias e ideais. Anteriormente, Kant não viu necessidade de diferenciar esses dois produtos da razão pura, mas agora ele o faz em termos de sua especificidade. Se uma ideia, um pouco à maneira de um conceito do entendimento, se refere a uma espécie de coisa ou qualidade – ainda que apenas enquanto maximizada ou pensada em sua completa perfeição (a ideia da humanidade perfeita, por exemplo) –, um ideal, por sua vez, um pouco à maneira de uma intuição, se refere a um indivíduo – um indivíduo constituído por predicados puramente racionais, contudo. O ideal é, nos termos de Kant,

> a ideia não apenas *in concreto*, mas *in individuo*, isto é, como coisa **singular** que só é determinável, ou mesmo determinada, por meio da ideia (A568/B596).

Embora Kant se refira vagamente à razão humana como dotada de vários desses ideais, dos quais o sábio estoico é um exemplo, e sugira que eles têm força normativa enquanto exemplares, mais adiante ele qualifica esse pensamento ao afirmar que o *ens realissimum* é

> o único ideal de que a razão humana é efetivamente capaz, pois é o único caso em que um **conceito** de uma **coisa, em si universal**, é completamente determinado por si mesmo e conhecido como a representação de um indivíduo (A576/B604).

Como vimos, Kant considera o mundo tanto como uma ideia quanto como um indivíduo, e isso pode parecer um tanto surpreendente. Mas é preciso ter em mente que a ideia do mundo não é completamente determinada. Com efeito, trata-se precisamente da fonte do conflito antinômico.

Seja como for, objetou-se que Kant tampouco poderia considerar o *ens realissimum* como um autêntico ideal. Alega-se que o problema reside em sua incompatibilidade com a tese antileibniziana de Kant, avançada na Anfibolia, segundo a qual, independentemente de qualquer contradição lógica, realidades podem entrar em conflito mútuo, isto é, ostentar uma "oposição real" (A272-273/B328-329), o que inviabilizaria a própria possibilidade do *ens realissimum* (cf. Kemp Smith, 1962, p. 524-525; England, 1968, p. 120)[488]. No entanto, é muito pouco provável que Kant não estivesse a par desse problema;

---

488. Wood (1978, p. 56-59) elaborou uma resposta mais detalhada a esse tipo de crítica.

ele provavelmente tentou lidar com ele ao modificar o que ele denomina de "primeiro rascunho" de sua explicação (A579/B607). Na versão preliminar, o todo da realidade foi considerado como uma totalidade na qual realidades particulares estão contidas na condição de partes discretas do espaço ontológico, o que naturalmente coloca a questão de sua mútua compatibilidade. Entretanto, na versão refinada de sua explicação, cujo propósito é vincular o conceito de um *ens realissimum* ao Deus da teologia racional, Kant observa que

> [...] a realidade suprema serviria de base à possibilidade de todas as coisas como *fundamento,* não como *conjunto,* e a diversidade desta última estaria baseada não na própria limitação do ser originário, mas na de sua completa consequência, à qual pertenceriam então toda a nossa sensibilidade, juntamente com toda a realidade na aparência – que não pode pertencer, como ingrediente, à ideia do ser supremo (A579/B607).

Apesar de a parte final dessa passagem indicar que a preocupação fundamental de Kant seria a de evitar as implicações espinosistas da identificação de Deus com o conjunto completo da realidade, a substituição da metáfora da totalização pela metáfora da fundamentação também contempla nossos atuais propósitos. Isso significa dizer que, se o *ens realissimum* for concebido como o fundamento de toda realidade e não como o conjunto completo da mesma, seria possível afastar o conceito do risco de conter predicados incompatíveis. Isso sem dúvida não é suficiente nem para estabelecer a possibilidade efetiva do *ens realissimum*, nem para tornar compreensível a natureza da relação entre tal fundamento e as realidades que se supõe nele fundamentadas. Todavia, concebê-lo na chave do fundamento ao menos preserva a conceptibilidade de tal ser, que é tudo o que Kant tenciona fazer neste momento.

Isso fica claro quando consideramos o distanciamento de Kant de sua análise inicial da geração do ideal a partir de quaisquer teses existenciais. Após concluir sua análise das condições de possibilidade de uma determinação completa, que se supõe culminar no conceito do *ens realissimum,* Kant afirma prontamente ser

> [...] evidente por si mesmo que, com vistas a esse seu propósito, qual seja, o de simplesmente representar-se a necessária determinação completa das coisas, a razão não pressupõe a existência de tal ser conforme ao ideal, mas apenas a ideia desse ser, de modo a derivar de uma totalidade incondicionada da determinação completa a condicionada, isto é, a totalidade do que é limitado (A577-578/B605-606)[489].

---

489. Cf. tb. A579/B607; A580/B608. Nessa segunda passagem, Kant caracteriza o conceito de *ens realissimum* como "uma mera ficção por meio da qual reunimos e realizamos o diverso de nossa ideia em um ideal como um ser singular [...]".

Em outras palavras, até aqui o argumento deve ser entendido como um exercício de análise conceitual, concebido para mostrar que o conceito do *ens realissimum* é um pressuposto necessário da razão, e não uma hipotética demonstração da existência de um ser correspondente a esse conceito. Todavia, isso não impede que o conceito seja um produto da ilusão transcendental; de fato, ele deve ser visto enquanto tal por conta de sua gênese. Isso se torna evidente tão logo se reconhece que a passagem do conjunto completo da possibilidade para a *omnitudo realitatis,* e desta última para o *ens realissimum,* envolve o compromisso ubíquo e inevitável com P_2. Aqui como alhures é P_1 que subjaz à busca por condições, desta vez da determinação completa de um indivíduo, e uma vez mais essa busca é inseparável da pressuposição de que a totalidade completa das condições está "dada" (P_2). Mas pressupor tal totalidade é precisamente pressupor a dadidade da *omnitudo realitatis,* que, por constituir um indivíduo completamente determinado, equivale, por seu turno, ao *ens realissimum.* Nesse sentido, o *ens realissimum,* enquanto um produto subjetivamente necessário da razão pura, também é um produto da ilusão transcendental.

Entretanto, como também vimos, a ilusão não é ainda erro – que é justamente o que Kant procura demonstrar com sua distinção nítida entre a formação da ideia do *ens realissimum* (o ideal) na razão e a pressuposição da sua existência. É esta última, chamada por Kant de "hipostasiação", que constitui o erro metafísico básico. Consequentemente, o objetivo de Kant é analisar o processo que conduz a essa hipostasiação e à subsequente identificação do *ens realissimum* com um ser cuja existência é absolutamente necessária. É precisamente essa análise, que constitui o cerne do Ideal, que será abordada agora.

II. A hipostasiação da existência ideal e absolutamente necessária

Kant descreve da seguinte maneira sua tarefa diagnóstica:

> Não é suficiente descrever o comportamento de nossa razão e sua dialética; também é preciso tentar descobrir suas fontes, para poder explicar essa ilusão mesma como um fenômeno do entendimento; pois o ideal de que falamos está fundado em uma ideia natural e não meramente arbitrária. Por isso eu pergunto: como a razão é levada a considerar toda possibilidade das coisas como derivada de uma única que lhes serve de fundamento, qual seja, a da realidade suprema, e a pressupor esta última, então, como contida em um ser originário singular? (A581/B609).

Como em muitos outros momentos na *Crítica,* a resposta de Kant a essas questões está imersa em uma análise complexa e extremamente críptica passível a uma variedade de interpretações. Essa análise está contida no restante da segunda e da terceira seções do Ideal e se divide em duas partes: a primeira trata da questão da hipostasiação e a segunda da atribuição ao *ens realissimum* de uma existência absolutamente necessária. Veremos que se trata de dois capítulos de uma única história: o primeiro aborda aquilo que poderíamos denominar de mecanismo de hipostasiação, o segundo de razão ou motivação para essa hipostasiação[490]. Para antecipar as coisas, apesar de sua necessidade subjetiva enquanto ideia, se a razão não precisasse postular algo que exista *necessariamente* não haveria nenhum motivo convincente para se atribuir existência ao *ens realissimum*.

A. O mecanismo de hipostasiação

Temos como questão inicial a de se saber como a existência vem a ser atribuída ao *ens realissimum*, isto é, como se dá a hipostasiação da ideia. Nesta etapa da análise, a explicação de Kant acompanha de perto a dos Paralogismos, que Kant considera baseada na "sub-repção da consciência hipostasiada" (A402), como vimos. Se ali o eu da apercepção era hipostasiado, agora é a *omnitudo realitatis*, sob o disfarce do *ens realissimum*, que é hipostasiada. Todavia, em ambos os casos isso envolve um uso ilícito de princípios cujo solo natal seria, ao que parece, a Analítica Transcendental.

No caso em pauta, Kant faz de início uma pergunta retórica: tendo em vista que a necessária função determinante do *ens realissimum* pressupõe apenas a ideia de tal ser – e, portanto, pode ser desempenhada por uma "mera ficção" (A580/B608) –, por que se lhe atribui existência real? O próprio Kant torna: "[a] resposta se oferece por si mesma a partir das discussões da Analítica Transcendental" (A581/B609).

Embora Kant não especifique quais discussões tem em mente, seu argumento parece ser que a possibilidade da experiência, como a possibilidade de coisas em geral, repousa sobre condições tanto materiais quanto formais. Por conseguinte, muito embora a preocupação global da Analítica recaia sobre as últimas, uma reflexão mais detida mostra que seu argumento pressupõe que a matéria da possibilidade empírica – "a realidade na aparência (correspondente à sensação)" – seja dada. E uma vez que, de acordo com a Analítica, "há apenas uma experiência" como "há apenas um espaço e um tempo" (A110), toda essa

---

[490]. Uma vez mais, estou seguindo aqui principalmente Grier (2001, cap. 7). Esse capítulo oferece o que penso ser a explicação definitiva dos papéis da ilusão transcendental e do erro metafísico na crítica de Kant à teologia racional.

matéria deve estar dada na "experiência una que a tudo abarca". Ao que parece, disso se segue que

> a matéria da possibilidade de todos os objetos dos sentidos tem de ser pressuposta como dada em um conjunto completo, sobre cuja limitação têm de basear-se toda a possibilidade de objetos empíricos [...] (A582/B610).

Isso resulta em um argumento em defesa da tese segundo a qual um análogo da *omnitudo realitatis* deve ser pressuposto no nível empírico. E dada a pressuposição de que a possibilidade repousa sobre condições materiais – que remonta às primeiras especulações metafísicas de Kant – e a concepção crítica da unidade da experiência, essa tese parece apropriada. Com efeito, ela até mesmo autoriza a Kant afirmar o princípio de que "nada é *para nós* um objeto caso não pressuponha o conjunto completo de toda a realidade empírica como condição de sua possibilidade" (A582/B610). Entretanto, como prossegue Kant, o problema é que,

> de acordo com [*nach*] uma ilusão natural [,] nós vemos isso como um princípio que deveria valer para todas as coisas, quando na verdade só vale para aquelas que são dadas como objetos de nossos sentidos. Consequentemente, tomaremos o princípio empírico da possibilidade das coisas como aparências, abandonando essa limitação, como um princípio transcendental da possibilidade das coisas em geral (A582/B610).

Se a análise anterior está correta, a "ilusão natural" aludida por Kant consiste na transformação do conjunto completo da possibilidade empírica, necessariamente pressuposto como condição da determinação completa, na ideia transcendental do *ens realissimum*. A concepção da *omnitudo realitatis* é um estágio intermediário no processo dialético, cuja função é fornecer, por assim dizer, o conteúdo para essa ideia. Por conseguinte, Kant defende a tese de que essa ilusão leva de alguma forma ao erro metafísico (sem ser idêntica a ele), erro esse que consiste também aqui em uma hipostasiação ilícita.

Contudo, isso nos deixa ainda com uma série de perguntas similares àquelas consideradas em conexão com os Paralogismos no capítulo 12. Mais especificamente, antes de mais nada, precisamos ver como a ilusão leva à confusão e, em segundo lugar, como esta última está ligada à hipostasiação. Como a confusão de um princípio empírico com um transcendental é presumivelmente evitável, essa confusão deve ser distinguida da ilusão subjacente; porém, posto que ela mesma não envolve uma pretensão existencial, ela também deve ser distinguida da hipostasiação. O mais perto que Kant chega de especificar os detalhes dessa história complexa é no parágrafo final dessa seção:

> Que nós [...] hipostasiemos depois essa ideia do conjunto completo de toda a realidade, isso se deve ao fato de transformarmos dialeticamente a unidade distributiva do uso empírico do entendimento na unidade coletiva de um todo da experiência, e de concebermos nesse todo do **fenômeno** uma coisa singular que contém em si toda a realidade empírica, e que é então, por meio da já mencionada sub-repção transcendental, trocada pelo conceito de uma coisa que está no topo da possibilidade de todas as coisas, fornecendo as condições reais para a determinação completa destas últimas (A582-583/B610-611 [grifos omitidos]).

Kant sugere aqui que o processo dialético que conduz à hipostasiação da ideia da *omnitudo realitatis*, sob a descrição do *ens realissimum*, consiste em três passos logicamente distintos: (1) a transformação da unidade distributiva em uma unidade coletiva; (2) a **hipótese** de uma coisa individual que contém de algum modo o todo da realidade empírica; e (3) a confusão, por meio da sub-repção transcendental já comentada (**a mescla**), entre esse hipotético indivíduo empírico de ordem superior e o *ens realissimum*. Supõe-se que o terceiro passo constitua a efetiva hipostasiação e os dois primeiros, suas pré-condições necessárias.

Para compreendermos o primeiro passo, devemos ter em mente que a unidade distributiva corresponde à unidade do entendimento e a unidade coletiva corresponde à unidade da razão (cf. capítulo 11, n. 371). A primeira unidade é distributiva no sentido em que é produzida pela unificação de fenômenos discretos, "distribuídos" no espaço e no tempo, sob uma regra universal por força da qual eles se tornam componentes na "experiência una que a tudo abarca" (A582/B610). Assim, o fato de a matéria da possibilidade empírica constituir uma unidade distributiva é consequência direta da singularidade da experiência na qual essa matéria está situada. Em contrapartida, a unidade da razão é coletiva no sentido em que "reúne" essas regras, e indiretamente os fenômenos que estão sob elas, em um todo sistemático conectado por regras de inferência. Por essa razão, transformar o primeiro no segundo "dialeticamente" é converter um princípio válido no nível empírico em outro aplicável às coisas em geral. Nos termos de Kant, isso equivale a uma sub-repção.

Nessa chave, essa conversão sub-réptica é equivalente à confusão referida acima. Em consequência, o primeiro passo basicamente redescreve o resultado já obtido em vez de acrescentar algo materialmente novo. Sob qualquer uma dessas descrições, a importância sistemática desse passo consiste no fato de que é aqui que o realismo transcendental entra em cena pela primeira vez. Kant realmente não nos informa desse fato (as coisas poderiam ter ficado um tanto mais claras se ele o tivesse feito); no entanto, dada nossa análise precedente de tal realismo, trata-se aparentemente de uma inferência razoável, que indica um importante paralelismo com a explicação da patologia da psicologia racional esboçada nos Paralogismos.

O vínculo entre essa confusão e o realismo transcendental deriva do fato de a primeira ser resultado do insucesso em distinguir entre um princípio empírico relativo às coisas enquanto objetos da experiência possível e um princípio transcendental relativo às coisas em geral. Mas não deveríamos nos deixar enganar pela referência kantiana a uma confusão entre um princípio relativo às coisas como elas aparecem e outro relativo às coisas em geral, ao passo que o realismo transcendental tem sido visto como a identificação de aparências com coisas em si mesmas. Uma vez que considerar coisas em geral significa apenas considerá-las em abstração das condições sob as quais elas aparecem, isso quer dizer que elas estão sendo consideradas como elas são em si mesmas. Nesse sentido, o teólogo racional, ao propor teses a respeito das condições das coisas em geral, está procedendo como um realista transcendental. Além disso, ao proceder dessa forma, o realista transcendental considera inevitavelmente (e, ao olhos de um realista, de modo muito razoável) as condições das aparências como se fossem condições das coisas em geral. A confusão que preocupa Kant neste ponto é claramente um produto desse erro. Apesar de este último não ser um erro metafísico grave, ele pode ser descrito como um "erro metodológico" que, sob a influência da ilusão, conduz inevitavelmente àquele.

O segundo passo, no qual se introduz o conceito de uma coisa individual que contém o todo da aparência, pode ser considerado como o casamento dessa confusão com a ilusão subjacente. Enquanto tal, tal casamento fornece as pré-condições para a hipostasiação: a ilusão está envolvida porque a ideia do todo da aparência como uma coisa ou indivíduo de ordem superior é, ela própria, ilusória. A bem da verdade, a própria ilusão estava atuando na geração da ideia cosmológica do mundo[491]. Entretanto, à diferença da Antinomia, em que as condições espaço-temporais da experiência eram levadas em conta e a ideia era, portanto, pseudoempírica, aqui, a ideia pode ser descrita como "pseudorracional"[492]. Portanto, não há nenhum conflito antinômico aqui. Ao contrário, a confusão do realista transcendental (feita sob o feitiço da ilusão transcendental) conduz à ideia de um indivíduo como o fundamento de uma realidade empírica ilicitamente identificada com a realidade das coisas em geral.

---

491. Essa identificação foi-me sugerida por Grier em nossa troca de correspondências.

492. Nos termos de Kant, ambos são *conceptus ratiocinantes* por oposição a *conceptus ratiocinati* (A311/B368).

Talvez a característica mais intrigante dessa explicação profundamente obscura seja a aparente inaturalidade do pensamento de que o conjunto completo da realidade empírica constitua um indivíduo em qualquer sentido compreensível, muito menos um indivíduo que poderia ser confundido com a ideia subjetivamente necessária do *ens realissimum*. Mas o mistério se dissipa um pouco se considerarmos que Kant esteja se referindo ao conjunto completo, dialeticamente transformado, da realidade empírica e não àquele inicialmente pressuposto como condição da experiência. Dialeticamente transformado (por meio da confusão do realista transcendental), esse conjunto completo se torna a *omnitudo realitatis*. Mas, enquanto tal, ele é uma ideia da razão, e é apenas por ser assim entendido que é possível considerá-lo como completamente determinado.

Por fim, a efetiva hipostasiação de um *ens realissimum*, que ocorre no terceiro passo, pode ser vista como o problema desse casamento entre a ilusão transcendental e o realismo transcendental. Basicamente, **a primeira** fornece a ideia a ser hipostasiada (a do *ens realissimum*) e o segundo a pré-condição essencial para sua hipostasiação.

Em uma nota anexada ao parágrafo supracitado, Kant esclarece um pouco as coisas ao introduzir uma distinção entre realização e hipostasiação[493]. Como ele diz aí:

> esse ideal do ser realíssimo, **muito embora seja uma mera representação**, é primeiramente realizado, isto é, transformado em objeto, depois hipostasiado e, finalmente [...] é até mesmo personificado (A583/B611n. [grifos omitidos]).

Ainda que a personificação possa ser ignorada, o contraste entre a realização e a hipostasiação é de extrema importância, já que equivale à distinção entre o resultado inevitável da ilusão e o resultado evitável de sermos enganados por ela. É de especial relevância a caracterização da realização como um ato de transformar uma ideia em um objeto. Posto que hipostasiar é dar a um objeto existência real independente da sua ideia, na medida em que a realização é distinguida da hipostasiação, a objetificação que ela envolve só pode ser compreendida como a geração de um objeto meramente intencional ou do que Kant denomina de "objeto [dado] na ideia", por oposição a objeto dado "absolutamente" (A670/B698) (cf. Caimi, 1955, p. 540-541). Portanto, a hipostasiação, que ocorre a partir de pressuposições transcendentalmente realistas, também pode ser vista como atribuidora de existência real, isto é, absoluta, a algo que existe apenas na ideia. No

---

493. A distinção também é feita, embora não explicada, em A615/B643.

caso dos Paralogismos, tratava-se da ideia da alma, e aqui se trata da ideia de um *ens realissimum*.

B. Existência absolutamente necessária e o ens realissimum

O problema óbvio posto pela análise precedente é que essa hipostasiação parece tão cristalinamente falaciosa que, à diferença do que ocorre com parte do argumento nos Paralogismos, é difícil ver como alguém poderia sucumbir a ela. Mas o próprio Kant não o considera uma objeção à sua explicação, ao contrário, ele nisso insiste na terceira seção do Ideal. Já no início dessa seção Kant observa que,

> apesar dessa urgente necessidade da razão de pressupor algo que pudesse servir ao entendimento como fundamento pleno para a determinação completa de seus conceitos, [**a razão**] percebe muito facilmente o que há de idealista e meramente inventado em tal pressuposição, e não se deixaria persuadir somente por isso **a ponto de supor que uma mera criatura de seu pensamento seria um ser real**, a não ser que fosse pressionada **por outra fonte a** procurar seu repouso no regresso do condicionado, que é dado, ao incondicionado que, embora não sendo dado como real em si mesmo ou segundo seu mero conceito, é o único capaz de completar a série das condições conduzidas aos seus fundamentos (A583-584/B611-612).

Isso sugere que a função dessa seção é desvelar essa "outra fonte", e é justamente isso que Kant procura fazer. Felizmente, a seção 3, ao contrário da obscura análise da seção 2, cobre um território muito mais próximo das considerações que levariam, como geralmente se pensa, à postulação de um ser supremo. Com efeito, Kant pensa estar mapeando "o caminho natural da razão humana, mesmo a mais comum", embora ele se apresse em acrescentar que "nem todos permanecem nele" (A584/B612). Esse caminho se inicia com a experiência comum e, portanto, se considera fundamentado em algo existente e não em meros conceitos. Porém, Kant observa de modo metafórico que "esse solo [*Boden*] afunda [...] se não estiver assentado sobre a pedra inamovível do absolutamente necessário" (A584/B612). Em outras palavras, o que naturalmente conduz a razão humana ao pensamento do *ens realissimum* não é o projeto filosófico de localizar as condições transcendentais de possibilidade da determinação completa, mas simplesmente a necessidade de pressupor algo que existe com necessidade absoluta a fim de encontrar um lugar de repouso para o pensamento. O termo atuante aqui é "absoluto", visto que a razão não se ocupa de algo cuja existência se segue necessariamente de uma causa antecedente (isso é assunto do entendimento), mas antes de algo cuja existência é incondicionalmente necessária, isto é, necessária em todos os aspectos ou em virtude de sua natureza inerente[494].

Segundo Kant, subjacente a esse projeto da razão humana comum [*ordinary*] está a dupla ilusão de que tal lugar é sim alcançável e de que ele só pode ser propiciado pelo *ens realissimum*. A seção 3 se dedica à exposição desse segundo ponto, ao passo que as duas seções subsequentes, que tratam das provas ontológica e cosmológica, se ocupam da exposição do primeiro. Para nossos propósitos, iremos nos concentrar no segundo ponto.

Kant começa por estipular o que ele considera ser a pressuposição fundamental da razão humana comum, tratada inicialmente por ele como se não fosse problemática. Basicamente, trata-se de pressupor que, se se admite a existência de qualquer coisa, então também se deve conceder que algo existe com necessidade absoluta. Isso ocorre porque a razão é forçada a pensar algo que existe dessa maneira como o fundamento último do contingente (A584/B612). Em dado momento, Kant sugere que esse raciocínio, que surge imediatamente da reflexão sobre as causas das coisas, está baseado no pensamento da "insuficiência interna do contingente" (A589/B617). Trata-se também da base da conhecida prova cosmológica, apresentada por Kant como a primeira e a mais natural do ponto de vista da razão humana comum[495].

Dada essa pressuposição, a tarefa agora é encontrar um candidato adequado ao excelso título de existência absolutamente necessária. Por sua própria natureza, trata-se de um esforço puramente conceitual e é aqui que o conceito do *ens realissimum* entra em cena. Uma vez mais, o argumento é simples e direto, como convém à razão humana comum em sua incursão inicial no domínio do transcendente. Como o *ens realissimum* contém, *ex hypothesi*, toda a realidade, não pode haver nada de que ele dependa. Por essa razão, não há espaço para quaisquer questões ulteriores sobre o "porquê" de as coisas serem assim, que é precisamente o que se exige de algo que se supõe existir com necessidade absoluta.

---

494. Isso faz lembrar a discussão do "absoluto" em A324-326/B380-382. Ele também se distingue do sentido de necessidade que está em questão nos Postulados e, nesse sentido, se compara à noção de possibilidade absoluta discutida anteriormente (cf. a nota 477, acima).

495. A questão se complexifica pelo fato de que Kant também fornece uma versão do argumento cosmológico em favor de um ser absolutamente necessário na tese da Quarta Antinomia (A452-454/B480-482). Na Antinomia, entretanto, esse ser absolutamente necessário se localiza no mundo, ou como parte ou como causa, o que sugere uma noção espinosista de Deus, ao passo que o Ideal se ocupa explicitamente de um ser transcendente.

Embora Kant claramente rejeite essa linha de argumentação, ele também expressa considerável simpatia por ela. A bem dizer, ele atribui ao argumento "uma certa importância e um prestígio que não lhe pode ser retirado imediatamente simplesmente em razão dessa insuficiência objetiva" (A588-589/B616-617). Além do mais, essa simpatia tem uma profunda base filosófica na análise do *ens realissimum* como o "único ideal autêntico do qual a razão humana é capaz" (A576/B604) e, certamente, como um "ideal isento de defeitos, um conceito que remata e coroa todo o conhecimento humano" (A641/B669). Assim, em vista dessa análise, Kant admite que

> [não] se pode negar uma certa cogência nesse conceito quando se trata de *decisões*, ou seja, quando é aceita a existência de algum ser necessário e se está de acordo em que é preciso tomar um partido quanto a onde se deveria situá-lo; pois então não se pode fazer uma escolha melhor – ou já nem se tem escolha, e se é forçado a isso – do que dar o próprio assentimento à unidade absoluta da realidade completa como fonte originária da possibilidade (A587/B615).

A questão, entretanto, é que nenhuma decisão desse tipo é necessária, já que o antecedente não deve ser concedido. Todavia, em vez de introduzir esse grande problema a esta altura, Kant se concentra na pressuposição da razão comum de que o *ens realissimum* seja o único candidato *concebível* à existência absolutamente necessária. Apesar da natureza imaculada e da indispensabilidade subjetiva do ideal, Kant acredita que essa pressuposição seja passível de questionamento com base no fato de que não há contradição na atribuição de necessidade absoluta a um ser limitado que não possui toda a realidade.

> Pois mesmo que eu não encontre em seu conceito o incondicionado que já traz consigo o todo das condições, não se pode concluir disso, de modo algum, que sua existência tenha por isso de ser condicionada (A588/B616).

Kant quer demonstrar apenas que não há contradição em atribuir existência absolutamente necessária a um ser limitado, e não que tal atribuição seja plausível. Ele ilustra esse ponto recorrendo à analogia com o silogismo hipotético. Ali, a negação do antecedente na premissa menor não legitima a negação do consequente na conclusão. Em outras palavras, mesmo que se suponha (a título de argumento) que tal *ens realissimum* seja uma condição *suficiente* para a atribuição de tal existência absolutamente necessária, daí não se segue que essa condição seja também uma condição *necessária*. Nesse sentido, inferir *que* o *ens realissimum* seja o fundamento último da existência condicionada seria considerado um *non sequitur*. Ademais, isso efetivamente elimina um dos dois pilares básicos da teologia racional. A eliminação do segundo pilar (o conceito de uma existência absolutamente necessária) compete à crítica da prova ontológica e à crítica da prova cosmológica.

III. A prova ontológica e a prova cosmológica

Ficou célebre a afirmação de Schopenhauer de que Kant não precisaria ter escrito a *Crítica da razão pura* para refutar o argumento ontológico (Schopenhauer, [1819] 1969, vol. 1, p. 511). E ele estava correto, sem dúvida, já que não apenas filósofos anteriores, mas o próprio Kant em seus primeiros escritos sobre metafísica, já haviam refutado esse argumento em sua clássica forma anselmo-cartesiana (cf. ND 1: 395-396; 15-17; EMB 2: 72-73; 117-119). No entanto, a crítica de Kant preserva seu interesse para nós, porque ela forneceu a base para muitas críticas subsequentes ao negar que a "existência" seja um predicado real e também porque ela está entrelaçada à exposição sistemática da razão e de suas ilusões inevitáveis. Com efeito, a crítica de Kant se distingue precisamente porque ele leva a sério a problemática noção de uma existência absolutamente necessária. Em vez de ser considerada um absurdo a ser sumariamente descartado, como pensava Hume, essa noção é, de acordo com Kant, o "verdadeiro abismo" para a razão humana (A613/B641). Mas como esse último ponto só é exposto de forma completa na crítica da prova cosmológica, também será preciso examiná-la[496].

A. A prova ontológica

A crítica de Kant, que parece visar tanto a versão cartesiana quanto a versão leibniziana da prova, está nitidamente dividida em duas partes: considerações gerais contrárias à atribuição de existência absolutamente necessária a *qualquer* ente, e uma refutação da tese de que o conceito do *ens realissimum* seria uma exceção a essa regra. Entretanto, toda a discussão é antecedida pela reflexão, baseada na análise precedente, de que "a inferência de uma existência absolutamente necessária a partir de uma existência dada parece ser urgente e correta"; o problema é que "temos contra nós todas as condições do entendimento para formar um conceito de tal necessidade" (A592/B620). Em outras palavras, pa-

---

496. O Ideal também contém uma crítica da prova físico-teológica (A620-630/B648-658), que é a terceira de três possíveis provas especulativas reconhecidas por Kant. Todavia, como ela não pertence à teologia transcendental (por causa de sua forte premissa empírica), mas depende (assim como a prova cosmológica) fundamentalmente da prova ontológica, não precisamos examiná-la aqui.

rece que nos confrontamos com outra instância do conflito entre as pretensões da razão – para as quais é indispensável (embora ilusório) o conceito de um ser absolutamente necessário – e as condições do entendimento, que não acolhe esse conceito.

As considerações gerais mobilizadas por Kant aqui, por ele tratadas como não problemáticas, dizem respeito principalmente à natureza do juízo existencial e às suas várias modalidades. Embora ele não o formule assim, a explicação é baseada no seguinte princípio: para todo predicado, caso o sujeito for rejeitado junto com o predicado, não há contradição. Se se compreende um ser absolutamente necessário como um ser cuja existência não pode ser negada sem contradição, segue-se não é possível julgar como necessário nenhum ser nesse sentido.

Não há contradição quando o sujeito de uma proposição é negado junto com seus predicados simplesmente porque nada restaria para ser contradito. Se x é um triângulo, segue-se necessariamente que ele tem três ângulos. Não se pode afirmar o sujeito de um juízo e negar sem contradição os predicados que lhe pertencem necessariamente. Mas se não há nenhum sujeito do qual esses ângulos sejam predicados, então não há nenhuma contradição.

Como já notado, Kant pressupõe que a maioria dos filósofos reconheceria prontamente esse princípio como geral; no entanto, para ele, alguns desejariam insistir que haveria uma exceção no caso do conceito de um *ens realissimum*. O objetivo da segunda parte da crítica é, portanto, negar que ele seja uma exceção. O argumento em favor de um *status* excepcional para o *ens realissimum* é conhecido, assim como a crítica de Kant a ele dirigida. Basicamente, o argumento gira em torno da premissa de que a própria existência é uma realidade ou uma perfeição. Consequentemente, partindo do pressuposto que tal ser seja possível, o que Kant está disposto a conceder de modo a favorecer o argumento[497], segue-se que tal ser tem de existir com necessidade absoluta, pois qualquer *ens realissimum* que não existisse dessa maneira não seria, *ex hypothesi*, o *ens realissimum*. Além do mais, esse argumento se aplica unicamente a esse ser, já que não haveria contradição na negação da existência de qualquer ser que possua menos que toda realidade.

Dada essa linha de argumentação, a reação óbvia seria negar que "existência" é um predicado, ou, mais precisamente, um "predicado real" ou uma "determinação", o contrário de um predicado meramente lógico, que é exatamente

---

497. Aqui como alhures, Kant distingue entre a possibilidade de um conceito (possibilidade lógica), que é simplesmente a ausência de contradição, e a possibilidade real de uma coisa, mas não desenvolve a questão no Ideal (cf. a nota A596/B624).

o que Kant faz. A própria possibilidade de juízos existenciais mostra que "existência" é no mínimo um predicado lógico, porém, isso não basta para mostrar que ela seria mais que isso.

Embora Kant negue que "existência" seja um predicado real, o que é amplamente aceito entre filósofos, inclusive muitos daqueles que não encontram na *Crítica* muitas coisas de seu agrado, tal negação não deixou de ser desafiada. O problema, no entanto, é bem amplo e complexo, não sendo possível abordá-lo aqui. Todavia, importa considerar brevemente duas objeções direcionadas especificamente à análise de Kant e não ao tópico como um todo.

Uma objeção, fácil de rejeitar, diz respeito à aparente incompatibilidade entre a negação de que "existência" seja um predicado real e o fato de Kant insistir que todos os juízos existenciais são sintéticos e que juízos sintéticos envolvem determinações ou predicados reais. Em resumo, a objeção é que essa negação e essa dupla insistência constituem uma tríade inconsistente. Se juízos existenciais são sintéticos, então, pelo próprio critério de sinteticidade proposto por Kant, "existência" deve funcionar como um predicado real em tais juízos. Inversamente, se eles não são sintéticos, então segue-se, em conformidade com os princípios kantianos, que tais juízos são analíticos, o que é absurdo[498].

O capítulo 4 considerou brevemente esse problema. Como se observou ali, o que torna um juízo existencial sintético não é o fato de ele afirmar "existência" como um predicado real, mas sim o fato de que, como todos os juízos sintéticos, ele faz uma afirmação sobre o sujeito que vai além do que está contido no seu conceito, a saber, que ele existe ou que o conceito é instanciado. Por conseguinte, tudo o que precisamos neste momento é um esclarecimento da concepção kantiana da sinteticidade. Como já observamos, um juízo se torna sintético quando ele estende "materialmente" nosso conhecimento para além daquilo que já está pensado (implícita ou explicitamente) no conceito do seu sujeito. Mas isso pode ser feito de duas formas distintas: afirmando (ou negando) uma outra determinação do sujeito, ou afirmando (ou negando) que o conceito do sujeito seja instanciado. Juízos existenciais são sintéticos no segundo sentido.

Uma objeção um pouco mais grave remete ao argumento aduzido por Kant para negar que "existência" seja um predicado real, argumento que se supõe estar contido na seguinte passagem:

> Se penso uma coisa, portanto – tanto faz com quais ou quantos predicados (mesmo na determinação completa) –, nada é acrescentado a ela pelo

---

498. Objeção similar foi levantada por Shaffer (1962, p. 125). Wood (1978, p. 105-107) a reproduz, embora não a referenda, e sua resposta a ela é similar à minha.

fato de eu introduzir a expressão "essa coisa é". Pois do contrário não existiria sempre o mesmo, mas mais do que eu havia pensado no conceito, e eu não poderia dizer que o objeto exato do meu conceito existe. Se, por outro lado, penso em uma coisa todas as realidades exceto uma, a realidade faltante não é acrescentada a ela pelo fato de eu dizer que tal coisa incompleta existe; ela existe, na verdade, com a mesma falta com que eu a havia pensado, pois do contrário existiria algo distinto do que eu pensara (A600/B628 [grifo omitido]).

A objeção a essa linha de argumentação, apresentada primeiramente por Jerome Shaffer e posteriormente corroborada (de forma um pouco diferente) por Allen Wood, é a seguinte: se o argumento prova que "existência" não é um predicado real, então ele também prova que nada poderia sê-lo. Isso ocorre porque até mesmo a predicação real, em certo sentido, "modifica o sujeito", mas isso não nos leva a concluir que o sujeito não seja mais a mesma coisa. Por exemplo, se digo que algo é vermelho ou onipotente, estou acrescentando esse predicado ao meu conceito da coisa, mas ela permanece exatamente a mesma coisa que eu havia pensado antes sem essa qualidade. Mas se isso vale para predicados manifestamente reais, tais como "vermelhidão" ou "onipotência", por que não deveria valer também para "existência"? (cf. Shaffer, 1962, p. 126; Wood, 1978, p. 108-109)[499].

A resposta é simples, ainda que vire de ponta cabeça a questão da crítica. Em primeiro lugar, predicar "existência" de uma coisa pressupõe sua determinação completa, pois esta última é uma condição da sua coisidade. Isso não quer dizer que estaríamos sugerindo que o *conceito* que temos da coisa julgada como existente deve ser ele próprio completamente determinado, pois isso só é possível no caso do conceito do *ens realissimum*, que é determinado *a priori*. O ponto é antes que se deve pressupor que a *própria coisa* seja determinada completamente; caso contrário, a questão de sua existência sequer emergiria como dotada de sentido. Porém, se "existência" fosse um predicado real – análogo a "vermelhidão" ou a "onisciência" – e nos levasse, no processo de determinar x, a pressupor que x é ou vermelho ou não vermelho, ou onisciente ou não onisciente, ou existente ou não existente etc., disso se seguiria que qualquer x que de fato exista, existe necessariamente. Porém, alegar que a existência desse x seria tão necessária quanto sua vermelhidão não basta para evitar essa conclusão. Pois, nesse cenário, *ele é* necessariamente vermelho, visto que ser vermelho define parcialmente o que significa ser essa coisa particular. Consequentemente, a réplica kantiana à ob-

---

499. Tanto Shaffer quanto Wood expressam surpresa quanto ao fato de que este argumento, que evidentemente veem como extremamente fraco, tenha resistido tão bem ao escrutínio.

jeção esboçada acima assevera que devemos ou negar que "existência" seja um predicado real ou admitir que tudo que existe, existe necessariamente.

Em sua tréplica, o defensor do argumento ontológico, ainda insistirá que isso vale apenas para o *ens realissimum*, já que apenas tal ser possui *todas* as perfeições. Qualquer ser que seja menos que perfeito, mesmo um ser que careça apenas de uma única perfeição, poderia carecer da perfeição da existência e, portanto, não existir. Assim, a contingência da existência em todos os casos que não o do *ens realissimum* é preservada. Mas esse argumento não irá funcionar pelas próprias razões aduzidas por Kant na passagem em questão. O problema é que, no caso do *ens realissimum*, seu conceito, e não apenas a própria coisa, deve ser pressuposto como completamente determinado *antes* que a questão sobre sua existência tenha sido levantada. Com efeito, essa é a base para o *status* privilegiado do conceito pressuposto pelo defensor do argumento ontológico. No caso em pauta, entretanto, ao incluir a existência entre essas perfeições, ou se está enunciando uma tautologia (um ser que inclui a existência entre suas propriedades inclui a existência entre suas propriedades) ou modificando o conceito inicial. Seja qual for o caso, a reivindicação de um *status* singular para o *ens realissimum* relativamente à existência não pode ser sustentada. Trata-se justamente do ponto que Kant queria demonstrar.

Esse resultado também nos conduz de volta à análise kantiana da modalidade, discutida inicialmente no capítulo 6. Como vimos ali, Kant insiste que

> a modalidade dos juízos é uma função muito particular **destes, cuja característica consiste** em nada contribuir para o conteúdo de um juízo [...], mas apenas **se referir** ao valor da cópula em relação ao pensamento em geral (A75/B99-100).

Em outras palavras, as funções modais pressupõem um juízo completamente formado e avaliam sua relevância epistêmica. De modo similar, nos Postulados, Kant sustenta que

> as categorias da modalidade têm a peculiaridade de não aumentar sequer minimamente, como determinação do objeto, o conceito a que são acrescentadas como predicados; elas apenas exprimem sua relação com a faculdade de cognição (A219/B266).

Deste ponto vista, tratar "existência" como predicado real é cometer um erro categorial, que consiste na confusão de uma categoria de qualidade (realidade) com uma de modalidade (existência ou efetividade). Esse tratamento certamente não equivale a dizer nem que Kant esteja correto em sua negação de que "existência" seja um predicado real, nem que essa negação não possa também ser feita em bases não kantianas. Tratar "existência" como predicado real significa, porém, sugerir que a crítica de Kant ao argumento ontológico está profundamente enraizada em alguns dos princípios centrais de sua epistemologia e que não pode ser facilmente separada desse contexto.

B. A prova cosmológica

O que Kant denomina de "prova cosmológica" é basicamente uma retomada do argumento esboçado na seção 3. Ali, ela era atribuída ao "caminho natural da razão humana". Entretanto, ela aparece agora em seu traje filosófico apropriado como uma prova robusta voltada para evitar o problema principal da prova ontológica porque ancora o argumento de forma segura na experiência[500]. Por conseguinte, a crítica de Kant é uma tentativa de mostrar que essa ancoragem é ilusória em diversos aspectos.

Como em outros casos, a prova consiste em duas partes: (1) uma inferência que parte da premissa factual de que algo existe e conclui que outra coisa deve existir com necessidade absoluta; (2) a identificação desse ser absolutamente necessário com o *ens realissimum*. Embora muitas vezes se perca de vista esse ponto, Kant está preocupado aqui com as duas partes do argumento, em contraste com a seção 3, onde se dedicou quase inteiramente à segunda parte. Além disso, seu tratamento da segunda parte difere significativamente nas duas seções. Como já assinalamos, se em sua discussão anterior Kant desafiava a tese de que o *ens realissimum* é a condição necessária para a atribuição de uma existência absolutamente necessária, agora ele efetivamente defende que o *ens realissimum* tampouco pode ser a condição suficiente e que o problema reside no próprio conceito de um ser cuja existência é absolutamente necessária.

O aspecto mais conhecido e mais amplamente discutido da crítica kantiana à prova cosmológica – aquela enfatizada pelo próprio Kant, diga-se de passagem –, é a afirmação da inseparabilidade entre a prova cosmológica e a prova ontológica, à qual a primeira pretende ser uma alternativa. Não é que Kant simplesmente reduza uma à outra, pois a prova ontológica tem claramente um ponto de partida distinto. O que ocorre é que a prova cosmológica precisa se apoiar na prova ontológica em um momento crucial. Por conseguinte, essa prova não pode reivindicar uma independência lógica em relação à prova ontológica nem pretender uma base genuinamente empírica. Na verdade, Kant caracteriza essa segunda reinvindicação como mera astúcia, já que o apelo à experiência ocorre apenas no primeiro passo do argumento e não cumpre nenhum papel na deter-

---

500. Kant a identifica com a prova leibniziana da contingência do mundo (A604/B632).

minação da natureza daquilo que é se pressupõe existir com necessidade absoluta (A606/B635)[501].

A convergência parcial entre as provas ontológica e cosmológica provém de seu comum apelo ao conceito do *ens realissimum*. O fato de a primeira *partir* desse conceito e de a segunda *levar a* ele não faz qualquer diferença substantiva para Kant, já que ambas acabam por se apoiar na pressuposição de que a existência absolutamente necessária pertence unicamente ao objeto desse conceito. Kant elabora seu argumento a princípio de modo informal e em seguida de um modo "escolasticamente correto". Sob essa segunda forma, o "*nervus probandi*"* do argumento é a seguinte proposição: "todo ser absolutamente necessário é ao mesmo tempo o ser realíssimo" (A608/B636). Kant nota que essa proposição, enquanto uma proposição afirmativa universal, pode ser convertida *per accidens* em "alguns seres realíssimos são ao mesmo tempo seres absolutamente necessários". Contudo, já que, *ex hypothesi*, um ser realíssimo contém toda a realidade, segue-se (pela identidade dos indiscerníveis) que só pode haver um único ser de tal tipo. Por conseguinte, a proposição pode ser convertida absolutamente na proposição universal "todo ser realíssimo é um ser necessário". Contudo, diz Kant, a prova ontológica sustenta justamente isso (A608/B636). Portanto, se esse argumento fracassa, a prova cosmológica também fracassa.

Todavia, isso não é tudo o que Kant encontra de errado na prova cosmológica. Com efeito, ele sugere que o argumento contém "todo um ninho de pressupostos dialéticos [...] que a crítica transcendental pode facilmente descobrir e destruir", dentre os quais quatro são citados:

> 1) O princípio transcendental de inferir uma causa a partir do contingente, princípio esse que só tem significado no mundo sensível, e fora dele não tem sequer um sentido. [...] 2) O princípio de inferir uma primeira causa a partir da impossibilidade de uma série infinita de causas dadas umas sobre as outras no mundo sensível, algo a que os princípios do uso da razão não nos autorizam nem mesmo na experiência, e que não podemos, menos ainda, estender para além dela (onde essa cadeia não pode ser prolongada de modo algum). 3) A falsa autossatisfação da razão com o completamento dessa série, quando afinal se removem todas as condições – sem as quais, contudo, não pode ter lugar o conceito de uma necessidade. [...] 4) A confusão da possibilidade lógica de um conceito de toda a realidade unificada (sem contradição interna) com a possibilidade

---

501. Nesse aspecto, ela difere nitidamente da prova psicoteológica, que parte da experiência determinada da ordem no mundo para concluir a existência de um autor inteligente. Um dos problemas com esse argumento é sua incapacidade de nos conduzir ao *ens realissimum*. Por conseguinte, no final das contas, essa prova também tem de contar com o argumento ontológico.

* "O cerne do argumento" (em latim no original) [N.T.].

transcendental, que exige um princípio da factibilidade de tal síntese, mas esse, por seu turno, só pode valer para a experiência possível, e assim por diante (A609-611/B637-638).

A adição de "e assim por diante" indica que Kant pensou ter oferecido apenas uma amostra de uma litania potencialmente muito maior de pecados filosóficos cometidos pela prova cosmológica. É claro que seria possível discutir em detalhe cada uma dessas objeções e talvez defender certas versões da prova cosmológica contra pelo menos algumas delas. A importância da explicação de Kant não repousa, entretanto, em seus detalhes, que ele deixa para que os leitores elaborem por conta própria, mas na sua caracterização geral do frequente conflito entre a prova cosmológica e as condições do entendimento. Em cada caso, a questão é a razão – em sua busca endêmica por um ser que exista com necessidade absoluta – entrar numa relação de conflito com tais condições. Ademais, tudo isso independe da objeção de que a prova cosmológica seria forçada a se apoiar na segunda parte da prova ontológica.

No entanto, do ponto de vista do diagnóstico kantiano das patologias da razão, esse conflito acaba tendo o efeito de ampliar o interesse na prova, interesse que reside antes em seu valor revelador do que em sua força probatória. Como já notamos, o que ela revela é o "verdadeiro abismo" da razão humana. Kant chama atenção para isso nesta conhecida passagem:

> A necessidade incondicionada, de que precisamos tão indispensavelmente como sustentáculo último de todas as coisas, é um verdadeiro abismo para a razão humana. Mesmo a eternidade, por mais terrivelmente sublime que um Haller possa pintá-la, está longe de produzir uma impressão tão vertiginosa sobre a mente; pois ela somente *mede* a duração das coisas, **não lhes dá sustentação**. Não se pode evitar, mas tampouco se pode suportar, o pensamento de que um ser, que representamos como o mais elevado entre todos os possíveis, diga a si mesmo, de certo modo, "eu existo da eternidade à eternidade, fora de mim não há nada **sem** aquilo que só existe por meio de minha vontade; mas *de onde* então venho eu?" Tudo afunda aqui sob nós, e tanto a maior como a menor perfeição fluem sem ponto de apoio perante a razão especulativa, à qual não custa nada deixar que ambas desapareçam sem a menor dificuldade (A613/B641).

Como essa passagem sugere, é a prova cosmológica e não a prova ontológica que remete diretamente à necessidade profunda da razão humana de pressupor algo que sustente, em última instância, o ser e a duração de todas as coisas. É precisamente por isso que essa prova expressa o "caminho natural da razão humana". Tal passagem também sugere que nada pode satisfazer essa necessidade, nem mesmo o *ens realissimum*, que, em nome dessa mesma razão humana, é levado a se questionar: "*de onde* então venho eu?" Como apenas um ser cuja existência seja absolutamente necessária pode servir como "o sustentáculo último" requerido, o abismo **da razão humana** consiste tanto na exigência quanto na incapacidade da razão de reconhecer qualquer coisa que exista dessa maneira. A esta altura, porém, parece haver apenas duas opções: ou o "sacrifício do intelecto" a alguma "verdade suprema", ou um exame crítico das causas desse abismo e a determinação de um meio de escapar dele. Kant escolheu felizmente a segunda opção.

IV. Análise crítica e cura

A análise kantiana das causas do dilema da razão, subjacente tanto às fracassadas provas teístas quanto ao remédio proposto, está contida na breve seção intitulada "Descoberta e explicação da ilusão dialética em todas as provas transcendentais da existência de um ser necessário" (A614-620/B642-648). Como seria de se suspeitar, a fonte principal por trás desse dilema é a ilusão transcendental. Essa ilusão não apenas leva à hipostasiação do ideal, já discutida, como também é um fator motivador da busca da razão por um ser absolutamente necessário, que está na raiz da presente dificuldade.

À luz do que já aprendemos, o ponto básico pode ser formulado de maneira bem simples (e o próprio Kant não considera necessário demorar-se muito sobre ele): o ubíquo P_2 tanto exige que a razão suponha que *algum* ser exista dessa maneira quanto a proíbe de supor que *qualquer* ser *particular*, inclusive um *ens realissimum*, o faça. P_2 requer isso da razão na medida em que exige algo incondicionado em relação à existência contingente, e impede a razão de supor que qualquer ser particular exista de modo absolutamente necessário porque requer que a questão de *sua condição* seja levantada em relação a todo candidato à incondicionalidade (cf. A615-616/B643-644)[502]. As falácias cometidas nas provas ontológica e cosmológica são o resultado de sermos ludibriados por essa ilusão[503].

Ainda que Kant não o afirme explicitamente, também é claro que esta última é, uma vez mais, o resultado do realismo transcendental dos teólogos racionais, realismo esse que, como sempre, torna impossível não ser ludibriado por essa ilusão. Por exemplo, o "ninho de pressupostos dialéticos" ao qual Kant se refere em sua crítica da prova cosmológica deriva obviamente do realismo transcendental, pois envolve uma extensão ilícita das categorias, ela própria a

---

502. Embora Kant não se refira aqui explicitamente a P_2, ele claramente o tem em mente.
503. Para um exame da relação entre ilusão e falácia na prova ontológica, cf. Grier (2001, p. 256-260).

consequência da dissolução das fronteiras entre condições de coisas enquanto aparências e condições de coisas em geral. De uma maneira mais geral, é esse realismo que alimenta a confusão entre a necessidade subjetiva (decorrente de P_2) de se pensar um fundamento incondicionalmente necessário das coisas em geral e a demonstração da necessidade objetiva da existência de tal fundamento. Consequentemente, para evitar essa ilusão e as falácias por ela engendradas, é necessário abandonar esse realismo, o que equivale a adotar uma postura transcendentalmente idealista.

Contra isso, poder-se-ia objetar que a cura efetivamente proposta por Kant não faz referência a nenhuma dessas duas formas de transcendentalismo. Em vez disso, Kant sugere que a cura consiste no reconhecimento de que

> se tenho de pensar algo necessário para as coisas existentes em geral, mas não estou autorizado a pensar uma coisa em si mesma como necessária, segue-se disso, inevitavelmente, que a necessidade e a contingência não poderiam pertencer ou dizer respeito às coisas mesmas, pois do contrário ocorreria uma contradição.

E a partir disso, Kant conclui que esses dois princípios só podem ser "princípios subjetivos da razão", um deles exige que procuremos algo necessário para tudo o que nos é dado como condicionado, enquanto o outro proíbe que jamais consideremos "algo empírico como incondicionado" (A616/B644). Em outras palavras, aqui como em outras partes da Dialética, a cura consiste em reconhecer que princípios aparentemente constitutivos têm efetivamente um uso meramente regulador. Como diz Kant em certo momento,

> [...] o ideal do ser supremo não é outra coisa senão um *princípio regulador* da razão para considerar toda ligação no mundo *como se* surgisse de uma causa necessária e autossuficiente, de modo a fundar aí a regra de uma unidade sistemática e necessária [...]; ele não é, pois, a afirmação de uma existência em si necessária (A619/B647).

O problema, entretanto, consiste na inelutável transformação desse princípio regulador em um princípio constitutivo pelas mãos do realista transcendental; assim como é inevitável, continua Kant, representar "mediante uma sub-repção transcendental", esse "princípio formal como constitutivo e [pensar] hipostaticamente essa unidade" (A619/B647). Com efeito, Kant está dizendo aqui que essa sub-repção é "inevitável", e isso sugere que ele a identifica com a ilusão. Mas, uma vez que Kant consistentemente entende que sub-repções são erros metafísicos evitáveis, parece mais plausível tomar sua posição como uma afirmação de que o realista transcendental, preso entre as garras da ilusão, não pode senão cometer essa sub-repção e, por conseguinte, dissolver a distinção entre regulador e constitutivo.

À primeira vista, esse argumento pode parecer bizarro, quando não manifestamente falso. Afinal, quantos filósofos contemporâneos, que de bom grado se diriam realistas transcendentais, não apelam a algo muito similar à distinção kantiana entre regulador e constitutivo? Para citar um único exemplo dentre muitos outros análogos, consideremos a conhecida concepção da "postura intencional [*intentional stance*]" de Daniel Dennett, que contrasta com as posturas "física", "de desígnio" e "pessoal" (cf., p. ex., Dennett, 1973, p. 157-184; 1987). Uma postura, para Dennett, é simplesmente uma estratégia explicativa preditiva, e a postura intencional é aquela que trata o comportamento do "sistema" sob investigação como "racional", no sentido em que atua com base em crenças e desejos. Como não há nenhuma pressuposição de que o sistema (que pode ser até mesmo um termostato) seja realmente racional, a ideia de que ele o seja é uma mera ficção útil, uma questão de tratá-lo "como se" o fosse, algo aparentemente muito similar a uma ideia reguladora kantiana.

Entretanto, essa comparação ignora uma diferença fundamental entre as ideias reguladoras kantianas e os princípios pragmaticamente justificados de muitos filósofos contemporâneos: enquanto as primeiras são consideradas necessárias, os segundos são vistos como arbitrários, escolhidos apenas em função de sua conveniência. E as ideias kantianas são necessárias em um duplo sentido: elas são produtos necessários da razão, concepções às quais a razão é conduzida de modo inevitável em seu esforço igualmente inevitável de pensar o incondicionado. E, como veremos no próximo capítulo, elas são necessárias no sentido adicional de terem uma função cognitiva essencial: apesar de "meramente reguladoras", elas são condições necessárias para um uso coerente do entendimento. Em resumo, aquilo que, em sua *Dissertação*, Kant denominou de "princípios de conveniência" (*principia convenientiae*) (ID 2: 418; 414) não é algo *meramente* conveniente[504].

Ora, embora pareça relativamente fácil para um realista transcendental postular ficções similares às de Dennett, não está de modo algum claro que esse realista seja capaz de reconhecer quaisquer princípios similares no sentido kantiano. Mais uma vez, isso ocorre porque a concepção kantiana jaz em uma distinção nítida entre necessidade subjetiva e objetiva, distinção ela própria consequência da distinção transcendental entre condições sensíveis e intelectuais da cognição. Por conseguinte, por carecer dessa última distinção, o realista trans-

---

504. Talvez com o intuito de evitar essa relação enganosa, a expressão é frequentemente traduzida por "princípios de harmonia".

cendental não possui base alguma para estabelecer a primeira[505]. É evidente que ao realista transcendental ainda resta a alternativa de negar completamente a existência de ideias subjetivamente necessárias, o que equivale a uma rejeição completa da teoria kantiana da razão. Nesse caso, entretanto, o realista deve ou afirmar que essas ideias são objetivamente necessárias, somando esforços com a tradição metafísica dogmática atacada por Kant, ou oferecer uma explicação alternativa sobre as origens racionais das ideias centrais dessa tradição. A maior, e talvez a única, tentativa séria de levar a cabo esse último projeto é a *Lógica* de Hegel; porém é de se duvidar que muitos dos críticos atuais de Kant se sintam tentados a seguir esse caminho.

---

505. Um bom exemplo dessa forma de pensar é apresentado por Wood (1978, p. 76-78). Concentrando-se na distinção entre validade (e não necessidade) "subjetiva" e "objetiva", Wood questiona se é possível defender que Kant tenha atribuído apenas a primeira ao Ideal. Como suporte, ele apela para a noção científica da "melhor explicação", geralmente tomada como evidência da validade objetiva de uma hipótese. O problema é que a ideia kantiana não é uma **hipótese explicativa nesse sentido** – embora não pareça haver, para o realista transcendental desejoso de tratá-la como algo além de uma ficção útil, nenhuma outra forma de concebê-la.

15
A função reguladora da razão

Ao inserir sua teoria da razão na Dialética Transcendental Kant dificultou a integração do lado positivo dessa teoria no arcabouço do texto. Em vez disso, a razão aparece inicialmente como a "sede da ilusão transcendental"; e após descrever preliminarmente a natureza e a origem das ideias transcendentais, a maior parte da Dialética se devota à tarefa crítica de minar as pretensões da metafísica transcendente. E apesar de referências à função reguladora legítima dessas ideias estarem espalhadas pela Dialética, e ainda que o tópico seja discutido com algum vagar na Antinomia, é somente no Apêndice que Kant tenta lidar de um modo sistemático com a função positiva da razão teórica em relação ao uso empírico do entendimento.

Infelizmente, ao proceder desse modo, Kant inadvertidamente criou a impressão de que essa descrição seja um mero adendo ou um suplemento passível de ser ignorado sem maiores problemas por qualquer um que tente apreender os princípios básicos da *Crítica*[506]. Além do mais, se a localização do argumento do Apêndice não for incentivo suficiente para marginalizá-lo, suas aparentes contradições, tanto internas quanto com o que Kant teria ensinado em outras partes da *Crítica*, fornecem razões adicionais para fazê-lo[507].

Essas contradições aparentes dizem respeito à explicação kantiana do *status* epistemológico e da relevância do princípio de unidade sistemática ou da "sistematicidade" da razão. Kant insiste em diversos lugares que esse princípio e suas várias articulações são meramente "lógicos", isto é, expressões de um "interesse da razão", sem qualquer pretensão a apreender o mundo, enquanto também insiste, em outros lugares, que eles envolvem uma "pressuposição transcendental" à qual se deve conceder uma "validade objetiva, mas indeterminada" (A663/B691). De modo similar, Kant por vezes parece sugerir que esses princípios teriam apenas valor heurístico, ajudando a unificar nosso conhecimento de uma

---

506. Kant contribuiu ainda mais para essa concepção ao sugerir nos *Prolegômenos* que uma porção essencial do Apêndice tem o caráter de um "escólio" à discussão da metafísica (Pro 4: 364; 118).
507. A enunciação clássica desta leitura está em Kemp Smith (1962, p. 543-552).

maneira que o próprio entendimento não é capaz de fazê-lo, não contribuindo materialmente, porém, para sua aquisição; enquanto, em outros lugares, ele insiste em sua indispensabilidade para a operação do entendimento. Inspirado por essa última acepção, ele afirma que a

> lei da razão que nos leva a procurar essa unidade é necessária, já que sem ela não teríamos nenhuma razão, e sem esta não haveria uso coerente do entendimento e, na falta desse uso, não haveria critério suficiente da verdade empírica [...] (A651/B679) (cf. tb. A654/B682).

Mas, como tais afirmações parecem promover esses princípios a condições de possibilidade da experiência, por vezes se pensa que eles estão em flagrante contradição com os resultados da Analítica. A *Crítica*, argumenta-se, simplesmente não tem lugar para princípios que têm ao mesmo tempo um *status* meramente regulador e uma função genuinamente transcendental[508].

Em anos recentes, todavia, o Apêndice, ou pelo menos sua primeira parte, tem sido visto de um ângulo consideravelmente mais favorável por intérpretes interessados principalmente na filosofia kantiana da ciência. Embora suas abordagens e ênfases difiram bastante, esses intérpretes veem a descrição da sistematicidade no Apêndice e as discussões afins presentes nas duas Introduções da terceira *Crítica* como parte integrante de uma descrição kantiana da natureza e das condições do conhecimento científico[509]. Porém, por mais iluminadoras que essas discussões possam ser a respeito de certos aspectos da teoria kantiana da ciência empírica, elas tendem a negligenciar a conexão do Apêndice com a teoria da razão proposta por Kant. Por via de consequência, eles ignoram inteiramente ou minimizam radicalmente tanto a relação entre a função reguladora da razão e a doutrina da ilusão transcendental quanto a opacíssima dedução transcendental das ideias apresentadas por Kant na segunda parte do Apêndice.

Dado o interesse da maioria dos filósofos contemporâneos, essa abordagem seletiva é compreensível; porém, ela também é um obstáculo no caminho de qualquer coisa que se aproxime de uma interpretação adequada do texto. Por essa razão, este capítulo tem como finalidade oferecer uma leitura mais abrangente e equilibrada do Apêndice. Mais especificamente, iremos argumentar não somente que a razão tem uma função reguladora indispensável à aquisição de conhecimento empírico, mas também que ela pode ter essa função precisamente

---

508. Horstmann (1989, p. 157-176; 1998, p. 525-545) insiste particularmente nesse ponto.

509. Uma lista (não exaustiva) desses intérpretes incluiria Buchdahl (1969a, esp. p. 641-681; 1992), Butts (1987), Philip Kitcher (1986, p. 201-235, reimpresso em Patricia Kitcher, 1998, p. 219-238), McFarland (1970, esp. p. 1-42), Rescher (1999) e Wartenberg (1992, p. 228-248).

por causa (e não apesar) da natureza ilusória de suas ideias. Em suma, a ilusão transcendental não é somente a causa principal do erro metafísico, ela também é uma condição necessária da operação bem-sucedida do entendimento[510]. Dividimos a análise em três partes: as duas primeiras discutem, respectivamente, a primeira e a segunda parte do Apêndice; a terceira, que também serve de conclusão a este livro, considera a conexão entre a descrição kantiana da função reguladora da razão e o idealismo transcendental.

I. Ilusão transcendental, sistematicidade e indução

O complexo argumento da primeira parte do Apêndice gira em torno da relação entre o princípio racional da unidade sistemática da natureza (sistematicidade) e a ideia de um *focus imaginarius**. Isso não deveria causar surpresa, já que o primeiro se mostra fundamental para a descrição de Kant do uso regulador da razão e que o segundo fornece a metáfora usada na articulação de sua concepção da ilusão transcendental – concepção essa inseparável tal uso. O que é um pouco surpreendente, entretanto, é a conexão entre ambos e o problema da indução. Essa conexão será, portanto, o interesse central desta parte do capítulo. Esta discussão está dividida em quatro partes. A primeira analisa o papel de um *focus imaginarius* no que Kant denomina de "uso hipotético da razão", que é equivalente a seu uso indutivo. A segunda considera o *status* transcendental do princípio de unidade sistemática, cuja aplicação à natureza parece exigir um apelo a um *focus imaginarium*. A terceira parte investiga a função epistêmica desse princípio e dos subprincípios que o exprimem (homogeneidade e especificação, principalmente). Por fim, a pretensão de tal princípio a um certo tipo de validade objetiva, em que pese sua natureza ilusória, é discutida na quarta parte.

A. O focus imaginarius e o problema da indução

Ao que parece, Kant extraiu a ideia de um *focus imaginarius* da *Óptica* de Newton. O interesse de Newton era investigar a visão em espelho [*mirror vi-*

---

510. O ponto é defendido com vigor por Grier (2001, p. 263-305). Nesse sentido, minha explicação novamente deve muito à dela. Embora outros comentadores também indiquem um vínculo entre a doutrina kantiana da ilusão e a função reguladora das ideias, essa relação não é desenvolvida de modo a contribuir realmente para o esclarecimento da visão de Kant sobre a função epistêmica da razão. Figuram entre esses comentadores Heimsoeth (1969, vol. 3, p. 554-555), Piché (1984, p. 36-43) e Rescher (1999, p. 152-155).

* "Foco imaginário" (em latim no original) [N.T.].

sion] e a ilusão óptica que ela envolve: um objeto que na verdade está atrás de alguém e, assim, fora de seu campo visual, parece estar na frente, justamente como ocorreria se as linhas de luz refletidas no espelho de fato avançassem em linha reta (cf. Grier, 2001, p. 37-38). Kant já havia feito uso dessa ideia numa obra anterior dedicada a uma crítica irônica dos metafísicos em geral e de Swedenborg em particular (Tr 2: 345-347; 332-334). Na *Crítica*, todavia, ele a utiliza como metáfora para a ilusão transcendental que é tida como inseparável do uso teórico da razão. Seu propósito é iluminar a tese, aparentemente paradoxal, de que o uso regulador da razão, "indispensavelmente necessário", é uma função da natureza ilusória de seus produtos. De início, Kant considera que esse uso estaria dirigindo o entendimento a "um certo fim em relação ao qual as linhas de direção de todas as suas regras convergem num ponto" (A644/B672). Em outras palavras, trata-se levar os diversos produtos do entendimento (seus vários conceitos e generalizações empíricas), em si mesmos dotados apenas de uma "unidade distributiva", à unidade da razão ou "unidade coletiva", graças à qual eles constituem um todo sistemático.

Esse projeto requer um ponto unificador, denominado de *focus imaginarius* porque ele próprio é uma ficção, uma mera ideia. Como observa Kant, os conceitos do entendimento na verdade não provêm desse ponto, "já que ele reside inteiramente fora das fronteiras da experiência possível". Todavia, essa ideia habilita o entendimento a alcançar a maior unidade possível entre seus conceitos, assim como o habilita a se estender à maior gama possível de fenômenos. A fim de ilustrar como isso funciona, Kant estabelece a analogia com a ilusão benéfica envolvida na visão em espelho. Como ele afirma na última e crucial parte do parágrafo, é

> a partir daí que surge [...] a ilusão, **como se essas linhas de direção proviessem de um objeto situado fora do campo** da cognição empírica possível (assim como os objetos são **vistos na** superfície de um espelho); contudo, essa ilusão (que podemos evitar que nos engane) é, no entanto, indispensavelmente necessária se quisermos ver, além dos objetos diante de nossos olhos, aqueles que estão bem longe, atrás de nós, isto é, quando, no nosso caso, o entendimento quer ir além de qualquer experiência dada (**além dessa parte do todo da experiência possível**) e, por conseguinte, **quer tomar a medida de** sua maior e mais extrema extensão possível (A644-645/B672-673).

Alguns aspectos da complexa metáfora mobilizada nessa passagem são bastante fáceis de interpretar. Claramente, Kant está sugerindo uma analogia entre nosso campo visual e nosso campo conceitual. Assim como a imagem no espelho habilita o olho a estender o campo visual para além do que está imediatamente diante dele, a ideia ou o *focus imaginarius* intelectual habilita o entendimento estender sua reserva de conhecimento para além de suas cognições presentes, que refletem sua experiência limitada. E assim como a primeira segue produzindo uma ilusão óptica, o segundo segue produzindo uma ilusão transcendental.

Como Kant sugere que o que carece de explanação é a capacidade do entendimento de ir além de sua reserva limitada de experiência e validar generalizações referentes ao todo, parece estar razoavelmente claro que ele tem em mente o problema da indução. O que continua sendo muito pouco claro, entretanto, é em que medida o conceito de um *focus imaginarius* e a ilusão transcendental, a ele associada, podem ajudar a resolver esse problema notoriamente de difícil solução.

Para lidar com essa questão, é necessário inicialmente considerar o problema da indução tal como concebido por Kant. Embora a discussão clássica de Hume na *Investigação* [*sobre o entendimento humano*] obviamente constitua parte do pano de fundo para a compreensão kantiana do problema, uma fonte mais próxima de casa pode ser mais útil para interpretar a relevância da analogia da imagem/espelho. Essa fonte é Georg Friedrich Meier, que discutiu a indução em duas obras bem conhecidas por Kant, a saber, *Die Vernunftlehre* [Doutrina da razão] (1752a) e uma coletânea de excertos extraídos desta última, *Auszug aus der Vernunftlehre** (1752b) utilizada por Kant como livro-texto em suas aulas regulares de lógica[511].

De fato, certas características da explicação de Kant só se tornam plenamente inteligíveis quando vistas nesse contexto. Meier incluiu a indução e a analogia, por ele tratadas conjuntamente, entre as "inferências mutiladas da razão" (*verstümmelten Vernunftschlüssen*), pois, à diferença da indução por enumeração completa (raramente possível), elas carecem de legitimidade real (Meier, 1752b, § 401, KGS 16: 752-753). Assim, o racionalista baumgarteano concorda essencialmente com o cético humeano com relação ao *status* lógico de procedimentos indutivos. Além disso, a análise do problema proposta por Meier é bastante similar à de Hume, embora expressa em termos diferentes. Examinando sucessivamente cada uma de nossas cinco modalidades sensoriais, Meier indica que elas dão acesso somente aos objetos "presentes", não aos "ausentes" (Meier, 1752a, § 429, *apud* Adickes KGS vol. 16, p. 753). Tal como Hume, Meier defen-

---

* "Excertos da doutrina da razão" (em alemão no original) [N.T.].

511. O texto da *Auszug* de Meier (1752b) foi reimpresso em KGS, vol. 16. Esse volume contém as *Reflexionen* de Kant acerca da lógica, baseadas em grande medida na obra de Meier (cf. capítulo 6, nota 193).

de que qualquer raciocínio concernente a questões de fato [*matters of fact*] que vá "além do testemunho presente de nossos sentidos ou dos registros de nossa memória" é lógica e epistemologicamente suspeito[512].

Quando o uso kantiano da metáfora do *focus imaginarius* é visto nesse contexto, sua relevância torna-se totalmente transparente. O contraste entre os objetos "diante de nossos olhos" e aqueles "que estão bem longe, atrás de nós" corresponde ao contraste de Meier entre o que está presente e o que está ausente aos sentidos. Objetos ausentes são igualmente fenômenos ou objetos próprios do entendimento, mas o problema é que, dada nossa limitação epistêmica como sujeitos cognoscentes finitos, não temos acesso a eles. Por essa razão, para o entendimento, não parece haver nenhum modo de passar daquela "parte do todo da experiência possível", com o qual ele está contingentemente em contato cognitivo, para a parte muito mais vasta com a qual ele não está. Porém, se o entendimento não pode fazê-lo então é claro que ele não pode enunciar teses universalmente válidas, que corresponde ao trabalho próprio do entendimento enquanto a "faculdade das regras". Ademais, simplesmente recorrer às Analogias não resolve o problema. Como vimos, a Segunda Analogia nos permite inferir que todo evento deve ter *alguma* causa, mas não determinar qual é essa causa. Assim, por si só, ela é manifestamente incapaz de fundamentar a indução.

As breves discussões de Kant sobre a indução – que abarcam tanto o raciocínio por analogia quanto a indução propriamente dita (temas esses presentes nas várias versões de suas preleções sobre lógica e nas *Reflexionen* a elas relacionadas) – conformam-se plenamente à essa análise[513]. Com efeito, com exceção das mudanças trazidas pela introdução da distinção entre a função determinante e a função reflexionante do juízo na terceira *Crítica*, essas discussões, que se estendem do início dos anos 1770 até o final da década de 1790, revelam que a concepção kantiana do problema é notavelmente uniforme. A metáfora

---

512. Hume ([1748] 2000, p. 16). Embora tanto Meier quanto Kant deixem a memória de lado, isso não afeta materialmente a questão.

513. As *Reflexionen* pertinentes são 3275-3294 16: 753-761. Segundo Kant, que aqui segue Meier, a indução e a analogia são os dois modos de inferir universais (empíricos) de particulares. A primeira vai do particular para o universal conforme o que Kant denomina o "princípio de universalização" (*Princip der Allgemeinmachung*): "*O que pertence a muitas coisas de um gênero, pertence também às coisas remanescentes*". A última vai de uma similaridade entre duas coisas relativas a uma propriedade particular para uma similaridade total conforme o correspondente "princípio de *especificação*: coisas de um gênero, muitas cujas notas concordantes entre si conhecemos, **também concordam naquilo que resta, cujo gênero nos é familiar em algumas coisas,** mas que não percebemos em outros" (JL 9: 133; 626).

predominante é a da indução como uma "muleta", ainda que essa muleta seja vista como indispensavelmente necessária (cf. p. ex., LB 24: 287; 232; LH 24: 109-110; LD-W 24: 777; 508). Trata-se de uma muleta porque o entendimento, por si só, não é capaz de mover-se para além dos dados sensoriais recebidos; ela é indispensavelmente necessária porque, como já observamos, ser capaz de fazê-lo é uma condição da habilidade do entendimento de realizar sua tarefa própria. Correlativamente, no intuito de indicar suas credenciais suspeitas do ponto de vista lógico, Kant refere-se reiteradamente à indução e à analogia como meras "pressuposições lógicas" em vez de inferências genuínas da razão, porque não possuiriam verdadeira necessidade (cf. R 3276 16: 755; R 3278 16: 755-56; R 3294 16: 761; JL 9: 133; 627).

Curiosamente, numa versão tardia de suas preleções sobre lógica, o registro contém a seguinte afirmação de Kant: "até agora nenhum lógico desenvolveu a analogia e a indução apropriadamente. Esse campo ainda permanece aberto" (LD-W 24: 772; 504). Não obstante, Kant aborda o tópico de um ponto de vista da filosofia transcendental e não da lógica no Apêndice à Dialética e nas duas Introduções à terceira *Crítica*[514]. No primeiro, único a nos interessar no momento, ele o faz nos termos da distinção entre os usos "apodítico" e "hipotético" da razão. O primeiro corresponde ao uso da razão na inferência dedutiva, em que o universal é certo em si mesmo e o juízo subsome os particulares sob si. O segundo uso corresponde ao uso indutivo da razão, em que o particular é certo (os dados **recebidos**) e o universal pressuposto somente de modo problemático (já que vai além desses dados). Em conformidade com suas outras abordagens do tópico, Kant observa que

> [o] uso hipotético da razão, tendo por fundamento ideias como conceitos problemáticos, não é propriamente *constitutivo*, ou seja, constituído de tal modo que, caso se julgasse com todo esforço, se seguiria a verdade da regra universal que fora tomada como hipótese; pois como se poderia saber todas as possíveis consequências que, seguindo-se do mesmo princípio adotado, provariam sua universalidade? Na verdade, tal uso da razão é somente regulativo, para, tão longe quanto seja possível, trazer unidade aos conhecimentos particulares e, assim, *aproximar* a regra da universalidade (A647/B675).

Se devemos compreender que "aproximar" oferece um análogo ou equivalente funcional à estrita universalidade suposta no raciocínio dedutivo, a questão óbvia é: o que permite que as generalizações empíricas, baseadas apenas

---

514. Em Allison (2001a, p. 35-42), discuto o tratamento que a terceira *Crítica* reserva ao problema da indução e da analogia, ali entrelaçado ao exame do juízo reflexionante.

numa amostra da evidência possível, desempenhem tal papel, ou, nos termos da metáfora envolvida, o que torna alguém capaz de ver o que está atrás de si? Claramente, essa é uma questão importante, pois vai no cerne do assim chamado método hipotético-dedutivo da ciência, que seria o que Kant tinha em mente ao enquadrar a questão do modo como o fez. Trata-se também de uma questão *normativa*, posto que ela se dirige aos fundamentos capazes de justificar tal procedimento, e não ao meio capaz de executar tal procedimento, como era o caso do apelo de Hume ao costume ou hábito. Expresso nos termos próprios de Kant, a questão diz respeito aos fundamentos de justificação de tais "pressuposições da razão"[515].

A resposta de Kant a essa questão gira em torno do princípio de sistematicidade da razão. Embora a sistematicidade kantiana (como se verá) seja muito mais ampla em escopo do que o princípio da uniformidade de Hume, já que também abrange a organização taxonômica da natureza em gêneros e espécies (algo que Hume ignora), ao menos para os propósitos presentes podemos considerá-los equivalentes funcionais. Enquanto tal, a função da sistematicidade é autorizar que se infira algo não observado a partir de algo observado, sendo esse também o objetivo do uso hipotético da razão. A tese de Kant é que

> o uso hipotético da razão se dirige à unidade sistemática das cognições do entendimento, que é [...] o que afere a verdade de suas regras (A647/B675 [grifos omitidos]).

Ao caracterizar a unidade sistemática como "o que afere a verdade" das regras do entendimento, Kant parece estar no mínimo acenando para certa versão de coerentismo, isto é, para a ideia de que o critério da verdade de uma proposição empírica é sua coerência com as condições formais e materiais da experiência (cf. Walker, 1990, p. 245). Todavia, pelo menos do ponto de vista deste contexto, tal leitura é um pouco equivocada, visto que a relevância da tese

---

515. Retomando o idioma contemporâneo introduzido no capítulo 2, seria possível afirmar que Kant está interessado aqui na justificação no sentido de "assertibilidade justificada" [*warranted assertibility*]. A tese de que Kant apresenta uma teoria da assertibilidade justificada, compreendida como um terceiro modo entre o realismo científico e o instrumentalismo, foi desenvolvida por Ph. Kitcher (1998). Essa reconstrução é endossada tanto por Guyer (1990a, p. 242) quanto por Walker (1990, p. 248). Embora eu não tenha nenhuma objeção a ela, minha opinião é que o que distingue a posição de Kant sobre essa questão seria expresso de modo menos anacrônico se tal assertibilidade justificada for concebida como um terceiro modo entre o realismo metafísico leibniziano e o convencionalismo lockeano. Defendo o ponto tendo em vista a terceira *Crítica* em Allison (2001b, vol. 1, p. 286-299).

de que a unidade sistemática serve como a pedra de toque da verdade não se encontra ali[516].

Em sintonia com a analogia predominante, devemos tomar as regras do entendimento, às quais se refere Kant, como enunciados legítimos derivados da experiência. Consequentemente, o princípio da unidade sistemática da natureza fundamenta a suposição de que a ordenação dos fenômenos sobre os quais baseamos tais enunciados vale para a natureza como um todo, ou, de modo equivalente, para toda a experiência possível.

Entretanto, o problema é, de novo, que esse todo jamais poderá ser nos dado enquanto tal, pois nunca estaremos em condição de chegar à visão divina sinóptica das coisas, o que seria exigido para apreendê-lo. Daí Kant insistir que a unidade sistemática é apenas uma "unidade projetada" (A647/B675), ou seja, uma unidade que deve ser pressuposta como condição da operação do entendimento, mas que, diferentemente da unidade dos fenômenos no espaço e no tempo (determinável *a priori*), não pode ser garantida. É também por isso que é indispensável para a razão em seu uso hipotético um *focus imaginarius*, que funciona como fundamento ideal dessa unidade projetada. Considerar os fenômenos da natureza como unificados sistematicamente de um modo capaz de suportar que se infira do todo a parte ou do observado o não observado significa justamente considerar que eles derivam sua ordem a partir desse fundamento ideal, que poderia ser pensado como uma inteligência super-humana (cf. KU 5: 180; 67). Esse fundamento é, evidentemente, uma ficção, razão pela qual Kant o denomina de *focus imaginarius*, justamente, mas sua suposição é de qualquer forma essencial para estender o entendimento para além do que é dado imediatamente na experiência.

Considerado à luz da teoria kantiana da razão, esse resultado pode ser visto como consequência da inseparabilidade de P_1 e P_2. No capítulo 2, quando abordamos pela primeira vez essa questão tendo em vista o "positivista de mentalidade científica" de Walsh, presumivelmente livre de qualquer contaminação pela ilusão transcendental (doença peculiar aos metafísicos, talvez), sugerimos que

---

516. Como salientou Friedman (1992b, p. 189), ao apelar para o exemplo da abordagem kantiana da química (MAN 4: 468-469; 184), Kant não está sustentando que a unidade sistemática seja suficiente para fundamentar leis genuínas, ou seja, ela própria não é uma "marca suficiente da verdade empírica". Tal como uma tese similar sobre a psicologia (a ser discutida mais a frente), esse argumento parece descartar a visão de Kant como pura e simplesmente um coerentista. Mas não impede que isso conflite com a tese de que a **pressuposição** de uma unidade sistemática seja uma condição necessária da procura por leis empíricas, o que implica que sem essa pressuposição não poderia haver uma marca suficiente de tal verdade.

tal libertação é ela própria uma ilusão. Ao procurar pelas condições de ocorrências naturais, mesmo o antimetafísico dedicado pressupõe necessariamente que a totalidade das condições seja, em algum sentido, dada, pois o próprio conceito de uma condição conduz inelutavelmente ao pensamento de tal totalidade. No caso em pauta, a totalidade das condições é expressa pela ideia da unidade sistemática das aparências. Consequentemente, a pressuposição de tal unidade é uma condição necessária do esforço de unificar os fenômenos ao submetê-los a leis empíricas. Além disso, essa unidade sistemática deve ser pensada como pertencente à natureza enquanto um todo, pois a unidade sistemática não existe aos bocadinhos.

Isso não quer dizer, entretanto, que seja necessário supor que, se olharmos com suficiente profundidade, no final das contas (ciência completada), essa unidade se mostrará completamente. Ao contrário, nenhuma quantidade de experiência recalcitrante pode ser tomada como refutando ou falseando sua presença, já que isso significaria o fim do entendimento[517]. A esse respeito, ela difere em espécie de qualquer hipótese empírica, o que corresponde certamente a uma parte ao menos do que Kant tinha em mente ao conferir *status* transcendental ao princípio de unidade sistemática. Como ele afirma cripticamente, "aqui a razão não mendiga, mas ordena, embora sem ser capaz de determinar os limites dessa unidade" (A653/B681).

B. Sistematicidade como princípio lógico e transcendental

Pressupondo-se a necessidade desse princípio ilusório, restam pelo menos duas questões relativas à consistência geral do argumento de Kant: (1) o *status* desse princípio seria tratado de modo consistente no próprio Apêndice ou, como muitos alegaram, mesmo ali Kant seria ambíguo sobre o assunto?; (2) a atribuição de *status* transcendental a um princípio da razão seria compatível com a nítida distinção entre uso constitutivo e uso regulador traçada por Kant?

Com relação à primeira questão, o problema é claramente indicado numa passagem em que consta um comentário de Kant sobre a conexão já levada em consideração entre o uso hipotético da razão e a unidade sistemática das cognições do entendimento. Kant começa sua discussão observando que,

---

517. Argumentos similares foram elaborados por Rescher (1999, p. 75-78, *passim*) e por Wartenberg (1992, p. 246) a partir de uma perspectiva explicitamente pragmática.

> a partir daí, só se vê que a unidade sistemática [...] é um princípio *lógico* a fim de ajudá-**lo** – ali onde o entendimento não consegue chegar sozinho a regras – a prosseguir por meio de ideias, proporcionando ao mesmo tempo concordância, sob um princípio, entre suas várias regras [...] até onde seja possível fazê-lo (A648/B676).

Porém, Kant continua:

> Quanto a saber se a constituição dos objetos ou a natureza do entendimento, que os conhece como tais, são em si destinadas à unidade sistemática, e se podemos em alguma medida **postular esse** *a priori* sem levar em conta tal interesse da razão e, portanto, dizer que todas as cognições possíveis do entendimento (entre as quais as empíricas) têm unidade racional e estão sob princípios comuns, dos quais podem ser deduzidas **apesar** de sua variedade: isso seria um princípio *transcendental* da razão, que tornaria a unidade sistemática não apenas subjetiva e logicamente necessária (como método), mas objetivamente necessária (A648/B676).

Embora a nítida impressão deixada por essa passagem seja a de que o princípio da unidade sistemática seria apenas lógico, Kant não nega que ele é transcendental. Ele diz somente que *até aquele momento* (a análise do uso hipotético da razão) nenhuma razão foi dada para supormos que ele seja algo mais do que um princípio lógico que expressa um interesse da razão. Claramente, isso não impediria afirmar depois, a partir de uma reflexão mais detida, que se trata realmente de algo mais – e é justamente isso que faz Kant.

Mesmo que se conceda isso, entretanto, ainda resta nossa segunda e a mais séria questão: como, consistentemente com princípios críticos – em particular a distinção entre uso constitutivo e uso regulador –, Kant pode afirmar que o princípio da unidade sistemática é tanto lógico quanto transcendental? A resposta a essa questão é mais complexa e consiste em duas partes.

Inicialmente, deve-se insistir que não há inconsistência em afirmar que um princípio é tanto lógico (como expressão de um interesse necessário da razão) quanto transcendental. A razão pela qual frequentemente se pensa que o oposto seja o caso provém da pressuposição equivocada de que "lógico" e "transcendental", assim como "constitutivo" e "regulador", se refiram a características mutuamente excludentes dos princípios[518]. Assim, nesse registro, se um princípio é meramente lógico, ele deve também ser regulador, o que é supostamente incompatível com seu caráter também transcendental.

---

518. É evidente que a afirmação de que o "constitutivo" e o "regulador" não excluem um ao outro não é estritamente verdadeira, pois vimos que os princípios dinâmicos do entendimento são, em um sentido, reguladores e, em outro, constitutivos. Porém, essa ressalva não pode ser usada para salvar Kant da presente dificuldade, uma vez que ele **pressupõe** sim uma distinção estrita entre regulador e constitutivo no nível da razão.

Esse amplo mal-entendido deriva da combinação entre uma identificação equivocada do regulador com o meramente heurístico ou opcional e uma concepção extremamente estreita do transcendental como coextensivo às condições constitutivas da experiência possível apresentadas na Analítica[519]. Embora Kant por vezes as classifique como "heurísticas", ele sustenta que as ideias transcendentais – às quais ele atribui uma função reguladora – são elas próprias necessárias no sentido duplo de serem produtos da razão seguindo seu próprio princípio e de serem indispensáveis para o funcionamento adequado do entendimento. Kant enfatiza no Apêndice esse último ponto, que dá conta do *status* transcendental atribuído ao princípio da unidade sistemática, apesar de sua função meramente reguladora. Em sua discussão do projeto de unificar os fenômenos mentais ao derivá-los de um postulado poder fundamental da mente, Kant observa sucintamente que

> não se pode **sequer** entender como um princípio lógico da unidade racional das regras poderia existir caso não se pressupusesse um princípio transcendental através do qual tal unidade sistemática, enquanto **pertencente ao próprio objeto**, é admitida *a priori* como necessária. Pois com que direito poderia a razão **em seu uso lógico** pretender tratar como uma mera unidade oculta a diversidade das forças que a natureza nos dá a conhecer e **deduzi-las** de alguma força fundamental na medida de suas possibilidades, se ela é livre para admitir como igualmente possível que todas as forças são heterogêneas e que **a derivação delas a partir de uma unidade sistemática não está em conformidade** com a natureza? (A650-651/B678-679).

Kant está sugerindo que, para aplicar à natureza o princípio da unidade sistemática, concebido como um princípio lógico, é necessário atribuir-lhe *status* transcendental e, com isso, algum tipo de objetividade. Embora isso ainda possa parecer paradoxal, trata-se de uma consequência direta da doutrina da ilusão transcendental, que constitui a segunda parte da resposta à segunda das questões colocadas acima[520]. Como já vimos, essa ilusão consiste em considerar que a exigência subjetiva de buscar unidade (obrigatoriamente sistemática por ser uma unidade da razão) reflete uma necessidade objetiva relativa às coisas em si mesmas (A297/B353). Mas como é justamente isso que está sendo feito quando se considera o princípio lógico como transcendental, este último deve ser entendido como a expressão de uma ilusão transcendental subjacente.

---

519. Trata-se da característica central do tratamento negativo a que Horstmann submete as teses de Kant no Apêndice (cf. nota 508, acima).

520. Aqui novamente sigo de perto Grier (2001, p. 269-279).

Entretanto, para compreender apropriadamente essa relação entre o princípio e a ilusão, é essencial que se tenha em mente a distinção entre ilusão e erro. Dessa perspectiva, compreender o princípio de unidade sistemática como transcendental não é um erro a ser evitado pela devida atenção a seu *status* meramente regulador, mas uma condição necessária de seu uso pelo entendimento. Portanto, o que Kant está afirmando aqui é que o deslizamento da compreensão lógico-subjetiva para a compreensão transcendental-objetiva do princípio da unidade sistemática – e a passagem de P_1 para P_2 que ele exemplifica – não só é inevitável, como "indispensavelmente necessário". Em outras palavras, a própria ilusão inevitável – que leva a razão a desviar-se do caminho se não for contida pela crítica transcendental – revela-se igualmente essencial para o exercício adequado de sua função reguladora em relação ao entendimento. Como já indicamos, essa é a profunda lição da metáfora do *focus imaginarius* e do Apêndice como um todo.

C. A função epistêmica da sistematicidade e suas formas

Embora isso possa eliminar a preocupação com a consistência do argumento de Kant seja no interior do Apêndice, seja em relação aos princípios básicos da *Crítica*, permanecem ainda em larga medida inexplicados tanto o trabalho transcendental que se supõe ser executado pelo princípio da unidade sistemática quanto sua pretensão a certo tipo de validade objetiva. O primeiro será discutido nesta seção e o segundo, na próxima. Para tratar dessas importantes questões, é necessário, todavia, considerar a análise kantiana dos princípios lógicos de homogeneidade, de especificação e de afinidade ou continuidade – as três formas em que a sistematicidade se expressa. Infelizmente, também aqui a complexidade e a natureza litigiosa dessas questões tornam impossível apresentar mais do que um esboço da posição de Kant. Mas ele deve bastar para expor os pontos centrais.

Em primeiro lugar, deixaremos de lado a afinidade (ou continuidade), já que parece ter sido considerada por Kant como uma combinação dos dois primeiros princípios (homogeneidade e especificidade), e não como um princípio independente que expressa um interesse adicional da razão. Para simplificar ainda mais as coisas, a discussão irá se limitar ao papel desses princípios lógicos na formação dos conceitos empíricos. Embora tal enfoque possa parecer peculiar em face da ênfase precedente no problema da indução – que concerne a generalizações com forma de lei e não à taxonomia dos conceitos –, as duas questões estão intimamente relacionadas[521]. Como assinalou Hannah Ginsborg, se não pressupuséssemos algo como espécies naturais, não poderíamos sequer começar a procurar por leis empíricas ou chegar a distinguir tais leis das regularidades contingentes, que podem possuir certa generalidade, mas não estrita universalidade. Correlativamente, conceitos empíricos determinados pressupõem leis causais conhecidas, tendo em vista que as propriedades a partir das quais classificamos as coisas incluem conspicuamente propriedades causais (cf. Ginsborg, 1990, p. 190). Desse modo, compreender o papel desses princípios na formação dos conceitos empíricos significa também percorrer um longo caminho até que se compreenda como eles permitem à mente humana estender sua reserva de conhecimento para além de suas cognições presentes.

Tal como Kant as apresenta, as "leis" de homogeneidade e de especificidade representam interesses complementares da razão: a primeira, na unidade, a segunda, na diferenciação. A ideia básica é que a operação do entendimento requer ambas. Sem unidade, isto é, sem a possibilidade de agrupar fenômenos diversos em gêneros e estes últimos em gêneros superiores etc., o entendimento não poderia ter um ponto de apoio no mundo. De modo similar, sem a capacidade de traçar distinções no interior desses gêneros, isto é, sem a capacidade de dividi-los em espécies, e estas em subespécies etc., o entendimento seria incapaz de dar sequer um passo adiante. Em suma, a função empírica dual do entendimento consiste em unificar os dados ao colocá-los sob conceitos empíricos e em distinguir entre o que é unificado mediante a introdução de conceitos adicionais. Porém, enquanto o processo de unificação culmina naturalmente num gênero superior, o de especificação procede assintoticamente em direção ao objetivo da determinação completa, discutida no capítulo anterior. O princípio de unidade sistemática é posto em jogo porque essa organização hierárquica dos conceitos empíricos é necessariamente considerada como um "sistema lógico" que permite inferências de gênero a espécie e vice-versa[522].

Essas considerações devem bastar para explicar por que Kant atribui tal importância a esses princípios, considerando-os indispensáveis para a operação do entendimento e não meros desideratos da razão. Interessamo-nos agora, entretanto, pela tese de Kant segundo a qual eles possuem uma espécie de validade objetiva apesar de sua função meramente reguladora.

---

521. O contrário foi sugerido por Guyer (1990b, p. 17-43).

522. Defendi em outro texto que essa organização hierárquica é uma condição necessária dos conceitos empíricos, já que um conceitos como esse deve ter mais espécies caindo sob si (sua extensão) e conceitos mais elevados dentro de si (sua intensão). Cf. Allison (2001a, p. 33-34).

Para começar, Kant é bastante explícito sobre o *status* transcendental de tais princípios. A respeito do primeiro princípio, Kant observa que

> [o] princípio lógico dos gêneros pressupõe um princípio transcendental [...] caso deva aplicar-se à natureza [...]. Segundo esse princípio, a homogeneidade é necessariamente pressuposta no diverso de uma experiência possível [...], pois sem ela não haveria conceitos empíricos, nem portanto a experiência seria possível (A654/B682).

De modo similar, em relação ao princípio da especificidade, Kant comenta que se vê

> [...] com facilidade [...] que essa lei lógica ficaria sem sentido e sem aplicação se não tivesse por fundamento uma *lei* transcendental *da especificação,* a qual certamente não exige, das coisas que podem se tornar nossos objetos, uma *infinitude* real [...], mas impõe sim ao entendimento a exigência de que busque subespécies sob cada espécie que nos apareces, **e para cada variedade**, variedades menores. Pois, se não houvesse conceitos inferiores, não haveria também superiores (A656/B684).

Tendo em vista que Kant atribui *status* transcendental ao princípio da unidade sistemática e que os princípios de homogeneidade e de especificidade são expressões dessa unidade no nível empírico, não admira que Kant também confira a esses dois últimos princípios um *status* transcendental. Além disso, a doutrina subjacente da ilusão transcendental ou, mais precisamente, a inseparabilidade de P_1 e P_2, são uma vez mais a chave para esse *status*. No contexto presente, isso significa que não podemos agir com base nessas "leis lógicas" ou "máximas" para buscar unidade ou diversidade, respectivamente (P_1), sem presumir que elas estão lá para serem encontradas (P_2) – e não que elas sempre serão encontradas. Em suma, essa pressuposição transcendental é a condição de aplicação destes e de qualquer outro princípio regulador da razão. Consequentemente, à semelhança do princípio humeano da uniformidade da natureza, ele não pode ser visto como uma hipótese tentativa a ser submetida ao teste dos dados, porque se trata de uma pressuposição sem a qual não haveria qualquer hipótese a ser testada. Tal como antes, o ponto aqui é simplesmente que "a razão não mendiga, ela ordena".

D. Sistematicidade e validade objetiva

Talvez venha daí a afirmação de Kant de que esses princípios, sendo sintéticos *a priori*, possuem "validade objetiva, mas indeterminada" (A663/B691)[523].

---

523. Ele também sugere que "alguma [*einige*] validade objetiva" é necessária para seu uso regulador (A664/B692).

Trata-se de algo intrigante, pois até então o argumento vinha afirmando a necessidade de prosseguir a investigação da natureza *como se* esses princípios valessem para o mundo. Porém, conceder-lhes validade objetiva, mesmo de uma espécie indeterminada ou vaga, parece sugerir que eles realmente valem. Se esse raciocínio está correto, então não somente a doutrina da ilusão transcendental, mas também as distinções entre entendimento e razão, constitutivo e regulativo, em torno das quais gira toda a Dialética, parecem novamente estar ameaçadas.

Como indica sua linguagem bem condicional, Kant estava profundamente preocupado com essa implicação e esforçou-se para negá-la. Ao mesmo tempo, entretanto, seu próprio uso da linguagem da validade objetiva sugere que, *naquele momento*, ele não via qualquer alternativa. Se esses princípios são sintéticos *a priori*, como mostrou o argumento, então sua indispensabilidade implica sua validade objetiva. Consequentemente, Kant considerava que sua tarefa era a de explicar de que tipo seria essa validade.

A explicação de Kant se baseia na tese de que o princípio da unidade sistemática serve como o "análogo de um esquema". A analogia aqui é puramente funcional e se baseia na premissa de que o entendimento é o objeto apropriado da razão. Nas palavras de Kant, "[o] entendimento constitui um objeto para a razão do mesmo modo que a sensibilidade para o entendimento" (A664/B692). Vimos que a função dos esquemas sensíveis é especificar as condições de aplicação dos conceitos do entendimento. Uma vez que a razão em seu uso empírico se dirige ao entendimento, a sugestão é que também podemos considerá-la como fornecedora de tais condições, embora num sentido bastante diferente. Ela as fornece ao projetar a ideia do "máximo da divisão e da unificação das cognições do entendimento em um princípio" (A665/B693). Esse princípio é uma condição de aplicação do entendimento no sentido de ser indispensável para o esforço deste último de formar conceitos empíricos e fazer generalizações com forma de lei. Consequentemente, pode-se dizer que ele conquista seu "objeto", a saber, o entendimento. Enquanto não sensível, entretanto, ele pode ser apenas o análogo de um esquema (em virtude de seu papel funcional), não um esquema real, e, portanto, não determina os objetos empíricos eles próprios. Mas como

> todo princípio que estabelece *a priori* a unidade completa do uso do entendimento vale também, ainda que apenas indiretamente, para o objeto da experiência,

Kant pensa ter o direito de afirmar que

> os princípios da razão pura também terão realidade objetiva em relação a esse **objeto**; mas não para *determinar* algo nele, e sim para meramente indicar o procedimento pelo qual o uso empírico e determinado do enten-

dimento na experiência pode tornar-se completamente coerente consigo mesmo **ao conectá-lo**, *tanto quanto for possível,* com o princípio da unidade completa, **do qual é derivado** (A665-666/B693-694).

No entanto, ao inserir as pesadas noções críticas de validade objetiva e mesmo de realidade objetiva nessa descrição da função reguladora dos princípios da razão, Kant conseguiu confundir gerações de leitores e suscitar acusações frequentes de autocontradição[524]. Como sugerimos antes, a razão para isso reside no fato de que Kant, naquele momento (nem 1781 ou em 1787), não reconheceu nenhuma outra maneira de explicar o *status* sintético *a priori* desses princípios, sinteticidade *a priori* que é, ela própria, uma consequência de sua indispensabilidade[525]. Embora a questão não possa ser explorada aqui, devemos ao menos observar que ele encontrou uma alternativa em 1790, na terceira *Crítica*, com a concepção do juízo reflexionante. Pois ao atribuir a legislação desses princípios ao juízo e não à razão, Kant conseguiu preservar seu *status* transcendental sem precisar conferir-lhes algum tipo de validade objetiva[526].

II. A dedução transcendental das ideias

A segunda parte do Apêndice intitula-se "Do propósito último [*Endabsicht*] da dialética natural da razão humana" (A669/B697). Como a discussão indica, esse título reflete a pressuposição teleológica subjacente de que, apesar dos erros e da confusão suscitados por tratamentos inadequados, as ideias da razão devem ter um uso positivo. Contudo, o que é particularmente interessante nesse título é que ele se refere não apenas ao propósito último da razão humana, mas também à sua "dialética natural". Nesse sentido, a implicação clara é que tanto a ilusão dialética, que assombra a razão, quanto as perplexidades dialéticas, nas quais ela cai a partir dessa ilusão, servem elas próprias a funções positivas. A primeira é

---

524. A abordagem do problema por Rescher (1999, p. 131, 137, 157-167 *passim*), com a qual simpatizo amplamente, enfatiza reiteradamente a distinção entre validade objetiva e realidade objetiva. Segundo ele, os princípios da razão têm validade objetiva, mas não realidade objetiva. Deve-se notar, porém, que Kant lhes atribui um tipo de realidade objetiva, ao menos em uma passagem (A665/B694). Como tentei argumentar, a chave se encontra na natureza do "objeto".

525. Aqui, é preciso ter em mente que Kant caracterizou P_2 como sintético *a priori*. Cf. A308/B364.

526. A noção fundamental aqui é "heautonomia", introduzida na terceira *Crítica* para caracterizar a legislação do juízo em sua capacidade reflexionante (cf. FI 20: 225; 28; cf. esp., KU 5: 185-186; 72). A caracterização do juízo reflexionante como "heautônomo", tanto em sua função cognitiva quanto em sua função estética, permitiu a Kant salientar que tal juízo legisla para si próprio, não para a natureza ou para a razão. Assim, a validade dessa legislação permanece apenas "subjetiva". Para minha discussão do uso kantiano dessa noção, que só aparece nas Introduções à terceira *Crítica*, cf. Allison (2001a, esp. p. 40-42; 45).

essencial para o uso regulador da razão, ao passo que as segundas, por despertarem a razão de seu "sono dogmático", levam ao reconhecimento da necessidade de uma crítica da razão pura.

O primeiro desses serviços indispensáveis corresponde ao tema dessa parte do Apêndice, onde Kant passa de uma consideração do princípio da unidade sistemática e das várias formas em que ele se expressa – relativos ao uso empírico do entendimento – às ideias transcendentais oficiais (alma, mundo e Deus), focos de interesse no corpo principal da Dialética. O cerne dessa discussão é a assim chamada dedução transcendental dessas ideias, que, na sugestão de Kant, constitui "a conclusão do trabalho crítico da razão pura" (A670/B698).

O que supostamente torna tal dedução necessária é o *status a priori* dessas ideias, que, para Kant, implicaria também aqui uma certa espécie de objetividade. Embora Kant prontamente admita que tal dedução não pode ser da mesma espécie que a das categorias, ele também insiste que

> se devem possuir pelo menos alguma validade objetiva, ainda que apenas indeterminada, em vez de representar meros **produtos** vazios **do pensamento** (*entia rationis ratiocinantis*), então é fundamental que alguma dedução das mesmas seja possível (A669-670/B697-698).

Por conseguinte, a finalidade da dedução é mostrar que as ideias não são simples conceitos arbitrariamente inventados, mas têm como base a própria natureza da razão humana. Ou, na terminologia escolástica de Kant, trata-se de mostrar que elas são *entia rationis ratiocantae* em vez de *entia rationis ratiocinantis*, isto é, seres de razão funcionando racionalmente, e não seres de razão funcionando sofisticamente.

Seguindo seu procedimento costumeiro, Kant primeiro esboça o método de dedução proposto e então o põe em prática. Como ele esclarece no início, a dedução se baseia em larga medida na distinção entre **algo ser dado à razão como um objeto absolutamente** e algo ser dado somente como um objeto na ideia. **O primeiro exigiria**, *per impossibile**, **que o próprio objeto fosse efetivamente dado**; enquanto o segundo exige apenas que a ideia sirva como um esquema – por meio do qual outros objetos são representados indiretamente em sua unidade sistemática pela sua relação com essa ideia (A670/B698). Como vimos no capítulo anterior, pôr um objeto na ideia é equivalente a "realizar" a ideia, isto é, propiciar-lhe um objeto intencional, o que é diferente de hipostasiá-la, isto é, atribuir-lhe uma existência real, extramental – e não uma existência meramente intencional – a seu objeto (cf. tb. A678/B705). Embora Kant não retorne à ex-

---

* "Como é impossível" (em latim no original) [N.T.].

pressão, ele agora está sugerindo que um objeto dado na ideia habilita o entendimento a representar indiretamente *outros* objetos – a saber, aqueles que estão no fundo da cena e que, caso contrário, seriam inacessíveis – justamente porque provê o *focus imaginarius* requerido. Por essa razão, a dedução transcendental das ideias consiste em mostrar que elas possuem objetos nesse sentido, o que presumivelmente lhes daria uma espécie de "validade objetiva".

A partir disso, torna-se claro que a dedução depende fundamentalmente da explicação da unidade sistemática apresentada na primeira parte do Apêndice. O ponto básico é que as ideias transcendentais devem ser vistas como indispensáveis para o exercício da necessária função reguladora da razão, que lhes propicia uma relação indireta com o entendimento e uma relação ainda mais indireta com os objetos próprios deste último, isto é, as aparências. Entretanto, caracterização kantiana dessas ideias como esquemas gera alguma confusão. Tendo afirmado que os princípios de homogeneidade e de especificidade funcionam como análogos de esquemas, Kant agora, ao considerar as ideias transcendentais elas próprias como esquemas para representar outros objetos "de acordo com sua unidade sistemática", parece estar sugerindo que uma ideia da razão seja algo como um "esquema de um esquema", o que parece ser ou um puro e simples absurdo ou uma ameaça a um regresso infinito.

Embora Kant esteja afirmando justamente isso, não podemos atribuir-lhe as consequências deletérias sugeridas acima. Tenhamos em mente que ao caracterizar os princípios de homogeneidade e de especificidade como análogos de esquemas, Kant estava se referindo à sua função de guias essenciais para o entendimento, que tenta estender o escopo de seu conhecimento empírico para além do que está imediatamente presente aos sentidos. O que ele está afirmando agora é que ao apresentar o requerido *focus imaginarius*, as ideias transcendentais servem como condições de aplicação para esses princípios de unidade sistemática. Consequentemente, pelo menos nesse sentido, podemos dizer que elas funcionam como esquemas de esquemas, expressão que, até onde sei, o próprio Kant nunca utiliza.

Antes de proceder à dedução efetiva das três ideias, Kant ilustra o ponto por meio da ideia de uma inteligência suprema[527]. Na condição de exemplo de

---

527. Não está claro se devemos distinguir entre a ideia de uma inteligência suprema e a ideia de um *ens realissimum* de pleno direito. A introdução da ideia de inteligência suprema aqui, como uma mera ilustração, reservando a dedução **efetiva** da ideia de Deus para mais tarde, sugere que os dois devem ser diferenciados. Além disso, no Ideal, Kant traçou a distinção entre o criador do mundo e um mero arquiteto (possível equivalente de uma inteligência suprema) (A627/B655); entretanto, ele não parece ser consistente a esse respeito.

um objeto dado apenas na ideia, não há nenhuma pressuposição de que o mundo efetivamente tenha sido projetado por tal inteligência. Em vez disso, somos instados a investigar a natureza *como se* ela tivesse sido assim projetada, porque fazê-lo é a fórmula para obter a maior unidade possível em nosso conhecimento empírico. Como diz Kant, devemos considerar essa ideia somente como um conceito "heurístico" e não como um conceito "ostensivo", uma vez que

> indica não como o objeto é constituído, mas como nós devemos, sob sua orientação, *buscar* a constituição e a conexão dos objetos da experiência em geral (A671/B699).

A tarefa da dedução é mostrar que **cada uma das ideias** transcendentais desempenha tal papel, o que significa dizer que **ele** é indispensável como um *focus imaginarius*.

Claramente, as prospectivas de tal dedução dependem, em larga medida, de dois fatores: (1) estabelecer a necessidade de um *focus imaginarius*; e (2) mostrar que as ideias transcendentais (e somente elas) são capazes de funcionar enquanto tal. Ambos, no entanto, estão longe de ser evidentes.

Com relação ao primeiro ponto, mesmo que concedamos tudo o que Kant afirmou até aqui, tal necessidade pode ser questionada. Portanto, seria possível admitir (pelo menos a título de argumento) que a ideia da unidade sistemática seja ela própria necessária pelas razões dadas na primeira parte do Apêndice; seria possível até admitir que algo similar ao *focus imaginarius* kantiano, algo como a "postura" [*stance*] dennettiana, é muitas vezes *útil* e pode servir a uma importante função heurística. Todavia, poderão objetar, isso ainda é bem menos do que se requer para uma dedução *transcendental*, mesmo uma do tipo fraco, apropriada para as ideias.

O problema é desconcertante porque parte do que Kant diz (particularmente nas últimas páginas do Apêndice) parece dar apoio a tal linha de crítica. Por exemplo, após afirmar que a ideia de uma unidade conforme a um fim, que implica conceber da natureza como um sistema de fins, está "inseparavelmente ligada à essência de nossa razão", sendo, portanto, legisladora para ela, Kant sugere que é

> muito natural [...] que suponhamos uma razão legisladora a ela correspondente (*intellectus archetypus*), da qual se poderia derivar toda a unidade sistemática da natureza como o objeto de nossa razão (A694-695/B722-723).

E, pouco depois, ele que indica que

> podemos admitir nessa ideia, sem pudor ou censura, certos antropomorfismos que são expedientes [*beförderlich*] para o princípio regulador no qual estamos pensando (A697/B725).

Por fim, ao afirmar a permissibilidade de se considerar os ordenamentos da natureza conformes a um fim como derivados de uma vontade divina, Kant observa que isso só é aceitável se não fizer diferença dizer "que Deus sabiamente assim o quis ou que a natureza sabiamente assim o ordenou" (A699/B727).

Ao propor que a ideia de um intelecto arquetípico é "natural", que "certos antropomorfismos" são "expedientes" e que asserções sobre uma vontade divina são logicamente equivalentes a asserções sobre a sabedoria da natureza, Kant parece estar sugerindo que a ideia de um ser supremo não é de modo algum necessária para o uso regulador da razão. Além disso, se isso vale no caso da ideia teológica, no qual a reinvindicação de um certo tipo de necessidade parece ser mais forte, o problema parece ser ainda mais grave no que diz respeito às outras ideias transcendentais, às quais Kant dedica consideravelmente menos atenção.

Embora passagens como essas indiquem obscuridades na explicação de Kant e, talvez, certa indecisão quanto ao tipo de necessidade atribuível às ideias transcendentais, elas não comprometem sua tese básica. Para começar, é importante ter em mente o contexto no qual essas passagens ocorrem. Especificamente, elas não fazem parte da dedução, que se ocupa da conexão entre essas ideias e o princípio da unidade sistemática. Em vez disso, elas se situam na discussão kantiana da unidade conforme a um fim [*purposive unity*], por ele caracterizada como a "mais alta unidade formal" (A686/B714) buscada pela razão, ainda que não seja equivalente à noção mais ampla de unidade sistemática.

Pelo menos na primeira *Crítica*, a ideia de unidade conforme a um fim – que implica conceber da natureza como um sistema de fins (uma ordem teleológica) e não apenas como um sistema de leis e uma organização em termos de espécies naturais [*natural kinds*] (ordens nomológicas e taxonômicas) – é, do ponto de vista do uso empírico do entendimento, mais a "cereja do bolo" [*icing on the cake*] do que uma condição necessária de sua operação[528]. Em outras palavras, diferentemente da ideia orientadora de unidade sistemática, não se afirma que a ideia da unidade conforme a um fim a ela superposta seria o *sine qua non* de *qualquer* extensão do entendimento para além da experiência imediata. Apesar

---

[528]. Na primeira *Crítica*, Kant contrapõe sistematicidade e **finalidade**, vendo esta última em termos explicitamente teológicos, tornando-a assim efetivamente sobreveniente à primeira. Na terceira *Crítica*, entretanto, Kant trata a sistematicidade em termos de uma finalidade lógica ou formal, como uma espécie de finalidade – o que reflete a mudança de perspectiva de Kant da razão para o juízo reflexionante.

de considerar essa ideia como uma expressão do mais alto interesse da razão teórica, as pretensões epistêmicas de Kant para ela são um pouco mais modestas: que proporcione uma maior extensão do entendimento, de outro modo impossível; e que, apropriadamente aplicada, nunca leve o entendimento a se desviar de seu caminho (cf. esp. A687-694/B715-722). Desse modo, ao introduzir o novo conceito de unidade conforme a um fim, Kant modificou bastante o tópico, o que explica as diferenças nas teses propostas.

Contudo, isso ainda nos deixa com o problema da necessidade das ideias transcendentais específicas em relação à pressuposição de uma unidade sistemática. Se não existe nenhuma diferença real entre pensar que a sábia vontade de Deus quis x e que a natureza tenha "sabiamente" ordenado x, seria possível pensar em dispensar completamente a ideia de Deus e apelar simplesmente para a ideia de uma unidade sistemática. De um ponto de vista estritamente metodológico, que se presume ser aquele da dedução, não está claro se as ideias transcendentais não seriam simplesmente excesso de bagagem. Ou, um pouco mais caritativamente, o que nos impede de considerá-las como degraus numa espécie de escada wittgensteiniana que um dia tiveram papéis importantes, mas que agora se mostram supérfluas?

A resposta de Kant, supondo-se que ela exista, baseia-se novamente na inseparabilidade de P_1 e P_2. Como afirma Kant em certo momento,

> a razão não pode pensar essa unidade sistemática de outro modo a não ser dando à sua ideia um objeto, o qual não pode, todavia, ser dado **por meio de qualquer** experiência (A681/B709).

Como vimos, a função desse objeto puramente inteligível é fornecer um *focus imaginarius*. Tal objeto imaginário é necessário à aplicação dos princípios da unidade sistemática, pois não podemos aplicá-los sem, *ao mesmo tempo*, pressupor o ponto de vista de que essa unidade, ela somente, é concebível para nós. Pensar a natureza como a corporificação de uma unidade sistemática e considerá-la *como se* fosse ordenada por uma inteligência suprema não são dois atos mentais distintos (se o fossem, seriam separáveis); em vez disso, pensá-la como a corporificação de uma unidade sistemática é justamente considerá-la como se fosse ordenada por uma inteligência suprema. Em outras palavras, as ideias transcendentais são as formas do pensamento da unidade sistemática da experiência, assim como as categorias são as formas do pensamento de sua unidade sintética. E a dedução transcendental de ambos consiste em demostrar isso. A diferença é que o pensamento corporificado nas ideias é apenas regulador, ao passo que o envolvido nas categorias é constitutivo da experiência.

Todavia, mesmo admitindo a viabilidade dessa análise para a ideia teológica, sua aplicabilidade às outras duas ideias transcendentais ainda poderia parecer dúbia. Sendo assim, concluiremos a presente discussão considerando brevemente as ideias de alma e de mundo, tratadas pelo próprio Kant de uma maneira extremamente perfunctória no Apêndice, dedicando somente um único parágrafo a cada uma.

Das duas, a ideia de alma é, ao mesmo tempo, a mais interessante e, de um ponto de vista contemporâneo, a mais problemática. Com efeito, poucos filósofos contemporâneos, inclusive os kantianos, aprovariam conceder *status* regulador à ideia de uma substância imaterial, que é justamente o que faz Kant[529]. Tal como antes, a preocupação é com as condições do pensamento de uma unidade sistemática, desta vez das aparências do sentido interno. A tese dispõe simplesmente que a ideia de uma alma é necessária para o pensamento de tal unidade, pois esta última só pode ser pensada caso se considere

> [...] que todas as determinações estão em um sujeito; que todas as forças, tanto quanto possível, derivam de uma força fundamental própria; que todas as modificações pertencem aos estados de um único e mesmo ser **persistente** e [caso] se represente todas as *aparências* no espaço como inteiramente distintas das ações do *pensamento* (A682-683/B710-711).

Pelo menos para Kant, dentre essas maneiras de conceber a relação entre estados mentais e operações tornada possível pela ideia de alma, a última é claramente a mais importante. Em outras palavras, a principal razão de Kant para conceber a mente à luz da ideia de alma parece ser que ela bloqueia a intrusão de explicações fisicalistas no domínio psicológico – o que poderia ser, por sua vez, uma condição necessária para uma descrição sistemática de fenômenos psicológicos[530]. Como Kant observa,

> [...] assim não se misturam, na explicação daquilo que pertence apenas ao *sentido interno*, leis empíricas de aparências corpóreas, que são de tipo inteiramente diverso; assim não são admitidas hipóteses vãs sobre geração, destruição ou palingênese das almas etc.; a consideração desse objeto do sentido interno é, assim, realizada de maneira pura e sem mistura com propriedades heterogêneas [...] (A683/B711).

Embora as "hipóteses vãs", que Kant desejava extirpar do estudo da mente, sejam bem diferentes daquelas que interessariam a filosofia da mente ou as

---

529. Por exemplo, Bennett (1974, p. 272-273), simplesmente nega que a ideia de alma tenha qualquer função reguladora.

530. Digo descrição sistemática e não ciência porque Kant afirma que a psicologia vai no máximo até ali (cf. MAN 4: 471; 186).

ciências cognitivas contemporâneas, elas compartilham uma característica em comum com muitas delas, que podemos denominar, por falta de um termo melhor, de negação da integridade do mental. Como indicam as passagens citadas, a principal função teórica da ideia de alma é preservar essa integridade no nível explanatório. Naturalmente, essa função é uma pálida sombra se comparada à sua função prática, com a qual Kant estava muito mais profundamente preocupado, mas não é por isso trivial.

Ademais, em virtude de sua rejeição da intrusão de qualquer explicação fisicalista redutiva na análise do pensamento, o argumento de Kant mantém certa similaridade com a abordagem contemporânea predominante que chamamos de "funcionalismo"[531]. Todavia, resta uma diferença crucial, embora nem sempre reconhecida, entre a ideia de alma atuante no esquema kantiano e a metáfora computacional *hardware-software* que subjaz às explicações funcionalistas atuais. Pois se por um lado estas últimas formam par com uma visão naturalista e amplamente materialista (embora não redutiva) dos processos mentais – que os concebe como eventos causalmente condicionados graças a uma identidade ocorrência-ocorrência [*token-token identity*] com suas contrapartes físicas –, por outro, a ideia kantiana da alma deixa espaço para uma espontaneidade genuína, essencial para a concepção da cognição de Kant e, portanto, para o argumento da *Crítica* como um todo[532]. E considerando tal programa em psicologia, não soa exagerado pretender que algo como a ideia de alma seja requerido como um princípio regulador. No mínimo, ela também parece tão adequada para servir como um *focus imaginarius* quanto o modelo computacional ao qual apelam os funcionalistas contemporâneos.

Em parte por causa da estrutura da Dialética, a discussão de Kant da função reguladora da ideia (ou das ideias)[533] cosmológica(s) no Apêndice é ainda mais perfunctória e menos satisfatória que seu tratamento da ideia psicológica. Dada a longa discussão sobre as funções reguladoras dessas ideias na última seção do capítulo da Antinomia, não parece haver restado muito a ser dito sobre o

---

531. Essa similaridade não passou despercebida na literatura. Cf., p. ex., Brook (1994); Patricia Kitcher (1990) e diversos outros artigos de Meerbote (1984b, p. 57-72; 1984a, p. 138-163; 1982, p. 69-80).
532. Para uma discussão mais aprofundada dessa questão, cf. Allison (1996a, esp. p. 53-66; 92-106).
533. Embora, estritamente falando, haja apenas uma única ideia cosmológica (a ideia de mundo), Kant se refere a ela frequentemente no plural – uma ideia diferente para cada Antinomia. Veremos abaixo a conveniência de se referir a distintas ideias cosmológicas no intuito de distinguir entre as várias funções reguladoras. Contudo, há uma compatibilidade entre essa "pluralização" e a concepção dessas ideias como expressões distintas da ideia de mundo, à semelhança da Antinomia, que se expressa em quatro Antinomias distintas.

assunto. Por isso, Kant compreensivelmente retoma aquela explicação a fim de discutir de forma mais exaustiva essa questão complexa, contentando-se, aqui, em relembrar o leitor que, por um lado, "na explicação das aparências dadas [...] devemos proceder como se as séries fossem em si infinitas, isto é, *in indefinitum*", por outro, no que diz respeito à liberdade,

> devemos proceder como se tivéssemos diante de nós não um objeto dos sentidos, mas do entendimento puro, caso em que as condições já não estão na série das aparências, mas têm de ser postas fora dela, e a série dos estados pode ser considerada como se começasse de modo absoluto (por meio de uma causa inteligível) [...] (A685/B713).

Contudo, como a função da ideia, nesse último caso, é prática e não teórica – a saber, regular nossa concepção de nós próprios como agentes racionais –, ela está fora do escopo de nossos propósitos atuais[534]. Todavia, a estrutura da Dialética, por si só, não dá conta da natureza insatisfatória da explicação da função reguladora da ideia cosmológica no Apêndice. Como o próprio Kant sugere, o problema real reside na natureza peculiar dessa ideia. Diferentemente de sua contraparte psicológica e teológica, a ideia do mundo é alegadamente autocontraditória. Com efeito, vimos que é precisamente por isso que ela gera antinomias. Por conseguinte, não se deveria pressupor tão prontamente que ela seja "objetiva e hipostática" (A673/B701). Mas se não podemos fazê-lo, torna-se difícil ver como ela poderia ter um objeto, mesmo "na ideia", algo aparentemente requerido para que ela funcione como um *focus imaginarius*.

Embora Kant não trate explicitamente da questão, parece possível recompor uma resposta a partir do que ele diz no capítulo da Antinomia sobre as funções reguladoras das distintas expressões da ideia cosmológica em operação nas quatro Antinomias. Ao menos no que diz respeito às Antinomias Matemáticas, objeto da presente discussão, a posição de Kant parece ser a de que o trabalho regulador é feito inteiramente pelas ideias em suas formas expressas nas antíteses, isto é, enquanto ideias de totalidades infinitas de uma ou outra espécie. Como essas formas (ou ideias) são ilusórias, mas não autocontraditórias, elas podem funcionar regulativamente.

Em cada uma das Antinomias Matemáticas, pode-se ver a ideia funcionando dessa maneira na medida em que fornece um *focus imaginarius*, que serve para incitar o entendimento a buscar continuamente novas condições, partindo do princípio que não se pode afirmar, em ponto algum da regressão, que a to-

---

[534]. Kant de fato tenta uma dedução da liberdade de um "ponto de vista prático" tanto na *Fundamentação* quanto na *Crítica da razão prática*. Para análises desses textos, cf. Allison (1990, p. 214-249) e Allison (1997).

talidade das condições foi atingida. Por essa razão, tanto aqui quanto em outras partes da Dialética, P_1 e P_2 estão em ação: o primeiro exigindo que o entendimento busque por condições e o segundo impedindo-o de parar num ponto qualquer antes de atingir sua (impossível) totalidade.

Todavia, em cada uma das Antinomias Matemáticas, a ideia de uma totalidade infinita enquanto um *focus imaginarius* funciona regulativamente de forma significativamente distinta. Apesar de Kant ter evitado tratar dessa diferença no Apêndice, sugerindo apenas, como vimos, que "na explicação de aparências dadas [...] devemos proceder como se a série fosse em si infinita, isto é, *in indefinitum*", no capítulo dedicado à Antinomia, ele faz uma distinção nítida entre uma regressão que procede apenas *ad indefinitum* e uma que procede *ad infinitum**. A regressão *ad indefinitum* se conecta à resolução da Primeira Antinomia e a regressão *ad infinitum* à resolução da Segunda.

Como os termos sugerem, a diferença se dá entre uma regressão para a qual nenhum limite pode ser especificado e uma regressão que deve proceder até a infinidade[535]. Segundo Kant, a regressão *ad indefinitum* se aplica à Primeira Antinomia porque a grandeza (idade e tamanho) do mundo nunca pode ser dada como um todo (seja como finita, seja como infinita). Desse modo, tudo o que pode ser dito aqui sobre a regressão é que para todo membro dado da série das condições é requerido (por P_1) que busquemos condições superiores e mais remotas (A519/B547). Em contraste, uma vez que no caso da Segunda Antinomia (que concerne à divisibilidade) o todo é pressuposto como dado antes da regressão a suas partes (caso contrário, não poderia haver regressão), devemos presumir que essas partes sejam igualmente já dadas (*in potentia*). Consequentemente, o princípio segundo o qual essas partes somente são dadas na regressão e por meio dela não se aplica aqui. Em vez disso, o que não é possível afirmar é que a totalidade da *divisão* das partes seja dada antes da regressão, ou seja, a decomposição do todo. Isso evita a tese dogmática da Antítese de que o todo é composto de um número infinito efetivo de partes, mas deixa intocado o princípio regulador segundo o qual se deve considerar que a regressão procede *ad infinitum*[536].

---

* A expressão latina *ad indefinitum* significa "indefinidamente", "continuamente"; *ad infinitum* significa "até o infinito" [N.T.].

535. Para uma discussão mais completa da questão, cf. Allison (1998, esp. p. 469-474).

536. A visão tradicional de que algo deve ser composto de um número infinito de partes para ser infinitamente divisível está sendo aqui desafiada por Kant. Esse princípio foi mobilizado por Hume ([1739] 2000, p. 23) em sua crítica da tese da divisibilidade infinita do espaço e do tempo e também por muitos outros pensadores. De um ponto de vista kantiano, essa adesão pode ser vista

III. Unidade sistemática e idealismo transcendental

A conexão entre a descrição kantiana da função reguladora da razão, esboçada no Apêndice, e seu idealismo transcendental é nossa última preocupação. Ainda que este tópico seja amplo, podemos ser relativamente breves, pois a maior parte do terreno já foi percorrida. Para começar, a tese subjacente de Kant de que "a razão não mendiga, mas ordena" obviamente traz consigo uma espécie de compromisso idealista. A unidade sistemática da natureza é uma unidade projetada e não uma unidade inferida de uma ordem pré-dada de coisas. Além disso, vimos que se trata de algo essencial para sua função reguladora, pois assegura que a experiência recalcitrante não possa refutar a pressuposição de que a natureza corporifica tal unidade. Todavia, por si só, isso não parece implicar o idealismo transcendental, compreendido como a doutrina segundo a qual conhecemos as coisas apenas como elas aparecem (de acordo com as condições subjetivas da sensibilidade humana), não como elas podem ser em si mesmas. Por essa razão, apesar de tudo o que foi dito até aqui, pode haver a impressão de que é possível aceitar as teses de Kant sobre a função reguladora da razão e, ao mesmo tempo, continuar sendo confortavelmente um realista no sentido transcendental.

Embora isso seja equivocado, esse equívoco só se torna evidente se interpretarmos o idealismo transcendental, no sentido metodológico ou metaepistemológico, como a antítese do realismo transcendental. Uma vez mais, as duas formas de transcendentalismo devem ser compreendidas como duas alternativas ou perspectivas metafilosóficas abrangentes e mutuamente exclusivas.

Vimos, reiteradamente, que o idealismo transcendental funciona na Dialética principalmente como o antídoto para a influência potencialmente perniciosa da ilusão transcendental. Embora não elimine essa ilusão (o que seria impossível), o idealismo transcendental a torna inofensiva ao separá-la cirurgicamente do realismo transcendental com o qual está naturalmente conectada e que é a verdadeira fonte do problema. Entretanto, como foi sugerido no final do capítulo anterior, esse idealismo também funciona positivamente ao criar o espaço conceitual necessário para uma compreensão das ideias simultaneamente como meramente reguladoras e como indispensáveis. O realismo transcendental, uma vez que não pode reconhecer um espaço como esse, é forçado ou bem a rebaixar sua função reguladora a uma função puramente heurística, a ser adotada ou des-

---

como a consequência inevitável de uma abordagem transcendentalmente realista da questão da divisibilidade de um *continuum*.

cartada conforme a ocasião justifique, ou bem elevar as ideias da razão a princípios plenamente objetivos, tendo um *status* equivalente (ou mesmo superior) ao das categorias. Com efeito, essa compreensão das possibilidades alternativas é continuamente refletida no interminável debate na literatura secundária sobre o verdadeiro *status* e função dessas ideias na *Crítica*.

Evidentemente, é essa função positiva do idealismo transcendental que é diretamente relevante para o argumento do Apêndice. Em particular, ainda que isso nunca seja mencionado, o idealismo transcendental subjaz ao uso kantiano da analogia do espelho para iluminar o problema da indução, pois apenas esse idealismo permite um uso positivo e não enganador do *focus imaginarius*. Além do mais, essa tese não repousa numa identificação dúbia do realismo transcendental com o realismo ingênuo ou com algum parente próximo deste último. Colocado nos termos da metáfora de Kant, o ponto é, antes, que o realismo transcendental, e qualquer um de seus disfarces, simplesmente não está equipado para ver os objetos que estão no plano de fundo (os particulares ausentes) *como se* eles estivessem presentes. Se os objetos estão mesmo presentes para tal realista, eles devem estar *realmente* presentes, como se supõe que estariam do ponto de vista de Deus, inseparável de tal realismo[537].

Inversamente, se sabemos que os objetos não estão presentes, então a pressuposição transparentemente ficcional de sua presença só pode ter uma justificação provisória, apenas instrumental, carecendo de qualquer força normativa genuína. Em contraste, ao considerar o ponto de vista de Deus ele próprio uma projeção necessária da razão humana e não uma norma pré-dada à qual o conhecimento humano deva se conformar, pode-se dizer que o idealismo transcendental torna possível que se conceba objetos ausentes como "virtualmente presentes", isto é, como presentes na ideia, o que, por seu turno, fornece um fundamento normativo para a extensão do uso empírico do entendimento para além do dado. Em suma, a atribuição de qualquer força normativa às projeções da razão é inseparável de uma reconfiguração mais radical da normatividade, que é justamente a "virada transcendental" de Kant, entendida como uma virada não *para* o transcendental, mas *de* uma forma de transcendentalismo para outra.

Entretanto, muitos anti-idealistas reivindicaram precisamente o oposto em relação ao pensamento de Kant em geral e Ralph Walker a respeito do problema específico da indução. Ao observar corretamente que o idealismo transcenden-

---

537. Na linguagem do capítulo da Antinomia, a questão pode ser esclarecida pela observação de que o realista transcendental não pode fazer uma distinção de princípio entre algo ser *gegeben* e algo ser *aufgegeben*.

tal está preocupado com as condições formais da experiência, Walker afirma que, por essa mesma razão, ele não é exitoso no que diz respeito ao problema da indução. De acordo com Walker, isso ocorre porque a espécie de *a priori* **que garante** a conformidade dos objetos às condições sensíveis e intelectuais da cognição, supostamente fornecidas pelo idealismo transcendental, não está disponível para os elementos *a posteriori* da experiência com a qual a indução se ocupa (Walker, 1990, p. 255-256). Assim, para Walker, o idealismo transcendental é incapaz de dar conta do problema da indução, que, no que parece ser sua leitura, provê alguma espécie de garantia de que a natureza se conformará a nossas hipóteses baseadas na experiência. Na verdade, para ele, o problema é ainda pior. De acordo com Walker, não só o idealismo transcendental seria incapaz de dar conta desse problema, como também sua motivação seria completamente perdida, já que sua própria *raison d'être* seria fornecer tais garantias. Em outras palavras, o ponto não é o problema da indução mostrar que o idealismo transcendental seja de algum modo incoerente, mas sim eliminar, ao revelar a inadequação do idealismo transcendental para essa tarefa particular, qualquer incentivo para afirmá-lo (Walker, 1990, p. 256-257).

Trata-se de um argumento estranho por diversas razões. A primeira delas é a aparente pressuposição de Walker de que a função do idealismo transcendental seja fornecer alguma espécie de garantia férrea de que o mundo se conforma *in toto* a nossas formas de cognição. É como se o idealismo transcendental somente fosse viável se for capaz de eliminar *todas* as preocupações com tal conformidade, ou como se ele não pudesse garantir essa conformidade em lugar algum a não ser que pudesse fazê-lo em todo lugar. Porém, esse argumento ignora a natureza meramente formal desse idealismo, que o próprio Walker enfatiza. Desse modo, ainda que Walker estivesse correto em sua avaliação da irrelevância do idealismo transcendental para o problema da indução, isso não invalidaria a pretensão desse idealismo de dar conta da possibilidade do conhecimento *a priori* ao fornecer as "condições formais da verdade empírica". Em segundo lugar, embora seja obviamente verdadeiro que dar conta da possibilidade do conhecimento sintético *a priori*, que requer sim que se ofereça alguma garantia, é um dos maiores objetivos da *Crítica* e depende fundamentalmente do idealismo transcendental, esse não é o único serviço significativo prestado por ele. Como vimos, Kant atribui igual importância à resolução das antinomias, que envolve nada menos do que evitar "a eutanásia da razão pura". Por fim, Walker supõe aparentemente que, se houvesse um problema genuíno da indução, o que ele parece negar, esse problema só poderia ser resolvido ao se fornecer alguma garantia. Esse argumento, entretanto, ignora completamente a análise oferecida por Kant, que envolve a atribuição de um papel normativo às projeções da razão (e mais tarde ao juízo reflexionante), mas que não oferece tal garantia.

É claro que se pode rejeitar toda a abordagem kantiana da indução, que encontra sua expressão definitiva na terceira *Crítica*. Pode-se também rejeitar o idealismo transcendental, embora, como foi defendido neste livro, tal rejeição tenha um alto preço. O que não se pode fazer é separar os dois, como se esse idealismo não tivesse qualquer relação com o tratamento do problema da indução em Kant. Com efeito, enquanto o idealismo transcendental for compreendido como a única alternativa ao realismo transcendental, ele não pode, nem aqui nem em outro lugar, ser nitidamente separado das teses substantivas da *Crítica*. Assim, apesar dos esforços de muitos intérpretes no sentido contrário, a rejeição do idealismo transcendental equivale à rejeição da filosofia teórica de Kant como um todo. É por isso que a interpretação correta desse idealismo é tão importante.

Referências

ADAMS, R. M. Things in themselves. *Philosophy and Phenomenological Research* 57, p. 801-825, 1997.

ADICKES, E. *Kant und das Ding an sich.* Berlim: Pan, 1924.

ADICKES, E. *Kants Lehre von der doppelten Affektion unseres Ich als Schüssel zu seiner Erkenntnistheorie.* Tübingen: J. C. Mohr, 1929.

AL-AZM, S. J. *The origins of Kant's argument in the Antinomies.* Oxford: Oxford University Press, 1972.

ALLISON, H. E. Kant's concept of the transcendental object. *Kant-Studien* 59, p. 165-186, 1968.

ALLISON, H. E. Transcendental idealism and descriptive metaphysics. *Kant-Studien* 60, p. 216-223, 1969.

ALLISON, H. E. Kant's *non-sequitur*. *Kant-Studien* 62, p. 367-377, 1971.

ALLISON, H. E. Kant's critique of Berkeley. *Journal of the History of Philosophy* II, p. 43-63, 1973a.

ALLISON, H. E. (org.). *The Kant-Eberhard controversy.* Baltimore: Johns Hopkins University Press, 1973b.

ALLISON, H. E. Transcendental affinity: Kant's answer to Hume?. *In*: BECK, L. W. (org.). *Kant's theory of knowledge.* Dordrecht: Reidel, p. 119-127, 1974.

ALLISON, H. E. The *Critique of pure reason* as transcendental phenomenology. *In*: IHDE, D.; ZANERR. N. (orgs.). *Dialogues in phenomenology.* Haia: Martinus Nijhoff, p. 136-155, 1975.

ALLISON, H. E. Kant's refutation of realism. *Dialectica* 30, p. 223-253, 1976a.

ALLISON, H. E. The non-spatiality of things in themselves for Kant. *Journal of the History of Philosophy* 14, p. 313-321, 1976b.

ALLISON, H. E. Locke's theory of personal identity. *In*: TIPTON, I. C. (org.). *Locke on human understanding*: selected essays. Nova York: Oxford University Press, 1977.

ALLISON, H. E. Things in themselves, noumena, and the transcendental object. *Dialectica* 32, p. 41-76, 1978.

ALLISON, H. E. Kant's critique of Spinoza. *In*: KENNINGTON, R. (org.). *The philosophy of Baruch Spinoza.* Washington, D.C.: Catholic University Press of America, p. 199-227, 1980.

ALLISON, H. E. Transcendental schematism and the problem of the synthetic *a priori*. *Dialectical*, p. 57-83, 1981.

ALLISON, H. E. *Kant's transcendental idealism:* an interpretation and defense. New Haven: Yale University Press, 1983.

ALLISON, H. E. *Spinoza:* an introduction. New Haven: Yale University Press, 1987.

ALLISON, H. E. Kant and the claims of knowledge. *Journal of Philosophy* 86, p. 214-221, 1989.

ALLISON, H. E. *Kant's theory of freedom.* Cambridge: Cambridge University Press, 1990.

ALLISON, H. E. *Idealism and freedom:* essays on Kant's theoretical and practical philosophy. Cambridge: Cambridge University Press, 1996a.

ALLISON, H. E. Personal and professional. [Entrevista cedida a] Steven A. Gross. *The Harvard Review of Philosophy*, p. 36-37, 1996b.

ALLISON, H. E. We can act only under the idea of freedom. *Proceedings and Addresses of the American Philosophical Association*, 71(2), 1997.

ALLISON, H. E. The Antinomy of Pure Reason, section 9. *In*: MOHR, G.; WILLASCHEK, M. (orgs.). *Immanuel Kant:* Kritik der reinen Vernunft. Berlim: Akademie-Verlag, p. 465-490, 1998.

ALLISON, H. E. Where have all the categories gone? Reflections on Longuenesse's reading of Kant's Transcendental Deduction. *Inquiry. Interdisciplinary Journal of Philosophy* 43, p. 57-80, 2000.

ALLISON, H. E. *Kant's theory of taste:* a reading of the *Critique of aesthetic judgment*. Cambridge: Cambridge University Press, 2001a.

ALLISON, H. E. The *Critique of judgment* as a "True Apology" for Leibniz. *In*: GERHARDT, V.; HORSTMANN, R. P.; SCHUMACHER, R. (orgs.). *Kant und die Berliner Aufklärung:* Akten des IX. Internationalen Kant-Kongresses, vol. 1. Berlin, NewYork: Walter de Gruyter, p. 286-299, 2001b.

AMERIKS, K. *Kant's theory of mind.* Oxford: Clarendon Press, 1982a.

AMERIKS, K. Recent work on Kant's theoretical philosophy. *American Philosophical Quarterly* 19, p. 1-24, 1982b.

AMERIKS, K. Kantian idealism today. *History of Philosophy Quarterly* 9, p. 329-342, 1992.

AMERIKS, K. Kant, Fichte, and apperception. *In*: AMERIKS, K. (org.). *Kant and the fate of autonomy.* Cambridge: Cambridge University Press, p. 234-264, 2000.

AQUILA, R. E. Personal identity and Kant's refutation of idealism. *Kant-Studien* 70, p. 257-278, 1979.

BARKER, S. Appearing and appearances. *In*: BECK, L. W.(org.). *Kant studies today.* La Salle, III: Open Court, p. 278-289, 1969.

BAUM, M. Kant on pure intuition. *In*: CUMMINS, P. D.; ZOELLER, G. (orgs.). *Minds, ideas, and objects*: essays on the theory of representation in modern philosophy. Atascadero, California: Ridgeview, p. 303-315, 1992.

BAYLE, P. Zeno. *In*: POPKIN, R. H. (org.). *Historical and critical dictionary.* Indianapolis: Bobbs-Merrill, 1965.

BECK, J. S. *Einzig möglicher Standpunct aus welchem die critische Philosophie beurtheilt werden muss.* Riga: Johann Friedrich Hartnoch, 1796. Reimpresso em *Aetas Kantiana*. Brussels: Culture et Civilisation, 1969.

BECK, L. W. *A commentary on Kant's* Critique of practical reason. Chicago: University of Chicago Press, 1960.

BECK, L. W. Lewis' kantianism. *In*: *Studies in the philosophy of Kant.* Indianapolis: Bobbs-Merrill, p. 108-124, 1965.

BECK, L. W. Can Kant's synthetic judgments be made analytic? *In*: GRAM, M. S. (org.). *Kant*: disputed questions. Chicago: Quadrangle Books, p. 228-246, 1967a.

BECK, L. W. Kant's theory of definition. *In*: GRAM, M. S. (org.). *Kant*: disputed questions. Chicago: Quadrangle Books, p. 215-227, 1967b.

BECK, L. W. (org.). *Kant studies today.* La Salle, III: Open Court, 1969.

BECK, L. W. (org.). *Kant's theory of knowledge.* Dordrecht: Reidel, 1974.

BECK, L. W. *Essays on Kant and Hume.* New Haven: Yale University Press, 1978.

BECK, L. W. A *non-sequitur* of numbing grossness?. *In*: BECK, L. W. (org.). *Essays on Kant and Hume.* New Haven: Yale University Press, p. 147-153, 1978a.

BECK, L. W. Once more into the breach: Kant's answer to Hume, again. *In*: BECK, L. W. (org.). *Essays on Kant and Hume.* New Haven: Yale University Press, p. 130-135, 1978b.

BECK, L. W. A Prussian Hume and a Scottish Kant. *In*: BECK, L. W. (org.). *Essays on Kant and Hume.* New Haven: Yale University Press, p. 111-129. 1978c.

BECK, L. W. A reading of the third paragraph in B. *In*: BECK, L. W. (org.). *Essays on Kant and Hume.* New Haven: Yale University Press, p. 141-146. 1978d.

BEISER, F. C. *The fate of reason:* German philosophy from Kant to Fichte. Cambridge, Mass.: Harvard University Press, 1987.

BELL, D. The art of judgment. *Mind* 96, p. 221-244, 1987.

BENNETT, J. *Kant's analytic.* Cambridge: Cambridge University Press, 1966.

BENNETT, J. *Locke, Berkeley, Hume.* Oxford: Oxford University Press, 1971.

BENNETT, J. *Kant's dialectic.* Cambridge: Cambridge University Press, 1974.

BERKELEY, G. *The Works of George Berkeley, Bishop of Cloyne.* LUCE, A. A.; JESSOP, T. E. (orgs.). Londres: Thomas Nelson and Sons, 1948.

BIRD, G. *Kant's theory of knowledge.* Londres: Routledge and Kegan Paul, 1962.

BIRD, G. Recent interpretations of Kant's Transcendental Deduction. *In*: FUNKE, G.; KOPPER, J. (orgs.). *Akten des 4. Internationalen Kant-Kongress,* part 1. Berlim: de Gruyter, p. 1-14, 1974.

BRANDT, R. *The Table of Judgments:* Critique of Pure Reason A67-76; B92-101.Trad. de E. Watkins. Atascadero, California: Ridgeview Publishing, 1995.

BRITTAN, G. G. Jr. *Kant's theory of science.* Princeton: Princeton University Press, 1978.

BROAD, C. D. Kant's First and Second Analogies of Experience. *Proceedings of the Aristotelian Society* 25, p. 189-210, 1926.

BROOK, A. *Kant and the mind.* Cambridge: Cambridge University Press, 1994.

BROUILLET, R. Dieter Henrich et "The proof-structure of Kant's Transcendental Deduction": reflexions critiques. *Dialogue* 14, p. 639-648, 1975.

BUCHDAHL, G. *Metaphysics and the philosophy of science.* Cambridge, Mass.: MIT Press, 1969a.

BUCHDAHL, G. The Kantian "Dynamic of Reason" with special reference to the place of causality in Kant's system. *In*: BECK, L. W. (org.). *Kant studies today*. La Salle, III: Open Court, p. 187-208, 1969b.

BUCHDAHL, G. The conception of lawlikeness in Kant's philosophy of science. *In*: BECK, L. W. (org.). *Kant's theory of knowledge*. Dordrecht: Reidel, p. 128-150, 1974.

BUCHDAHL, G. *Kant and the dynamics of reason*: essays on the structure of Kant's philosophy. Oxford: Basil Blackwell, 1992.

BUROKER, J. *Space and congruence*: the origins of Kant's idealism. Dordrecht: Reidel, 1981.

BUTTS, R. E. Kant's schemata as semantical rules. *In*: BECK, L. W. (org.). *Kant studies today*. La Salle, III: Open Court, p. 290-300, 1969.

BUTTS, R. E. (org.). *Kant's philosophy of physical science*. Dordrecht: Reidel, 1986.

BUTTS, R. E. *Kant and the double government methodology*. Amsterdam: Kluwer, 1987.

CAIRD, E. *The critical philosophy of Kant*. Glasgow: J. Maclehose, 1909.

CARANTI, L. *The development of Kant's Refutation of Idealism*. Dissertação – Boston University, Boston, 2001.

CARL, W. *Die transzendentale Deduktion der Kategorien in der ersten Auflage der* Kritik der reinen Vernunft: Ein Kommentar. Frankfurt: Vittorio Klostermann, 1992.

CARL, W. Apperception and spontaneity. *International Journal of Philosophical Studies* 5, p. 147-163, 1997.

CARL, W. Die B-Deduktion. *In*: MOHR, G.; WILLASCHEK, M. (orgs.). *Immanuel Kant*: Kritik der reinen Vernunft. Berlim: Akademie-Verlag, p. 189-216, 1998.

CARNAP, R. *Der logische Aufbau der Welt*. Berlim: Weltkreis, 1928.

CARNAP, R. A velha e a nova lógica. Trad. de A. Alves. *Princípios*: Revista de Filosofia, v. 30 n. 63, p. 203-229, [1930] 2023.

CHIPMAN, L. Kant's categories and their schematism. *Kant-Studien* 63, p. 36-49, 1972.

CAIMI, M. On a non-regulative function of the Ideal of Pure Reason. *In*: ROBINSON, H. (org.). *Proceedings of the Eighth International Kant Congress*, vol. 1, part 2. Milwaukee: Marquette University Press, p. 539-549, 1995.

COHEN, H. *Kants Theorie der Erfahrung*. 2. ed. Berlim: Dimmler, 1885.

COHEN, H. *Kommentar zu Immanuel Kants Kritik der reinen Vernunft*. 4. ed. Leipzig: Felix Meiner, 1925.

COHN, J. *Geschichte des Unendlichkeitsproblems in abendländischen Denken bis Kant*. Hildesheim: Georg Olms, 1960.

COURTINE, J-F. Realitas; Realität/Idealität. *In*: RITTER, J.; GRÜNDER, K.; GABRIEL, G. (orgs.). *Historisches Wörterbuch der Philosophie*, vol. 8. Basel: Schwabe Verlag, 1971.

CUMMINS, P. D.; ZOELLER, G. (orgs.). *Minds, ideas, and objects*: essays on the theory of representation in modern philosophy. Atascadero, California: Ridgeview, 1992.

CURTIUS, E. R. Das Schematismuskapitel in der *Kritik der reinen Vernunft*. *Kant-Studien* 19, p. 338-366, 1916.

DENNETT, D. Mechanism and responsibility. *In*: HONDERICH, T. (org.). *Essays on freedom of action*. Londres: Routledge and Kegan Paul, p. 157-184, 1973.

DENNETT, D. *The intentional stance*. Cambridge: MIT Press, 1987.

DESCARTES, R. *The philosophical writings of Descartes*. COTTINGHAM, J.; STOOTHOFF, R.; MURDOCH, D. (orgs.). 2 vol. Cambridge: Cambridge University Press, 1985.

DE VLEESCHAUWER, H. J. *La deduction transcendentale dans l'oeuvre de Kant*. 3 vol. Paris: Leroux, 1934-1937.

DONNELLAN, K. S. Reference and definite descriptions. *Philosophical Review* 75, p. 281-304, 1968.

DRYER, D. P. *Kant's solution for verification in metaphysics*. Toronto: University of Toronto Press, 1966.

EBBINGHAUS, J. Kants Lehre von der Anschauung *a priori*. In: PRAUSS, G. (org.). *Kant: Zur Deutungseiner Theorie von Erkennen und Handeln*. Cologne: Kiepenhauer und Witsch, p. 44-61, 1973.

EBERHARD, J. A. (org.). *Philosophisches Archiv*. 2 vol. Berlim: C. Massdorf, 1792-1793. Reimpresso em *Aetas Kantiana*. Brussels: Culture et Civilisation, 1968.

EBERHARD, J. A. *Philosophisches Magazin*. 4 vol. Halle: J. J. Gebouer, 1789-1792. Reimpresso em *Aetas Kantiana*. Brussels: Culture et Civilisation, 1968.

ENGEL, M. S. Kant's Copernican analogy: a re-examination. *Kant-Studien* 54, p. 243-251, 1963.

ENGLAND, F. E. *Kant's conception of God*. Nova York: Humanities Press, 1968.

ERDMANN, B. *Kants Kriticismus in der ersten und in der zweiten Auflage der* Kritik der reinen Vernunft. Leipzig: Leopold Voss, 1878.

EVANS, C. Two-steps-in-one-proof: the structure of the Transcendental Deduction. *Journal of the History of Philosophy* 28, p. 553-570, 1990.

EWING, A. C. *Kant's treatment of causality*. Londres: Kegan Paul, Trench, Trubner, 1924.

EWING, A. C. *A short commentary on Kant's Critique of pure reason*. 2. ed. Londres: Methuen, 1950.

FALKENSTEIN, L. Kant's argument for the non-spatiotemporality of things in themselves. *Kant-Studien* 80, p. 265-283, 1989.

FALKENSTEIN, L. *Kant's intuitionism*: a commentary on the Transcendental Aesthetic. Toronto: University of Toronto Press, 1995.

FALKENSTEIN, L. Hume on "Manners of disposition" and the "Ideas of space and time". *Archiv fur Geschichte der Philosophie* 79, p. 179-201, 1997.

FERRARIN, A. Kant on the Exhibition of a Concept in Intuition. *Kant-Studien* 86, p. 131-174, 1995.

FICHTE, J. G. *Zweite Einleitung in die Wissenschaftslehre*. In: MEDICUS, F. (org.). *Erste and zweite Einleitung in die Wissenschaftslehre*, Hamburg: Felix Meiner, [1797] 1961 [Ed. bras.: *Fundamentos de toda a doutrina da ciência*. Trad. D. F. Ferrer. Petrópolis: Vozes, 2021].

FRANZWA, G. E. Space and the schematism. *Kant-Studien* 69, p. 149-159, 1978.

FREUDIGER, J. Zum Problem der Wahrnehmungsurteile in Kants theoretische Philosophie. *Kant-Studien* 82, p. 414-435, 1991.

FRIEDMAN, M. *Kant and the exact sciences.* Cambridge, Mass.: Harvard University Press, 1992a.

FRIEDMAN, M. Kant on Causal Laws and the Foundations of Natural Science. *In*: GUYER, P. (org.). *The Cambridge Companion to Kant.* Cambridge: Cambridge University Press, p. 161-197, 1992b.

GERHARDT, V.; HORSTMANN, R. P.; SCHUMACHER, R.(orgs.). *Kant und die Berliner Aufklärung:* Akten des IX Internationalen Kant-Kongesses. Berlin: Walter de Gruyter, 2001.

GIBBONS, S. *Kant's theory of imagination:* bridging gaps in judgment and experience. Oxford: Oxford University Press, 1994.

GIBSON, J. *Locke's theory of knowledge and its historical relations.* Cambridge: Cambridge University Press, 1917.

GINSBORG, H. *The role of taste in Kant's theory of cognition.* Nova York: Garland Publishing, 1990.

GINSBORG, H. Lawfulness without a law: Kant on the free play of imagination and understanding. *Philosophical Topics* 25, p. 37-81, 1997.

GLOUBERMAN, M. Conceptuality: an essay in retrieval. *Kant-Studien* 70, p. 383-408, 1979.

GOCHNAUER, M. Kant's Refutation of Idealism. *Journal of the History of Philosophy* 12, p. 195-206, 1974.

GRAM, M. S. Kant's First Antinomy. *Monist* 51, p. 499-518, 1967a.

GRAM, M. S. (org.). *Kant:* disputed questions. Chicago: Quadrangle Books, 1967b.

GRAM, M. S. *Kant, ontology, and the* a priori. Evanston, III: Northwestern University Press, 1968.

GRAM, M. S. The myth of the double affection. *In*: WERKMEISTER, W. H. (org.). *Reflections on Kant's philosophy.* Gainesville: University Presses of Florida, p. 29-69, 1975.

GRAM, M. S. How to dispense with things in themselves (1). *Ratio* 18, p. 1-15, 1976.

GRAM, M. S. The crisis of syntheticity: the Kant-Eberhard controversy. *Kant-Studien* 7, p. 155-180, 1980.

GRAM, M. S. Intellectual intuition: the continuity thesis. *Journal of the History of Ideas* 42, p. 287-334, 1981.

GRAM, M. S. (org.). *Interpreting Kant.* Iowa City: University of Iowa Press, 1982

GRAM, M. S. *The transcendental turn.* Gainesville: University of Florida Press, 1984.

GRIER, M. *Kant's doctrine of transcendental illusion.* Cambridge: Cambridge University Press, 2001.

GURWITSCH, A. *Leibniz:* Philosophie des Panlogismus. Berlim: de Gruyter, 1974.

GUYER, P. Kant's tactics in the Transcendental Deduction. *In*: MOHANTY, J. N.; SHAHAN, R. W. (orgs.). *Essays on Kant's Critique of Pure Reason.* Norman, Okla.: University of Oklahoma Press, p. 157-199, 1982.

GUYER, P. Kant's intentions in the Refutation of Idealism. *Philosophical Review* 92, p. 329-383, 1983.

GUYER, P. *Kant and the claims of knowledge*. Cambridge: Cambridge University Press, 1987.

GUYER, P. The unity of reason: pure reason as practical reason in Kant's early conception of the Transcendental Dialectic. *The Monist*, vol. 72, n. 2, p. 139-167, 1989.

GUYER, P. Kant's conception of empirical law. *Proceedings of the Aristotelian Society*, sup. vol., p. 220-242, 1990a.

GUYER, P. Reason and reflective judgment: Kant on the significance of systemacity. *Nous* 24, p. 17-43, 1990b.

GUYER, P. (org.). *The Cambridge Companion to Kant*. Cambridge: Cambridge University Press, 1992.

GUYER, P. The postulates of empirical thinking in general and the Refutation of Idealism. *In*: MOHR, G.; WILLASCHEK, M. (orgs.). *Immanuel Kant*: Kritik der reinen Vernunft. Berlin: Akademie-Verlag, p. 297-324, 1998.

HANSON, N. R. Copernicus' role in Kant's revolution. *Journal of the History of Ideas* 20, p. 274-281, 1959.

HARPER, W. L.; MEERBOTE, R. (orgs.). *Kant on causality, freedom, and objectivity*. Minneapolis: University of Minnesota Press, 1984.

HEIDEMANN, D. H. *Kant und das Problem des metaphysischen Idealismus*. Berlin: de Gruyter, 1998.

HEIDEMANN, I. *Spontaneität und Zeitlichkeit*. Cologne: Kölner Universitäts-Verlag, 1958.

HEIMSOETH, H. Personlichkeitsbewusstsein und Ding an sich in der kantischen Philosophie. *In*: *Studien zur Philosophie Immanuel Kants*: Metaphysiche Ursprung und Ontologische Grundlagen. Cologne: Kölner Universitäts-Verlag, p. 227-257, 1956.

HEIMSOETH, H. *Transzendentale Dialektik*. 4 vol. Berlin: de Gruyter, 1969.

HENRICH, D. Fichtes ursprüngliche Einsicht. *In*: *Subjektivität und Metaphysik*. Frankfurt: Klostermann, p. 188-232, 1967.

HENRICH, D. The proof-structure of Kant's Transcendental Deduction. *Review of Metaphysics* 22, p. 640-659, 1969.

HENRICH, D. *Identität und Objectivität*: Eine Untersuchung über Kants transzendental Deduktion. Heidelberg: Carl Winter Universitäts-Verlag, 1976.

HENRICH, D. Fichte's original insight. Trad. de D. Lachterman. *In*: *Contemporary German philosophy*, vol. 1. University Park, Pa.: Pennsylvania State University Press, p. 15-53, 1982.

HENRICH, D. Die Beweisstruktur der transzendentalen Deduktion der reinen Verstandesbegriffe - eine Diskussion mit Dieter Henrich. *In*: TUSCHLING, B. (org.). *Probleme der "Kritik der reinen Vernunft"*. Berlin: Walter de Gruyter, 1984.

HERRING, H. Das Problem der Affektion bei Kant. *Kant-Studien, Ergänzungshefte* 67, 1953.

HINSKE, N. *Kants Wegzur Transzendentalphilosophie:* Der dreissigjährige Kant. Stuttgart and Berlim: W. Kohlhammer, 1970.

HINTIKKA, J. On Kant's notion of intuition (*Anschauung*). *In*: PENELHUM,T.; MacINTOSH, J. (orgs.). *The first Critique:* reflections on Kant's *Critique of Pure Reason*. Belmont, California: Wadsworth, p. 38-53, 1969a.

HINTIKKA, J. Kant on the mathematical method. *In*: BECK, L. W. (org.). *Kant studies today*. La Salle, III: Open Court, p. 117-140. 1969b.

HOLT, D. C. Timelessness and the metaphysics of temporal existence. *American Philosophical Quarterly*, p. 149-156, 1981.

HORSTMANN, R. P. Space as intuition and geometry, *Ratio* 18, p. 17-30, 1976.

HORSTMANN, R. P. *The Metaphysical Deduction in Kant's Critique of Pure Reason*. Philosophical Forum 13, p. 32-47, 1981.

HORSTMANN, R. P. Why must there be a Transcendental Deduction in Kant's *Critique of Judgment*?. *In*: FÖRSTER, E. (org.). *Kant's Transcendental Deductions:* the three critiques and the Opus Postumum., p. 157-176. Stanford, California: Stanford University Press, 1989.

HORSTMANN, R. P. Kants Paralogismen. *Kant-Studien* 83, p. 408-425, 1993.

HORSTMANN, R. P. Der Anhang zur transzendentalen Dialektik. *In*: MOHR, G.; WILLASCHEK, M. (orgs.). *Immanuel Kant:* Kritik der reinen Vernunft. Berlim: Akademie-Verlag, p. 525-545, 1998.

HOSSENFELDER, M. *Kants Konstitutions-theorie und die Transzendentale Deduktion*. Berlim: de Gruyter, 1978.

HOSSENFELDER, M. Allison's defense of Kant's transcendental idealism. *Inquiry* 33, p. 467-479, 1990.

HUDSON, H. *Kant's compatibilism*. Ithaca: Cornell University Press, 1994.

HUME, D. *An enquiry concerning human understanding*. E. STEINBERG (org.). Indianapolis: Hackett Publishing Company, [1748] 2000 [Ed. bras.: *Investigações sobre o entendimento humano e sobre os princípios da moral*. Trad. J. O. Almeida Marques. São Paulo: Ed. Unesp, 2004].

HUME, D. *A treatise of human nature*. D. F. NORTON; M. J. NORTON (orgs.). Oxford: Oxford University Press, [1739] 2000 [Ed. bras: *Tratado da natureza humana*. Trad. D. Danowski. São Paulo: Ed. Unesp, 2009].

HUMPHREY, T. The historical and conceptual relations between Kant's metaphysics of space and philosophy of geometry. *Journal of the History of Philosophy*, vol 11, n. 3, p. 483-512, 1973.

JACOBI, F. H. *David Hume über den Glauben, oder Idealismus und Realismus, in Ueber den transzendentalen* Idealismus. *In*: ROTH, E.; KOPPEN, F. (orgs.). *Werke*, vol. 2. Darmstadt: Wissenschaftliche Buchgesellschaft, p. 291-310, [1787] 1968.

KELLER, P. *Kant and the demands of self consciousness*. Cambridge: Cambridge University Press, 2001.

KEMP SMITH, N. *A commentary to Kant's Critique of pure reason*. 2. ed. Nova York: Humanities Press, 1962.

KENNY, A. *Descartes:* a study of his philosophy. Nova York: Random House, 1968.

KERZBERG, P. Two senses of Kant's Copernican Revolution. *Kant-Studien* 80, p. 63-80, 1989.

KITCHER, Patricia. *Kant's transcendental psychology*. Nova York: Oxford University Press, 1990.

KITCHER, Philip. Projecting the order of nature. *In*: Patricia KITCHER (org.). *Kant's Critique of pure reason*: critical essays. Lanham, Md: Rowman and Littlefield, p. 219-238, 1998.

KNEALE, W; KNEALE, M. *The development of logic*. Oxford: Clarendon Press, [1962] 1984.

KORNER, S. *Kant*. Londres: Penguin Books, 1955.

KOTZIN, R; BAUMGÄRTNER, J. Sensations and judgments of perceptions: diagnosis and rehabilitation of some of Kant's misleading examples. *Kant-Studien* 81, p. 401-412, 1990.

KRAUSSER, P. The operational conception of "Reine Anschauung" in Kant's theory of experience and science. *Studies in the History and Philosophy of Science* 3, p. 81-87, 1972-1973.

KRAUSSER, P. "Form of intuition" and "Formal intuition" in Kant's theory of experience and science. *Studies in the History and Philosophy of Science* 4, p. 279-287, 1973-1974.

KRÜGER, L. Wollte Kant die Vollständigkeit seiner Urteilstafel beweisen?. *Kant-Studien* 59, p. 333-355, 1968.

KÜHN, M. Hume's antinomies. *Hume Studies* 9, p. 25-45, 1983.

LACHIÈZE-REY, P. *L'idealisme kantien*. Paris: Librairie Philosophique J. Vrin, 1950.

LANGTON, R. *Kantian humility*: our ignorance of things in themselves. Oxford: Oxford University Press, 1998.

LAUENER, H. *Hume und Kant*. Bern: Francke Verlag, 1969.

LEIBNIZ, G. W. *The Leibniz-Clarke correspondence*. ALEXANDER, H. G. (org.). Manchester: Manchester University Press, 1956.

LEIBNIZ, G. W. *Discourse on metaphysics*. Trad. de G. R. Montgomery. La Salle, III: Open Court, [1686] 1962 [Ed. bras.: *Discurso de metafísica*. Trad. de F. Creder. Petrópolis: Vozes de bolso, 2019].

LEIBNIZ, G. W. *New essays on human* understanding. Trad. de P. Remnant e J. Bennett. Cambridge: Cambridge University Press, [1765] 1981 [Ed. bras.: *Novos ensaios sobre o entendimento humano*. Trad. de L. J. Baraúna. Coleção Os Pensadores. Rio de Janeiro: Abril Cultural, 1980].

LOCKE, J. *An essay concerning human understanding*. A. C. FRASER (org.). 2 vol. Nova York: Dover, [1689] 1959. [Ed. bras.: *Ensaio sobre o entendimento humano*. Trad. de P. P Pimenta. São Paulo: Martins Fontes, 2009].

LONGUENESSE, B. *Kant and the capacity to judge*. Trad. de C. Wolfe. Princeton: Princeton University Press, 1998a. [Ed. bras.: *Kant e o poder de julgar*. Trad. de J. G. M. da Cunha e L. Codato. Campinas: Ed. da Unicamp, 2019].

LONGUENESSE, B. The divisions of the Transcendental Logic and the leading thread. *In*: MOHR, G.; WILLASCHEK, M. (orgs.). *Immanuel Kant*: Kritik der reinen Vernunft. Berlim: Akademie-Verlag, p.131-158, 1998b.

LOVEJOY, A. O. On Kant's reply to Hume. *In*: GRAM, M. S. (org.). *Kant:* disputed questions. Chicago: Quadrangle Books, p. 284-308, 1967.

MACLACHLAN, D. L. C. The thing in itself appears in a meta-language. *In*: ROBINSON, H. (org.). *Proceedings of the Eighth International Kant Congress*, vol. 2, p. 155-61. Milwaukee: Marquette University Press, 1995.

MAKKREEL, R. A. *Imagination and interpretation in Kant:* the hermeneutical import of the *Critique of judgment* Chicago: University of Chicago Press, 1990.

MARTIN, G. *Kant's metaphysics and theory of science.* Trad. de P. G. Lucas. Manchester: Manchester University Press, 1955.

MATTHEWS, H. E. Strawson on transcendental idealism. *Philosophical Quarterly* 19, p. 204-220, 1969.

McCANN, E. Skepticism and Kant's B Deduction. *History of Philosophy Quarterly* 2, p. 71-90, 1985.

McFARLAND, J. D. *Kant's concept of teleology.* Edinburgh: University of Edinburgh Press, 1970.

MEERBOTE, R. Kant's use of the notions "objective reality" and "objective validity". *Kant-Studien* 63, p. 51-58, 1972.

MEERBOTE, R. The unknowability of things in themselves. *In*: BECK, L. W. (org.). *Kant's theory of knowledge.* Dordrecht: Reidel, p. 166-174. 1974.

MEERBOTE, R. *Wille* and *Willkür* in Kant's theory of action. *In*: GRAM, M. S. (org.). *Interpreting Kant.* Iowa City: University of Iowa Press, p. 69-80, 1982.

MEERBOTE, R. Kant on the nondeterminate character of human actions. *In*: HARPER, W. L.; MEERBOTE, R. (orgs.). *Kant on causality, freedom, and objectivity.* Minneapolis: University of Minnesota Press, p. 138-163, 1984a.

MEERBOTE, R. Kant on freedom and the rational and morally good will. *In*: WOOD, A. (org.). *Self and nature in Kant's philosophy*, 1984b.

MEERBOTE, R. Space and time and objects in space and time: another aspect of Kant's transcendental idealism. *In*: CUMMINS, P. D.; ZOELLER, G. (orgs.). *Minds, ideas, and objects:* essays on the theory of representation in modern philosophy. Atascadero, California: Ridgeview, vol. 2, p. 275-290, 1992.

MEIER, G. F. *Vernuftlehre*: Halle. Hildesheim: Georg Olms Verlag, 1752a. Reimpresso em *Kants gesammelte Schriften* (KGS), vol. 16. Berlim: Walter de Gruyter, 1902.

MEIER, G. F. *Auszug aus der Vernunftlehre.* Halle, 1752b. Reimpresso em *Kants gesammelte Schriften* (KGS), vol. 16. Berlim: Walter de Gruyter, 1902.

MELNICK, A. *Kant's Analogies of Experience.* Chicago: University of Chicago Press, 1973.

MOHR, G.; WILLASCHEK, M. (orgs.). *Immanuel Kant:* Kritik der reinen Vernunft. Berlim: Akademie-Verlag, 1998.

MOORE, G. E. The nature of judgment. *Mind* (New Series), vol. 8, n. 30, p. 176-193, 1899.

MOORE, G. E. *Some main problems of philosophy.* Londres: George Allen and Unwin, 1953.

MORRISON, M. C. Community and coexistence: Kant's Third Analogy of Experience. *Kant-Studien* 89, p. 257-277, 1998.

ORTWEIN, B. *Kants problematische Freiheitslehre*. Bonn: Bouvier, 1983.

O'SHAUGHNESSY, B. *The will*: a dual-aspect theory. 2 vol. Cambridge: Cambridge University Press, 1980.

PARSONS, C. Kant's philosophy of arithmetic. In: MORGENBESSER, S.; SUPPES, P.; WHITE, M. (orgs.). *Philosophy, science, and method*. Nova York: St. Martin's Press, p. 568-594, 1969.

PARSONS, C. The Transcendental Aesthetic. In: GUYER, P. (org.). *The Cambridge Companion to Kant*. Cambridge: Cambridge University Press, p. 62-100, 1992.

PATON, H. J. *The categorical imperative*. Londres: Hutchinson, 1958.

PATON, H. J. *Kant's metaphysic of experience*. 2 vol. Nova York: Macmillan, 1936.

PENELHUM, T; MacINTOSH, J. (orgs.). *The first Critique*: reflections on Kant's *Critique of Pure Reason*. Belmont, California: Wadsworth, 1969.

PICHÉ, C. *Das Ideal*: Ein Problem der kantischen Ideenlehre. Bonn: Bouvier, 1984.

PIPPIN, R. B. *Kant's theory of form*. New Haven: Yale University Press, 1982.

PIPPIN, R. B. Kant on the spontaneity of mind. *Canadian Journal of Philosophy* 17, p. 449-476, 1987.

POSY, C. Transcendental idealism and causality. In: HARPER, W. L.; MEERBOTE, R. (orgs.). *Kant on causality, freedom, and objectivity*. Minneapolis: University of Minnesota Press, p. 20-41, 1984.

PRAUSS, G. *Erscheinung bei Kant*. Berlim: de Gruyter, 1971.

PRAUSS, G. (org.). *Kant*: Zur Deutung seiner Theorie von Erkennen und Handeln. Cologne: Kiepenhauer und Witsch, 1973.

PRAUSS, G. *Kant und das Problem der Dinge an sich*. Bonn: Bouvier, 1974.

PRICHARD, H. A. *Kant's theory of knowledge*. Oxford: Clarendon Press, 1909.

PUTNAM, H. *Reason, truth, and history*. Cambridge, Cambridge University Press, 1981.

REICH, K. *Die Vollständigkeit der kantischen Urteilstafel*. Berlim: Rostock, 1932.

REICH, K. *The completeness of Kant's Table of Judgments*. Trad. de J. Keller e M. Losonsky. Stanford: Stanford University Press, 1992.

REICHENBACH, H. *The rise of scientific philosophy*. Los Angeles: University of California Press, 1951.

REICHENBACH, H. Kant e a ciência natural. Trad. de A. Alves, *Cadernos de Filosofia Alemã*, vol. 28, n. 3, [1933] 2023.

REID, T. *Philosophical Works*. W. HAMILTON (org.). 2 vol. Hildesheim: Georg Olms Verlagsbuchhandlung, 1967.

REINHOLD, K. L. *Versuch einer neuen Theorie des menschlichen Vorstellungsvermögens*. Prague and Jena: C. Widtmann & I. M. Marke, 1789.

RESCHER, N. *Kant and the reach of reason*: studies in Kant's theory of rational systematization. Cambridge: Cambridge University Press, 1999.

RESCHER, N. Noumenal causality. *In*: BECK, L. W. (org.). *Kant's theory of knowledge*. Dordrecht: Reidel, p. 175-183, 1974.

ROBINSON, H. Intuition and manifold in the Transcendental Deduction. *Southern Journal of Philosophy* 22, p. 403-142, 1984.

ROBINSON, H. Two perspectives on Kant's appearances and things in themselves. *Journal of the History of Philosophy* 32, p. 411-441, 1994.

ROHS, P. Kants Prinzip der durchgängigen Bestimmung alles Seienden. *Kant-Studien* 69, p. 170-180, 1978.

ROSAS, A. *Kants idealistische Reduktion:* Das Mentale und das Materielle im transzendentalen Idealismus. Würzburg: Königshausen und Neumann, 1996.

RÖTTGES, H. Kants Auflösung der Freiheitsantinomie. *Kant-Studien* 65, p. 33-49, 1974.

ROUSSET, B. *La doctrine kantienne de l'objectivité.* Paris: Librairie Philosophique J. Vrin, 1967.

RUSSELL, B. *Our knowledge of the external world.* Londres: George Allen and Unwin, 1914.

RUSSELL, B. My mental development. *In*: SCHLIPP, P. (org.). *The philosophy of Bertrand Russell*. Nova York: Harper & Row, p. 3-20, 1963.

SCHAPER, E. Kant's schematism reconsidered. *Review of Metaphysics* 8, p. 267-292, 1964.

SCHAPER, E. The Kantian thing-in-itself as a philosophical fiction. *Philosophical Quarterly* 16, p. 233-243, 1966.

SCHOPENHAUER, A. *Uber die vierfache Wurzel des Satzes vom zureichenden Grunde.* *In*: FRAUENSTADT, J. (org.). *Sämtliche Werke*, vol. 1. Leipzig: F. U. Brochaus, [1813] 1919 [Ed. bras.: *Sobre a quadrúplice raiz do princípio de razão suficiente:* uma dissertação filosófica. Trad. de O. Giacoia Jr. e G. V. Silva. Campinas: Ed. da Unicamp, 2020].

SCHOPENHAUER, A. *The world as will and representation.* Trad. de E. F. Payne. Nova York: Dover, [1819] 1969 [Ed. bras.: *O mundo como vontade e representação*. Trad. de J. Barboza. São Paulo: Ed. da Unesp, 2015].

SCHULZE, G. E. *Aenesidemus oder über die Fundamente der von dem Hernn Prof Reinhold in Jena gelieferten Elementar-Philosophie*, 1792. Reimpresso em *Aetas Kantiana*. Brussels: Culture et Civilisation, 1969.

SCHULTZ (ou Schulze), J. G. *Prüfung der kantischen Critik der reinen Vernunft*. Königsberg: Hartung, 1789. Reimpresso em *Aetas Kantiana*. Brussels: Culture et Civilisation, 1968.

SCHULTZ (ou Schulze), J. G. *Erleuterungen über des Herrn Professor Kant Critik der reinen Vernunft*. Königsberg: Hartung, 1791. Reimpresso em *Aetas Kantiana*. Brussels: Culture et Civilisation, 1968.

SCHWARTZ, S. P. *A brief history of analytic philosophy*: from Russell to Rawls. Hoboken: Wiley-Blackwell, 2012.

SEEL, G. Die Einleitung in die Analytik der Grundsätze, der Schematismus und die obersten Grundsätze (A130/B169-A158/B197). *In*: MOHR, G.; WILLASCHEK, M. (orgs.). *Immanuel Kant*: Kritik der reinen Vernunft. Berlin: Akademie-Verlag, p. 217-346, 1998.

SEIDL, H. Bemerkungen zu Ding an sich und Transzendentalen Gegenstand in Kant's Kritik der reinen Vernunft. *Kant-Studien* 63, p. 305-314, 1972.

SELLARS, W. The role of the imagination in Kant's theory of experience. *In*: JOHNSTONE, H. W, Jr (org.). *Categories*: a colloquium. University Park: Pennsylvania State University, 1978.

SELLARS, W. *Science and metaphysics: variations on Kantian themes*. Londres: Routledge & Kegan Paul; Nova York: Humanities Press, 1968.

SELLARS, W. ... This I or he or it (the thing) which thinks .... *Proceedings and Addresses of the American Philosophical Association* 44, p. 5-31, 1971.

SERCK-HANSSEN, C. *Transcendental apperception*: a study of Kant's theoretical philosophy and idealism. Tese (Doutorado), San Diego, University of California, 1996.

SHAFFER, J. Existence, predication, and the ontological argument. *Mind* 71, p. 307-325, 1962.

SHOEMAKER, S. *Self-knowledge and self-identity*. Ithaca: Cornell University Press, 1963.

ESPINOSA, B. *The chief works of Spinoza*. Trad. de R. H. M. Elwes. 2 vol. Nova York: Dover, 1951.

STENIUS, E. On Kant's distinction between phenomena and noumena. *In*: BRATT, H. (org.). *Philosophical essays dedicated to Gunnar Aspelin on the occasion of his 65th birthday*. Lund: C. W. R. Gleerup, p. 231-245, 1965.

STRAWSON, P. F. *The bounds of sense*: an essay on Kant's *Critique of Pure Reason*. Londres: Methuen, 1966.

STRAWSON, P. F. Imagination and perception. *In*: WALKER, R. (org.). *Kant on Pure Reason*. Oxford: Oxford University Press, p. 82-99, 1982.

STRAWSON, P. F. A bit of intellectual autobiography. *In*: GLOCK, H. J. (org.). *Strawson and Kant*. Oxford: Clarendon Press, 2003.

STUHLMANN-LAEISZ, R. *Kants Logik*. Berlim: de Gruyter, 1976.

STURMA, D. *Kant über Selbstbewusstsein*: Zum Zusammenhang von Erkenntniskritik und Theorie des Selbstbewusstseins. Hildesheim, Zürich, Nova York: Goerg Olms Verlag, 1985.

SUCHTING, W. A. Kant's Second Analogy of Experience. *Kant-Studien* 58, p. 355-369, 1967.

SVENDSEN, L. Fr. H. *Kant's critical hermeneutics*: on schematization and interpretation. Oslo: Unipub Forlag/Akademika AS, 1999.

SWINBURNE, R. *Time and space*. Londres: Macmillan, 1968.

TETENS, J. N. *Philosophische Versuche über die menschliche Natur und ihre Entwicklung*. 2 vol. Leipzig: M. G. Weidmanns Erben und Reich, 1777.

THIELKE, P. Discursivity and its discontents: Maimon's challenge to Kant's account of cognition. Tese (Doutorado), San Diego, University of California, 1999.

THÖLE, B. *Kant und das Problem der Gesetzmässigkeit der Natur*. Berlim: de Gruyter, 1991.

THÖLE, B. Die Analogien der Erfahrung. *In*: MOHR, G.; WILLASCHEK, M. (orgs.). *Immanuel Kant:* Kritik der reinen Vernunft. Berlim: Akademie-Verlag, p. 267-296, 1998.

THOMPSON, M. Singular terms and intuitions in Kant's epistemology. *Review of Metaphysics* 26, p. 314-343, 1972.

TONELLI, G. Die Voraussetzungen zur Kantischen Urteilstafel in der Logik des 18. Jahrhunderts. *In*: KAULBACH, F.; RITTER, J. (orgs.). *Kritik und Metaphysik:* Festschrift fur H. Heimsoeth. Berlin: de Gruyter, 1966.

TRENDELENBURG, A. *Logische Untersuchungen.* Leipzig: Hinzel, 1862.

TURBAYNE, C. Kant's refutation of dogmatic idealism. *Philosophical Quarterly*, p. 225-244, 1955.

VAIHINGER, H. *Commentar zu Kants* Kritik der reinen Vernunft. 2 vol. Stuttgart: W. Spemann, 1881-1892.

VAN CLEVE, J. Four recent interpretations of Kant's Second Analogy. *Kant-Studien* 64, p. 69-87, 1973.

VAN CLEVE, J. Substance, matter, and Kant's First Analogy. *Kant-Studien* 70, p. 149-161, 1979.

VAN CLEVE, J. The argument from geometry, transcendental idealism, and Kant's two worlds. *In*: CUMMINS, P. D.; ZOELLER, G. (orgs.). *Minds, ideas, and objects:* essays on the theory of representation in modern philosophy. Atascadero, California: Ridgeview, vol. 2, p. 296-300, 1992.

VAN CLEVE, J. *Problems from Kant.* Oxford: Oxford University Press, 1999.

WAGNER, H. Der Argumentationsgang in Kants Deduktion der Kategorien. *Kant-Studien* 71, p. 352-366, 1980.

WALKER, R. The *status* of Kant's theory of matter. *In*: BECK, L. W. (org.). *Kant's theory of knowledge.* Dordrecht: Reidel, p. 151-156, 1974.

WALKER, R. *Kant:* the arguments of the philosophers. Londres: Routledge and Kegan Paul, 1978.

WALKER, R. Kant's conception of empirical law II. *Aristotelian Society Supplement* 64, p. 243-258, 1990.

WALKER, R. (org.). *Kant on Pure Reason.* Oxford: Oxford University Press, 1982.

WALSH, W. H. *Kant's criticism of metaphysics.* Edinburgh: Edinburgh University Press, 1975.

WALSH, W. H. Kant on the perception of time. *In*: PENELHUM, T.; MacINTOSH, J. (orgs.). *The first Critique:* reflections on Kant's *Critique of Pure Reason.* Belmont, California: Wadsworth, p. 70-88, 1969.

WARNOCK, G. J. Concepts and schematism. *Analysis* 8, p. 77-82, 1949.

WARREN, D. Kant and the apriority of space. *Philosophical Review* 107, p. 179-224, 1998.

WARTENBERG, T. E. Reason and the practice of science. *In*: GUYER, P. (org.). *The Cambridge Companion to Kant.* Cambridge: Cambridge University Press, p. 228-248, 1992.

WASHBURN, M. *The problem of self-knowledge and the evolution of the critical epistemology, 1781 and 1787*. Tese (Doutorado), San Diego, University of California, 1970.

WATKINS, E. Kant's Third Analogy of Experience. *Kant-Studien* 88, p. 406-441, 1997.

WAXMAN, W. *Kant's model of the mind: a new interpretation of transcendental idealism*. Nova York: Oxford University Press, 1991.

WEIZSÄCKER, C. F. Kant's "First Analogy of Experience" and conservation principle of physics. *Synthese* 23, p. 75-95, 1971.

WELDON, T. D. *Kant's Critique of Pure Reason*. Oxford: Clarendon Press, 1958.

WERKMEISTER, W (org.). *Reflections on Kant's philosophy*. Gainesville: University Presses of Florida, 1975.

WESTPHAL, M. In defense of the thing in itself. *Kant-Studien* 59, p. 118- 141, 1968.

WILKERSON, T. E. *Kant's Critique of Pure Reason*: a commentary for students. Oxford: Clarendon Press, 1976.

WILLIAMS, B. The certainty of the Cogito. *In*: DONEY, W. (org.). *Descartes*: a collection of critical essays. Nova York: Doubleday, p. 88-107, 1967.

WILSON, K. D. Kant on intuition. *Philosophical Quarterly* 25, p. 247-265, 1975.

WILSON, M. Leibniz and materialism. *Canadian Journal of Philosophy* 3, p. 495-513, 1974.

WITTGENSTEIN, L. *Philosophical investigations*. Trad. de G. E. M. Anscombe. Oxford: Basil Blackwell, 1963 [Ed. bras.: *Investigações filosóficas*. São Paulo: Fósforo Editora, 2022].

WOLFF, M. *Die Vollständigkeit der kantischen Urteilstafel*. Frankfurt am Main: Vittorio Klostermann, 1995.

WOLFF, R. P. *Kant's theory of mental activity*. Cambridge, Mass.: Harvard University Press, 1963.

WOOD, A. *Kant's rational theology*. Ithaca: Cornell University Press, 1978.

WOOD, A. (org.). *Self and nature in Kant's philosophy*. Ithaca: Cornell University Press, 1984.

WOYTOWICZ, R. *Prolegomena to a defense of transcendental idealism*. Tese de doutorado. São Diego: University of California, 1994.

YOUNG, J. M. Construction, schematism, and imagination, *Topoi* 3, p. 123-131, 1984.

YOUNG, J. M. Kant's view of imagination. *Kant-Studien* 79, p. 140-164, 1988.

ZOCHER, R. Kants Transzendentale Deduktion der Kategorien. *In*: *Zeitschrift jur philosophische Forschung* 8, p. 161-194, 1954.

ZOELLER, G. *Theoretische Gegenstandsbeziehung bei Kant*: Zur systematischen Bedeutung der Termini "objektive Realität" und "objektive Gültigkeit" in der *Kritik der reinen Vernunft*. Berlim: de Gruyter, 1984.

ZOELLER, G. Making sense out of inner sense: the Kantian doctrine as illuminated by the Leningrad *Reflexion*. *International Philosophical Quarterly* 29, p. 263-270, 1989.

Índice remissivo

A

Abstração
  atos lógicos da 130, 241, 400
Adams, Robert Merrihew 103, 104
Adickes, Erich 101
Afecção 41, 53, 58, 96, 100, 112, 113, 114, 115, 116, 117, 122, 123, 127, 187, 359, 365, 367, 368, 369
  autoafecção 359, 365, 367, 368, 369, 370, 376
  externa 187, 367, 368
Agência 92, 93, 478, 480, 481, 552
Agostinho 71, 473
Al-Azm, Sadick 62, 460, 461, 465, 479, 492
Alma (ou Eu) 362, 364, 423, 424, 432
  como é em si *versus* como aparece 364, 365, 366, 367, 389
  e idealismo transcendental 365, 366, 368, 369, 370
  e identidade pessoal 424, 435, 436, 437
  e persistência 378, 379, 380, 384, 425
  hipostasiação da 426, 427, 428, 429, 430, 431, 432, 435, 438, 439, 440, 442, 443, 445, 446, 447, 448, 449
  ideia de 104, 393, 401, 407, 408, 409, 410, 416, 452, 453, 454, 456, 513, 545, 550, 551
Alteração 308, 316, 319, 320, 321, 323, 324, 325, 327, 328, 329, 336, 472
Ameriks, Karl 39, 50, 86, 88, 90, 91, 92, 239, 425, 433, 435
Analítica dos Princípios 275, 276, 279, 280, 395
Analítica Transcendental 46, 53, 54, 112, 128, 170, 178, 180, 217, 257, 277, 279, 334, 342, 370, 372, 393, 394, 401, 416, 481, 500, 504, 508
Analogias da Experiência 33, 45, 46, 55, 77, 83, 84, 276, 300, 304, 305, 306, 308, 309, 310, 314, 315, 318, 330, 340, 342, 343, 347, 348, 349, 352, 355, 361, 372, 481, 533
  cognição da ordem temporal objetiva 274, 308, 309, 310, 311, 312, 313, 315, 333, 340, 348, 361
  Segunda 273, 308, 309, 319, 327, 329, 330, 331, 334, 335, 336, 339, 340, 341, 342, 344, 345, 346, 348, 350, 351, 354, 355, 356, 358, 474, 475, 477, 481, 493, 533
  Terceira 27, 33, 216, 343, 344, 345, 346, 347, 349, 351, 352, 353, 356, 358
Anfibolia dos Conceitos da Reflexão 107, 111, 186, 413, 414, 454, 502, 505
Antecipações da Percepção 304
Antinomias da Razão Pura 31, 61, 77, 166, 169, 371, 409, 422, 450, 451, 452, 453, 457, 461, 474, 483, 485, 487, 491, 492, 494, 495, 496, 511, 528, 551, 552, 556
  matemáticas *versus* dinâmicas 458, 459, 460, 474, 483, 486, 487, 488, 491, 552, 553
  Primeira 162, 169, 455, 458, 460, 461, 467, 471, 483, 486, 487, 491, 553
  Quarta 409, 410, 457
  Segunda 409, 410, 460, 465, 483, 553
  Terceira 34, 451, 457, 458, 474, 475, 476, 479, 482, 486, 487, 493

Aparências 40, 42, 43, 45, 61, 62, 72, 77, 79,
83, 84, 90, 91, 106, 113, 114, 116,
118, 119, 135, 162, 225, 248, 262,
265, 273, 278, 279, 287, 288, 289,
290, 293, 300, 301, 303, 304, 305,
306, 330, 396, 407, 408, 426, 485,
488, 492, 509, 525, 546, 552, 553
  e coisas em si 39, 46, 47, 55, 62, 63, 65,
66, 68, 72, 97, 100, 101, 102, 106,
107, 112, 115, 431, 482, 496, 511
  e fenômenos 100, 104, 106
  forma *versus* matéria das 178, 186, 187
  internas e externas 61, 65, 67, 74, 154,
156, 157, 160, 161, 162, 163, 164,
179, 185, 295, 360, 361, 368, 550
  relações temporais das 293, 294, 301,
302, 303, 304, 305, 308, 311, 312,
313, 314, 315, 316, 317, 318, 319,
322, 323, 336, 342, 348, 352, 360,
361, 474
  sentido transcendental das 369, 370
  totalidade das 451, 452, 453, 455, 456,
457, 458, 459, 460, 468, 474, 484,
486, 488, 489, 491, 496, 497, 511, 537
Apêndice 342, 396, 528, 529, 530, 534,
537, 539, 540, 544, 545, 546, 547,
550, 551, 552, 553, 554, 555
Apercepção
  e sentido interno 258, 361, 363, 364,
365, 374, 444
  o eu da 234, 244, 426, 427, 428, 430,
432, 438, 440, 508
  princípio analítico da 231, 232, 234,
236, 244, 429, 434
  unidade analítica da 236, 240
  unidade empírica da 255, 256, 257, 376
  unidade objetiva da 139, 228, 245, 294,
333, 395
  unidade sintética da 198, 206, 207, 208,
209, 210, 218, 219, 220, 232, 233,
234, 235, 236, 237, 238, 239, 240,
241, 242, 243, 244, 247, 262, 264,
306, 429, 431, 434
  unidade transcendental da 108, 139,
230, 257, 291, 364, 376, 447

Apreensão 30, 55, 72, 189, 231, 255, 260,
273, 274, 283, 285, 293, 314, 315,
318, 333, 367, 447, 462
  como sucessiva 254, 272, 273, 309, 310,
312, 313, 331, 332, 334, 348, 349
  síntese empírica da 172, 239, 257, 258,
269, 271, 368
  síntese transcendental da 129, 239, 267,
268, 269, 270, 271, 369
Aquila, Richard 375
Aristóteles 324
Atenção 172, 369, 376
Ausser/in uns 64, 65, 66, 67, 68, 96, 102,
155, 156
Austin, John L. 18
Autoconsciência 43, 64, 139, 232, 233, 234, 235,
236, 238, 239, 246, 255, 256, 262, 439
  empírica 375
  e Refutação do Idealismo 374
  e sentido interno 361, 365, 374
  versus consciência 230, 231, 246, 276,
374, 436, 441, 443, 444
Autonomia 30, 63, 128, 129
Axiomas da Intuição 170, 304, 325

B

Baumgarten, Alexander Gottlieb 180,
345, 362, 394, 423, 532
Baum, Manfred 175
Bayle, Pierre 451, 486
Beck, Jacob Sigismund 131, 132, 133,
143, 207, 237
Beck, Lewis White 68, 133, 143, 144, 145,
296, 297, 307, 309, 310, 327, 335, 338
Bell, David 281, 299
Bennett, Jonathan 82, 84, 277, 278, 320,
322, 325, 375, 376, 378, 383, 395,
401, 405, 409, 415, 417, 423, 425,
426, 436, 455, 457, 463, 464, 467,
471, 472, 473, 477, 478, 479, 550
Berkeley, George 19, 28, 40, 50, 53, 62,
64, 65, 66, 67, 68, 70, 78, 81, 82, 83,
85, 120, 373, 386
Brandt, Reinhardt 32, 197, 198, 200, 202, 203
Buchdahl, Gerd 173, 174, 529

C

Caimi, Mario 512
Caird, Edward 317, 318
Caranti, Luigi 35, 371, 372, 383, 389
Carl, Wolfgang 241, 243, 255, 267
Carnap, Rudolf 15, 16
Categoria 32, 104, 106, 114, 132, 139, 148, 195, 198, 203, 220, 226, 240, 242, 244, 248, 257, 258, 270, 271, 325, 341, 346, 355, 363, 371, 400, 401, 404, 409, 429, 442, 443, 445, 447, 454, 455, 456, 457, 458, 500, 520, 524, 545, 549, 555
   como condição de possibilidade da experiência 271, 272, 273, 274, 275, 276, 298
   e esquemas 56, 278, 279, 282, 285, 287, 290, 291, 292, 293, 295, 296, 298, 299, 300, 302, 303, 304, 305, 306, 307, 358, 407, 419, 504
   e funções lógicas 195, 196, 197, 210, 211, 212, 213, 216, 218, 220, 221, 247, 248, 250, 253, 349, 401, 403, 407, 504
   e ideias da razão 403, 405, 406
   e juízo 195, 196, 205, 210, 221, 229, 246, 247, 252, 253, 258, 274, 288, 300, 303, 304, 344, 401, 448
   matemática *versus* dinâmica 274, 300
   pura 57, 103, 111, 407, 426, 427, 454
   realidade objetiva da 229, 294
   uso real e uso lógico da 48, 122, 226, 228, 229, 257, 258, 262, 264, 265, 266, 267, 269, 270, 271, 272, 273, 274, 277, 278, 279, 280, 287, 289, 290, 297, 425
   uso transcendental *versus* uso empírico da 414, 416, 417, 424, 427, 432, 439, 448, 485
   validade objetiva da 229, 255, 275, 298
Causa
   espontaneidade da 474, 476, 478, 480, 481
Causalidade 101, 113, 114, 122, 149, 250, 272, 273, 287, 455
   categoria e função lógica da 212, 213, 215, 456
   e alteração 327
   e a Terceira Antinomia 457, 474, 475, 476, 479, 480, 482

   e leis da natureza 474, 475, 476, 478, 480, 482, 487
   e liberdade 474, 475, 476, 479, 480, 482, 487
   em relação ao ceticismo de Hume 68, 327, 335, 338, 340
   e necessidade 328, 336, 337, 338
   e prova cosmológica 522
   esquema da 302, 304, 305, 329, 330, 331, 332, 333, 334, 335, 336, 338, 339, 340
   princípio da 93, 330, 337, 339, 340, 341, 342, 352, 478
   recíproca 303, 344, 345, 352, 354, 355, 356, 357, 358
   versus relação fundamento-consequência 214, 215, 304
Ceticismo 29, 44, 55, 64, 65, 68, 69, 226, 312, 335, 373, 387, 388, 389, 390, 432, 434, 451, 486, 532
   cartesiano 43, 61, 65, 78, 335, 370, 371, 372, 373, 375, 377, 379, 380, 382, 383, 385
Chipman, Lauchlan 284, 285
Ciência
   filosofia da, de Kant 529
Clarke, Samuel 157, 458, 461, 470, 478, 479, 492
Coexistência 76, 303, 304, 308, 343, 344, 345, 346, 347, 348, 349, 350, 351, 352, 353, 354, 355, 356, 357, 358, 365, 378
Cognição
   do Eu 363, 365, 367, 374, 375, 435, 444
   e juízo 134, 135, 136, 137, 139, 203, 219, 245
   empírica 74, 117, 252, 267, 276, 314, 321, 359, 374, 401, 529, 531
   e razão 395, 396, 397, 398, 400, 402, 419, 535, 537, 556
   humana, condições da 28, 49, 50, 57, 58, 59, 64, 78, 80, 82, 86, 93, 109, 110, 117, 119, 141, 151, 194, 211, 217, 225, 241, 242, 244, 271, 274, 276, 279, 309, 321, 359, 406, 413, 499, 526, 556
   intuitiva *versus* discursiva 28, 29, 30, 31, 40, 49, 51, 52, 53, 56, 60, 68, 76, 79, 81, 82, 86, 103, 117, 127, 128, 129, 132, 134, 135, 141, 198, 211, 242, 243, 444, 499
   limitada à experiência possível 118, 120, 148, 246, 393, 417, 432, 453, 455, 475, 496, 531, 533

modelo antropocêntrico de 29, 77, 81, 89, 181
modelo teocêntrico de 29, 69, 70, 73, 74, 75, 78, 81, 82, 89, 123, 129, 141, 181, 188, 194, 470, 474, 491, 495, 536
sensível *versus* intelectual 72, 73, 91, 104, 105, 106, 127, 217, 279, 395, 413, 415
sintética *a priori* 80, 147, 148, 153, 175, 183, 407, 414, 556
Coisas em si 39, 40, 41, 42, 44, 45, 46, 47, 54, 61, 62, 63, 64, 65, 66, 67, 68, 72, 73, 75, 80, 82, 83, 88, 90, 96, 97, 98, 100, 101, 104, 113, 114, 115, 121, 123, 311, 366, 387, 388, 418, 430, 431, 432, 445, 482, 484, 486, 489, 491, 492, 496, 525, 539
  como *consideradas* em si mesmas 44, 48, 55, 56, 57, 58, 59, 60, 63, 65, 69, 70, 81, 88, 91, 96, 97, 98, 99, 101, 102, 103, 105, 108, 109, 110, 112, 115, 116, 120, 121, 123, 180, 182, 183, 188, 190, 388, 389, 413, 431, 485, 496, 511
  como fundamento ou causa das aparências 100, 101, 112, 114, 118, 119, 120, 121, 122, 123
  e tempo e espaço 44, 45, 46, 47, 61, 72, 99, 121, 161, 178, 180, 183, 184, 186, 188, 189, 190, 191, 192, 193, 194, 311, 312, 388, 389, 390, 413, 494
  relação com o número 57, 96, 98, 99, 104, 105, 106, 107, 413
  relação com o objeto transcendental 104, 107, 108, 110, 112, 113, 114, 118, 122, 312
Comparação
  ato lógico de 130, 172, 241, 250, 400
Compatibilismo 93
Comunidade
  categoria e função lógica de 212, 216, 303, 304, 343, 344, 346, 347, 350, 355, 356, 357, 456, 457
  esquema de 303
  mediata *versus* imediata 351, 353, 355, 356, 357
Conceito 48, 50, 51, 80, 101, 103, 106, 122, 127, 128, 129, 132, 153, 165, 182, 206, 260

  como predicado de juízos possíveis 130, 134, 137, 138, 142, 148, 286
  como regra 129, 130, 136, 214, 252, 286
  como unidade analítica 130, 135, 219, 241, 400
  e esquema 48, 277, 278, 283, 284, 286, 295, 296, 299, 303
  e intuição 127, 128, 131, 132, 147, 148, 149, 150, 165, 168, 174, 185, 196, 207, 217, 218, 220, 235, 243, 245, 247, 285, 287, 288, 289, 290, 292, 395, 405
  e juízo 129, 130, 133, 134, 135, 136, 137, 139, 140, 141, 147, 149, 195, 198, 201, 206, 212, 218, 219, 220, 245, 249, 250, 251, 293, 401
  empírico 107, 119, 129, 130, 131, 145, 148, 149, 154, 158, 159, 279, 283, 284, 285, 286, 287, 288, 295, 325, 496, 540, 541, 542, 543
  exibição do 294, 298
  forma *versus* conteúdo do 129, 130, 143
  intensão *versus* extensão do 145, 165, 166, 168, 403, 404
  matemático 279, 283, 284, 285, 297, 464
  problemático 57
  puro 48, 58, 61, 65, 77, 107, 130, 131, 132, 149, 150, 156, 195, 213, 215, 216, 217, 218, 220, 249, 250, 251, 252, 271, 282, 287, 288, 291, 295, 297, 298, 301, 302, 303, 304, 306, 307, 322, 333, 400, 401, 403, 405, 454
  realidade objetiva do 148, 149, 263
  refletido *versus* inferido 130, 400
  validade objetiva do 132, 134, 135, 137
Condição
  a priori 28, 50, 54, 59, 68, 72, 86, 162, 164, 178, 242, 276, 291, 295, 498
  e incondicionado 397, 399, 400, 402, 403, 405, 406, 408, 409, 416, 419, 420, 422, 429, 431, 452, 453, 455, 456, 457, 459, 485, 494, 497, 513, 515, 524, 526
  necessária 49, 66, 117, 175, 176, 195, 215, 232, 234, 240, 243, 244, 268, 286, 295, 299, 301, 304, 315, 316, 319, 331, 334, 335, 340, 350, 354, 356, 358, 447, 462, 477, 483, 515, 521, 526, 530, 536, 537, 540, 541, 548, 550

ontológica *versus* epistêmica *versus* psicológica 28, 30, 40, 49, 50, 56, 57, 59, 65, 66, 81, 90, 92, 120, 127, 244, 280, 414, 482, 487, 494

sensível *versus* intelectual 51, 56, 57, 64, 102, 103, 106, 109, 127, 151, 195, 211, 225, 276, 278, 279, 301, 304, 413, 414, 459, 485, 491, 502, 526, 556

subjetiva *versus* objetiva 54, 99, 116, 178, 179, 181, 189, 297, 360, 413, 418, 554

suficiente 243, 244, 354, 358, 422, 477, 483, 515, 521

totalidade da 178, 360, 402, 403, 404, 405, 419, 421, 429, 452, 453, 456, 480, 483, 484, 485, 490, 491, 493, 507, 515, 516, 522, 537, 553

Consciência 79, 83, 132, 134, 207, 226, 228, 229, 230, 232, 238, 239, 240, 241, 242, 250, 255, 265, 273, 310, 311, 318, 365, 368, 370, 372, 373, 375, 377, 383, 385, 388, 426, 433, 435, 447, 449, 508

em geral 141, 246, 247, 250, 251, 254, 315

empírica 229, 233, 235, 236, 256, 257, 267, 270, 274, 275, 276, 361, 363, 376, 377, 380, 382

transcendental 235

unidade objetiva da 139, 243, 244, 254, 255, 442, 443

unidade subjetiva da 139, 229, 244, 246, 248, 250, 251, 254, 255, 256, 257, 270

Consciência do Eu 361, 375, 435, 436, 438, 444, 446

Contradição
lei de 142, 206, 207, 498

Contrafactuais 82, 84, 85

Contrapartes incongruentes 177, 192

Copérnico, Nicolau 78, 80

Cosmologia
racional 180, 393, 408, 410, 449, 452, 458

Crítica da ontologia 413, 414, 415, 416

D

Davidson, Donald
monismo anômalo 56

Dedução Metafísica
das categorias 32, 136, 195, 196, 203, 215, 216, 217, 218, 220, 221, 247, 248, 257, 258, 275, 278, 280, 355, 401, 402
das ideias 395, 407, 408

Dedução Transcendental 108, 129, 195, 198, 217, 218, 220, 221, 225, 226, 228, 236, 241, 245, 246, 259, 264, 265, 267, 270, 272, 274, 275, 276, 277, 278, 290, 298, 310, 343, 367, 430

edição A 107, 108, 109, 120, 129, 225, 229, 231, 233, 235, 239, 240, 242, 243, 246, 247, 259, 267, 276, 286, 309, 434

edição B 134, 139, 172, 197, 200, 221, 225, 226, 227, 228, 229, 230, 231, 232, 235, 236, 237, 239, 240, 243, 246, 247, 248, 253, 254, 256, 257, 259, 261, 262, 265, 267, 271, 274, 276, 298, 309, 368, 369, 407, 434, 438, 444, 485

edição B, compatibilidade com os *Prolegômenos* 247, 249, 250, 252, 253, 254, 273, 276

e prova em duas etapas 226, 227, 228, 229, 257, 276

Dennett, Daniel 526, 547

Descartes, René 64, 74, 78, 225, 226, 373, 377, 381, 382, 385, 436, 441, 444, 445, 446, 448, 449

Deus
argumento para a existência de 76, 382, 409, 497
ideia de 44, 97, 104, 377, 382, 393, 401, 407, 408, 409, 410, 416, 451, 452, 453, 456, 478, 497, 498, 545, 546, 549
prova cosmológica da existência de 521, 522, 523
prova ontológica da existência de 516, 517, 519, 520, 521, 522, 523

Dialética Transcendental 32, 59, 61, 128, 217, 343, 393, 394, 396, 400, 408, 409, 416, 417, 418, 422, 423, 428, 457, 494, 525, 528, 534, 543, 545, 551, 552, 553, 554

579

Diverso 132, 165, 173, 174, 186, 231, 236, 237, 239, 240, 244, 255, 290, 295, 302, 310, 311, 312, 313, 314, 333, 348, 361, 362, 364, 370, 381, 407, 444, 506, 542
puro 170, 265
unidade sintética do, na intuição 139, 173, 218, 219, 220, 221, 228, 230, 235, 237, 242, 243, 245, 247, 257, 259, 263, 265, 267, 268, 269, 270, 272, 273, 314
Donnellan, Keith 471
Dryer, D. P. 159, 161, 321, 322
Dummett, Michael 93

E

Efetividade 84, 249, 253, 268, 274, 304, 372, 390, 444, 446, 500, 520
Empirismo 75, 453
Enesidemo 41, 114
Entendimento 349, 350
  como faculdade da cognição 128, 242
  como faculdade das regras 129, 242, 280, 281, 282, 285, 287, 288, 395, 533
  e apercepção 241, 242, 244, 255
  espontaneidade do 53, 54, 127, 131, 230, 237, 246, 248, 259, 264, 412
  puro 57, 91, 107, 109, 192, 281, 304, 393, 414, 416, 417, 484, 491, 552
  unidade do 396, 397, 398, 404, 419, 510, 531, 536, 544
  uso lógico *versus* uso real ou transcendental do 54, 65, 199, 217, 218, 219, 248, 394
Epicuro 152, 452, 453, 474, 494
Espaço
  aprioridade da representação do 152, 153, 154, 155, 156, 157, 158, 159, 160, 161, 162, 163, 164, 171, 175, 176, 185, 187, 190
  como condição epistêmica 64, 152
  como forma da sensibilidade humana 47, 61, 116, 121, 154, 180, 183, 186, 188, 189, 265, 267
  como forma do sentido externo 151, 154, 155, 156, 157, 160, 161, 162, 176, 178, 181, 360, 370, 386, 388
  como infinito 165, 167, 169, 170, 171, 466, 501, 553
  como intuição 164, 165, 166, 167, 169, 176, 266, 268
  como intuição *a priori* 165, 169, 173, 174, 177, 184, 186, 187, 188
  como intuição formal 173, 174, 266, 268
  como *totum analyticum* 465
  como uma unidade 166, 171, 174, 227, 265, 346, 508
  concepção leibniziana de 99, 151, 157, 158, 184, 187, 188
  concepção newtoniana de 49, 65, 66, 99, 151, 157, 184, 188
  dadidade do 153, 167, 170, 171, 173, 174, 265, 266, 275
  e esquemas 283, 294, 295
  e geometria 171, 174, 175, 176, 177, 181
  e imaginação 172, 264, 265, 266, 267, 269, 381
  idealidade transcendental do 42, 44, 46, 61, 62, 89, 152, 174, 175, 176, 177, 179, 180, 182, 184, 186, 188, 189, 192, 193, 194, 246, 387
  realidade empírica do 177, 179
  substância no 326, 343, 344, 345, 346, 350, 351
Espinosa, Baruch 56, 68, 70, 152, 160, 215, 410, 446, 458
Espontaneidade 53, 54, 127, 131, 237, 246, 259, 264, 361, 381, 412, 474, 476, 478, 551
Esquema 57, 76, 77, 283, 285, 543, 546
  como condições de juízos 280, 281, 289
  como determinações transcendentais de tempo 279, 290, 291, 292, 293, 294, 295, 300, 301, 304, 323
  como fenômeno 291, 294
  como intuições formais 292, 294, 296
  da causalidade 329, 330, 331, 332, 333, 334, 335, 337, 338, 339, 340
  da substância 316, 318, 319, 320, 322, 323, 325, 326, 327, 328
  e a imaginação 283, 284, 285, 291, 292, 299
  e aparência 290, 301, 304, 306

580

e categorias 56, 253, 278, 279, 280, 282, 285,
    287, 288, 290, 291, 292, 293, 294, 295, 296,
    298, 300, 302, 303, 304, 305, 306, 341,
    358, 407, 414, 419, 425, 427, 439, 504
e tempo e espaço 291, 292, 293, 294,
    300, 301, 302, 303, 304
realidade objetiva do 322
transcendental 278, 279, 286, 287, 290,
    291, 292, 294, 295, 296, 298, 299,
    300, 304, 306, 333, 414, 485
versus conceito 277, 278, 283, 284, 286, 299
Esquematismo 263, 276, 277, 278, 279,
    280, 281, 282, 283, 286, 287, 289,
    290, 294, 295, 298, 299, 304, 307
superfluidade do 277, 287
tarefa do 278, 292
Essência
 nominal *versus* real 54, 73, 74
Eu penso, o 132, 230, 231, 233, 236, 238,
    240, 241, 374, 377, 423, 426, 429,
    436, 437, 444, 445, 446, 448, 449
Evento 269, 324, 328, 329, 330, 331, 332,
    333, 334, 335, 336, 337, 338, 339,
    340, 341, 342, 345, 346, 351, 376,
    461, 471, 472, 473, 477, 478, 533, 551
Ewing, A. C. 237, 331, 334, 350, 352, 467, 478
Existência 79, 83, 85, 97, 146, 210, 309,
    315, 319, 322, 323, 324, 326, 342,
    348, 372, 380, 390, 430, 438, 443,
    457, 462, 469, 500, 517
  absolutamente necessária 457, 492, 497,
    498, 507, 508, 512, 514, 515, 516,
    521, 522, 524, 525
  como um predicado lógico 138, 518
  como um predicado real 138, 146, 449,
    516, 518, 520, 521
  minha própria 66, 76, 359, 372, 373,
    375, 376, 377, 378, 379, 382, 383,
    384, 385, 389, 435, 438, 439, 441,
    442, 444, 445, 446, 447, 448, 449
Experiência 30, 43, 46, 51, 73, 89, 96, 130,
    147, 148, 149, 172, 182, 186, 192, 193,
    246, 284, 296, 303, 307, 326, 333, 340,
    341, 343, 365, 372, 373, 374, 385, 396,
    401, 402, 417, 421, 434, 442, 445, 454,
    474, 477, 482, 496, 503, 521, 522, 531,
    535, 536, 542, 543, 549, 556

condições de possibilidade da 77, 117, 140,
    157, 164, 185, 235, 258, 271, 272, 273,
    274, 275, 298, 304, 315, 319, 323, 334,
    340, 344, 346, 350, 351, 358, 372, 383,
    388, 390, 397, 453, 508, 512, 529
e percepção 83, 84, 189, 229, 247, 249,
    250, 252, 253, 254, 255, 256, 257,
    258, 267, 271, 272, 274, 275, 276,
    308, 312, 314, 332, 337
externa e interna 62, 154, 155, 157, 164,
    346, 350, 360, 362, 363, 364, 365, 368,
    369, 370, 371, 373, 375, 376, 377, 378,
    380, 382, 383, 384, 385, 388, 389, 390
objeto da 45, 65, 67, 72, 79, 82, 86, 87, 97,
    119, 140, 181, 225, 246, 267, 271, 279,
    284, 322, 324, 334, 351, 363, 364, 370,
    390, 414, 416, 432, 501, 502, 511, 547
princípios *a priori* da 83, 84, 85, 86,
    314, 315
unidade da 77, 83, 118, 120, 323, 324,
    481, 509, 510, 549
validade objetiva da 141, 272, 329, 370
Exposição Metafísica 131, 169, 176, 177,
    185, 188, 189, 193, 360
Exposição Transcendental 175, 176, 177, 185

F

Falkenstein, Lorne 42, 151, 153, 154, 155,
    160, 162, 163, 164, 168, 170, 172,
    176, 177, 191, 192, 193
Fenomenismo 50, 55, 65, 78, 82, 83, 84,
    85, 86, 101, 102, 120, 386, 496
Fenômeno 291, 294
Fichte, Johann Gottlieb 51, 114, 239
Filosofia prática 63, 91, 92, 93, 94, 207
focus imaginarius 530, 531, 532, 533, 536,
    540, 546, 547, 549, 551, 552, 553, 555
Friedman, Michael 175, 250, 330, 341, 536
Função (lógica, ou Forma) 137, 195, 197, 199
  como regra 212, 213
  completude da Tábua de 196, 198, 199,
    202, 203, 206, 207, 208, 210, 219
  de adjudicar 200, 211
  de quantidade, qualidade, relação,
    modalidade 199, 200, 201, 202, 204
  de unidade no juízo 199, 200, 204

e as categorias 195, 196, 197, 210, 211, 212, 213, 215, 216, 218, 220, 221, 228, 229, 247, 248, 250, 253, 262, 270, 273, 274, 275, 278, 305, 401, 403, 407, 448, 504
função *versus* forma 211, 212
momentos 202, 203, 204, 205, 208, 209
versus conceito moderno 210, 211
Funcionalismo 551

G

Garve, Christian 41, 450
Geração
 princípio de 327, 328
Gibbons, Sarah 262, 298
Ginsborg, Hannah 131, 541
Glouberman, Mark 52, 67, 68, 69
Gochnauer, Myron 375
Gram, Moltke 75, 100, 113, 115, 116, 143, 147, 292, 465, 489
Grier, Michelle 31, 35, 94, 402, 406, 410, 412, 413, 415, 419, 422, 423, 426, 427, 429, 430, 431, 433, 451, 458, 460, 461, 473, 495, 508, 511, 524, 530, 539
Guyer, Paul 28, 29, 30, 33, 35, 40, 44, 45, 46, 54, 58, 59, 86, 90, 91, 114, 122, 169, 176, 177, 183, 215, 221, 230, 231, 233, 243, 284, 287, 294, 300, 301, 303, 320, 329, 331, 336, 339, 340, 344, 352, 353, 354, 355, 356, 371, 378, 386, 387, 389, 390, 401, 409, 460, 462, 480, 484, 495, 496, 535, 541

H

Hamann, Johann Georg 19
Hegel, Georg Wilhelm Friedrich 527
Heimsoeth, Heinz 451, 477, 530
Henrich, Dieter 226, 227, 228, 229, 237, 239
Hintikka, Jaakko 131, 132
Horstmann, Rolf Peter 168, 175, 176, 177, 195, 438, 529, 539
Hossenfelder, Malte 50, 243, 366
Hume, David 42, 49, 50, 53, 54, 65, 67, 68, 69, 70, 81, 85, 140, 141, 251, 327, 328, 334, 335, 336, 340, 344, 362, 363, 435, 450, 451, 516, 532, 533, 553

Humildade epistemológica 30, 44, 46, 47, 48, 58, 59, 60, 103, 495
Humphrey, Ted 164, 175

I

Ideal 32, 204, 422, 428, 483, 497, 499, 500, 501, 502, 503, 505, 506, 507, 508, 512, 513, 514, 515, 516, 517, 524, 525, 527, 546
 versus ideia 505
Idealismo (empírico) 69, 78, 370, 371, 386
Idealismo (transcendental) 15, 17, 18, 19, 20, 21, 27, 28, 29, 30, 31, 32, 33, 39, 40, 41, 42, 43, 44, 45, 46, 49, 50, 55, 56, 58, 59, 78, 79, 81, 82, 85, 86, 89, 90, 93, 94, 95, 96, 99, 175, 180, 192, 194, 340, 385, 387, 390, 408, 449, 451, 462, 530, 555, 556, 557
 como metafilosófico ou formal 29, 60, 78, 79, 110, 118, 123, 496, 554
 concepção de dois aspectos *versus* concepção de dois mundos do 20, 39, 44, 46, 55, 88, 90, 91, 92, 104, 109
 e fenomenismo 82, 83, 84, 85, 86, 102, 120, 386, 496
 e liberdade 481, 482, 487
 e resolução da Antinomia 483, 485, 487, 496
 prova do 152, 422, 483, 487, 489, 490, 491, 492, 493, 494, 496
 versus realismo transcendental 29, 60, 61, 62, 63, 65, 69, 70, 73, 80, 152, 188, 189, 309, 311, 312, 371, 431, 432, 462, 482, 483, 484, 485, 486, 487, 490, 491, 493, 554, 557
Ideia
 dedução metafísica da 395, 407, 408, 409, 410
 dedução transcendental da 529, 544, 545, 546, 547, 548, 549, 550
 e esquema 545, 546
 reguladora 421, 465, 526, 528, 530, 550, 551, 552, 553, 554
Ilusão 393

como inevitável e natural 59, 393, 396, 411,
    418, 419, 420, 421, 422, 428, 429, 431,
    442, 449, 468, 483, 490, 507, 509, 512,
    513, 516, 523, 525, 530, 531, 537, 540
e realismo transcendental 31, 89, 94,
    422, 423, 428, 431, 432, 435, 438,
    443, 449, 451, 462, 482, 484, 485,
    486, 492, 494, 495, 497, 511, 512,
    524, 525, 527, 554, 555, 557
óptica 43, 416, 418, 420, 422, 431, 432,
    531, 532
transcendental 31, 32, 94, 394, 399, 410,
    416, 417, 418, 419, 428, 429, 452,
    483, 489, 507, 524, 528, 529, 530,
    532, 536, 539, 542, 543
versus erro 411, 415, 418, 421, 427, 428,
    429, 431, 496, 507, 508, 509, 511,
    525, 530, 540
Imaginação
  e categorias 229, 253, 262, 265, 266,
      268, 269, 270, 271, 292, 298
  e entendimento 53, 172, 217, 239, 258,
      259, 261, 262, 285, 293
  e espaço 172, 264, 265, 266, 267, 268,
      270, 271, 283
  e esquemas 283, 284, 285, 288, 291, 299
  e percepção 259, 260, 261, 273, 276,
      286, 293, 348
  e Refutação do Idealismo 380, 381, 382,
      384, 385
  e síntese figurativa 259, 262, 264, 271,
      291, 292, 368
  e tempo 172, 263, 264, 266, 267, 268,
      270, 273, 291, 292, 293, 295, 298
  reprodutiva 139, 245
  síntese transcendental da 129, 239, 240,
      257, 258, 259, 260, 261, 262, 263,
      264, 266, 267, 268, 269, 271, 273,
      295, 298, 362, 368, 369
  versus imagear 260, 261, 263
Imperativos categóricos 63, 398, 420, 484
Infinito
  conceito defectivo de 464, 467
  concepção cantoriana de 462, 464, 465
  espaço como 66, 151, 165, 167, 168, 169,
      170, 171, 174, 466, 467, 501, 553
  juízo 204, 205, 209

séries e Primeira Antinomia 460, 461,
    462, 463, 464, 467, 553
verdadeiro conceito transcendental de
    461, 462, 464, 466, 469, 471
Intelecto
  discursivo 52, 105, 234, 237
  divino 57, 69, 76, 77, 478
  intuitivo 52, 57, 70, 72
Intuição 112, 128
  como o intuído *versus* como ato de
      intuir 133, 173, 187
  como representação singular 52, 131,
      132, 133, 150, 292
  determinada *versus* indeterminada 132,
      133, 173, 247, 273, 293, 368
  e as categorias 132, 221, 227, 247, 271,
      272, 274, 289, 290, 292, 294, 401,
      403, 406, 407, 442, 443
  e conceitos 128, 131, 132, 133, 135, 147,
      148, 149, 150, 153, 165, 167, 168, 182,
      185, 196, 199, 207, 235, 242, 243, 245,
      284, 285, 289, 290, 292, 395, 405, 443
  e juízo 135, 136, 139, 147, 197, 218, 220
  empírica 104, 116, 120, 121, 133, 149, 150,
      163, 182, 183, 247, 257, 258, 267, 270,
      272, 287, 288, 308, 314, 347, 367, 445
  e o eu penso 230, 231, 233, 235, 236, 247, 444
  externa 154, 160, 161, 176, 178, 179, 181,
      185, 268, 294, 360, 362, 364, 366,
      367, 373, 379, 381, 384, 387, 390, 437
  forma da 109, 150, 151, 153, 170, 171,
      173, 174, 186, 187, 197, 265, 268
  formal 170, 172, 173, 174, 265, 266,
      268, 292, 294, 296, 297, 370, 502
  interna 273, 317, 360, 362, 363, 365,
      374, 389, 443, 444
  pura 118, 133, 148, 149, 150, 163, 164,
      165, 169, 173, 182, 183, 184, 186,
      187, 207, 208, 282, 288, 292, 294, 297
  sensível ou intelectual 28, 51, 52, 53,
      54, 61, 69, 70, 75, 81, 89, 102, 105,
      106, 107, 111, 116, 118, 127, 132,
      133, 217, 220, 221, 226, 227, 228,
      235, 236, 247, 268, 269, 270, 306,
      366, 367, 395, 411, 415, 447, 502
  validade objetiva da 132
Intuicionismo *versus* construtivismo 172

583

J

Jacobi, Friedrich Heinrich 41
James, William 232
Juízo (faculdade de julgar, *Urteilskraft*)
128, 132, 134, 277, 279, 280, 281, 282, 285, 287, 299, 300
  como faculdade de subsumir sob regras 280, 281, 282, 283, 285, 287, 288
  versus habilidade de entender 280, 281, 282, 286, 287, 288
Juízo (*Urteil*) 94, 130, 134, 137, 279, 395
  analítico 48, 57, 80, 103, 135, 137, 138, 141, 142, 143, 144, 145, 146, 147, 148, 215, 219, 236, 252, 296
  conteúdo *versus* forma lógica do 142, 144, 201, 202
  de experiência 141, 247, 249, 250, 251, 252, 253, 254, 258, 288, 363
  de percepção 247, 249, 250, 251, 252, 253, 254, 255, 256, 258, 412, 413, 418
  e Analogias 304, 305, 339
  e apercepção 139, 242, 245, 247, 248, 249, 255
  e categorias 196, 205, 210, 216, 221, 229, 246, 247, 252, 253, 258, 271, 274, 279, 288, 301, 303, 344, 400, 401, 403, 448
  e erro 411, 412, 418
  e funções lógicas 32, 195, 196, 197, 198, 199, 200, 201, 202, 203, 204, 210, 211, 212, 213, 215, 216, 217, 218, 219, 220, 221, 247, 248, 349, 400, 405
  e objetos 135, 136, 228, 242, 245, 246, 248, 334, 363
  estético 132, 133
  existencial 138, 146, 517, 518
  juízos de esquema 279, 295, 296, 297, 298, 299, 300
  reflexionante 343, 533, 534, 544, 548, 557
  sintético 48, 57, 135, 137, 138, 141, 142, 143, 144, 146, 147, 148, 149, 150, 219, 235, 236, 307, 439, 518
  sintético *a priori* 80, 127, 146, 147, 148, 149, 150, 249, 279, 288, 296, 297, 304, 305, 306, 307
  validade objetiva do 134, 135, 136, 139, 140, 141, 142, 144, 147, 245, 248, 249, 250, 251, 252, 253, 254, 255, 256, 275, 329, 330, 339
  validade subjetiva do 248, 249, 250, 251, 254
  verdade do 140, 144, 280, 329, 330, 335, 339, 411, 412
  versus associação 139, 140, 245, 254

K

Kant, Immanuel
  filosofia inicial 47, 75, 77, 91, 344, 370, 498, 500, 502, 509, 516, 533
Kant, obras
  Antropologia de um ponto de vista pragmático 231, 255, 361, 362
  Correspondência 131, 132, 147, 169, 207, 231, 237, 287, 292, 296, 307, 346, 450
  Crítica da faculdade de julgar 94, 128, 133, 206, 292, 299, 343, 362, 504, 529, 533, 534, 535, 536, 544, 548, 557
  Crítica da razão prática 63, 67, 94, 438, 552
  Dissertação inaugural 62, 91, 104, 105, 106, 107, 111, 121, 151, 154, 164, 217, 393, 413, 415, 426, 526
  Fundamentação da metafísica dos costumes 45, 63, 94, 262, 482, 552
  Fundamentos metafísicos da ciência natural 134, 177, 221, 246, 294, 316, 325, 326, 327, 356, 358, 536, 550
  Lições de lógica 128, 129, 130, 131, 134, 141, 144, 146, 252, 262, 289, 397, 398, 533, 534
  Lições sobre a doutrina metafísica da religião 502
  Nachlass 28, 137, 252, 397, 409
  Prolegômenos a toda metafísica futura 19, 41, 45, 72, 78, 81, 100, 116, 141, 142, 143, 163, 170, 174, 176, 177, 182, 183, 184, 197, 198, 199, 221, 229, 247, 249, 250, 251, 252, 253, 254, 255, 256, 257, 258, 267, 270, 273, 276, 295, 309, 371, 400, 450, 452, 453, 490, 528

Reflexionen 137, 141, 151, 169, 176, 205, 206, 207, 270, 278, 325, 363, 364, 366, 371, 373, 374, 375, 376, 380, 381, 382, 385, 386, 388, 389, 390, 393, 397, 404, 405, 409, 430, 465, 502, 532, 533, 534
Sobre o progresso da metafísica 62, 63, 144, 148, 177, 184, 221, 231, 490, 502
Sobre uma descoberta segundo a qual toda nova crítica da razão pura se tornou supérflua por uma anterior 72, 73, 86, 109, 120, 121, 145, 147, 176, 184, 206
Träume 412, 433, 531
Uma nova exposição dos primeiros princípios do conhecimento metafísico 76, 500, 516
Keller, Pierre 231, 236, 254, 256, 265, 275
Kitcher, Patricia 211, 236, 239, 433, 529, 551
Kneale, William e Martha 202
Krüger, Lorenz 197, 198

L

Lambert, Johann Heinrich 252, 387
Langton, Rae 28, 29, 30, 44, 46, 47, 48, 57, 58, 59, 60, 73, 86, 90, 98, 103, 113
Lauener, Henri 112, 113
Lavoisier, Antoine-Laurent 323
Leibniz, Gottfried Wilhelm 48, 54, 65, 70, 71, 72, 73, 75, 87, 120, 121, 143, 145, 148, 152, 157, 158, 159, 162, 184, 186, 187, 188, 312, 365, 414, 415, 433, 446, 447, 458, 461, 470, 473, 478, 479, 480, 492, 499, 502, 535
Lei moral 93, 94
Lewis, David 87
Liberdade 33, 61, 90, 92, 93, 94, 435, 438, 460, 474, 475, 476, 480, 481, 482, 487, 552
  e livre arbítrio 34, 474
Locke, John 54, 70, 72, 73, 74, 75, 81, 85, 131, 400, 414, 435, 535
Lógica 134, 135, 136, 138, 196, 202, 203, 204, 205, 206, 211, 216, 218, 219, 242, 245, 280, 281, 282, 394, 400, 403, 417, 532, 534

Longuenesse, Béatrice 32, 129, 131, 135, 136, 140, 197, 200, 202, 210, 211, 212, 216, 218, 234, 246, 250, 252, 253, 256, 266, 270, 276, 285, 286, 400, 502
Lovejoy, Arthur 337

M

Maass, Johann Gebhard 144, 158, 162
Maimon, Salomon 41, 51, 77, 335, 495
Malebranche, Nicolas 70, 71, 74
Martin, Gottfried 152, 160, 451
Matéria 116, 119, 120, 121, 122, 130, 178, 186, 287, 320, 324, 325, 326, 327, 357, 367, 384, 395, 433, 456, 459, 501, 502, 508, 509, 510
  conservação da 316, 323, 324, 325, 326, 327, 358
Materialismo 55, 62, 64, 409, 432, 435, 444
Meerbote, Ralf 56, 551
Meier, Georg Friedrich 205, 532, 533
Melnick, Arthur 171, 214, 310, 316, 322, 332, 333, 334, 341, 352, 353, 355, 356
Mendelssohn, Moses 19
Metafísica 27, 29, 55, 69, 78, 80, 147, 180, 393, 409, 410, 416, 418, 419, 420, 421, 422, 425, 428, 478, 495, 496, 498, 502, 516, 527, 528
Modalidade 517, 520
Moore, George Edward 13, 14, 15, 17
Morrison, Margaret 346, 358
Mudança 316, 317, 318, 319, 320, 321, 322, 323, 324, 326, 328, 332, 337, 338, 339, 341, 345, 385, 387, 436, 461, 472, 473, 481, 489
Mundo 166, 209, 215, 300, 372, 393, 401, 407, 408, 416, 460, 461, 474, 479, 488, 489, 490, 491, 493, 514, 521, 525, 528, 541, 547, 556
  como *totum syntheticum* 466, 467, 468, 494
  e categorias 455, 457, 459
  finito ou infinito 162, 169, 455, 460, 461, 462, 463, 467, 468, 469, 470, 471, 472, 473, 486, 487, 488, 489, 491, 553
  ideia do 166, 401, 451, 452, 453, 454, 490, 505, 511, 545, 550, 551, 552
  versus natureza 458, 495

N

Natureza 61, 65, 82, 92, 94, 128, 299, 316, 324, 327, 340, 474, 475, 476, 477, 479, 481, 482, 487, 496, 544, 547, 548, 549, 556
  causalidade da 475, 476, 478
  lei da 257, 272, 326, 339, 341, 342, 343, 474, 475, 476, 477, 479, 480, 482, 487
  unidade sistemática da 530, 536, 537, 539, 542, 543, 547, 548, 549, 554
  versus mundo 458, 459, 495
Necessidade 141, 148, 149, 171, 176, 210, 251, 252, 274, 304, 313, 315, 447, 455, 514, 525, 534, 548
  absoluta 497, 498, 513, 514, 515, 516, 517, 520, 521, 522, 523
  e aprioridade 148, 314
  e causalidade 328, 338, 354
  e essência 76
Newton, Isaac 49, 66, 87, 99, 151, 152, 157, 184, 186, 188, 312, 325, 356, 358, 458, 461, 470, 479
Númeno 100, 104, 105, 106, 107, 108, 109, 111
  causalidade do 100, 107, 112, 114, 118, 119, 120, 122, 123
  conceito positivo e negativo de 98, 99, 105, 111, 413
  e coisa em si 96, 104, 105, 106, 107

O

Objeto 182, 183, 243, 312
  como um algo em geral 117, 137, 363
  do sentido interno 62, 64, 67, 255, 360, 362, 364, 365, 367, 369, 370, 379, 436, 437, 438, 550
  em geral 105, 122, 132, 133, 180, 181, 182, 212, 220, 243, 294, 306, 315, 414, 416, 418, 425, 426, 432, 439, 447, 485, 497, 501, 502, 508, 510
  empírico 84, 86, 109, 110, 114, 115, 116, 117, 149, 311, 490, 509, 543
  e objetividade 242, 243, 244, 248, 312, 313, 329, 333, 334
  inteligível 111, 112, 113, 114, 115, 116, 121, 416, 549
  percepção de 229, 314, 315, 330, 332, 333, 334, 338, 347, 350, 354, 358, 381
  representação de 49, 50, 51, 79, 108, 113, 132, 135, 136, 139, 149, 155, 159, 201, 242, 243, 244, 313, 326, 363, 364, 365, 366, 370, 380, 387, 389, 390, 454, 545, 546
  transcendental 58, 96, 104, 105, 106, 107, 108, 109, 110, 111, 112, 113, 114, 116, 117, 118, 119, 120, 122, 123, 243, 312, 363, 364, 418
Ortwein, Birger 475, 479, 481

P

Paralogismos 31, 32, 214, 234, 311, 374, 422, 423, 426, 428, 429, 434, 435, 438, 441, 442, 443, 444, 448, 450, 452, 454, 483, 508, 509, 511, 513
  Primeiro 424, 425, 426, 435, 437, 439, 440
  Quarto 31, 61, 156, 311, 359, 371, 424, 432, 438, 440
  Segundo 432, 434, 435, 437, 440
  Terceiro 432, 435, 436, 437, 440
Parsons, Charles 131, 165, 167, 171
Paton, H. J. 18, 101, 135, 137, 154, 158, 167, 181, 184, 186, 218, 219, 287, 288, 296, 306, 308, 310, 319, 327, 331, 334, 345, 346, 348, 349, 359, 367
Percepção 83, 129, 143, 183, 229, 235, 258, 260, 261, 267, 271, 272, 273, 275, 276, 286, 293, 312, 314, 321, 324, 377
  de eventos 330, 331, 332, 333, 334, 335, 337, 338
  e categorias 229, 253, 258, 263, 267, 270, 271, 272, 273, 274, 276, 445
  e síntese da apreensão 173, 254, 257, 267, 268, 270, 271
  juízo de 229, 247, 249, 250, 251, 252, 253, 254, 255, 256, 258
  ordem da 55, 256, 274, 332, 333, 334, 337, 338, 347, 348, 349, 350, 351, 353, 355, 357, 358, 369
  princípios *a priori* da 83, 84, 85, 86
Pippin, Robert 79, 246
Platão 399, 452, 453, 494

Positivismo 420, 421, 422, 536
Postulados do Pensamento Empírico 84, 304, 371
Prauss, Gerold 96, 97, 98, 115, 117, 120, 140, 275, 289, 369
Prichard, Harold Arthur 42, 43, 57, 100, 277, 335, 350
Princípios do Entendimento Puro 279, 288
Psicologia
  empírica 211, 362, 423
  racional 364, 371, 393, 408, 410, 423, 424, 425, 426, 427, 428, 429, 430, 431, 432, 434, 435, 436, 437, 438, 439, 440, 442, 443, 444, 445, 447, 448, 449, 511
Putnam, Hilary 70

Q

Qualidade
  categoria e esquema da 274, 296, 300, 305, 456, 500, 520
Quantidade
  categoria 264, 271, 273, 274, 277, 296, 300, 455
  de matéria 326, 327, 358
  esquema de 300, 305, 464
Quine, Willard 18

R

Razão
  como faculdade dos princípios 395, 396, 406
  como reguladora 31, 32, 395, 421, 422, 525, 526, 528, 529, 530, 531, 534, 537, 538, 540, 541, 542, 544, 545, 546, 548, 549, 550, 551, 552, 553, 554
  e categorias relacionais 404, 405, 406
  e ilusão 31, 32, 59, 394, 396, 416, 418, 420, 422, 429, 442, 450, 451, 453, 493, 494, 507, 514, 516, 523, 524, 528, 529, 530, 531, 532, 537, 539, 540, 544
  e máxima lógica 398, 399, 419, 421, 430, 484, 506, 537, 538, 539, 541, 542
  em geral 393, 394, 395, 397
  e silogismo 394, 397, 398, 400, 401, 402, 406, 503
  e unidade sistemática 395, 396, 404, 510, 528, 530, 531, 532, 534, 535, 536, 537, 538, 539, 540, 541, 542, 543, 545, 546, 547, 548, 549, 550, 554
  eutanásia da 451, 487, 494, 556
  ideias da 166, 299, 399, 400, 401, 402, 403, 405, 406, 407, 408, 409, 442, 452, 490, 512, 544, 545, 546, 547, 549, 550, 551, 552, 555
  prática e teórica 91, 93, 94, 147, 398
  princípios da 397, 398, 399, 400, 417, 418, 419, 420, 478, 479, 493, 494, 517, 522, 525, 528, 529, 537, 538, 540, 541, 542, 543, 544
  princípio transcendental da 399, 538
  uso hipotético da (ou indução) 343, 530, 532, 534, 535, 536, 537, 538, 555, 556
  uso transcendental/real e uso lógico da 217, 394, 397, 398, 404, 410, 417, 419, 450, 452, 503, 539
  versus entendimento 128, 280, 393, 394, 395, 396, 397, 404, 405, 416, 418, 453, 455, 493, 499, 517, 535, 539, 540, 543
Realidade 62, 83, 316, 322, 444, 445
  e *ens realissimum* 497, 499, 504, 505, 506, 507, 508, 509, 510, 512, 513, 514, 515, 516, 517, 519, 520, 521, 522, 523, 524, 546
  e *omnitudo realitatis* 500, 501, 502, 503, 504, 506, 507, 508, 509, 510, 512
Realismo (empírico) 43, 91, 92, 181, 371
Realismo (transcendental) 29, 60, 61, 65, 66, 68, 69, 70, 71, 77, 78, 79, 80, 81, 82, 89, 90, 94, 108, 109, 121, 123, 152, 184, 186, 188, 193, 312, 313, 338, 388, 415, 422, 428, 431, 443, 449, 470, 474, 482, 485, 486, 487, 492, 494, 511, 512, 525, 526, 527, 554, 555, 557
  conduzindo ao idealismo empírico 61, 62, 64, 65, 66, 311
Reflexão
  ato lógico de 130, 241, 400
  transcendental 96, 103, 105, 108, 115, 118, 414, 415, 416, 417

Refutação do Idealismo 31, 33, 35, 45, 46, 64, 66, 226, 335, 339, 359, 370, 371, 372, 374, 378, 380, 385, 386, 387, 388, 390, 438
Reichenbach, Hans 16, 17
Reich, Klaus 32, 196, 197, 203, 212, 218, 219, 241
Reid, Thomas 336
Reinhold, Karl 147, 190, 307
Relação
  categoria, função lógica, esquemas 205, 212, 214, 215, 216, 300, 301, 302, 303, 304, 305, 306, 341, 365, 366
Rescher, Nicholas 100, 529, 530, 537, 544
Robinson, Hoke 79, 109, 227, 228
Röttges, Heinz 475, 479, 481
Rousset, Bernard 97, 115, 375, 381, 386
Ryle, Gilbert 214

S

Schaper, Eva 105, 299
Schopenhauer, Arthur 336, 337, 339, 352, 457, 477, 481, 486, 498, 516
Schultz, J. G. 171, 246, 247
Scotus, John Duns 500
Seel, Gerhard 292, 300
Sensação 84, 163, 187, 191, 314, 372, 445, 447, 508
Sensibilidade
  condições da 64, 65, 67, 72, 99, 103, 109, 116, 178, 228, 275, 290, 291, 292, 294, 296, 306, 414, 415, 493, 554
  e as categorias 226, 228, 253, 257, 272, 273, 275, 291
  e números 99, 100, 106, 107, 111, 414, 415
  e o entendimento 53, 54, 57, 75, 82, 173, 225, 259, 265, 266, 369, 411, 412, 413, 414, 415, 426, 443, 543
  e receptividade 53, 57, 118, 119, 187, 412
  formas *a priori* da 50, 56, 67, 68, 116, 117, 121, 173, 179, 180, 183, 186, 187, 188, 189, 190, 191, 192, 193, 257, 265, 413
  humana 47, 54, 55, 77, 172, 228, 231, 276, 379

  limites da 106, 107, 149, 413, 414
  o sensível *versus* o inteligível 72, 118
Sentido (externo) 61, 62, 64, 151, 152, 155, 156, 161, 176, 178, 181, 264, 273, 295, 326, 360, 361, 363, 364, 365, 368, 370, 380, 381, 384, 386, 388, 390, 436, 437
  idealidade do 365, 367
  materiais do 365, 366
Sentido (interno) 33, 62, 67, 151, 152, 155, 161, 178, 235, 254, 256, 258, 259, 262, 263, 264, 273, 291, 292, 295, 298, 310, 359, 360, 361, 362, 363, 364, 365, 366, 368, 374, 376, 379, 381, 384, 388, 443, 447, 550
  idealidade do 365, 366, 367, 368, 370
  materiais do 366
  objeto do 64, 67, 255, 295, 360, 362, 364, 365, 367, 369, 379, 381, 436, 437, 438, 550
  versus apercepção 361, 365, 374, 444
Sentimento 132, 133, 250, 362, 366
Shaffer, Jerome 518, 519
Shoemaker, Sidney 436
Síntese 230, 237, 238, 242, 259, 314, 315, 455, 465, 499
  consciência da 236, 238, 239, 240, 241, 242, 243, 244, 245, 246
  da apreensão 129, 172, 239, 257, 258, 267, 268, 269, 271, 368, 369
  da imaginação 129, 257, 258, 259, 260, 261, 262, 263, 264, 266, 267, 268, 269, 273, 276, 283, 295, 298, 309, 348, 368, 369
  figurativa 259, 262, 264, 271, 291, 292, 368, 400
  intelectual 239, 262, 485, 491
  sucessiva 170, 265, 461, 462, 463, 464, 466, 467
Sistematicidade
  e idealismo transcendental 554, 555, 556, 557
  e razão 528, 529, 530, 531, 535, 536, 538, 539, 541, 543, 545, 546, 548
  e validade objetiva 540, 541, 542, 543, 544, 545, 546

princípios lógicos de afinidade,
   homogeneidade, especificação
   540, 541, 542, 543, 546
Stenius, Erik 111, 112
Strawson, Peter Frederick 18, 19, 20, 27, 28,
   29, 41, 42, 43, 44, 45, 47, 51, 52, 54,
   196, 210, 211, 215, 221, 236, 259, 260,
   261, 262, 322, 337, 338, 350, 401, 409,
   463, 467, 470, 473, 481, 486, 496, 498
Stuhlmann-Laeisz, Rainer 140, 241
Sturma, Dieter 239
Substância 326
   categoria e função lógica de 212, 213, 270,
      301, 302, 424, 427, 428, 442, 456
   e alma 214, 362, 424, 425, 426, 427, 428,
      430, 432, 440, 443
   e interação 343, 345, 347, 350, 351,
      352, 356
   e matéria 324, 325, 326, 327
   e persistência 316, 318, 322, 323, 324,
      325, 328, 386, 387
   esquema da 301, 302, 316, 318, 319,
      320, 322, 325, 424, 427
   estados da 319, 320, 327, 328, 329, 330,
      331, 332, 334, 336, 337, 338, 339,
      341, 344, 345, 346, 351, 357, 358
   no espaço 326, 344, 345, 346, 350, 351
   quantum de 316, 324, 326
Subsunção 150, 251, 270, 280, 281, 285,
      286, 287, 288, 289, 290, 291, 306,
      330, 333, 334, 338, 339, 340, 355, 358
   silogística 289, 397, 398
Sucessão 156, 263, 273, 302, 303, 304,
      308, 310, 311, 317, 318, 319, 321,
      322, 323, 327, 329, 332, 333, 334,
      337, 348, 349, 350, 352, 353, 354,
      361, 365, 369, 377, 378, 383, 465
   objetiva 328, 329, 333, 334, 335, 336,
      337, 338, 339, 340, 351, 352, 353,
      357, 358, 361
Sujeito
   absoluto 424, 426, 427, 430
   real 144, 231, 301, 302, 326, 426, 435
Sulzer, J. G. 387
Swedenborg, Emanuel 531
Swinburne, Richard 465, 466

T

Tempo 166, 470
   aprioridade da representação do 152, 153,
      154, 155, 156, 161, 162, 165, 171, 172
   como condição epistêmica 64, 65, 90, 152
   como dado 153, 170, 172, 173, 174,
      266, 275
   como forma da sensibilidade humana
      47, 61, 72, 116, 153, 173, 183
   como forma de todas as aparências em
      geral 294, 317, 360
   como forma do sentido interno 151,
      161, 178, 235, 254, 262, 263, 273,
      291, 359, 360, 362, 370, 384
   como intuição *a priori* 173, 186, 294
   como intuição formal 265, 266, 268,
      292, 294
   como *totum analyticum* 465
   como unidade 265
   determinação das aparências no 162,
      293, 294, 301, 304, 311, 319
   determinação do 279, 290, 291, 292, 293,
      294, 295, 300, 301, 305, 308, 315,
      316, 323, 377, 383, 384, 387, 390, 456
   e categorias 264, 265, 295, 298, 300,
      302, 304, 305, 306, 307
   e imaginação 172, 263, 264, 266, 267,
      268, 269, 270, 273
   em geral 273, 293, 294, 315, 318, 349
   finito *versus* infinito 169, 170, 171, 263,
      460, 461, 463, 464, 467, 468, 470, 553
   idealidade transcendental do 42, 61, 89,
      118, 152, 175, 246, 367, 387
   imperceptibilidade do 293, 311, 312, 315,
      318, 320, 321, 348, 349, 350, 351, 361
   ordem temporal 55, 77, 192, 269, 274,
      300, 308, 309, 310, 311, 312, 313,
      314, 315, 318, 329, 332, 333, 334,
      336, 340, 347, 348, 352, 361, 377, 385
   unidade do 77, 227, 318, 323, 324, 508,
      510, 536
Teologia 516
Tese da discursividade 28, 33, 51, 52, 53, 54,
      56, 57, 58, 68, 69, 75, 92, 106, 131,
      145, 170, 221, 292, 411, 415, 426, 443

Tese da separabilidade 27, 43, 44, 192
Tese do pano de fundo 317, 319, 321
Thielke, Peter 51, 52, 335
Thöle, Bernhard 229, 247, 267, 345
Todo 168, 216, 232, 263, 347, 356, 397, 410,
    459, 465, 466, 468, 474, 488, 489,
    490, 491, 496, 501, 503, 504, 506,
    510, 511, 531, 532, 533, 536, 537, 553
  matemático *versus* dinâmico 458, 459,
    475, 477, 480, 493
Totalidade 30, 166, 204, 400, 402, 403, 404,
    405, 408, 419, 421, 429, 452, 453, 454,
    455, 456, 457, 458, 460, 466, 467, 474,
    484, 485, 486, 493, 494, 495, 497, 499,
    502, 506, 507, 537, 552, 553
totum analyticum 465
  syntheticum 465, 466, 467, 468, 494
Trendelenburg, Adolf 189
Turbayne, Colin 62, 64

V

Vaihinger, Hans 41, 105, 108, 114, 115,
    116, 123, 151, 154, 166, 167, 169,
    170, 174, 189, 190, 287
Van Cleve, Jay 86, 87, 88, 89, 90, 92, 310,
    319, 321, 322, 325, 327, 334
Verdade
  condições formais *versus* condições
      materiais da 310, 330, 535, 556
  e erro 411, 412, 413, 414, 415, 416, 417, 418
  empírica 140, 310, 329, 330, 339, 529,
    536, 556
  versus validade objetiva 140, 280, 329, 330
Verificacionismo 469, 470

W

Walker, Ralph 44, 326, 535, 555, 556
Walsh, W.H. 101
Warnock, G. J. 277, 278, 283
Warren, Daniel 155, 156, 157, 159, 160, 164
Wartenberg, Thomas 529, 537
Washburn, Michael 369
Watkins, Eric 345, 346, 349, 353, 355,
    356, 357
Westphal, Merold 69
Williams, Bernard 446, 449
Wilson, Kirk Dalles 131, 168
Wilson, Margaret 433
Wittgenstein, Ludwig 15, 18, 123, 259, 549
Wolff, Christian 180, 246, 362, 394, 423
Wolff, Michael 32, 197, 198, 200, 202,
    203, 206, 207, 209
Wolff, Robert Paul 115, 129, 170, 219,
    232, 325, 331, 332, 333
Wood, Allen 35, 320, 500, 519

Y

Young, Michael 261, 262, 264

Z

Zenão de Eleia 451, 486

Conecte-se conosco:

- facebook.com/editoravozes
- @editoravozes
- @editora_vozes
- youtube.com/editoravozes
- +55 24 2233-9033

www.vozes.com.br

Conheça nossas lojas:
www.livrariavozes.com.br

Belo Horizonte – Brasília – Campinas – Cuiabá – Curitiba
Fortaleza – Juiz de Fora – Petrópolis – Recife – São Paulo

EDITORA VOZES LTDA.
Rua Frei Luís, 100 – Centro – Cep 25689-900 – Petrópolis, RJ
Tel.: (24) 2233-9000 – E-mail: vendas@vozes.com.br